다산 정약용의 상서고훈 5

지은이 다산(茶山) 정약용(丁若鏞)

1762년(영조 38년) 경기도 광주(廣州) 마현리(馬峴里)에서 태어나 1836년(헌종 2년) 같은 곳에서 세상을 떠났다. 본관은 나주(羅州), 아명은 귀농(歸農), 자는 미용(美庸)이다. 호는 다산(茶山), 사암(俟菴) 등이고, 당호는 여유당(與猶堂), 시호는 문도(文度)이다. 1789년(정조 13년) 식년문과(式年文科) 갑과(甲科)에 급제하여 벼슬에 오른 이후 정조의 총애 속에 개혁 정치에 적극 참여했으나, 1801년(순조 1년) 신유사옥(辛酉邪獄)으로 경상도 장기를 거쳐 전라도 강진에서 18년 동안 유배 생활을 하였다. 이 기간은 정치적으로는 고통의 세월이었지만, 학문적으로는 실학을 집대성한 시간이 되었다. 유배 기간에 육경사서(六經四書)에 대한 연구와 일표이서(一表二書)의 경세서 등 500여 권에 달하는 방대한 저술을 남겼다. 유배에서 풀려난 뒤에는 1812년 회갑 때 지은 「자찬묘지명(自撰墓誌銘)」에서 자신이 지은 저술의 요지를 간명히 정리해 두었으며, 유배지에서 지은 『상서지원록』과 『상서고훈수략』을 통합 발전시켜 1835년 돌아가기 1년 전에 『상서고훈』을 완성하였다.

옮긴이 재단법인 실시학사 경학연구회

김보름 안양대학교 HK연구교수
김성재 한국고전번역원 번역위원
문석윤 경희대학교 철학과 교수
임재규 서울대학교 윤리교육과 강사
전성건 안동대학교 동양철학과 교수
함영대 경상대학교 한문학과 교수

감수

김언종 고려대학교 명예교수

교열

김성재 한국고전번역원 번역위원
전성건 안동대학교 동양철학과 교수

다산 정약용의 상서고훈 5

정약용 지음
실시학사 경학연구회 옮김
김언종 감수
재단법인 실시학사 편

실시학사
실학번역총서
18

학자원

實學飜譯叢書를 펴내며

실시학사(實是學舍)에서 실학연구총서(實學硏究叢書)를 발간하여 학계에 공헌하면서 뒤이어 실학번역총서(實學飜譯叢書)를 내기로 방침을 세운 것은 벌써 2년 전의 일이다. 실시학사가 재단법인으로 발전하면서 그 재정적 바탕 위에 여러 가지 사업을 수행하는 가운데 실학(實學)에 관한 우리나라 고전들을 골라, 한문으로 된 것을 우리글로 옮겨서 대중화 작업을 시도하기로 한 것이다.

여기, 이 기회에 나는 다시 몇 마디 말씀을 추가할 것이 있다. 이 실학번역총서를 낸다는 말을 전해 듣고 모하(慕何) 이헌조(李憲祖) 형이 앞서 거액을 낸 것 외에 다시 적지 않은 돈을 재단에 출연해 주었다. 나는 그의 학문에 대한 열정에 오직 감동을 느꼈을 뿐, 할 말을 잊었다. 오늘날 우리나라에서 사회문화에 대한 허심탄회(虛心坦懷)로 아낌없이 투자해 줄 인사가 계속해서 나와 준다면 우리 학계가 얼마나 다행할까 하는 생각을 금(禁)할 수 없었다.

실(實)은 실시학사가 법인으로 되기 전부터, 나는 성균관대학교에서 정년퇴임한 뒤에 진작 서울 강남에서 학사(學舍)의 문을 열고 젊은 제자들과 함께 고전을 강독하면서 동시에 번역에 착수하였고, 그 뒤 근교 고양(高陽)으로 옮겨온 뒤에도 그대로 계속하여 적지 않은 책들을 간행하였다.

예를 들면 경학연구회(經學硏究會)에서 다산 정약용(茶山 丁若鏞)의 『정체전중변(正體傳重辯)』, 『다산과 문산(文山)의 인성논쟁』, 『다산과 석천(石泉)의 경학논쟁』, 『다산과 대산(臺山)·연천(淵泉)의 경학논쟁』, 『다산의 경학세계(經學世界)』, 『시경강의(詩經講義)』 5책 등을 번역 출판하였고, 고전문학연구회(古典文學硏究會)가 영재 유득공(泠齋 柳得恭)의 『이십일도회고시(二十一都懷古詩)』와 『열하기행시주(熱河紀行詩註)』 각 1책, 낙하생 이학규(洛下生 李學逵)의 『영남악부(嶺南樂府)』 1책, 그리고 『조희룡전집(趙熙龍全集)』 5책, 『이옥전집(李鈺全集)』 5책, 『산강 변영만(山康 卞榮晩)전집』 3책, 유재건(劉在建)의 『이향견문록(里鄕見聞錄)』 1책 등을 모두 번역 출판하였다. 이 열거한 전집들 중에는 종래 산실(散失) 분장(分藏)된 것이 적지 않아서 그것을 수집하고 재편집하는 데 많은 노력을 기울였다. 이 과정에서 제자들은 어려운 생활 속에서도 세월 따라 능력이 성장해 왔고 나는 그것을 보면서 유열(愉悅)을 느껴, 스스로 연로신쇠(年老身衰)해 가는 것도 잊고 있었다.

그런데 이제 번역 사업이 본격화되면서 많은 역자(譯者)가 한꺼번에 나오게 되고 나는 직접 일일이 참여할 수 없게 되고 보니 한편 불안한 점이 없지도 않다. 나는 지난날 한때 민족문화추진회(民族文化推進會, 韓國古典飜譯院의 前身)의 회장직을 맡아, 많은 직원들, 즉 전문으로 번역을 담당한 분들이 내놓은 원고들을 하나하나 점검할 수도 없어 그대로 출판에 부쳐 방대한 책자를 내게 되었다. 물론 역자들은 모두 한문 소양이 상당하고 또 성실하게 우리글로 옮겨 온 분들이지만 당시 책임자였던 나로서는 그 자리에서 물러난 지 오래된 지금에 와서도 마음 한구석에 빚이 되어 있는 것이 사실이다. 그런데 지금 또 실시학사에서 전건(前愆)을 되풀이하게 되는 것이 아닐까 걱정이 앞서기 때문이다.

그러나 이미 화살은 날았다. 이제 오직 정확하게 표적(標的)에 맞아주기를 바랄 뿐이다.

2013년 초하(初夏)

李佑成

『다산 정약용의 상서고훈 5』 차례

『상서고훈』 권6

『상서고훈』 권7

『다산 정약용의 상서고훈』 전5권 총목차

『다산 정약용의 상서고훈 4』

『다산 정약용의 상서고훈 5』

일러두기

1. 『다산 정약용의 상서고훈』은 2020년부터 전5권으로 나누어 번역・출간되었다.

2. 번역 대본 : 다산학술문화재단에서 간행한 『定本 尙書古訓』(定本 與猶堂全書 권11・권12. 이하 '정본'으로 약칭)을 사용하였다.

3. 원문 교감 : 정본의 교감을 따르되, 오류나 누락이 있다고 판단되는 때에는 추가 교감을 하였다. 추가한 내용은 앞에 [案]이란 표시를 붙여 구분하였고, 정본의 교감 내용에 오류가 있다고 판단되는 때에도 그대로 두고 [案] 뒤에 그 내용을 附記하였다. 정본에서는 원문의 오류가 확실한 경우 원문을 수정하고 교감기에서 그 내용을 밝혔으나, 추가 교감에서는 원문을 그대로 두고 교감기에서 해당 사실을 밝혔다.

4. 원문 표점 : 정본의 표점을 그대로 따르되 문맥에 따라 일부 수정하였다.

5. 문단 구성과 번역 원칙

『상서고훈』은 『상서』 經文을 제시하고 그 아래에 아무런 표시 없이 해당 경문에 대한 古訓을 제시한 다음 '考異-考證-考訂-考辨'의 순서로 구성되어 있다. 본서에서는 이를 다음과 같이 처리하였다.

1) 문단 : 정본을 그대로 따라 원문의 문단을 구분하고 문단별로 원문

아래에 번역문을 두었다. 정본에서 별행 처리된 부분은 번역문에 들여쓰기 없이 앞 문단과의 간격을 넓게 하여 표시하고, 원문이 하나의 문단인데 번역문에서 별행한 경우에는 앞 문단과의 간격을 그대로 유지하되 첫 줄을 들여 써서 구분하였다.

2) 경문 : 열람의 편의를 위하여 경문 앞에 편과 장을 나타내는 번호를 부여하였다. 번역은 다산의 案說을 따르되, 다산이 특별한 견해를 밝히지 않은 경우에는 채침의 주석을 따랐다. 다산이 채침의 주석이 대체로 좋다고 하였기 때문이다.

3) 古訓 : 각 고훈의 앞에는 그에 해당하는 경문의 구절을 [ ] 부호를 써서 표제를 추가하였다. 일부 고훈에는 다산 자신이 小註로 경문의 해당 구절을 표시한 경우가 있는데(원문에 【 】로 표시), 이 경우는 번역문에도 【 】 부호를 그대로 사용하여 구분하였다. [ ]나 【 】가 시작되는 부분에서 문단을 나누었다.

4) 考異 : 역대의 여러 전적에 나타난 『상서』의 異形態를 소개한 항목으로, 글자의 異同을 보이는 것 외에 별다른 정보를 담지 않는 경우가 대부분이다. 따라서 고이 부분은 번역문 없이 한자를 그대로 노출하였다. 글자의 異同에 대해서는 고이 항목 외에 경문의 끝 부분에 소주로 제시하는 경우도 있는데, 이때도 마찬가지이다. 단 드물게 경문과 내용이 다른 자료를 제시한 경우가 있는데, 이때는 원문 다음 [ ] 안에 번역문을 병기하였다.

5) 考證・考訂・考辨 : 考證은 여러 전적에 나타난 상서 관련 내용, 혹은 상서의 구절을 인용한 자료를 소개하는 것이고, 考訂은 역대의 훈고 중에 따로 논의할 내용이 있을 경우 해당 훈고를 제시하고 그것을 다산의 관점으로 評한 내용이며, 考辨은 상서 경문 중에서 爭點을 추출하여 다산의 주장을 편 내용이다. 이 세 항목에 대해서는 평이하게 번역하되, 考證에서는 간혹 글자의 이형태를 소개하는 내용이 있다. 이는 考異에 소개되는 것과는 다른 자료에서 추출된 내용인 경우가 많은데 이때는 번역문 다음 [ ] 안에 원문을 병기하였다.

6. 인명과 서명 표기

1) 인명 : 역대 경학가들의 경우 본명을 밝혀 적는 것을 원칙으로 하되, 이름만큼 자주 쓰이는 시호, 자, 호 등은 원문대로 표기하고 본명을 간주로 밝혔다. 이들 경학가에 대해서는 본문 중에 따로 소개하지 않고 생몰년과 활동 시기 및 간략한 학술 내용과 저술을 부록으로 제시하였다.

2) 서명 : 완칭으로 적는다. 원문에 편명만 있는 경우에도 서명을 밝혀 적는다. 교감의 근거나 각주에 인용하는 책들은 모두 文淵閣의 전자판 四庫全書에 실린 본을 사용하였다. 그 외의 간행본을 사용한 경우에는 출판사와 출판 연도를 밝혔다. 출판사와 출판 연도를 밝히지 않은 책의 출전은 모두 사고전서임을 밝혀 둔다.

3) 『상서』의 傳本 : 원문에는 '梅本' '鄭本' '卜氏本' '姚方興本' 같은 형태로 제시되어 있다. 이는 모두 '매색본' '정현본'과 같이 '인명+본'으로 통일하여 표기하였다. 이 또한 본문 중에 따로 주석하지 않고 일괄 정리하여 부록으로 첨부하였다.

7. 문장 부호 : 원문의 문장 부호는 정본의 것을 그대로 따르고, 번역문에서는 쉼표, 마침표 등의 일반 문장 부호 외에 다음과 같은 부호를 사용하였다.

1) 겹낫표(『 』), 홑낫표(「 」) : 서명에는 겹낫표, 편명에는 홑낫표를 쓴다.

2) 소괄호(( )) : 음이 같은 한자를 병기할 때 쓴다.

3) 대괄호([ ]) : 음이 다른 한자를 병기할 때, 번역문에 한자로 구나 절을 병기할 때, 考異 부분에 번역문을 병기할 때, 간주를 넣을 때, 古訓 중 표제를 추가할 때 쓴다.

4) 홑화살괄호(〈 〉) : 원문에는 없는 내용을 번역문에서 보충할 때 쓴다.

5) 어미괄호(【 】) : 원문의 소주, 즉 다산의 원주에 사용한 부호이다. 번역문에서도 같은 위치에 그대로 쓴다.

『상서고훈』 권6

尙書古訓

21. 낙고(洛誥)

梅云: "旣成洛邑, 將致政成王, 告以居洛之義。" ○孔云: "周公攝政七年三月, 經營洛邑, 旣成洛邑, 又歸[교1]西都。其年冬, 將致政成王, 告以居洛之義, 故名之曰〈洛誥〉。【篇末乃云'戊辰, 王在新三',[교2] 明戊辰已上皆是西都時所邑[교3]也】" ○陳【櫟】云: "此篇大可疑者, 不載王至洛之事與其日月。" 【蔡注不明言】 ○**鏞案** 此篇別無可疑。唯自〈康誥〉·〈召誥〉以來, 自生煙霧, 以爲障耳。〈康誥〉首章, 卽洛邑初基之事。洛邑經始, 明在封衛之年, 而指之爲脫簡, 則經始之年月以晦也。【成王元年武庚叛, 二年武庚伏誅, 三年東土悉平, 則康叔封衛, 要在三年之春, 而洛邑經始, 亦在是年。今謂之脫簡, 則年月不可考矣】〈召誥〉相宅, 明與〈康誥〉同年, 而退之於攝政七年, 與〈洛誥〉同年, 則〈召誥〉時不來之王, 〈洛誥〉時儼然在洛, 爲大可疑云爾。夫營洛, 大事也。是年經始, 是年功畢, 至於論功行賞, 祭廟告成, 一如靈臺之役, 不日成之, 亦已難矣, 胡乃以〈召誥〉·〈洛誥〉, 爲作於同年也? '予惟乙卯, 獻圖及卜', 是周公追說初年經始之本事, 乃以爲今年事乎? 頭一句, 直云'周公拜手稽首', 時成王已赫然光臨于東都洛邑之新宮。王

之去來, 何必先書? 〈大誥〉不書年月, 〈無逸〉·〈君奭〉, 都無月日。《尙書》諸篇, 何得如《春秋》編年之例乎? 此篇之名〈洛誥〉者, 王在洛也。若王猶在鎬京而可云〈洛誥〉, 則〈召誥〉亦〈洛誥〉也, 何別焉? '戊辰王在'者, 明烝祭之時, 王猶在洛也。孔乃云'戊辰已上, 皆是西都時所告',[교4] 謬矣。【《知遠錄》】

교1) 案歸 : 『상서정의』에는 뒤에 '向'이 더 있다.
교2) 案三 : 『상서정의』에는 '邑'으로 되어 있다.
교3) 案邑 : 『상서정의』에는 '誥'로 되어 있다.
교4) 案告 : 『상서정의』에는 '誥'로 되어 있다.

매색이 말했다. "낙읍(洛邑)을 완성하고 나서 성왕(成王)에게 정사(政事)를 돌려주려고 하면서 낙읍에 거주해야 하는 의미를 고한 것이다." ○공영달이 말했다. "주공이 섭정(攝政)한 지 7년 3개월 만에 낙읍의 터를 살피고 위치를 잡았으며, 낙읍이 이루어지자 다시 서도(西都)로 돌아왔다. 그해 겨울 성왕에게 정사를 돌려주려고 하면서 낙읍에 거주해야 하는 의미를 고하였다. 그러므로 「낙고(洛誥)」라고 명명한 것이다.【편말에 '무진일에 왕이 신읍(新邑)에 있으면서'라고 하였으니, '무진' 앞부분은 모두 서도(西都)에 있을 때 고한 것임이 분명하다.】" ○진(陳)【력(櫟)】[1]이 말했다. "이 편에서 매우 의심스러운 점은 성왕이 낙읍에 도착한 일과 그 날짜를 기록하지 않은 것이다."[2]【채

1 진력(陳櫟) : 1252~1335. 宋末元初. 자는 壽翁, 호는 定宇이며 만년에는 東阜老人으로 불렸다. 朱熹의 학문을 위주로 하였다. 저서로 『書集傳纂疏』, 『四書發明』, 『禮記集義』, 『歷朝通略』, 『勤有堂隨錄』, 『定宇集』 등이 있다.

2 진(陳)【력(櫟)】이……것이다 : 陳櫟이 撰한 『書集傳纂疏』 권5에 보이고 『서경대전』에도 인용되어 있다. 진력은 왕이 12월에 洛邑에서 제사를 지냈으

침의 주에서도 분명하게 말하지 않았다.】

○용안 이 편에는 특별히 의심할 만한 점이 없다. 다만 「강고(康誥)」와 「소고(召誥)」 이후부터 스스로 연무(煙霧)를 피워 장애를 만들었을 뿐이다. 「강고」의 첫 장은 바로 낙읍에 처음 터를 잡던 때의 일이다. 낙읍의 경영을 시작한 것은 〈강숙(康叔)을〉 위(衛)에 봉한 해임이 분명한데 그것을 가리켜 탈간(脫簡)이라고 하고 나니 낙읍의 경영을 시작한 시기가 불분명해진 것이다.【성왕 원년에 무경(武庚)이 반란을 일으켰고, 2년에 무경이 복주(伏誅)되었고, 3년에 동쪽 지역이 모두 평정되었으니 강숙을 위나라에 봉한 것은 3년 봄이어야 하고, 낙읍의 경영을 시작한 것도 이해가 되어야 한다. 그런데 지금 그것을 탈간이라고 하고 보니 시기를 상고할 수 없게 된 것이다.】 「소고」에서 '터를 살핀 것[相宅]'은 분명 「강고」를 지은 것과 같은 해였는데, 그것을 섭정 7년으로 물려서 「낙고」를 지은 것과 같은 해라고 하고 보니 「소고」 때에는 오지 않았던 왕이 「낙고」 때에는 엄연히 낙읍에 있으므로 매우 의심스럽다고 한 것이다.

낙읍을 건설하는 것은 큰일이다. 이해에 처음 계획하여 터를 잡고 이해에 공사를 마치고 논공행상(論功行賞)과 제묘고성(祭廟告成)까지 하여 영대(靈臺)의 공사가 하루도 지나지 않아 이루어진 것처럼 하기는 역시 어려운 일인데, 어떻게 「소고」와 「낙고」를 같은

니 그 전에 낙읍에 도착한 일을 틀림없이 기록하였을 것인데 그것이 脫簡되어 「康誥」의 첫머리에 잘못 들어갔다고 보았다. 『서집전찬소』의 해당 원문은 다음과 같다. 此篇大可疑者, 惟有公告王宅洛行祀・出命之辭, 而不載王至洛之事與其日月. 觀十二月在洛祭告, 命周公留治洛之事, 尙謹書之, 則自三月後至十二月前, 此數月中, 至洛之大事其書之也, 必矣. 觀此篇首章九句脫簡, 在「康誥」之首, 則王親之洛・行祀・出命等事, 其脫簡又可想矣.

해에 지었다고 하겠는가? 〈3장에서〉 '내가 을묘일에 지도와 점괘를 바쳤습니다.'라고 하였다. 그것은 주공이 처음에 계획하고 터를 잡은 때의 일을 소급해서 말한 것인데, 바로 금년의 일이라고 하겠는가? 편 머리 첫 구절에서 곧바로 '주공배수계수(周公拜手稽首)'라고 하였으니, 이때는 성왕이 이미 혁혁하게 동도(東都) 낙읍의 신궁(新宮)에 광림(光臨)해 있었던 것이다. 왕이 오고 가는 것을 어찌 굳이 먼저 기록하겠는가? 「대고(大誥)」에는 연월을 쓰지 않았고, 「무일(無逸)」과 「군석(君奭)」에도 모두 날짜가 없다. 『상서』의 편들이 어떻게 편년체(編年體)로 작성된 『춘추』의 사례와 같을 수 있겠는가? 이 편의 명칭이 「낙고」인 것은 왕이 낙읍에 있었기 때문이다. 만약 왕이 여전히 호경(鎬京)에 있는데도 「낙고」라고 말할 수 있다면, 「소고」 역시 「낙고」인데 무엇 때문에 구별하겠는가? '무진왕재(戊辰王在)'는 증제(烝祭)를 지낼 때 왕이 여전히 낙읍에 있었음을 분명히 한 것이다. 공영달이 '무진 앞부분은 모두 서도에 있을 때 고한 것이다.'라고 한 것은 틀렸다.【『상서지원록』】

21. 낙고 - 01

周公拜手稽首曰："朕復子明辟。"

주공이 배수계수하며 말했다. "나는 그대 명벽(明辟)에게 정사를 돌려드립니다."

梅云："復還明君之政於子。"【成王年二十】 ○王【安石】云："復命于王。"

○蔡云："王莽居攝, 皆儒者啓之, 不可以不辨。" **○鏞案** 復命而已, 則不必云明辟。 **○辨曰** 西京諸儒, 竝以復辟爲復政。故王莽得依此文以作假帝, 梅賾得依此文以作贗書。【卽〈咸有一德〉】 莽固可誅, 賾亦有罪。得[교1)]子明辟, 則明是復政。苟以流獘得咎古經, 卽〈湯誓〉·〈牧誓〉, 首宜焚滅。區區〈康誥〉·〈洛誥〉, 何足有無哉?【《知遠錄》】

교1) 案得 : 신조선사본에는 '復'으로 되어 있다.

〔朕復子明辟〕 매색이 말했다. "그대에게 밝은 군주의 정사를 다시 돌려준다는 뜻이다."【성왕 20세 때이다.】 ○왕【안석】이 말했다. "왕에게 복명(復命)한 것이다."[3] ○채침이 말했다. "왕망(王莽)이 섭정한 것은 모두 유자(儒者)들이 계도(啓導)한 것이니, 분변하지 않아서는 안 된다."[4]

○용안 복명하였을 뿐이라면 명벽(明辟)이라고 말할 필요가 없다.

○변왈 서경[西京 : 전한(前漢)]의 유자(儒者)들은 모두 복벽(復辟)을 복정(復政)이라고 여겼다. 그러므로 왕망은 이 문장에 의거하여 가제(假帝)가 되었고, 매색은 이 문장에 의거하여 안서[贗書 : 위서(僞書)]【바로 「함유일덕(咸有一德)」이다.】를 만들어내었다. 왕망은 참으로

3 왕【안석】이……것이다 : 『서경대전』에 인용되어 있다. 왕안석은 주공이 성왕의 명을 받고 가서 成周를 건설하기 위해 거북점을 치고 그 결과를 보고한 것이라고 보았다. 해당 원문은 다음과 같다. 王氏安石曰 : "復如復逆之復, 成王命公往營成周. 公得卜, 復命于王. 曰子親之也, 曰明辟, 尊之也. 先儒以周公代王爲辟, 至是反政. 以書攷之, 周公爲冢宰正百工而已. 未嘗代王爲辟, 何復之有?"

4 채침이……된다 : 『서집전』의 내용을 일부 생략하고 인용하였다. 원문은 다음과 같다. 復如逆復. 王莽居攝, 幾傾漢鼎, 皆儒者有以啓之, 是不可以不辨.

주살해야 하고 매색 역시 죄가 있다. 복자명벽(復子明辟)은 정사를 돌려준 것임이 분명하다. 만일 말류의 폐단 때문에 고경(古經)을 탓해야 한다면 「탕서(湯誓)」와 「목서(牧誓)」를 가장 먼저 불살라 없애야 한다. 하찮은 「강고」와 「낙고」 따위가 뭐 그리 대단한 문제가 되겠는가?【『상서지원록』】

考證 《漢書》云 : "周公七年, 得[교1)]子明辟。"【〈律歷志〉】 又云 : "成王加元服, 周公則致政。《書》曰, '朕復子明辟', 周公常稱王命, 專行不報, 故言我復子明君也。"【〈王莽傳〉】 ○**案** 〈魯世家〉亦云 : "周公[교2)]南面倍依,【卽背扆】 以朝諸侯。及七年後, 還政成王, 北面就臣位。"

교1) 案得 : 『한서』와 신조선사본에는 '復'으로 되어 있다.
교2) 案公 : 『사기』에는 뒤에 '之代成王治'가 더 있다.

고증 『한서』에 "주공칠년, 복자명벽(周公七年, 復子明辟)"이라고 하였고,【「율력지(律曆志)」에 보인다.】 또 "성왕(成王)이 관례를 치르자 주공은 정사를 돌려주었다. 『상서』에 '짐복자명벽(朕復子明辟)'이라고 하였으니, 주공은 항상 왕명을 칭하여 〈정사를〉 독단으로 행하고 보고하지 않았기 때문에 '내가 그대 밝은 군주에게 〈정사를〉 돌려줍니다.'라고 말한 것이다."라고 하였다.【「왕망전(王莽傳)」에 보인다.】

○**안** 『사기』 「노세가」에도 "주공이 〈성왕을 대신하여 국정을 다스리던 때에는〉 남면(南面)하여 배의(倍依)【곧 배의(背扆)이다.】하고[5] 제

5 배의(倍依)【곧 배의(背扆)이다.】하고 : 依는 천자의 자리 뒤에 치는 병풍으로 扆와 통용하고, 倍와 負는 같은 뜻이다. 『사기』 「魯世家」의 "南面倍依以

후들에게 조회를 받았다. 7년 뒤 성왕에게 정사를 돌려주고는 북면(北面)하고 신하의 자리로 나아갔다."라고 하였다.

21. 낙고 - 02

王如弗敢及天基命·定命, 予乃胤保, 大相東土, 其基作民明辟。

"왕께서 감히 하늘의 기명(基命)과 정명(定命)을 미처 알지 못하는 듯이 하시므로 내가 태보(太保)를 뒤이어 가서 동토(東土)를 크게 살펴보니, 그 터는 백성의 명벽(明辟)이 될 곳이었습니다."

蔡云: "言王[교1)]幼沖,[교2)] 如不敢及知天之基命·定命, 予乃繼太保而往,【繼召公】 大相洛邑。" ○補云: "基命, 建都邑以基天保之命, 定命, 奠都邑以定天保之命。"【〈周本紀〉云: "武王克殷至周, 自夜不寐。周公旦曰, '曷爲不寐?' 王曰, '至今我未定天保, 何暇寐?' 王曰, '定天保, 依天室。我南望三途, 北望嶽鄙, 顧詹有河, 粤詹雒·伊, 毋遠天室。' 營周居于洛邑而後去。"】

교1) 案王: 『서집전』에는 앞에 '成'이 더 있다.
교2) 案沖: 『서집전』에는 뒤에 '退託'이 더 있다.

朝諸侯"에 대해 『집해』에서 『예기』「明堂位」의 "周公朝諸侯于明堂之位, 天子負斧依, 南向而立."과 그에 대한 정현의 주 "天子, 周公也. 負之言背也. 斧依爲斧文屛風於戶牖之間, 周公於前立焉."을 인용하여 설명하였다.

〔王如弗敢……大相東土〕 채침이 말했다. "'성왕이 어리고 겸손하여 감히 하늘의 기명(基命)과 정명(定命)[6]을 미처 알지 못하는 듯이 하므로 내가 태보를 뒤따라가서【소공(召公)을 뒤따라갔다는 말이다.】 낙읍(洛邑)을 크게 살펴보았다.'라는 말이다." ○보충한다. "기명(基命)은 도읍을 건설하여 천보(天保)의 명(命)을 이룰 터를 잡는 것이고, 정명(定命)은 도읍을 정하여 천보의 명을 결정[7]하는 것이다."【『사기』「주본기」에 다음과 같은 내용이 나온다. 무왕이 은을 이기고 주[周 : 호경(鎬京)]에 이르렀는데 그날 밤부터 잠을 이루지 못하였다. 주공 단(旦)이 "어째서 잠을 이루지 못하십니까?"라고 물으니, 무왕이 "지금까지 나는 천보를 결정하지 못하였는데 어느 겨를에 잠을 자겠는가?"라고 하였다. 무왕이 "천보를 정하고 천실[天室 : 도읍]에 의지할 것이다. 내 남쪽으로 삼도(三途)를 바라보고 북쪽으로 악비(嶽鄙)를 바라보며, 뒤돌아 하수(河水)를 보고 이어 낙수(雒水)와 이수(伊水)를 보니 천실과 멀지 않다."라고 하고는, 낙읍에 주나라 도읍의 터를 잡은 뒤에 떠났다.[8]】

考訂 梅云 : "繼[교1)]安天下之道。"【釋'亂保'】 朱子云 : "嗣攝政事, 保佑王躬。" ○蔡云 : "繼太保而往。" **○案** 〈君奭〉序曰'召公爲保', 太保亦可稱保。蔡訓是也。

교1) 案繼 : 『상서정의』에는 뒤에 '文武'가 더 있다.

6 기명(基命)과 정명(定命) : 채침은 『서집전』에서 기명과 정명을 "凡有造, 基之而後成, 成之而後定. 基命, 所以成始也, 定命, 所以成終也."라고 정의하였다.

7 정명(定命)은……결정 : 『시경』「小雅 · 天保」에 "天保定爾, 亦孔之固"라고 하였는데, 다산은 『시경강의』에서 "天保者, 卽天命帝王革世建國之稱. 定, 猶決定之意也."라고 하였다.

8 『사기』……떠났다 : 「주본기」의 내용을 요약한 것이다.

고정 매색이 말했다. “【윤보(胤保)는】〈문왕과 무왕이〉 천하를 안정시킨 도를 계승한다는 말이다.”
주자가 말했다. “정사를 섭행한 뒤를 이어 왕을 보우하겠다는 말이다.”[9]
○채침이 말했다. “태보(太保)를 뒤따라갔다는 말이다.”

○안 「군석(君奭)」의 서(序)에 ‘소공이 보(保)가 되었다.’라고 하였으니, 태보(太保) 역시 ‘보(保)’라고 칭할 수 있다. 채침의 해석이 옳다.

考訂 毛云: “‘其基作民明辟’者, 周公當下之言也。‘王曰予小子其退, 卽辟于周’者, 就其位而爲君也。‘亂爲四方新辟’者, 周公進此之言也。夫經有同文, 卽無異解。”【言上‘復子明辟’, 不可它解】 **○案** 此言無以難矣。

고정 모기령이 말했다. “‘기기작민병벽(其基作民明辟)’은 주공이 그 자리에서 한 말이다. ‘왕왈여소자기퇴, 즉벽우주(王曰予小子其退, 卽辟于周)’의 〈즉벽(卽辟)은〉 ‘그 자리에 나아가 군주가 되겠다.’라는 뜻이다. ‘난위사방신벽(亂爲四方新辟)’은 주공이 이것을 바치는 말이다. 무릇 경문에 같은 문장이 있으면 다르게 해석해서는 안 된다.”[10]

---

9 주자가……말이다: 『晦庵集』 권65 「雜著 · 尙書」에 나오는 내용으로 『서경대전』에도 인용되어 있다.

10 모기령이……된다: 1장의 ‘復子明辟’의 ‘復’을 ‘復命’이라고 한 채침의 설을 반박한 것으로 『尙書廣聽錄』 권4에 보인다. 채침은 「咸有一德」에 나오는 “伊尹旣復政厥辟”의 ‘復’을 ‘還政’이라고 하였기 때문에 모기령이 같은 글자를 다르게 해석해서는 안 된다고 한 것인데, 다산의 인용은 『상서광청록』 원문과는 배열이 다르게 되어 있다. 원문은 다음과 같다. ‘王曰予小子其退, 卽辟于周’, ‘卽辟’者, 就其位而爲君也. 亦惟公復之, 故王始就之. 卽辟與復辟, 文相當矣. 且‘始作民明辟’者, 周公當下之言也. ‘亂爲四方新辟’者, 周公進此之言也.

【앞에 나온 '복자명벽(復子明辟)'을 다르게 해석해서는 안 된다는 말이다.】

○안 이 말은 논란할 것이 없다.

21. 낙고 - 03

予惟乙卯, 朝至于洛師。我卜河朔黎水, 我乃卜澗水東·瀍水西, 惟洛食。我又卜瀍水東, 亦惟洛食。伻來, 以圖及獻卜。

"나는 을묘일 아침 낙사(洛師)에 도착하였습니다. 내가 하수(河水) 북쪽의 여수(黎水) 주변을 점치고 내가 이어서 간수(澗水) 동쪽과 전수(瀍水) 서쪽을 점쳐보니 〈복조(卜兆)가〉 오직 낙읍(洛邑) 쪽으로만 갈라졌습니다. 내가 또 전수 동쪽을 점쳐보니 역시 낙읍 쪽으로만 갈라졌습니다. 왕의 사자(使者)가 왔기에 지도와 점괘를 올렸습니다."

鄭云: "我以乙卯日, 至於洛邑之衆, 觀召公所卜之處, 皆可長久居民, 使服田相食【惟洛食】瀍水東。既成, 名曰成周, 今洛陽縣是也。召公所卜處, 名曰王城, 今河南縣是也。"【見王風[교1)]譜疏】 ○顧云: "先卜河朔[교2)]黎水,[교3)] 近於紂都, 爲其懷土重遷, 故先卜近以悅之。"【用鄭康成之說】 ○梅云: "卜, 必先墨畫龜, 然後灼之, 兆順食墨。" ○梅云: "遣使, 以所卜地

夫經有同文, 卽無異解. 何則? 文既同則義不得異也.

圖及獻所卜吉兆。” ○**鏞案** 伻來, 謂王使來也。

교1) 案風 : 『모시정의』에는 '城'으로 되어 있다.
교2) 案朔 : 『상서정의』에는 '北'으로 되어 있다.
교3) 案水 : 『상서정의』에는 뒤에 '者'가 더 있다.

【惟洛食】정현이 말했다. "내가 을묘일에 광대한 낙읍에 도착하여 소공이 점친 곳을 살펴보니 모두 백성들이 오래 살 만한 땅이므로 전수(瀍水)의 동쪽에서 농사를 지어 먹고 살게【유락식(惟洛食)을 풀이한 것이다.】 하고자 하였다는 뜻이다. 건설이 끝나자 성주(成周)라고 명명하였는데, 지금의 낙양현(洛陽縣)이 그곳이다. 소공이 잡은 터를 왕성(王城)이라고 명명하였는데, 지금의 하남현(河南縣)이 그곳이다."【『모시정의』 왕성보(王城譜)의 소에 보인다.】 ○고표(顧彪)가 말했다. "먼저 하수의 북쪽 여수의 주변을 점친 것은 그곳이 주(紂)의 도읍과 가까워서이니, 〈은나라 완민(頑民)들이〉 자기 땅을 잊지 못하고 옮겨가는 것을 어려워하였기 때문에 먼저 가까운 곳을 점쳐서 기쁘게 하려고 한 것이다."【정강성[鄭康成 : 정현]의 설을 채용한 것이다.】 ○매색이 말했다. "거북점은 반드시 먼저 먹으로 거북의 껍질에 획을 긋고 나서 불로 지지는데, 복조(卜兆)가 그어놓은 획을 따라 갈라진 것이다."

〔伻來以圖及獻卜〕○매색이 말했다. "사람을 보내서 점친 곳의 지도와 점친 길조(吉兆)를 올리게 한 것이다."

○용안 팽래(伻來)는 왕이 보낸 사람이 왔다는 말이다.

考訂 蔡云 : "乙卯, 卽〈召誥〉之乙卯也。" ○梅云 : "致政在冬, 本其春來始卜之意。” ○**訂曰** 今年, 攝政之七年也, 乙卯者, 四五年前乙卯也。梅以爲是年之春, 本誤。

고정 채침이 말했다. “을묘는 곧 「소고」에 나오는 을묘이다.” ○매색이 말했다. “정사(政事)를 돌려준 것은 겨울이지만 이해 봄 낙읍에 이르렀던 때로 돌아가서 처음 점을 쳐서 도읍을 정한 의미를 말한 것이다.”[11]

○**정왈** 금년은 섭정 7년이고, 을묘는 4, 5년 전의 을묘일이다. 매색이 이해의 봄이라고 한 것은 본래 틀렸다.

21. 낙고 - 04

王拜手稽首曰:“公不敢不敬天之休, 來相宅, 其作周匹休。公旣定宅, 伻來,【句】 來視予卜休恒吉, 我二人共貞。公其以予萬億年敬天之休, 拜手稽首誨言。”

왕이 배수계수하고 말했다. “공께서 감히 하늘의 아름다움을 공경하지 않을 수 없어 와서 터를 살펴보시고, 주나라를 위해 하늘에 짝할 만한 아름다운 터를 만드셨습니다. 공께서 터를 정하고 나서 사신을 보내었으므로【단구】 〈사신이〉 와서 나에게 점괘가 아름다워 영구히 길할 것임을 알려주었으니, 이 일은 우리 두 사람이 함

11 정사(政事)를……것이다: “予惟乙卯, 朝至于洛師”에 대한 주석인데 일부 내용이 생략되었다. 여기서는 매색 주의 원문을 살려서 번역하였다. 원문은 다음과 같다. 致政在冬, 本其春來至洛衆, 說始卜定都之意.

께 주관한 것입니다. 공께서 나에게 억만년에 이르도록 하늘의 아름다움을 공경하게 하셨으니, 배수계수하고 가르침을 청합니다."

梅云："其作周以配天之美。"【匹, 配也】 ○鄭云："伻來來者, 使二人也。" ○補云："恒, 久也, 謂永久吉。" ○葉云："凡卜有貞其吉凶者,〈太卜〉言'國大遷·大師則貞龜'。" ○馬云："貞, 當也。" **○案** 貞者, 幹事也。故詢于卜筮則謂事爲貞, 所謂大貞·小貞是也。宅洛之事, 王與公共幹, 故曰共貞。

〔其作周匹休〕 매색이 말했다. "주나라에 하늘과 짝할 만한 아름다움을 만들었다는 뜻이다."【필(匹)은 배[配: 짝하다]의 뜻이다.】

〔伻來來〕○정현이 말했다. "팽래래(伻來來)는 사신이 두 사람이라는 말이다."

〔來視予卜休恒吉〕○보충한다. "항(恒)은 구[久: 오래다]의 뜻이니, 영구히 길할 것이라는 말이다."

〔我二人共貞〕○섭씨(葉氏)가 말했다. "무릇 점칠 적에는 그 길흉을 판단하는 사람이 있는데, 『주례』「춘관(春官)·태복(太卜)」에 '나라에 크게 도읍을 옮기거나 크게 군사를 일으킬 일이 있으면 거북점을 친다.'라고 하였다." ○마융이 말했다. "정(貞)은 당[當: 담당하다]의 뜻이다."

○안 정(貞)은 간사[幹事: 일을 주관하다]의 뜻이다. 그러므로 거북점이나 시초점을 치는 때에는 일[事]을 정(貞)이라고 하니, 이른바 대정(大貞)과 소정(小貞)[12]이 그것이다. 낙읍에 터를 잡는 일은 왕

12 대정(大貞)과 소정(小貞): 大貞은 큰일, 小貞은 작은일이다. 『周易四箋』 권4,

과 공이 함께 주관하였기 때문에 공정(共貞)이라고 한 것이다.

21. 낙고 - 05

周公曰："王肇稱殷禮, 祀于新邑, 咸秩無文。"

주공이 말했다. "왕께서 비로소 은(殷)나라의 예(禮)를 거행하여 새 도읍에서 제사하게 되었으니, 〈우리 주나라의〉 예문(禮文)에 없는 것까지도 모두 차례대로 제사하소서."

鄭云："王者未制禮樂, 恒用先王之禮樂。周公制禮樂旣成, 不使成王卽用周禮, 仍令用殷禮者, 欲待明年卽政, 告神受職, 然後班行周禮。班訖, 得[교1)]用周禮, 故告神, 且用殷禮也。" ○梅云："當擧殷家祭禮, 皆次秩不在禮文者而祭之。" ○**案** 成王請誨, 此其誨之第一也。

교1) 案得：『상서정의』에는 앞에 '始'가 더 있다.

〔王肇稱殷禮……咸秩無文〕〈공영달이 말했다.〉 "정현은 '왕자(王者)가 예악(禮樂)을 제정하기 전에는 항상 선왕(先王)의 예악을 사용한다.'라고 하였으니, 〈이것은 주(紂)를 친 이래로 모두 은나라의 예악을 사용한 것이지, 성왕이 처음으로 사용한 것은 아니라는 말

「易例比釋上」에 "『周禮』「太卜」：'凡國大貞則作龜,【立君・遷國, 爲大貞】 小事則涖卜.【代王主其卜】' 又「小宗伯」：'凡國大貞則奉玉帛.'【注以貞爲事】 據此, 大貞者, 大事也, 小貞者, 小事也."라고 하였다.

이다.〉 주공이 제정한 예악이 이미 이루어졌으나 성왕에게 곧바로 주나라의 예를 사용하게 하지 않고 계속해서 은나라의 예를 사용하게 한 것은 이듬해에 성왕이 집정하기를 기다렸다가 신(神)에게 고하고 직(職)을 받은 이후에 주나라의 예를 반포하고자 해서이다. 반포하고 나야 비로소 주나라의 예를 사용할 수 있으므로 신에게 고할 때까지는 우선 은나라의 예를 사용한 것이다."[13] ○매색이 말했다. "은나라의 제례(祭禮)를 거행하여 〈주나라의〉 예문(禮文)에 없는 것까지 차례대로 제사를 지내야 한다는 뜻이다."[14]

○안 성왕이 가르침을 청하였는데, 이 부분이 첫 번째 가르침이다.

考訂 蔡云："殷, 盛也, 與'五年再殷祭'之殷同。" **○訂曰** 殷禮者, 商王之禮也。周之舊禮, 皆諸侯之法, 社稷・五祀之外, 本皆無文。今新邑祀典, 唯殷禮是稱,【稱者, 相當也】便是天子之禮。此所謂咸秩無文也。殷者, 盛饌之名。〈喪禮〉曰'月半不殷奠',《春秋傳》曰'殷以少牢',〈曾子問〉曰'君喪服除而后殷祭',《易》曰'殷薦之上帝', 皆一義也。【毛云："祭可殷, 禮不可殷。"】然於此經無當, 宜從鄭玄之說。【《知遠錄》】

고정 채침이 말했다. "은(殷)은 성[盛 : 성대하다]의 뜻으로, '오년재

---

13 〈공영달이……것이다 : 정현의 말은 "王者未制禮樂, 恒用先王之禮樂."뿐이고, 『상서정의』에는 이 뒤에 공영달이 정현의 말을 해석한 "是言伐紂以來, 皆用殷之禮樂, 非始成王用之也."가 더 있다. 또 "周公制禮……且用殷禮也."는 "王肇稱殷禮, 祀于新邑, 咸秩無文."에 대한 공영달 자신의 견해를 밝힌 것으로 정현의 말과는 관련이 없는 내용이다.

14 은나라의……뜻이다 : 매색 주의 일부 내용을 생략하고 인용하였다. 원문은 다음과 같다. 言王當始擧殷家祭祀, 以禮典祀於新邑, 皆次秩不在禮文者而祀之.

은제(五年再殷祭)'[15]의 은(殷)과 같은 뜻이다."

○**정왈** 은례(殷禮)란 상(商)나라의 예이다. 주나라의 구례(舊禮)는 모두 제후의 예법이어서 사직(社稷)과 오사(五祀)의 제사 외에는 본래 모두 예문(禮文)이 없었다. 지금 신읍에서 올리는 사전(祀典)은 은나라의 예를 써야 걸맞으니【칭(稱)은 상당[相當 : 알맞다, 걸맞다]의 뜻이다.】 바로 그것이 천자의 예이다. 이것이 이른바 함질무문(咸秩無文)이다.

은(殷)은 성찬(盛饌)의 이름이다. 『의례』 「사상례(士喪禮)」에 '보름에는 은전(殷奠)을 올리지 않는다.'라고 하고, 『춘추좌씨전』 〈양공(襄公) 22년〉에 '소뢰(小牢)로 은제(殷祭)를 올린다.'라고 하고, 『예기』 「증자문(曾子問)」에 '임금 상(喪)의 복(服)을 벗은 다음에 〈사친(私親)을 위한〉 은제(殷祭)를 지낸다.'라고 하고, 『주역』 예괘(豫卦) 「상전(象傳)」에 '성대하게 상제께 올린다.'라고 한 것이 모두 같은 의미이다.【모기령이 말했다. "제(祭)는 성대해도 되지만 예(禮)는 성대해서는 안 된다."[16]】 그러나 이 경문과는 맞지 않으니 의당 정현의 설을 따라야 한다.【『상서지원록』】

---

15 오년재은제(五年再殷祭) : 殷祭는 천자가 5년마다 지내는 두 번의 성대한 제사로 한 번은 祫祭로 지내고 한 번은 禘祭로 지낸다. 『예기』 「王制」 "天子犆礿, 祫禘·祫嘗·祫烝."의 정현 주에 "五年而再殷祭, 一祫一禘."라고 하였는데, 공영달의 소에 "禘·祫者, 祭之大, 故亦謂之殷祭."라고 하였다.

16 모기령이……된다 : '殷禮'를 채침이 '盛禮'라고 풀이한 것을 비판한 내용으로 『상서광청록』 권4에 보인다.

21. 낙고 - 06

予齊百工, 伻從王于周, 予惟曰, '庶有事。' 今王卽命曰, '記功宗, 以功作元祀。' 惟命曰, '汝受命篤弼。丕視功載, 乃汝其悉自敎工。' 孺子其朋? 孺子其朋? 其往, 無若火始燄?【句】 **燄厥攸灼。敍弗其絶, 厥若彝,**【句】 **及撫事。如予惟以在周工, 往新邑, 伻嚮, 卽有僚, 明作有功, 惇大成裕, 汝永有辭。公曰 : "已, 汝惟沖子惟終。"**【《書大傳》, 敎工爲學功】

"제가 〈낙읍을 건설하는〉 백공(百工)을 정돈하고 경계하여 종주에서 왕명을 따르게 하면서 저는 '공을 세우면 그에 맞는 상이 있을 것이다.'라고 하였습니다. 그런데 지금 왕께서 오셔서는 '공종(功宗)을 기록하여 공에 따라 원사(元祀)로 삼으라.'라고 명하시고, 또 '그대가 명을 받고 돈독히 보필하였습니다. 공(功)을 기록한 문서를 살펴보니 바로 그대가 백공을 모두 직접 가르쳐서 이 낙읍을 완성하였습니다.'라고 명하시니, 유자(孺子)께서는 어찌 저만 편애하십니까? 유자께서는 어찌 저만 편애하십니까? 그렇게 나가면 여러 사람은 〈분하고 억울하여〉 마음에 불이 일어나는 것을 느끼지 않을 수 있겠습니까?【단구】 그 불길은 필시 거세게 타오를 때가 있을 것입니다. 공을 치하하여 상을 내리면서 아랫사람들의 공을 끊어버려서는 안 되니 옛날의 떳떳한 법에 따라【단구】 일을 맡았던 여러 사람에게 은전이 미치게 해야 합니다. 만일 제가 〈서방(庶邦)과 서은(庶殷)을 이 공사에 동원하지 않고〉 주나라에 있는 백공만 데리고 신읍으로 가서 그들에게만 일을 시키고, 주나라의 신하들 또한 명백하게 공을 세우고 이 대업에 힘써서 이 광대한 터전을 완성하였다면 〈왕께서 이렇게 하여도〉 길이 할 말이 있을 것입니다."

주공이 말했다. "아, 그대 충자(沖子)는 마무리를 잘하십시오."【『상서대전』에는 '敎工'이 '學工'으로 되어 있다.】

鄭云 : "孺子, 幼少之稱, 謂成王也。" ○馬讀敍句교1)字屬下。【《釋文》云】○蔡云 : "功臣, 皆祭於大烝, 而勳勞最尊者, 謂之元祀。" ○蔡云 : "論功行賞, 孺子其可殉교2)比黨之私乎?"

교1) 案句 : 『경전석문』에는 이 글자가 없다.
교2) 案殉 : 『서집전』에는 '少徇'으로 되어 있다.

〔孺子其崩〕 정현이 말했다. "유자(孺子)는 유소[幼少 : 어린아이]를 일컬으니, 성왕(成王)을 말한다."

〔敍弗其絶〕○마융은 서(敍) 자를 뒤 구에 붙여 읽었다.【『경전석문』에 보인다.】[17]

〔記功宗, 以功作元祀〕○채침이 말했다. "공신(功臣)은 모두 큰 증제(烝祭) 때에 제사하는데, 공이 가장 높은 이를 원사(元祀)라고 한다."[18]

---

17 마융은……보인다 : 매색과 채침은 "無若火始燄, 燄厥攸灼. 敍弗其絶"을 "無若火始燄燄, 厥攸灼敍, 弗其絶."로 구를 나누었고, 陸德明 역시 그렇게 본 것이다. 『경전석문』 권3 「尙書音義下 · 洛誥」의 '敍' 자에 대한 설명에 "絶句. 馬讀敍字屬下."라고 하였다.

18 공신(功臣)은……한다 : 원문을 일부 생략하고 인용하여 채침의 원래 뜻과는 조금 다르게 되었는데, 여기서는 다산이 인용한 대로 번역하였다. 『서집전』의 원문은 다음과 같다. 蓋功臣, 皆祭於大烝, 以勳勞之最尊顯者, 則爲之

〔孺子其朋〕○채침이 말했다. “논공행상(論功行賞)을 하면서 유자(孺子)가 조금이라도 붕당(朋黨)하는 사사로움을 따라서야 되겠느냐는 뜻이다.”

考異 《漢書》, 梅福上書言霍氏引《書》曰 : “毋若火始庸庸。”【〈梅福傳〉】
○宋云 : “時古文未立學, 蓋今文也。”

고이 『한서』에서 매복(梅福)이 글을 올려 곽광(霍光)에 대해 말하면서 『상서』를 인용한 부분에는 〈‘無若火始燄燄’이〉 ‘毋若火始庸庸’으로 되어 있다.【「매복전(梅福傳)」에 보인다.】
○송씨(宋氏)가 말했다. “이때는 고문이 아직 학관에 개설되지 않았으니, 아마 금문일 것이다.”

考訂 梅云 : “少子愼其朋黨。” **○案** 此數節, 乃周公辭勳之奏。成王請誨, 此其第二誨也。洛邑旣成, 周公謂‘庶邦 · 庶殷亦當有功’。及成王至洛, 但尊周公之功, 未及普施, 故公戒之也。今逐段解之, 義亦瞭然。【予齊百工, 伻從王于周, 予唯曰‘庶有事。’】 ○予整勅營洛之百工, 使一從王命于宗周, 且曰‘庶其有賞功之典’, 蓋慰諭庶邦 · 庶殷之人, 使之希望王恩。【今王卽命曰, ‘記切[교1)]宗, 以[교2)]作元祀。’ 惟命曰, ‘汝受命篤弼。丕視功載, 乃汝其悉自敎工。’】 ○不意王今至洛, 乃命曰‘但記功宗,【宗者, 祭也。以功而配食者爲功宗】 以周公作元祀。’【〈司勳〉[교3)]云‘大烝之配食’】 又命曰‘汝周公受命篤輔, 他人不足數也。予丕視功籍, 乃汝周公, 皆自敎百工, 以成洛邑, 百工有何功哉?’

冠. 故謂之元祀.

【孺子其朋? 孺子其朋? 其往, 無若火始燄? 燄厥攸灼】 ○公曰: "孺子其私於予乎, 其私於予乎? 率是以往, 衆情怫鬱, 得無若火之始燄乎? 燄必有所焚灼者矣。"【'若火교4)始燄'爲一句, '燄厥攸灼'又一句】

【敍弗其絶, 厥若彝, 及撫事】 ○敍功之法, 不宜但記功宗, 遂絶其下。王宜順古彝典, 使記功之典, 下及於撫事諸人。【卽庶殷及庶邦冢君·御事等】

【如予惟以在周工, 往新邑, 伻嚮, 卽有僚, 明作有功, 惇大成裕, 汝永有辭】 ○公曰: "若予不役庶邦·庶殷, 但以在周之百工往新邑, 使之趨嚮是役, 而周之諸僚, 亦明作有功, 惇此大業, 成此廣基, 則汝雖如是, 亦永有辭。今也不然, 庶邦·庶殷, 攻治大役, 惇之成之, 安得如是?" **○案** 此數節, 一氣呵成, 義理明白, 恐無可疑。其下繼進敬百辟之義, 亦此餘意也。

【周公雖未卒, 旣以元勳, 名爲功宗, 則預知異日必當從祀, 故曰元祀】

교1) 案切 : '功'의 誤記이다.
교2) 案以 : 경문을 참고할 때 뒤에 '功'이 더 있어야 한다.
교3) 勳 : 신조선사본에는 이 뒤에 '所'가 더 있다.
교4) 火 : 신조선사본에는 '大'로 되어 있으나 『尙書·周書·洛誥』에 따라 바로잡는다.

고정 매색이 말했다. "〈유자기붕(孺子其朋)은〉 소자(少子)는 붕당(朋黨)을 삼가라는 말이다."

○안 여기 몇 구절은 바로 주공이 공(功)을 사양하는 상주(上奏)이다. 성왕이 가르침을 청하였는데, 이것이 두 번째 가르침이다.

낙읍이 완성되고 나서 주공은 '서방(庶邦)과 서은(庶殷)에게도 마땅히 공에 대한 보답이 있을 것이다.'라고 생각하였다. 그런데 성왕이 낙읍에 도착해서는 주공의 공훈만 높일 뿐 은혜를 두루 베풀지 않았다. 그래서 주공이 그 점을 경계한 것이다. 이제 단락별로 해석해 보면 의미 또한 명료해질 것이다.

【予齊百工, 伻從王于周, 予唯曰'庶有事.'】○내가 낙읍을 건설하는 백공(百工)을 정돈하고 경계하여 모두 종주에서 왕명을 따르게 하고 또 '공에 걸맞은 상전(賞典)이 있을 것이다.'라고 하였다는 뜻이니, 대체로 서방과 서은의 사람들을 위로하고 타일러서 왕의 은혜를 바라게 하였다는 뜻이다.

【今王卽命曰, '記功宗, 以功作元祀.' 惟命曰, '汝受命篤弼. 丕視功載, 乃汝其悉自教工.'】○뜻밖에도 왕이 지금 낙읍에 이르러서는 '단지 공종【종(宗)은 제[祭 : 제사하다]의 뜻이다. 공이 있어 배식(配食)하는 이가 공종(功宗)이다.】을 기록하여 주공을 원사(元祀)【『주례』「하관(夏官)·사훈(司勳)」에서 말한 '대증(大烝)의 배식'이다.】로 삼으라.'라고 명하고, 또 명하기를, '그대 주공이 명을 받고 돈독히 보필하였으니 다른 사람은 헤아릴 것도 없다. 내가 공을 기록한 문서를 크게 살펴보니, 바로 그대 주공이 모든 일에서 몸소 백공들을 가르쳐서 낙읍을 이루었는데, 백공에게 무슨 공이 있겠는가?'라고 하였다는 뜻이다.

【孺子其朋? 孺子其朋? 其往, 無若火始燄? 燄厥攸灼】○주공이 "유자(孺子)께서는 어찌 저만 편애하십니까? 어찌 저만 편애하십니까? 그렇게 나가면 대중은 분하고 억울하여 마음에 열불이 나지 않겠습니까? 그 불길은 필시 거세게 타오르게 될 것입니다."라고 말한 것이다.【'若火始燄'이 1구가 되고, '燄厥攸灼'이 또 1구가 된다.】

【敍弗其絶, 厥若彝, 及撫事】○'공을 치하하여 상을 내리는 법은 공종만을 기록하고 아랫사람들을 무시해서는 안 됩니다. 왕께서는 마땅히 옛날의 떳떳한 법에 따라 공을 기록하는 은전이 아래로 일을

맡았던 여러 사람【곧 서은(庶殷) 및 서방(庶邦)의 총군(冢君)과 어사(御事) 등이다.】에게까지 미치게 하십시오.'라는 뜻이다.

【如予惟以在周工, 往新邑, 伻嚮, 卽有僚, 明作有功, 惇大成裕, 汝永有辭】
○주공이 '만약 내가 서방과 서은에게는 일을 시키지 않고 단지 주나라에 있는 백공만을 데리고 신읍으로 가서 그들을 이 공사에 달려가게 하고, 주나라의 신하들 또한 명백히 공을 세우고 이 대업에 힘써서 이 광대한 터전을 완성하였다면 그대가 비록 이렇게 하더라도 길이 할 말이 있을 것입니다. 그러나 지금은 그렇지 않아서 서방과 서은이 큰 공사를 맡아서 힘을 쓰고 완성하였는데 어떻게 이럴 수 있겠습니까?'라고 말한 것이다.

○**안** 여기 몇 구절은 단숨에 완성한 것으로 의리가 명백하여 의심할 것이 없는 듯하다. 이 뒤에 이어서 백벽(百辟)을 공경하는 의리를 진달한 것 또한 이의 연장선에 있는 것이다.【주공이 아직 죽지 않았지만 이미 원훈(元勳)으로서 공종(功宗)이라고 명명하였으니, 훗날 반드시 종사(從祀)될 것을 예견할 수 있다. 그러므로 원사(元祀)라고 한 것이다.】

21. 낙고 - 07

汝其敬, 識百辟享, 亦識其有不享。享多儀, 儀不及物, 惟曰不享。惟不役志于享, 凡民惟曰不享, 惟事其爽侮。【梅注 '公曰, 已, 汝惟沖子惟終', 爲此章之首句, 亦通】

"당신께서는 공경히 살펴서 제후들이 향(享)을 받아들이는지를 아셔야 하고, 또 그들 가운데 향을 받아들이지 않는 이가 있는지도 아셔야 합니다. 향은 위의(威儀)가 중요하니, 위의가 예물에 미치지 못하면 '불향(不享)'이라고 합니다. 향에 뜻을 두지 않으면 모든 사람이 '불향'이라고 말할 것이니, 위의가 어긋나고 업신여기는 것만을 보았기 때문입니다."【매색의 주에서는 '公曰已, 汝惟沖子惟終'을 이 장의 첫 구절로 삼았는데, 역시 통한다.】

鄭云："朝聘之禮至大, 其禮之儀不及物, 謂所[교1)]貢篚多而威儀簡也。威儀既簡, 亦是不享也。" ○補云："成王請誨, 此其第三誨也。享者, 饗也, 天子之燕諸侯也。周公戒王曰：'汝謂天子燕享諸侯, 則無不受享而去乎? 其中有享有不享, 汝宜敬察而識之。凡儀不及物, 彼曰, 不享。汝不肯役志勞心於是, 則凡民唯曰, 不受享,【凡民, 猶言'無人不如是'】 徒見其差忒慢侮'云矣。"

교1) 案謂所：『상서정의』의 일부 판본에는 '所謂'로 되어 있다.

〔享多儀……惟曰不享〕 정현이 말했다. "조빙(朝聘)의 예는 지극히 중대하니, 그 예의 위의(威儀)가 예물에 미치지 못하면 '공물(貢物)은 많으나 위의가 간소하다.'라고 한다. 위의가 이미 간소하다면 또한 받들지 않은 것이다." ○보충한다. "성왕이 가르침을 청하였는데, 이것이 세 번째 가르침이다. 향(享)이란 향[饗：잔치를 열어 손님을 접대하다]의 뜻이니, 천자가 제후에게 연회를 베푸는 것이다. 주공이 왕에게 경계하기를, '당신은 천자가 제후에게 연회를 베풀어 접대하면 접대를 받지 않고 돌아가는 사람은 없을 것이라고 생각하십니까? 그러나 제후들 중에는 접대를 받아들이는 이도 있고 받아들이지 않는 이도 있을 것이니, 당신은 마땅히 공경히

살펴서 그것을 알아야 합니다. 무릇 위의가 예물에 미치지 못하면 그들은 접대를 받지 않았다고 할 것입니다. 당신이 여기에 정성을 쏟고 마음을 쓰려고 하지 않으면 모든 사람이 연회를 받지 않았다고 할 것이니【범민(凡民)은 '무인불여시[無人不如是 : 그러지 않는 사람이 없다.]'와 같은 말이다.】 한갓 〈위의가〉 어긋나고 업신여기는 것만 보았기 때문입니다.'라고 한 것이다."

考訂 梅云 : "奉上, 謂之享。" ○蔡云 : "諸侯享上, 有誠有僞。擧國無享上之誠, 則至於僭侮叛亂, 可不辨之於早乎?"【朱子曰 : "幣有餘, 禮不足者, 往往有輕上之心。"】 ○**論曰** 此本鄭玄之意。然周公此時, 宜勉盡己之忠, 安用察物之苛? 享者, 饗也, 天子之燕諸侯也。覲禮必有享, 〈大行人〉云'上公, 王禮再祼, 饗禮九獻, 食禮九擧, 侯・伯・子・男, 各有差降', 〈掌客〉云'上公, 三饗・三食・三燕, 侯・伯, 三饗・再食・再燕, 子・男, 一饗・一食・一燕', 皆所謂享也。不唯是也, 郊勞眡館, 致飱致積, 還圭致贈, 旅擯郊送, 其禮極繁, 此所謂享多儀也。特以〈覲禮〉云'三享, 皆束帛加璧, 陳其庭實', 〈大行人〉云'廟中三享', 此則諸侯之奉天子而謂之享也。然天子之義, 懷諸侯也。周公敎成王, 不以我之所以待諸侯者誨之, 却以彼之所以奉天子者訐之, 欲其微察而苛責之? 斷斷無此理也。且孟子答屋廬子之問, 明引此節, 蓋以儲・任處於尊位, 孟子時爲賓旅, 故得引此文。若如鄭說, 孟子自居以王公之尊, 而待二子以賓旅, 不倫甚矣。公旣以敬百辟之道戒之, 又申其意曰'若不用心于享, 以盡吾誠, 則雖編戶之民, 猶曰不享', 謂我之差忒慢侮, 以之召亂。況彼百辟群后, 位尊名重, 體貌自別, 敢不敬乎? 雖飱牢山積, 籩豆星列, 不以敬而將之, 則不成饗也。《春秋傳》: "晉趙文子爲政, 薄諸侯之幣而

重其禮, 穆叔曰, '自今以往, 兵其少弭矣。'"【襄卄五】 蘇氏引此以證此經, 亦非矣。《易》曰'公用享於[교1)]天子', 《春秋傳》曰'戰克而王享',[교2)]【天子享晉侯】《詩》云'一朝饗之', 周定王之言曰'公當享, 卿當燕',[교3)] 上之禮下也。何嘗以下奉上爲享乎? 若論輕財重禮之義, 〈聘禮〉亦言之。【《知遠錄》】

교1) 案享於 : 『주역』에는 '亨于'로 되어 있다.
교2) 案享 : 『춘추좌씨전』에는 '饗'으로 되어 있다.
교3) 案燕 : 『춘추좌씨전』에는 '宴'으로 되어 있다.

고정 매색이 말했다. "윗사람을 받드는 것을 향(享)이라고 한다." ○채침이 말했다. "제후가 왕에게 폐백을 바칠 때 정성으로 바치는 경우가 있고 겉치레로 바치는 경우가 있다. 온 나라가 왕에게 바치는 정성이 없으면 함부로 업신여기고 반란하는 지경에 이를 것이니 일찌감치 분변하지 않아서야 되겠는가?"[19]【주자가 말했다. "폐백은 넉넉하나 예가 부족한 자들은 종종 임금을 가볍게 생각하는 마음을 가진다."[20]】

19 제후가……되겠는가 : 채침은 이 절을 제후를 거느리는 道를 말한 것이라고 보고, 제후가 왕에게 조회하고 예물을 바칠 때 정성이 없으면 온 나라 사람이 그에 동화되어 자기 임금에게 정성을 바치지 않아 결국 법도가 무너지는 지경에 이를 것이라는 뜻으로 해석하였는데, 내용이 많이 생략되어 전체 의미를 파악하기 어렵게 되었다. 『서집전』의 전문은 다음과 같다. 此, 御諸侯之道也. 百辟, 諸侯也. 享, 朝享也. 儀, 禮, 物, 幣也. 諸侯享上, 有誠有僞, 惟人君克敬者, 能識之, 識其誠於享者, 亦識其不誠於享者. 享, 不在幣而在於禮, 幣有餘而禮不足, 亦所謂不享也. 諸侯惟不用志於享, 則國人化之, 亦皆謂上不必享矣. 擧國無享上之誠, 則政事安得不至於差爽僭侮, 隳王度而爲叛亂哉? 人君可不以敬存心, 辨之於早, 察之於微乎?

20 주자가……가진다 : 주자 역시 享을 제후가 왕에게 폐백을 드리는 것이라고 보았다. 『晦庵集』 권65에 "享, 朝而以幣享王, 誠以奉上之辭. 幣有餘而禮不及者, 往往有輕上之心."이라고 하였다.

○논왈 이것은 본래 정현의 생각이다. 그러나 주공은 이때 자신을 다하는 충심을 갖도록 권면해야 마땅한데 어찌 예물을 살피는 자잘한 일을 말하였겠는가? 향(享)이란 향(饗)의 뜻이니, 천자가 제후에게 연회를 베푸는 것이다. 근례[覲禮 : 천자가 제후의 알현을 받는 의례]에는 반드시 연회가 있으니 『주례』「추관(秋官)·대항인(大行人)」에 '상공(上公)에게는 왕이 두 번 술을 따라주고, 향례(饗禮)에 구헌(九獻)을 하고, 사례(食禮)에 구거(九擧)를 한다. 후(侯)·백(伯)·자(子)·남(男)에게는 각각 차례로 예의 등급을 낮춘다.'[21]라고 하고, 「장객(掌客)」에 '상공에게는 삼향(三饗)·삼사(三食)·삼연(三燕)을 하고, 후와 백에게는 삼향·재사·재연을 하고, 자와 남에게는 일향·일사·일연을 한다.'라고 한 것이 모두 이른바 향(享)이다. 이것뿐만이 아니다. 교에서 빈(賓)을 맞이하여 위로하고 관사(館舍)로 안내하며[郊勞眡館], 희생(犧牲)을 보내주고 쌀과 벼, 땔나무를 보내주며[致飱致積], 규장(圭璋)을 돌려주고 예물을 주며[還圭致贈], 여빈이 교에서 전송하는[旅擯郊送] 등 그 예가 매우 번다하니 이것이 이른바 향다의(享多儀)이다. 다만 『의례』「근례(覲禮)」에 '삼향(三享)[22]에는 모두 속백(束帛) 위에 벽(璧)을 올려놓고 묘정(廟庭)

---

21 상공(上公)에게는……낮춘다 : 왕이 폐백을 바친 제후들을 대접할 때 上公에게는 왕이 두 번 잔을 따라주면 상공이 答杯를 올리는 再祼而酢를 행하고 饗禮에 九獻, 食禮에 九擧를 쓰고, 侯와 伯에게는 壹祼而酢, 七獻, 七擧를 쓰며, 子와 男에게는 壹祼不酢, 五獻, 五擧를 써서 대접한다. 『주례』 가공언의 소에 따르면 향례는 太牢로 賓을 대접하는 것이고, 食禮 역시 태뢰로 빈을 대접하되 술이 없는 예식이다. 가공언 소의 원문은 다음과 같다. 饗禮九獻者, 謂後日王速賓, 賓來, 就廟中行饗. 饗者, 亨大牢以飮賓, 設几而不倚, 爵盈而不飮, 饗以訓恭儉. 九獻者, 王酌獻賓, 賓酢主人, 主人酬賓酬後, 更八獻, 是爲九獻. 食禮九擧者, 亦享大牢以食賓, 無酒. 行食禮之時, 九擧牲體而食畢.

22 삼향(三享) : 『의례』 원문에는 '四享'으로 되어 있는데, 가공언의 소에 "案大

에 예물을 진열한다.'라고 하고, 「대항인」에 '사당 안에서 삼향을 올린다.'라고 하였는데, 이것은 제후가 천자에게 올리는 것을 향(享)이라고 한 사례이다.

그러나 천자의 의리는 제후를 품는 것이다. 주공이 성왕을 가르치면서 내가 제후를 대우하는 방법을 가르치지 않고 도리어 제후가 천자를 받드는 방법을 말하여, 세밀하게 살피고 까다롭게 요구하게 하려고 하였겠는가? 결단코 그랬을 리는 없다. 게다가 맹자가 옥려자(屋廬子)의 물음에 답하면서 분명하게 이 구절을 인용한 것은 대체로 저자(儲子)와 계임(季任)은 존위에 있고 맹자는 당시 빈려(賓旅)였기 때문에 이 글을 인용할 수 있었다.[23] 정현의 설과 같다면 맹자가 왕공(王公)의 존위를 자처하고 두 사람을 빈려로 대우한 것이니, 매우 이치에 맞지 않는다. 주공은 제후를 공경하는 도리를 가지고 성왕을 경계하고 나서 또 그 의미를 다시 말하여 '만약 향에 마음을 써서 나의 정성을 다하지 않는다면, 비록 편호(編戶)의 백성이라도 오히려 불향(不享)이라고 말할 것이다.'라고 한 것이니, 나의 잘못되고 오만함이 혼란을 부른다는 말이다. 하물며 저 제후들은 지위가 높고 명망이 중하여 체모(體貌)가 특별한데 감히 공경하지 않을 수 있겠는가? 비록 희뢰(餼牢)가 산처럼 쌓여 있고 변두(籩豆)가 별처럼 나열되어 있더라도 공경으로 받들지 않으면 향(饗)을 이루지 못한다. 『춘추좌씨전』에 "진(晉)나라 조문자(趙文子)가 집정(執政)이 되어서는 제후들이 바치는 폐백을 줄여주

行人, 五等諸侯皆同三享. 若然, 三與一及不享, 是其禮之差, 是無取於四之義, 故從三爲正."이라고 하였다.

23 게다가……있었다 : 『맹자』「告子下」에 나오는 내용으로 『맹자』의 전문은 아래 考證에 나온다. 각주 27) 참조.

고 제후들에 대한 예를 무겁게 하였다. 〈노(魯)나라 목숙(穆叔)이 진나라에 가서 조문자를 만나자 조문자가 목숙에게 말하기를〉 '앞으로는 병란이 조금 그칠 것입니다.'라고 하였다."라고 하였다.【양공 25년에 보인다.】 소식(蘇軾)이 이 내용을 인용하여 이 경문을 증명하였는데[24] 역시 틀렸다. 『주역』 〈대유괘(大有卦) 구삼효(九三爻)〉의 '공용형우천자(公用亨于天子)', 『춘추좌씨전』의 '전극이왕향(戰克而王饗)',[25]【천자가 진후(晉侯)를 접대하는 것이다.】 『시경』의 '일조향지(一朝饗之)',[26] 주나라 정왕(定王)이 말한 '공당향, 경당연(公當享, 卿當宴)'[27]은 윗사람이 아랫사람에게 예를 베푼 것이다. 언제 아랫사람이 윗사람에게 바치는 것을 향(享)이라고 한 적이 있는가? 재물을 경시하고 예를 중시하는 뜻을 논한 것으로는 「빙례(聘禮)」 또한 그것을 말한 것이다.【『상서지원록』】

---

24 소식(蘇軾)이……증명하였는데 : 소식의 설은 『서경대전』에 인용되어 있다. 소식 역시 享을 제후가 왕에게 바치는 것이라고 보았다. 이 구절은 주공이 성왕에게 '제후들에게 예를 요구해야지 폐백을 요구해서는 안 된다.'라고 경계한 것이라고 해석하고는 『춘추좌씨전』의 내용을 인용한 다음 "夫以列國之卿, 輕幣重禮, 猶足以弛兵. 王而賄, 其致寇也, 必矣."라고 하였다.

25 『주역』……전극이왕향(戰克而王饗) : 『주역』의 '公用亨于天子'에 대해 朱熹의 『周易本義』에서는 "公用亨于天子", 程頤의 『伊川易傳』에서는 "公享于天子"라고 하여 모두 享을 제후가 천자에게 바치는 것으로 보았다. 그런데 『춘추좌씨전』 희공 25년에 晉 文公이 시초점을 쳐서 大有가 睽로 변한 괘를 얻자 卜偃이 "遇公用享于天子之卦也, 戰克而王饗, 吉孰大焉."이라고 풀이하였는데, 杜預의 주에 "三爲三公而得位, 變而爲兌, 兌爲說, 得位而說, 故能爲王所宴饗."이라고 하여 享을 왕이 베푸는 연회를 받는다는 뜻으로 해석하였다. 다산은 이 설을 취한 것이다.

26 『시경』의 일조향지(一朝饗之) : 「小雅 · 彤弓」의 구절인데 『시경집전』에 "大飮賓曰饗"이라고 하여 손님을 접대하는 뜻으로 풀이하였다.

27 공당향, 경당연(公當享, 卿當宴) : 『춘추좌씨전』 宣公 16년에 나오는 내용으로, 왕이 享禮를 베푸는 예를 말한 것이다.

考證 《孟子》引《書》曰：“‘享多儀, 儀不及物,【無惟字】 曰不享, 惟不役志于享’, 爲其不成享也。”【〈告子〉篇 ○趙云：“享見之禮多儀法, 儀不及事, 謂有闕也。”】 **○案** 趙云‘享見’, 亦上見下也。

고증 『맹자』에서 『상서』를 인용하여 “‘향은 예의(禮儀)를 중시하는데 예의가 예물에 미치지 못하면【〈‘유왈불향(惟曰不享)’의〉 ‘유(惟)’ 자가 없다.】 ‘불향’이라고 하니[曰不享] 향에 마음을 쓰지 않았기 때문이다.’라고 하였으니, 향을 이루지 못하였기 때문이다.”라고 하였다.[28]【「고자」 편에 보인다. ○조기가 말했다. “향견(享見)의 예에는 의법(儀法)을 중시하니, 의법이 예물에 미치지 못하는 것을 궐(闕)이 있다고 한다.”[29]】

○안 조기가 말한 향견(享見)도 윗사람이 아랫사람을 만나보는 것이다.”

21. 낙고 - 08

乃惟孺子, 頒朕不暇, 聽朕教汝。【句】 于棐民彝。汝乃是不蘉, 乃時惟不永哉。篤敍乃正父, 罔不若予, 不敢廢乃命。

---

28 『맹자』에서……하였다 : 「告子下」에 나오는 내용이다. 맹자가 任나라의 留守 季任이 보낸 예물을 받기만 하고 만나지 않았는데 任나라에 가서는 季子를 만나보고 다시 齊나라에 가서는 儲子를 만나지 않았다. 이에 까닭을 묻는 屋廬子에게 「낙고」의 글을 인용하여 두 사람은 享을 이루지 못하였기 때문이라고 설명하였다.

29 조기가……한다 : 『맹자정의』 조기의 주에 “『尙書』「洛誥」篇曰 : ‘享多儀’, 言享見之禮多儀法也. 物, 事也. 儀不及事, 謂有闕也, 故曰不成享禮.”라고 하였다.

汝往敬哉。茲予其明農哉。彼裕我民, 無遠用戾。

"유자께서는 내가 미처 겨를을 내지 못한 일을 분담하시고 내가 당신에게 가르치는 바를 공손히 들으십시오.【단구】 그러면 백성들이 떳떳한 본성을 갖도록 하는 데 도움이 될 것입니다. 그러나 당신이 여기에 힘쓰지 않으면 천록(天祿)을 오래 누리지 못할 것입니다. 당신의 정보[正父 : 백관의 장(長)]를 돈독히 다스려서 모든 일을 내가 하던 것처럼 한다면 아랫사람들이 감히 당신의 명을 폐하지 않을 것입니다. 당신은 가서 공경히 행하십시오, 그러면 나는 〈짬을 얻어〉 농사일을 밝게 펴서 가르치겠습니다. 그것이 우리 백성을 넉넉하게 해주고 또한 〈백성을 가까이 오게 할 것이니〉 백성을 멀어지게 해서 엇나가도록 만들어서는 안 됩니다."

馬云 : "頒, 猶分也。" ○鄭云 : "成王之才, 周公倍之猶未, 而言分者, 誘掖之言也。" ○馬・鄭皆云 : "蘉, 勉也。" ○梅云 : "小子當分取我之不暇而行之。" ○補云 : "成王請誨, 此其第四誨也。遂及復政之說曰 : '孺子其分我無暇之勞勤, 又恭聽我教誨, 必有輔於民彝也。' 夫以天子之尊, 恭聽叔父之誨, 民之觀感者, 有不順承其父兄之誨者乎? 必有輔於民彝。汝不恭聽, 天祿其不永矣。" ○補云 : "正父, 百官之正長也。惇敍百官, 使賢者在位, 能者在職, 一如予攝政時, 則群下罔不祗承于汝命矣。'汝往敬哉', 如堯命舜曰'汝[교1]往欽哉'。"【周公之尊嚴如此, 不可以今眼度之】 ○補云 : "予得小暇, 當宣明稼穡之教, 彼足以裕我民食。【彼謂農事也】 且當近民, 不可遠民而致其乖戾也。"

교1) 案汝 : 『상서』 「堯典」과 「皐陶謨」에는 이 글자가 없다.

〔頒朕不暇〕 마융이 말했다. "반(頒)은 분[分 : 나누다]과 같은 뜻이다."[30] ○정현이 말했다. "성왕의 재주를 주공이 배나 가지고도 오히려 하지 못하였는데 분담하라고 말한 것은 성왕을 이끌어서 도와주기 위해 한 말이다." ○마융과 정현이 모두 말했다. "망(蘉)은 면[勉 : 힘쓰다]의 뜻이다." ○매색이 말했다. "소자(小子)는 마땅히 내가 겨를을 내지 못한 일을 분담해서 행하여야 한다는 말이다."

〔乃惟孺子……乃時惟不永哉〕○보충한다. "성왕이 가르침을 청하였는데, 이것이 네 번째 가르침이다. 드디어 정사를 돌려주면서 말하기를 '유자(孺子)께서 내가 미처 겨를이 없어 힘쓰지 못한 일을 분담하고 또 나의 가르침을 공손히 따른다면, 반드시 백성들이 떳떳한 본성을 지키도록 하는 데 도움이 될 것입니다.'라고 한 것이다. 무릇 존엄한 천자가 숙부의 가르침을 공손히 듣는다면 이것을 보고 느끼는 백성 가운데 부형의 가르침을 순순히 받들지 않는 이가 있겠는가? 반드시 백성들이 떳떳한 본성을 지키게 하는 데 도움이 될 것이다. 그러나 당신이 공손히 듣지 않는다면 천록(天祿)을 오래 누리지 못할 것이라는 말이다."

〔篤敍乃正父……汝往敬哉〕○보충한다. "정보(正父)는 백관의 정장(正長)이다. '백관을 돈독히 다스려서 현명한 이가 높은 지위에 있게 하고 유능한 이가 주요 직무를 맡게 하여 하나같이 내가 섭정하던 때처럼 한다면 아랫사람들이 모두 당신의 명령을 공경히 받들 것이다.'라는 의미이다. '여왕경재(汝往敬哉)'는 요(堯)가 순(舜)에게 명하면서 '여왕흠재(汝往欽哉)'[31]라고 한 것과 같다."【이와 같은 주공

30 마융이……뜻이다 : 『상서정의』에는 "馬云猶也."로만 되어 있는데, "以徐音求之, 或是分字."라고 한 淸代 盧文昭의 교감을 따랐다.

의 존엄을 지금의 안목으로는 헤아릴 수 없다.】

〔茲予其明農哉……無遠用戾〕○보충한다. "'나는 조금 짬을 얻어서 농사에 대한 가르침을 펴 밝힐 것이니 그것이 우리 백성의 먹거리를 넉넉하게 할 수 있습니다.【피(彼)는 농사(農事)를 말한다.】 또한 백성을 가까이해야 하니 백성을 멀리하여 그들이 엇나가게 해서는 안 됩니다.'라는 뜻이다."

考異 《說文》, 頒爲攽。【許云 : "攽, 分也。"】 薛本同。

고이 『설문해자』에는 '頒'이 '攽'으로 되어 있다.【허신(許愼)이 말했다. "반(攽)은 분[分 : 나누다]의 뜻이다."】 설계선본도 같다.

考訂 蔡云 : "頒朕,교1) 未詳。或曰, '成王當頒布我不교2)暇者。'" ○**案** 注疏的確, 毫無可疑, 九峰無故違之也。【頒布, 亦分布也。分與頒本同】 歷數千古, 焦勞憂勤, 豈有如周公者哉? 《詩》云 : "予手拮据, 予口卒瘏, 予羽譙譙, 予尾翛翛。" 周公之勤也。周公若是勤勞, 成王久於暇逸。周公今將復政, 亦未嘗奉身休退。故但乞其分此不暇, 至誠惻怛, 情見于詞。何云未詳?

교1) 案朕 : 『서집전』에는 뒤에 '不暇'가 더 있다.
교2) 案不 : 『서집전』에는 앞에 '汲汲'이 더 있다.

---

31 요(堯)가……여왕흠재(汝往欽哉) : 堯가 舜에게 이렇게 명한 내용은 『상서』에 나오지 않는다. 다만 堯가 鯀에게 治水를 명하면서 '往欽哉'라고 하고, 舜이 伯夷를 秩宗에 명하면서 '往欽哉'라고 하였으며, 또 皐陶의 進言을 듣고 나서 '往欽哉'라고 하였다. 여기서는 '汝往敬哉'와 맞추기 위해 '汝' 자를 추가한 것으로 보인다.

고정 채침이 말했다. "반짐불가(頒朕不暇)는 의미가 확실하지 않다. 혹자는 '성왕은 마땅히 내가 황급하여 겨를이 없음을 반포해야 한다는 의미이다.'라고 하였다."

○**안** 주소(注疏)가 적확하여 조금도 의심할 것이 없는데, 구봉[九峰: 채침]은 까닭 없이 이를 거스르고 있다.【반포(頒布) 또한 분포(分布)이다. 분(分)은 반(頒)과 본래 같은 의미이다.】 지나간 역사를 살펴보더라도 어찌 주공처럼 애를 태우고 걱정하며 부지런히 일한 사람이 있겠는가? 『시경』〈「빈풍(豳風)·치효(鴟梟)」〉에 "내 손을 부지런히 움직이고 내 입은 병들었네. 내 깃은 다 빠지고 내 꼬리는 다 찢어졌네."라고 한 것은 주공의 근로를 읊은 것이다. 주공은 이처럼 부지런히 수고하였고 성왕은 오랫동안 한가하고 편안하게 지냈다. 주공이 이제 정사를 돌려주려고 하지만 또한 벼슬을 그만두고 물러나 쉬려고 생각한 적은 없다. 그러므로 다만 겨를이 없어 행하지 못한 일을 분담해 달라고 청하였을 뿐이니, 지극한 정성과 간절한 마음이 말에 드러난 것이다. 어떻게 확실하지 않다고 하는가?

考訂 疏云: "正父, 武王也。"【蔡亦云】 ○**案** 正父者, 若〈酒誥〉所云圻父·農父·宏父之類, 以正父爲武王, 可乎? 若云正父是武王, 其'罔不若予'者爲誰? 〈周誥〉雖聱牙難通, 聖言必條理有序, 不應首尾橫決如注所言也。

고정 소에 "정보(正父)는 무왕(武王)이다."라고 하였다.【채침 역시 그렇게 말하였다.】

○**안** 정보(正父)는 『상서』「주고(酒誥)」에서 말한 기보(圻父)·농보

(農父)·굉보(宏父)와 같은 부류인데, 정보를 무왕이라고 해서야 되겠는가? 정보를 무왕이라고 한다면 '망불약여(罔不若予)'는 누구란 말인가? 「주고(周誥)」는 비록 문장이 난삽하여 이해하기 어렵다지만 성인의 말에는 반드시 조리와 질서가 있으니, 주에서 말한 것과 같이 앞뒤가 끊어져 서로 맞지 않을 수는 없다.

考訂 梅云: "汝往居新邑, 敬行教化哉。" ○蔡註同。【朱子云: "汝往歸宗周, 我留於此。"】 ○**案**〈召誥〉·〈洛誥〉, 皆是勸成王宅洛之戒, 周公豈肯曰'汝歸宗周, 我留在此'乎? '往敬哉', 如〈堯典〉之'往欽哉', 不必有往。王與公雖同在洛邑, 不害其言往也。

고정 매색이 말했다. "'당신은 가서 신읍에 머무르면서 공경히 교화를 행하십시오.'라는 뜻이다." ○채침의 주[32]도 같다.【주자가 말했다. "'당신은 종주(宗周)로 돌아가십시오. 나는 여기에 머무르겠습니다.'라는 말이다."[33]】

○**안** 「소고」와 「낙고」는 모두 성왕에게 낙읍에 머무르기를 권면하는 경계인데, 주공이 어떻게 '당신은 종주로 돌아가십시오. 나는 여기에 남겠습니다.'라고 말하려고 하였겠는가? '왕경재(往敬哉)'는 「요전」에서 '왕흠재(往欽哉)'라고 한 것과 같으니, 반드시 가야 하는 것은 아니다. 왕과 공이 함께 낙읍에 있더라도 '왕(往)'이라는 말을 하는 데에는 문제가 되지 않는다.

32 채침의 주: 채침은 '汝往敬哉'를 "王往洛邑, 其敬之哉!"라고 풀이하였다.
33 주자가……말이다: 『晦庵集』 권65 「雜著·尚書」에 "汝往歸宗周, 汝其敬敍武王之事, 而我留於此, 修后稷先公之業, 明農事以教民."이라고 한 내용이 보인다.

考訂 梅云："我其退,[교1)] 明教農人。"[교2)] ○蔡云："我其退休田野, 惟明農事, 蓋公有歸老之志。"[교3)]【朱子云："我留於此, 修后稷先公之業, 明農事以教民。"】 ○**訂曰** 此時周公安得退老田野? 誠使成王宅洛而親政, 周公當留作輔相。不然, 往守豐鎬, 安得如裴晉公・文潞公之休退田里? 公之所奏, 只請分勞, 退老非其志也, 觀於〈君奭〉一篇, 可知公心。且是時魯公伯禽, 早已封魯, 周公以天子之叔父, 上公之嚴父, 身且攝天子而朝諸侯者, 一朝角巾布衣, 退作田翁野老, 魯公・成王, 其能安於心乎? 每以今眼徑定古義, 始則曰'周公遭人言避居國東', 今又曰'周公奉朝請退老田墅', 曾謂周公旅進旅退, 鳧來鴈去, 一至如此。'明農'者, 明稼穡艱難之理也。〈無逸〉一篇, 〈七月〉八章, 卽明農之說, 彼裕我民, 農之利也。無遠用戾, 知小人之依也。周公此日, 〈無逸〉・〈七月〉之篇, 已在胸中, 故豫告如此。【《知遠錄》】 ○農之要, 裕民也, 近民也。【遠之則乖戾】

교1) 案退 : 『상서정의』에는 뒤에 '老'가 더 있다.
교2) 案人 : 『상서정의』에는 뒤에 '以義哉'가 더 있다.
교3) 案志 : 『서집전』에는 뒤에 '矣'가 더 있다.

고정 매색이 말했다. "'나는 물러나 쉬면서 농민에게 의리를 밝게 가르치겠습니다.'라는 말이다." ○채침이 말했다. "'나는 전야(田野)로 물러나 쉬면서 오직 농사를 밝히겠습니다.'라고 한 것이니 아마도 주공에게 귀로(歸老)의 뜻이 있었던 듯하다."【주자가 말했다. "'나는 여기에 남아서 우리 선공인 후직(后稷)의 사업을 닦아 농사를 밝혀서 백성을 가르치겠습니다.'라는 말이다."[34]】

34 주자가……말이다 : 앞의 각주 32) 참조.

○**정왈** 이때 주공이 어떻게 전야로 물러나 쉴 수 있었겠는가? 참으로 성왕이 낙읍에 있으면서 몸소 정사를 행한다면 주공은 마땅히 남아서 보상(輔相)이 되어야 하고, 그러지 않으면 가서 풍호(豐鎬)를 지켜야 마땅하지, 어떻게 배진공[裴晉公 : 배도(裴度)]이나 문로공[文潞公 : 문언박(文彦博)][35]처럼 전리(田里)로 물러나 쉴 수 있겠는가? 주공이 아뢴 것은 단지 수고를 나눌 것을 청하였을 뿐이고 퇴로(退老)는 주공의 뜻이 아니니, 「군석(君奭)」 편을 보면 주공의 마음을 알 수 있다. 또 이때는 노공(魯公) 백금(伯禽)이 이미 그 전에 노나라에 봉해졌으니 주공은 천자의 숙부이고 상공(上公)의 엄부(嚴父)이며, 자신은 또 천자를 대행하여 제후들의 조회를 받은 사람이다. 그런데 하루아침에 각건(角巾)을 쓰고 포의(布衣)를 입고 물러나 전옹(田翁) 야로(野老)가 된다면, 노공과 성왕이 어찌 마음이 편할 수 있겠는가?

매양 지금의 안목으로 고의(古義)를 내키는 대로 정하여, 처음에는 '주공이 사람들의 비난하는 말을 듣고 국도의 동쪽으로 피해가 머물렀다.'라고 하더니 지금은 또 '주공이 봉조청[奉朝請 : 봉조하(奉朝賀)]이 되어 전야로 물러나 쉬려고 하였다.'라고 하니, 일찍이 주공을 줏대 없이 무리에 휩쓸려 다니는 사람으로 여긴 것이 한결같이 이런 지경에 이르렀다. 명농(明農)이란 농사가 매우 어렵

35 배진공[裴晉公 : 배도(裴度)]이나 문로공[文潞公 : 문언박(文彦博)] : 배도(765~839)는 唐나라 憲宗~文宗 연간의 재상으로 晉國公에 봉해졌기 때문에 배진공으로 불린다. 문언박(1006~1097)은 北宋 英宗부터 哲宗代까지 50년 동안 재상이자 장군으로 활약하였으며 潞國公에 봉해졌기 때문에 문로공으로 불린다. 두 사람 모두 한때 국정의 중책을 담당하다가 뒤에는 정치에서 물러나 노년을 한가하게 지냈다.

다는 이치를 밝히는 것이다. 『상서』「무일」 편과 『시경』「칠월」 장은 곧 명농에 대한 설이니, '피유아민(彼裕我民)'은 농사의 이익이고, '무원용려(無遠用戾)'는 소인들이 의지하는 바를 안다는 뜻이다. 주공은 이때 「무일」과 「칠월」 편의 내용을 이미 흉중에 품고 있었기 때문에 이와 같이 미리 고한 것이다.【『상서지원록』】

○농사의 핵심은 백성을 넉넉하게 하고, 백성을 가깝게 대하는 것이다.【백성을 멀리하면 도리에 어긋나게 된다.】

21. 낙고 - 09

王若曰："公, 明保予沖子。公稱丕顯德, 以予小子揚文·武烈, 奉答天命, 和恒四方民, 居師。惇宗將禮, 稱秩元祀, 咸秩無文。惟公德明光于上下, 勤施于四方, 旁作穆穆迓衡, 不迷文·武勤教。予沖子夙夜毖祀。"

왕이 말했다. "공께서 나 어린 사람을 깨우치고 보우(保佑)하셨습니다. 공께서 문왕과 무왕의 밝은 덕을 칭송하여 나 어린 사람에게 문왕과 무왕의 공을 현양(顯揚)하여 하늘의 명에 답하고, 사방의 백성을 어그러지지 않게 화합하고 항구하게 하여 백성들을 〈이곳에〉 살게 하라고 하셨습니다. 나는 종사(宗祀)의 예를 돈독히 거행하고 원사(元祀)를 차례로 올리되 〈우리 주나라의〉 예문에 없는 것까지도 모두 차례로 제사하겠습니다. 오직 공은 덕이 위아래에 밝게 빛나고 사방에 부지런히 베풀어져서 목목(穆穆)히 사방의 아형(迓衡)이 되어 문왕과 무왕이 애써 이룬 교화를 어지러워지지 않게 하십시오. 나 어린 사람은 물러나 아침부터 밤까지 삼가 제사만 받들겠습니다."

補云："丕顯德, 文·武之德。" ○蔡云："和者, 使不乖也。恒者, 使可久也。居師,[교1] 宅其衆也。" ○補云："宗者, 祭也。篤於宗祀, 稱秩元祀, 答周公第一誨之意。"【言公命予以此】 ○補云："迓衡, 迎受之衡也。衡之爲物, 上承其縋繩, 下受其物載, 而旁橫一桁, 以應四方, 穆然平直, 不傾不墜, 以迓受其任, 周公之像也。周公明光于上下, 勤施于四方。" ○梅云："我愼其祭祀而已。" ○補云："公雖勉我宅洛, 唯公可以留洛施政。我則退居豐鎬, 愼奉宗祀而已。" **○案** 凡言四方者, 皆以宅洛而言。洛邑居四方之中, 卽所云'中乂'也。'勤施四方', '亂爲四輔', '四方世享', '四方新辟', 皆此意也。

교1) 案師 : 『서집전』에는 뒤에 '者'가 더 있다.

〔公稱丕顯德〕 보충한다. "비현덕(丕顯德)은 문왕과 무왕의 덕이다."
〔和恒四方民, 居師〕○채침이 말했다. "화(和)는 어그러지지 않게 한다는 말이다. 항(恒)은 오래갈 수 있게 한다는 말이다. 거사(居師)는 그 백성들을 살게 한다는 말이다."
〔惇宗將禮, 稱秩元祀〕○보충한다. "종(宗)은 제사의 종류이다. 종사(宗祀)를 돈독히 지내고 원사(元祀)를 차례대로 지내겠다고 한 것은, 주공의 첫 번째 가르침에 대답한 것이다."【공이 나에게 이렇게 하라고 명하였다는 말이다.】
〔旁作穆穆迓衡〕○보충한다. "아형(迓衡)은 받아들이는 저울이다. 저울이란 것은 위에는 줄을 매달고 아래에는 물건을 받으며 막대기

하나를 가로로 뻗쳐서 사방에 대응하여 평온하게 직선을 유지하며 한쪽으로 기울지도 않고 아래로 처지지도 않음으로써 맡겨진 일을 받아들인다. 그것이 주공을 닮았다. 주공은 덕이 위아래에 밝게 빛나고 사방에 부지런히 베풀어졌음을 말한 것이다."

〔予沖子夙夜毖祀〕○매색이 말했다. "나는 그 제사를 삼가 지낼 뿐이라는 말이다." ○보충한다. "공이 비록 나에게 낙읍에 있도록 권면하나 오직 공이 낙읍에 머물러 정사를 시행해야 하고, 나는 물러나 풍호(豐鎬)에 있으면서 삼가 종사(宗祀)를 받들 뿐이라는 말이다."

○안 사방(四方)이란 말은 모두 낙읍에 거주하는 것을 〈기준으로〉 말한 것이다. 낙읍은 사방의 중앙에 있으니 곧 '중앙에 있으면서 다스린다.[中乂]'[36]라는 것이다. 〈이 장의〉 '근시사방(勤施四方)', 〈10장의〉 '난위사보(亂爲四輔)', 〈11장의〉 '사방세향(四方世享)', 〈12장의〉 '사방신벽(四方新辟)'이 모두 이 뜻이다.

考異 《書大傳》云："以予小子揚文・武之德烈, 奉對天命。"【多'之德'二字, 又答爲對】 ○《釋文》云："迓, 馬・鄭[교1]音魚據反。"

교1) 案鄭：『경전석문』에는 뒤에 '王'이 더 있다.

고이 『상서대전』에는 〈'以予小子揚文・武烈, 奉答天命'이〉 "以予小子揚文・武之德烈, 奉對天命"으로 되어 있다.【'之德' 두 글자가 더 있고, 또 '答'이 '對'로 되어 있다.】

36 중앙에 있으면서 다스린다[中乂]：「召誥」 12장의 "其自時中乂"를 다산은 "居中以出治"라고 풀이하였다.

○『경전석문』에 “迓를 마융·정현·왕숙이 모두 魚(어)와 據(거)의 반절음으로 읽었다.”[37]라고 하였다.

21. 낙고 - 10

王曰 : “公,【句】 功棐迪篤, 罔不若時。” 王曰 : “公, 予小子其退, 卽辟于周, 命公後。四方迪亂, 未定于宗禮, 亦未克敉公功。迪將其後, 監我士·師工, 誕保文·武受民, 亂爲四輔。”【案。上云‘王曰公’, 下云‘王曰公’, 皆句也】

왕이 말했다. “공(公)이여,【단구】 〈서은과 서방이 낙읍을 건설하는〉 공(功)을 이루도록 도왔으니 공의 가르침에 따라 그들에게 두터이 보답하겠습니다.”

왕이 말했다. “공이여, 나 소자는 물러나 종주(宗周)로 가서 정사를 행할 것이니, 공께서는 남아서 낙읍을 다스리십시오. 그동안 사방에서 난리가 일어나 아직 우리의 종례[宗禮: 제례]를 정하지 못하였고, 또한 공의 사업을 확정하지도 못하였습니다. 공께서는 지난날 공을 세운 뒤를 이어 우리의 사(士)와 사(師)와 백공(百工)을 감독하고 문왕과 무왕께서 하늘로부터 받은 백성을 크게 보호하고 다스려서 사보(四輔)가 되십시오.”【안. 앞의 ‘왕왈공(王曰公)’과 뒤의 ‘왕왈공(王曰公)’에서 모두 단구해야 한다.】

37 『경전석문』에……읽었다 : 『경전석문』의 ‘迓’에 대한 설명에 “五嫁反, 馬·鄭·王, 皆音魚據反.”이라고 하였다.

補云："王曰公, 呼而告之也。"【上下同】 ○補云："功棐者, 功之輔也, 謂庶邦・庶殷, 輔周公以治洛者也。迪篤者, 謂當順公之誨言, 篤敍其功,【厚報之】 罔不如是也。"【如誨言】 ○蔡云："我退, 卽居于周, 命公留後治洛。" ○補云："卽辟, 猶言卽政。周公旣復辟, 成王乃卽辟, 如新卽位然也。" **○案** 九峰於此, 不解'卽辟'之義。蓋其本來議論, 謂周公未嘗攝位, 旣不攝位, 無所復辟, 如不復辟, 無所卽辟也。其憂深慮遠, 扶世之意, 非不正矣。儒者解經, 當先求經旨, 徐講義理, 不宜先立私意, 牽經以就己也。經文昭然, 何以諱之?【《知遠錄》】

〔王曰公〕○보충한다. "왕왈공(王曰公)은 〈공을〉 부르고 고한 것이다."【앞에 나온 '왕왈공'과 뒤에 나온 '왕왈공'이 같다.】
〔功棐迪篤〕○보충한다. "공비(功棐)는 공을 이루도록 도왔다는 뜻이니, 서방(庶邦)과 서은(庶殷)이 주공을 도와 낙읍을 건설하였다는 말이다. 적독(迪篤)은 공의 가르침에 따라 그들의 공에 두텁게 보답하여【두텁게 보답한다는 뜻이다.】 모두 주공의 말대로 하겠다는 뜻이다."【가르침처럼 하겠다는 말이다.】
〔予小子其退, 卽辟于周, 命公後〕○채침이 말했다. "'나는 물러나 종주(宗周)에 가서 있을 것이니 공은 뒤에 남아서 낙읍을 다스리십시오.'라고 명한 것이다." ○보충한다. "즉벽(卽辟)은 즉정(卽政)과 같은 말이다. 주공이 이미 정사를 돌려주어 성왕이 이제 정사에 나아가게 되었으니 새로 즉위한 것과 같다는 말이다."

○안 구봉[九峰 : 채침]은 여기에서 '즉벽'의 의미를 해석하지 않았다. 대개 그의 본래 의론(議論)은, 주공은 왕의 지위를 대행한 적이 없고, 왕의 지위를 대행하지 않은 이상 왕의 지위를 돌려줄 것도

없고, 왕의 지위를 돌려주지 않았으면 왕의 자리에 나아갈 일도 없다고 여긴 것이다. 깊이 근심하고 멀리 생각하여 세도를 부지하려고 한 뜻이 바르지 않은 것은 아니다. 그러나 학자가 경을 풀이할 때에는 마땅히 먼저 경의 본뜻을 찾고 나서 서서히 의리(義理)를 강구해야 하지, 먼저 사견을 세우고 경문을 끌어들여 자기의 뜻에 맞추어서는 안 된다. 경문이 분명한데 어떻게 숨기겠는가? 【『상서지원록』】

考訂 陳云 : "此下無周公答辭, 卽又繼以'王曰', 豈非脫簡・錯簡?" **○案** 《魯論》'子曰'之下, 無門人答詞, 而又繼以'子曰'者甚多, 亦皆脫簡乎? '王曰公', '王曰公', 有拳拳服膺之心, 汲汲來助之意, 故史臣形容而亟書之。

고정 진력(陳櫟)이 말했다. "이 뒤에는 주공의 답사(答辭)가 없이 곧바로 또 '왕왈'로 이어지고 있으니 탈간(脫簡)이나 착간(錯簡)이 아니겠는가?"[38]

○안 『노론(魯論)』에는 '자왈(子曰)' 뒤에 문인의 답사가 없이 또 '자왈'로 이어지는 곳이 매우 많은데, 그 또한 모두 탈간이겠는가? '왕왈공', '왕왈공'을 〈반복해서 쓴 것은〉 받들어 지키려는 마음과 절실히 도움을 바라는 뜻이 있으므로 사신(史臣)이 그것을 형용하기 위해 빠르게 써 내려간 것이다.

---

38 이 뒤에는……아니겠는가 : 『書集傳纂疏』 권5에 나오고 『書經大全』에도 인용되어 있다. 원문은 다음과 같다. '王曰公功棐廸篤'之下, 無周公答辭, 而卽繼以'王曰', 豈非此等處有脫簡・錯簡耶?

考訂 梅云："命公立[교1)]後。"【疏云："周公將退老, 故命立公後, 使伯禽爲國君。"】○蔡云："命公留後, 猶後世留守·留後之義。"【朱子云："猶唐節度留後之意。"】○毛云："唐節度跋扈不肯交代者, 謂之留後, 周公大聖, 加之以叛將之名。"【又云："封伯禽爲公後者, 非孔私言。"】 **○辨曰** 此大訟也。讀古經, 須先明字例, 今人學書, 故字多誤用。古人學字,【卽小學】故字有定例, 未嘗亂也。死而后稱先, 若先祖·先考·先人·先大夫之類, 是也。死而后稱後, 若立後·置後·予有後之類, 是也。生而不得稱後, 猶生而不得稱先, 理則然也。周公赫然生存, 成王胡爲立後? 此眞不稽之言, 無用再說。古唯死而后立後。故《禮》曰'喪有無後, 無無主',【〈喪大記〉】《禮》曰'大夫死而無子, 則爲之置後',【〈雜記〉文】《禮》曰'子者, 親之後也',【文[교2)]】'石駘仲卒, 卜所以爲後者',【〈檀弓〉文】'苟僂病, 士匄[교3)]請後',【答云："鄭甥可。"】'成季酖叔牙曰, 飮此則有後',【莊末年】'臧武仲以防求爲後',【襄卄三】'叔孫豹之筮, 歸爲莊叔後',【昭五年】'公子重耳稽顙而不拜, 示未爲後',【見〈檀弓〉】皆死而后稱後, 生而稱後者, 未之聞也。'臧孫達其有後於魯',【桓二年】臧孫其生乎? '成季之勳·宣孟之忠而無後, 爲善者懼',【成八年】宣孟其生乎? '惟魏犨[교4)]擧賢。仲尼聞之曰其長有後於晉國',【昭卄八】此時獻子未死, 然此遙遙指遠之言, 不足以證伯禽也。【《知遠錄》】

《公羊傳》曰："封魯公以爲周公也。周公拜乎前, 魯公拜乎後,【注云："始受封時, 拜于文王廟。"】曰'生以養周公, 死以爲周公主。'"【文十三】鄭玄以來, 所據者此文也。【鄭於《周禮·太宰》之注亦引《公羊》文】然周公之留與不留, 無與乎伯禽之封與不封, 封伯禽以留周公, 何說也? 伯禽封則留, 伯禽不封則不留, 周公是要君者乎? 朱子以命公後爲命公留洛, 一洗千古之陋。但其引留守·留後之法, 差未允當, 爲恌者所呰耳。'孔子之畏於匡, 顔淵後', '孔子之葬於防, 門人後',【〈檀弓〉文】成王之巡于洛, 周公後,其事旣同, 其文無異也。凡同行而落於後曰後。毛君大拍頭胡叫喚, 不足多辨。唯是引《左傳》祝鮀之言, 以爲伯禽·康叔之封, 同在逸誥之日, 則大武斷也。《尙書》百篇, 其序次, 雖若參錯, 今取〈書序〉, 合作一篇, 上下流觀, 亦其先後井井不紊。康叔·伯禽之封, 明在營洛之前, 故〈康誥〉·〈酒誥〉, 嵬然在上。今欲倒幻年月, 以證已謬, 得乎? 〈魯世家〉則曰'武王克殷之年, 封周公於曲阜, 是爲魯公。周公不就封, 留佐武王, 至周公攝政之年,【卽成王元年】伯禽代就封於魯。卽位之後, 管·蔡反, 淮夷·徐戎竝興, 伯禽率師伐之。作〈肹誓〉。'【卽〈費誓〉】蔡九峰亦云'〈費誓〉在周公東征之時, 則伯禽就封, 蓋已久矣。' 周公復辟之年, 始受封命, 有是理乎?【毛氏引〈多方〉序, 謂〈費誓〉在淮夷再畔之時, 亦未允】

교1) 案公立 : 『상서정의』와 家藏本[39] 『상서지원록』에는 '立公'으로 되어 있다.

교2) 案文 : 문맥으로 보아 앞에 '哀公問'이 더 있어야 한다.

교3) 士匃 : 신조선사본에는 '駟介'로 되어 있으나 『춘추좌씨전』 襄公 19년에 따라 바로잡는다.

교4) 案犨 : 『춘추좌씨전』에는 '子'로 되어 있다.

고정 매색이 말했다. "〈명공후(命公後)는〉 공의 후계자를 세우라고 명한 것이다."【소에 "주공이 물러나 쉬려고 하였기 때문에 공의 후계자를 세울 것을 명하여 백금(伯禽)을 국군(國君)이 되게 하였다."라고 하였다.】 ○채침이 말했다. "공에게 뒤에 남으라고 명한 것이니, 후세의 유

39 家藏本 : 金泳浩 교수가 소장하던 본이다. 舊本 『尙書古訓』(『古訓蒐略』) 6권 2책 중 권4~6(「洪範」 후반부 이하)의 1책과 『尙書知遠錄』 7권 3책 중 권4~7(「禹貢」 후반부 이하)의 2책 및 위 두 책을 합편한 『尙書古訓』 7책 21권 중 권19~21(「多方」 이하)의 1책이 남아 있다.

수(留守)나 유후(留後)와 같은 뜻이다."[40]【주자가 말했다. "당나라의 절도유후(節度留後)와 같은 뜻이다."[41]】

○모기령이 말했다. "당나라 때 절도사가 발호하여 교대하려고 하지 않으니 그들을 유후(留後)라고 하였는데, 대성인인 주공에게 반장(叛將)이라는 오명을 씌우기까지 하였다."【또 말했다. "백금을 봉하여 주공의 후계자로 삼았다는 것은 〈여러 경에 있으니〉 『공전(孔傳)』의 사견이 아니다."】[42]

○**변왈** 이것은 큰 논란거리이다. 고경(古經)을 읽을 때에는 먼저 자례(字例)를 밝혀야 하는데, 지금 사람은 글만 배우기 때문에 글자를 잘못 쓰는 경우가 많다. 옛사람은 글자를 공부하였기【즉 소학

---

40 채침이……뜻이다 : 채침은 '命公後'를 성왕이 주공에게 뒤에 남아서 洛邑을 다스리게 하였다는 뜻으로 풀이한 것인데 내용이 많이 생략되었다. 『서집전』의 원문은 다음과 같다. 成王言'我退, 卽居于周, 命公留後治洛.' 蓋洛邑之作, 周公本欲成王遷都, 以宅天下之中, 而成王之意, 則未欲捨鎬京而廢祖宗之舊. 故於洛邑擧祀發政之後, 卽欲歸居于周, 而留周公治洛. 謂之後者, 先成王之辭, 猶後世留守·留後之義.

41 주자가……뜻이다 : 『晦庵集』 권65 「雜著·尙書」에 나오고 『書經大全』에도 인용되어 있다. 주자는 "予小子其退, 卽辟于周, 命公後."를 채침의 풀이와 같이 왕이 자신은 宗周로 돌아가고 주공에게 뒤에 남아서 洛邑을 다스리게 할 것이란 뜻으로 보았다. 원문은 다음과 같다. 成王言'我當歸, 卽政于宗周而命公留于洛', 猶唐節度留候之意.

42 모기령이……아니다 : 『상서광청록』 권4에 보인다. '命公後'를 후세의 留守나 留後와 같은 의미라고 한 채침의 설을 반박한 내용으로, 留後와 같은 폐단이 생긴 것은 唐 憲宗 이후부터 시작되었으므로 채침의 설은 매우 이치에 맞지 않는다고 하였다. 『상서광청록』의 원문은 다음과 같다. 以後字綴留字而稱爲留後則可怪之甚. 夫留後, 非盛世名也. 考『唐志』, 節度使跋扈不肯交代, 或子握兵柄, 或士卒譁譟, 自擇將吏以邀命于朝, 三者皆謂之留後. 此其弊在唐元和後始有之.……乃以成王之世而比干亂朝, 以周公大聖而至加之以叛將之名, 其爲無理莫大于是.……況其所謂封伯禽爲公後者, 在諸經有之, 非孔傳私言也.

(小學)이다.】 때문에 글자에 일정한 용례가 있어서 그것을 어지럽힌 적이 없다. 죽은 다음에야 '선(先)'이라고 칭하였으니, 선조(先祖) · 선고(先考) · 선인(先人) · 선대부(先大夫) 같은 종류가 그것이다. 죽은 다음에야 '후(後)'라고 칭하였으니, 입후(立後) · 치후(置後) · 여유후(予有後) 같은 종류가 그것이다. 살아 있을 때 '후'라고 칭할 수 없는 것은 살아 있을 때 '선'이라고 칭할 수 없는 것과 같으니, 이치가 그러하다.

주공이 멀쩡하게 살아 있는데, 성왕이 어떻게 그를 위해 후계자를 세우겠는가? 이것은 진실로 계고(稽考)하지 않은 말이니 두말할 것도 없다. 옛날에는 오직 죽은 다음에야 후계자를 세웠다. 그러므로 『예기』에 '상례에 후사가 없을 수는 있지만, 상주가 없는 경우는 없다.'【「상대기(喪大記)」에 보인다.】라고 하고, 『예기』에 '대부가 죽었는데 자식이 없으면 그를 위해 후사를 세운다.'【「잡기(雜記)」의 글이다.】라고 하고, 『예기』에 '자식은 부모를 계승하는 후사이다.'【「애공문(哀公問)」의 글이다.】라고 하고, '석태중(石駘仲)이 죽자 후사가 될 사람을 점쳤다.'【「단궁(檀弓)」의 글이다.】라고 하였다. 〈『춘추좌씨전』에〉 '순언(荀偃)이 병들자 사개(士匃)가 후계자를 물으니'【'정생(鄭甥)을 세우라.'라고 답하였다.】라고 하고, 성계(成季)가 숙아(叔牙)에게 짐독(鴆毒)을 마시게 하면서, '이것을 마시면 후사가 있을 것입니다.'【장공(莊公) 32년에 보인다.】라고 하고, '장무중(臧武仲)이 방읍(防邑)을 점거하고 후사를 세워주기를 요구하였다.'【양공(襄公) 23년에 보인다.】라고 하고, '숙손표(叔孫豹)가 〈태어났을 때〉 주역점을 치니 〈장차 출분(出奔)하였다가〉 돌아와서 장숙(莊叔)의 후계자가 될 것이다.'라고 하였다.【소공(昭公) 5년에 보인다.】 〈『예기』에〉 '공자(公子) 중이(重耳)가 이마를 조아리기만 하고 절하지 않은 것은 후계자가 되지 않았음을 나타낸 것이다.'【「단궁(檀弓)」에 보인다.】라고 하였다. 이 예들은 모두 죽은 다음에야 '후'라고 칭한 것이고 살아 있는데 '후'라고 칭하는 경우는 들어본 적이 없다. 〈『춘추좌씨전』에〉 '장손달(臧孫達)은 후손이 노나라에서 복록을 누릴 것이다.'【환공(桓公) 2년에 보인다.】라고 하였는데, 장손달이 살아 있을 때 그렇게 될 것이라는 말이겠는가? '성계(成季)의 공훈(功勳)과 선맹(宣孟)의 충성으로도 후사가 없다면 선을 행하는 사람들이 두려워할 것이다.'【성공(成公) 8년에 보인다.】라고 하였으니, 선맹이 살아 있을 때의 일을 말한 것이겠는가? '위자(魏子)가 어진 사람을 등용하자 중니가 그 말을 듣고 그의 후손이 오래도록 진(晉)나라에서 복록을 누릴 것이라고 하였다.'【소공 28년에 보인다.】라고 하였는데, 이때 헌자(獻子)는 죽지 않았으나 이것은 아득한 뒷날의 일을 말한 것이니, 이것으로 백금의 일을 증명할 수는 없다.【상서지원록】

『춘추공양전』에 "노공(魯公)을 봉하여 주공(周公)으로 삼았기 때문이다. 주공을 먼저 봉하고 노공을 뒤에 봉하였으니【주에 "처음 봉을 받을 때 문왕의 사당에서 절하였다."라고 하였다.】 주공이 살아 있을 때에는 〈노나라를 가지고〉 주공을 봉양하고, 주공이 죽은 뒤에는 노공이 주공에게 올리는 제사의 주인이 되게 하였다.'라는 말이다."라고 하였다.【문공(文公) 13년에 보인다.】 정현 이래로 근거로 삼은 것이 이 글이다.【정현은 『주례』「천관 · 태재(太宰)」의 주에서도 『춘추공양전』의 글을 인용하였다.】

그러나 주공이 머무르고 머무르지 않는 것은 백금을 봉하거나 봉하지 않는 것과는 관계가 없는데, 백금을 봉하여 주공을 머무르게 한다는 것은 무슨 말인가? 백금을 봉하면 머무르고 백금을 봉하지 않는 경우 머무르지 않는다면 주공이 임금을 압박하였다는 말인가? 주자가 명공후(命公後)를 명공유락(命公留洛)으로 풀이하여 천고의 비루함을 단번에 씻어버렸다. 다만 주자가 유수와 유후의 법을 인용한 것은 어긋나서 타당하지 않으므로 경박한 사람[모기령]의 비난을 받은 것이다. 공자가 광(匡)에서 불안해하고 있을 때 안연이 뒤늦게 왔고[顏淵後], 공자가 방(防)에 〈부모를〉 합장(合葬)하고 〈먼저〉 돌아왔는데 문인들은 뒤늦게 돌아왔다.[門人後]【「단궁(檀弓)」의 글이다.】 성왕이 낙읍을 순시하고 주공을 뒤에 남게 한 것과 사례가 같은데다가 글도 다르지 않다. 무릇 동행하다가 뒤에 처지는 것을 '후(後)'라고 한다. 모기령이 기세등등하게 되지도 않는 소리를 떠들어대었으나 그것은 여러 말로 변론할 가치도 없다. 오직 『춘추좌씨전』 축타(祝鮀)의 말을 인용하여 백금과 강숙을 봉한 것이 모두 사일(史逸)이 〈축책(祝冊)을 써서 신에게〉 고하던 날에 있었다고 한 것은 매우 억지스러운 주장이다.

『상서』 100편은 그 차서가 비록 들쭉날쭉한 것 같지만 지금 「서서(書序)」를 가져다 합쳐서 1편으로 만들어 앞뒤를 쭉 훑어보면 또한 선후의 조리가 정연하여 어지럽지 않다. 강숙과 백금을 봉한 것은 명백하게 낙읍을 건설하기 전이었다. 그러므로 「강고」와 「주고」가 우뚝하니 앞에 있는 것이다. 지금 연월을 뒤집어서 자신의 잘못된 견해를 증명하려고 하지만 그럴 수 있겠는가? 『사기』 「노세가」에는 '무왕이 은나라를 이긴 해에 주공을 곡부에 봉하니 이 사람이 노공이다. 주공은 봉지로 가지 않고 남아서 무왕을 보좌하였고, 주공이 섭정하는 해【곧 성왕 원년이다.】에 이르러 백금이 대신 노나라의 봉지로 갔다. 〈백금이〉 즉위한 뒤 관숙(管叔)과 채숙(蔡叔)이 반란을 일으키고 회이(淮夷)와 서융(西戎)이 함께 일어나자 백금이 군사를 이끌고 그들을 정벌하였다. 「비서(肹誓)」【즉 「비서(費誓)」이다.】를 지었다.'라고 하였다. 채구봉 역시 '「비서」는 주공이 동정(東征)하던 때에 있었으니 백금이 봉지로 간 지는 이미 오래되었다.'라고 하였다. 주공이 정사를 돌려준 해에 비로소 봉하는 명을 받았다니, 그럴 리가 있겠는가?【모기령이 「다방」의 서(序)를 인용하여 '「비서」는 회이가 두 번째 반란을 일으킨 때에 지었다.'[43]라고 한 것 역시 옳지 않다.】

考訂 梅云："四方雖道治, 猶未定於尊禮, 亦未能撫順公功。"【疏云："未定尊大之禮, 言禮樂未明。"】 ○蔡云："宗禮, 卽功宗之禮也。敉功, 卽下文命寧者也。"【毛云："蔡氏改宗禮爲功宗之禮, 又改功宗之禮爲寧禮。"】 ○孔云："〈文王世子〉云'設四輔', 謂設衆官, 爲四方輔助。周公一人, 事無不統, 故一人爲四輔。" ○蔡云："居洛爲宗周之四輔, 漢之三輔, 蓋本於此。" **○案** 四方迪亂, 謂武庚・淮・徐之等, 相引爲亂也。宗禮者, 祭禮也。〈堯典〉秩宗寔典三禮, 《周禮》宗伯首掌祭[교1)]禮, 〈曲禮〉大宗厥司祭典, 宗禮者, 祭禮也。故上文曰'惇宗將禮, 稱秩元祀, 咸秩無文',【蔡亦云'功宗之禮'】 宗禮, 非祭禮乎? 本來無文, 故請公之序秩也。周公雖定洛邑, 郊・社甫建, 文・武僅祭, 而天子之禮, 概無舊章, 太王・王季・后稷・公劉, 四望・五祀, 五嶽・四瀆, 又將如何? 立國之初, 宜首定祭禮, 故王之言如此。○王曰'往年多亂, 尙不能惇定祭禮, 亦未能敉定公功。【謂撫定其旣始之功】 公宜順導其後,【承前功】 監此洛師,【師工謂衆工】 爲四方輔。'

---

43 모기령이……지었다:『상서광청록』 권4에 "「多方」序云, '成王歸自奄, 以淮夷又叛, 成王東伐淮夷, 始踐奄. 此東郊不開之淮夷叛也. 是伯禽始就國後也, 則「費誓」之作, 正在殷頑初遷淮夷再叛之際."라고 한 내용이 나온다.

皆所以勉周公留洛也。○訓宗爲尊, 本是誤解。功宗之名, 亦以其從祀大烝而謂之功宗, 故繼之曰'以功作元祀'。【蔡氏遂執'功宗'二字, 竝以宗禮, 皆作功宗之禮, 誤】 蔡固誤矣, 梅所云'尊大之禮', 又何禮也? 輔者, 輔車之相依也。然疑丞四輔・京兆三輔, 與玆無涉。鎬之去洛, 千二百里, 何以爲輔?【已上《知遠錄》】

교1) 案祭 : 『상서지원록』에는 '吉'로 되어 있다.

고정 매색이 말했다. "사방이 비록 잘 다스려졌으나 아직 공이 있는 이를 높이는 예를 정하지 못하였고, 또한 공(公)의 공에 보답하지도 못하였다는 말이다."[44]【소에 "아직 공이 큰 사람을 높이는 예를 정하지 못하였다는 뜻이니 예악을 밝히지 못하였다는 말이다."라고 하였다.[45]】

○채침이 말했다. "종례(宗禮)는 공종(功宗)의 예이고, 미공(敉功)은 뒤 〈14장에〉 나오는 명녕(命寧)의 뜻이다."[46]【모기령이 말했다. "채침은 종례(宗禮)를 공종지례(功宗之禮)로 고치고, 또 공종지례를 영례(寧禮)로 고쳤다."[47]】

○공영달이 말했다. "「예기」「문왕세자(文王世子)」에 '설사보(設四輔)'라고 한 것은 여러 관직을 설치하여 사방의 보조(輔助)로 삼았

---

44 사방이……말이다 : '四方迪亂, 未定于宗禮, 亦未克敉公功.'에 대한 주석인데, 일부 내용이 생략되었다. 『상서정의』 원문은 다음과 같다. 四方雖道治, 猶未定於尊禮. 禮未彰, 是亦未能撫順公之大功, 明不可以去.

45 소에……하였다 : 공영달 소의 원문과는 약간의 글자 출입이 있다. 『상서정의』 원문은 다음과 같다. 未能定於尊大之禮, 言其禮樂未能彰明也.

46 종례(宗禮)는……뜻이다 : 『서집전』의 내용을 발췌한 것이다. 전문은 다음과 같다. 宗禮, 卽功宗之禮也. 亂, 治也. 四方開治, 公之功也, 未定功宗之禮, 故未能敉公功也. 敉功者, 安定其功之謂, 卽下文命寧者也.

47 모기령이……고쳤다 : 관련 내용은 『상서광청록』 권4에 보인다.

다는 말이다. 그런데 주공은 혼자서 모든 일을 통솔하였기 때문에 한 사람이 사보가 된 것이다."

○채침이 말했다. "낙읍에 머물러 종주(宗周)의 사보가 되라는 말이다. 한나라의 삼보(三輔)는 여기에 근거하였을 것이다."[48]

○안 사방적란(四方迪亂)은 무경·회이·서융 등이 서로 끌어들여 난을 일으킨 것을 말한다. 종례(宗禮)란 제례(祭禮)이다. 「요전」의 질종(秩宗)은 실로 삼례(三禮)를 관장하고,[49] 『주례』의 종백은 길례(吉禮)를 관장하며, 『예기』「곡례」에 따르면 대종(大宗)이 맡은 일은 제전(祭典)이니, 종례는 제례이다. 그러므로 앞글에서 '돈종장례, 칭질원사, 함질무문(惇宗將禮, 稱秩元祀, 咸秩無文)'이라고 한 것이니,【채침은 그것 또한 '공종의 예'라고 하였다.[50]】 종례는 제례가 아니겠는가? 그런데 본래 그에 대한 예문이 없었기 때문에 공에게 차례대로 제사하기를 청한 것이다. 주공이 비록 낙읍을 안정시키고 교(郊)와 사(社)를 크게 세웠으나 문왕과 무왕의 제사를 겨우 지냈을 뿐이고, 천자의 예에 대해서는 옛 전장(典章)이 전혀 없으니 태왕(太王), 왕계(王季), 후직(后稷), 공류(公劉), 사망(四望), 오사(五祀), 오악(五嶽), 사독(四瀆)에 대한 제사는 또 장차 어떻게 할 것인가? 나라를 세운 초기에 의당 가장 먼저 제례를 정해야 하므로 왕의

48 채침이……것이다 : 『서집전』의 내용을 발췌한 것이다. 전문은 다음과 같다. 周公居洛, 啓大其後, 使我士師工有所監視, 大保文武所受於天之民而治, 爲宗周之四輔也, 漢三輔, 蓋本諸此.

49 「요전」의……관장하고 : 堯가 三禮를 맡을 수 있는 사람을 추천받아 伯夷를 秩宗으로 삼았다. 『상서고훈』「요전 하」 16장 참조.

50 채침은……하였다 : 앞에 나온 9장의 '惇宗將禮'에 대해 채침은 "宗, 功宗之宗也, 下文宗禮同."이라고 하였다.

말이 이와 같은 것이다.

○왕이 '지난날 난리가 많아 아직도 제례를 돈후하게 정하지 못하였고 또한 공의 사업을 확정하지도 못하였습니다.【〈미정(敉定)은〉 이미 시작한 사업을 매만져 확정한다는 말이다.】 공은 지난날에 세운 공을 잘 계승하여【〈적장기후(迪將其後)는〉 앞에 세운 공을 계승한다는 뜻이다.】 이 낙읍의 여러 공인(工人)【사공(師工)은 중공(衆工)을 말한다.】을 감독하여 사방의 보가 되어야 합니다.'라고 말한 것이니, 모두 주공에게 낙읍에 남기를 권면하는 이유가 되는 것이다.

○종(宗)을 존(尊)으로 풀이한 것은 본래 잘못된 해석이다. 공종(功宗)이라는 명칭 또한 대증(大烝)에 배향하기 때문에 공종이라고 한 것이므로 그것을 이어서 '이공작원사(以功作元祀)'라고 한 것이다.【채침은 드디어 공종(功宗) 두 글자에 집착하여 종례(宗禮)까지도 모두 공종지례로 만들었는데 틀렸다.】 채침은 참으로 틀렸지만 매색이 말한 '존대지례(尊大之禮)'는 또 무슨 예인가? 보(輔)는 수레의 덧방나무와 바퀴처럼 서로 의지하는 관계를 말한다. 그러나 의(疑)·승(丞) 등의 사보(四輔)와 경조(京兆)의 삼보(三輔)는 이것과 아무 관련이 없다. 호경은 낙읍에서 1,200리나 떨어져 있는데, 어떻게 보가 될 수 있겠는가?【이상《상서지원록》】

21. 낙고 - 11

王曰："公,【句】 定予往已。【句】 公功, 肅교1)將祗歡, 公無困哉。【當作我】 我惟無斁其康事, 公勿替刑, 四方其世享。"

교1) 肅 : 신조선사본에는 '爾'로 되어 있으나 『尙書 · 周書 · 洛誥』에 따라 바로잡는다.

왕이 말했다. "공이여!【단구】 저는 주(周)로 돌아가기로 결정하였습니다.【단구】 공의 공(功)을 모두가 엄숙히 받들어서 공경하고 즐거워하니 공은 저를 곤란하게 하지 마십시오.【〈'哉'는〉 '我'가 되어야 한다.】 저 또한 천하를 안정시키는 일을 게을리하지 않을 것이니, 공이 법을 바꾸지 않으신다면 사방이 대대로 그 혜택을 누릴 것입니다."

補云 : "定予往, 謂已定于歸周也。已, 謂竟往而已。" ○梅云 : "天下咸敬樂公功。" ○補云 : "康事, 平寧之事也。洛邑居中, 將懷綏庶邦, 鎭安庶殷 · 難治之地。又公無以艱事困我, 我亦無怠於康事。"【言治周】 ○補云 : "替刑, 猶言改法。公去而王代之, 則於洛替刑也, 公留治洛, 四方其世享其祿矣。"

〔定予往已〕 보충한다. "정여왕(定予往)은 이미 주(周)로 돌아가기로 결정하였다는 말이다. 이(已)는 '마침내 가겠다.'라는 말이다.

〔公功肅將祗歡〕○매색이 말했다. "천하 사람들이 모두 주공의 공을 공경하고 즐거워한다는 말이다."

〔我惟無斁其康事〕○보충한다. "강사(康事)는 평안하게 하는 일이다. '낙읍은 중앙에 있으니 장차 서방을 품어서 안정시키고 서은과 다스리기 어려운 지역을 진무(鎭撫)해야 합니다.'라고 하고, 또 '공은 일을 어렵게 만들어 나를 곤란하게 하지 마시고, 나 또한 안정시키는 일을 게을리하지 않을 것입니다.'라고 한 것이다."【주(周)를 다스

리겠다는 말이다.】

〔公勿替刑, 四方其世享〕○보충한다. "체형(替刑)은 개법[改法 : 법을 바꾸다]과 같은 말이다. 공이 떠나고 왕이 대신하면 낙읍에서 법을 바꾸게 되나, 공이 머물러 낙읍을 다스리면 사방이 대대로 그 혜택을 누리게 될 것이라는 말이다."

考異 《漢書 · 杜欽傳》引《書》曰 : "公無困我。"【哉爲我】 又元帝報王鳳疏引《書》曰 : "公毋困我。"【〈元后傳〉】 ○吳云 : "《漢書》兩引'公無困我', 當以我爲正。"

고이 『한서』「두흠전」에서 『상서』를 인용하여 '公無困我'【'哉'가 '我'로 되어 있다.】라고 하고, 또 원제(元帝)가 왕봉(王鳳)의 상소에 답하면서 『상서』를 인용하여 '公毋困我'【「원후전(元后傳)」에 보인다.】라고 하였다.
○오씨(吳氏)가 말했다. "『한서』에서 두 번이나 '公無困我'라고 인용하였으니, 마땅히 '我'를 바른 것으로 보아야 한다."[51]

21. 낙고 - 12

周公拜手稽首曰 : "王命予來, 承保乃文祖受命民, 越乃光烈考武王, 弘朕恭。孺子來相宅, 其大惇典殷獻民, 亂

51 오씨(吳氏)가⋯⋯한다 : 『서집전』의 「引用先儒姓氏」를 보면 吳棫(1100~1154)인 듯하다. 『서집전』의 원문은 다음과 같다. 吳氏曰 : "『前漢書』兩引'公無困哉', 皆以哉作我, 當以我爲正."

爲四方新辟, 作周恭先。" 曰: "其自時中乂, 萬邦咸休, 惟王有成績。"

주공이 배수계수하고 말했다. "왕께서 저에게 이 신읍(新邑)에 와서 우리 문왕이 하늘에서 받은 백성을 이어받아 보호하고, 열고(烈考) 무왕의 업적을 빛내라고 명하시는 것은 또한 저의 공손함을 널리 퍼지게 하기 위해서입니다. 비록 그러하나 유자께서 이미 와서 살 곳을 살펴보셨으니 마땅히 이 은나라의 크고 작은 백성을 다스리며 사방의 새 임금이 되어 주나라에 공경을 선도해야 합니다."

주공이 또 말했다. "이제부터 중앙에서 다스려서 만방을 모두 편안하게 하면 왕에게 공이 있을 것입니다."

鄭云: "文祖者, 周曰明堂, 以稱文王。"【〈周頌·維[교1)]天之命〉疏】 ○鄭以烈爲威。【〈周頌·雝〉詩疏】 ○補云: "周公旣聞王言, 又固請王治洛也。公曰'王命予來此新邑, 以保此文王所受之民,【新服命之民】 于以光武王之業, 亦所以廣我之恪恭也',【言我從王命留洛則恭】 雖然王旣來相宅, 宜典此殷大小民,【典, 守也】 爲四方新辟,【復政, 如今新卽位】 以作恭先。【王順我言, 是作我恭先】 其自今宅中而治, 王其有功矣。先者, 倡也。"

교1) 維: 신조선사본에는 '惟'로 되어 있으나 편명이므로 바로잡는다.

〔承保乃文祖受命民〕 정현이 말했다. "문조(文祖)를, 주나라에서는 명당(明堂)이라고 하는데 문왕을 가리킨다."【『시경』「주송(周頌)·유천지명(維天之命)」의 소에 보인다.】 ○정현은 열(烈)을 위(威)로 보았다.【『시

경』「주송(周頌)·옹(雝)」의 소에 보인다.】[52]

〔周公拜手稽首……惟王有成績〕○보충한다. “주공이 왕의 말을 듣고 나서 다시 왕에게 낙읍을 다스릴 것을 굳게 청한 내용이다. 주공이 ‘왕께서 나에게 여기 신읍(新邑)에 와서 문왕이 받은 백성【새로 복명(服命)한 백성을 말한다.】을 보호하여 무왕의 업적을 빛내라고 명한 것은, 또한 나의 공경을 널리 퍼지게 하기 위해서입니다.【내가 왕명에 따라 낙읍에 머무르는 것이 바로 공경이 된다는 말이다.】 그러나 왕께서 이미 와서 살 곳을 살펴보셨으니, 마땅히 이 은나라의 크고 작은 백성을 다스리며【전(典)은 수[守 : 다스리다, 수호(守護)하다]의 뜻이다.】 사방의 새 임금이 되어【정사를 돌려주었으니 지금 새로 즉위한 것과 같다는 뜻이다.】 공경의 선도가 되셔야 합니다.【왕이 나의 말을 따르는 것이 우리에게 공경의 선도가 된다는 뜻이다.】 지금부터 중앙에 자리하여 다스리시면 왕에게 공이 있을 것입니다.’라고 말한 것이다. 선(先)은 창[倡 : 선봉이 되다]의 뜻이다.”

21. 낙고 - 13

予旦以多子越御事, 篤前人成烈, 答其師, 作周孚先, 考朕昭子刑, 乃單文祖德。

52 정현은……보인다 : 『시경』「周頌·雝」의 “旣右烈考”의 箋에 “烈考, 武王也.……『箋』云‘烈, 光也’.”라고 하였는데, 공영달의 소에 “以大祖爲文王, 皇考當之矣, 而別言烈考. 故知爲武王, 卽「洛誥」所云‘烈考武王宏朕恭’一也. 彼注以烈爲威, 此箋以烈爲光者, 義得兩通故也.”라고 하였다.

"나 단(旦)은 다자(多子)와 어사(御事)를 거느리고 전인(前人)이 이룬 옛 나라를 독실히 지켜서 백성을 대하되, 신의와 성실로 천하의 선봉이 되어 우리의 숙원을 이루고 전형(典刑)을 밝게 제정하여 문왕의 덕을 완수하겠습니다."

馬云 : "單, 信也。" ○鄭云 : "成我所用【考, 成也】明子之法度者, 乃盡明堂之德。明堂者, 祀五帝·太皞之屬, 爲用其法度也。周公制禮六典, 就其法度而損益用之也。"【〈周頌교1)·維天之命〉疏】 ○補云 : "此節, 公請守豐鎬也。公曰'我以諸子【謂宗族】·諸臣,【王若留洛, 大臣·公卿當從王在洛, 留於鎬者, 唯御事之諸臣】 篤前人已成之功,【舊邦也】 以對其衆, 但以誠意孚格爲天下先,【作孚先】 成我宿志, 明作典刑,【謂制禮作法】 乃卒文王之德。'" **○案** 鄭每以文祖爲明堂者, 以《孝經》云'宗祀文王,교2) 以配上帝也'。《孝經》眞僞, 尙有未定, 而鄭於《孝經》之緯, 自來篤信。故《詩》箋·《書》註, 每於文王之祭, 輒指爲明堂也。 **○又按** 多子, 猶言諸子。【〈夏官〉, '諸子掌國子之倅', 謂卿·大夫之子】 特言多子·御事卑小之類者, 以大臣·公卿應在王在之所也。

교1) 頌 : 신조선사본에는 '頌'으로 되어 있으나 편명이므로 바로잡는다.
교2) 案王 : 『효경』에는 뒤에 '於明堂'이 더 있다.

〔考朕昭子刑, 乃單文祖德〕 마융이 말했다. "단(單)은 신[信 : 믿다]의 뜻이다." ○정현이 말했다. "내가 앞으로 사용할 당신의 법도를 이룬 것은【고(考)를 성[成 : 이루다, 완성하다]의 뜻으로 본 것이다.】 바로 명당(明堂)의 덕을 다한 것이라는 의미이다. 명당은 오제(五帝)와 태호(太皞) 등에게 제사하는 곳으로, 그 제사에 그 법도를 사용하기 위

해서라는 말이다. 주공이 제정한 육전(六典)의 예는 그 법도에 나아가 그것을 손익(損益)하여 사용한 것이다."【『시경』「주송(周頌)·유천지명(維天之命)」 소에 보인다.】

〔予旦以多子越御事……乃單文祖德〕○보충한다. "이 절은 주공이 풍호(豊鎬)를 지키겠다고 청한 것이다. 주공이 '나는 제자(諸子)【종족(宗族)을 말한다.】와 제신(諸臣)【왕이 낙읍에 머무르면 대신과 공경은 왕을 따라 낙읍에 있어야 하므로 호경(鎬京)에 머무를 사람은 일을 담당한 신하들일 뿐이다.】을 거느리고 전인이 이미 이룬 공을 독실히 지켜서【옛 나라를 말한다.】 백성을 대하되, 다만 성의(誠意)와 신의(信義)로 천하의 선봉이 되어【작부선(作孚先)을 풀이한 것이다.】 우리의 숙원을 이루고 전형(典刑)을 밝게 제정하여,【예를 제정하고 법을 만든다는 말이다.】 문왕의 덕을 완수하겠습니다.'라고 말한 것이다."

○**안** 정현이 매양 문조를 명당이라고 하는 것은, 『효경』에 '〈명당에서〉 문왕에게 종사(宗祀)를 올려 상제에 배향하였다.'라고 하였기 때문이다. 『효경』의 진위(眞僞)는 아직 확정되지 않았는데, 정현은 위서(緯書)인 『효경』을 본래 독실하게 믿었다. 그러므로 『시경』의 전(箋)과 『상서』의 주에서 문왕의 제사만 나오면 번번이 명당이라고 지칭한 것이다.

○**우안** 다자(多子)는 제자(諸子)와 같은 말이다.【『주례』「하관(夏官)」에 '제자(諸子)는 국자(國子)의 쉬(倅)를 담당한다.'라고 하였는데, 경과 대부의 아들을 말한다.[53]】 단지 비소(卑小)한 부류인 다자와 어사만 말한 것

---

53 『주례』……말한다 : 『주례』「夏官」"諸子, 掌國子之倅."에 대한 정현의 주에 "國子, 謂諸侯·卿大夫·士之子也."라고 하였다.

은 대신과 공경은 왕이 있는 곳에 있어야 하기 때문이다.

21. 낙고 - 14

伻來毖殷, 乃命寧予。【句】 以秬鬯二卣曰, '明禋。拜手稽首, 休享。' 予不敢宿, 則禋于文王·武王。惠篤敍, 無有遘自疾, 萬年厭于乃德, 殷乃引考。王伻殷, 乃承敍萬年, 其永觀朕子, 懷德。

"〈왕께서는〉 사람을 보내와 은나라 백성을 위로하고, 또 저의 안부를 묻고 저를 위로하도록 명하셨습니다.【단구】 또 거창주(秬鬯酒) 두 통을 주시면서 말씀하기를 '〈문왕과 무왕께〉 밝게 인제(禋祭)를 지내십시오. 배수계수하고 보내니 아름답게 향례(享禮)를 올리십시오.'라고 하셨습니다. 저는 감히 명을 묵히지 못하여 즉시 문왕과 무왕에게 인제를 올리면서 〈왕을 위해〉 '이렇게 도타운 은혜를 베푸시니 병에 걸리는 일 없이 만년에 이르도록 백성이 이 덕을 풍성히 누리게 하시고 은나라 사람들도 오래 살게 하소서.'라고 축원하였습니다. 왕께서는 은나라 사람들이 만년에 이르도록 왕의 은혜를 받들어 영구히 우리 왕을 보면서 덕을 사모하게 하십시오."

補云: "毖, 勞也。"【勞慰之】 ○鄭云: "周公謂文王爲寧王, 成王亦謂武王爲寧王。"【〈召南·何彼穠矣〉疏】 ○鄭云: "禋, 芬芳之祭。【〈大宗伯〉之疏】 文·武於明堂配五帝, 故亦以稱禋。"【〈大雅·生民〉疏】 ○馬云: "厭, 飫也。" ○補云："此節, 乃周公追述前事之奏也。昔者, 公在洛治事, 王在鎬京之日, 王遣使勞殷,【庶殷, 治工者】因又寧慰周公。【寧者, 猶今人之言問安】又以秬鬯二卣, 送于周公曰'禋于二王', 王遙致其敬, 拜手稽首曰'休享', 公今追奏曰'予於其時, 不敢宿命, 卽以二卣, 禋于二王, 爲王祝嘏曰'惠此篤敍,【王惇敍百官】無遘身疾, 於萬斯年, 使下民猒于乃德。' 又爲庶殷祝曰'殷人亦引年壽考, 王使殷承王之篤敍, 其至萬年, 觀吾王而懷德。'" ○**案** 公奏此事者, 成王終不肯留洛, 故公曰'予以沖子篤敍殷民之意, 已告先王, 今王不可不留洛也。

〔伻來毖殷〕 보충한다. "비(毖)는 로[勞 : 위로하다]의 뜻이다."【위로하였다는 말이다.】

〔乃命寧予〕○정현이 말했다. "주공은 문왕을 영왕(寧王)이라고 하고, 성왕 또한 무왕을 영왕이라고 한다."【『시경』「소남(召南)·하피농의(何彼襛矣)」의 소에 보인다.】

〔禋于文王·武王〕○정현이 말했다. "인(禋)은 연기를 피우는 제사이다.【『주례』「춘관(春官)·대종백(大宗伯)」의 소에 보인다.】 문왕과 무왕을 명당에서 오제(五帝)에게 배향하기 때문에 역시 인(禋)이라고 칭한 것이다."【『시경』「대아(大雅)·생민(生民)」의 소에 보인다.】

〔萬年猒于乃德〕○마융이 말했다. "염(猒)은 어[飫 : 넉넉하다, 배불리 먹다]의 뜻이다."

〔伻來毖殷……懷德〕○보충한다. "이 절은 주공이 이전의 일을 추술(追述)하여 상주한 것이다. 옛날 주공은 낙읍에서 공사를 감독하고 왕은 호경에 있던 때에 왕이 사람을 보내 서은(庶殷)【〈은(殷)은〉 서은(庶殷)으로, 공사를 맡은 사람들이다.】을 위로하고 그 기회에 또 주공에게 문안하고 주공을 위로하였다.【녕(寧)은 지금 사람들이 말하는 문안(問

安)과 같은 뜻이다.】 또 거창주(秬鬯酒) 두 통을 주공에게 보내어 '두 왕에게 인사(禋祀)를 지내십시오.'라고 하였다. 왕은 멀리서 지극한 공경을 보여 배수계수하고 '아름답게 제향을 올리십시오.'라고 한 것이다. 주공이 지금 그 일을 추술하여 아뢰기를 '나는 그때 감히 명을 묵히지 못하여 즉시 술 두 통을 가지고 두 왕에게 인제를 올리면서 왕을 위해 「이렇게 도타운 은혜를 베푸시니【왕이 백관에게 도탑게 베풀었다는 말이다.】 병에 걸리는 일 없이 만년에 이르도록 백성이 이 덕을 풍성히 누리게 하소서.」라고 기도하고, 또 서은을 위해 「은나라 사람들도 오래 살게 하소서.」라고 축원하였습니다. 왕께서는 서은이 왕의 도타운 은혜를 받들어 만년에 이르도록 우리 왕을 보면서 덕을 사모하게 하십시오.'라고 한 것이다."

○안 주공이 이 일을 아뢴 것은 성왕이 끝내 낙읍에 머무르려고 하지 않았기 때문이다. 그래서 공이 '내가 충자께서 은나라 백성에게 은혜를 도타이 베풀게 해달라는 뜻으로 이미 선왕에게 고하였으니 지금 왕께서는 낙읍에 머무르지 않아서는 안 됩니다.'라고 말한 것이다.

考訂 梅以'乃命寧'絶句。○蔡云："毖殷民而寧[교1)]周公。"【毛云："古有寧禮乎? 婦人歸寧外, 又有此禮乎? 周公嘗蓄二鬯。"】 **○訂曰** 蔡曲姑舍, 先問梅直'乃命寧', 何說也? 且周公安得素有秬鬯? 諸侯之承事祖考者, 天子或賜秬鬯。周公魯邦之太祖也, 無所爲祭, 何賜乎? 秬鬯若云'天子不賜, 而周公自有之', 則周公大無禮矣。蓄而不用, 猶爲大罪, 況敢以此禋于二王乎? 支子不祭, 禮也。成王無所命, 而周公自祭文・武, 則周公主鬯矣。成王赫然在位, 周公敢爲是乎? '乃命寧'絶句, 不可矣。○若

云'寧禮在古未聞', 九峰未嘗以'寧禮'二字, 別立名目。然毛君但知婦人有寧, 不知諸侯有寧, 則疎矣。〈覲禮〉曰'伯父無事, 歸寧乃邦', 寧, 其無文乎? 〈文侯之命〉曰'歸寧爾邦, 用賚爾秬鬯一卣', 則寧之爲言, 又似乎歸祭其先。【與秬鬯相屬】

교1) 案寧 : 『서집전』에는 앞에 '命'이 더 있다.

고정 매색은 '내명녕(乃命寧)'에서 단구하였다.

○채침이 말했다. "은민(殷民)을 경계하고 주공에게 평안하도록 명한 것이다."【모기령이 말했다. "옛날에 영례(寧禮)가 있었는가? 부인(婦人)이 귀녕(歸寧)하는 것 외에 또 이런 예가 있는가? 주공이 일찍이 울창주 두 통을 준비한 것이다."[54]】

○정왈 채침의 잘못된 해석은 우선 놓아두고, 먼저 매색이 곧바로 '내명녕(乃命寧)'이라고 한 것은 무슨 말인가? 또 주공이 어찌 평소에 거창주를 가지고 있을 수 있겠는가? 제후가 조고(祖考)의 제사를 받들 때 천자가 혹 거창주를 하사하는 경우가 있다. 그러나 주공은 노(魯)나라의 태조이니 제사할 데가 없는데 무엇 때문에 하사하겠는가? 거창주를 '천자가 하사하지 않았는데 주공이 본래 가지고 있었다.'라고 하면 주공은 매우 무례한 사람이 된다. 가지고 있기만 하고 사용하지 않아도 오히려 큰 죄가 되는데, 하물며 감히 이것으로 두 왕에게 인제를 올리겠는가? 지자(支子)는 제사를 올리지 않는 것이 예이다. 성왕이 명하지 않았는데 주공이 스스로 문왕과 무왕에게 제사를 올렸다면 주공이 종묘의 제사를 주관한

54 모기령이……것이다 : 관련 내용이 『상서광청록』 권4에 나온다.

것이다. 성왕이 혁연히 왕위에 있는데 주공이 감히 이렇게 하였겠는가? '내명녕'에서 구를 나누는 것은 불가하다.

○'영례가 옛날에 있었다는 말은 듣지 못하였다'라고 한 것으로 말하면, 구봉은 '영례' 두 글자를 가지고 따로 명목을 세운 적이 없다. 그런데 모기령은 부인이 귀녕한다는 것만 알고 제후에게도 귀녕이 있는 줄은 몰랐으니 허술하다. 『의례』「근례(覲禮)」에 '백부는 일이 없으니 돌아가서 그대의 나라를 편안히 다스리십시오.[伯父無事, 歸寧乃邦]'라고 하였으니, '녕(寧)'이 어찌 예문에 없겠는가? 『상서』「문후지명(文侯之命)」에 '돌아가서 그대의 나라를 평안히 하십시오. 그대에게 거창주 한 통을 하사합니다.[歸寧爾邦, 用賚爾秬鬯一卣]'라고 하였으니 '녕'이라는 말은 또 귀제기선[歸祭其先 : 돌아가 선조에게 제사하다]과 비슷한 말이다.【거창과 서로 이어진다.】

考訂 梅云 : "周公以黑黍酒告文·武以美享。" ○蔡云 : "以事神之禮事之。"【蘇云 : "事周公, 如事神明。"】 ○毛云 : "此非寧公, 實活祭公也。"【又云 : "古[교1)]有享禮, 無祼禮。"】 ○**論曰** 於是乎, 梅·蔡俱失矣。周公雖攝祭郊·社, 攝祭宗廟, 罔不以成王之命將之。然後周公臣也, 成王王也。如梅之說, 則周公自備秬鬯, 儼祭文·武於新邑之宗廟, 僭越極矣。如蔡之說, 則周公受君之賜, 以祭父兄, 有若魯君賜腥, 而孔子薦之於叔紇, 天下其有是乎? 周公以文·武爲私親, 成王以周公爲鬼神, 一僭一怪, 不可復言。活祭之譏, 何以免矣?【毛云 : "秬鬯非自飮也, 所以歆其父祖也。故《詩》稱'告于文人', 《書》稱'追孝于前文人', 今乃以此享公, 無禮也。" ○毛之此說, 亦明確】 古者, 九錫之法, 有所謂朱戶·納陛·樂則·秬鬯, 亦唯繼世者有秬鬯。周公魯之太祖, 得此何用? 又王子分封者, 有出王廟, 故魯有文

王廟, 鄭有厲王廟。【吳亦有周廟】 然祭於其國, 則爲出王之祭。祭於王都, 則爲先王之祭, 周公敢爲是乎? 文王猶然, 況於武王乎? 又凡賜鬯之法, 本賜一卣, 〈江漢〉詩'秬鬯一卣', 〈文侯之命〉'秬鬯一卣', 《春秋傳》晉文公之命'秬鬯一卣',【僖廿八】 有二卣哉? 此經既是二卣, 則王命寧公之時, 本使之禋于文·武, 可知也。'曰, 明禋。拜手稽首, 休享', 豈非王所命之辭乎?【梅以此爲周公之事】 君命不宿, 禮也。【〈曲禮〉云: "君言不宿於家。"】 '予不敢宿, 禋于二王', 文理平正, 事實明白, 何爲是紛紛哉? 秬鬯之必自王來, 何也? 鼎俎·籩豆之實, 皆於新邑取之, 唯秬鬯自宗周供之也。古禮最重秬鬯, 故諸侯未賜圭瓚, 亦資鬯於天子。【見〈王制〉】 東都新栔, 百官未備, 宜無鬱人之共。毛氏謂'天子之於公侯, 有享禮無祼禮', 斯則不稽之言也。天子之饗諸侯, 原用秬鬯。故〈大行人〉云'上公再祼, 侯·伯一祼, 子·男一祼不酢',【鄭注云: "王以鬱鬯禮賓。"】 故鬱人之職, 凡賓客之祼事, 和鬱以實彝。肆師之職, 凡大賓客, 築鬻贊祼。【築鬱金, 煮之和酒】 小宗伯之職, 凡賓客將贊祼。〈郊特牲〉云'諸侯爲賓,【爲賓於天子】 灌用鬱鬯',【天子禮諸侯】 何云'有享而無祼'乎? 毛氏但見〈禮器〉有'諸侯相朝, 祼用鬱鬯'一語, 遂謂'天子之朝諸侯, 不當有祼', 疎謬甚矣。

교1) 案古: 『상서광청록』에는 뒤에 '但'이 더 있다.

고정 매색이 말했다. "주공이 흑서주(黑黍酒)로 문왕과 무왕에게 아름다운 일을 고하는 제향을 올린 것이다."[55]

55 주공이……것이다: 매색은 경문을 "予以秬鬯二卣, 曰'明禋, 拜手稽首, 休享."으로 구를 나누어 읽고, 이는 주공이 문왕과 무왕에게 고유제를 올린 것이라고 해석하였다. 『상서정의』 매색 주의 원문은 다음과 같다. 周公攝政七年, 致太平, 以黑黍酒二器, 明絜致敬, 告文武以美享.

○채침이 말했다. "신(神)을 섬기는 예로 주공을 섬긴 것이다."【소식이 말했다. "주공 섬기기를 신명(神明)을 섬기듯이 한 것이다."】

○모기령이 말했다. "이것은 공에게 영례를 베푼 것이 아니고, 실로 공에게 활제(活祭)를 올린 것이다."【또 말했다. "옛날에는 향례(享禮)만 있고 관례(祼禮)는 없었다."】

○논왈 여기서 매색과 채침은 모두 틀렸다. 주공이 비록 교(郊)와 사(社)에서 제사를 섭행(攝行)하고 종묘에서 제사를 섭행하였으나 모두 성왕의 명령으로 제사를 올린 것이다. 그래야 주공은 신하가 되고 성왕은 왕이 된다.

매색의 설과 같다면 주공이 스스로 거창(秬鬯)을 마련해서 신읍(新邑)의 종묘에서 문왕과 무왕에게 버젓이 제사한 것이니, 매우 참람한 짓이다. 채침의 설과 같다면 주공은 임금이 하사한 것을 받아 부형(父兄)을 제사하여, 마치 노나라 임금이 날고기를 하사하자 공자가 그것을 숙흘(叔紇)에게 바친 것처럼 한 셈인데 천하에 이런 일이 있겠는가? 주공은 문왕과 무왕을 사친(私親)으로 여기고 성왕은 주공을 귀신(鬼神)으로 여긴 것이니, 하나는 참람하고 하나는 괴이하여 다시 말할 것도 없다. 활제(活祭)라는 기롱을 어떻게 면할 수 있겠는가?【모기령이 말했다. "거창은 자신이 마시기 위한 것이 아니고, 그 부조(父祖)에게 올리기 위한 것이다. 그러므로 『시경』 「대아(大雅)·강한(江漢)」에 '문인(文人)에게 고하여'라고 하였고, 『상서』 「문후지명(文侯之命)」에 '거슬러 올라가 전문인(前文人)에게 효도한 것이다.'라고 한 것이다. 그런데 지금 이것을 공에게 바쳤다면 〈이는 공에게 영례를 베푼 것이 아니고 실로 활제를 지낸 것이니〉 무례한 일이다. ○모기령의 이 설이 또한 명확하다.】

옛날 구석(九錫)[56]의 법에는 이른바 주호(朱戶), 납폐(納陛), 악칙(樂則), 거창(秬鬯) 등이 있었으나, 또한 계세자(繼世者)에게만 거창이 있었다. 주공은 노나라의 태조인데 이것을 얻어서 어디에다 쓰겠는가? 또 왕자(王子)가 분봉(分封)되면 시조[出王]의 사당을 둔다. 그러므로 노나라에 문왕의 사당이 있고 정나라에 여왕(厲王)의 사당이 있는 것이다.【오(吳)나라에도 주묘[周廟 : 오태백(吳泰伯)의 사당]가 있다.】 그러나 그 나라에서 제사하는 것은 시조를 위한 제사이다. 왕도(王都)에서 제사하면 선왕(先王)을 위한 제사가 되는데, 주공이 감히 그런 짓을 하였겠는가? 문왕에 대해서도 오히려 그러한데 하물며 무왕에 대해서야 말할 것이 있겠는가? 또 거창을 하사하는 법에는 본래 술 한 통을 내리게 되어 있다. 『시경』「대아 · 강한」에 '거창 한 통'이라고 하고, 『상서』「문후지명」에 '거창 한 통'이라고 하고, 『춘추좌씨전』에 진(晉) 문공(文公)에게 '거창 한 통'을 내리도록 명하였는데【희공 28년에 보인다.】 술 두 통이 〈어디에〉 있는가?

그런데 이 부분의 경문에서 이미 두 통이라고 하였으니, 왕이 주공을 문안하고 위로하던 때에 본래 문왕과 무왕에게 인제를 지내도록 명하였음을 알 수 있다. '왈, 명인. 배수계수, 휴향('曰, 明禋, 拜手稽首, 休享')'은 왕이 명한 말이 아니겠는가?【매색은 이것을 주공의 일로 생각하였다.】 임금의 명은 묵히지 않는 것이 예이다.【『예기』「곡례」에 "임금의 말은 집에서 묵히지 않는다."라고 하였다.】 '내가 감히 명을 묵히지 못하고 문왕과 무왕에게 인제를 지냈습니다.'라고 해석하면 문리가 평이하고 올바르며 사실도 명백해지는데 어찌 그리도 분분한가?

거창은 반드시 왕에게서 받아 온다. 어째서인가? 정조(鼎俎)와

---

56 구석(九錫) : 천자가 큰 공이 있는 제후와 대신에게 하사하는 9종의 예물로 車馬, 衣服, 樂則, 朱戶, 納陛, 虎賁, 宮矢, 鈇鉞, 秬鬯이 있다.

변두(籩豆)에 담는 것은 모두 신읍(新邑)에서 취하지만 거창만은 종주(宗周)에서 공급한다. 고례(古禮)에서 가장 중요하게 여긴 것이 거창이다. 그러므로 제후는 규찬(圭瓚)을 하사받지 못하였어도 역시 천자에게서 울창주를 얻어 온다.【『예기』「왕제」에 보인다.】 동도(東都)를 새로 건설하여 백관이 아직 갖추어지지 않았으니 의당 울인(鬱人)이 바치는 물건도 없었을 것이다. 모기령이 '천자가 공후(公侯)를 대접하는 때에는 향례만 있고 관례는 없다.'라고 하였는데, 이는 계고(稽考)해보지 않은 말이다. 천자가 제후에게 연향을 베푸는 때에는 원래 거창을 사용한다. 그러므로 『주례』「추관·대항인」에 '상공에게는 왕이 두 번 술을 따라주고 〈상공이 두 번 답배(答杯)를 올리며,〉 후와 백에게는 왕이 한 번 술을 따라주고 〈한 번 답배를 올리며,〉 자와 남에게는 왕이 한 번 술을 따라주고 답배를 올리지 않는다.'라고 하였다.【정현의 주에 "왕이 울창으로 빈객에게 예를 행하는 것이다."라고 하였다.】 그러므로 울인(鬱人)의 직분은 빈객에게 관사(祼事)를 행할 때 울금을 섞어서 병[彝]에 담는 것이고, 사사(肆師)의 직분은 대빈객(大賓客)을 위해 울금주를 빚어서 관사를 돕는 것이고,【〈축죽(築鬻)은〉 울금을 다지고 그것을 쪄서 술에 섞는 것이다.】 소종백(小宗伯)의 직분은 빈객을 위해 관사를 돕는 것이다. 『예기』「교특생」에 '제후가 빈이 되면【천자의 빈이 된다는 말이다.】 먼저 울창주를 따라준다.'【천자가 제후에게 예를 행하는 것이다.】라고 하였는데, 어떻게 '향례만 있고 관례는 없다.'라고 하는가? 모기령은 『예기』「예기(禮器)」에 '제후들이 서로 조회하는 때에는 관례에 울창주를 사용한다.'라고 한 한 구절만 보고, 드디어 '천자가 제후의 조회를 받을 때 관례가 있어서는 안 된다.'라고 한 것이니, 매우 소루하고 잘못되었다.

考訂 梅云 : "不經宿。" ○蔡云 : "宿, 與〈顧命〉'三宿'之宿同。" **○案** 〈顧命〉'三宿'之義, 有能詳知者乎? 馬・鄭・王・梅, 異說紛興, 不知何法。設如注說, 玆是殯宮進爵之名, 何與此經? 不敢宿者, 君命不宿也。

고정 매색이 말했다. "〈불감숙(不敢宿)은〉 하룻밤을 넘기지 않았다는 말이다."
○채침이 말했다. "숙(宿)은 「고명(顧命)」에 나오는 삼숙(三宿)의 숙(宿)[57]과 같은 뜻이다."

○안 「고명」에 나오는 삼숙의 의미를 능히 상세히 아는 사람이 있을까? 마융・정현・왕숙・매색의 이설(異說)이 어지럽게 일어났으나 무슨 법인지 알 수 없다. 설령 주설(注說)과 같다고 하더라도 그것은 빈궁(殯宮)에서 작(爵)을 올리는 때의 명칭인데 이 경문의 〈불감숙(不敢宿)과〉 무슨 관계가 있다는 것인가? 불감숙(不敢宿)이란 임금의 명은 묵히지 않는다는 말이다.

考訂 【惠篤敍】 梅云 : "順典常。" ○蔡云 : "此祭之祝辭。" **○案** 蔡說極是。自'伻來毖殷'以下, 都是敍事, 唯此'惠篤敍'一節, 卽周公精神所在。周公爲誦此禱詞, 追說伻來毖殷・秬鬯明禋諸事。然於〈洛誥〉大意, 絶無干涉, 唯'惠篤敍'一節, 方是要語。'惠篤敍'者, 卽上文'篤敍乃正父'也。〈虞書〉曰'百揆時敍', 亦此意也。祝曰 : "惠此幼王, 使之篤敍衆正,【百官也】 君臣上下, 無遘疾病, 至于萬年, 飽于神德, 以此殷民遐引壽考。"【冠禮祝辭云 : "勿替引之。"】 我旣以王宅洛永年之義, 質言於文・武矣, 王其

57 삼숙(三宿)의 숙(宿) : 신에게 잔을 올린다는 뜻이다. 「고명」 "王三宿, 三祭, 三咤."의 채침 주에 "宿, 進爵也"라고 하였다.

可不宅此新邑, 以綏殷民乎? '王伻殷'一節, 亦以禋祭之祝, 有'殷乃引考'之語, 藉重以爲說, 勸王留洛也。【已上《知遠錄》】

고정 매색이 말했다. "【혜독서(惠篤敍)는】 전상(典常)을 따른다는 말이다."
○채침이 말했다. "이것은 제사의 축사(祝辭)이다."

○안 채침의 설이 매우 옳다. '팽래비은(伻來毖殷)'부터 뒷부분은 모두 사실을 서술한 것인데, 오직 여기 '혜독서(惠篤敍)' 한 절은 주공의 정신이 깃들어 있는 곳이다. 주공이 이 기도문을 말하기 위해 '팽래비은'과 '거창명인(秬鬯明禋)' 등의 일을 추설(追說)한 것이다. 그러나 「낙고」의 대의(大意)와는 전혀 상관이 없고, 오직 '혜독서' 한 절이 핵심이 되는 말이다. '혜독서'는 곧 앞에 나온 '독서내정보(篤敍乃正父)'의 의미이다. 『상서』 「우서(虞書)·요전」에 '백규시서(百揆時敍)'라고 한 것 역시 이 뜻이다. 축사에 "이 어린 왕에게 은혜를 베풀어 중정(衆正)【백관을 말한다.】을 돈독히 다스리게 하시고, 군신 상하가 병에 걸리는 일 없이 만년에 이르도록 신덕(神德)을 풍성히 누리게 하시며, 여기 은민(殷民)들도 장수를 누리게 하소서.'【관례(冠禮)의 축사에 "폐하지 말고 길이 이어가라."라고 한다.】라고 한 것이다. 내가 이미 왕이 낙읍에 거주하여 영원토록 신덕을 누리게 해달라는 뜻으로 문왕과 무왕에게 질언(質言)하였는데 왕은 이 신읍에 머무르면서 은(殷)의 백성을 평안하게 하지 않아서야 되겠느냐는 말이다. '왕팽은(王伻殷)' 한 절 또한 인제(禋祭)의 축사로 '은내인고(殷乃引考)'라는 말이니 중요한 일을 빌려다 말을 하여 왕에게 낙읍에 머무르도록 권유한 것이다.【이상 『상서지원록』】

戊辰, 王在新邑, 烝祭歲, 文王騂牛一, 武王騂牛一。王命作冊,【句】 **逸祝冊, 惟告周公其後。**【'王在新邑', 馬[교1]絶句, 鄭讀'王在新邑烝'】

교1) 案馬 : 『상서정의』에는 뒤에 '孔'이 더 있다.

무진일에 왕이 신읍(新邑)에 있으면서 세수(歲首)의 증제(烝祭)를 지냈는데 문왕에게 붉은 소 한 마리, 무왕에게 붉은 소 한 마리를 바쳤다. 왕이 축책(祝冊)을 쓰라고 명하니【단구】 사관인 일(逸)이 축책을 쓰되 단지 주공을 뒤에 남아서 지키게 한다는 뜻만을 고하였다.【'王在新邑'에서 마융과 공안국은 구를 나누었고, 정현은 '王在新邑烝'으로 읽었다.】

鄭云 : "歲文王騂牛一者, 於[교1]是成王元年正月朔日, 特告文·武, 封周公也。【見《正義》】 用二特牛祫祭文王·武王於文王廟, 使史逸讀所冊祝之書, 告神以周公其宜爲後, 謂將[교2]封伯禽也。"【〈周頌·烈文〉疏】 ○梅云 : "成王旣受周公誥, 遂就居洛邑, 以十二月戊辰晦到。" ○梅云 : "明月, 夏之仲冬, 始祭, 故曰烝祭歲。【句】 告曰'尊周公, 立其後'。" ○孔云 : "命[교3]以伯禽, 卽史逸所讀之策也。" **○鏞案** 鄭·梅之謬, 不暇悉辨, 明者自知, 今略之。

교1) 案於 : 『상서정의』에는 '歲'로 되어 있다.
교2) 案將 : 『모시정의』에는 이 글자가 없다.

교3) 案命 : 『상서정의』에는 앞에 '定四年左傳云'이 더 있다.

〔烝祭歲……惟告周公其後〕 정현이 말했다. "세문왕성우일(歲文王騂牛一)이란, 세(歲)는 성왕 원년 정월 삭일로서 〈이날에〉 특별히 문왕과 무왕에게 고하고 주공을 봉하였다는 말이다.【『상서정의』에 보인다.】 특우(特牛) 두 마리를 써서 문왕의 사당에서 문왕과 무왕에게 협제(祫祭)하면서 사일(史逸)로 하여금 책축(冊祝)의 글을 읽도록 하여 주공이 유후가 되어야 함을 신에게 고하였으니 백금을 봉한다는 말이다."【『시경』「주송(周頌)·열문(烈文)」서(序)의 소에 보인다.】

〔戊辰, 王在新邑〕○매색이 말했다. "성왕이 주공의 가르침을 받아들여서 드디어 낙읍으로 가서 살려고 하였는데, 12월 무진일인 그믐에 도착한 것이다."

〔烝祭歲……惟告周公其後〕○매색이 말했다. "다음 달이 하력(夏曆)의 중동(仲冬)이어서 처음으로 신읍에서 제사를 지냈기 때문에 '증제세'라고 한 것이다.【단구】 그 제사에서 '주공을 높이고 그 후계자를 세웁니다.'라고 고한 것이다."[58] ○공영달이 말했다. "〈『춘추좌씨전』 정공(定公) 4년에〉 '백금을 명하였다.'라고 한 것이 곧 사일(史逸)이 읽은 책서(策書)이다."[59]

○용안 정현과 매색의 오류를 모두 논변할 겨를이 없지만 현명한

58 다음……것이다 : 매색 주의 일부를 생략하고 인용하였다. 원문은 다음과 같다. 明月, 夏之仲冬, 始於新邑烝祭, 故曰'烝祭歲'. 古者褒德賞功, 必於祭日, 示不專也. 特加文·武各一牛, 告曰'尊周公, 立其後爲魯侯.'

59 〈『춘추좌씨전』……책서(策書)이다 : 여기서 '逸祝冊'이라고 하고 17장에서는 '逸誥'라고만 한 이유를 설명한 내용 중 일부만을 발췌한 것이다. 자세한 내용은 각주 74) 참조.

이는 스스로 알 것이므로 여기서는 생략한다.

蔡云: "是日成王在洛擧烝祭。교1) 曰歲교2)者, 歲擧之祭也。宗廟太牢, 此用特牛者, 命周公留後於洛, 故擧盛禮也。史逸爲祝冊以告神也, 唯교3)告周公留교4)後之意。" ○補云: "'惟告'二字, 譏貶之筆也。周公至誠懇惻, 請王宅洛, 而王終不聽, 乃於烝祭之祝, 惟告周公其後。" ○**案** 古訓之謬, 蔡皆正之。但以特牛爲盛禮, 斯則不然。《國語》, 觀射父之言曰: "祀加於擧。【擧者, 人君朔望之盛饌】故擧以特牛者, 祀以太牢, 擧以少牢者, 祀以特牛。" 安得以特牛爲加於太牢之盛禮乎? 郊用特牲, 貴少之義, 非所引也。

교1) 案祭: 『서집전』에는 뒤에 '之禮'가 더 있다.
교2) 案歲: 『서집전』에는 뒤에 '云'이 더 있다.
교3) 案唯: 『서집전』에는 '惟'로 되어 있다.
교4) 案留: 『서집전』에는 뒤에 '守其'가 더 있다.

〔戊辰……惟告周公其後〕 채침이 말했다. "〈무진은 12월의 무진일이다.〉 이날 성왕이 낙읍에 있으면서 증제를 올렸다. '세'라고 한 것은 매년 올리는 제사이기 때문이다. 종묘의 예에는 태뢰를 쓰는데 여기서 특우를 쓴 것은 주공에게 낙읍에 남아서 유후가 되도록 명하였기 때문에 성대한 예를 거행한 것이다. 〈사일책(逸祝冊)은〉 사관일이 축책을 써서 신에게 고하였다는 뜻이다. 〈유고주공기후(惟告周公其後)는 축책에 기재한 내용이 다른 일은 언급하지 않고〉 오직 주공을 뒤에 남아서 지키게 한다는 뜻만 고하였다는 의미이다."[60]

60 〈무진은……의미이다: 채침 주의 일부를 생략하고 인용하였는데, 이해를

○보충한다. "유고(惟告) 두 글자는 기롱하고 폄하하는 필법이다. 주공은 지극히 성실하고 간절한 마음으로 왕에게 낙읍에 머무르기를 청하였는데 왕은 끝내 들어주지 않고 증제의 축문에서 주공을 뒤에 남게 한다는 내용만 고한 것이다."

○안 고훈의 오류를 채침이 모두 바로잡았다. 다만 특우(特牛)를 쓴 것이 성대한 예라고 하였는데, 이것은 그렇지 않다. 『국어』「초어(楚語)」 관야보(觀射父)의 말에 "사(祀)에는 거(擧)보다 더 많이 차립니다.【거(擧)란 임금에게 올리는 삭망의 성찬이다.】 그러므로 거에 특우를 쓰는 자는 사에 태뢰를 쓰고, 거에 소뢰를 쓰는 자는 사에 특우를 쓰는 것입니다."[61]라고 하였는데, 어떻게 특우를 쓴 것이 태뢰를 쓰는 것보다 더 성대한 예가 될 수 있겠는가? 교사(郊祀)에 특생을 쓰는 것은 어린 것을 귀하게 여기는 뜻이니 인용할 바가 아니다."

考訂 孔云："夏之仲冬其月, 是周之歲首。" **○訂曰** 史臣於烝祭之下, 特書曰歲者, 明此祭爲洛邑年例之祭, 非因周公事而特設也, 周公事, 是因祭而告之, 又以明新邑此祭, 每歲一擧而已。春礿秋嘗, 四時之祭, 不

돕기 위해 『서집전』을 참고하여 내용을 보충하여 번역하였다. 『서집전』의 원문은 다음과 같다. 戊辰, 十二月之戊辰日也. 是日, 成王在洛, 擧烝祭之禮. 曰'歲'云者, 歲擧之祭也.……宗廟禮太牢, 此用特牛者, 命周公留後於洛. 故擧盛禮也. 逸, 史佚也, 作冊者, 冊書也. 逸祝冊者, 史逸爲祝冊以告神也. 惟告周公其後者, 祝冊所載, 更不他及, 惟告周公留守其後之意, 重其事也.

61 『국어』……것입니다 : 『국어』「楚語」의 내용을 요약한 것이다. 원문은 다음과 같다. 祀加於擧. 天子擧以大牢, 祀以會, 諸侯擧以特牛, 祀以大牢, 卿擧以少牢, 祀以特牛, 大夫擧以特牲, 祀以少牢, 士食魚炙, 祀以特牲, 庶人食菜, 祀以魚, 上下有序, 民則不慢.

與宗周同文也。何以言之? 時有遷都之議, 而實未嘗遷, 則周之廟祏, 皆在宗周矣。后稷·公劉之廟, 太王·王季·文·武之廟, 其四時正祭, 必皆備文。又於洛廟, 全擧四時, 必無是理。洛邑文·武之廟, 略似漢代沛宮原廟, 只祭高皇。王·霸雖殊, 意致未遠。且此烝祭, 名雖烝祭, 實則殺禮。故烝於四祭, 其物最殷, 宜用太牢之饌, 所謂三牲·魚腊, 九州之美, 宜無不具, 而一王一牛, 再無羊·豕。特以冬祭之, 故名曰'烝祭'耳。且鄭以爲祫祭, 而祫之爲祭, 必於太祖之廟。周之太祖, 本稱后稷,。不祭后稷, 何以祫矣? 〈祭法〉曰'周人祖文王而宗武王',【此本魯展禽之言】故鄭玄於〈周頌·雝〉詩之箋, 以文王爲太祖,【后稷爲先公廟之始祖】斯言是矣。然祫祭之禮, 當在宗周之太廟, 洛邑之祭, 非祫祭也。【《知遠錄》】

고정 공영달이 말했다. "하력(夏曆)의 중동(仲冬)에 해당하는 그달은 주나라의 세수(歲首)가 된다."[62]

○**정왈** 사신이 증제 뒤에 특별히 '세'를 쓴 것은, 이 제사는 낙읍에서 매년 으레 지내는 제사이지 주공의 일로 인해 특별히 설행한 것이 아니며 주공의 일은 제사를 올리는 기회에 고하였음을 밝히고, 또 신읍에서 지내는 이 제사는 매년 한 번 거행할 뿐임을 밝힌 것이다. 봄의 약제(礿祭)나 가을의 상제(嘗祭)와 같은 사시의 제사는 종주와 예문을 같이하지 않는다.

왜 그렇게 말하는가? 당시 천도에 대한 논의가 있었으나 실제로 천도한 적은 없으니 주나라의 묘석(廟祏)은 모두 종주에 있었다.

62 하력(夏曆)……된다: "戊辰, 王在新邑, 烝祭歲."에 대한 풀이인데 원문이 많이 생략되었다. 『상서정의』 소의 원문은 다음과 같다. 其年十二月晦戊辰日, 王在新邑, 後月是夏之仲冬, 爲冬節烝祭, 其月節是周之歲首.

후직(后稷)·공류(公劉)의 사당과 태왕(太王)·왕계(王季)·문왕·무왕의 사당에서 지내는 사시의 정제(正祭)에 대해서는 반드시 모두 예문이 갖추어져 있었을 것이다. 그런데 또 낙읍의 사당에서 사시의 제사를 모두 지냈을 리는 없다. 낙읍에 문왕과 무왕의 사당을 만든 것은 한대(漢代)에 패궁(沛宮)의 원묘(原廟)를 두고 고황제(高皇帝)만 제사한 것[63]과 대략 비슷하다. 왕자와 패자가 비록 다르지만 취지는 크게 다르지 않다.

게다가 이 증제는 명칭은 비록 증제이지만 실제로는 〈예물을 줄인〉 쇄례(殺禮)이다. 그러므로 네 계절에 지내는 증제는 그 예물을 가장 성대하게 하여 마땅히 태뢰(太牢)의 제찬(祭饌)을 써서 이른바 삼생[三牲 : 소·양·돼지]과 어석[魚腊 : 생선포] 같은 구주(九州)에서 나오는 훌륭한 음식을 모두 갖추어야 하는데, 〈이 제사에서는〉 한 왕에게 소 한 마리를 올리고 다시 양과 돼지가 없는 것이다. 다만 겨울에 제사하기 때문에 증제(烝祭)라고 명명하였을 뿐이다.

또 정현은 협제(祫祭)라고 하였으나 협제는 반드시 태조의 사당에서 지낸다. 주나라의 태조는 본래 후직(后稷)을 지칭한다. 후직을 제사하지 않는데 어떻게 협제라고 하겠는가? 『예기』「제법(祭法)」에 '주나라 사람은 문왕에게 조제(祖祭)를 올리고 무왕에게 종제(宗祭)를 올렸다.'[64]【이것은 본래 노(魯)나라 전금(展禽)의 말이다.[65]】라고 하

63 패궁(沛宮)의……것 : 『사기』「高祖本紀」에 漢나라 孝惠帝 5년에 高祖의 고향인 沛縣에 있는 沛宮을 고조의 原廟로 삼았다는 기록이 보인다. 『사기집해』에 따르면 原은 再의 뜻으로, 이미 正廟가 있는데 다시 사당을 세웠기 때문에 原廟라고 하였다고 한다.

64 주나라……올렸다 : 『예기』「祭法」에 "周人禘嚳而郊稷, 祖文王而宗武王."이라고 하였는데, 정현의 주에 "禘·郊·祖·宗, 謂祭祀以配食也."라고 하였다.

65 노(魯)나라 전금(展禽)의 말이다 : 『국어』「魯語」에 "周人禘嚳而郊稷, 祖文

였다. 그래서 정현이 「시경」「주송(周頌)·옹(雝)」의 전(箋)에서 문왕을 태조라고 하였으니【후직(后稷)은 선공묘(先公廟)의 시조이다.】 이 말은 옳다. 그러나 협제의 예는 마땅히 종주(宗周)의 태묘에서 거행해야 하니, 낙읍에서 지내는 제사는 협제가 아니다.【『상서지원록』】

21. 낙고 - 16

王賓殺禋咸格, 王入太室祼。

왕빈[王賓 : 기(杞)와 송(宋)의 제후들이]이, 왕이 희생을 잡아 제사하므로 모두 와서 도왔다. 〈제사를 마치고〉 왕이 태실(太室)에 들어가 관례(祼禮)를 거행하였다.

王云 : "成王尊周公不敢臣之, 以爲賓, 故封其子。"【梅義同】 ○孔云 : "旣殺二牲, 精意以享。"【〈周語〉云 : "精意以享, 謂之禋。"】 ○馬云 : "太室, 廟中之夾室。" ○王云 : "太室, 清廟中央之室。清廟神之所在, 故王入太室, 祼獻鬯酒以告神也。" ○蔡云 : "王賓, 猶虞賓, 杞·宋之屬助祭諸侯也。諸侯以王殺牲禋祭,교1) 故咸至也。祼, 灌地以降神也。" ○補云: "宰牲曰殺, 燎牲曰禋。【禋者, 煙也。燎牲以達煙氣也】 謂杞·宋之賓, 於宰牲·燎牲之禮, 咸來與助也。" ○補云 : "太室, 猶言太祖【文王】之室也。祭畢, 王還入太室, 延杞·宋之賓, 親行祼禮也。" ○**案** 王賓之解, 古訓乖拗,【尊周公爲賓】 九峰之註, 一洗千古之陋也。此時微子受封於宋, 已

王而宗武王."이라는 내용이 보인다.

及數年, 如此盛禮, 豈有不來之義? 〈振鷺〉·〈有客〉之詩, 安知不作於此時乎? ○**又按** 明堂·淸廟之制, 千古聚訟, 今所未詳。鄭玄〈月令〉註, 卽明堂九室之制, 朱子取之, 至有圖說。然若如此法, 天子唯夏三月南嚮, 其餘東面·西面, 至於北面, 《易》所云'嚮明而治, 蓋取諸離', 反爲虛語。又以明堂爲宗廟, 則《孝經》所謂'宗祀文王', 是也。然宗祀文王, 本配上帝,【《孝經》文】則旣祭明堂, 宜有帝牛, 而此經無之。又〈我將〉爲祀明堂之詩, 而明有羊·牛, 此用特牛, 又何故也? 洛邑之有文·武廟, 如沛宮之有原廟, 不必是宗祀之明堂, 亦不是於穆之淸廟也。【〈周頌·淸廟〉序云: "周公旣成洛邑, 朝諸侯, 以祀文王。" 朱子亦從之, 然未有明據】 王子雍以爲淸廟, 恐未允。

교1) 案祭 : 『서집전』에는 뒤에 '祖廟'가 더 있다.
교2) 末 : 문맥상 '未'가 옳은 듯하다.

〔王賓〕 왕숙이 말했다. "성왕이 주공을 존중하여 감히 신하로 여기지 못하고 빈으로 생각한 것이다. 그러므로 주공의 아들을 봉한 것이다."【매색의 풀이[66]도 같다.】

〔殺禋〕○공영달이 말했다. "희생(犧牲) 두 마리를 잡고 나서 정성스러운 마음으로 제향을 올린 것이다."【『국어』「주어(周語)」에 "정성스러운 마음으로 제향을 올리는 것을 인(禋)이라고 한다."라고 하였다.】

〔王入太室祼〕○마융이 말했다. "태실(太室)은 사당 안의 협실(夾室)이다." ○〈공영달이 말했다.〉 "왕숙이 '태실은 청묘(淸廟) 중앙의 실(室)이다.'라고 하였다. 청묘는 신이 있는 곳이기 때문에 왕이 태실

66 매색의 풀이 : 매색은 "王賓異周公"이라고 풀이하였다.

에 들어가 울창주를 부어서 바치고 신에게 고한 것이다."[67] ○채침이 말했다. "왕빈은 우빈(虞賓)과 같은 말로, 제사를 돕기 위해 온 기(杞)나라와 송(宋)나라 등의 제후[68]를 가리킨다. 제후들은 왕이 희생을 잡아 〈조묘(祖廟)에서〉 인제를 올리기 때문에 모두 온 것이다. 관(祼)은 땅에 술을 부어 신(神)을 내려오게 하는 것이다."

〔王賓殺禋咸格〕○보충한다. "희생을 잡는 것[宰牲]을 살(殺)이라고 하고, 희생을 태우는 것[燎牲]을 인(禋)이라고 한다.【인(禋)은 연[煙 : 연기]의 뜻이니, 희생을 태워 연기를 하늘에 이르게 하는 것이다.】 기나라와 송나라의 빈이 희생을 잡고 희생을 태워서 연기를 피우는 예에 모두 와서 함께 도왔다는 말이다."

〔王入太室祼〕○보충한다. "태실은 태조【문왕】의 실(室)과 같은 말이다. 제사가 끝나고 왕이 다시 태실로 들어가 기나라와 송나라의 빈을 인도하여 친히 관례(祼禮)를 행한 것이다."

○**안** 왕빈에 대한 풀이는 고훈(古訓)이 잘못되었는데【주공을 높여 빈으로 여겼다는 풀이를 말한다.】 구봉(九峰)의 주가 천고의 잘못을 단번에 씻어버렸다. 이때는 미자(微子)가 송나라에 봉해진 지 이미 수년이 되었으니, 이런 성대한 예에 어떻게 오지 않을 의리가 있었겠

---

67 〈공영달이……것이다 : 전체가 『상서정의』 소에 나온다. 왕숙의 말은 "太室, 淸廟中央之室."뿐이고 나머지는 공영달이 부연한 내용인데, 다산은 구분하지 않고 인용하였다.

68 우빈(虞賓)과……제후 : 『상서』 「益稷」(『상서고훈』 「고요모」 23장)에 "虞賓在位"라고 하였는데, 이는 堯의 아들 丹朱가 虞나라의 제사에 賓으로 와서 도운 것을 표현한 말이다. 이와 마찬가지로 夏의 후손을 봉해준 杞와 殷의 후손을 봉해준 宋의 제후들이 周나라의 제사를 돕기 위해 빈으로 왔다고 본 것이다.

는가? 『시경』「주송(周頌)」의 「진로(振鷺)」와 「유객(有客)」 시[69]가 이때에 지어지지 않았다고 어찌 장담하겠는가?

○**우안** 명당(明堂)과 청묘(淸廟)의 제도는 천고(千古)의 논란이 집중되었으나 지금도 분명하지 않은 부분이다. 정현의 『예기』「월령(月令)」 주에 나와 있는 명당구실(明堂九室)의 제도를 주자가 취하여 도설(圖說)까지 만들었다. 그러나 만약 이 법과 같다면, 천자는 하력(夏曆) 3월에만 남면(南面)하고, 그 나머지 달에는 동면(東面)하고 서면(西面)하며 심지어 북면(北面)까지 하게 되니, 『주역』「설괘전(說卦傳)」에 '밝은 곳을 향해 다스리는 것은 대개 리괘(離卦)에서 취한 것이다.'[70]라고 한 말은 도리어 빈말이 된다. 또 명당을 종묘라고 여긴 것은 『효경』에서 말한 '명당에서 문왕에게 종사(宗祀)를 올렸다.'라는 것이 바로 이것이다. 그러나 명당에서 문왕에게 종사를 올린 것은 본래 상제에게 배향한 것이니,【『효경』의 글이다.[71]】 명당에서 제사하는 이상 의당 제우(帝牛)가 있어야 하는데 이 경문에는 그것이 없다. 또 『시경』「주송·아장(我將)」은 명당에서 제사하는 시로서 분명 양과 소가 있는데,[72] 여기에서 특우(特牛)를 쓴 것은 또 무슨 까닭인가? 낙읍에 문왕과 무왕의 사당이 있는 것은 패궁(沛宮)에 원묘(原廟)가 있는 것과 같으니, 반드시 종사를 올리는

69 「진로(振鷺)」와 「유객(有客)」 시 : 「진로」는 夏와 殷 두 왕의 후손이 와서 제사를 돕는 시이고, 「유객」은 微子가 祖廟에 와서 알현한 것을 읊은 시이다.

70 밝은……것이다 : 『주역』「설괘전」에 "離也者, 明也. 萬物皆相見, 南方之卦也. 聖人南面而聽天下, 嚮明而治, 蓋取諸此也."라고 하였다.

71 『효경』의 글이다 : 『효경』「聖治」에 "昔者, 周公郊祀后稷以配天, 宗祀文王於明堂以配上帝."라고 하였다.

72 『시경』……있는데 : 「我將」 1장에 "我將我享, 維羊維牛"라고 하였다.

명당인 것은 아니고 또 〈『시경』「주송(周頌)·청묘(淸廟)」의〉 오목청묘(於穆淸廟)도 아니다.【『시경』「주송·청묘」의 서(序)에 "주공이 낙읍을 완성하고 나서 제후의 조회를 받고 문왕에게 제사하였다."라고 하였는데, 주자 역시 이를 따랐다. 그러나 명확한 근거는 없다.】 왕자옹[王子雍 : 왕숙]이 청묘라고 한 것은 타당하지 않은 듯하다.

考訂 孔云 : "王以圭瓚酌酒교1)以獻尸。" ○**鏞謂** 祭禮莫先於祼鬯, 祼鬯而後殺牲。故〈郊特牲〉云'旣灌然後迎牲', 〈祭統〉云'君執圭瓚祼尸, 大宗執璋瓚亞祼, 然後迎牲。' 迎且然矣, 況於殺乎? 此經王賓旣殺旣煙, 祭禮旣畢, 而後王乃入太室祼, 王之祼, 不已晩乎? 入太室祼者, 禮杞·宋之賓也。天子之祼, 公·侯本在廟中, 三享之末, 詳檢〈大行人〉等諸文, 可知矣。【文見上】

교1) 案酒 : 『상서정의』에는 앞에 '鬱鬯'이 더 있다.

고정 공영달이 말했다. "〈관(祼)은〉 왕이 규찬으로 울창주를 떠서 시(尸)에게 바친 것이다."

○용위 제례(祭禮)에서 울창주를 땅에 붓는 것보다 먼저 하는 일이 없으니, 울창주를 땅에 부은 뒤에 희생을 잡는다. 그러므로 『예기』「교특생(郊特牲)」에 '술을 땅에 붓고 나서 희생을 맞이한다.'라고 하고, 「제통(祭統)」에 '임금이 규찬을 잡고 시(尸)에게 술을 따라주고 대종백이 장찬(璋瓚)을 잡고 두 번째로 술을 따라준 뒤에 희생을 맞이한다.'라고 하였다. 희생을 맞이할 때도 그렇게 하는데, 하물며 희생을 잡을 때는 어떠하겠는가? 이 경문에서 왕빈이 이미 희생을

잡고 연기를 피웠으니 제례가 끝난 것인데 그런 뒤에야 왕이 태실로 들어와 관례(祼禮)를 행하였다면 왕의 관례가 너무 늦지 않은가? 입태실관(入太室祼)은 기나라와 송나라의 빈에게 예를 행한 것이다. 천자가 관례를 행할 때 공(公)과 후(侯)는 본래 사당 안에 있으면서 삼향(三享)의 말향(末享)을 하니, 『주례』「추관·대항인(大行人)」 등의 여러 글을 자세히 검토하면 알 수 있다.【내용은 앞에 보인다.】

21. 낙고 - 17

王命周公後, 作冊, 逸誥, 在十有二月。惟周公誕保文·武受命, 惟七年。【《釋文》云: "受命, 絶句, 馬同"】

왕이 주공에게 뒤에 남도록 명하고 책문을 짓게 하여 사관 일(逸)을 시켜 고(誥)하게 하였는데, 12월에 있었던 일이다. 주공이 문왕과 무왕이 하늘로부터 받은 명을 크게 보호하기를 7년 동안 하였다.【『경전석문』에 "수명(受命)에서 구를 끊는다. 마융의 구두도 같다."라고 하였다.[73]】

馬云: "周公[교1)]攝政七年, 天下太平。"【見《釋文》】 ○鄭云: "文王·武王受命, 及周公居攝, 皆七年。"【見《正義》】 又云: "文王得赤雀, 武王俯取魚,[교2)] 皆七年。"【〈大雅·文王〉疏】 又云: "文·武受命七年而崩, 周公不敢過其數。"【〈太宰〉序官疏】 ○梅云: "周公拜前, 魯公在[교3)]後。" ○蔡云:

73 『경전석문』에……하였다: 『經典釋文』 권4에 경문의 '誕保文武受命'으로 조목을 세우고 해당 부분 주에 "絶句, 馬同."이라고 하였다.

"史逸誥周公治洛留後也。" ○**鏞案** 鄭玄酷信緯書·〈僞太誓〉, 所言皆不經, 蔡始正之。

교1) 㕚周公 : 『경전석문』에는 이 두 글자가 없다.
교2) 㕚魚 : 『모시정의』에는 앞에 '白'이 더 있다.
교3) 㕚在 : 『상서정의』에는 '拜'로 되어 있다.

〔**惟七年**〕 마융이 말했다. "주공이 섭정한 지 7년 만에 천하가 태평해졌음을 말한다."【『경전석문』에 보인다.】 ○정현이 말했다. "문왕과 무왕이 천명을 받고 다스린 기간과 주공이 섭정한 기간이 모두 7년이었다."【『상서정의』에 보인다.】 또 말했다. "문왕이 적작(赤雀)을 얻고 무왕이 백어(白魚)를 주운 것이 모두 7년 되던 해의 일이다."【『시경』「대아(大雅)·문왕(文王)」 서(序)의 소에 보인다.】 또 말했다. "문왕과 무왕이 천명을 받은 지 7년 만에 붕어하였으므로 주공이 감히 그 연수(年數)를 넘기지 못한 것이다."【『주례』「천관(天官)·태재(太宰)」 서관(序官)의 소에 보인다.】

〔**王命周公後作冊逸誥**〕○매색이 말했다. "주공은 앞에서 절하고 노공[魯公 : 백금]은 뒤에서 절하였다."[74] ○채침이 말했다. "〈일고(逸誥)는〉 사관 일(逸)이 주공에게 낙읍을 다스리며 유후(留後)가 되게 한 일을 고(誥)한 것이다."

74 주공은……절하였다 : 매색은 '公後'를 주공의 후계자를 세우는 것으로 해석하고, 이 구절이 烝祭日에 伯禽에게 주공의 후계자가 되도록 명하는 冊書를 誥하자 주공은 앞에서 절하고 백금은 뒤에서 절한 것으로 해석한 것이다. 『상서정의』 매색 주의 전문은 다음과 같다. 王爲冊書, 使史逸誥伯禽封命之書, 皆同在烝祭日, 周公拜前, 魯公拜後.

○용안 정현은 위서(緯書)와 「위태서(僞太誓)」를 지나치게 믿어서 말한 것이 모두 불경(不經)하였는데, 채침이 비로소 바로잡았다.

考訂 吳云 : "周公自留洛之後, 凡七年而薨。" **○鏞謂** 誕保文武受命七年者, 明周公攝政, 爲保文·武之受命, 不得已也, 又以明文·武之景命, 非周公攝政七年, 卒莫能保也。此篇起首曰'復子明辟', 結尾曰'誕保七年', 皆攝政·復政之說, 豈容他解? 且周公留洛, 經·史無文。〈亳姑〉序曰 : "周公在豐將沒, 欲葬成周, 公薨, 成王葬于畢。"【畢在豐】〈魯世家〉謂'公欲葬成周, 以明吾不敢離成王。'【王在洛】 以此觀之, 周公末年, 周公在豐, 成王在洛, 吳說非也。〈洛誥〉爲周公復政之史。故特書攝政之年數, 如〈堯典〉之末, 有'舜生三十'之節。

고정 오씨가 말했다. "주공이 낙읍에 머무른 이후 7년 만에 훙(薨)하였다."

○용위 '탄보문무수명칠년(誕保文武受命七年)'은, 주공이 섭정한 것은 문왕과 무왕이 받은 천명을 온전하게 보호하기 위해 어쩔 수 없었던 일임을 밝히고, 또 문왕과 무왕이 받은 경명(景命)은 주공의 섭정 7년이 아니었으면 끝내 보전할 수 없었음을 밝힌 것이다. 이편의 서두에서 '복자명벽(復子明辟)'이라고 하고 말미에서 '탄보칠년(誕保七年)'이라고 한 것은 모두 섭정(攝政)과 복정(復政)에 대한 설인데 어찌 달리 해석할 수 있겠는가? 게다가 주공이 낙읍에 머물렀다는 것은 경서(經書)와 사서(史書)에 명문이 없다. 「박고(亳姑)」의 서(序)에 "주공이 풍(豐)에서 죽음을 앞두고 성주(成周)에 묻히고 싶어 하였으나 공이 죽자 성왕은 그를 필(畢)에 장사하였다."

【필은 풍에 있다.】라고 하고, 『사기』 「노세가(魯世家)」에 '주공이 성주에 묻히고 싶어 한 것은, 나는 감히 성왕을 떠나지 않을 것임을 밝히기 위해서이다.'[75]【왕이 낙읍에 있었다.】라고 하였다. 이를 통해 보면, 주공의 말년에 주공은 풍에 있었고 성왕은 낙읍에 있었던 것이니, 오씨의 설은 틀렸다. 「낙고」는 주공이 복정(復政)한 역사를 다룬 것이다. 그러므로 특별히 섭정의 연수를 쓴 것이니 「요전」 말미에 '순생삼십년(舜生三十年)'의 절이 있는 것과 같다.

考訂 孔云 : "此誥, 是誥伯禽, 不得言誥策。" ○辨云 上云'祝冊', 亦非封伯禽之冊也。若云'冊祝, 是封爵之冊書', 則〈金縢〉曰'史乃冊祝', 是又封何人者耶?

고정 공영달이 말했다. "이 고(誥)는 백금에게 고한 것이므로 고책(誥策)이라고 할 수 없다."[76]

---

75 「노세가(魯世家)」에……위해서이다 : 「노세가」의 내용을 다산이 변용한 것이다. 원문은 다음과 같다. 周公在豐, 病, 將沒, 曰 : "必葬我成周, 以明吾不敢離成王."

76 이 고(誥)는……없다 : 앞 15장에서 "王命作冊, 逸祝冊"이라고 하였는데 이 부분에서는 "作冊, 逸誥"라고만 하여 '誥' 뒤에 '冊' 자를 쓰지 않은 이유를 설명한 내용이다. 공영달은 앞 15장에 나온 '作冊'은 신에게 告하는 策書를 지은 것이고 이 부분의 '作冊'은 백금에게 誥하는 策書를 지은 것이며, '祝'은 글을 읽는 것을 지칭하는데 여기서는 단지 백금이 알도록 하였을 뿐이기 때문에 '誥' 뒤에 '策'을 쓰지 못한 것이라고 하였다. 『상서정의』 공영달 소의 해당 원문은 다음과 같다. 上云'作策', 作告神之策. 此言'作策', 誥伯禽之策. 祭於神謂之祝, 於人謂之誥, 故云'使史逸誥伯禽封命之書'. 封康叔謂之'康誥', 此命伯禽, 當云'伯禽之誥'. 定四年『左傳』云'命以伯禽', 卽史逸所讀之策也. 上言'逸祝策', 此誥下不言'策'者, 祝, 是讀書之名, 故上云'祝策'. 此誥是誥伯禽使知, 雖復讀書以誥之, 不得言'誥策'也.

○**변운** 앞에서 '축책(祝冊)'이라고 한 것도 백금을 봉하는 책(冊)이 아니다. '책축(冊祝)은 봉작(封爵)하는 책서(冊書)이다.'라고 한다면 「금등(金縢)」에서 말한 '사내책축(史乃冊祝)'[77]은 또 어떤 사람을 봉한 것이란 말인가?

考證 《漢書》〈律歷志〉云 : "周公七年十二月戊辰晦, 周公以反政, 引〈洛誥〉曰, '戊辰, 王在新邑, 烝祭歲。'【句】 命作冊, 惟周公誕保文・武惟七年。"

고증 『한서』「율력지(律歷志)」에 "주공이 섭정한 지 7년이 되는 12월 무진일 그믐에 주공이 반정(反正)하였기 때문에 「낙고」를 인용하면서 '무진일에 왕이 신읍에 있으면서 증제를 지냈는데 해마다 행하는 예이다.'【단구】라고 하고, 명하여 책(冊)을 지으라고 하였다. 주공이 문왕과 무왕을 크게 보호한 지 7년이 되었다."라고 하였다.

번역 : 전성건

77 사내책축(史乃冊祝) : 「금등」의 '冊祝'은 武王이 병이 나자 주공이 선조들에게 제사를 올려 무왕 대신 자신을 데려가 달라고 비는 祝文이다.

22. 다사(多士)

孔云 : "殷[교1)]之大夫 · 士從武庚叛者, 以其無知, 謂之頑民。安[교2)]土重遷, 或有怨恨, 周公以成王之命, 誥此衆士。"

교1) 案殷 : 『상서정의』에는 앞에 '頑民謂'가 더 있다.
교2) 案安 : 『상서정의』에는 앞에 '民性'이 더 있다.

공영달이 말했다. "〈완민(頑民)은〉 무경(武庚)의 반란에 가담한 은(殷)나라의 대부와 사(士)들을 말하는데, 무지하기 때문에 '완민'이라고 한 것이다. 〈백성의 천성이〉 살고 있는 땅을 편안하게 생각하고 옮기는 것을 어렵게 여겨서, 원망하고 한탄하는 사람이 더러 있었으므로 주공이 성왕의 명으로 이 중사(衆士)를 훈계한 것이다."[1]

1 〈완민(頑民)은〉……것이다 : "成周既成, 遷殷頑民."이라고 한 「多士」의 「序」에 대한 풀이이다.

22. 다사 - 01

惟三月, 周公初于新邑洛, 用告商王士。

3월에 주공이 처음으로 새 도읍인 낙읍(洛邑)에서 상(商)나라의 왕사(王士)들에게 고하였다.

鄭云 : "成王元年三月, 周公自王城初往成周之邑,【自今河南往洛陽】 用成王命, 告殷之衆士以撫安之。" ○梅云 : "周公致政明年三月。" ○蔡云 : "曰'商王士'者, 貴之也。" **○案** 鄭以爲成王元年者, 謂周公本自立爲王, 至〈洛誥〉十二月復辟之後, 成王始立, 以厥明年爲元年也。乖拗如此, 何以宗矣?【〈多士〉之誥, 在成王八年】

〔惟三月……商王士〕 정현이 말했다. "성왕 원년 3월, 주공이 처음으로 왕성에서 성주(成周)의 도읍으로 가서【지금의 하남(河南)에서 낙양(洛陽)으로 간 것이다.】 성왕의 명으로 은나라의 중사(衆士)에게 고하여 어루만져 안심시킨 것이다." ○매색이 말했다. "〈유삼월(惟三月)은〉 주공이 정사(政事)를 돌려준 이듬해의 3월이다." ○채침이 말했다. "'상왕사(商王士)'라고 한 것은 그들을 귀하게 대우한 것이다."

○안 정현이 성왕 원년이라고 한 것은, 주공이 본래 스스로 즉위하여 왕이 되었는데 「낙고」가 이루어진 해 12월 왕위를 돌려준 뒤에 성왕이 비로소 즉위하여 그 이듬해를 원년으로 삼았다고 여긴 것이다. 이렇게 꼬여 있는데 어떻게 종사(宗師)가 되겠는가?【「다사」의 고(誥)는 성왕 8년에 이루어졌다.】

22. 다사 - 02

王若曰："爾殷遺多士, 弗弔, 旻天大降喪于殷。我有周佑命, 將天明威, 致王罰勅,【句】殷命終于帝。"

왕이 말했다. "너희 은나라의 남은 다사(多士)들아, 하늘이 불쌍하게 여기지 않아서 민천(旻天)이 은나라에 큰 재앙을 내렸다. 우리 주나라가 돌보아주시는 천명을 받았기에 하늘의 밝은 위엄을 받들어 왕법으로 죄를 밝히고 바로잡게 되었으니,【단구】은나라의 명은 상제께서 종식시킨 것이다."

補云："弗弔, 謂不見恤於天。" ○馬云："秋曰旲[교1)]天。秋氣殺也, 方言降喪, 故稱旻天。" ○補云："罰勅, 謂明正其罪也。【勅, 正也】《易》曰：'明罰勅法。'"【古今注'致王罰'絶句, 誤】 ○補云："殷命之終, 終于上帝, 非我之攸終也。"

교1) 案旲：『상서정의』에는 '旻'으로 되어 있다.

〔弗弔〕 보충한다. "불조(弗弔)는 하늘로부터 불쌍히 여김을 받지 못하였다는 말이다."
〔旻天大降喪于殷〕○마융이 말했다. "〈하늘을〉 가을에는 '민천(旻天)'이라고 한다. 가을 기운은 감쇄(減殺)하는 기운이다. 지금 재앙을 내리는 데 대해 말하고 있으므로 '민천'이라고 부른 것이다."
〔致王罰勅〕○보충한다. "벌칙(罰勅)은 그 죄를 명백하게 바로잡는다는 말이다.【칙(勅)은 정[正：바로잡다]의 뜻이다.】『주역』 서합괘(噬嗑

卦)의 「상전(象傳)」에 '벌을 분명하게 하고 법을 바르게 한다.[明罰勑法]'라고 하였다."【고금의 주석들은 '치왕벌(致王罰)'에서 구를 나누었는데, 잘못이다.】

〔殷命終于帝〕○보충한다. "은나라의 명이 종식된 것은 상제에 의해 종식된 것이지 우리 〈주나라가〉 종식시킨 바가 아니라는 뜻이다."

22. 다사 - 03

肆爾多士, 非我小國, 敢弋殷命。惟天不畀, 允罔固亂, 弼我, 我其敢求位? 惟帝不畀, 惟我下民,【句】 秉爲惟天明畏。

【馬·鄭本, 弋爲翼。王肅本亦爲翼】

"그런데 너희 다사는 우리 작은 나라를 비난하며 감히 〈이미 끝난〉 은나라의 명을 비호하려고 하였다. 그러나 하늘이 도와주지 않으셨으니, 참으로 어지러운 나라를 보존할 수는 없기 때문에 우리를 도와 〈토벌하여 평정하도록〉 하신 것이지 우리가 어찌 감히 왕위를 구하였겠는가? 상제께서 〈너희 은나라에 천명을〉 주지 않은 것은, 우리나라의 백성은【단구】 떳떳한 천성을 지니고 일을 할 때 오직 하늘의 밝음을 두려워하는데 〈은나라의 백성은 하늘을 두려워하지 않았기〉 때문이다."【마융본과 정현본에는 '弋'이 '翼'으로 되어 있다. 왕숙본에도 '翼'으로 되어 있다.】

鄭云: "翼, 猶驅也。非我周敢驅取汝殷之殷[교1)]命。" ○孔云: "弋, 射也。射而取之。" ○補云: "乃爾多士, 非毁我小國, 敢欲翼護旣終之殷命, 與

武庚作亂。天不賜佑, 誠不可以固亂也,【保亂邦】又弼我討平之。" ○교2)
"帝之所以不畀者, 吾民其秉彝, 所作爲, 唯是畏天, 殷民不畏天也。"
○案 弋字屬我, 首云'肆爾多士', 何也? 翼字屬彼, 義始可通。

교1) 案殷: 『상서정의』에는 '王'으로 되어 있다.
교2) 案○: 문맥으로 보아 뒤에 '補云'이 더 있어야 할 듯하다.

〔非我小國, 敢弋殷命〕 정현이 말했다. "익(翼)은 구[驅: 몰아내다]와 같은 뜻이다. 우리 주나라가 감히 너희 은나라의 왕명을 몰아내고 취한 것이 아니라는 의미이다." ○공영달이 말했다. "익(弋)은 석[射: 쏘다]의 뜻으로, 쏘아서 그것을 취하였다는 의미이다."
〔肆爾多士……弼我〕○보충한다. "'그런데 너희 다사는 우리 작은 나라를 비난하고 헐뜯으며 감히 이미 끝난 은나라의 명을 비호하려고 무경(武庚)과 함께 난을 일으켰다. 그러나 하늘이 도와주지 않으셨으니 참으로 어지러운 나라는 보존할 수 없기 때문이고,【〈고란(固亂)〉은 보난방[保亂邦: 어지러운 나라를 보존하다]의 뜻이다.】 또한 우리를 도와 토벌하여 평정하게 하신 것이다.'라는 뜻이다."
〔惟帝不畀……惟天明畏〕○〈보충한다.〉 "'상제께서 〈너희에게 천명을〉 주지 않은 까닭은, 우리 백성은 떳떳한 천성을 지키면서 일을 할 때 오직 하늘을 두려워하는데 은나라의 백성은 하늘을 두려워하지 않았기 때문이다.'라는 뜻이다."

○안 익(弋) 자가 우리[我] 주나라에 해당되는 글자라면 첫머리의 '사이다사(肆爾多士)'는 어떻게 해석하겠는가? 익(翼) 자를 저들 〈은나라의 다사에게〉 해당되는 글자로 보아야 의미가 비로소 통할 수 있다.

22. 다사 - 04

我聞曰, '上帝引逸, 有夏不適逸, 則惟帝降格, 嚮于時夏, 弗克庸帝, 大淫泆有辭。惟時天罔念聞, 厥惟[교1)]廢元命, 降致罰。乃命爾先祖成湯革夏, 俊民甸四方。自成湯至于帝乙, 罔不明德恤祀, 亦惟天丕建保乂有殷。殷王亦罔敢失帝, 罔不配天其澤。'【《釋文》云: "馬以'嚮于時'絶句。" 《史記》, 恤爲率】

교1) 惟: 신조선사본에는 빠져 있으나 『尙書』 「周書 · 多士」에 따라 보충한다.

"내가 들으니, '상제께서 오래 평안하도록 인도하였으나 하(夏)나라가 따라가지 않으니 상제가 재앙을 내려 하나라에 〈경고하는〉 뜻을 보였다. 그런데도 하나라는 상제의 명을 따르지 않고 크게 방종하여 〈형옥(刑獄)과 같은〉 좋지 않은 말들이 하늘에 들렸다. 이에 하늘이 들으려고 하지 않고 〈하나라의〉 큰 명을 폐하고 벌을 내렸다. 이에 너희의 선조 성탕에게 명하여 하나라의 명을 바꾸고 준걸스러운 백성이 사방을 다스리게 하였다. 〈은나라는〉 성탕부터 제을(帝乙)까지 모든 왕이 덕을 밝게 닦고 두려워하며 제사를 올리니, 또한 하늘이 은나라를 크게 세워 보호하고 다스리게 하였다. 은나라의 왕들 또한 감히 하늘의 법을 실추시키지 않고 모두가 하늘과 짝하여 백성에게 은택을 베풀었다.'라고 하였다."【『경전석문』에 "마융은 '嚮于時'에서 구를 나누었다."라고 하였다.[2] 『사기』 「노세가」에는 '恤'이

2 『경전석문』에……하였다: 『경전석문』 권4 「尙書音義下」 '嚮于時夏'에 대한

'率'로 되어 있다.】

補云："上帝導之以久安, 有夏不隨往。" ○補云："有辭, 謂如刑獄之辭, 聞于上帝也。" ○蔡云："甸治區畫。"【讀之如'維禹甸之'】 ○補云："恤, 猶顧畏也。" ○蔡云："配天以澤民。"

〔上帝引逸, 有夏不適逸〕 보충한다. "상제가 오래 평안하도록 인도하였으나 하(夏)나라가 따라가지 않았다는 뜻이다."

〔大淫泆有辭〕○보충한다. "유사(有辭)는 형옥(刑獄)과 같은 말이 상제에게 들렸다는 뜻이다."

〔俊民甸四方〕○채침이 말했다. "〈전사방(甸四方)은〉 전치구획[甸治區畫：구획한 곳을 다스리다]의 뜻이다."【'유우전지(維禹甸之)'의 '전[甸：다스리다]'과 같은 뜻[3]으로 읽은 것이다.】

〔罔不明德恤祀〕○보충한다. "휼(恤)은 고외[顧畏：돌아보고 두려워하다]와 같은 뜻이다."

〔罔不配天其澤〕○채침이 말했다. "하늘에 짝하여 백성에게 은택을 베풀었다는 말이다."

考異 《釋文》, 泆或佾。【薛本亦爲佾】 馬本作屑。【馬云："屑, 過也。"】

고이 『경전석문』에 "泆은 '佾'로 된 데도 있다.【설계선본에도 '佾'로 되

陸德明의 설명에 "絶句. 馬以'時'字絶句."라고 하였다.

3 '유우전지(維禹甸之)'의……뜻 : 『시경』「小雅·信南山」에 "信彼南山, 維禹甸之"라고 하고, 「大雅·韓奕」에 "奕奕梁山, 維禹甸之"라고 하였는데, 『시경집전』에서 두 군데 모두 "甸, 治也."라고 풀이하였다.

어 있다.】 마융본에는 '屑'【마융이 말했다. "설(屑)은 과[過 : 잘못, 허물]의 뜻이다."】로 되어 있다."라고 하였다.[4]

22. 다사 - 05

在今後嗣王, 誕罔顯于天, 矧曰其有聽念于先王勤家? 誕淫厥泆, 罔顧于天顯民祗。惟時上帝不保, 降若茲大喪。惟天不畀,교1) **不明厥德。凡四方小大邦喪, 罔非有辭于**교2)**罰。**

교1) 畀 : 신조선사본에는 '卑'로 되어 있으나 『尙書』「周書・多士」에 따라 바로잡는다.

교2) 于 : 신조선사본에는 '干'으로 되어 있으나 『尙書』「周書・多士」에 따라 바로잡는다.

"지금 후사왕(後嗣王)은 천도에 매우 어두운데 하물며 선왕들이 국가를 위해 힘써 노력한 사실을 듣고 유념하겠는가? 끝없이 방탕하며 하늘은 밝고 백성은 공경해야 한다는 사실을 생각하지 않았다. 이에 상제께서 보호하지 않고 저와 같은 큰 재앙을 내려서 망하게 한 것이다. 하늘이 〈은나라에 명을〉 주지 않은 것은 덕을 밝게 닦지 못하였기 때문이다. 사방의 크고 작은 나라들이 망한 것은 모두 그들의 죄에 대한 말이 상제에게 들렸기 때문이다."

4 『경전석문』에……하였다 : 『경전석문』 권4 「尙書音義下」 '泆' 자에 대한 陸德明의 설명에 "音逸. 又作佾, 注同. 馬本作屑, 云'過也'."라고 하였다.

馬云："紂大淫樂其逸, 無所能顧念於天施顯道於民而敬之也。"【見《史》注】 ○梅云："先祖勤勞國家。" ○補云："天顯者, 天明也。【莫顯乎隱, 天道也】 民祗者, 民可敬也。" ○補云："小大邦喪, 如崇·黎·奄之類, 其亡也, 皆有罪罰之辭, 聞于上帝。"

〔在今後嗣王, 誕罔顯于天〕 마융이 말했다. "주(紂)가 크게 방탕하고 안일을 즐기며, 하늘이 백성에게 베푼 밝은 도를 돌아보고 유념하여 공경하지 못하였다는 뜻이다."【『사기』「노세가(魯世家)」의 『집해』에 보인다.】

〔先王勤家〕○매색이 말했다. "선조가 국가를 위해 근로(勤勞)하였다는 뜻이다."

〔罔顧于天顯民祗〕○보충한다. "천현(天顯)은 천명(天明)의 뜻이다.【은미한 곳에서 더없이 잘 드러나는 것[莫顯乎隱]이 천도이다.】 민지(民祗)는 백성을 공경해야 한다는 뜻이다."

〔凡四方小大邦喪, 罔非有辭于罰〕○보충한다. "소대방상(小大邦喪)은 예컨대 숭(崇)·려(黎)·엄(奄) 같은 나라들로서, 그들이 망한 것은 모두 죄와 벌에 대한 말이 상제에게 들렸기 때문이라는 뜻이다."

考證 〈魯世家〉云："自成[교1]湯至于帝乙, 無不率祀明德, 帝無不配天者。在今後嗣王紂, 誕淫厥佚, 不顧天及民之從也。"

교1) 案成：『사기』에는 이 글자가 없다.

고증 『사기』「노세가(魯世家)」에, "탕(湯)부터 제을(帝乙)까지는 모두 예법대로 제사를 지내고 덕을 밝게 닦았으므로 제(帝) 중에 하늘에 배향(配享)되지 않은 사람이 없었다. 그런데 지금 후사왕(後嗣王) 주(紂)는 크게 방탕하고 안일에 빠져서, 하늘이 백성에게 베푼 밝은 도를 돌아보고 유념하지 못하였다."[5]라고 하였다.

22. 다사 - 06

王若曰 : "爾殷多士, 今惟我周王, 丕靈承帝事。有命曰'割殷', 告勑于帝。惟我事不貳適, 惟爾王家我適。予其曰, '惟爾洪無度, 我不爾動, 自乃邑。' 予亦念天, 卽于殷大戾, 肆不正。"

왕이 말했다. "너희 은나라의 다사들아, 지금은 우리 주왕(周王)이 천자가 되어 상제의 일을 받들게 되었다. 〈상제께서〉 '난을 평정하여 은나라를 베어 없애라.'라고 명하셨으므로, 상제께 죄를 분명하게 바로잡았음을 고하였다. 우리는 한결같이 상제를 따르며 두 마음을 품지 않았으니 너희 은나라 왕가도 저절로 우리에게 오지 않을 수 없었다. 〈삼감(三監)이 처음 난을 일으켰을 때〉 나는 '너희가 크게 무도한 짓을 하였으니, 우리가 너희를 동요시킨 것이 아니고 변이 너희 읍에서 시작된 것이다.'라고 말하였다. 나는 또한 하늘의 뜻을 깊이 생각하여 은나라에 나아가 큰 벌을 내려 그 바르지 못한 죄를 다스린 것이다."

---

5 지금……못하였다 : 『사기집해』에 인용된 "紂大淫樂其逸, 無所能顧念於天施顯道於民而敬之也."라고 한 마융의 주석에 따라 번역하였다.

補云:"靈承帝事, 言爲天子承祭[교1)]事。" ○補云:"勑, 罰勑也。" ○蔡云:"我一於從帝而無貳適, 殷不容不我適。" ○補云:"適, 嚮也, 之也。事天·事大, 皆不可貳心。" ○蔡云:"三監倡亂, 汝[교2)]大爲非法,【洪無度】非我爾動, 變自爾邑。猶所[교3)]謂造攻自鳴條。" ○補云:"予亦體天, 卽于殷, 降大戾, 陳其不正之罪。"【律,[교4)] 陳也】

교1) 案祭: 경문을 참고할 때 '帝'로 되어야 할 듯하다.
교2) 案汝:『서집전』에는 앞에 '予其曰, 乃'가 더 있다.
교3) 案所:『서집전』에는 앞에 '伊訓'이 더 있다.
교4) 案律: 경문을 참고할 때 '肆'로 되어야 할 듯하다.

〔丕靈承帝事〕 보충한다. "영승제사(靈承帝事)는 천자가 되어 상제의 일을 받들었다는 말이다."

〔告勑于帝〕○보충한다. "칙(勑)은 벌칙[罰勑: 죄를 분명하게 바로잡다]의 뜻이다."

〔惟我事不貳適, 惟爾王家我適〕○채침이 말했다. "우리는 한결같이 상제를 따르며 두 갈래로 가지 않았으니 너희 은나라는 자연히 우리에게 오지 않을 수 없었다는 뜻이다."[6] ○보충한다. "적(適)은 향[嚮: 향하다]의 뜻이고, 지[之: 가다]의 뜻이다. 하늘을 섬기고 대국을 섬기는 일에서는 모두 두 마음을 품어서는 안 된다는 말이다."

〔予其曰……自乃邑〕○채침이 말했다. "삼감(三監)이 처음 난을 일으켰을 때 〈나는〉 '너희가 크게 법에 어긋난 짓을 하였으니,【홍무도(洪

6 우리는……뜻이다: 채침은 해당 구절을, 殷나라를 망하게 한 것은 오로지 상제의 뜻에 따른 일이라고 풀이하였는데 내용이 많이 생략되었다.『서집전』의 원문은 다음과 같다. 言割殷之事, 非有私心, 一於從帝而無貳適, 則爾殷王家自不容不我適矣.

無度)를 풀이한 것이다.】 우리가 너희를 동요시킨 것이 아니라 변이 너희 읍에서 시작된 것이다.'라고 하였다는 뜻이다. 이는 〈「이훈(伊訓)」에서〉 '공격할 만한 틈을 만든 것은 걸(桀)이 명조에서 악을 쌓은 데에서 비롯되었다.[造攻自鳴條]'[7]라고 한 것과 같은 의미이다."

〔予亦念天……肆不正〕○보충한다. "나 또한 하늘의 뜻을 깊이 생각하여 은에 나아가 큰 벌을 내려 그 바르지 못한 죄를 다스렸다는 뜻이다."【사(肆)는 진[陳 : 늘어놓다, 다스리다]의 뜻이다.】

22. 다사 - 07

王曰 : "猷告爾多士。予惟時,【句】 其遷居西爾。非我一人奉德不康寧, 時惟天命, 無違。朕不敢有後, 無我怨。"

왕이 말했다. "너희 다사에게 고한다. 내가 이에【단구】 너희를 옮겨 서쪽에서 살게 하는 것이다. 이는 나 한 사람이 이렇게 옮기고 진동(震動)하기를 좋아해서가 아니라 오직 하늘의 명이 이러해서이니 너희는 감히 어기지 말라. 나는 감히 후명(後命)을 내리지 않을 것이니 다른 벌이 있더라도 너희는 나를 원망하지 말라."[8]

---

7 공격할……비롯되었다.[造攻自鳴條] : 다산은 「伊訓」을 매색의 僞作으로 보아 『상서고훈』에서는 다루지 않았다. '造攻自鳴條'는 『서집전』 「이훈」 2장에 나오는데, 채침이 "言造可攻之釁者, 由桀積惡於鳴條."라고 풀이하였다.

8 나는……말라 : 채침 주를 따랐다. 채침은 '朕不敢有後, 無我怨'을 '뒤에 다른 벌이 있더라도 그것은 내가 내리는 것이 아니라 하늘이 내리는 것이니 나를 원망하지 말라.'라는 뜻으로 풀이하였다. 채침 주의 원문은 다음과 같다. 我不敢有後命, 謂有他罰, 爾無我怨也.

蔡云："指上文言，惟是之故，遷居西爾。"

〔予惟時，其遷居西爾〕 채침이 말했다. "앞 장의 내용을 가리켜 말한 것으로, 이런 까닭에 너희를 옮겨 서쪽에서 살게 한다는 말이다."[9]

考異 石經殘碑，'無違'二字作'元'。【或'无'字爲'元'而'違'字缺】

고이 석경잔비(石經殘碑)에는 '無違' 두 글자가 '元'으로 되어 있다. 【어쩌면 '无' 자를 '元'으로 썼고 '違' 자는 빠진 것일 수도 있다.】

22. 다사 - 08

惟爾知，惟殷先人，有冊有典，殷革夏命。今爾其曰，'夏迪簡在王庭，有服在百僚。' 予一人惟聽用德。肆予敢求爾于天邑商，予惟率。【句】 肆矜爾，非予罪，時惟天命。

"너희가 알듯이 은나라 선인들의 일을 기록한 서책과 전적(典籍)이 있어 은나라가 하나라의 천명을 바꾼 일이 기재되어 있다. 지금 너희들은 '하나라의 다사를 계도하고 선발하여 〈상(商)나라〉 왕의 조정에 두었으므로 일하는 사람들이 〈상나라의〉 관료로 있었다.' 라고 한다. 그러나 나 한 사람이 받아들여 등용하는 이는 오직 덕

9 채침이……말이다 : 채침 주를 발췌한 것이다. 채침은 "予惟時其遷居西爾" 전체를 한 구로 붙여서 읽었는데 다산은 '時' 뒤에서 구를 나누어 두 구로 보고 자신의 구두에 맞추어 일부 내용을 발췌한 듯하다. 채침 주의 원문은 다음과 같다. 時，是也，指上文'殷大戾'而言，謂惟是之故，所以遷居西爾.

있는 사람이다. 이에 내가 감히 너희를 천읍(天邑)인 상(商)에서 구하였으니 나는 오직 은나라의 고사를 따른 것이다.【단구】 너희를 가련하게 여겨서 옮긴 것이니, 이는 나의 잘못이 아니라 하늘의 명이다."

梅云: "先世有典籍, 說殷改夏命。" ○梅云: "夏之衆士, 在殷王庭, 有服職在百官, 言見任用。" ○梅云: "我亦用德, 故我敢求汝, 將任用之。" ○鄭云: "言天邑商者, 亦本天之所建。"【王肅云: "言商今爲我之天邑。"】 ○補云: "予惟率殷之故事, 肆用矜憐而遷徙之, 使汝播遷, 非我也天也。"

〔惟爾知……殷革夏命〕 매색이 말했다. "선세(先世)에 〈서책과〉 전적이 있었으니, 거기에서 은나라가 하(夏)나라의 천명을 바꾼 일을 설명하였을 것이라는 뜻이다."[10]

〔夏迪簡在王庭, 有服在百僚〕○매색이 말했다. "하나라의 중사(衆士)가 은나라 왕의 조정에 있었으니[11] 일을 맡은 사람이 여러 관직에 있었다는 뜻으로, 임용되었음을 말한다."

〔予一人……天邑商〕○매색이 말했다. "우리 〈주나라〉 또한 덕 있는 이를 쓰려고 한다. 그러므로 내가 감히 너희를 구한 것은 장차 임용하기 위해서라는 뜻이다."[12] ○정현이 말했다. "천읍상(天邑商)이라고 말한 것 또한 본래 하늘이 세워준 것이라는 뜻이다."【왕숙이

10 선세(先世)에……뜻이다: 매색 주를 요약하여 인용한 것이다. 원문은 다음과 같다. 言汝所親知, 殷先世有冊書典籍, 說殷改夏王命之意.

11 하나라의……있었으니: 매색 주의 일부를 생략하고 인용하였다. 원문은 다음과 같다. 夏之衆士蹈道者, 大在殷王庭.

12 우리……뜻이다: 역시 매색 주의 일부를 생략하고 인용하였다. 원문은 다음과 같다. 言我周亦法殷家, 惟聽用有德, 故我敢求汝於天邑商, 將任用之.

말했다. "상(商)은 이제 우리의 천읍이 되었다는 말이다."】

〔予惟率……時惟天命〕○보충한다. "나는 오직 은나라의 고사를 따르고 너희를 가련하게 여겨서 옮긴 것이니, 너희를 옮기게 한 것은 내 뜻이 아니라 하늘의 뜻이라는 말이다."

考異 《論衡·雷虛》篇, 肆矜作夷憐。

고이 『논형(論衡)』「뇌허(雷虛)」편에는 '肆矜'이 '夷憐'으로 되어 있다.

22. 다사 - 09

王曰:"多士, 昔朕來自奄, 予大降爾四國民命。我乃明致天罰, 移爾遐逖, 比事, 臣我宗多遜。"

왕이 말했다. "다사들아, 옛날 내가 엄(奄)에서 돌아왔을 때 나는 너희 사국(四國)의 백성들에게 크게 명을 내려 살려주었다. 나는 이에 천벌을 밝게 이루어 너희를 먼 땅으로 옮기고 알맞은 직사(職事)를 주어 우리 종친의 나라의 신하로 삼아 부지런히 따르게 하였다."

補云:"降命, 如降福。言汝四國之民, 罪當殄滅, 予奉天之令, 大降爾命生活之。" ○補云:"我乃致天之罰, 移爾于魯邦遐逖之地, 比其職事, 【列于官】 臣我宗國, 俾之多遜。" ○補云:"四國, 商·奄·淮·徐也。"

○**案** 此誥在復政之後, 則朕者誰也? 周公東征三年, 而歸來自奄, 若是此行, 則此時成王無東征之事, 何得云'昔朕來自奄'乎? 然則此誥在復政之年三月, 非厥明年之三月也。○**又案** 移爾遐逖, 非遷洛之謂也。殷之距洛, 不過四百里, 且徙于王京, 不可曰遐逖, 其指徙魯之民, 明矣。此章曰'臣我宗多遜',【魯者, 同姓宗親之國也】 下章曰'臣我多遜', 其指徙魯之事, 明矣。'條氏·徐氏·蕭氏·索氏·長勺氏·尾勺氏帥其宗族, 將其類醜, 從于伯禽, 使爲魯民', 是也。

〔予大降爾四國民命〕 보충한다. "강명(降命)은 강복(降福)과 같은 뜻이다. 너희 사국(四國)의 백성들은 죄를 따지면 죽여 없애야 마땅하나, 나는 하늘의 명을 받들어 너희에게 명을 크게 내려 살려주었다는 뜻이다."
〔我乃明致天罰……臣我宗多遜〕○보충한다. "내가 이에 하늘의 벌을 이루어 너희를 노(魯)나라 먼 땅으로 옮겨와 알맞은 직사(職事)를 맡아보게 하여【관원의 반열에 두었다는 뜻이다.】 우리 종친의 나라의 신하로 삼아 부지런히 따르게 하였다는 뜻이다." ○보충한다. "사국(四國)은 상(商)·엄(奄)·회(淮)·서(徐)이다."

○**안** 이 고(誥)가 정사를 돌려준 뒤에 있었다면 짐(朕)은 누구이겠는가? 주공이 동쪽을 정벌한 지 3년 되는 해에 엄(奄)에서 돌아와서 이렇게 행하였다면, 이때는 성왕이 동쪽을 정벌한 일이 없는데 어떻게 '석짐래자엄(昔朕來自奄)'이라고 할 수 있겠는가? 그렇다면 이 고가 이루어진 것은 정사를 돌려준 해의 3월에 있었던 일이지 그 이듬해 3월에 있었던 일이 아니다.

○**우안** 이이하적(移爾遐逖)은 낙읍으로 옮긴 일을 말하는 것이 아

니다. 은(殷)에서 낙읍까지 거리는 400리에 불과하다. 게다가 왕경(王京)으로 옮기면서 '하적(遐逖)'이라고 할 수는 없으니, 노나라로 옮긴 백성을 가리키는 것임이 분명하다. 이 장에서 '신아종다손(臣我宗多遜)'이라고 하고,【노(魯)나라는 〈주나라와〉 동성(同姓)인 종친(宗親)의 나라이다.】 다음 장에서 '신아다손(臣我多遜)'이라고 하였으니, 노나라로 옮긴 일을 가리키는 것임이 분명하다. '조씨(條氏), 서씨(徐氏), 소씨(蕭氏), 삭씨(索氏), 장작씨(長勺氏), 미작씨(尾勺氏)는 자기 종족을 거느리고 자기 무리를 이끌어 백금(伯禽)을 따라서 노나라의 백성이 되게 하였다.'[13]라는 것이 이 일이다.

考異 石經殘碑, '王曰'之下, 多'告爾'二字。

고이 석경잔비에는 '王曰' 뒤에 '告爾' 두 글자가 더 있다.

考訂 蔡云 : "降, 猶今法降等。" **○案** 降等不可曰降命。

고정 채침이 말했다. "강(降)은 지금 법의 강등[降等 : 형벌의 등급을 낮추다]과 같은 뜻이다."

○안 강등을 강명(降命)이라고 할 수는 없다.

13 조씨(條氏)……하였다 : 『춘추좌씨전』 정공 4년에 "分魯公……, 殷民六族, 條氏·徐氏·蕭氏·索氏·長勺氏·尾勺氏, 使帥其宗氏, 輯其分族, 將其類醜……"라고 한 내용이 나온다.

王曰：“告爾殷多士。今予惟不爾殺，予惟時，【句】命有申。今朕作大邑于茲洛，予惟四方罔攸賓，亦惟爾多士攸服，奔走臣我多遜。”【石經，洛爲雒】

왕이 말했다. “너희 은나라의 다사에게 고한다. 지금 나는 너희들을 차마 죽일 수 없으므로 내 이에【단구】 거듭 명을 내린다. 지금 내가 이 낙읍에 대읍(大邑)을 만든 것은 내가 사방에서 온 제후들이 빈례(賓禮)를 행할 곳이 없음을 생각해서이고, 또한 너희 다사가 우리의 신하가 되어 부지런히 따르는데 거처할 곳이 없음을 생각해서이다.”【석경에는 ‘洛’이 ‘雒’으로 되어 있다.】

馬云：“賓，却也。”【徐音擯교1)】 梅云：“無所賓外。” ○補云：“命有申者，申之以恩命。” ○補云：“奔走臣我，則率殷之故事，惟聽用德也。”

교1) 案擯：『상서정의』에는 ‘殯’으로 되어 있다.

〔罔攸賓〕 마융이 말했다. “빈(賓)은 각[却：물리치다]의 뜻이다.”【서씨(徐氏)는 음이 殯(빈)이라고 하였다.】 매색이 말했다. “빈례(賓禮)를 행할 외조(外朝)가 없다는 뜻이다.”

〔命有申〕○보충한다. “명유신(命有申)은 은명(恩命)을 거듭 내린다는 뜻이다.”

〔奔走臣我多遜〕○보충한다. “분주신아(奔走臣我)는 은나라의 고사(故事)에 따라 오직 덕 있는 사람을 받아들여 등용한다는 뜻이다.”

22. 다사 - 11

爾乃尚有爾土, 爾乃尚寧幹止。爾克敬, 天惟畀矜爾, 爾不克敬, 爾不啻不有爾土, 予亦致天之罰于爾躬。今爾惟時,【句】**宅爾邑, 繼爾居。爾厥有幹有年于茲洛, 爾小子乃興從爾遷。**【《藝文考》云: "石經, 洛爲雒。" 《釋文》云: "啻或作翅。"】

"너희는 이제 너희가 〈경작할〉 전토를 받았으니, 너희는 이제 너희의 생업을 편안히 이루고 편안히 거처하게 되었다. 너희가 능히 공경하면 하늘이 너희에게 복을 주고 긍휼히 여기겠지만, 너희가 공경하지 못하면 너희가 너희의 전토를 받지 못할 뿐만 아니라 나 또한 너희에게 천벌을 내릴 것이다. 지금 너희는 이제【단구】 너희의 신읍(新邑)에 거주하며 계속해서 편안히 살도록 하라. 너희가 이 낙읍에서 집안을 꾸려나가고 곡식을 수확하면, 〈은나라 지역에 남아 있는〉 너희의 어린 사람들도 이에 일어나 너희를 따라 옮겨올 것이다."【『한예문지고증(漢藝文志考證)』에 "석경에는 '洛'이 '雒'으로 되어 있다."라고 하였다. 『경전석문』에 "'啻'가 '翅'로 되어 있는 데도 있다."라고 하였다.[14]】

梅云: "汝乃還有汝本土。"【蔡云: "爾庶[교1]幾有爾田業。"】 ○蔡云: "安爾事[교2]安爾居。"[교3] ○補云: "有幹, 謂治家, 有年, 謂收穡。" ○補云: "小子, 幼少在殷未遷者。" ○**案** 殷之舊土, 皆已分封。梅所云'還有本土',

14 『경전석문』에……하였다: 『경전석문』 권4 「尚書音義下」 '啻' 자에 대한 陸德明의 설명에 "徐本作'翅'. 音同."이라고 하였다.

必無是理。祝鮀之言曰："殷民六族, 職事于魯, 分之土田, 比舊陪敦。"【杜云："增·厚也。"】是亦以魯邑之田分之殷民, 遷洛之民, 何獨異例? 古者有職者有田, 作農者授田, 遷之職之, 其君子不患無田, 其小人亦各受田。梅·蔡疑其無田, 過矣。

교1) 案庶 : 『서집전』에는 앞에 '乃'가 더 있다.
교2) 案事 : 『서집전』에는 앞에 '所'가 더 있다.
교3) 案居 : 『서집전』에는 앞에 '所'가 더 있다.

〔爾乃尙有爾土〕 매색이 말했다. "너희는 이제 다시 너희의 본래의 땅을 가지게 될 것이라는 뜻이다."【채침이 말했다. "너희는 〈이제〉 너희의 전토와 생업을 가지게 될 것이라는 뜻이다."】

〔爾乃尙寧幹止〕○채침이 말했다. "너희가 하는 일을 편안히 여기고, 너희가 사는 곳을 편안하게 여기라는 뜻이다."[15]

〔爾厥有幹有年于玆洛〕○보충한다. "유간(有幹)은 집안을 꾸려나간다는 말이고, 유년(有年)은 곡식을 수확한다는 말이다."

〔爾小子乃興從爾遷〕○보충한다. "소자(小子)는 어려서 은나라 지역에 있으면서 아직 옮기지 않은 자들이다."

○안 은나라의 예전 영토는 모두 이미 분봉(分封)하였다. 매색은 '본래의 땅을 다시 가질 것'이라는 뜻이라고 하였는데, 필시 그럴 리가 없을 것이다. 축타(祝鮀)의 말에, "은나라 백성 여섯 종족에게 노나라에서 직무를 맡게 하고 토지를 나누어주되 예전에 비해 더 많이 주었다."【두예가 말했다. "〈배(陪)는〉 증[增 : 더하다]의 뜻이고, 〈돈(敦)

15 너희가……뜻이다 : 채침은 幹을 事, 止를 居의 뜻으로 풀이한 것이다.

은〉 후[厚 : 후하다]의 뜻이다."】라고 하였다.[16] 이 또한 노나라 읍의 전토를 은나라 백성에게 나누어준 것인데, 낙읍으로 옮긴 백성에게만 어찌 유독 다르게 하였겠는가? 옛날에는 직책이 있는 사람은 전토를 소유하고, 농사를 짓는 사람에게는 전토를 주었다. 옮기고 직책을 주니 군자는 전토가 없음을 걱정하지 않았고, 소인도 각기 전토를 받은 것이다. 매색과 채침은 그들에게 전토가 없을 것이라고 의심하였는데, 잘못이다.

22. 다사 - 12

王曰 : 又曰 : "時予乃或言, 爾攸居。"

왕이 또 말했다. "이에 내가 어떤 말을 하는 것은 너희가 거처할 곳을 생각해서이다."

孔云 : "史錄王言, 以前事故言'又曰'也。" ○蔡云 : "王曰之下, 當有缺文。【以〈多方〉篇末'王曰'·'又曰', 推之可見】 時我或有所言, 皆以爾所居止爲

16 축타(祝鮀)의……하였다 : 祝鮀는 춘추시대 衛나라 大祝인 子魚를 말한다. '鮀'는 자어의 이름으로 『춘추좌씨전』에는 '佗'로 되어 있다. 『춘추좌씨전』 定公 4년에 "殷民六族, 條氏……將其類醜, 以法則周公. 用卽命于周, 是使之職事于魯, 以昭周公之明德, 分之土田陪敦."이라는 내용이 나온다. '分之土田陪敦' 부분 杜預의 주에 "陪, 增也. 敦, 厚也."라고 하였고, 공영달의 소에는 "言旣封爲大國地方五百里, 又分以土田更增彼寬厚爲七百里也."라고 하여 노나라의 영토를 늘려준 것으로 해석하였다. 그러나 다산은 은나라 백성 여섯 종족에게 토지를 후하게 나누어준 것으로 해석하였다.

念。" ○**案** 武庚旣誅, 殷民已遷, 王城之役, 庶殷丕作, 下都旣成, 又徙于成周。孔子〈書序〉, 本無差誤, 而九峰混之爲一洛邑。乃於此篇, 節節攻序, 謂序之非眞。【非孔子所作】 旣於〈書序〉詳論之, 不復條辨。〈多士〉之序, 無僞跡可執, 覽者詳之。

〔王曰, 又曰〕 공영달이 말했다. "사관이 왕의 말이라고 하며 기록하였으나 앞의 일을 〈끝맺지 않았기〉 때문에 '우왈(又曰)'이라고 한 것이다."[17] ○채침이 말했다. "왕왈(王曰) 뒤에 응당 빠진 내용이 있을 것이다.【「다방」 편의 끝에 있는 '왕왈(王曰)'과 '우왈(又曰)'[18]로 미루어보면 알 수 있다.】"

〔時予乃或言, 爾攸居〕 〈채침이 말했다.〉 "지금 내가 어떤 말을 하는 것은 모두 너희의 거처를 염려하기 때문이라는 뜻이다."

○**안** 무경(武庚)을 주벌하고 나서 은의 백성을 옮겼으므로 왕성(王城)을 건설하는 공사에 서은(庶殷)이 모두 달려가 일을 하였으며, 하도(下都)를 완성하고 나자 다시 성주(成周)로 옮긴 것이다. 공자가 지은 「서서」에는 본래 잘못된 곳이 없는데 구봉[九峰 : 채침]이 그것을 하나의 낙읍으로 혼동하였다. 그리하여 이 편에서는 구구절절 「서서」를 공격하며 「서서」를 진짜가 아니라고 하였다.【공자가

17 사관이……것이다 : 공영달 주의 일부만을 발췌하였기 때문에 의미가 잘 통하지 않는다. 원문은 다음과 같다. 凡言'王曰', 皆是史官錄辭, 非王語也. 今史錄稱王之言曰, '以前事未終, 故言又曰'也.

18 「다방」……'우왈(又曰)' : 채침은 이 장을 「다방」 편 마지막 부분의 "王曰: '我不惟多誥, 我惟祗告爾命.' 又曰 : '時惟爾初, 不克敬于和, 則無我怨'"과 같은 용례로 보고, 이 부분에서 '我不惟多誥, 我惟祗告爾命.'에 해당하는 내용이 누락되었다고 여긴 것이다.

지은 것이 아니라는 뜻이다.】[19] 「서서」에서 이미 상세하게 논하였으므로[20] 다시 조목별로 논변하지 않는다. 「다사」의 서에는 지적할 만한 위조 흔적이 없으니 상세하게 살펴보아야 한다.

번역 : 김성재

19 「서서」를 공격하며……뜻이다 : 「다사」의 채침 序에 "「書序」以爲'成周旣成, 遷殷頑民'者, 謬矣. 吾固以爲非孔子所作也."라고 하였다.

20 「서서」에서……논하였으므로 : 다산은, 낙읍을 두 군데 곧 王城과 下都라고 보고, 武庚을 주벌한 뒤 은나라 백성을 곧바로 옮겼으나 일정한 거처가 없어서 임시 처소에 寓居하였는데, 낙읍에 왕성을 건설한 다음 하도를 건설하고 그런 뒤에 집을 주어 옮기게 한 것이라고 보았다. 『상서고훈』「序例 · 尙書序 · 多士」 참조.

23. 무일(無逸)

【《書大傳》, 作毋逸。薛本, 作亡佾。《史記》, 或作毋佚】

【『상서대전』에는 '毋逸'로 되어 있다. 설계선본에는 '亡佾'로 되어 있다. 『사기』 에는 '毋佚'로도 되어 있다.】

梅云 : "成王卽政, 恐其逸豫, 故以所戒名篇。"

매색이 말했다. "〈주공은〉 성왕이 정사를 보게 되자 그가 안일하고 방탕할까 염려하였다. 그러므로 경계한 바를 가지고 편의 이름을 지은 것이다."

23. 무일 - 01

周公曰 : "嗚呼! 君子所其無逸。"

주공이 말했다. "오호라! 군자는 안일하지 않음[無逸]을 처소로 삼아야 합니다."

鄭云 : "嗚呼者, 將戒成王, 欲求以深感動之。" ○鄭云 : "君子, 止謂在官長者。所, 猶處也。君子處位爲政, 其無自逸豫也。" ○蔡云 : "君子以無逸爲所。"

〔嗚呼〕 정현이 말했다. "오호(嗚呼)란 성왕을 경계하려고 하면서 〈성왕이〉 깊이 느껴서 감동하도록 하려고 한 말이다."

〔君子所其無逸〕○정현이 말했다. "군자(君子)는 관장(官長)으로 있는 자만을 말한다. 소(所)는 처[處 : 처소, 차지하다]와 같은 뜻이다. 군자가 관직에 있으면서 정사를 하려면 스스로 안일하거나 방탕하지 말아야 한다는 말이다." ○채침이 말했다. "군자는 안일하지 않음을 처소로 삼아야 한다는 뜻이다."

23. 무일 - 02

先知稼穡之艱難, 乃逸, 則知小人之依。相小人, 厥父母勤勞稼穡, 厥子乃不知稼穡之艱難, 乃逸, 乃諺, 旣誕。否則侮厥父母曰, '昔之人, 無聞知。'

"먼저 농사일의 어려움을 알고 나서 편안하게 지내면 백성들이 무엇을 믿고 살아가는지를 아실 것입니다. 백성들을 보면 부모는 힘들게 농사를 짓는데 자식들은 농사짓는 어려움을 알지 못하고 편하게 놀면서 공경하지 않고 함부로 말합니다. 그렇지 않으면 자기 부모를 업신여기며 '옛날 사람은 견문도 없고 아는 것도 없어서 〈스스로 고생만 하면서 편히 쉴 줄을〉 모른다.'[1]라고 합니다."

補云："小人，甿也。" ○蔡云："小人依田，猶魚之依水，木之依土。" ○補云："諺，自矜也，不恭也。誕，易言而無信也。"

〔先知稼穡……則知小人之依〕 보충한다. "소인(小人)은 맹[甿：백성, 농부]의 뜻이다." ○채침이 말했다. "소인들이 밭에 의지하는 것은 물고기가 물에 의지하고 나무가 흙에 의지하는 것과 같다."
〔乃諺，既誕〕○보충한다. "언(諺)은 자긍[自矜：스스로 뽐내다]의 뜻이고 불공[不恭：공손하지 않다]의 뜻이다. 탄(誕)은 말을 쉽게 하여 신뢰가 없다는 뜻이다."

考異 石經殘碑，穡爲嗇，逸爲劮，【乃逸之兩逸字也】 諺爲憲，誕爲延，又否作不。**○案** 殘碑，穡爲嗇。

고이 석경잔비(石經殘碑)에는 '穡'이 '嗇'으로, '逸'【두 군데 '乃逸'의 '逸'자이다.】이 '劮'로, '諺'이 '憲'으로, '誕'이 '延'으로 되어 있고, 또 '否'가 '不'로 되어 있다.

○안 잔비에는 '穡'이 '嗇'으로 되어 있다.

考證 〈魯世家〉云："〈毋逸〉稱'爲人父母，爲業至長久，子孫驕奢忘之，以亡其家，爲人子可不愼乎?'" **○案** 此史遷檃栝其大意，非有異本之經文也。

고증 『사기』「노세가(魯世家)」에 "「무일(毋逸)」에 '부모들이 공업(功

---

1 옛날……모른다："古老之人，無聞無知，徒自勞苦而不知所以自逸也."라고 한 채침의 풀이를 참고하여 내용을 보충하였다.

業)을 이루고서 오래 지나면 자손들이 교만하고 사치하며 〈부모의 고생을〉 잊어버린다. 그 때문에 그 집안을 망하게 하니 자식들이 삼가지 않을 수 있겠는가?'라고 하였습니다."라고 하였다.

○**안** 이것은 사마천이 그 대의를 개괄한 것이요, 이본(異本)의 경문(經文)이 있었던 것은 아니다.

23. 무일 - 03

周公曰 : "嗚呼! 我聞曰, '昔在殷王中宗, 嚴恭寅畏, 天命自度, 治民祗懼, 不敢荒寧'。 肆中宗之享國, 七十有五年。"

주공이 말했다. "오호라! 내가 들으니, '옛날 은나라 왕 중종(中宗)은 장중(莊重)하고 겸손하고 엄숙하고 두려워하며[2] 천명을 따르는 것을 자신의 법도로 삼았으며, 백성을 다스리는 데에도 공경하고 두려워하여 감히 게으르거나 안일하지 않았다.'라고 합니다. 그 때문에 중종의 재위(在位) 기간이 75년이나 되었습니다."

鄭云 : "中宗, 謂太戊也。"【見商頌譜疏】 ○鄭云 : "恭在貌, 敬在心。"【寅, 敬也】 ○補云 : "率天命, 自爲法度。" ○馬云 : "知民之勞苦, 不敢荒廢自安也。"【見《史》注】 ○補云 : "享國, 猶言在位。"

---

2 장중(莊重)하고……두려워하며 : "嚴則莊重, 恭則謙抑, 寅則欽肅, 畏則戒懼." 라고 한 채침의 주석에 따라 번역하였다.

〔殷王中宗〕 정현이 말했다. "중종(中宗)은 태무(太戊)를 말한다."【『모시정의』 상송보(商頌譜)의 소에 보인다.】

〔嚴恭寅畏〕○정현이 말했다. "공손함은 용모에 있고, 공경함은 마음에 있다. "【〈정현은〉 인(寅)을 경[敬 : 공경하다]의 뜻으로 본 것이다.】

〔天命自度〕○보충한다. "천명을 따르는 것을 스스로 법도로 삼았다는 뜻이다."

〔不敢荒寧〕○마융이 말했다. "백성들의 노고를 알기 때문에 감히 황폐하게 스스로 편안히 지내지 못한다는 뜻이다."【『사기』「노세가」의 『집해』에 보인다.】

〔肆中宗之享國〕○보충한다. "향국(享國)은 재위(在位)와 같은 말이다."

考異 《釋文》云 : "馬本, 嚴作儼。" ○石經, 作'天命自亮, 以民祗懼'。○《史記》, 祗爲震, 享爲饗。【〈魯世家〉】

고이 『경전석문』에 "마융본에는 '嚴'이 '儼'으로 되어 있다."라고 하였다.

○석경에는 〈'天命自度, 治民祗懼'가〉 '天命自亮, 以民祗懼'로 되어 있다.

○『사기』에는 '祗'가 '震'으로 되어 있고, '享'이 '饗'으로 되어 있다.【「노세가」에 보인다.】

其在高宗時, 舊勞于外, 爰曁小人。作其卽位, 乃或亮陰, 三年不言。其惟不言, 言乃雍, 不敢荒寧。嘉靖殷邦, 至于小大, 無時或怨。肆高宗之享國五十有九年。

"고종(高宗) 때에는 오랫동안 민간에서 수고하며 백성들과 함께 출입하고 일하였으며,[3] 일어나 즉위하고서는 양암(亮陰)에서 3년 동안 말을 하지 않았습니다. 말을 하지 않았을 뿐이지 말을 하면 화순(和順)하여 이치에 맞았으며 감히 태만하거나 안일함을 추구하지 않았습니다. 은나라를 안정시켜 평안한 가운데 예악과 교화를 성대하게 펼치니 만민이 모두 화합하여 혹시라도 원망하는 사람이 없었다고 합니다.[4] 그 덕분에 고종의 재위 기간이 59년이나 되었습니다."

鄭云: "高宗, 謂武丁也。【〈商頌〉[교1]疏】 舊, 猶久也。"【〈商頌〉疏】 ○馬云: "武丁爲太子時, 其父小乙使行役, 有所勞役於外, 與小人之故, 言知其憂樂也。"【〈商頌〉疏。曁, 與也】 ○鄭云: "作, 起也。【〈商頌〉疏】 小乙崩, 武丁立, 憂喪三年之禮, 居廬柱楣, 不言政事。【〈商頌〉疏】 其不言之時, 時

3 오랫동안……일하였으며 : 채침 주에 따라 번역하였다. 『서집전』에 "高宗, 武丁也. 未卽位之時, 其父小乙, 使久居民間與小民出入同事."라고 하였다.

4 말을 하면……합니다 : 채침의 주에 따라 번역하였다. 『서집전』에 "雍, 和也, 發言和順, 當於理也. 嘉, 美, 靖, 安也, 嘉靖者, 禮樂敎化蔚然於安居樂業之中也. 漢文帝與民休息, 謂之靖則可, 謂之嘉則不可. 小大無時或怨者, 萬民咸和也."라고 하였다.

有所言, 則群臣皆和諧。” ○馬云: “寧,교2) 安也。”【見《史》注】 ○鄭云: “小大, 謂萬人上及群臣。言人臣小大, 皆無怨王也。” ○蔡云: “嘉, 美。靖, 安也。”

교1) 案頌: 가장본의 舊本 『상서고훈』에는 뒤에 '譜'가 더 있다. 이하 네 군데 小注의 '商頌'도 모두 같다.

교2) 案寧: 『사기』 「노세가」의 『집해』에는 '密'로 되어 있다.

〔其在高宗時……不敢荒寧〕 정현이 말했다. “고종(高宗)은 무정(武丁)을 말한다.【『모시정의』 상송보(商頌譜)의 소에 보인다.】 구(舊)는 구[久: 오래]와 같은 뜻이다.”【『모시정의』 상송보의 소에 보인다.】 ○마융이 말했다. “무정이 태자였을 때에 그의 아버지 소을(小乙)이 나가서 노역을 하도록 시켰다. 그래서 밖에 나가 노역하며 백성들과 함께 지낸 적이 있었기 때문에 그들의 근심과 즐거움을 안다고 말한 것이다.”【『모시정의』 상송보의 소에 보인다. 〈마융은〉 기(暨)를 여[與: 더불다, 함께하다]의 뜻으로 본 것이다.】 ○정현이 말했다. “작(作)은 기[起: 일어나다]의 뜻이다.【『모시정의』 상송보의 소에 보인다.】 소을(小乙)이 죽고 무정(武丁)이 즉위하여 삼년상을 지내는 동안 여막(廬幕) 입구에 들보를 세우고 지내면서[5] 정사(政事)를 말하지 않았는데,【『모시정의』 상송보의 소에 보인다.】[6] 그가 말을 하지 않고 지내는 동안 가끔 말을

5 여막(廬幕)……지내면서: 원문은 '居凶廬柱楣'이다. '凶廬'는 상주가 거처하는 廬幕을 말한다. '柱楣'는 여막 입구의 들보를 말하는데, 장사 지내기 전에는 나무를 담장에 기대어 두었다가 장사 지낸 뒤에는 그 나무를 일으켜 세워 문에 들보를 만들어 햇볕이 들어오게 하였다.

6 고종(高宗)은……보인다: 이 내용 전체가 『모시정의』 「商頌譜」의 “後世有中宗者, 嚴恭寅畏, 天命自度, 治民祗懼, 不敢荒寧. 後有高宗者, 舊勞於外, 爰洎

하는 경우가 있으면 신하들이 모두 화합하였다는 뜻이다."[7] ○마융이 말했다. "밀(密)은 안[安: 안정되다]의 뜻이다."【『사기』 「노세가」의 『집해』에 보인다.】[8]

〔至于小大, 無時或怨〕○정현이 말했다. "소대(小大)는 만민에서 위로 신하들까지를 이르니, 높고 낮은 신하 중에 임금을 원망하는 사람이 아무도 없었다는 뜻이다."

〔嘉靖殷邦〕○채침이 말했다. "가(嘉)는 미[美: 아름답다]의 뜻이고, 정(靖)은 안[安: 안정되다]의 뜻이다."

考異 鄭本, 爰暨作爰洎。【鄭云: "爰, 於也。洎, 與也。" 見〈商頌〉[교1)]疏】 ○伏

小人. 作其卽位, 乃或諒闇, 三年不言, 言乃雍. 不敢荒寧, 嘉靜殷邦. 至于小大, 無時或怨."이라고 한 부분의 공영달 소에 나온다. 다산은 일부분씩을 발췌하여 정현과 마융의 설이라고 하였지만 『모시정의』에서는 그 사실이 확인되지 않고, 또 『모시정의』 원문과는 글자 출입이 있고 마융의 설이라고 한 부분은 여기 인용문과는 의미도 다르다. 여기서는 『상서고훈』의 원문대로 번역하였다. 『모시정의』 소의 원문은 다음과 같다. 正義曰: 此『尙書』「無逸」文也. 彼注云'中宗謂大戊也, 高宗謂武丁也.' 舊, 猶久也. 爰, 於. 洎, 與也. 武丁爲太子時, 殷道衰. 爲其父小乙將師役於外, 與小人之故, 言知其憂樂也. 作, 起也. 諒闇轉作梁闇. 楣, 謂之梁. 闇, 廬也. 小乙崩, 武丁立, 憂喪三年之禮, 居凶廬柱楣, 不言政事.

7 그가……뜻이다: '其惟不言, 言乃雍'에 대한 풀이로, 『상서정의』 공영달의 소에 인용되어 있다. 이는 "在喪則其惟不言, 喪畢, 發言則天下和."라고 한 매색의 주석과 비교한 것이다. 공영달의 해석에 따르면, 매색은 '상을 지내는 3년 동안은 말을 하지 않았고, 상을 마친 뒤 말을 하자 천하가 화합하였다.'라는 뜻으로 보았고, 정현은 '상을 지내는 3년 동안에도 가끔 말을 하였는데 그러면 천하가 화합하였다는 뜻'으로 본 것이다.

8 밀(密)은……보인다: 경문의 "不敢荒寧, 嘉靖殷邦"이 『사기』 「노세가」에는 "不敢荒寧, 密靖殷國"으로 되어 있는데, 마융의 이 주석은 '荒寧'이 아닌 '密靖'을 풀이한 것으로 '安也'는 경문의 '嘉'에 해당하는 훈고이다.

本, 亮陰作梁闇。【《書大傳》】《漢書》, 作涼陰。【〈五行志〉】鄭本, 作諒闇。【鄭云 : "諒闇轉作㴭[교2)]闇, 楯, 謂之梁, 闇, 廬也。" 見〈商頌〉疏】 ○《史記》云 : "享國五十有[교3)]五年。"【〈魯世家〉】 石經 : "享國百年。"【王應麟云 : "漢杜欽云, '高宗享百年之壽。'"】 ○《困學紀聞》云 : "顧氏《石經殘碑考》亦云'百年'。《漢・五行志》〈劉向傳〉〈杜欽傳〉皆曰'高宗百年'。" 司馬問古文說, 記憶未確, 故曰'五十五'爾。○**案** 杜欽言壽百年, 不云享國百年。

교1) 㮑頌 : 가장본의 舊本 『상서고훈』에는 뒤에 '譜'가 더 있다.
교2) 㮑㴭 : 『모시정의』와 가장본의 舊本 『상서고훈』에는 '梁'으로 되어 있다.
교3) 㮑有 : 『사기』에는 이 글자가 없다.

고이 정현본에는 '爰暨'가 '爰洎'로 되어 있다.【정현이 말했다. "원(爰)은 어[於 : 이에]의 뜻이고, 계(洎)는 여[與 : ~와, 함께]의 뜻이다. 『모시정의』 상송보(商頌譜)의 소에 보인다.】

○복생본에는 '亮陰'이 '梁闇'으로 되어 있다.【『상서대전』에 보인다.】 『한서』에는 '涼陰'으로 되어 있다.【「오행지(五行志)」에 보인다.】 정현본에는 '諒闇'으로 되어 있다.【정현이 말했다. "'諒闇'은 '梁闇'을 바꾸어쓴 것이다. 순(楯)은 량[梁 : 들보]을 말하고, 암(闇)은 려[廬 : 움막]의 뜻이다." 『모시정의』 상송보의 소에 보인다.】

○〈'享國五十有九年'이〉 『사기』에는 '享國五十五年'으로 되어 있고,【「노세가」에 보인다.】 석경에는 '享國百年'으로 되어 있다.【왕응린이 말했다. "한(漢)나라 두흠(杜欽)이 말하기를 '고종(高宗)은 100년의 수명을 누렸다.'라고 하였다."】

○『곤학기문』에 "고염무의 『석경잔비고(石經殘碑考)』에도 '百年'으로 되어 있고, 『한서』 「오행지」・「유향전(劉向傳)」・「두흠전(杜欽

傳)」에 모두 '高宗百年'으로 되어 있다."라고 하였다. 사마천은 고문 상서가들의 설을 들었으나 기억이 확실하지 않기 때문에 '五十五'라고 하였을 뿐이다.[9]

○**안** 두흠은 '壽百年'이라고 말하였지 '享國百年'이라고는 하지 않았다.

考異 〈魯世家〉云: "其在高宗, 久勞于外, 爲與小人,【爰曁作爲與】 作其卽位, 乃有亮闇, 三年不言, 言乃讙。不敢荒寧, 密靖殷國, 至于小大無怨。故高宗饗國五十有[교1)]五年。" ○鄭云: "讙, 喜悅也。"【本〈檀弓〉注, 詳見下】

교1) 案有: 『사기』에는 이 글자가 없다.

고이 『사기』 「노세가」에는 "其在高宗, 久勞于外, 爲與小人.【'爰曁'가 '爲與'로 되어 있다.】 作其卽位, 乃有亮闇, 三年不言, 言乃讙, 不敢荒寧, 密靖殷國, 至于小大無怨, 故高宗饗國五十五年."으로 되어 있다. ○정현이 말했다. "讙은 희열[喜悅: 기뻐하다]의 뜻이다."【본래 『예기』 「단궁(檀弓)」의 주이다. 자세한 내용은 뒤에 보인다.】

---

9 〈'享國五十有九年'이〉……뿐이다: 가장본의 舊本 『상서고훈』에는 "石經, 五十有九年作百年."이라고 하였고, "王應麟『考異』 ○漢杜欽云'高宗享百年之壽.'"라는 소주가 붙어 있다. 그 밖의 내용은 합본 과정에서 추가한 듯한데 출전을 정확히 확인할 수 없고, 다산의 의도도 자세히 알 수 없다. 다만 왕응린의 『困學紀聞』 권2 「書」에 "「無逸」'肆高宗之享國五十有九年', 石經曰'肆高宗之饗國百年.' 漢杜欽亦曰'高宗享國百年之壽'."라고 하고, 소주에 "按, 『漢』 「五行志」·「劉向傳」皆云'高宗百年'."이라고 한 내용이 보인다.

考證 《論語》引《書》曰：“高宗諒陰, 三年不言。”【孔安國云：“諒, 信也。陰, 猶默也。” ○〈憲問〉篇】 ○〈檀弓〉引《書》云：“高宗三年不言, 言乃讙。”【鄭云: “讙, 喜悅也。言乃喜悅, 則民臣望其言久矣。”】 ○〈坊記〉引高宗云：“三年其惟不言, 言乃讙。”【鄭云：“三年不言, 有父小乙喪之時也。讙, 當爲歡, 聲之誤也。其旣言, 天下皆歡喜, 樂其政教也。”】 ○〈喪服四制〉引《書》曰：“高宗諒闇, 三年不言。”【鄭云：“諒, 古作梁。楣, 謂之梁。闇, 讀如鶉鵪之鵪, 闇, 謂廬也。廬有梁者, 所謂柱眉[교1]也。”】

교1) 案 眉 : 『예기정의』에는 '楣'로 되어 있다.

고증 『논어』에 『상서』를 인용하여 “고종은 양음(諒陰)에서 지내는 3년 동안 말을 하지 않았다.”라고 하였다.【공안국이 말했다. “량(諒)은 신[信 : 믿다]의 뜻이다. 음(陰)은 묵[默 : 침묵하다]과 같은 뜻이다.”[10] ○「헌문(憲問)」 편에 보인다.】
○『예기』「단궁(檀弓)」에 『상서』를 인용하여 “고종이 3년 동안 말을 하지 않았는데 말을 하자 기뻐하였다.”라고 하였다.【정현이 말했다. “환(讙)은 희열[喜悅 : 기뻐하다]의 뜻이다. 말을 하자 기뻐하였다는 것은 신하와 백성들이 그가 말하기를 바란 지가 오래되었다는 뜻이다.”】
○『예기』「방기(坊記)」에 『상서』에 있는 고종(高宗)의 일[11]을 인용하여 “3년 동안 말을 하지 않았는데 말을 하자 기뻐하였다.”라고

10 공안국이……뜻이다 : 『논어정의』 하안(何晏)의 『집해(集解)』에 인용되어 있다.

11 고종(高宗)의 일 : 『고문상서』 「說命」을 말한다. 『예기정의』의 공영달 소에 “高宗云者, 此尙書「說命」之篇. 論高宗之事, 故言高宗. 云高宗, 非『書』篇之名.”이라고 하였다.

하였다.【정현이 말했다. "3년 동안 말을 하지 않은 것은 아버지 소을(小乙)의 상(喪)을 지내는 때였다. 환(讙)은 환(歡)이 되어야 하니 발음 때문에 생긴 오류이다. 그가 말을 하자 천하가 모두 기뻐하였다는 것은 그의 정교(政教)를 즐거워하였다는 뜻이다."】

○『예기』「상복사제(喪服四制)」에 『상서』를 인용하여 "고종은 양암(諒闇)에서 지내며 3년 동안 말을 하지 않았다."라고 하였다.【정현이 말했다. "'諒'은 옛날에는 '梁'으로 썼다. 미(楣)를 량[梁 : 들보]이라고 한다. 암(闇)은 순암(鶉鵪)의 암(鵪)과 같은 음으로 읽는다. 암(闇)은 려[廬 : 움막]를 말한다. 움막에 들보가 있는 것이 이른바 주미(柱楣)이다."】

考訂 梅云 : "信默不言, 言孝行著。" ○蔡云 : "梁闇是也。"【〈說命〉注】

○鏞案 兩義互主, 未有定論, 嘗謂諒暗之義長。

고정 매색이 말했다. "믿고서 침묵하며 말하지 않았다는 뜻이니 효행이 드러났음을 말한다."[12]

○채침이 말했다. "양암(梁闇)이라는 것이 이것이다."[13]【『서집전』「열명(說命)」의 주에 보인다.】

○용안 두 사람의 풀이가 번갈아 주류를 이루어 아직 정론이 없으나 나는 일찍이 양암(諒暗)이라는 풀이가 낫다고 생각하였다.

---

12 매색이……말한다 : 매색 주의 원문은 "武丁起其卽王位, 則小乙死, 乃有信默, 三年不言, 言孝行著."이다.

13 양암(梁闇)이라는 것이 이것이다 : 『상서』「說命上」에 "宅憂亮陰三祀"라고 하였는데, 채침이 정현의 풀이를 인용하여 亮陰을 梁闇이라고 하였다. 『서집전』에 다음과 같은 내용이 나온다. 『儀禮』, '翦屛柱楣', 鄭氏謂'柱楣, 所謂梁闇, 是也.'.

其在祖甲, 不義惟王, 舊爲小人。作其卽位, 爰知小人之依, 能保惠于庶民, 不敢侮鰥寡。肆祖甲之享國三十有三年。【《史》云: "久爲小人于外, 能保施小民。" 又享爲饗。】

"조갑(祖甲) 때에는 왕이 되는 것을 의롭지 않다고 여겨 오랫동안 소인으로 있었습니다. 일어나 즉위하여서는 이에 소인이 무엇에 의지하는지를 알아서 능히 서민을 보호하고 은혜를 베풀었으며, 감히 홀아비와 과부를 업신여기지 않았습니다. 그 덕분에 조갑의 재위 기간이 33년이나 되었습니다."【『사기』 「노세가」에는 〈'舊爲小人. 作其卽位, 爰知小人之依, 能保惠于庶民'이〉 "久爲小人于外, 能保施小民."으로 되어 있다. 또 '享'이 '饗'으로 되어 있다."】

馬・鄭云: "祖甲, 武丁子帝甲也。【見《史》注】 祖甲有兄祖庚, 而祖甲賢, 武丁欲立之。祖甲以王廢長立少不義, 逃亡民間。故曰'不義惟王, 久爲小人'也。武丁死, 祖庚立, 祖庚死, 祖甲立。"【見《史》注】 ○**鏞案** 〈殷本紀〉無此說, 但云'祖庚崩, 弟祖甲立, 是爲帝甲。帝甲淫亂, 殷復衰。' 王肅見〈無逸〉經文與〈本紀〉不合, 遂以祖甲爲太甲。【見下方】 然《史記》此段, 本襲《國語》,《國語》稱'帝甲亂之, 七世而殞',【自祖甲至紂, 凡六世而七王】 史遷不思此經, 載之〈本紀〉, 原是錯誤, 不足以此外史之雜言, 易周公之聖筆, 明矣。馬・鄭之註, 雖若推度, 翕合事理。且〈高宗肜日〉, 明係祖庚時事,【金仁山之言】 鄭玄以祖庚爲惷愚之人,【〈高宗肜日〉注】 當時古籍必有所據。王子雍明目張膽, 唯一反鄭說, 以爲家計, 亦病也。太甲, 太宗也, 又豈可末數之。【馬・鄭亦以爲帝甲, 非不見二史者】

〔其在祖甲……舊爲小人〕 마융과 정현이 말했다. "조갑(祖甲)은 무정(武丁)의 아들인 제갑(帝甲)이다.【『사기』「노세가」의 『집해』에 보인다.】 조갑에게는 형인 조경(祖庚)이 있었는데 조갑이 현명하였기 때문에 무정이 조갑을 세우고자 하였다. 조갑은 왕이 장자를 폐하고 어린 아들을 세우려는 것을 의롭지 않다고 여겨 서민들이 사는 곳으로 도망갔다. 그러므로 '왕이 되는 것을 의롭지 않다고 여겨 오랫동안 소인으로 있었다.'라고 한 것이다. 무정이 죽자 조경이 즉위하였고, 조경이 죽자 조갑이 즉위하였다."【『사기』「노세가」의 『집해』에 보인다.】

○**용안** 『사기』「은본기」에는 이 말이 없다. 다만 '조경이 죽고 아우 조갑이 즉위하니, 이 사람이 제갑(帝甲)이다. 제갑이 음란하여 은나라는 다시 쇠약해졌다.'라고 하였다. 그런데 왕숙은 「무일」 편의 경문이 『사기』「은본기」와 합치하지 않는 것을 보고는 드디어 조갑을 태갑(太甲)이라고 하였다.【뒤에 보인다.】 그러나 『사기』의 이 단락은 본래 『국어』를 따른 것인데, 『국어』「주어 하(周語下)」에 '제갑이 탕(湯)의 법을 어지럽혀서[14] 7대에 이르러 국운이 다하였다.'라고 하였다.【조갑(祖甲)에서 주(紂)까지는 모두 6대이고 왕이 일곱이었다.[15]】 사마천이 이 부분의 경문을 생각하지 않고 「은본기」에 이 내용을 기록한 것은 원래부터 착오이지만, 이 외사(外史)의 잡언(雜言) 때문에 주공의 성필(聖筆)을 바꿀 수 없음은 분명하다. 마융

14 탕(湯)의 법을 어지럽혀서 : "亂湯之法"이라고 한 韋昭의 주에 따라 번역하였다.

15 조갑(祖甲)에서……일곱이었다 : "至紂七世而亡"이라고 한 韋昭의 주를 敷衍한 듯하다.

과 정현의 주석은 비록 추측하여 헤아린 것 같지만 사리에 맞는다. 또 「고종융일(高宗肜日)」은 명확하게 조경 때의 일과 관계되는데【김인산[金仁山 : 김이상]의 말이다.】[16] 정현은 조경을 어리석은 사람이라고 여겼으니【「고종융일」의 주에 보인다.】[17] 당시의 고적(古籍)에서 필시 근거한 바가 있었을 것이다. 그런데 왕자옹[王子雍 : 왕숙]은 눈을 부라리고 열을 올리며 오로지 정현의 설에 반대하는 것을 자신의 계책으로 삼았으니 또한 병통이다. 태갑은 태종(太宗)인데, 또 어찌 마지막으로 꼽을 수 있겠는가?【마융과 정현도 제갑이라고 하였으니 『사기』와 『국어』를 보지 않은 것이 아니다.】

考訂 王云 : "祖甲, 湯孫[교1]也。先中宗, 後祖甲, 先盛德, 後有過。"【見《史》注】 ○梅云 : "湯孫太甲, 爲王不義。" ○蔡云 : "'不義惟王', 與〈太甲〉'玆乃不義'文似, 遂以祖甲爲太甲, 要以周公之言爲正。" **○鏞案** 孔沖遠每云'王肅似竊見孔傳', 余每云'所謂孔傳, 乃全襲王註'。蓋以此時鄭註主世, 則造此僞經, 思以易天下者, 必與擊鄭者合勢, 然後其書可立。所以梅註專用王肅之義也, 王肅之必立異義者, 恃《國語》及〈殷本紀〉, 以爲聲援也。然今考衛彪傒之言, 本欲於夏·殷中世, 得一昏王, 以比幽王, 未有考覈而言之。史遷據此鍛成祖甲, 不足據也。乃梅氏之法, 凡我之訓義, 有或未當, 必另造一經, 以作聲援, 非止一二。梅於〈堯

16 「고종융일(高宗肜日)」은……말이다 : 『資治通鑑前編』 권5에 "「書序」稱'高宗祭成湯, 有飛雉升鼎耳而雊, 祖己訓王作「高宗肜日」·「高宗之訓」, 是謂二書, 祖己爲高宗作也. 按『史記』則祖己述高宗之事, 爲祖庚作也."라고 한 내용이 나온다.

17 정현은……보인다 : 「고종융일」의 "降年有永有不永, 非天夭民, 民中絶命."에 대해 정현이 "年·命者, 惷愚之人尤愒焉. 故引以諫王也."라고 풀이하였다.

典〉, 以'稽古'二字, 冠之堯首, 以作徽號, 竟作〈周官〉一篇, '唐·虞稽古, 建官惟百', 則帝堯儼爲稽古之人矣。又以'胤子朱', 爲胤國子爵, 竟作〈胤征〉一篇, '胤侯命掌六師', 則啓明者非堯子丹朱矣。又於〈金縢〉以'我之不[교2)]辟', 爲不誅管·蔡, 竟作〈蔡仲之命〉一篇, '致辟管叔', 則周公早有刑辟之說矣。又於〈洛誥〉以'復子明辟'爲復政, 竟作〈咸有一德〉一篇, '伊尹復政厥辟', 則周公復政, 爲蹈襲伊尹之事矣。又於此經以'不義唯王'爲太甲, 竟作〈太甲上〉篇, '玆乃不義, 習與性成', 則太甲果是不義者矣。奸心巧腸, 昭然可見。而九峰猶謂'玆乃不義', 二經相似, 忠厚之言也。【凡讀梅書者, 宜尋此蹊徑】

교1) 案孫 : 『사기집해』에는 뒤에 '太甲'이 더 있다.
교2) 案不 : 『상서』「金縢」 원문에는 '弗'로 되어 있다.

고정 왕숙이 말했다. "조갑은 탕의 손자〈인 태갑〉이다. 중종을 먼저 말하고 조갑을 뒤에 말한 것은 큰 덕이 있는 사람을 앞에 두고 허물이 있는 사람을 뒤로 돌린 것이다."【『사기』「노세가」의 『집해』에 보인다.】
○매색이 말했다. "탕의 손자 태갑은 왕이 되어 의롭지 않았다."
○채침이 말했다. "〈공안국은〉 '불의유왕(不義惟王)'이 『상서』「태갑(太甲)」의 '자내불의(玆乃不義)'와 문세(文勢)가 비슷하다고 여겨서 드디어 조갑을 태갑이라고 한 것이다. 그러나 주공의 말을 바른 것으로 보아야 한다."[18]

18 〈공안국은〉……한다 : "其在祖甲, 不義惟王, 舊爲小人"에 대한 공안국(매색)의 傳에 "湯孫太甲, 爲王不義, 久爲小人之行, 伊尹放之桐."이라고 하였다. 이에 대해 채침이 祖甲은 祖甲일 뿐이지 太甲이 아니라고 하여 공안국의 설

○용안 공충원[孔沖遠 : 공영달]은 매양 '왕숙은 공안국의 전(傳)을 훔쳐본 것 같다.'라고 하였지만, 나는 매양 '공안국의 전이라는 것은 모두 왕숙의 주를 따른 것이다.'라고 하였다. 대체로 당시에는 정현의 주가 세상을 주도하고 있었으므로 이 위경(僞經)을 만들어 천하를 바꾸려고 생각하는 사람이라면 반드시 정현을 공격하는 자들과 합세한 연후에야 그 책이 설 자리를 얻을 수 있었다. 그 때문에 매색의 주가 오로지 왕숙의 풀이를 따랐던 것인데, 왕숙이 굳이 이의(異義)를 내세운 것은 『국어』와 『사기』「은본기」의 기록을 믿고 성원(聲援)으로 삼은 것이다. 그런데 지금 위(衛)나라 대부 표혜(彪傒)의 말을 살펴보면 본래 하나라와 은나라의 중기에서 한 사람의 혼매한 왕을 찾아내어 유왕(幽王)에 비견하려고 한 것이지만 자세히 살펴보지 않고 말한 것이다. 그런데 사마천은 이것을 근거로 조갑을 만들어내었으니 근거로 삼기에는 부족하다.

매색의 수법은 무릇 자신의 훈의(訓義)에 혹 마땅하지 않은 점이 있으면 반드시 별도로 하나의 경을 만들어 성원으로 삼았으니, 그런 사례가 한둘이 아니다. 매색은 「요전(堯典)」에서 '계고(稽古)' 두 글자를 요(堯)의 앞에 올려서 휘호(徽號)로 만들었다.[19] 그러고는

을 반박한 것인데, 내용을 많이 생략하여 의미가 잘 통하지 않게 되었다. 『서집전』의 원문은 다음과 같다. 按漢孔氏, 以祖甲爲太甲. 蓋以『國語』稱'帝甲亂之, 七世而殞.' 孔氏見此等記載, 意爲帝甲必非周公所稱者, 又以'不義惟王'與「太甲」'玆乃不義'文似, 遂以此稱祖甲者爲太甲.……『國語』, 傳訛承謬, 旁記曲說, 不足盡信, 要以周公之言爲正.

19 「요전(堯典)」에서……만들었다 : 「堯典」의 '曰若稽古帝堯'를 매색은 "若, 順, 稽, 考也. 能順考古道而行之者, 帝堯."라고 하여, 堯가 옛 도를 따른 사람이라는 뜻으로 풀이하였다. 그러나 다산은 '曰若稽古'는 夏나라 史官의 말로 다산 당시의 '臣謹按'과 같은 말이라고 하였다.

드디어 「주관(周官)」 한 편을 만들어서 '당과 우의 임금들이 옛 제도를 상고하여 관직을 세웠으니 그 수가 백이었다.[唐·虞稽古, 建官惟百]'[20]라고 하였으니, 제요(帝堯)를 엄연히 옛 제도를 상고한 사람으로 만든 것이다. 또 〈「요전」에서〉 윤자주(胤子朱)를 윤국(胤國)의 자작(子爵)이라고 하였다.[21] 그러고는 드디어 「윤정(胤征)」 한 편을 만들어서 '윤후에게 명하여 육사를 맡게 하였다.[胤侯命掌六師]'[22]라고 하였으니, 계명(啓明)한 사람은 요의 아들 단주(丹朱)가 아니게 되었다. 또 「금등(金縢)」에서는 '내가 피하지 않으면[我之弗辟]'을 '관숙(管叔)과 채숙(蔡叔)을 주벌하지 않으면'이라는 뜻으로 여겼다.[23] 그러고는 드디어 「채중지명(蔡仲之命)」 한 편을 지어 '관숙을 주살하였다.[致辟管叔]'[24]라고 하였으니, 주공이 일찍이 형벽(刑辟)을 두었다는 설이 있게 되었다. 또 「낙고(洛誥)」에서는 '복자

20 당과……백이었다.[唐·虞稽古, 建官惟百] : 매색본 『상서』 「周官」의 제4장에 나온다.

21 윤자주(胤子朱)를……하였다 : 「堯典」의 "帝曰 : '疇咨若時, 登庸?' 放齊曰 : '胤子朱啓明.'"에 대한 매색의 주에 "胤, 國. 子, 爵. 朱, 名. 啓, 開也."라고 하였다. 그러나 다산은 "胤子朱, 堯之嗣子丹朱也."라고 한 채침의 설을 따랐다.

22 윤후에게……하였다.[胤侯命掌六師] : 매색본 『상서』 「胤征」의 제2장에 나온다.

23 내가……여겼다 : 매색본의 「金縢」 4장(『상서고훈』 「금등」 10장)의 "周公乃告二公曰 : '我之弗辟, 我無以告我先王.'"을 매색은 "辟, 法也. 告召公太公言'我不以法法三叔, 則我無以成周道, 告我先王.'"이라고 풀이하였다. 이에 비해 다산은 '辟'의 '음은 避'라고 하고, 유언비어가 돌았을 때 주공이 太公과 召公에게 "내가 피하지 않으면……"이라는 하였다는 뜻이라고 보았다. 매색의 풀이에 따르면 '辟'는 '벽'으로 읽어야 하지만 여기서는 다산의 설에 따라 '피'로 읽었다.

24 관숙을 주살하였다.[致辟管叔] : 매색본 『상서』 「蔡仲之命」 1장에 "惟周公位冢宰, 正百工, 羣叔流言, 乃致辟管叔于商, 囚蔡叔于郭鄰."이라는 내용이 나온다.

명벽(復子明辟)'을 정사를 돌려준 것이라고 여겼다. 그러고는 드디어 「함유일덕(咸有一德)」 한 편을 지어서 '이윤이 임금에게 정사를 돌려주었다.[伊尹復政厥辟]'라고 하였으니, 주공이 정사를 돌려준 일은 이윤의 일을 답습한 것이 되었다. 또 이 「무일」 편 경문의 '불의유왕[不義唯王]'을 태갑의 일로 보았다. 그러고는 드디어 「태갑 상(泰甲上)」 편을 지어서 '이 의롭지 못함은 습관이 천성과 더불어 이루어졌기 때문이다.[玆乃不義, 習與性成]'라고 하였으니, 태갑은 실로 불의한 사람이 된 것이다. 간교한 심보를 환히 볼 수 있다. 그러나 구봉[九峰 : 채침]은 오히려 '자내불의(玆乃不義)'에 대해 두 편의 경문이 비슷하다고 하였으니 충후한 말이다.【매색의 글을 읽는 사람은 이러한 길을 찾아야 할 것이다.】

23. 무일 - 06

自時厥後, 立王, 生則逸。生則逸, 不知稼穡之艱難, 不聞小人之勞, 惟耽樂之從。自時厥後, 亦罔或克壽, 或十年, 或七八年, 或五六年, 或四三年。

"이때 이후로는 즉위하는 왕들은 태어나면서부터 안일하였습니다. 태어나면서부터 안일하였기 때문에 농사의 어려움을 알지 못하고 백성들의 노고에 대해 듣지 못하여, 오직 탐락(耽樂)만을 추구하였습니다. 이로부터 그밖에는 또한 오래 재위(在位)한 이가 없었으니 〈재위 기간이〉 어떤 이는 10년, 어떤 이는 7, 8년, 어떤 이는 5, 6년, 어떤 이는 3, 4년이었습니다."

梅云: "言逸樂之損壽。" ○補云: "十年·四三年, 謂在位。"

〔**或十年……或四三年**〕 매색이 말했다. "일락(逸樂)이 수명을 줄였음을 말한다." ○보충한다. "10년이니 3, 4년이니 하는 것은 왕위에 있은 기간을 말한다."

考訂 梅云: "從是三王, 各承其後而立者, 生則逸豫。" ○**鏞案** 此註合理, 不可違也。祖甲之後, 只有六王, 而庚丁在位二十一年, 帝乙在位三十七年, 紂亦在位三十三年。短促者, 唯廩辛六年, 武乙四年, 太丁三年, 不足以當周公之所數。【雖自高宗以後計之, 仍不足相當】 經云'自時厥後', 猶言自此而外。

고정 매색이 말했다. "이 세 왕부터는 각각 뒤를 이어받아 즉위한 사람들로서 태어나면 안일하고 방탕하였다는 뜻이다."

○**용안** 이 주석은 이치에 맞아서 어길 수 없다. 조갑 이후에는 단지 여섯 명의 왕이 있었는데 경정(庚丁)은 21년 동안 왕위에 있었고, 제을(帝乙)은 37년 동안 왕위에 있었으며, 주(紂) 또한 33년 동안 왕위에 있었다. 재위 기간이 짧았던 사람은 름신(廩辛)이 6년, 무을(武乙)이 4년, 태정(太丁)이 3년이어서 주공이 헤아린 것에 해당될 수 없다.【비록 고종(高宗) 이후부터 헤아려보아도 여전히 서로 걸맞지 않다.】 경문에서 '자시궐후(自時厥後)'라고 한 것은 '자차이외[自此而外: 이로부터 그밖에]'와 같은 말이다.

23. 무일 - 07

周公曰：“嗚呼! 厥亦惟我周, 太王·王季, 克自抑畏。文王卑服, 卽康功田功, 徽柔懿恭, 懷保小民, 惠鮮鰥寡。自朝至于日中昃, 不遑暇食, 用咸和萬民。”【《釋文》云：“昃或爲仄”】

주공이 말했다. “오호라! 우리 주나라에서도 태왕(太王)과 왕계(王季)께서 스스로 자제하고 조심하셨습니다. 문왕께서는 편복(便服)을 입고 백성들이 일하는 곳에 나아가 백성들과 함께 도로를 닦기도 하고 농사를 짓기도 하였으며, 부드럽고 공손하게 백성을 품어 보호하며 홀아비와 과부에게 은혜를 베풀어 생기 잃은 백성들이 살아갈 의지를 갖게 하셨습니다. 아침부터 한낮을 지나 해가 기울 때까지 밥 한 끼 먹을 겨를도 없이 만민을 화합하게 하여 〈한 사람이라도 살 곳을 얻지 못하는 이가 없게 하고자 하셨습니다.〉”[25]【『경전석문』에 “‘昃’이 어떤 데는 ‘仄’으로 되어 있다.”라고 하였다.】

梅云：“卑其衣服, 以就其安人之功, 以就田功。” ○蔡云：“惠鮮[교1)]者, 鰥寡之人, 垂首喪氣, 賙[교2)]給之, 使[교3)]有生意。”【鮮, 生也】 ○補云：“卑服者, 猶言便服·微服。【非謂微行之微服】 康者, 道路也。如康莊·康衢, 皆大路之名也。文王嘗以卑服, 就小民興功之地, 或修治道路, 或疏理溝洫, 有時乎勞之問之也。古者君民之間, 其相與如此。【衛文公以大布之衣, 星言夙駕, 稅于桑田, 深得文王之意。若帝堯之微服游康衢, 本出文中子, 不足據】

25 아침부터……하셨습니다.〉：“自朝至于日之中, 自中至于日之昃, 一食之頃, 有不遑暇, 欲咸和萬, 使無一不得其所也.”라고 한 채침의 풀이에 따라 내용을 보충하여 번역하였다.

○或曰："惠鮮鰥寡者，文王之治。婚姻以時，男女以正，內無怨女，外無曠夫，鰥寡者鮮少也。"

교1) 案鮮：『서집전』에는 뒤에 '云'이 더 있다.
교2) 案賙：『서집전』에는 앞에 '賚予'가 더 있다.
교3) 案使：『서집전』에는 뒤에 '之'가 더 있다.

〔文王卑服〕 매색이 말했다. "그 의복을 허름하게 입고서 백성을 편안하게 하는 일을 하고 농사짓는 일을 하였다는 뜻이다."
〔惠鮮鰥寡〕○채침이 말했다. "혜선(惠鮮)이란 홀아비와 과부들이 머리를 떨구고 기운을 잃었을 때 물건을 주고 구휼하여 살아갈 의지가 생기게 하였다는 뜻이다."【〈채침은〉 선(鮮)을 생[生 : 살다]의 뜻으로 본 것이다.】
〔文王卑服, 卽康功田功〕○보충한다. "비복(卑服)은 편복(便服)·미복(微服)과 같은 말이다.【미행(微行)할 때의 미복(微服)을 말하는 것이 아니다.】 강(康)은 도로(道路)의 뜻이니, 예컨대 강장(康莊)과 강구(康衢)는 모두 큰 도로의 이름이다. 문왕은 일찍이 허름한 옷차림으로 백성들이 일하는 곳에 나아가 도로를 닦기도 하고 도랑을 파서 소통시키기도 하였으며, 수시로 그들을 위로하고 위문하였다. 옛날의 임금과 백성은 이런 방식으로 함께 하였다.【위문공(衛文公)은 거친 삼베옷을 입고 '별을 보고서 일찍 멍에를 메게 하고는 뽕나무밭에 나아가 멈추었으니[26][星言夙駕, 稅于桑田]' 문왕의 뜻을 깊이 터득한 것이다. 제요가 미복

26 위문공(衛文公)은……멈추었으니 : 『춘추좌씨전』 閔公 2년 10월에 "衛文公大布之衣, 大帛之冠, 務材, 訓農, 通商, 惠工, 敬孝, 勸學, 授方, 任能."이라고 하였다. 또 衛文公을 찬미한 시인 『시경』 「鄘風·定之方中」에 "靈雨旣零, 命彼倌人, 星言夙駕, 說于桑田."이라는 구절이 나온다.

차림으로 강구에 노닐었다는 것은 본래 문중자[文中子 : 왕통(王通)][27]에게서 나온 말이니 근거로 삼기에는 부족하다.】 ○혹자가 말했다. "혜선환과(惠鮮鰥寡)는 문왕의 다스림이다. 혼인을 제때에 하고 남녀 관계가 바르게 되어, 안으로는 원망하는 여인이 없고 밖으로는 아내 없는 사내가 없어서 홀아비와 과부가 드물었다는 뜻이다."

考訂 馬本, 卑作俾。○《漢藝文考》曰 : "石經, 作'懷保小人,【又懿恭恭爲共】 惠于矜寡'。" ○〈楚語〉, 左史倚相引〈周書〉曰 : "文王至于日中昃, 不皇暇食, 惠於小民, 惟政之恭。"

고정[28] 마융본에는 '卑'가 '俾'로 되어 있다.
○『한예문지고증(漢藝文志考證)』에 "석경(石經)에는 〈'懷保小民, 惠鮮鰥寡'가〉 '懷保小人,【또 懿恭의 '恭'이 '共'으로 되어 있다.】 惠于矜寡'로 되어 있다."라고 하였다.
○『국어』「초어(楚語)」의 좌사(左史) 의상(倚相)이 「주서(周書)」를 인용한 부분에는 "文王至于日中昃, 不皇暇食, 惠於小民, 惟政之恭."으로 되어 있다.

27 문중자[文中子 : 왕통(王通)] : 584~617. 隋. 본명은 王通, 자는 仲淹이고, 文中子는 私謚이다. 蜀郡司戶書佐, 蜀王侍讀 등을 역임하였다. 六經의 효용을 중시하고 도덕 수양의 방법으로 知命, 窮理, 盡性을 주장하였다. 육경을 본떠 『續詩』, 『續書』, 『禮論』, 『樂論』, 『易贊』, 『元經』을 지었으나 모두 전하지 않고, 『논어』를 모방하여 지은 『中說』만 남아 있다. 제자인 姚義와 薛收가 편집한 『文中子說』이 있다.

28 고정 : 이 부분의 내용은 각 전적에 나온 글자의 異同만을 제시한 것으로 '考異'에 해당하는 성격이다. 따라서 번역도 '考異'의 번역 원칙을 따랐다.

文王不敢盤于游[교1)]田，以庶邦惟正之供。文王受命惟中身，厥享國五十年。

교1) 案游 : 『상서』 원문에는 '遊'로 되어 있다.

"문왕께서는 감히 유람과 사냥을 즐기지 않고 여러 나라가 정세(正稅)로 바치는 것만 받았습니다. 〈그 덕분에〉 문왕은 중년에 천명을 받고도 재위 기간이 50년이나 되었습니다."

孔云 : "盤, 樂也。【〈釋詁〉云】 游,[교1)] 謂游逸, 田, 謂畋獵。" ○蔡云 : "惟[교2)]正之供, 於常貢正數之外, 無橫斂也。" ○鄭云 : "受殷王嗣位之命。" ○王肅云 : "文王受命, 嗣位爲君。" ○孔云 : "殷之世,[교3)] 政教已衰, 諸侯嗣位, 何以[교4)]皆待王命? 受先君之命, 亦可也。" ○梅云 : "文王九十七而終, 中身卽位, 時年四十七。" **○鏞案** 文王嗣王季立爲諸侯, 亦受天之命。鄭・王以來, 諱之避之, 不言受命于天。或謂之受命於殷王, 或謂之受命於先君者, 酷信緯書之邪說。謂文王受命, 稱王九年而崩, 【《書大傳》云 : "受命七年而崩。" 班固云 : "九年而崩。" 〈周本紀〉 : "十年而崩。"】 此方是受天之命, 故中身受命, 必不欲混之於天命也。其識見之蔽冒如此, 何以宗矣? 【詳論在前篇】

교1) 案游 : 『상서정의』에는 '遊'로 되어 있다. 뒤에 나오는 '謂' 다음의 '游'도 같다.

교2) 案惟 : 『서집전』에는 앞에 '能以庶邦'이 더 있다.

교3) 案世 : 『상서정의』에는 앞에 '末'이 더 있다.
교4) 案以 : 『상서정의』에는 '必'로 되어 있다.

〔文王不盤于游田〕 공영달이 말했다. "반(盤)은 락[樂 : 즐기다]의 뜻이다.【『이아』「석고(釋詁)」에 보인다.】[29] 유(遊)는 유일[遊逸 : 편안하게 노닐다]을 말하고, 전(田)은 전렵[畋獵 : 사냥]을 말한다."
〔以庶邦惟正之供〕○채침이 말했다. "〈서방(庶邦)에서〉 유정지공[惟正之供 : 정당하게 바치는 세금]만을 받고 일정하게 바치는 정수(正數) 외에 함부로 더 거두는 것이 없었다는 뜻이다."
〔文王受命惟中身〕○정현이 말했다. "은(殷)나라 왕에게서 자리를 계승하라는 명을 받은 것이다." ○왕숙이 말했다. "문왕이 명을 받고 자리를 계승하여 임금이 되었다는 뜻이다." ○공영달이 말했다. "은나라 말기에는 정교(政敎)가 이미 쇠퇴하였는데 제후들이 자리를 계승할 때 어찌 모두 왕의 명을 기다릴 필요가 있었겠는가? 선군(先君)의 명을 받았다고 보아도 괜찮을 것이다."[30]
〔厥享國五十年〕○매색이 말했다. "문왕은 97세에 죽었는데, 중년에 즉위하였으니 당시 나이는 47세였다."

○용안 문왕이 왕계(王季)를 이어 즉위하여 제후가 된 것 역시 하

29 반(盤)은……보인다 : 『상서정의』 소에 "「釋詁」云 : '盤, 樂也.'"라고 한 것을 재인용한 듯하다. 『이아』「釋詁」 '怡' 자 조에 "懌, 悅, 欣, 衎, 喜, 愉, 豫, 愷, 康, 妉, 般, 樂也."라고 하였는데, 곽박의 주에 "般, 音盤."이라고 하였다.
30 공영달이……것이다 : 문왕이 嗣位할 때 殷王의 명을 받았다는 정현의 설을 비판한 내용이다. 『상서정의』 소에는 먼저 정현의 설을 소개하고 그것을 비판한 공영달 자신의 설을 제시한 다음 왕숙의 설을 인용하고는 "不言受王命也."라는 말을 부가하여 자신의 설을 뒷받침하였다.

늘의 명을 받은 것이다. 그런데 정현과 왕숙 이래로 그 사실을 꺼리고 피하여 하늘에서 명을 받았다고 말하지 않았다. 혹자는 은나라 왕에게서 명을 받았다고 하고 혹자는 선군에게서 명을 받았다고 하는데, 그것은 위서(緯書)의 사설(邪說)을 깊이 믿은 탓이다. 문왕은 명을 받고 칭왕(稱王)한 지 9년 만에 붕어하였다고 하니【『상서대전』에서는 "명을 받은 지 7년 만에 붕어하였다."라고 하였고,[31] 반고는 "9년 만에 붕어하였다."라고 하였으며,[32] 『사기』「주본기(周本紀)」에서는 "10년 만에 붕어하였다."라고 하였다.】 이때 막 하늘의 명을 받은 것이다. 그러므로 '중신수명(中身受命)'을 기필코 천명과 섞으려고 하지 않은 것이다. 식견이 이렇게 꽉 막혔는데 어떻게 유종(儒宗)이 되겠는가?【상세한 논의는 전편[前篇 : 『매씨서평』]에 나온다.】

考異 《後漢書》引《書》云 : "槃于游田。"【〈郅惲傳〉】 ○〈楚語〉引《書》曰 : "惟政之恭。" ○《說文》云 : "反止爲之, 反正爲正。"【卽乏字】 徐鉉云 : "《尙書》'惟正之供', 反正不供, 故曰乏。" **○案** 古文共與恭通, 又與供同。正 · 政亦然, 《國語》似宜從也。但以文理觀之, 《尙書》似長, 姑從蔡注。

고이 『후한서』의 『상서』를 인용한 부분에는 "槃于游田"으로 되어 있다.【「질운전(郅惲傳)」에 보인다.】

○『국어』「초어(楚語)」의 『상서』를 인용한 부분에는 "惟政之恭"으로 되어 있다.

---

31 『상서대전』에서는……하였고 : 『상서대전』 권2 「周書 · 周傳」에 "文王受命, 一年斷虞芮之訟,……六年伐崇, 七年而崩."이라고 하였다.

32 반고는……하였으며 : 『한서』 「律曆志下 · 世經」에 보인다.

○『설문해자』에 "반지위지, 반정위정[反止爲之, 反正爲正 : 돌이켜 그치는 것이 '之'이고, 돌이켜 바로잡는 것이 '正'이다.]"【곧 핍(乏) 자에 대한 풀이이다.】이라고 하였는데, 서현(徐鉉)이 다음과 같이 풀이하였다. "『상서』의 '유정지공(惟正之供)'은 돌이켜 바로잡아서 바치지 않게 한다는 뜻이다. 그러므로 핍(乏)이라고 한다."[33]

○**안** 고문에서 공(共)은 공(恭)과 통용되고, 또 공(供)과도 같은 뜻이다. 정(正)과 정(政) 또한 그러하니 『국어』를 따르는 것이 마땅할 듯하다. 그러나 문리(文理)로 보면 『상서』〈의 글자〉가 나은 듯하다. 우선 채침의 주를 따른다.[34]

23. 무일 - 09

周公曰 : "嗚呼! 繼自今嗣王, 則其無淫于觀·于逸·于游[교1)]·于田, 以萬民惟正之供。無皇曰, '今日耽樂。' 乃非民攸訓, 非天攸若。時人丕則有愆, 無若殷王受之迷亂,

33 『설문해자』에……한다 : 『설문해자』에서는 이 내용이 확인되지 않고, 『康熙字典』의 '乏' 자에 대한 설명에 인용되어 있다.

34 고문에서……따른다 : 경문의 '惟正之供'은 글자만으로 보면 『국어』의 '惟政之恭'으로 써야 옳지만 경문의 글자를 취하는 편이 의미가 더 선명하다고 보고, 채침의 주석을 지지한 것이다. 채침은 '文王不敢盤于遊田, 以庶邦惟正之供'을 문왕이 비용을 낭비하지 않았으므로 정해진 세금 외에 더 거두는 것이 없었다는 뜻으로 풀이하였다. 『서집전』의 원문은 다음과 같다. 文王不敢盤遊無度, 上不濫費. 故下無過取而能以庶邦惟正之供, 於常貢正數之外, 無橫斂也.

酗于酒德哉。"【石經, 毋淫于觀, 毋㚑于遊田, 又無皇爲毋況】

교1) 案游 : 『상서』 원문에는 '遊'로 되어 있다.

주공이 말했다. "오호라! 이제부터 사왕(嗣王)께서는 문왕[35]을 본받아 관광과 안일과 유람과 사냥에 빠지지 말고 만민이 일정하게 바치는 정세(正稅)만 받으소서. 느긋하게 '오늘은 우선 실컷 즐기자.'라고 말하지 말아야 하니, 그것은 백성이 따르는 바가 아니고 하늘이 따르는 바가 아닙니다. 세상 사람들이 그 잘못된 행실을 크게 본받을 것이니, 은나라 왕 수[受 : 주(紂)]가 혼미하고 어지러워 술에 빠진 것과 같은 행실을 하지 마소서."【석경에는 〈'無淫于觀 · 于逸 · 于遊 · 于田'이〉 '毋淫于觀, 毋㚑于遊田'으로 되어 있고, 또 '無皇'이 '毋況'으로 되어 있다.】

鄭云 : "淫, 放恣也。淫者, 浸淫不止。" ○蔡云 : "則, 法也。" ○蔡云 : "時人大法其過。"교1)【丕則有愆】 ○補云 : "訓, 順也。"

교1) 案過 : 『서집전』에는 뒤에 '逸之行'이 더 있다.

〔則其無淫于觀〕〈공영달이 말했다.〉 "정현은 '음(淫)은 방자[放恣 : 거리낌없이 멋대로 행동하다]의 뜻이다.'라고 하였다. 방자한 자는 점점 스며들어 멈추지 않으니 〈표현은 다르지만 모두 지나치다는 의미이다.〉"[36] ○채침이 말했다. "칙(則)은 법[法 : 본받다]의 뜻이다."

35 문왕 : 채침 주에 '則其無淫'의 '其'를 "指文王而言."이라고 하였다.
36 〈공영달이……의미이다.〉: 공영달의 소에 나오는 내용으로 정현의 말은

【丕則有愆】○채침이 말했다. "세상 사람들이 그 잘못된 〈행실을〉 크게 본받을 것이라는 뜻이다."
〔乃非民攸訓〕○보충한다. "훈(訓)은 순[順: 따르다]의 뜻이다."

考異《漢書·谷永傳》云: "嗣王其毋淫于酒, 毋逸于遊田, 惟正之共。"
○宋云: "皆今文之辭也。"

고이 『한서』「곡영전(谷永傳)」에는 〈'嗣王則其無淫于觀·于逸·于遊·于田, 以萬民惟正之供'이〉 "嗣王其毋淫于酒, 毋逸于遊田, 惟正之共."으로 되어 있다.
○송씨(宋氏)가 말했다. "모두 금문(今文)의 말이다."

23. 무일 - 10

周公曰: "嗚呼! 我聞曰, 古之人, 猶胥訓告, 胥保惠, 胥敎誨, 民無或胥譸張爲幻。此厥不聽, 人乃訓之, 乃變亂先王之正刑, 至于小大。民否則厥心違怨, 否則厥口詛祝。"
【石經殘碑, 作此厥不聖 ○祝音, 之又反】

주공이 말했다. "오호라! 내가 들으니 옛사람들은 오히려 서로 타

"淫, 放恣也."뿐이고 나머지는 공영달의 말이다. 매색이 "其無淫于觀于逸于遊于田"을 "無敢過於觀遊逸豫田獵"이라고 하여 '淫'을 '過'로 풀이하였는데, 공영달이 '放恣'라고 한 정현의 설을 더 소개하고 두 사람의 말이 모두 '過'의 뜻이라고 한 것이다. 원문은 다음과 같다. 傳意, 訓淫爲過. 鄭玄云: "淫, 放恣也." 淫者, 浸淫不止, 其言雖殊, 皆是過之義也.

이르고 알려주며, 서로 보양(保養)하고 순종하며, 서로 바로잡고 성취하게 해주었으므로[37] 백성들이 혹시라도 서로 속이거나 거짓으로 현혹하는 일이 없었습니다. 〈왕이 서로 타이르고 알려주는〉 그런 말을 듣지 않으면 백성들은 그것을 보고 〈왕의 뜻에 따르고 아첨하여〉 작은 일에서 큰일에 이르기까지 선왕의 바른 법을 어지럽힐 것입니다. 백성들은 불가하다고 생각되면 마음으로 반대하여 원망하고, 그렇지 않으면 입으로 저주할 것입니다."【석경잔비에는 〈'此厥不聽'이〉 '此厥不聖'으로 되어 있다. ○祝의 음은 之(지)와 又(우)의 반절이다.】

梅云: "譸張, 誑也。【下民無有相欺誑幻惑也】" ○孔云: "幻卽眩也。《漢書》稱'西域有幻人', 是也。" ○蔡云: "張, 誕也。變名易實, 以眩觀者曰幻。" ○補云: "此厥不聽, 謂王不聽其胥訓告胥教誨, 非譸張之言也。" ○補云: "人見其不聽, 卽順而諛之,【訓, 順同】 變亂經法, 由小及大。" ○補云: "民否, 謂民以爲不可也。" ○孔云: "詛祝, 謂告神明, 令加殃咎也。以言告神, 謂之祝【咒同】 請神加殃, 謂之詛。"【襄十七年, 《左傳》云: "宋國區區而有詛有祝。" 《詩》曰: "侯詛侯祝。"】

〔民無或胥譸張爲幻〕 매색이 말했다. "주장(譸張)은 광[誑: 속이다]의 뜻이다."【백성 중에 서로 속이거나 현혹하는 자가 없었다는 뜻이다.】 ○공영달이 말했다. "환(幻)은 곧 현[眩: 현혹하다]의 뜻이다. 『한서』에 '서역에는 환인[幻人: 마술사]이 있다.'라고 한 것이 이것이다." ○채침

37 서로 보양(保養)하고……해주었으므로: "保惠者, 保養而將順之, 非特誠告而已也. 教誨則有規正成就之意, 又非特保惠而已也."라고 한 채침의 주석을 반영하여 번역하였다.

이 말했다. "장(張)은 탄[誕 : 속이다, 거짓말로 현혹하다]의 뜻이다. 이름을 고치고 실상을 바꾸어서 보는 사람을 현혹하는 것을 환(幻)이라고 한다."

〔此厥不聽……至于小大〕○보충한다. "차궐불청(此厥不聽)은 왕이 서로 훈고(訓告)하고 교회(教誨)하는 말을 듣지 않았다는 뜻이고, 속이고 현혹하는 말〈을 듣지 않았다는 뜻〉이 아니다." ○보충한다. "백성들은 왕이 들어주지 않는 것을 보면 곧바로 순종하고 아부하며【훈(訓)은 순[順 : 따르다, 순종하다]과 같은 뜻이다.】 작은 일에서 큰일에 이르기까지 경법(經法)을 어지럽게 한다는 뜻이다."

〔民否則厥心違怨〕○보충한다. "민부(民否)는 백성들이 불가하다고 여긴다는 말이다."

〔否則厥口詛祝〕○공영달이 말했다. "저주(詛祝)는 신명(神明)에게 고하여 재앙을 내리게 한다는 말이다. 말로 신(神)에게 고하는 것을 주(祝)【주(呪)와 같은 말이다.】라고 하고, 신에게 재앙을 내려달라고 청하는 것을 저(詛)라고 한다."【『춘추좌씨전』 양공(襄公) 17년에 "송나라는 작은 나라인데 원망하는 사람이 있고 기리는 사람이 있다.[宋國區區而有詛有祝]"[38]라고 하였고, 『시경』「대아(大雅)·탕(湯)」에 "원망하고 비방하도

38 송나라는……있다.[宋國區區而有詛有祝] : 宋나라 皇國父가 太宰가 되어 平公을 위해 臺를 짓기 위해 추수철에 공사를 시작하자 子罕이 농사가 끝난 뒤에 시작하자고 청하였으나 평공이 들어주지 않았다. 이에 백성들이 '황국보는 役事를 일으키고 자한은 우리 마음을 위로한다.'라고 하여, 황국보를 비난하고 자한을 칭송하는 노래를 불렀다. 그러자 자한이 노래하는 자들을 붙잡아 매를 치고 공사에 나아가게 하니, 백성들이 노래를 그쳤다. 어떤 사람이 그 까닭을 묻자 자한이 "宋國區區而有詛有祝, 禍之本也."라고 하였는데, 이 부분의 '詛'와 '祝'에 대해서는 두예의 주와 공영달의 소에 모두 풀이가 없으나 뒤에 나오는 "是詛·祝, 意小異耳."라는 내용으로 보아 공영달은 '詛'와 '祝'은 의미가 다른 글자라고 본 듯하다.

다[侯詛侯祝]"[39]라고 하였으니, 〈저(詛)와 주(祝)는 의미가 조금 다르다.〉】[40]

考異 《爾雅・釋訓》云: "侜張, 誑也。"【譸爲侜】 郭註引《書》曰: "侜張爲幻。" ○馬本, 譸爲輈。【王應麟《考異》】《後漢書・董皇后傳》云: "汝今輈張, 怙汝兄耶?" ○石經云: "人乃訓, 變亂正刑。" ○宋云: "共脫五字。【'之乃'・'先王之'五字】 劉向所謂脫字數十, 此類也。"

고이 『이아』「석훈(釋訓)」에 "侜張, 誑也."라고 하였는데,【'譸'가 '侜'로 되어 있다.】 곽박의 주에서 『상서』를 인용하여 "侜張爲幻"이라고 하였다.[41]

○마융본에는 '譸'가 '輈'로 되어 있다.【왕응린의 『서경고이』에 보인다.】『후한서』「동황후전(董皇后傳)」에 "汝今輈張, 怙汝兄耶?"라고 하였다. ○석경에는 〈'人乃訓之, 乃變亂先王之正刑'이〉 '人乃訓, 變亂正刑.'으로 되어 있다. ○송씨(宋氏)가 말했다. "모두 다섯 자【'之乃'와 '先王之'의 다섯 자이다.】가 빠졌다. 유향이 '탈락된 글자가 수십 자이다.'라고 한 것이 이런 류이다.[42]

---

39 원망하고 비방하도다[侯詛侯祝]: 『시경』에는 '侯作侯祝'으로 되어 있다. 정현이 "作・祝, 詛也."라고 주석하였는데, 공영달은 소에서 "作, 卽古詛字, 詛與祝別."이라고 하였다.

40 공영달이……다르다.〉: 전체가 공영달의 소에 나오는데, 『상서정의』에는 '侯詛侯祝' 뒤에 '是詛・祝, 意小異耳.'가 더 있다.

41 곽박의……하였다: 『이아』 해당 부분 곽박의 주에 "『書』曰: '無或侜張爲幻.' 幻惑欺誑人者."라고 하였다.

42 송씨(宋氏)가……류이다: 宋氏가 누구인지는 확인되지 않는다. 다만 『萬氏石經考』 卷上 「石經尙書殘碑」에 "人乃訓變亂正刑"이라고 한 부분의 '變' 뒤에 "孔, 變上有'之乃'", '刑' 뒤에 "孔, 正上有'先王之'"라는 소주가 있다.

23. 무일 - 11

周公曰 : "嗚呼! 自殷王中宗, 及高宗及祖甲及我周文王, 茲四人迪哲。厥或告之曰, '小人怨汝詈汝', 則皇自敬德, 厥愆曰, '朕之愆。' 允若時, 不啻不敢含怒。此厥不聽, 人乃或譸張爲幻曰, '小人怨汝詈汝。' 則信之, 則若時, 不永念厥辟, 不寬綽厥心, 亂罰無罪, 殺無辜, 怨有同,【句】是叢于厥身。"【石經殘碑, 皇自敬德爲況曰敬德。王本, 皇爲況, '況, 滋, 益用敬德'也】

주공이 말했다. "오호라! 은나라 왕 중종(中宗)부터 고종(高宗)과 조갑(祖甲)과 우리 주나라의 문왕에 이르기까지 이 네 분은 상제(上帝)의 인도(引導)에 순응하며 총명하고 지혜로웠습니다. 어떤 사람이 '백성들이 그대를 원망하고 그대를 나무랍니다.'라고 충심으로 고하면 스스로 크게 덕을 공경하고 편안한 마음으로 그 비판을 받아들여 '이는 나의 허물이다.'라고 하였습니다. 진실로 그렇게 하였으니 노여움을 감추고 드러내지 않는 데에 그치지 않았습니다.[43] 그러나 〈삼종(三宗)과 문왕이 한 일을〉 듣고 믿으려 하지 않아서 어떤 사람이 거짓말로 현혹하여 '백성들이 그대를 원망하고 그대를 나무랍니다.'라고 하는데, 그 참소하고 비방하는 말을 믿으면, 참으로 그와 같으면 임금 된 도리를 생각하지 않고 마음을 너그럽게 하지 못하여 죄 없는 사람을 함부로 벌하고 무고(無辜)한 사람

43 어떤……않았습니다 : 채침은 '厥或告之曰'부터 '不啻不敢含怒'까지를 殷나라 三宗과 周나라 文王이 그렇게 하였다는 뜻으로 보아 "蓋三宗・文王, 於小民之依, 心誠知之. 故不暇責小人之過言, 且因以察吾身之未至, 怨詈之語, 乃所樂聞, 是豈特止於隱忍含怒不發而已哉?"라고 하였다.

을 죽이게 되어 여러 사람이 함께 원망하여【단구】 그것이 자기 몸에 모여들 것입니다."【석경잔비에는 '皇自敬德'이 '況曰敬德'으로 되어 있다. 왕숙본에는 '皇'이 '況'으로 되어 있는데, '況'은 '滋'의 뜻이니 〈황자경덕(皇自敬德)은〉 덕을 더욱 공경한다[益用敬德]는 의미가 된다.[44]】

補云: "迪哲, 謂順帝之引, 而聰明睿智也。自中宗數之, 祖甲非太甲, 明矣。" ○鄭以皇爲暇, 言寬暇自敬也。【見《正義》】 ○鄭云: "不但不敢含怒, 乃欲屢聞之, 以知己政得失之源。" ○梅云: "四王不啻不敢含怒以罪之。" ○補云: "上告, 忠告也, 上宜引咎也。下告, 讒訐也, 上宜勿信也, 此而信之, 則殺罰無辜, 衆怨合同。"

〔玆四人迪哲〕 보충한다. "적철(迪哲)은 상제의 인도(引導)에 순응하며 총명하고 지혜로웠다는 뜻이다. 중종부터 헤아렸으니 조갑(祖甲)은 태갑(太甲)이 아님이 분명하다."

〔皇自敬德〕○〈공영달이 말했다.〉 "정현은 황(皇)을 가[暇: 여유, 틈]의 뜻으로 보았으니, 너그럽고 스스로 조심한다는 말이다."【『상서정의』에 보인다.】[45]

〔不啻不敢含怒〕○정현이 말했다. "감히 노여움을 참고 드러내지 않

44 왕숙본에는……된다: 『상서정의』 소에 보인다. 왕숙본에 있는 글자의 異形態를 소개하고 그 경우 경문의 의미가 어떻게 달라지는지 공영달이 풀이한 내용이다.

45 〈공영달이……보인다: 매색이 "皇自敬德"을 "大自敬德, 增修善政."이라고 풀이하여 '皇'을 '大'의 뜻으로 보았는데, 공영달이 '暇'라고 한 정현의 설을 소개하고 그 의미를 부연한 내용에서 일부만을 발췌한 것이다. 인용한 내용 중 "言寬暇自敬也"는 정현의 말이 아니고 공영달이 부연한 말이다. 『상서정의』 원문은 다음과 같다. 「釋詁」云, '皇, 大也.' 故傳言'大', '自敬德'者, 謂'增修善政也.' 鄭玄以皇爲暇, 言寬暇自敬.

았을 뿐만 아니라 그런 말을 자주 들어서 자신의 정사가 잘되고 잘못되는 근원을 알아보고자 하였다는 뜻이다." ○매색이 말했다. "네 명의 왕은 감히 노여움을 참고 말한 사람을 벌하지 않을 뿐만이 아니었다는 뜻이다." ○보충한다. "앞에 고한 말[46]은 진심에서 나온 충고이니 윗사람은 마땅히 인책해야 한다. 그러나 뒤에 고한 말[47]은 참소하고 비방하는 말이니 윗사람은 마땅히 믿지 말아야 하는데, 그런 말을 믿는다면 무고한 사람을 죽이고 벌하여 여러 사람이 함께 원망할 것이라는 뜻이다."

考異 《爾雅》郭註云 : "此厥不聽, 人[교1)]無或侜張爲幻。"

교1) 案此厥不聽, 人 : 『이아』 곽박의 주에는 이 내용이 없다.

고이 『이아』 곽박의 주에는 〈'人乃或譸張爲幻'이〉 "無或侜張爲幻." 으로 되어 있다.

23. 무일 - 12

周公曰 : "嗚呼! 嗣王其監于兹。"

주공이 말했다. "오호라! 사왕(嗣王)은 이것을 잘 살피소서"

46 앞에 고한 말 : "厥或告之曰, '小人怨汝詈汝."를 말한다.
47 뒤에 고한 말 : "人乃或譸張爲幻曰, '小人怨汝詈汝."를 말한다.

蔡云："七章章首, 皆先致其咨嗟。"

〔嗚呼〕 채침이 말했다. "〈「무일」 편〉 일곱 장의 첫머리에는 모두 먼저 감탄하는 〈뜻을〉 지극히 하였다."[48]

考異 石經殘碑, 無其字。

고이 석경잔비에는 '其' 자가 없다.

번역 : 함영대

48 채침이……하였다 : 「무일」의 마지막 장에는 다른 장과 달리 감탄하는 말만 있고 다른 내용이 없는 이유를 밝힌 것인데 그중 일부만을 발췌하였다. 『서집전』의 원문은 다음과 같다. 「無逸」一篇, 七章章首, 皆先致其咨嗟詠歎之意, 然後及其所言之事. 至此章則於嗟歎之外, 更無他語, 惟以嗣王其監于玆結之, 所謂言有盡而意則無窮, 成王得無深警於此哉?

24. 군석(君奭)

【薛本, 作商奭】
【설계선본에는 '商奭'으로 되어 있다.】

孔云："成王卽政之初, 召公爲保, 周公爲師, 輔相成王, 爲左右大臣。召公以周公嘗攝王之政, 今復在臣位, 其意不說, 周公陳己意以告召公。史敍其事。"교1) ○**鏞案** 周公所言, 自明之意少, 勉留之意多。蓋成王卽政之後, 召公謂邦命已固, 吾輩不必久據。周公謂天命難諶, 耇老不可遽休。如斯而已, 非有他也。

교1) 案事：『상서정의』에는 뒤에 '作君奭之篇也'가 더 있다.

공영달이 말했다. "성왕이 정사를 보게 된 초기에 소공(召公)은 보(保)가 되고 주공은 사(師)가 되어 성왕을 보필하며 좌우 대신이 되었다. 소공은 주공이 일찍이 왕의 정사를 섭행(攝行)하였는데 지금 다시 신하의 자리로 돌아가는 것을 달갑게 여기지 않았다. 이에 주공이 자신의 뜻을 진술하여 소공에게 고하였다. 사관이 그 일을 기록하여 〈「군석」 편을 지었다.〉"

○**용안** 주공의 말에는 자신을 변명하는 뜻은 적고, 힘써 만류하는 뜻이 많다. 대개 성왕이 정사를 보게 된 뒤에 소공은 국운이 이미 공고해졌으니 우리가 오래 있을 필요는 없다고 여겼고, 주공은 천명은 믿기 어려운데 원로들이 갑자기 물러날 수는 없다고 여겼다. 〈그들의 생각은〉 이런 것일 뿐 다른 뜻은 없었다.

24. 군석 - 01

周公若曰："君奭, 弗弔, 天降喪于殷, 殷旣墜厥命, 我有周旣受。我不敢知曰, 厥基, 永孚于休, 若天棐忱。我亦不敢知曰, 其終, 出于不祥。"

주공이 말했다. "군석아! 불쌍하게 여기지 않고 하늘이 은나라에 멸망을 내려 은나라가 이미 그들의 천명을 잃었으므로 우리 주나라가 이미 천명을 받았다. 나는 이 기업(基業)이 〈우리에게〉 길이 머물러 있을지 아니면 결국 잃게 될지 감히 알지 못하지만, 하늘은 보필하는 정성을 믿어줄 것이다. 그러나 나는 또한 그 종말이 상서롭지 못하게 될지도 감히 알지 못한다."

補云："天命難諶, 其永休乎, 抑終墜乎?" ○補云："棐忱, 謂輔佑之衷忱實可恃也。此二公留輔之大義。"

〔我不敢知曰……出于不祥〕 보충한다. "천명은 믿기 어려우니 영원히 머물러 있을지, 아니면 결국 잃게 될지 알 수 없다는 말이다."

○보충한다. "비침(棐忱)은 보필하는 충정은 실로 믿을 수 있다는 말이다. 이것이 주공과 소공이 〈경사(京師)에〉 남아서 보필하게 된 대의(大義)이다."

考異 馬本, 終作崇。【馬云: "崇, 受也。" 王氏《考異》: "馬云, '崇, 充也。'"】 ○石經殘碑云: "其道出于不祥。" ○**案** 崇亦終也。《詩》云: "崇朝其雨。"

고이 마융본에는 '終'이 '崇'으로 되어 있다.【마융이 말했다. "숭(崇)은 수(受)의 뜻이다.[1] 왕응린의 『서경고이』에 "마융이 말했다. '숭(崇)은 충[充: 가득 차다]의 뜻이다.'"라고 하였다.】
○석경잔비에는 〈'其終出于不祥'이〉 "其道出于不祥"으로 되어 있다.

○안 숭(崇) 또한 종[終: 끝나다]의 뜻이다. 『시경』에 "숭조기우[崇朝其雨: 아침 내내 비가 오겠네]"[2]라고 하였다.

24. 군석 - 02

嗚呼! 君已曰'時我, 我[교1)]亦不敢寧于上帝命。弗永遠念

---

1 마융본에는……뜻이다: 일본 山井鼎이 撰하고 物觀이 교감한 『七經孟子考文補遺』 권27, 「尙書注疏 第16」에 "存: 馬本作崇. 云受也."라고 한 내용이 나오고, 淸나라 沈炳震이 撰한 『九經辨字瀆蒙』 권7에도 같은 내용이 나온다. 그런데 청나라 沈廷芳이 찬한 『十三經注疏正字』 권8 「書 · 君奭第18」에는 "終: 馬本作崇, 云充也."라고 하고 "八字監本脫充, 監本誤受."라는 소주가 있다.

2 『시경』에……오겠네]: 「鄘風 · 蝃蝀」의 구절이다. 『모시정의』의 箋에 "崇, 終也. 從旦至食時爲終朝."라고 하였고, 주희도 이 주석을 따랐다.

天威, 越我民罔尤違。' 惟人在我。【句】 後嗣子孫, 大弗克恭上下, 遏佚前人光, 在家不知? 天命不易, 天難諶。乃其墜命, 弗克經歷。【梅以惟人屬下句。蔡以屬上句】

교1) 我 : 신조선사본에는 빠져 있으나 『尙書』 「周書 · 君奭」에 따라 보충한다.

"오호라! 그대도 이미 '이것이 나의 생각이니, 나 또한 감히 상제의 명을 편안하게 여기지 못합니다. 하늘의 위엄을 생각하고 우리 백성의 마음이 위태롭다는 것을 생각하면 감히 잘못을 저지를 수 없습니다.'라고 말하였으니, 백성의 흥망이 모두 우리에게 달렸다.【단구】 무릇 뒤를 잇는 자손들이 하늘을 공경하지 못하고 백성의 뜻을 따르지 못하여 전인(前人)의 빛나는 덕을 끊어버리고 잃는다면 〈그 부형이〉 감히 집에 있어서 모른다고 할 수 있겠는가? 천명은 보전하기 쉽지 않고 하늘은 믿기 어려우니 천명을 실추하면 오래 가지 못하여 〈망하게〉 된다."【매색은 '惟人'을 뒤 구에 붙였고, 채침은 앞 구에 붙였다.】

補云 : "上所言'我不敢知', 君奭亦曰'是我之意,【君已曰者, 君前已言之】 我亦不敢寧'。○補云 : "永念天威與我民嵒, 則罔敢愆違。【越, 與也。尤, 愆也】 以上召公之所嘗言。" ○補云 : "人之興替, 罔不在我。" ○補云 : "上下, 天越民也。遏, 絶也。佚, 失也。凡人其後嗣子孫, 不能敬天順民,【恭上下】 遏失前人之光, 凡其父兄, 其敢曰'在家不知'乎?"【周公之言, 本如設喩。梅意直以後嗣爲成王, 非矣】 ○梅云 "墜[교1]失天[교2]命, 不能經久歷

遠。" ○補云："方其墜命之時, 忽焉而亡。"【蔡以經歷屬下句, 非也】

교1) 案墜：『상서정의』에는 앞에 '無德者'가 더 있다.
교2) 案天：『상서정의』에는 '王'으로 되어 있다.

〔君已曰時我〕 보충한다. "앞에서 〈주공이〉 '나는 감히 알지 못한다.' 라고 말한 데 대해 군석도 '이것이 나의 생각입니다.【군이왈(君已曰)이란 '그대가 전에 이미 말하였다.'라는 뜻이다.】 나 또한 감히 편안하게 여기지 못합니다.'라고 하였다는 뜻이다."

〔弗永遠念天威, 越我民罔尤〕○보충한다. "하늘의 위엄을 생각하고 우리 백성의 〈마음이〉 위태롭다는 것을 생각하면 감히 잘못을 저지를 수 없다는 뜻이다.【월(越)은 여[與：~와]의 뜻이고, 우(尤)는 건[愆: 잘못하다, 어기다]의 뜻이다.】 이상은 소공이 전에 말한 것이다."

〔惟人在我〕○보충한다. "백성의 흥망이 모두 우리에게 달렸다는 뜻이다."

〔後嗣子孫……在家不知〕○보충한다. "상하(上下)는 하늘과 백성이다. 알(遏)은 절[絶：끊다]의 뜻이고, 일(佚)은 실[失：잃다]의 뜻이다. '무릇 사람이, 후손들이 하늘을 공경하지 못하고 백성의 뜻을 따르지 못하여【공상하(恭上下)의 의미이다.】 전인(前人)의 빛나는 덕을 끊고 잃어버리면 그 부형들이 감히 집에 있어서 알지 못한다고 할 수 있겠는가?'라는 뜻이다."【주공의 말은 본래 비유이다. 매색은 후사(後嗣)를 곧바로 성왕이라고 여겼는데[3] 틀렸다.】

3 매색은……여겼는데：매색은 이 구절을 "惟衆人共存在我後嗣子孫, 若大不能恭承天地, 絶失先王光大之道, 我老在家則不得知."라고 풀이하였다.

〔乃其墜命, 弗克經歷〕○매색이 말했다. "〈덕이 없는 자가〉 왕이 되게 한 천명을 실추하면 장구한 역년(歷年)을 누릴 수 없다는 뜻이다." ○보충한다. "바야흐로 천명을 실추하는 때에는 순식간에 망한다는 뜻이다."【채침은 경력(經歷)을 뒤 구에 붙였는데, 틀렸다.】

考異 《漢書·王莽傳》引《書》曰: "我嗣事子孫, 大不克共上下, 遏失前人光, 在家不知命不易, 天應棐諶, 乃亡隊命。"【群臣奏言: "周成王幼少, 周公權而居攝則周道成, 不居攝則恐周墜失天命。《書》曰云云。"】 ○**案** 此經與居攝何干, 誣經以助逆, 可乎?

고이 『한서』「왕망전」의 『상서』를 인용한 부분에는 〈'後嗣子孫, 大弗克恭上下, 遏佚前人光, 在家不知。天命不易, 天難諶。乃其墜命, 弗克經歷'이〉 "我嗣事子孫, 大不克共上下, 遏失前人光, 在家不知命不易, 天應棐諶, 乃亡隊命."으로 되어 있다.【신하들이 아뢰기를 "주나라 성왕은 어렸지만 주공이 권도로 섭정을 하자 주나라의 도가 이루어졌으니, 섭정하지 않았다면 주나라가 천명을 잃었을 것입니다. 『상서』에 '운운'하였습니다."라고 하였다.[4]】

○안 이 부분의 경문이 섭정과 무슨 관련이 있다고 경전을 왜곡하여 찬역을 도왔으니, 가당한 일인가?

4 신하들이……하였다: 漢나라 平帝가 죽은 뒤 태후가 강보에 싸인 嬰을 황제로 세우고 王莽에게 섭정을 명하였을 때 신하들이 아뢴 말로, "『書』曰云云"이 바로 앞에 인용한 "我嗣事子孫……乃亡隊命"이다.

嗣前人, 恭明德, 在今予小子旦, 非克有正迪,【句】 惟前人光, 施于我沖子。又曰, "天不可信, 我道惟寧王德延, 天不庸釋于文王受命。"【梅·蔡皆以非克有正絶句。馬本, 我道作我迪】

"전인(前人)을 계승하여 그 밝은 덕을 공경히 받드는 것은 지금 나 소자 단(旦)에게 달렸는데[5] 올바르게 인도하지 못하고 있으나【단구】 오직 전인의 빛나는 덕이 우리 충자(沖子)에게 베풀어져야 할 것이다."
주공이 또 말했다.[6] "하늘은 믿을 수 없으나 우리의 도리는 영왕(寧王)의 덕을 연장하여 문왕이 받은 천명을 하늘이 버리지 않게 하는 것이다."【매색과 채침은 모두 '非克有正'에서 구를 끊었다. 마융본에는 '我道'가 '我迪'으로 되어 있다.】

梅云: "繼先王, 恭奉其明德, 在我小子旦。" ○補云: "正迪, 謂導之以正也, 公謙言之。" ○蔡云: "在我之道, 惟以延長武王之德。"【注疏以文

5 전인(前人)을……달렸는데 : 채침은 '乃其墜命, 弗克經歷嗣前人恭明德'을 "乃其墜失天命者, 以不能經歷繼嗣前人之恭明德也."라고 풀이하여 '嗣前人, 恭明德'을 앞 절에 붙였다. 이는 다산의 구분과 다르므로 이 부분은 매색의 주를 채용하여 번역하였다.

6 주공이 또 말했다 : '又曰'을 정현은 '주공이 다른 사람의 말을 인용한 것'으로 보았고, 왕숙과 채침은 '주공이 거듭 말한 것'이라고 보았다. 여기서는 채침의 주석에 따라 번역하였다. 『서집전』의 원문은 다음과 같다. '又曰'者, 以上文言'天命不易, 天難諶', 此又申言'天不可信'. 故曰'又曰'. 정현과 왕숙의 주는 아래 각주 8) 참조.

王爲寧王】

鄭云："人又云。"【孔云："鄭以此又曰爲周公稱人之言。"】○王云："重言天不可信, 明己之留, 蓋畏其天命。" ○孔云："寧王者, 文王也。"【鄭·王同】**○案** 上句·下句寧王·文王, 明是二王, 而別生義理曰'受命者爲寧王'。堅執如此, 則武王不受命乎?

〔嗣前人……在今予小子旦〕 매색이 말했다. "선왕의 〈대업을〉 계승하여 삼가 그 밝은 덕을 공경히 받드는 것이 나 소자 단(旦)에게 달렸다는 말이다."[7]

〔非克有正迪〕○보충한다. "정적(正迪)은 바르게 인도한다는 말이니, 〈이 구절은〉 주공이 겸손하게 말한 것이다."

〔又曰……文王受命〕○채침이 말했다. "〈아도유영왕덕연(我道惟寧王德延)은〉 우리의 도리는 오직 무왕(武王)의 덕을 연장하는 것이라는 뜻이다."【주소(注疏)에서는 문왕을 영왕(寧王)이라고 여겼다.】 정현이 말했다. "〈우왈(又曰)은〉 인우운[人又云: 사람들이 또 말하다]의 뜻이다."【공영달이 말했다. "정현은 여기 '우왈(又曰)'을 주공이 다른 사람의 말을 일컬은 것으로 여겼다."】 ○왕숙이 말했다. "하늘을 믿을 수 없다고 거듭 말하여, 자신이 남는 것은 대체로 천명을 두려워해서임을 밝힌 것이다."[8] ○공영달이 말했다. "영왕(寧王)은 문왕이다."【정현과

7 매색이……말이다: 주공이 자신의 처지가 다른 신하들과 다름을 말한 것이라고 풀이한 내용인데, 일부 내용을 생략하고 인용하였다. 『상서정의』의 원문은 다음과 같다. 繼先王之大業, 恭奉其明德, 正在我今小子旦. 言異於餘臣.

8 정현이……것이다: 매색은 '又曰'에 대해 따로 주석하지 않았는데, 공영달은 매색의 생각도 왕숙의 주석과 같았을 것이라고 하여 그 설을 지지하였다. 『상서정의』 소에 다음과 같이 되어 있다. 此經言'又曰', 傳不明解. 鄭云

왕숙의 생각도 같다.】

○안 앞에서는 영왕이라고 하고 뒤에서는 문왕이라고 하였으니 두 명의 왕임이 분명한데, 별도로 의미를 만들어 '명을 받은 사람은 영왕'이라고 하였다. 이렇게 굳게 고집한다면 무왕은 천명을 받지 않았다는 말인가?

24. 군석 - 04

公曰: "君奭, 我聞, 在昔成湯旣受命, 時則有若伊尹, 格于皇天。在太甲, 時則有若保衡。在太戊, 時則有若伊陟·臣扈, 格于上帝, 巫咸乂王家。在祖乙, 時則有若巫賢。在武丁, 時則有若甘盤。"

주공이 말했다. "군석아, 내가 들으니 옛날에 성탕(成湯)이 이미 천명을 받았는데 그때에는 이윤(伊尹) 같은 이가 있어서 황천(皇天)과 감통하였고, 태갑(太甲) 때에는 보형(保衡) 같은 이가 있었고, 태무(太戊) 때에는 이척(伊陟)과 신호(臣扈) 같은 이가 있어서 상제와 감통하고 무함(巫咸)이 왕가를 다스렸으며, 조을(祖乙) 때에는 무현(巫賢) 같은 이가 있었고, 무정(武丁) 때에는 감반(甘盤) 같은 이가 있었다고 하였다."

'人又云', 則鄭玄以此'又曰'爲周公稱人之言也. 王肅云'重言天不可信, 明己之留蓋畏其天命', 則肅意以周公重言, 故稱'又曰'.

鄭云："皇天，北極大[교1)]帝也。【見《史》注】上帝，太微中其所統也。"【見《史》注】○駁曰 鄭玄酷信緯書，其源鄒衍·呂不韋爲邪說之祖，而〈禮運〉·〈月令〉·《書大傳》·〈僞太誓〉，皆其昭穆。鄭玄之學，以此爲淵，而緯書其藪也。皇天上帝·昊天上帝，本是上帝之徽稱。或稱皇天，或稱昊天，或稱旻天，如帝王至尊，或稱國家，或稱朝家，或稱乘輿，非其所指各殊也。皇天上帝，至一而無二，至尊而無匹。〈郊祀志〉至謂之太一，古之義也。乃鄭玄注《禮》，忽以皇天·上帝分之爲二尊，每遇皇天，訓之曰天皇大帝，每遇上帝，訓之曰感生五帝。而又以列宿之星點指之爲帝座，北極之耀魄寶指之曰大帝，太微之五座星指之曰五帝。於是靈威仰·赤熛怒·白招拒·黑汁紀，列于郊祀，永爲石典，皆鄭玄之爲也。〈中庸〉曰："上天之載，無聲無臭，至矣。" 今也指晢晢之星，而尊之爲帝，而后妃·太子之星，輔弼·武衛之星，煜煜熒熒，無一不具。碧落之上，闢一朝廷，其來有漸，豈必皆鄭玄之罪，而鄭玄則其甚者也。其本源如此，何以宗矣?【《知遠錄》】

교1) 案大：『사기집해』에는 '天'으로 되어 있다.

〔格于皇天·格于上帝〕 정현이 말했다. "황천(皇天)은 북극천제(北極天帝)이고,【『사기』「연세가(燕世家)」의 『집해』에 보인다.】 상제(上帝)는 태미원(太微垣) 중에서 통솔하는 별이다."【『사기』「연세가」의 『집해』에 보인다.】

○박왈 정현은 위서(緯書)를 깊이 믿었는데, 그 근원을 캐보면 추연(鄒衍)과 여불위(呂不韋)가 사설(邪說)의 비조(鼻祖)이고, 『예기』의 「예운(禮運)」과 「월령(月令)」, 『상서대전』, 「위태서(僞太誓)」가

모두 그 계통을 이은 것이다. 정현의 학문은 이것을 연원으로 삼았는데 위서가 그 본거지이다. 황천상제(皇天上帝)와 호천상제(昊天上帝)는 본래 상제의 미칭(美稱)이다. 그것을 황천(皇天)이라고도 하고 호천(昊天)이라고도 하며 민천(旻天)이라고도 하는 것은, 지존(至尊)인 제왕을 국가(國家)라고도 하고 조가(朝家)라고도 하며 승여(乘輿)라고도 하는 것과 같으니, 가리키는 대상이 각각 다른 것은 아니다. 황천상제는 오직 하나뿐 둘이 될 수 없는 존재이고, 지극히 존귀하여 필적할 것이 없는 존재라는 의미이다. 『한서』「교사지(郊祀志)」에서 '태일(太一)'이라고 한 것은 옛날의 정의이다. 그런데 정현이 『예기』를 주석하면서 느닷없이 황천과 상제를 나누어 이존(二尊)으로 만들고는 매양 황천만 나오면 '천황대제(天皇大帝)'라고 풀이하고, 상제만 나오면 '감생오제(感生五帝)'라고 풀이하였다. 또 여러 별자리의 별들을 가리켜 제좌(帝座)라고 하여, 북극의 요백보(耀魄寶)를 가리켜 대제(大帝)라고 하고, 태미(太微)의 다섯 개 별을 가리켜 오제(五帝)라고 하였다. 이리하여 영위앙(靈威仰), 적표로(赤熛怒), 백초거(白招拒), 흑즙기(黑汁紀) 등을 교사(郊祀)에 배열하여 영원히 금석 같은 법이 되게 하였으니, 그것은 모두 정현이 한 일이다. 『예기』「중용」에 "상천(上天)의 일은 소리도 없고 냄새도 없다고 표현해야 지극할 것이다."라고 하였다. 그런데 지금은 빛나는 별을 가리켜 높여서 제(帝)로 삼고, 후비의 별, 태자의 별, 보필하는 별, 무위(武衛)하는 별을 휘황찬란하게 빠짐없이 모두 갖추어놓았다. 그리하여 푸른 하늘 위에 하나의 조정을 열어놓았는데, 이는 예전부터 조짐이 있어 내려온 일이니 어찌 반드시 모두 정현의 죄이겠는가마는 정현은 그중 심한 자이다. 그 본원이 이와 같은데 어떻게 유종(儒宗)으로 받들겠는가?【『상서지원록』】

鄭云："伊尹，名摯。湯以爲阿衡，至太甲改曰保衡。保，安也，言天下所取安所取平。【保，安，而衡，平】 此皆三公之官，當時爲之號也。"【〈商頌・長發〉疏】 ○馬云："道至于上帝，【格，至也】 謂奉天時。"【見《史》注】 ○孔云："皇天[교1]與上帝，俱是天也，變其文爾。" ○孔云："〈夏社〉序云，'湯旣勝夏，[교2] 作〈夏社〉・〈疑至〉・〈臣扈〉'，則湯初有臣扈，已爲大臣矣。不得至今仍在，與伊尹之子，同時立功。蓋二人名同，或兩字一誤也。"【又云："《春秋》，'范武子光輔五君'，或臣扈事湯，而又事太戊也。"】 ○**鏞案** 成湯革夏之年，下距太戊元年，一百三十年，臣扈之非一人，明矣。

교1) 案天：『상서정의』에는 뒤에 '之'가 더 있다.
교2) 案夏：『상서정의』에는 뒤에 '欲遷其社不可'가 더 있다.

〔時則有若伊尹，格于上帝〕 정현이 말했다. "이윤은 이름이 지(摯)이다. 탕(湯)이 아형(阿衡)으로 삼았는데 태갑(太甲) 때에 이르러 보형(保衡)으로 고쳤다. 보(保)는 안[安：안정되다]의 뜻이니, 〈그를〉 얻어 천하가 안정되고 태평해졌음을 말한 것이다.【보(保)는 안[安：안정되다]의 뜻이고, 형(衡)은 평[平：태평하다]의 뜻이다.】 이들[9]은 모두 삼공의 관직인데 당시에 그것을 호칭으로 삼은 것이다."【『시경』「상송(商頌)・장발(長發)」의 소에 보인다.】[10] ○마융이 말했다. "〈격우상제(格于

9 이들：경문에 나오는 伊尹，保衡，伊陟，臣扈，巫咸，巫賢，甘盤을 가리킨다.
10 정현이……보인다：『모시정의』의 소와 『상서정의』의 소를 섞어서 인용하였다. 『상서정의』 공영달의 소에 "『詩』稱'實維阿衡，實左右商王'. 鄭玄云：'阿，倚，衡，平也. 伊尹，湯所依倚而取平，至太甲改曰保衡'，保，安也. 言'天下所取安所取平.' 此皆三公之官，當時爲之號也."라고 하였고, 『모시정의』「商頌・長發」의 소에 "『君奭』曰：'在昔成湯旣受命……格于上帝.' 注云：'伊尹，名摯，湯以爲阿衡，至太甲改曰保衡. 阿衡・保衡，皆公官. 然則伊尹摯・阿衡・保衡一

上帝)는〉 도가 상제에게 이른다는 뜻이니【〈마음은〉 격(格)을 지[至: 이르다]의 뜻으로 본 것이다.】 봉천(奉天)하는 때를 말한다."【『사기』「연세가」의 『집해』에 보인다.】 ○공영달이 말했다. "황천은 상제와 함께 모두 하늘인데 표현을 바꾼 것일 뿐이다."

〔在太戊, 時則有若伊陟·臣扈〕○공영달이 말했다. "『상서』「하사(夏社)」의 서(序)에 '탕(湯)이 하(夏)나라를 이기고 나서 〈그 사[社: 토지신]를 바꾸려고 하였으나 할 수 없었다.〉「하사」, 「의지(疑至)」, 「신호(臣扈)」를 지었다.'라고 하였으니, 탕의 초기에 신호가 있었고 이미 대신이었다. 따라서 지금까지 그대로 있으면서 이윤의 아들과 같은 시대에 공을 세울 수는 없다. 어쩌면 두 사람인데 이름이 같거나 혹 이름의 두 글자 중 한 자가 틀렸을 수도 있다."【또 말했다. "『춘추』에 '범무자(范武子)는 다섯 명의 임금을 보필하였다.'라고 하였으니, 어쩌면 신호도 탕을 섬기고 또 태무를 섬겼을 수도 있다."】

○**용안** 성탕이 하나라를 멸망시킨 해부터 시대를 내려와 태무 원년까지는 130년이니 신호는 한 사람이 아님이 명백하다.

考訂 梅云: "巫賢, 咸子, 巫, 氏。" ○孔云: "父子俱稱爲巫, 知巫爲氏也。" ○**案** 周公之云'格于皇天'·'格于上帝', 非意度虛尊之言。當時諸臣, 必有孚格上天之實驗, 或明承啓牖之旨,【如帝謂文王】 或灼知未顯之事,【《中庸》云: "至誠之道, 可以前知。"】 或祭祀有孚, 或卜筮有假, 必有格天之明驗, 然後許之曰'格天', 非如今世之人, 空言推奬也。且巫之爲職, 本所以承事明神, 〈楚語〉觀射父之言, 猶可考也。然則巫咸·巫賢, 各

人也."라고 하였다.

一神明之人,【屈原累稱巫咸, 以其能達于上帝也】 其必父子, 亦未可知。以爲'巫, 氏'者, 賤巫而若浼之言也。

고정 매색이 말했다. "무현(巫賢)은 함(咸)의 아들이고, 무(巫)는 씨(氏)이다."
○공영달이 말했다. "아버지와 아들을 모두 무(巫)라고 칭하였으므로 무(巫)가 씨(氏)임을 안 것이다."[11]

○안 주공이 '격우황천(格于皇天)'이라고 하고 '격우상제(格于上帝)'라고 한 것은 자기 생각으로 헤아려서 헛되게 높인 말이 아니다. 당시의 신하들은 반드시 정성이 상천(上天)과 감통(感通)하는 실제 증험이 있거나, 〈하늘이〉 깨우쳐주는 뜻을 분명하게 받았거나,【이를테면 '상제가 문왕에게 이르기를[帝謂文王]'과 같은 것이다.[12]】 아직 드러나지 않은 일을 환히 알거나,【『중용』에 "지극히 성실한 도는 닥쳐올 일을 미리 안다."라고 하였다.[13]】 혹은 제사를 지내면 정성이 통하거나, 점을 치면 응답이 있어서, 반드시 하늘과 감통하는 분명한 증험이 있은 다음에야 '격천(格天)'이라는 말을 허용하였고 지금 사람들이 빈말

---

11 공영달이……것이다 : 앞에 나온 매색의 주를 부연 설명한 것이다.

12 상제가……것이다 : 『시경』「大雅・皇矣」에 나온다. 다산은 『詩經講義』에서 이것을 卜筮의 詞이거나 卜兆의 繇詞를 뜻한다고 보았다. 『시경강의』에 다음과 같은 내용이 나온다. 臣以爲'帝謂文王'者三, 恐皆卜筮之詞. 不然, 古者, 別有稟天命之法, 如卜兆之繇詞也.

13 『중용』에……하였다 : 다산은 『중용』의 이 구절을, 至誠한 사람은 남다른 慧眼을 가져서 보통 사람이 보지 못하는 것들을 볼 수 있다는 뜻으로 해석하였다. 『中庸自箴』 권3 「至誠之道可以前知節」에 다음과 같은 내용이 나온다. 箴曰 : "誠則明, 故愼獨之人, 其知靈明. 凡禎祥・妖孽, 衆人之所熟視, 而此人獨具慧眼, 蓍龜之有吉凶, 衆人不能占, 而此人能前民用, 四體之有休咎, 衆人不能察, 而此人有時億中. 凡如是者, 誠則明之故也."

로 추켜세우는 것과는 같지 않았다. 또 무(巫)라는 직책을 둔 것은, 본래 명신(明神)을 받들어 섬기기 위해서였으니, 『국어』「초어(楚語)」에 나오는 관야보(觀射父)의 말[14]에서 고찰할 수 있다. 그렇다면 무함(巫咸)과 무현(巫賢)은 각각 한 명의 신명(神明)한 사람이고, 【굴원(屈原)은 여러 차례 무함(巫咸)을 칭찬하여 그가 능히 상제와 통한다고 말하였다.】 그들이 꼭 부자 관계인지도 알 수 없다. '무(巫)는 씨(氏)이다.'라고 한 것은 무(巫)를 천하게 여겨 얕잡아보는 말이다.

考異 〈燕世家〉錄此節, 格皆爲假, 又乂爲治, 甘盤爲甘般, 末云'召公乃說'。

고이 『사기』「연세가」의 이 구절을 기록한 부분에는 '格'이 모두 '假'으로 되어 있고, 또 '乂'가 '治'로, '甘盤'이 '甘般'으로 되어 있으며, 마지막 부분은 '召公乃說'로 되어 있다.

24. 군석 - 05

率惟茲有陳, 保乂有殷。故殷禮陟配天, 多歷年所。天惟純佑,【句】 命則商實。【句】 百姓・王人, 罔不秉德明恤, 小臣・屛侯甸, 矧咸奔走。惟茲惟德稱, 用乂厥辟。故一人有

14 『국어』……말 : 觀射父는 춘추시대 楚나라의 대부이다. "『周書』所謂'重・黎寔使天地不通者, 何也?"라는 楚昭王의 질문에 대답한 말 중에 다음과 같은 내용이 나온다. 其智能上下比義, 其聖能光遠宣朗, 其明能光照之, 其聰能聽徹之, 如是則明神降之, 在男曰覡, 在女曰巫.

事于四方, 若卜筮, 罔不是孚。【梅讀'純佑命'絶句, 又'商實百姓'絶句】

"〈이 일곱 명의 신하는 앞에서〉 나열한 것과 같은 공이 있어 은나라를 보존하고 안정되게 하였다. 그러므로 선철왕(先哲王)들을 예(禮)에 따라 올려 하늘에 배향(配享)하고 은나라가 긴 역년(歷年)을 누릴 수 있었다. 하늘 또한 순수하게 도와서【단구】 모든 백성이 상(商)나라의 실덕(實德)을 본받도록 명하였다.【단구】 이에 백관(百官)과 왕인(王人)들이 모두 덕을 지켜서 큰일과 작은 일을 밝게 살피고, 낮은 관리와 번병(藩屛)의 제후들까지 모두가 분주하게 일하며 자기 직분을 다하였다. 이들의 정성과 덕이 함께 어우러져 그 임금이 잘 다스릴 수 있게 하였으므로 왕명이 사방에 한 번 나가면 복서(卜筮)의 말에 징험이 있는 것처럼 모두가 감응하였다."【매색은 '純佑命'에서 구를 나누었고, 또 '商實百姓'에서 구를 나누었다.】

王云: "循此數臣, 有陳列之功, 安治有殷也。"【見《史》注】 ○補云: "唯此七臣, 皆以格天之故, 國有事, 有所陳達於上帝, 以此保乂。故有殷多先哲王, 禮陟配天, 名臣碩輔, 亦得躋配, 而享國長久。" ○補云: "天又純佑, 乃命萬民皆法有商之實德。【則, 法也】 於是百姓·王人,【貴族在官者】 罔不明大而恤小, 以至小臣【府史及卑官】·外臣,【屛藩之侯甸】 罔不奔走, 各盡其職。○補云: "唯玆格天之誠, 唯此明恤之德, 與之相稱, 以乂厥君。" ○補云: "如此之故, 王命所出, 莫不感應, 如卜筮之詞, 罔不孚驗。"

〔率惟玆有陳, 保乂有殷〕 왕숙이 말했다. "순서대로 이 몇 사람의 신하가 나열한 것과 같은 공을 세웠기에 은나라를 편안하게 다스렸다는 뜻이다."【『사기』「연세가」의 『집해』에 보인다.】 ○보충한다. "오직

이 일곱 신하는 모두 하늘과 감통하였기 때문에 나라에 일이 있을 때 상제에게 진달하여 그로써 나라를 보존하고 평안하게 하였다. 그러므로 은나라의 많은 선철왕(先哲王)들을 예(禮)에 따라 올려서 하늘에 배향(配享)하고 명신석보(名臣碩輔)들 또한 종향(從享)될 수 있었고 나라가 장구하게 존속할 수 있었다는 뜻이다."

〔**天惟純佑, 命則商實**〕○보충한다. "하늘 또한 순수하게 도와서 만민이 모두 상(商)나라의 실덕(實德)을 본받도록 명하였다.【칙(則)은 법[法 : 본받다]의 뜻이다.】 이에 백성과 왕인(王人)【귀족으로서 관직에 있는 사람이다.】들이 모두 큰일을 분명하게 살피고 작은 일을 보살폈으며, 소신(小臣)【부사(府史)와 비관(卑官)을 말한다.】과 외신(外臣)【번방(藩邦)의 제후들을 말한다.】에 이르기까지 모두가 분주하게 일하며 각자 자기 직분을 다하였다는 뜻이다."

〔**惟玆惟德稱, 用乂厥辟**〕○보충한다. "오직 하늘과 감통하는 이 정성과 크고 작은 일을 밝게 살피는 덕이 함께 어우러져 그 임금이 다스릴 수 있게 하였다는 뜻이다."

〔**故一人有事……罔不是孚**〕○보충한다. "이와 같은 까닭에 왕명이 나가면 마치 복서(卜筮)의 말에 모두 미더운 징험이 있는 것처럼 모두가 감응하였다는 뜻이다."

考訂 梅云 : "使商家百姓豐實, 皆知禮節。" ○蔡云 : "國有人則實, 孟子言'不信仁賢則國空虛'。"【毛云 : "伏生年老, 潁川口語, 與齊人有異, 錯所不知者十二三, 略以其意屬而已, 則此一屬讀, 是西京立學官後, 諸儒博士中外肄業, 無不一轍, 斷不容于其中得彼此互異一字。何則? 以其直受之周末秦初, 百年敎學之所傳, 所謂師承, 亦所謂官授也。今孔傳屬讀, 則正西漢時學官原本。況二十九篇, 又與後出五十八篇, 逈不相同。蔡氏乃竝其屬讀而更易之。"】 ○**訂曰** 梅註忽用《管子》釋此節, 蔡註遠引《孟子》證己義, 皆未必然。百姓者, 百官・貴族也。兩家皆一反其前說,【梅前以百姓爲百官, 今以爲庶民。蔡前以百姓爲庶民, 今以爲百官】又可異也。老晴挾孔安國, 以護梅《書》, 今又遙援伏生, 以作梅《書》之淵源。凡梅《書》之章句屬讀, 令人毋敢毫髮移易, 奉之爲殷・周以來聖聖相傳之金科玉條, 何其厲也? 伏生今文之學, 亡於晉懷帝永嘉之亂, 章句屬讀, 無一存者。所謂歐陽・夏侯三家之說, 其善者皆已消滅, 唯其迂曲蔽冒之說, 時爲許愼・鄭玄輩所駁, 僅傳一二。鄭玄之學, 參用今文, 頗亦可觀, 而今亦亡滅。乃玆梅氏之《書》, 東貸西乞, 無本無源, 老晴隱然借重於伏生之口授, 不旣妄乎? 〈堯典〉之'曰若稽古', 毛嘗欲別作一句, 〈大誥〉之'不少延洪', 毛又欲分作二句。己則犯之, 使人勿之, 强恕者如是乎? 〈皐陶謨〉之'作會宗彝', 〈禹貢〉之'冀州旣載', 雖聖人復起, 必違梅讀。老晴何苦戴此多疵之物, 勞頓如是?【《知遠錄》】余謂七誥諸篇, 不甚難讀, 多緣鄭・梅諸家屬讀之差誤, 遂至聱牙如此。今使人棄智絶慮, 唯梅是遵, 豈可得乎?

고정 매색이 말했다. "〈'천유순우명, 즉상실백성(天惟純佑命, 則商實百姓)'[15]은 하늘이〉 상나라의 백성들을 풍족하게 하였으므로 모두 예절을 알았다는 뜻이다."
○채침이 말했다. "나라에 훌륭한 인물이 있으면 충실해지니 맹자가 말한 '인현(仁賢)을 믿지 않으면 나라가 텅 빈다.'라고 한 것이 이 말이다.【모기령이 말했다.[16] "복생이 연로하여 〈딸을 시켜 전달하게 하였

15 천유순우명, 즉상실백성(天惟純佑命, 則商實百姓): 다산은 '則'을 '칙'으로 읽고 '命'을 뒤 구에 붙였으나, 매색은 '즉'으로 읽고 '天惟純佑命, 則商實百姓'으로 斷句하였다.

16 모기령이 말했다: 이하의 인용문은 『尙書廣聽錄』 권5에 보이는데, 일부 내

는데〉 영천(潁川) 지방의 사투리가 제나라 말과 달랐기 때문에 조착(晁錯)이 열에 두셋은 알아듣지 못하고[17] 대략 자기 생각대로 구두를 끊었을 뿐이다. 이렇게 한번 구두를 끊고 나자 전한(前漢) 때 학관(學官)에 〈『상서』 과목을〉 개설한 이후 유자(儒者)와 박사들 및 중외의 공부하는 사람들이 하나같이 따르며 결단코 그 가운데 한 글자도 서로 다르게 읽는 것을 용납하지 않았다. 왜냐하면 〈복생이 전한 것은〉 주(周)나라 말기 진(秦)나라 초기에 직접 전수(傳受)하여 백 년 동안 가르치고 배운 것으로, 이른바 사승(師承)이고 또한 이른바 관수(官授)라고 여겼기 때문이다. 지금 전하는 공안국의 전(傳)은 〈마음대로 해설할 수 있겠지만〉 구두는[18] 바로 전한 시대 학관의 원본이다. 하물며 29편은 또 뒤에 나타난 58편과는 현격하게 다르니 어찌하겠는가? 채침은 드디어 구두까지 고쳤다.[19]】

○**정왈** 매색(공안국)의 주에서는 뜬금없이 『관자』를 인용하여 이 구절을 해석하였고,[20] 채침의 주에서는 멀리 『맹자』를 인용하여 자기 해석의 증거로 삼았으나 모두 반드시 옳지는 않다. 백성(百姓)은 백관과 귀족이다. 두 사람은 모두 자신의 예전 설과 반대로 말하였으니【매색은 앞에서는 백성을 백관이라고 해놓고 여기서는 서민이라고 하고, 채침은 앞에서는 백성을 서민이라고 해놓고 여기서는 백관이라고 하였

용이 빠져 있다. 필요한 경우 『상서광청록』에 따라 내용을 보충하여 번역하고 해당 부분에 각주하였다.

17 복생이……못하고 : 『상서광청록』의 이 부분 원문은 다음과 같다. 伏生年老, 義詁不全, 卽令其女轉授, 而潁川口語, 與齊人有異, 錯所不知者凡十二三.

18 지금……구두는 : 『상서광청록』의 이 부분 원문은 다음과 같다. 今孔傳傳文, 可隨意解說, 而其間屬讀.

19 채침은 구두까지 고쳤다 : 『상서광청록』의 이 부분 원문은 다음과 같다. 蔡氏有異義, 亦須就其屬讀, 另爲解說, 乃幷其屬讀而更易之.

20 『관자』를……해석하였고 : 다산은 "使商家百姓豐實, 皆知禮節."이라는 매색의 주가 『관자』의 내용을 인용한 것이라고 본 듯하다. 『관자』「牧民」 등에 "倉廩實則知禮節, 衣食足則知榮辱."이라는 내용이 나온다.

다.】 또한 이상하다. 노청[老晴 : 모기령]은 공안국에 기대어 매색의 『상서』를 옹호하였는데 지금은 또 멀리 복생을 끌어와서 매색 『상서』의 연원으로 삼았다. 그러고는 무릇 매색 『상서』의 장구(章句)와 구두를 사람들이 감히 조금도 바꾸지 못하도록 하면서 은나라 주나라 이래 성인과 성인이 서로 전해준 금과옥조로 받들게 하니, 무엇 때문에 그렇게 애를 쓰는가?

복생의 금문학은 진(晉)나라 회제(懷帝) 영가(永嘉) 연간의 난리 때 없어져서 장구와 구두가 하나도 남은 것이 없다. 이른바 구양생(歐陽生), 하후승(夏候勝), 하후건(夏侯虔) 세 사람의 학설도 좋은 것은 모두 이미 없어지고, 그중 왜곡되고 꽉 막힌 학설들만 때때로 허신(許愼)과 정현(鄭玄)의 무리에게 공박을 받는 바람에 겨우 한둘이 전해질 뿐이다. 정현의 학문은 금문을 함께 썼으니 역시 자못 볼만 하였을 터인데 지금은 그것도 없어졌다. 이 매색의 『상서』는 여기서 빌리고 저기서 구걸하여 뿌리도 없고 근원도 없는 것인데, 노청은 은연중에 복생이 입으로 전하였다는 권위를 빌렸으니 이미 망령되지 않은가? 「요전(堯傳)」의 '왈약계고(曰若稽古)'를 모기령은 일찍이 따로 한 구절로 만들려고 하였고, 「대고(大誥)」의 '불소연홍(不少延洪)'을 모기령은 또 나누어 두 구절로 만들려고 하였다. 자기는 범해놓고 다른 사람은 못하게 하니 서(恕)에 힘쓴다는 것이 이렇단 말인가? 「고요모(皐陶謨)」의 '작회종이(作會宗彝)'와 「우공(禹貢)」의 '기주기재(冀州既載)'는 비록 성인이 다시 살아나도 반드시 매색의 구두를 버릴 것이다. 노청은 무엇 때문에 애써 이 흠투성이 물건을 떠받들어 이렇게 피곤한 짓을 하는가?【『상서지원록』】

나는 일곱 편의 고(誥)[21]는 읽기가 그다지 어렵지 않은데 정현과 매색 등의 학자들이 많은 부분에서 구두를 잘못 나누었기 때문에 드디어 이처럼 난삽해졌다고 생각한다. 지금 사람들에게 지혜와 사려를 버리고 오로지 매색을 따르라고 하지만 어찌 될법한 일이겠는가?

考異 王褒《四子講德論》引《書》曰："迪一人，使四方若卜筮。"

고이 왕포(王褒)의 『사자강덕론(四子講德論)』 중 『상서』를 인용한 부분에는 〈'一人有事于四方, 若卜筮'가〉 "迪一人, 使四方若卜筮"로 되어 있다.

24. 군석 - 06

公曰："君奭。天壽平格，保乂有殷，有殷嗣天滅威。今汝永念，則有固命，厥亂明我新造邦。"

주공이 말했다. "군석아! 하늘이 천하를 태평하게 다스리고 하늘과 감통하는 사람들을 장수하게 하여 은나라를 보존하고 안정되게 하던 때에는 〈그리도 돈독하였는데,〉 은나라가 하늘로부터 멸망의 엄벌을 받은 때에는 〈하늘의 엄벌이 그리도 빨랐으니〉 지금 그대가 이것을 유념하면 천명을 굳게 하여 우리의 새 나라를 다스려 밝게 할 수 있을 것이다."

---

21 일곱 편의 고(誥): 『상서』 「주서(周書)」에 나오는 「大誥」, 「康誥」, 「酒誥」, 「梓材」, 「召誥」, 「洛誥」, 「康王之誥」를 가리킨다. 공안국(매색)과 채침은 「재재」를 '무왕이 강숙에게 誥한 글'이라고 하였으나, 다산은 『상서고훈』 「序例 · 尚書序」의 「재재」 편에서 주공이 康叔에게 誥한 것이라고 하였다.

補云："平格，平治格天之人也。【才足以平天下，德可以格天】天壽此平格之諸臣，保乂有殷，何其篤也？今殷乃承上天殄滅之威，何其疾也？言天命難諶。"○補云："今汝永念于此，可以固命，厥能治明我新造之邦。"鄭以爲【天壽平格】"專言臣事。格謂至於天也。"【見《正義》】

〔天壽平格……嗣天滅威〕 보충한다. "평격(平格)은 태평하게 다스리고 하늘과 감통하는 사람이다.【재주는 천하를 태평하게 다스릴 만하고, 덕은 하늘과 감통할 만하다는 뜻이다.】 하늘이 천하를 태평하게 다스리고 하늘과 감통할 수 있는 이 신하들을 장수하게 하여 은나라를 보존하고 안정되게 하였으니 〈그때는〉 어찌 그리도 돈독하였으며, 지금은 은나라가 하늘로부터 멸망의 엄벌을 받는 것이 어찌 그리도 빠른가? 이런 뜻이니, 천명을 믿기 어려움을 말한 것이다."
〔今汝永念……明我新造邦〕○보충한다. "지금 그대가 이것을 유념하면 천명을 굳게 할 수 있어 우리의 새로 만든 나라를 다스려 밝게 할 수 있을 것이라는 뜻이다."
【天壽平格】 정현이 말했다. "오로지 신하의 일을 말한 것이다. 격(格)은 하늘에 이른다는 말이다."【『상서정의』에 보인다.】

24. 군석 - 07

公曰："君奭。在昔上帝割，【句】申勸寧王之德，其集大命于厥躬。惟文王尚克修和我[교1]有夏，亦惟有若虢叔，有若閎夭，有若散宜生，有若泰顚，有若南宮括。"【馬本，南宮爲南官】

교1) 我 : 신조선사에는 빠져 있으나 『尙書』 「周書・君奭」에 따라 보충한다.

주공이 말했다. "군석아! 옛날 상제께서 〈은나라를〉 멸망시키고【단구】 덕이 있는 영왕[寧王 : 무왕]에게 거듭 권면하여 그 몸에 대명(大命)을 모아주셨다. 문왕이 우리 유하[有夏 : 중국]를 다스려 화목하게 할 수 있었던 것은 또한 괵숙(虢叔), 굉요(閎夭), 산의생(散宜生), 태전(泰顚), 남궁괄(南宮括) 같은 신하들이 있었기 때문이다."【마융본에는 '南宮'이 '南官'으로 되어 있다.】

鄭云 : "割之言蓋也。言文王有誠信之德, 天蓋申勸之, 集大命於其身, 謂命之使王天下也。"【《禮記・緇衣》注】 ○梅云 : "上天割制其義。" ○蔡云 : "上帝降割于殷, 申勸武王之德。" ○補云 : "割者, 承上文'嗣天滅威'而言。" ○補云 : "集大命者武王, 寧王者, 武王也。" ○梅云 : "虢叔, 文王弟。【《左傳》云 : "虢仲・虢叔, 王季之穆。"】 五臣佐文王, 爲胥附・奔走・先後・禦侮。"교1) ○鄭云 : "不及呂望者, 太師教文王以大德, 周公謙不可以自比。" ○補云 : "修睦諸夏之德, 本諸文王, 而文王之敷敎降德, 賴有五臣, 則天於武王申勸之也。"【申, 重也】

교1) 案侮 : 『상서정의』에는 뒤에 '之任'이 더 있다.

〔在昔上帝割……其集大命于厥躬〕 정현이 말했다. "할(割)이란 말은 개[蓋 : 덮다]의 뜻이다. 문왕에게 성신(誠信)의 덕이 있으므로 하늘이 덮어주고 거듭 권면하여 그 몸에 대명(大命)을 모아주었다는 뜻이니, 그에게 명하여 왕으로서 천하를 다스리게 하였음을 말한다."【『예기』 「치의(緇衣)」의 주에 보인다.】 ○매색이 말했다. "〈상제할(上帝

割)은〉 상천이 그 의(義)를 베었다는 뜻이다." ○채침이 말했다. "〈상제할, 신권영왕지덕(上帝割, 申勸寧王之德)은〉 상제가 은나라를 베어버리고 덕이 있는 무왕을 거듭 권면하였다는 뜻이다." ○보충한다. "할(割)은 앞에 나온 '사천멸위(嗣天滅威)'를 이어받아서 말한 것이다." ○보충한다. "〈하늘이〉 대명(大命)을 모아준 사람이 무왕(武王)이니, 영왕(寧王)은 무왕이다."

〔亦惟有若虢叔……有若南宮括〕○매색이 말했다. "괵숙(虢叔)은 문왕의 동생이다.[22]【『춘추좌씨전』 희공(僖公) 5년에 "괵중(虢仲)과 괵숙(虢叔)은 왕계(王季)의 목[穆: 아들]이다."라고 하였다.[23]】 이 다섯 신하가 문왕을 도와 서부(胥附), 분주(奔走), 선후(先後), 어모(禦侮)[24]의 직임을 맡았다." ○정현이 말했다. "여망(呂望)[25]을 언급하지 않은 것은 〈여망은〉 태사로서 문왕에게 대덕(大德)을 가르쳤기 때문에 주공이 겸양하여 스스로 비견할 수 없었기 때문이다." ○보충한다. "제하[諸夏: 중국]를 다스려 화목하게 한 덕은 문왕에 근본을 두고 있는데, 문왕이 교화를 펴고 덕을 베푼 데에는 다섯 신하의 도움이 있었다. 그래서 하늘이 무왕에게 그것을 거듭 권면하였다는 뜻이다."【신(申)은 중[重: 거듭하다]의 뜻이다.】

22 괵숙(虢叔)은 문왕의 동생이다: 매색 주를 축약한 것이다. 원문은 다음과 같다. 虢, 國, 叔, 字, 文王弟.

23 『춘추좌씨전』……하였다: 공영달이 매색 주의 근거를 설명한 내용이다.

24 서부(胥附)……어모(禦侮): 모두 관직의 이름이다. 『상서정의』 소에 각 관직의 역할에 대해 "『詩』「綿」之卒章稱'文王有疏附·先後·奔奏·禦侮之臣'. 毛傳云'率下親上曰疏附, 相通前後曰先後, 喩德宣譽曰奔奏, 武臣折衝曰禦侮.' 鄭箋云'疏附使疏者親也, 奔奏使人歸趍之."라고 하였다.

25 여망(呂望): 齊에 봉해진 太公 呂尙을 말한다.

考異 《禮記》【〈緇衣〉篇】 引〈君奭〉曰 : "在昔[교1)]上帝, 周田觀文王之德, 其集大命于厥躬。" ○鄭云 : "古文, 周田觀文王之德, 爲割申勸寧王之德, 今博士讀爲厥亂勸寧王之德。三者皆異, 古今[교2)]似近之。割之言蓋也。"【詳在上】 ○孔云 : "古文者, 衛·賈·馬所註, 元從壁中所出之古文, 卽鄭註《尚書》, 是也。今博士者, 謂今文尙書也。" ○**案** 孔祭酒之眞情, 在〈緇衣〉之疏, 卽此是也。【〈緇衣〉, 寧王改爲文王, 必博士輩所爲, 不足疑也】

교1) 案在昔 : 『예기』에는 '昔在'로 되어 있다.
교2) 案今 : 『예기정의』에는 '文'으로 되어 있다.

고이 『예기』【「치의(緇衣)」 편의】 「군석」을 인용한 부분에는 〈'在昔上帝, 割申勸寧王之德, 其集大命于厥躬'이〉 "昔在上帝, 周田觀文王之德, 其集大命于厥躬."으로 되어 있다.

○정현이 말했다. "고문에는 '周田觀文王之德'이 '割申勸寧王之德'으로 되어 있는데, 금문 박사들은 '厥亂勸寧王之德'이라고 읽는다. 세 가지[26]가 모두 다른데 고문이 근리한 듯하다. '할(割)'이란 말은 개[蓋 : 덮다]의 뜻이다."【상세한 내용은 앞에 나왔다.】

○공영달이 말했다. "고문이라는 것은 위굉(衛宏), 가규(賈逵), 마융(馬融)이 주석한 것으로 원래 〈복생의 집〉 벽에서 나온 고문을 따랐으니, 정현이 주석한 『상서』가 이것이다. 금박사(今博士)는 금문 상서가들을 말한다."[27]

26 세 가지 : 『예기』 본문과 고문, 금문 상서가들이 읽은 것을 말한다. 『예기정의』 공영달의 소에 "三者, 謂此『禮記』及「古文尙書」幷今博士讀者."라고 하였다.
27 공영달이……말한다 : 앞에 나온 정현의 주석은, 伏生이 전하고 歐陽生과

○**안** 공 좨주[孔祭酒 : 공영달]의 진의는 「치의」의 소에 있으니, 바로 이 뜻이다.【「치의」에서 영왕(寧王)을 고쳐 문왕(文王)이라고 한 것은 필시 박사들이 한 것임은 의심할 나위가 없다.】

24. 군석 - 08

又曰 : "無能往來,【句】 茲迪彝敎, 文王蔑德降于國人。亦惟純佑,【句】 秉德, 迪知天威, 乃惟時昭文王。迪見冒,【句】 聞于上帝, 惟時受有殷命哉。"【馬本, 冒作勖, 勉也。鄭云 : "蔑, 小也。"】

또 말했다. "〈이 다섯 신하가 이때 문왕을 위해〉 다니면서 분주하게 일하며【단구】 떳떳한 가르침으로 계도(啓導)하지 못하였다면 문왕 또한 덕을 나라 사람들에게 베풀지 못하였을 것이다. 또한 〈은나라의 일곱 신하가〉 하늘의 순수한 도움을 받아【단구】 떳떳한 덕을 지켰듯이 〈이 백성을 인도하여〉 하늘의 위엄을 알게 하여야 비로소 문왕의 덕을 빛나게 할 수 있다. 이 백성을 인도하여 왕의 교화를 크게 입게 하여【단구】 덕의 향기가 상제에게 풍겼으므로 이에 은나라를 대신하여 천명을 받은 것이다."【마융본에는 '冒'가 '勖'으로 되어 있으니 면[勉 : 힘쓰다]의 뜻이다. 정현이 말했다. "멸(蔑)은 소[小 : 작다]의 뜻이다."】

夏侯氏가 주석한 것을 『금문상서』, 위굉·가규·마융이 주석한 것을 卜壁에서 나온 『고문상서』로 본 것이라고 설명한 부분인데, 내용이 많이 축약되었다. 『예기정의』 공영달 소의 원문은 다음과 같다. 云'古文, 周田觀文王之德爲割申勸寧王之德'者, 以伏生所傳歐陽·夏侯所注者爲『今文尙書』, 以衛·賈·馬所注者元從壁中所出之『古文』, 卽鄭注『尙書』是也.

蔡云："若此五臣者, 不能爲文王往來奔走,교1) 導迪其常敎, 文교2)王亦無德降及於國人。"【夏氏云】 ○補云："亦惟者, 亦如殷之七臣得天之純佑, 乃命, 王人罔不秉德,【文見上】 導斯民, 使知畏天之威, 乃以是光昭文王之德。"【上文'天惟純佑'絶句, 今無疑】 ○補云："導迪斯民, 終見其丕冒王化,【丕冒, 見下文】 德馨聞于上帝, 是代殷受命。" ○**鏞案** 〈書序〉云："召公爲保, 周公爲師。" 馬融・鄭玄・王肅之註, 竝以爲師氏・保氏。師氏・保氏者, 敎官司徒之屬, 敎訓國子之職也, 其說似乎差誤。【三公不可爲大夫之官】 及觀〈君奭〉之本篇, 則導迪斯民, 罔不秉德, 爲保邦命乂王家之要務。凡敎訓斯民, 古謂之降德。故〈內則〉曰'后王교3)降德于衆兆民', 可知也。乃此經一則曰'蔑德降于國人', 二則曰'耇造德不降', 而文王五臣之功, 亦以兹迪彝敎爲總義, 曰迪知天威, 曰迪見冒, 皆導迪斯民之意。則師氏・保氏之說, 或有師承, 未可輕擊, 姑存之, 以俟知者。【已詳〈書序下〉】

교1) 案走：『서집전』에는 뒤에 '於此'가 더 있다.
교2) 案文：『서집전』에는 앞에 '則'이 더 있다.
교3) 案王：『예기』에는 뒤에 '命冢宰'가 더 있다.

〔無能往來……降于國人〕 채침이 말했다. "만약 이 다섯 신하가 이때 문왕을 위해 다니면서 분주하게 일하며 떳떳한 가르침을 계도(啓導)하지 못하였다면 문왕 또한 덕을 나라 사람들에게 베풀지 못하였을 것이란 뜻이다."【송(宋)나라 하선(夏僎)의 말이다.】 ○보충한다. "역유(亦惟)는 또한 은나라의 일곱 신하가 하늘의 순수한 도움을 받고 〈은나라의 실덕(實德)을 본받도록 하늘이〉 명하니 왕인(王人)들이 모두 덕을 지켰듯이【내용은 앞에 나왔다.】[28] 이 백성을 인도하여

하늘의 위엄을 두려워할 줄 알게 하여야 문왕의 덕을 빛나게 할 수 있다는 뜻이다."【앞에 나온 〈5장의〉 문장은 '천유순우(天惟純佑)'에서 구를 끊어야 한다는 것은 이제 의심할 것이 없다.】 ○보충한다. "이 백성을 인도하여 마침내 왕의 교화를 크게 입게 하여【비모(丕冒)는 뒤에 나온다.】 덕의 향기가 상제에게 풍겼으므로 이에 은나라를 대신하여 천명을 받았다는 뜻이다."

○**용안** 「서서」에 "소공은 보(保)가 되고 주공은 사(師)가 되었다."라고 하였는데, 마융과 정현, 왕숙의 주에서는 모두 〈사(師)와 보(保)를〉 사씨(師氏)와 보씨(保氏)라고 하였다. 그런데 사씨와 보씨는 교관(教官)인 사도(司徒)의 관속으로 국자(國子)를 가르치는 직책이니, 그 주장은 착오인 듯하다.【삼공(三公)이 대부(大夫)의 관속이 될 수는 없다.】 「군석」의 본편을 보면 이 백성을 계도하여 모두 덕을 지키게 하는 것이 국운을 보존하고 왕가를 다스리는 요무(要務)가 된다. 이 백성을 가르치는 것을 옛날에는 '강덕(降德)'이라고 하였다. 그러므로 『예기』「내칙(內則)」에 "후왕(后王)이 〈총재(冢宰)에게 명하여〉 백성들에게 덕을 내린다."라고 한 이유를 알 수 있다. 이 〈「군석」 편의〉 경문에서도 첫째는 〈이 8장에서〉 '멸덕강우국인[蔑德降于國人 : 덕을 국인들에게 내리지 못하였을 것이다]'이라고 하고, 둘째는 〈뒤에 나오는 10장에서〉 '구조덕불강[耇造德不降 : 노성한 사람들의 덕이 베풀어지지 않다]'이라고 하였다. 문왕의 다섯 신하가 세운 공로 역시 '자적이교(玆迪彝教)'로 의미가 총괄되니, '적지천위(迪知天威)'라고 하고 '적견모(迪見冒)'라고 한 것은 모두 이

28 은나라의……나왔다 : "天惟純佑, 命則商實, 百姓・王人, 罔不秉德明恤."이라고 한 「君奭」 제5장의 내용을 요약한 것이다.

백성을 계도한다는 뜻이다. 그러나 사씨와 보씨라는 설에는 어쩌면 사승(師承)이 있을 것이라서 경솔하게 비판할 수 없으므로 우선 남겨두고 알 만한 사람을 기다린다.【이미 「서서 하」에서 상세히 다루었다.】

24. 군석 - 09

武王惟玆四人, 尙迪有祿。後曁武王, 誕將天威, 咸劉厥敵。惟玆四人, 昭武王, 惟冒, 丕單稱德。【《說文》, 冒爲䀤】

"무왕은 오직 이 네 사람이 인도한 덕분에 천록(天祿)을 소유하였다. 이들은 뒤에 무왕과 함께 크게 하늘의 위엄을 받들어 그 적을 모두 죽였으니, 오직 이 네 사람이 무왕의 덕을 밝혀 천하를 덮게 하여 천하 사람들이 모두 그 덕을 칭송하게 만든 것이다."【『설문해자』에는 '冒'가 '䀤'로 되어 있다.】

鄭云: "至武王時, 虢叔等有死者, 餘四人也。"【孔云: "鄭玄, 疑不知誰死。"】○梅云: "虢叔先死, 故曰四人。【孔云: "文王之弟, 其年應長, 故言先死也。"】四人昭[교1]武王之德, 使冒[교2]天下。" ○補云: "單, 盡也。使天下盡頌其德。" ○**案** 武王伐紂之日, 南宮括散鹿臺之財, 閎夭封比干之墓, 餘無可考。

교1) 案昭: 『상서정의』에는 '明'으로 되어 있다.
교2) 案冒: 『상서정의』에는 앞에 '布'가 더 있다.

〔武王惟玆四人〕 정현이 말했다. "무왕 때에 이르러 괵숙 등 〈다섯 명 중에〉 죽은 사람이 있어서 네 사람이 남은 것이다."【공영달이 말했다. "정현은 누가 죽었는지 알지 못한 듯하다."】 ○매색이 말했다. "괵숙이 먼저 죽었다. 그러므로 네 사람이라고 한 것이다."【공영달이 말했다. "〈괵숙은〉 문왕의 동생이어서 응당 나이가 많았을 것이므로 먼저 죽었다고 말한 것이다."】

〔惟玆四人昭武王, 惟冒, 丕單稱德〕 〈매색이 말했다.〉 "네 사람이 무왕의 덕을 밝혀 천하를 덮게 하였다는 뜻이다." ○보충한다. "단(單)은 진[盡: 다하다]의 뜻이다. 〈비단칭덕(丕單稱德)은〉 천하 사람이 모두 그 덕을 칭송하게 하였다는 뜻이다."

○안 무왕이 주(紂)를 치던 날에 남궁괄(南宮括)은 녹대(鹿臺)의 재화를 풀었고, 굉요(閎夭)는 비간(比干)의 묘에 봉분을 만들고 묘역(墓域)을 구획하였다.[29] 나머지는 고찰할 수 없다.

24. 군석 - 10

今在予小子旦, 若游大川, 予往, 曁汝奭其濟。小子同未

29 남궁괄(南宮括)은……구획하였다 : 鹿臺는 紂가 財貨와 곡식을 저장하였던 누대 이름이다. 『사기』「周本紀」에 '武王이 공격해 오자 紂는 鹿臺 위에 올라가 몸에 珠玉을 두르고 스스로 불에 타 죽었다. 그 이튿날 무왕이 南宮括에게 명하여 녹대의 재물과 紂의 곡식 창고인 鉅橋의 곡식을 풀어서 가난한 백성들을 진휼하게 하고, 閎夭에게 명하여 比干의 무덤을 封하였다.'라는 내용이 나온다. 번역문은 "封, 謂益其土及畫疆界."라고 한 『사기정의』의 풀이를 따랐다.

在位, 誕無我責? 收罔勖不及, 耇造德不降。我則鳴鳥不聞, 矧曰其有能格?

“지금 나 소자 단은 마치 큰 냇물을 헤엄쳐 건너야 하는 것처럼 두려우니, 내가 갈 때 그대 석이 함께 건너야 할 것이다. 어린 왕은 아직 즉위하지 않은 것이나 마찬가지이니 어찌 우리에게 책임이 없겠는가? 마무리를 잘하기 위해 내가 힘써야 할 일에는 부족함이 없도록 노력하겠지만 〈그대가 돕지 않는다면〉 노성한 사람들의 덕이 〈백성에게〉 베풀어지지 않을 것이다. 나는 봉황이 우는 소리를 듣지 못하였는데 하물며 하늘과 감통할 수 있다고 하겠는가?”

蔡云: “成王幼沖, 雖已卽位, 與未卽位同。” ○補云: “王旣幼沖, 詎無我責乎?” ○補云: “收者, 成終之事也。凡成終之事, 我所自勖, 靡有不及, 而君奭若不共濟, 則耇造德不降矣。” ○馬云: “鳴鳥, 謂鳳凰也。” ○補云: “君奭聞鳳凰之鳴,【說見下】 可知格天。我則鳴鳥不聞, 敢曰能格天乎?” ○**案** 〈卷阿〉之詩, 舊稱召公所作。其詩曰: “鳳凰鳴矣, 于彼高岡。” “菶菶萋萋, 雝雝喈喈。” 必非不聞其聲, 徒然託興而作也。意者, 鳳鳴之時, 周公適出,【或在洛】 不能親聞其聲。故周公每自謙抑, 推召公爲格大[교1]之人也。

교1) 大: 문맥상 ‘天’이 옳은 듯하다.

〔小子同未在位, 誕無我責〕 채침이 말했다. “〈소자동미재위(小子同未在位)는〉 성왕은 어려서 비록 이미 즉위하였지만 즉위하지 않은 것과 같다는 뜻이다.” ○보충한다. “‘왕이 어리니 어찌 우리에게 책

임이 없겠는가?'라는 뜻이다."

〔收罔勖不及, 耇造德不降〕○보충한다. "수(收)는 성종[成終 : 마무리를 잘하다]하는 일을 뜻한다. 마무리하는 일에서 내가 스스로 힘써야 할 바에 최선을 다하겠지만 그대 석이 함께 돕지 않는다면 노성(老成)한 사람의 덕이 백성들에게 베풀어지지 못할 것이라는 뜻이다."

〔我則鳴鳥不聞, 矧曰其有能格〕○마융이 말했다. "명조(鳴鳥)는 봉황(鳳凰)을 말한다."[30] ○보충한다. "'군석은 봉황이 우는 소리를 들었으니【해설은 뒤에 보인다.】 하늘과 감통할 줄 알 것이다. 그러나 나는 새가 우는 소리를 듣지 못하였는데 감히 하늘과 감통할 수 있다고 하겠는가?'라는 뜻이다."

○안 『시경』「대아(大雅)·권아(卷阿)」 시를 구설(舊說)에서 소공이 지은 것이라고 하였다. 그 시에 "봉황이 우네, 저 높은 언덕에서[鳳凰鳴矣, 于彼高岡]"라고 하고, "오동나무 무성하고, 봉황 소리 화평하구나[菶菶萋萋, 雝雝喈喈]"라고 하였으니, 필시 그 소리를 듣지 못한 채 그저 가탁하여 흥(興)을 일으키고 지은 작품은 아닐 것이다. 아마도 봉황이 울었을 때 주공은 마침 나가 있어서【어쩌면 낙(洛)에 있었을 것이다.】 그 소리를 직접 듣지 못하였을 것이다. 그래서 주공은 매양 자신을 낮추고 소공을 하늘과 감통하는 사람으로 추대한 것이다.

考異 《釋文》, 鳴鳥或作鳴鳳。

---

30 마융이……말한다 : 『경전석문』 권4 「尚書音義下·君奭」에 보인다.

고이 『경전석문』에 "'鳴鳥'가 어떤 본에는 '鳴鳳'으로 되어 있다."라고 하였다.[31]

24. 군석 - 11

公曰："嗚呼! 君, 肆其監于玆。我受命, 無疆惟休, 亦大惟艱。告君乃猷裕, 我不以後人迷。" 公曰："前人敷乃心, 乃悉命汝, 作汝民極, 曰, '汝明勖偶。'【句】 王在,【句】 亶乘玆大命, 惟文王德, 丕承無疆之恤。"

주공이 말했다. "오호라! 그대는 이런 사실을 잘 살펴보라. 우리가 천명을 받은 것은 끝이 없는 복이지만 또한 큰 어려움이다. 그대에게 마음을 너그럽게 가지도록 고하니, 나는 후인(後人)으로서 감히 미혹하여 잃을 수가 없다."

주공이 말했다. "전인(前人)이 자신의 깊은 속마음을 펼쳐서 그대를 삼공(三公)으로 명하여 민극(民極)으로 삼고서 '너는 너의 짝을 밝게 권면하여 서로 고무하며 힘쓰라.'라고 하셨다.【단구】 왕이 살아 계실 때【단구】 실로 이 대명을 기재하여 사책(史冊)에 기록하였으니, 〈그 대명을 저버리지 않으려면〉 오직 문왕의 덕을 이어받아야 이 끝이 없는 근심을 계승할 수 있을 것이다."

---

31 『경전석문』에……하였다 : 『경전석문』 권4 「尙書音義下 · 君奭」에 보이는데, 陸德明은 '鳴鳳'은 틀렸다고 하였다. 원문은 다음과 같다. 鳴鳥 : 馬云'鳴鳥, 謂鳳皇也.'. 本或作'鳴鳳'者, 非也.

鄭云："召公不悅,[교1] 似隘急, 故今[교2]謀於寬裕也。"【告君乃猷裕】 ○補云: "後人, 對下前人而言也。將言前人之遺命, 先言我不敢以後人而迷失之也。" ○蘇云："周公與召公, 同受武王顧命, 輔成王。故周公言'前人敷乃心,[교3] 命[교4]汝位三公, 以爲民極。'" ○補云："偶者, 耦也。周公·召公, 耦而輔之。故武王遺命曰：'明勖汝耦, 交相勉勵也。'" ○補云："王在之時, 亶載此大命,【乘, 載也】 錄于史冊。" ○補云："今欲不負此大命, 惟紹迪文王之德, 乃承無疆之憂。"

교1) 案悅：『상서정의』에는 '說'로 되어 있다.
교2) 案今：북경대학에서 나온 표점본『상서정의』에는 '令'으로 되어 있고, 원래는 '今'으로 되어 있으나 阮校에 근거하여 고쳤다는 교감주가 있다.
교3) 案心：『서집전』에는 뒤에 '腹'이 더 있다.
교4) 案命：『서집전』에는 앞에 '以'가 더 있다.

【告君乃猷裕】 정현이 말했다. "소공이 기뻐하지 않는 것이 속이 좁고 성급한 태도인 듯하므로 마음을 너그럽게 가지도록 꾀하게 한 것이다."

〔我不以後人迷〕○보충한다. "후인(後人)은 뒤에 나오는 전인(前人)에 조응(照應)하여 말한 것이다. 장차 전인의 유명(遺命)을 말하려고 먼저 '나는 감히 후인으로서 미혹하여 잃을 수가 없다.'라고 말한 것이다."

〔前人敷乃心, 乃悉命汝, 作汝民極〕○소식이 말했다. "주공과 소공은 함께 무왕의 고명(顧命)을 받아 성왕을 도왔다. 그러므로 주공이 '전인이 깊은 속마음을 펼쳐서 그대를 삼공(三公)의 지위에 있도록 명하여 민극(民極)으로 삼으셨다.'라고 말한 것이다."[32]

〔汝明勖偶〕○보충한다. "우(偶)는 우[耦 : 짝]의 뜻이다. 주공과 소공이 짝을 이루어 보필하였다. 그러므로 무왕의 유명(遺命)에 '너의 짝을 밝게 권면하여 서로 권면하며 힘쓰라.'라고 하였다는 뜻이다."
〔王在, 亶乘玆大命〕○보충한다. "왕이 살아 있을 때 실로 이 대명을 기재하여【승(乘)은 재[載 : 싣다, 기재하다]의 뜻이다.】 사책(史冊)에 기록하였다는 뜻이다."
〔惟文王德, 丕承無疆之恤〕○보충한다. "지금 이 대명을 저버리지 않으려면 오직 이 문왕의 덕을 이어받아야 하니, 그래야 〈천하를 다스리는〉 끝이 없는 근심을 계승할 것이라는 뜻이다."

24. 군석 - 12

公曰 : "君, 告汝朕允。保奭, 其汝克敬以予, 監于殷喪大否, 肆念我天威。予不允, 惟若玆誥? 予惟曰, '襄我二人。' 汝有合哉! 言曰, '在時二人, 天休滋至', 惟時二人弗戡。其汝克敬德, 明我俊民, 在讓後人교1)于丕時。"

교1) 人 : 신조선사본에는 빠져 있으나 『尙書』「周書 · 君奭」에 따라 보충한다.

주공이 말했다. "군아, 그대에게 나의 참된 정성을 고한다. 태보인 석아, 그대가 능히 내가 말한 바를 공경하여 은나라가 망하게 된

32 소식이……것이다 : 『서집전』에 인용되어 있다.

큰 혼란을 살펴본다면 우리 하늘의 위엄이 두려움을 생각하지 않을 수 있겠는가? 내 마음에 참된 정성이 없으면서 겉으로만 이렇게 고하겠는가? 나는 오직 '마무리를 잘하는 것이 우리 두 사람의 직분이다.'라고 말하는 것이니, 나의 말이 그대의 마음과도 부합할 것이다. '〈하늘의 돌보심이〉 우리 두 사람에게 달렸으니, 〈우리 두 사람을 남겨두면〉 하늘이 주는 복이 불어날 것이다.'라고 한다면 우리 두 사람은 감당할 수 없을 것이다. 그러나 내가 바라는 바는 그대가 능히 덕을 공경하여 우리의 빼어난 백성을 밝게 드러내어 〈여러 자리에 세우는 것이다. 그대가 물러나고자 한다면〉 후배들이 〈등용되어〉 크게 창성하는 때에 물러나라."

梅云: "告汝以我之誠信。呼其官而名之。" ○蔡云: "大否, 大亂也。" ○補云: "予內無誠信, 外若茲誥乎?" ○補云: "襄, 成也。唯我二人之職分, 所宜成終。" ○蔡云: "汝聞我言而有合哉。" ○補云: "若曰'天眷在此二人, 留此二人, 必天休滋至', 則此二人弗能堪勝,【戡, 堪同, 勝也】予所望者, 汝唯敬德, 明揚俊民, 列于庶位。" ○補云: "汝欲退讓, 待此後輩之登揚, 讓于大昌之時。"【梅以二人爲文王·武王, 大誤】

〔告汝朕允, 保奭〕 매색이 말했다. "〈고여짐윤(告汝朕允)은〉 너에게 나의 참된 정성을 고한다는 뜻이다. 〈보석(保奭)은〉 관직을 부르고 이름을 함께 부른 것이다."

〔監于殷喪大否〕○채침이 말했다. "대비(大否)는 대란[大亂 : 큰 혼란]의 뜻이다."

〔予不允, 惟若茲誥〕○보충한다. "'내 마음에 참된 정성이 없으면서 겉으로만 이렇게 고하겠는가?'라는 뜻이다."

〔襄我二人〕○보충한다. "양(襄)은 성[成 : 이루다, 완성하다]의 뜻이다. 우리 두 사람의 직분은 마무리를 잘해야 하는 것이라는 뜻이다."

〔汝有合哉〕○채침이 말했다. "그대는 나의 말을 듣고 〈그대의 생각과〉 부합하는 점이 있을 것이라는 뜻이다."

〔在時二人……明我俊民〕○보충한다. "'하늘의 권우(眷祐)가 이 두 사람에게 달렸으니, 이 두 사람을 남겨두면 반드시 하늘이 주는 복이 불어날 것이다.'라고 한다면 이 두 사람은 감당할 수 없겠지만【감(戡)은 감(堪)과 같은 말이니, 승[勝 : 견디다, 이기다]의 뜻이다.】 내가 바라는 바는 오직 그대가 덕을 공경하여 빼어난 백성을 밝게 드러내어 여러 자리에 세우는 것이라는 뜻이다."

〔在讓後人于丕時〕○보충한다. "그대가 물러나고자 한다면 이 후배들이 높이 등용되기를 기다렸다가 크게 창성하는 때에 물러나라는 뜻이다."【매색은 이인(二人)을 문왕과 무왕이라고 보았는데[33] 크게 잘못된 것이다.】

24. 군석 - 13

嗚呼! 篤棐, 時二人, 我式克至于今日休。我咸成文王功,【句】于不怠, 丕冒, 海隅出日, 罔不率俾。公曰 : "君, 予不惠, 若茲多誥, 予惟用閔,【句】于天越民。"

33 매색은……보았는데 : 매색은 "言曰在時二人, 天休滋至, 惟時二人弗戡."을 "發言常在是文・武, 則天美周家日益至矣. 惟是文・武不勝受."라고 풀이하였다.

"오호라! 임금을 보필하는 데 돈독한 사람은 우리 두 사람이니, 내가 오늘에야 이 아름다움에 이르렀다. 나는 〈그런데도 멈추지 못하니〉 이것은 모두 반드시 우리 문왕의 공을 완성하기 위해서이다. 【단구】 태만하지 않으면 하늘처럼 모든 것을 덮어주는 경지에 이르게 되어 바다 끝 해가 뜨는 데까지 따르지 않는 사람이 없게 될 것이다."

주공이 말했다. "군아, 내가 그대의 뜻을 따라주지 않고 이처럼 〈그칠 줄 모르고〉 여러 말을 하는 것은, 내가 애태우며 근심하는 것이 【단구】 하늘과 백성이기 때문이다."

蔡云: "篤於輔君者, 是我二人。" ○補云: "攝政七年, 今王親政, 故曰'式克至今日休'。"【幸之也】 ○補云: "我不敢止, 此必咸成文王之功。" ○補云: "丕冒者, 如天之無不覆幬也, 不怠則必至於丕冒。" ○補云: "岐周在西, 以海隅出日爲最遠。俾, 從也。" ○補云: "予不惠者, 召公不樂在位, 周公不順其意, 若是勉留, 故自言曰不惠。"【惠, 順也】 ○補云: "天越民者, 天及民也。【猶言天若民】 閔者, 憂愍焦燥之意。君旣欲老, 我當順之。其若是曉曉喋羅縷而不知止者, 予之所閔然憂畏者, 上天及下民也。先聖·先王之義, 畏天畏民而已。帝堯格于上下, 嗣此以降, 皆此義也。周公所作諸篇千言萬語, 稱天民·上下者, 尤親切懇惻, 道學宗旨, 於此乎可見。"

〔篤棐, 時二人〕 채침이 말했다. "임금을 보필하는 데 독실한 사람은 우리 두 사람이라는 뜻이다."

〔我式克至于今日休〕○보충한다. "섭정한 지 7년 만에 이제 왕이 친정(親政)을 하게 되었으므로 '식극지금일휴(式克至今日休)'라고 한

것이다."【다행으로 여긴 것이다.】

〔我咸成文王功〕○보충한다. "나는 감히 멈출 수 없으니, 이것은 반드시 모두가 문왕의 공을 완성하기 위해서라는 뜻이다."

〔于不怠, 丕冒〕○보충한다. "비모(丕冒)는 하늘처럼 모든 것을 덮어준다는 뜻이니, 태만하지 않으면 반드시 덮어주는 데에 이를 것이라는 말이다."

〔海隅出日, 罔不率俾〕○보충한다. "기주(岐周)는 서쪽에 있어서 바다 끝 해가 떠오르는 곳을 가장 먼 곳으로 여겼다. 비(俾)는 종[從: 따르다]의 뜻이다."

〔予不惠〕○보충한다. "여불혜(予不惠)는, 소공은 자리에 남아 있는 것을 즐거워하지 않았으나 주공이 그 뜻을 따라주지 않고 이렇게 힘써 만류하므로 스스로 '불혜(不惠)'라고 말한 것이다."【혜(惠)는 순[順: 따르다]의 뜻이다.】

〔予惟用閔, 天越民〕○보충한다. "천월민(天越民)은 천급민[天及民: 하늘과 백성]의 뜻이다.【천약민(天若民)이라고 말하는 것과 같다.】 민(閔)은 우민초조[憂愍焦燥: 근심하며 애를 태우다]의 뜻이다. 그대가 늙어서 물러나고자 한다면 나는 마땅히 그대의 뜻을 따를 것이다. 그러나 이처럼 그칠 줄 모르고 여러 말을 늘어놓는 것은, 내가 애를 태우며 근심하고 두려워하는 것은 하늘과 백성이기 때문이라는 뜻이다. 선성(先聖)과 선왕(先王)의 의리는 하늘을 두려워하고 백성을 두려워하는 것일 뿐이었다. 제요(帝堯)가 격우상하[格于上下: 정성이 하늘·백성과 감통(感通)하다]하였고[34] 그 이후 모두 이

34 격우상하(格于上下): 帝堯의 덕을 묘사한 말로, 「堯典」 제1장에 나온다. 다산은 "格者, 孚感也."라고 하고, "上者, 天也, 下者, 民也. 蔡於「皐陶謨」'達于上

의리를 계승하였다. 주공이 지은 여러 편의 수천수만 마디 말 중에 천민(天民)과 상하(上下)를 일컬은 부분은 더욱 친절하고 간절하니 도학(道學)의 종지(宗旨)를 여기에서 볼 수 있다."

24. 군석 - 14

公曰："嗚呼! 君, 惟乃知民德, 亦罔不能厥初, 惟其終。祗若茲, 往敬用治。"

주공이 말했다. "오호라! 그대는 백성의 덕을 알고 있으니, 또한 처음에 잘하지 못하는 사람은 없으나 오직 마지막을 생각해야 할 것이다. 시작은 좋으나 끝이 좋지 않은 것을 조심해야 하니 가서 공경히 다스리도록 하라."

鄭云："召公是時意說, 周公恐其復不悅, 故依違託言民德, 以剴切之。" ○補云："民德, 凡民之庸德。" ○補云："祗若玆, 謂愼其有始無終也。" **○案** 金仁山以此經爲周·召輔成王初年之事, 以'罔不在[교1]厥初'爲一證, 其義, 非也。詳見於〈書序下〉。

교1) 案在 : 경문과 『자치통감전편』 권7의 내용을 참고할 때 '能'이 되어야 한다.

〔惟乃知民德〕 정현이 말했다. "소공은 이때 마음이 좋아졌는데, 주

下'節, 訓之曰'上天下民', 此不可異釋也."라고 하였다.

공은 그가 다시 좋아하지 않을까 두려웠으므로 망설이다가 백성의 덕에 의탁해 말하여 간절하게 타이른 것이다." ○보충한다. "민덕(民德)은 일반 백성의 용덕[庸德 : 떳떳한 덕]을 뜻한다."

〔祇若玆〕○보충한다. "지약자(祇若玆)는 시작만 있고 끝맺음이 없는 것을 조심한다는 말이다."

○용안 김인산[金仁山 : 김이상]은 이 「군석」 편을 주공과 소공이 성왕을 보좌한 초년의 일로 보고, '망불능궐초(罔不能厥初)'를 하나의 증거로 삼았는데[35] 그 풀이는 잘못되었다. 자세한 내용은 〈『상서고훈』 「서례(序例)」의〉 「서서 하」에 보인다.

번역 : 함영대

35 김인산[金仁山 : 김이상]은……삼았는데 : 『자치통감전편』 권7에 다음과 같은 내용이 나온다. 「君奭」之事, 子王子謂當在成王初年. 今考書中言意, 率已可見, 其事辭之明證有七,……曰沖子, 曰小子同未在位, 曰亂明我新造邦, 曰在遜後人于丕時, 曰亦罔不能厥初, 此皆初年之證.

25. 다방(多方)

【薛本, 作多匹】
【설계선본에는 '多匹'로 되어 있다.】

蔡云: "成王卽政, 奄與淮夷又叛, 成王滅奄, 歸作此篇。〈費誓〉卽其事也。" ○**鏞案** 〈魯世家〉云: "管·蔡之反, 淮·徐亦反。" 伯禽〈肹誓〉, 亦在此年。九峰前於〈洛誥〉之註, 亦以〈費誓〉謂在周公東征之時,【"王曰: '予小子退, 卽辟于周'"節】 今乃以奄·淮之再畔, 爲〈費誓〉之事, 不知何說爲是。○**又按** 〈魯世家〉此誥亦周公所作, 〈序〉不言'周公作'者, 蒙上〈將蒲姑〉之〈序〉也。【彼云: "周公作。"】 多方猶言萬方, 布告天下也。

채침이 말했다. "성왕(成王)이 직접 정사를 보게 되자 엄(奄)과 회이(淮夷)가 또 반란을 일으켰다. 성왕이 엄을 멸하고 돌아와 이 편을 지었다. 「비서(費誓)」 편의 내용이 바로 이 일이다."[1]

○**용안** 『사기』 「노세가(魯世家)」에 "관숙(管叔)과 채숙(蔡叔)이 반

1 「비서(費誓)」……일이다: 『서집전』의 일부 내용이 생략되었다. 원문은 다음과 같다. 按「費誓」, 言'徂玆淮夷·徐戎竝興', 卽其事也.

란을 일으키자 회이와 서융(徐戎)도 반란을 일으켰다."라고 하고, 백금(伯禽)이 「비서(肸誓)」[2]를 지은 것도 이해의 일로 되어 있다.[3] 구봉[九峰 : 채침]은 앞 「낙고(洛誥)」의 주에서도 「비서」를 주공이 동쪽을 정벌하던 때에 지었다고 하였는데【〈「낙고」의〉 "왕왈 : '여소자퇴, 즉피우주'(王曰 : '予小子退, 卽辟于周')" 절의 주[4]에 보인다.】 지금은 엄과 회이가 재차 반란을 일으킨 것을 「비서」의 일이라고 하니 어느 설이 맞는지 모르겠다.

○**우안** 『사기』 「노세가」에서는 이 고(誥) 또한 주공이 지은 것이라고 하였는데,[5] 「서」에서 '주공작(周公作)'이라고 하지 않은 것은 앞 「장포고(將蒲姑)」 편의 「서」를 그대로 썼기 때문이다.【「장포고」 편의 「서」에서 "주공작(周公作)"이라고 하였다.】[6] 다방(多方)은 만방(萬方)과 같은 말이니, 천하에 포고한 것이다.

---

2 「비서(肸誓)」 : 「費誓」를 말한다. 『사기』 「魯世家」의 『索隱』에 "『尙書』作「費誓」."라고 하였다.

3 관숙(管叔)과……있다 : 『사기』 「魯世家」에 "伯禽卽位之後, 有管·蔡等反也, 淮夷·徐戎亦並興反. 於是伯禽率師伐之於肸, 作「肸誓」."라고 하였다.

4 왕왈……주 : 『서집전』 「洛誥」 제18장(『상서고훈』 제10장)에 "王曰 : '公, 予小子其退, 卽辟于周, 命公後."라고 하였는데, 그 부분의 주에 "攷之「費誓」, 東郊不開, 乃在周公東征之時, 則伯禽就國, 蓋已久矣."라고 하였다.

5 『사기』……하였는데 : 『사기』 「魯世家」에서 「費誓」를 주공이 지었다고 한 내용은 확인되지 않는다. 「비서」와 관련한 「노세가」의 기록은 앞의 각주 3) 참조.

6 「서」에서……하였다 : 「書序」에서는 周公이 지은 편은 모두 篇名 앞에 '周公作'이라는 말을 쓰고, 주공이 지은 편이 연속되는 경우에는 '周公'을 생략하였다. 다산은 이 「다방」 편도 주공이 지은 편이라고 보고 이렇게 말한 것이다. 「書序」에 다음과 같이 되어 있다. 成王旣踐奄, 將遷其君於蒲姑, 周公告召公. 作「將蒲姑」. 成王歸自奄, 在宗周, 誥庶邦. 作「多方」.

25. 다방 - 01

惟五月丁亥, 王來自奄, 至于宗周。

오월 정해일에 성왕이 엄(奄)에서 와서 종주(宗周)에 이르렀다.

梅云 : "周公歸政之明年, 淮夷·奄又叛, 魯征淮夷。作〈費誓〉。王親征奄, 滅其國, 五月還至鎬京。"

〔惟五月丁亥, 王來自奄, 至于宗周〕 매색이 말했다. "주공이 정사를 돌려준 이듬해에 회이(淮夷)와 엄(奄)이 또 반란을 일으키자 노(魯)나라가 회이를 정벌하였다. 「비서(費誓)」를 지었다. 성왕이 엄(奄)을 친히 정벌하여 그 나라를 멸하고, 오월에 돌아와 호경(鎬京)에 이르렀다."

25. 다방 - 02

周公曰 : "王若曰 '猷! 告爾四國·多方。惟爾殷侯尹民, 我惟大降爾命, 爾罔不知。洪惟圖天之命, 弗永寅念于祀。"

주공이 말했다. "왕이 말씀하셨다. '아! 너희 사국(四國)과 만방에 고하노라. 너희 은후[殷侯 : 무경(武庚)]의 유민(遺民)들아, 내가 너희를 위해 천명을 청하여 모든 것을 용서하는 명을 크게 내렸으니, 너희 중에 그 사실을 모르는 사람이 없을 것이다. 그런데도 너희는 이미 끊어진 천명을 회복하려고 도모하고, 그것이 제사마저 끊는 일임은 생각하지 못하였다.'"

王云："周公攝政, 稱王[교1]命以告。及還政, 稱'王曰', 嫌自成王,[교2] 故加周公以別[교3]之。" ○梅云："稱周公, 以別王自告。" ○**鏞案** 前於攝政之時, 〈大誥〉·〈康誥〉·〈酒誥〉之等命令, 眞是自周公出, 而直稱云'王若曰', 不戴'周公曰'三字。今於親政之日, 却又如是者, 明周公今北面就臣位, 卽此誥告不過爲代述王言也。【且周公威德遐宣, 明此誥之出於周公】

교1) 案王：『상서정의』에는 앞에 '成'이 더 있다.
교2) 案王：『상서정의』에는 뒤에 '辭'가 더 있다.
교3) 案別：『상서정의』에는 '明'으로 되어 있다.

〔周公曰："王若曰〕 왕숙이 말했다. "주공이 섭정하던 때에는 성왕(成王)의 명이라고 칭하며 고하였다. 정사를 돌려준 뒤에 가서 '왕왈(王曰)'이라고 칭하면 성왕이 직접 한 말로 의심할 수 있기 때문에 '주공(周公)'을 더하여 밝힌 것이다." ○매색이 말했다. "주공을 칭한 것은 왕이 직접 고한 말과 구별하기 위해서이다."

○용안 예전 섭정하던 때에 「대고(大誥)」·「강고(康誥)」·「주고(酒誥)」 등의 명령은 진실로 주공에게서 나왔지만, 곧바로 '왕약왈(王若曰)'이라고 칭하고 '주공왈(周公曰)' 세 글자를 앞에 두지 않았다. 그런데 지금 친정(親政)하는 때에 도리어 이렇게 한 것은, 주공이 지금은 북면(北面)하여 신하의 자리에 나아갔으니 여기서 고하는 말은 왕의 말을 대신한 데에 지나지 않음을 밝힌 것이다.【또한 주공의 위엄과 덕망이 널리 퍼져 있으니 이 고(誥)가 주공(周公)에게서 나왔음을 밝힌 것이기도 하다.】

梅云："告四方。" ○梅云："殷之諸侯正民者, 大[교1]降汝命, 謂誅紂也。"【蔡云："大降宥爾命。"】○蔡云："圖, 謀也。商・奄, 惟私意圖謀天命, 不敬念以保其祭祀。" **○鏞謂** 四國者, 商・奄・淮・徐也。【是時無商, 告商之遺民】〈豳〉詩云'四國是匡',[교2] '四國是吪', 亦此四國, 非四方之國也。【若云四方, 則四方多方, 自不成文】

교1) 案大：『상서정의』에는 앞에 '我'가 더 있다.
교2) 案匡：『시경』에는 '皇'으로 되어 있다.

〔**告爾四國多方**〕 매색이 말했다. "사방(四方)에 고한 것이다."
〔**惟爾殷侯尹民, 我惟大降爾命**〕○매색이 말했다. "〈은후윤민(殷侯尹民)은〉 은의 제후로서 백성을 다스리는 자들을 말한다. 아대강여명(我大降汝命)은 주(紂)를 주벌한 것을 말한다."【채침이 말했다. "너희를 용서하는 명을 크게 내렸다는 뜻이다."】
〔**洪惟圖天之命, 弗永寅念于祀**〕○채침이 말했다. "도(圖)는 모[謀：도모하다, 꾀하다]의 뜻이다. 상(商)나라와 엄(奄)나라가 사사로운 마음으로 천명을 도모하여 〈스스로 멸망에 이르고,〉 자신들의 제사를 보존하는 일에 대해서는 공경히 생각하지 못하였다는 말이다."[7]

○용위 사국(四國)은 상(商)・엄(奄)・회(淮)・서(徐)이다.【이때는 상(商)나라가 없어졌으니, 상의 유민에게 고한 것이다.】『시경』「빈풍(豳風)・파부(破斧)」에 '네 나라를 바로잡았네[四國是皇]'라고 하고 '네 나라

7 상(商)나라와……말이다：채침 주의 내용이 생략되어 의미가 선명하지 못하게 되었다. 『서집전』의 원문은 다음과 같다. 言商・奄, 大惟私意, 圖謀天命, 自底滅亡, 不深長敬念以保其祭祀.

를 교화하였네[四國是吪]'라고 한 것 또한 이 네 나라이고 사방의 나라가 아니다.【만약 〈사국을〉 사방이라고 한다면 〈경문의 사국다방(四國多方)은〉 사방다방(四方多方)이 되어 자체로 문장을 이루지 못한다.】

○補云: "殷侯, 武庚也。殷侯尹民, 謂武庚攸尹之遺民也。告[교1)]以四方諸侯目之爲殷侯, 則是拒四方服周之心也。" ○補云: "大降爾命, 謂予爲汝, 請命于天, 大降全宥之命也。【蔡亦云】 乃汝四國之民, 圖復旣絶之天命, 弗念其殄祀乎!" **○案** 此時商國雖亡, 其遺民舊族, 興此淮·奄之亂也。

교1) 案告: 가장본에는 '若'으로 되어 있다.

〔**惟爾殷侯尹民, 我惟大降爾命**〕○보충한다. "은후(殷侯)는 무경(武庚)이다. 은후윤민(殷侯尹民)은 무경(武庚)이 다스리던 유민(遺民)을 말한다. 만약 사방의 제후를 지목하여 은후라고 하였다면, 이는 사방이 주나라에 복종하려는 마음을 거부하는 것이 된다." ○보충한다. "대강이명(大降爾命)은 내가 너희를 위해 하늘에 명을 청하여 모든 것을 용서하는 명을 크게 내렸다는 말이다.【채침도 그렇게 말하였다.[8]】 그런데도 너희 사국의 백성은 이미 끊어진 천명을 회복하려고 도모하고, 그것이 제사를 끊는 일임은 생각하지 못하였다는 뜻이다."

○안 이때 상(商)나라는 비록 멸망하였으나 그 유민과 옛 귀족이 이 회(淮)와 엄(奄)의 반란을 일으킨 것이다.

8 채침도 그렇게 말하였다: 『서집전』에 "言殷民罪應誅戮, 我大降宥爾命."이라고 하였다.

惟帝降格于夏，有夏誕厥逸，不肯慼言于民，乃大淫昏，不克終日勸于帝之迪，乃爾攸聞。厥圖帝之命，不克開于民之麗，乃大降罰，崇亂有夏。因甲于內亂，不克靈承于旅，罔丕惟進之恭，洪舒于民。亦惟有夏之民，叨懫日欽，劓割夏邑。【馬本，迪爲攸 ○案。經本云'帝之攸迪'，而馬本脫'迪'字，梅本脫'攸'字】

"상제께서 하나라에 재이(災異)를 내려 견책하였으나[9] 하나라는 방종하고 안일하여 백성을 근심하는 말조차 달갑게 여기지 않고, 크게 음란하고 혼미한 짓을 하며, 상제가 계도하는 바에 대해 하루도 힘쓰지 못하였던 것은 바로 너희들이 들은 일이다. 그들은 상제의 명을 〈회복하려고〉 도모하였으나 억울하게 법에 걸린 백성들에게 살길을 열어주지 않고 크게 형벌을 내려서 마침내 하나라를 혼란에 빠뜨렸다. 안에서 혼란한 짓을 하는 데 익숙하여 백성의 뜻을 잘 받들지 못하면서 모두가 오직 진헌(進獻)만을 공경하는 것으로 여겨 백성에게 큰 고통을 주었다. 또한 하나라의 백성들은 탐욕을 부리고 분노하는 자들을 날마다 흠모하니 〈위에 있는 자가〉 하나라 도읍의 백성을 착취하였다."【마융본에는 '迪'이 '攸'로 되어 있다. ○안. 경(經)에는 본래 '帝之攸迪'으로 되어 있었는데, 마융본은 '迪' 자가 탈락되고, 매색본은 '攸' 자가 탈락된 것이다.】

9 상제께서……견책하였으나 : '惟帝降格于夏'를 '帝降災異, 以譴告桀'이라고 한 채침의 주를 따랐다.

補云："誕，放縱也。慼言，憂恤之言。不能一日自勉乎帝之攸迪。" ○補云："麗，離也，謂下民麗刑也。圖帝之命，而下民之枉離者，不開生路，乃大降刑罰，終亂有夏。"【崇，終也】 ○補云："甲，狎也。【《正義》云："鄭·王，皆以王[교1)]爲狎。"】 ○鄭云："習爲鳥獸之行，【狎，習也】 於內爲淫亂。" ○蔡云："不能善承于[교2)]衆。" ○補云："罔不唯以進獻爲恭。"【丕與不，本通】 ○補云："舒，讀爲荼，大爲荼毒于民。" ○梅云："貪叨忿懫。" ○補云："欽，崇也，唯叨懫日相欽慕也。" ○補云："在上者剝割都邑之民。"

교1) 案王：『상서정의』에는 '甲'으로 되어 있다.
교2) 案于：『서집전』에는 '其'로 되어 있다.

〔有夏誕厥逸……不克終日勸于帝之迪〕 보충한다. "탄(誕)은 방종(放縱)의 뜻이다. 척언(慼言)은 우휼지언[憂恤之言：근심하는 말]의 뜻이다. 〈불극종일권우제지적(不克終日勸于帝之迪)은〉 상제가 계도하는 바에 대해 하루도 스스로 힘쓰지 못하였다는 말이다."

〔厥圖帝之命……崇亂有夏〕○보충한다. "리(麗)는 리[離：걸리다]의 뜻이니. 백성이 법에 걸렸다는 말이다. 상제의 명을 〈회복하려고〉 도모하지만 억울하게 법에 걸린 백성에게 살길을 열어주지 않고서 크게 형벌을 내려서 끝내 하나라를 혼란에 빠뜨렸다는 말이다."【숭(崇)은 종[終：끝내다]의 뜻이다.】

〔因甲于內亂〕○보충한다. "갑(甲)은 압[狎：익숙하다]의 뜻이다."【『상서정의』에 "정현과 왕숙은 모두 갑(甲)을 압(狎)의 뜻으로 보았다."라고 하였다.】 ○정현이 말했다. "금수 같은 짓을 하는 데 익숙하여【압(狎)은 습[習：익숙하다]의 뜻이다.】 안에서 음란하였다는 뜻이다."

〔不克靈承于旅〕○채침이 말했다. "자기 백성들의 뜻을 잘 받들지 못

하였다는 말이다.”

〔罔丕惟進之恭〕○보충한다. “오직 진헌(進獻)만을 공경하는 것으로 여기지 않는 사람이 없었다는 뜻이다.”【비(丕)와 불(不)은 본래 통용한다.】

〔洪舒于民〕○보충한다. “舒는 도[荼 : 고통]로 읽어야 하니,[10] 백성들에게 큰 고통이 되었다는 뜻이다.”

〔叨懫日欽〕○매색이 말했다. “〈도치(叨懫)는〉 탐욕을 부리고 분노한다는 뜻이다.” ○보충한다. “흠(欽)은 숭[崇 : 높이다, 존중하다]의 뜻이니, 탐욕을 부리고 분노하는 자들만을 날마다 높이고 사모하였다는 말이다.”

〔劓割夏邑〕○보충한다. “위에 있는 자가 도읍의 백성을 착취하였다는 말이다.”

考異 《釋文》云 : “馬本, 迪爲攸。”【馬云 : “攸, 所也。”】 ○王應麟云 : “洪舒, 古文作洪荼。”【薛云 : “大爲民荼毒。”】 ○《說文》云 : “亦惟[교1]有夏氏之民叨𡟺。”【許云 : “𡟺, 忿戾也。從至, 至而復遜。遜, 遁也。”】 薛本亦爲𡟺。

교1) 案亦惟 : 『설문해자』에는 이 두 글자가 없다.

고이 『경전석문』에 “마융본에는 ‘迪’이 ‘攸’로 되어 있다.”라고 하였다.【마융이 말했다. “유(攸)는 소[所 : 바]의 뜻이다.”】[11]

---

10 舒는……하니 : 『尙書埤傳』에 “舒, 古文作荼”라고 하였고, 『주례』 「冬官 · 考工記」 “凡爲弓, 各因其君之躬, 志慮血氣. 豐肉而短, 寬緩以荼, 若是者爲之危弓.”의 주에 “荼, 古文舒, 假借字. 鄭司農云‘荼, 讀爲舒.’”라고 한 내용이 나온다.

11 『경전석문』에……뜻이다 : 『경전석문』 권4 「尙書音義下 · 多方」의 ‘迪’ 자에 대한 설명에 “馬本作攸, 云‘所也.’”라고 하였다.

○왕응린이 말했다. "'洪舒'가 고문(古文)에는 '洪荼'로 되어 있다." 【설계선이 말했다. "백성에게 큰 고통이 되었다는 뜻이다."】[12]

○『설문해자』에는 〈'有夏之民叨慣'이〉 '有夏氏之民叨𦤶'로 되어 있다.【허신이 말했다. "치(𦤶)는 분려[忿戾 : 분개하여 도리에 벗어난 짓을 하다, 분개하고 증오하다]의 뜻이다. 글자가 '至'를 따른다. 이르렀다가 다시 달아나는 것이다. 손(遜)은 둔[遁 : 달아나다, 숨다]의 뜻이다."】[13] 설계선본에도 '𦤶'로 되어 있다.

25. 다방 - 04

天惟時求民主, 乃大降顯休命于成湯, 刑殄有夏。惟天不畀純, 乃惟以爾多方之義民, 不克永于多享, 惟夏之恭。多士, 大不克明,【句】保享于民, 乃胥惟虐于民, 至于百爲, 大不克開。乃惟成湯, 克以爾多方,【句】簡代夏作民主, 愼厥麗, 乃勸, 厥民刑, 用勸。

"하늘이 이에 백성의 임금 될 사람을 구하여 성탕에게 아름다운 명을 크게 내려 하나라를 벌하여 멸망시키게 하셨다. 하늘이 하나라를 도와주지 않은 것은 너희 만방의 의로운 백성들이 하나라 왕의 지나친 향유를 위해 하나라에 공물 바치는 것을 오래 감당하지

---

12 왕응린이……뜻이다 : 『곤학기문』 권2 「書」에 "洪舒于民. 古文作洪荼. 薛氏曰'大爲民荼毒也.'"라고 하였다.

13 『설문해자』에는……뜻이다 : 『설문해자』 권12上 '𦤶' 자에 대한 설명에 "忿戾也. 從至. 至而復遜. 遜, 遁也. 「周書」曰, '有夏氏之民叨𦤶'라고 하였다.

않게 하기 위해서였다. 〈높은 지위에 있는〉 다사들도 매우 명철하지 못하면서【단구】 백성에게서 받아 누리는 녹을 보존하여 함께 백성을 학대하고 모든 일에서 살길을 열어주지 못하였다. 이에 성탕(成湯)이 너희 만방의 군대를 거느리고【단구】 상제께서 선택하신 뜻을 받들어 하나라를 대신하여 백성들의 임금이 되었다. 탕은 형벌을 받게 된 백성을 신중하게 심리하여 형벌로 백성을 권면하였고, 그 백성은 형벌을 받고 권면되었다."

補云: "天之所以不畀純佑者,【不畀于有夏】 以爾多方之義民,【言無辜之民】 不堪其久於夏王之多享,【桀多所享受】 使萬民惟夏之供。【言賦使[교1)]煩重】 共·恭·供, 本通。" ○補云: "多士者, 其在位者也。民不堪如此, 而其多士又不能明哲, 以保享于民,【保其祿所享】 乃胥虐民。"【開見上】 王云: "以大道代夏爲民主。" ○補云: "湯能以諸侯之師, 承帝簡以代夏。" ○補云: "麗, 離也。下民之麗于刑辟者, 湯則愼之, 以勸民善, 厥民雖麗於刑, 亦以自勸也。夏惟虐民, 不開生路, 湯愼厥麗, 民以刑勸。" **○案** 〈呂刑〉云: "劓·刵·椓·鯨,[교2)] 越茲麗刑。"【麗, 罹也】《周禮·大司寇》: "萬民未麗於法。"【害州里】 〈士師〉云: "毋使罪麗于民。"【枉麗也】 〈掌戮〉云: "凡罪之麗於法者, 亦如之。"【承上文】 愼厥麗者, 愼厥刑也。下文帝乙以下, 皆刑罰之說也。成湯解網之三面, 廣開生路, 爲王天下之本, 〈殷本紀〉必有所據。

교1) 案使: 가장본에는 '役'으로 되어 있다.
교2) 案鯨: 『상서』 「呂刑」에는 '黥'으로 되어 있다.

〔惟天不畀純……惟夏之恭〕 보충한다. "하늘이 순수하게 도와주지

않은 까닭은【하나라를 도와주지 않았다는 말이다.】 너희 만방의 의로운 백성들이【무고한 백성을 말한다.】 오랫동안 하나라 왕이 지나치게 향유하면서【걸(桀)이 향유한 바가 많았다는 뜻이다.】 모든 백성이 하나라에 공물을 바치는 것을【부역이 많고 무거웠다는 말이다.】 감당하지 않게 하기 위해서라는 뜻이다. 공(共)·공(恭)·공(供)은 본래 통용한다."

〔多士大不克明……大不克開〕○보충한다. "다사(多士)는 지위에 있는 사람이다. 백성들이 이렇게 감당하지 못하는데 그 다사(多士) 또한 명철하지 못하면서 백성에게 받아 누리는 녹을 보존하는 것이【〈보향우민(保享于民)은〉 그들이 누리는 녹을 보존한다는 뜻이다.】 바로 함께 백성을 학대하는 일이라는 뜻이다."【개(開)에 〈대한 풀이는〉 앞에 나왔다.】

〔乃惟成湯, 克以爾多方, 簡代夏作民主〕 왕숙이 말했다. "대도(大道)로 하나라를 대신하여 백성의 임금이 되었다는 뜻이다."[14] ○보충한다. "탕이 능히 제후의 군대를 거느리고 상제의 선택을 받들어 하나라를 대신하였다는 뜻이다."

〔愼厥麗……用勸〕○보충한다. "리(麗)는 리[離 : 걸리다]의 뜻이다. 형벌을 받게 된 백성을 탕은 신중하게 심리하여 백성들이 선을 행하도록 권면하였고, 그 백성들은 비록 형벌에 걸렸더라도 〈그것을

14 대도(大道)로……뜻이다 : 경문에 대한 해석이 아니고 매색의 주에 대한 해석이다. '簡代夏作民主'를 매색이 "大代夏政爲天下民主"라고 풀이하였는데, 공영달의 소에서 '大代夏'라고 한 이유를 설명하고, 이어 자신과는 다르게 설명한 왕숙의 풀이를 소개한 것이다. 『상서정의』 소의 원문은 다음과 같다. 大代夏者, 言'天位之重, 湯能代之, 謂之大代夏也.' 王肅云 : "以大道代夏爲民主."

통해〉 또한 스스로 권면하였다. 하나라는 오로지 백성을 학대하고 살길을 열어주지 않았는데, 탕은 형벌에 걸린 백성을 신중하게 심리하였기 때문에 백성은 형벌을 통해 권면된 것이다."

○안 「여형(呂刑)」에 "의형[劓刑 : 코를 베는 형벌]·이형[刵刑 : 귀를 베는 형벌]·탁형[椓刑 : 거세하는 형벌]·경형[黥刑 : 얼굴에 죄명을 새기는 형벌]을 만들어 죄지은 자들을 법에 따라 처형하였다."【리(麗)는 리[罹 : 걸리다]의 뜻이다.[15]】라고 하였다. 『주례』「추관(秋官)·대사구(大司寇)」에 "만민 중에 죄가 있는데도 법에 걸리지 않아서"【주(州)와 리(里)를 해치는 자】[16]라고 하였고, 「추관·사사(士師)」에 "죄가 백성들에게 걸리지 않게 한다."[17]【억울하게 걸리는 것을 말한다.】라고 하였고, 「추관·장륙(掌戮)」에 "무릇 죄를 지어 법에 걸린 자도 이렇게 한다."【앞의 내용에 이어서 말한 것이다.】[18]라고 하였다. 신궐리(愼厥麗)는 형벌을 신중하게 시행한다는 뜻이다. 다음 장의 '제을(帝乙)' 이하는 모두 형벌에 대한 설(說)이다. 성탕(成湯)이 그물의 삼면을 열어 살길을 널리 열어준 것이 천하를 다스리는 근본이 되었으니, 『사기』「은본기」는 반드시 근거한 바가 있었을 것이다.[19]

---

15 리(麗)는 리[罹 : 걸리다]의 뜻이다 : 다산은 「呂刑」의 해당 구절에서는 "麗者, 附比也."라고 하여 여기 주석과는 다르게 풀이하였다.

16 만민……자 : 『주례』「秋官·大司寇」에 "凡萬民之有罪過而未麗於法, 而害於州里者, 桎梏而坐諸嘉石, 役諸司空."이라고 하였다.

17 죄가……한다 : 『주례』「秋官·士師」에 "以五戒先後刑罰, 毋使罪麗于民."이라고 하였다.

18 무릇……것이다 : "承上文"이라고 한 다산의 원주는 인용문 중 '亦如之'에 대한 주석으로 시장에서 처형하는 것을 말하는 듯하다. 『주례』「秋官·士師」에 "凡殺人者, 踣諸市, 肆之三日. 刑盜于市. 凡罪之麗於法者, 亦如之."라고 하였다.

19 성탕(成湯)이……것이다 : 湯이 사방에 그물을 펴고 "천하 사방에서 모두

以至于帝乙, 罔不明德愼罰, 亦克用勸。要囚, 殄戮多罪, 亦克用勸, 開釋無辜, 亦克用勸。今至于爾辟, 弗克以爾多方, 享天之命。嗚呼!【金履祥云: "嗚呼, 當屬上章。"】

"제을(帝乙)에 이르기까지 모든 임금이 덕 있는 사람을 밝게 드날리고 형벌을 신중하게 시행함으로써 또한 능히 〈백성을〉 권면하였다. 죄수를 심리하여 가두고 죄가 많은 자를 죽이는 것도 능히 백성을 권면하는 일이 되고, 무고한 사람을 풀어주는 것도 능히 백성을 권면하는 일이 되었다. 그런데 지금 너희 임금 〈주(紂)에〉 이르러서는 너희 만방을 거느리고도 천명을 누리지 못하였다. 오호라!"【김이상이 말했다. "오호(嗚呼)는 마땅히 앞 장에 붙여야 한다."】

補云: "帝乙, 紂父。明揚有德, 愼罰有罪。" ○補云: "要囚者, 要之囚之也, 劾審曰要, 囹圄曰囚。下文曰'敎告之, 要囚之, 至于再, 至于三',【審定爲死罪曰要】《周禮·秋官·鄕士》·〈遂士〉·〈縣士〉·〈方士〉, 皆云'異其死刑之罪而要之',【鄭云: "爲其罪法之要辭, 如今劾矣。" ○賈云: "劾者, 劾實也。棄虛從實, 收取要辭。"】旣取死罪而要之, 則要囚者, 死囚也。愼用刑罰, 民無冤枉, 故殺之亦勸, 開之亦勸。"【'開釋無辜'之開字, 與上文兩不開,

내 그물에 들어오게 하소서."라고 축원하는 사람을 보고는 三面의 그물을 거두도록 하여 짐승들에게까지 살길을 열어주었다는 내용이 『사기』「殷本紀」에 나온다. 원문은 다음과 같다. 湯出, 見野張網四面, 祝曰: "自天下四方皆入吾網." 湯曰: "嘻, 盡之矣!" 乃去其三面, 祝曰: "欲左, 左. 欲右, 右. 不用命, 乃入吾網." 諸侯聞之曰: "湯德至矣, 及禽獸."

相照】 ○呂云：“爾辟, 紂[교1]也。”

교1) 案紂：『서집전』에는 앞에 '謂'가 더 있다.

〔以至于帝乙, 罔不明德愼罰〕 보충한다. “제을(帝乙)은 주(紂)의 아버지이다. 〈명덕신벌(明德愼罰)은〉 덕이 있는 자를 밝게 드날리고 죄가 있는 자를 신중하게 벌한다는 뜻이다.”

〔要囚……亦克用勸〕○보충한다. “요수(要囚)는 요지수지(要之囚之)의 뜻이니, 죄를 조사하는 것을 '요(要)'라고 하고 감옥에 가두는 것을 '수(囚)'라고 한다. 뒷부분에 '가르치고, 심리하여 가둘 때에 두 번에 이르고 세 번에 이르도록 거듭 심리하였다.[敎告之, 要囚之, 至于再, 至于三]'라고 하였다.【조사하여 사형죄로 정하는 것을 '요(要)'라고 한다.】『주례』「추관(秋官)」의 「향사(鄕士)」·「수사(遂士)」·「현사(縣士)」·「방사(方士)」에 모두 '사형에 처해야 할 죄에 대해서는 문서를 구별하여 심리한다.'라고 하였다.【정현이 말했다. “그 죄상의 중요 내용을 적는 것으로 지금의 '핵(劾)'과 같다.” ○가공언이 말했다. “핵(劾)은 핵실[覈實 : 사실을 조사하다]의 뜻으로, 거짓을 버리고 사실에 따라 핵심이 되는 말을 취한다는 뜻이다.”】 이미 사형에 처할 죄상을 취하여 확정하였으니 요수(要囚)란 사형에 처할 죄수이다. 형벌을 신중하게 사용하여 백성에게 억울함이 없으므로 죽여도 권면되고 풀어주어도 권면되는 것이다.“【〈경문에 나오는〉 '개석무고(開釋無辜)'의 '개(開)' 자는 앞에 나온 두 불개(不開)와 서로 조응(照應)한다.】

〔今至于爾辟〕○여조겸이 말했다. “이벽(爾辟)은 주(紂)를 말한다.”[20]

20 여조겸이……말한다 : 『서집전』에 인용되어 있다.

【'嗚呼'屬上章】 **王若曰："誥告爾多方, 非天庸釋有夏, 非天庸釋有殷。乃惟爾辟, 以爾多方, 大淫圖天之命, 屑有辭。"**

【'오호(嗚呼)'는 앞 장에 붙였다.】 왕이 말했다. "너희 만방에 고하노니, 하늘이 하나라를 버린 것이 아니고 하늘이 은나라를 버린 것이 아니다. 너희 임금이 너희 만방을 가지고 큰 악으로 천명을 도모하여 누차 상제에게 죄상(罪狀)에 대한 말이 들렸다."

孔云："周公先自歎息, 而復稱王命。" ○補云："釋, 舍之, 棄之也。大淫, 猶言大惡。" ○補云："有辭, 謂罪狀有辭, 上徹于帝聽也。【義見前】屑, 屢也。"【徐云："屑屑然屢作。"】 **○案** '非天庸釋有夏, 非天庸釋有殷'二句, 爲下四節之綱領。

〔王若曰〕 공영달이 말했다. "주공이 먼저 스스로 탄식하고 나서 다시 왕의 명을 칭한 것이다."[21]

〔**非天庸釋有夏……屑有辭**〕 ○보충한다. "석(釋)은 사지[舍之 : 놓아버리다]의 뜻이고 기지[棄之 : 버리다]의 뜻이다. 대음(大淫)은 대악(大惡)과 같은 말이다. ○보충한다. "유사(有辭)는 죄상에 대한 말이 있어 위로 상제에게 들렸음을 말한다.【뜻은 앞에 보인다.】 설(屑)은 루[屢 : 누차, 거듭]의 뜻이다."【서씨(徐氏)가 말했다. "자질구레하게 거듭 일어난다는 뜻이다."[22]】

---

21 주공이……것이다 : '嗚呼'를 이 장에 붙였기 때문에 이렇게 주석한 것이다.
22 서씨(徐氏)가……뜻이다 : 서씨가 누구인지 特定할 수 없고, '屑屑然屢作'이

○**안** '비천용석유하, 비천용석유은(非天庸釋有夏, 非天庸釋有殷)'의 두 구는 아래 네 절의 강령이 된다.

25. 다방 - 07

乃惟有夏圖厥政, 不集于享, 天降時喪, 有邦間之。乃惟爾商後王, 逸厥逸, 圖厥政, 不蠲烝, 天惟降時喪。

"하나라가 정치를 도모한 것이 천록(天祿)을 누리기에 적합하지 않으므로 하늘이 멸망을 내리고 다른 나라가 와서 〈하늘과 하나라 사이에〉 끼어들었다. 너희 상나라의 후왕(後王)은 방탕하게 즐기는 것을 편안하게 여기고, 정사를 도모하되 깨끗한 소문이 하늘에 올라가지 못하고 더러운 비린내가 풍겼으므로 하늘이 멸망을 내렸다."

補云: "此二節, 言殷·周[교1]之所以喪。" ○補云: "享, 謂享受天祿也。其政績不集于享,【集, 猶中也】 天與夏之間, 有邦來間之。" ○補云: "逸厥逸, 安其淫泆也。" ○馬云: "蠲, 明也。烝, 升也。"【蔡云: "不潔而不進。"】 ○補云: "不以潔升, 謂腥穢上聞。"

라고 한 전거도 확인되지 않는다. 다만 南唐 徐鍇의 『說文繫傳』 권16 '屑' 자에 대한 설명에 "鍇云: '居旣從尸, 動亦從尸. 屑屑, 屢動作也.'"라고 한 내용이 보이고, 같은 설명이 『康熙字典』에 "徐曰: '……'"로 인용되어 있다. 이에 따르면 다산의 인용에 오류가 있는 듯하나 확인할 수 없어 원문대로 번역하였다.

교1) 案殷・周: 문맥으로 보아 '夏・殷'으로 되어야 할 듯하다.

〔乃惟有夏圖厥政……天惟降時喪〕 보충한다. "이 두 절은 하나라와 은나라가 망한 까닭을 말한 것이다."

〔不集于享, 天降時喪, 有邦間之〕○보충한다. "향(享)은 천록(天祿)을 받아 누린다는 뜻이다. 정치의 업적이 천록을 누리기에 적합하지 않아서【집(集)은 중[中 : 적합하다]과 같은 뜻이다.】 하늘과 하나라 사이에 다른 나라가 와서 끼어들었다는 말이다."

〔逸厥逸〕○보충한다. "일궐일(逸厥逸)은 음일[淫佚 : 방탕하게 즐기다]을 편안하게 여긴다는 뜻이다."

〔不蠲烝〕○마융이 말했다. "견(蠲)은 명[明 : 밝다]의 뜻이고, 증(烝)은 승[升 : 오르다]의 뜻이다."【채침이 말했다. "깨끗하지 않고 나아가지 않았다는 말이다."[23]】 ○보충한다. "깨끗함으로 올라가지 못하였다는 뜻이니 더러운 비린내가 하늘에 풍겼다는 말이다."

25. 다방 - 08

惟聖, 罔念作狂, 惟狂, 克念作聖。天惟[교1]五年, 須暇【鄭本, 作須夏】之子孫, 誕作民主, 罔可念聽。天惟求爾多方, 大動以威, 開厥顧天, 惟爾多方, 罔堪顧之。

23 깨끗하지……말이다: 채침은 蠲을 潔, 烝을 進의 뜻으로 보고 '不蠲烝'을 紂王의 정사가 더럽고 나태하였다는 뜻이라고 풀이하였다. 『서집전』의 원문은 다음과 같다. 其爲政, 不蠲潔而穢惡, 不烝進而怠惰.

교1) 惟 : 신조선사본에는 '唯'로 되어 있으나 『尙書 · 周書 · 多方』에 따라 바로잡는다.

"성인도 생각하지 않으면 광인이 되고, 광인도 능히 생각하면 성인이 된다. 하늘은 〈이런 이치를 기대하며〉 5년 동안 시간을 주고 기다려서【정현본에는 〈'須暇'가〉 '須夏'로 되어 있다.】 그 자손 중에서 백성의 임금 될 사람이 나오기를 바랐는데, 그들에게는 생각하고 들어줄 만한 행실이 없었다. 하늘은 너희 만방이 크게 군대의 위엄을 발동하여 〈주(紂)에게〉 하늘을 돌아보고 두려워하는 마음을 열어주기를 바랐는데, 너희 만방은 그가 하늘을 돌아보게 하지 못하였다."

補云 : "此二節, 言天不釋夏 · 殷之實事, 又言夏 · 殷不承天眷之實罪。" ○補云 : "人唯克念, 狂能作聖。天以此理, 望於夏氏, 寬假五年, 或冀夏之子孫, 誕作民主,【桀雖大惡, 猶俟其改惡自新, 則猶是夏氏之子孫, 可作民主】 奈有夏罔或念聽?" ○補云 : "群后百辟, 誎王開導。天以此事, 望於殷人, 求爾多方, 動以兵威, 開其顧畏之心,【開紂心】 奈爾不克使之顧天?" **○案** 此二節, 上節, 天不釋有夏而夏人怙終也, 下節, 天不釋有殷而殷人怙終也。二句綱領之下, 四節雙承, 文如貫珠。而梅賾拔去'夏'字,【須夏之夏字】 則四節錯亂, 條理莫尋, 而《書》不可復讀矣。

〔**惟聖……罔堪顧之**〕 보충한다. "이 두 절에서는 하늘이 하와 은을 버리지 않은 실제의 일을 말하고, 또 하와 은이 하늘의 권우(眷祐)를 받들지 않은 실제의 죄를 말하였다."

〔**天惟五年……罔可念聽**〕○보충한다. "'사람이 능히 생각하면 광인

도 성인이 될 수 있다. 하늘이 하나라에 이런 이치를 기대하고 관대하게 5년을 주어 혹시라도 하나라 자손 중에서 백성의 임금이 일어나기를 바랐는데,【걸(桀)은 비록 큰 악인이지만 그래도 악행을 고쳐 스스로 새로워지기를 기다렸으니, 그렇게 하였다면 오히려 하나라의 자손 중에서는 백성의 임금이 나올 수 있었을 것이다.】 하나라에는 혹시라도 생각하고 들을 만한 점이 없었으니 어찌하겠는가?'라는 뜻이다."

〔天惟求爾多方……罔堪顧之〕○보충한다. "'여러 제후는 왕에게 간하여 그를 개도(開導)해야 한다. 하늘이 은나라 사람들에게 이런 일을 기대하고 너희 다방(多方)이 군대의 위엄을 발동하여 그에게 돌아보고 두려워하는 마음을 열어주기를【주(紂)의 마음을 열어준다는 말이다.】 바랐는데, 너희는 그가 하늘의 뜻을 돌아보게 하지 못하였으니 어찌하겠는가?'라는 뜻이다."

○**안** 이 두 절 중 앞 절은 하늘이 하나라를 버리지 않았으나 하나라 사람이 허물을 뉘우치지 않고 끝까지 죄를 지었음을 말한 것이고, 뒤의 절은 하늘이 은나라를 버리지 않았으나 은나라 사람이 허물을 뉘우치지 않고 끝까지 죄를 지었음을 말한 것이다. 강령이 되는 두 구 뒤에는 네 절이 쌍을 이루며 이어져서 글이 구슬을 꿴 듯이 연결되어 있다. 그러나 매색이 하(夏) 자【수하(須夏)의 하(夏) 자를 말한다.】를 빼어버리자[24] 네 절이 조리를 찾을 수 없게 어지럽고 어수선해져서 『상서』를 다시 읽을 수 없게 되었다.

24 매색이……빼어버리자 : 무엇을 지적한 내용인지 확실하지 않다. 다산이 매색의 僞作이라고 보는 『상서정의』의 경문에는 "天惟五年須暇之子孫"으로 되어 있고, 傳에 "天以湯故, 五年須暇湯之子孫."이라고 하였다.

考異 鄭本云："天惟五年, 須夏之子孫。" ○鄭云："夏之言, 暇也。天覬紂能改, 故待暇其終至五年, 欲使復傳子孫。五年者, 文王受命교1)八年, 至十三年也。"【〈大雅·皇矣〉疏】 ○**鏞案** 鄭訓夏爲暇, 本是錯誤, 而僞者, 深信不疑, 直改經文, 以從鄭註, 妄矣。鄭之誤解, 猶有本質可尋, 梅之竄改, 遂竝餘痕都滅, 何以解之? 古訓之不可不存, 如是矣。'天唯五年, 須夏之子孫', 當時必有事實, 今不可考。然天於桀虐之時, 五年寬延, 欲於有夏子孫之中, 或有悛者, 畏天改惡, 以作民主, 竝其子孫, 罔或念聽, 天不得已釋之。天於紂虐之日, 欲於有殷侯尹之中, 或有忠者, 動紂以威, 開其顧畏, 乃爾多方, 罔敢開導, 天不得已釋之。兩下雙立, 文如石闕, 惜乎! 一夏字之變換, 而條理遂紊矣。【《知遠錄》】

교1) 案受命:『모시정의』「皇矣」의 소에는 이 두 글자가 없다.

고이 정현본에는 〈'天惟五年, 須暇之子孫'이〉 "天惟五年, 須夏之子孫."으로 되어 있다.
○정현이 말했다. "하(夏)라는 말은 가(暇)의 뜻이다. 하늘은 주(紂)가 능히 고치기를 바랐다. 그래서 마지막에 5년을 기다려주어 다시 자손에게 전하게 하고자 하였다. 5년은 문왕 8년부터 13년까지이다."【『시경』「대아(大雅)·황의(皇矣)」의 소에 보인다.】[25]

○용안 정현이 '하(夏)'를 '가(暇)'라고 풀이한 것은 본시 착오인데,

25 정현이……보인다:『시경』「大雅·皇矣」1장 "上帝耆之, 憎其式廓, 乃眷西顧, 此維與宅"에 대한 공영달의 소에 보인다.『모시정의』소에는 다산이 인용한 내용 앞에 "言須暇者,「多方」云'天維五年, 須夏之子孫', 注云'夏之言, 暇'"가 더 있으나 정현의 말이라고 확정할 수 있는 근거는 확인되지 않는다.

위조한 자가 깊이 믿어 의심하지 않고 곧바로 경문을 고쳐 정현의 주를 따랐으니, 망령된 짓이다. 정현의 잘못된 해석은 그래도 따져 볼 수 있는 근본은 있으나, 매색의 망령된 개정은 흔적마저 모두 없애버렸으니 무엇으로 해석할 것인가? 고훈을 존속시키지 않을 수 없음이 이와 같다. '천유오년, 수하지자손(天唯五年, 須夏之子孫)'은 당시 반드시 사실이 있었을 것인데 지금은 상고할 수 없다. 그러나 하늘이 걸(桀)이 학정을 행하던 때에 5년을 관대히 연장한 것은 하나라의 자손 가운데 혹 뉘우치는 자가 있어 하늘을 두려워하고 악을 고쳐 백성의 임금 될 자가 나오기를 원하기 때문이었는데, 그들의 자손까지도 생각하고 들어줄 만한 사람이 없으므로 하늘이 버릴 수밖에 없었다. 하늘이 주(紂)가 학정을 행하던 때에 은나라의 제후 중에 혹시라도 충성스러운 자가 있어 위엄으로 주를 움직여 돌아보고 두려워하는 마음을 열어주기를 원하였는데, 너희 만방은 아무도 감히 개도하지 못하였기 때문에 하늘이 버릴 수밖에 없었다. 두 절이 서로 쌍을 이루어 글이 석궐(石闕)과 같은데, 애석하다! '하(夏)' 자 한 글자가 바뀌어 드디어 조리가 문란해졌다. 【『상서지원록』】

考訂 梅云："天以湯故, 須[교1]暇湯之子孫, 冀其改悔。" 又云："武王服喪三年, 還師二年。"【孔云："文王受命, 九年而崩, 武王服喪三年, 十一年服闋, 乃觀兵孟津, 十三年, 方是殺紂, 是五年也。"】 ○蔡云："孔氏牽合歲月, 非是。" ○**訂曰** 有湯而后, 有湯子孫。經文乃唯成湯之下, 越一百六十六字, 雜言夏・殷之事, 通論聖・狂之理, 乃云'須暇之子孫', 何以知其爲湯之子孫? 其爲湯孫, 尙未論定, 又將文王九年, 合于武四年, 以證贋〈太誓〉

之十有三年, 不亦妄乎? 況且〈書序〉·《史記》有十一年, 無十三年,【見前〈太誓〉說】何爲酷信也? 玆本皆鄭玄之說。旣竊鄭註, 以改孔經, 又竊鄭註, 以作孔傳, 何義也?【《知遠錄》】

교1) 案須 : 『상서정의』에는 앞에 '五年'이 더 있다.

고정 매색이 말했다. "하늘은 탕(湯) 때문에 탕의 자손에게 5년 동안 시간을 주고 기다려서 그들이 회개하기를 바랐다." 또 말했다. "무왕이 삼년상(三年喪)을 지내고 회군(回軍)한 지 2년 되는 때이다."【공영달이 말했다. "문왕은 천명을 받은 지 9년 만에 죽고 무왕〈이 즉위하였다. 그러나〉 삼년상을 지내는 동안에는 〈정벌할 수가 없으므로〉 11년에 상을 마치고서야 맹진(孟津)에서 군대를 사열하고, 13년에 비로소 주(紂)를 죽였다. 〈9년부터 13년까지가〉 5년이다."[26]】

○채침이 말했다. "공안국(매색)은 세월을 억지로 끌어다 맞추었는데, 옳지 않다."

○정왈 탕이 있은 뒤에 탕의 자손이 있다. 경문 〈제4장의〉 '내유성탕(乃唯成湯)' 이하의 166자[27]에서 하나라와 은나라의 일을 섞어 말하여 성인이 되고 광인이 되는 이치를 통론(通論)하고 나서 '수가

26 문왕은……5년이다 : '五年'은 武王이 즉위한 때부터 紂를 죽인 때까지의 기간임을 설명한 것인데 내용이 많이 생략되었으므로 일부 내용을 보충하여 번역하였다. 『상서정의』 소의 원문은 다음과 같다. 五年者, 以武王討紂, 初立卽應伐之, 故從武王初立之年數至伐紂, 爲五年. 文王受命九年而崩, 其年武王嗣立, 服喪三年, 未得征伐, 十一年服闋, 乃觀兵於孟津, 十三年方始殺紂. 從九年至十三年, 是五年也.

27 '내유성탕(乃唯成湯)' 이하의 166자 : 제4장의 '乃惟成湯, 克以爾多方'부터 이 8장의 '天惟五年'까지를 말하는 듯한데, 지금의 경문은 모두 167자이다.

지자손(須暇之子孫)'이라고 하였는데, 그들이 탕의 자손임을 어떻게 알겠는가? 그들이 탕의 자손인지는 아직 논의가 확정되지 않았는데, 또 문왕 9년을 가져다가 무왕 4년과 합쳐서 위서(僞書)인 「태서(泰誓)」에 나오는 13년[28]을 증명하였으니 또한 망령되지 않은가? 하물며 「서서」와 『사기』에는 11년만 있고 13년은 없는데【전편(前篇)의 「태서」에 대한 설[29]에 나온다.】 무엇 때문에 그리도 맹목적으로 믿는단 말인가? 이것은 본래 모두 정현의 설이다. 〈매색은〉 정현의 주를 훔쳐다가 공자의 옛집 벽에서 나온 경문[30]을 고치고 나서 또 정현의 주를 훔쳐다가 공안국의 전(傳)을 지었으니, 무슨 이유인가?【『상서지원록』】

考訂 蔡云："狂而克念, 果可爲聖乎? 聖固未易爲也。聖而罔念, 果至於狂乎? 未至於狂, 而狂之理, 亦在是矣。" ○**鏞案** 周公此言, 爲夏桀設喩之語, 非論性之言。然論性命, 談善惡, 宜以周公此言爲玉律金秤, 不可於此十二字格言, 加減修飾, 有若以周公之言病其太快, 不能無補救然也。原來氣質之論, 流波浩漫, 有足病世, 甚則以虎狼之博[교1)]噬,

---

28 「태서(泰誓)」에 나오는 13년 : 매색본의 「泰誓上」 1장에 나오는 "惟十有三年春, 大會于孟津."을 말한다.

29 전편(前篇)의……설 : 다산은 「泰誓」를 매색의 僞作으로 보고 『상서지원록』과 『상서고훈』에서는 다루지 않았다. 여기서 말한 『사기』와 「서서」에 관한 내용은 『梅氏書平』 권3 「梅氏書平7 · 泰誓上」에 보인다. 원문은 다음과 같다. 武王九年觀兵, 十一年克殷. 此事載於「周本紀」, 載於「魯世家」, 載於「齊世家」, 與「太誓」舊序相合, 無可疑者.

30 공자의……경문 : "然且孔壁古本, '須暇'本作'須夏', 鄭玄訓夏爲暇, 仍有十三年之說.【《大雅 · 皇矣》疏】 梅氏旣竊鄭註, 以改孔經, 又竊鄭註, 以作孔傳, 沒恥喪廉, 一何至此?"라고 한 『尙書知遠錄』 권7 下酉一의 내용을 참고하여 번역하였다.

犬豕之穢汚, 歸之於氣質之病, 而桀・蹠稟昏濁之氣, 夷・惠鍾淸明之氣, 遂以志行之善惡, 咸由氣質之純駁, 則桀無可罪, 堯無可欽。桀雖欲改過而遷善, 此質未脫, 仍帶此氣, 堯・舜・周・孔遂無戒愼恐懼之工, 《詩》云'維此文王, 小心翼翼', 《詩》云'戰戰兢兢, 如履薄氷', 皆外面修容之言而已。後世之人, 尊聖太崇, 聖人槪以爲生知安行, 恕狂太寬, 除非拔劍乘屋, 不謂之狂, 乃不知昕夕動息之間, 忽聖忽狂, 出入無常, 可畏之甚也。克念則聖, 罔念則狂, 此兩個念字, 人・鬼之關, 舜・蹠之岐, 不可忽也。【《知遠錄》】

교1) 案博 : 가장본에는 '搏'으로 되어 있다.

고정 채침이 말했다. "광인도 능히 생각하면 과연 성인이 될 수 있는가? 성인은 참으로 쉽게 될 수 없다. 성인도 생각하지 않으면 과연 광인에 이르는가? 광인에 이르지는 않으나 광인이 되는 이치는 또한 여기에 있다."[31]

○용안 주공의 이 말은 하나라 걸을 위해 비유한 말로 성(性)을 논한 말은 아니다. 그러나 성명(性命)을 논하고 선악을 말한다면, 마땅히 주공의 이 말을 금과옥조로 삼아야지 이 열두 글자의 격언에 대해 가감하거나 수식하여, 마치 주공의 말에는 지나치게 명쾌한 병폐가 있어 보완하지 않을 수 없는 점이 있는 것처럼 만들어서는

31 채침이……있다 : 채침이 或者와 문답한 내용에서 일부를 발췌한 것이다. 『서집전』의 원문은 다음과 같다. 或曰 : "狂而克念, 果可爲聖乎?" 曰 : "聖固未易爲也, 狂而克念, 則作聖之功, 知所向方, 太甲其庶幾矣." "聖而罔念, 果至於狂乎?" 曰 : "聖固無所謂罔念也, 禹戒舜曰'無若丹朱傲, 惟慢遊是好.' 一念之差, 雖未至於狂, 而狂之理, 亦在是矣."

안 된다. 원래 기질에 대한 논의는 유파가 광활하여 세상을 병들게 하기에 충분하다. 심한 경우 호랑이와 이리의 물어뜯는 성질과 개와 돼지의 더러운 성질도 기질의 병통으로 돌리고, 걸(桀)과 도척(盜跖)에게는 혼탁한 기를 주고 백이(伯夷)와 유하혜(柳下惠)에게는 청명한 기를 모아 주었다고 하여, 드디어 의지와 행동의 선악도 모두 기질의 순수함과 잡박함에 말미암는다고 하니, 그렇게 되면 걸(桀)은 벌할 것이 없고 요는 흠모할 것이 없게 된다. 걸은 잘못을 고쳐 착해지고자 해도 이 기질에서 벗어나지 못하여 여전히 이 기질을 지니고 있으며, 요·순·주공·공자는 드디어 계신공구(戒愼恐懼)하는 공부가 없는 사람이 되어 『시경』에 "문왕께서는 조심하고 삼가셨네."라고 하고, 또 "조마조마 조심조심 살얼음을 밟는 듯"[32]이라고 한 것은 모두 겉으로 외모만 꾸미는 것을 표현한 말일 뿐이게 된다. 후세의 사람들은 성인을 지나치게 존숭하여 성인은 모두 태어나면서부터 알아서 편안하게 행할 수 있는 사람으로 여겼으며, 광인을 너무 너그럽게 용서해서 칼을 뽑아 들고 지붕에 올라가는 것 같은 짓을 제외하고는 광인이라고 하지 않았다. 그리하여 아침부터 저녁까지 움직이고 쉬는 사이에 갑자기 성인이 되기도 하고 갑자기 광인이 되기도 하여, 들고 남이 일정하지 않다는 것을 모르니 매우 두려운 일이다. '능히 생각하면 성인이 되고, 생각하지 않으면 광인이 된다.[克念則聖, 罔念則狂]'라고 한 이 두

32 『시경』에……듯 : 인용한 시는 『시경』「大雅·大明」과 「小雅·小宛」에 나오는 구절로, 모두 문왕의 덕을 말한 시이다. 「소완」을 「毛詩序」에서는 "대부가 幽王을 풍자한 시"라고 하고, 주희는 『시경집전』에서 "대부가 어지러운 시국을 만나 형제가 화를 면하도록 서로 경계한 시"라고 하였으나, 다산은 『詩經講義補遺』에서 "문왕에 대한 시[文王之詩]"라고 하였다.

'염(念)' 자는 사람과 귀신의 경계이고 순과 도척의 갈림길이니, 소홀히 해서는 안 된다.【『상서지원록』】

25. 다방 - 09

惟我周王, 靈承于旅, 克堪用德, 惟典神天。天惟式教我用休, 簡畀殷命, 尹爾多方。

"우리 주나라 왕은 백성의 뜻을 잘 받들고 능히 덕으로 감당하여 신과 하늘에 올리는 제사의 주인이 될 수 있었다. 그러므로 하늘이 우리에게 아름다운 덕을 가르치고 제후들 가운데에서 뽑아 은나라 왕이 향유하던 명을 주어 너희 만방을 올바로 다스리게 하셨다."

梅云: "可以主神天之祀。" ○補云: "帝乃簡選於百辟之中, 以畀殷天子所享之命。" **○案** 此節, 總結上四節夏·殷革命之意。

〔惟典神天〕 매색이 말했다. "신과 하늘에 올리는 제사를 주관할 수 있다는 뜻이다."

〔簡畀殷命〕○보충한다. "상제가 제후들 가운데에서 뽑아 은나라의 천자가 향유하던 명을 주었다는 뜻이다."

○안 이 절은 앞의 네 절에 나온 하나라와 은나라의 천명을 바꾼 뜻을 총결한 것이다.

今我曷敢多誥? 我惟大降爾四國民命, 爾曷不忱裕之? 于爾多方, 爾曷不夾介,【句】 **乂我周王享天之命? 今爾尙宅爾宅, 畋爾田, 爾曷不惠王, 熙天之命? 爾乃迪屢不靜, 爾心未愛, 爾乃不大宅天命, 爾乃屑播天命, 爾乃自作不典, 圖忱于正。**【于爾多方, 別爲一章】

"지금 내가 어찌 감히 많은 말을 하겠는가? 내가 하늘에 청하여 너희 사국의 백성을 용서하는 명을 크게 내렸는데, 너희는 어찌해서 참되고 너그러운 마음으로 스스로 받아들이지 않는가? 너희 만방아, 너희는 어째서 협조하여【단구】 우리 주나라 왕이 하늘의 명을 받아 〈수행하는 전쟁을〉 돕지 않는가? 지금 너희 〈사국의 백성은 죽을죄가 있는데도〉 오히려 너희의 집에 살면서 너희의 땅을 경작하고 있는데, 너희는 어찌하여 왕에게 순종하여 하늘의 명을 밝게 하지 않는가? 너희는 서로 인도하여 거듭 시끄럽게 하였으니 너희의 마음이 어질지 못하고, 너희는 천명을 크게 편안히 여기지 않고, 너희는 천명을 가벼이 버리고, 너희는 스스로 법에 어긋난 짓을 하면서 바른 사람에게 믿음을 받으려 꾀하고 있다."【우이다방(于爾多方)부터 별도로 하나의 장이 된다.[33]】

33 우이다방(于爾多方)부터……된다: 매색은 "'汝何不以誠信, 行寬裕之道於汝衆方?', 欲其戒四國崇和協.", 채침은 "爾何不誠信寬裕於爾之多方乎?"라고 하여 모두 '爾曷不忱裕之于爾多方'을 하나의 구로 붙여서 해석하였는데, 다산은 '于爾多方'부터 장을 구분한 것이다.

補云："四國, 商・奄・淮・徐。【商今無君, 有遺民】降命, 謂乞命于天, 從新宥降也。" ○補云："忱裕之, 謂誠心寬綽, 以自裕。"교1)【已上告四國】○補云："于爾, 猶言越爾。【已下告多方】越爾多方, 曷不夾助【介, 助也】我周邦, 以治戎事。" ○補云："今爾以下, 又告四國也。汝罪當誅, 汝今居爾室, 治爾田。" ○補云："惠, 順也。熙, 明也。" ○補云："迪, 相引也。愛, 猶仁也。屑播, 輕棄也。" ○蔡云："自作교2)不法, 欲圖見信于正者?" **○案** 四言'爾乃'者, 數罪也。

교1) 案裕 : 가장본에는 뒤에 '之'가 더 있다.
교2) 案作 : 『서집전』에는 '爲'로 되어 있다.

〔我惟大降爾四國民命〕 보충한다. "사국(四國)은 상(商)・엄(奄)・회(淮)・서(徐)이다.【상(商)나라에는 지금 임금이 없으나 유민(遺民)은 있다.】 강명(降命)은 하늘에 명을 청하여 새롭게 사면령을 내린다는 말이다."
〔爾曷不忱裕之〕○보충한다. "침유지(忱裕之)는 진실하고 너그러운 마음으로 스스로 받아들인다는 말이다."【이상은 사국에 고한 것이다.】
〔于爾多方, 爾曷不夾介, 乂我周王〕○보충한다. "우이(于爾)는 월이(越爾)와 같은 말이다.【이하는 만방에 고한 것이다.】 '너희 만방은 어찌하여 우리 주나라에 협조하여【개(介)는 조[助 : 협조하다]의 뜻이다.】 전쟁을 돕지 않는가?'라는 뜻이다."
〔今爾尙宅爾宅, 畋爾田〕○보충한다. "금이(今爾) 이하는 또 네 나라에 고한 것이다. '너희 죄는 죽여야 마땅한데도 너희는 지금 너희 집에 살고 있고 너희 땅을 경작하고 있다.'라는 뜻이다."
〔爾曷不惠王, 熙天之命〕○보충한다. "혜(惠)는 순[順 : 따르다]의 뜻이

고, 희(熙)는 명[明 : 밝다, 빛나다]의 뜻이다."

〔爾乃迪屢不靜……爾乃屑播天命〕○보충한다. "적(迪)은 상인[相引 : 서로 이끌다, 인도하다]의 뜻이다. 애(愛)는 인(仁)과 같은 말이다. 설파(屑播)는 경기[輕棄 : 가벼이 버리다]의 뜻이다." ○채침이 말했다. "〈이내자작부전, 도침우정(爾乃自作不典, 圖忱于正)은〉 스스로 불법을 행하면서 올바른 사람에게 신뢰받기를 도모하는가?'라는 뜻이다."

○**안** 네 번 이내(爾乃)를 말한 것은 죄를 들추어 헤아린 것이다.

25. 다방 - 11

我惟時其敎告之, 我惟時其戰,【句】 **要囚之, 至于再, 至于三。乃有不用我降爾命, 我乃其大罰殛之, 非我有周秉德不康寧, 乃惟爾自速辜。**【《釋文》云 : "殛或作極。"】

"내가 이렇게 가르쳤는데도 〈사국이 반란을 일으켰으므로〉 내가 전쟁을 하게 되었고【단구】 〈잡은 포로를〉 심리하여 가둘 때 두 번에 이르고 세 번에 이르도록 거듭 심리하였다. 그리하여 내가 하늘에 청하여 너희에게 다시 생명을 내려주었는데 그 명을 따르지 않는다면 나는 그를 크게 벌하여 죽일 것이니, 이는 우리 주나라의 덕이 안정되지 않아서가 아니라 바로 너희가 스스로 죄를 부른 것이다."【『경전석문』에 "'殛'이 어떤 데에는 '極'으로 되어 있다."라고 하였다.】

補云 : "四國叛亂, 至于戰, 戰而有俘, 則訊其死罪, 又要囚之。" ○補云: "至再至三, 則經史所載, 但其大擧也。" ○補云 : "我請命于天, 再降汝命,【生活之】 汝若復反, 是不用天賜之命。"【已上告四國, 已下告多方】

〔我惟時其戰, 要囚之〕 보충한다. "사국이 반란을 일으켜서 전쟁을 하기에 이르렀고, 전쟁에서 포로가 있으면 그가 사형죄에 해당하는지 신문하고, 또 자세히 조사하여 가두었다는 뜻이다."

〔至于再, 至于三〕○보충한다. "지재지삼(至再至三)은 경서와 사서(史書)에 기재된 내용을 대략적으로 예시(例示)한 것일 뿐이다."

〔乃有不用我降爾命〕○보충한다. "내가 하늘에 명을 청하여 너희에게 생명을 다시 내려주었는데【살려주었다는 뜻이다.】 너희가 만약 다시 반역한다면 이는 하늘이 내려준 생명을 쓰지 않는 것이라는 뜻이다."【이상은 사국에 고한 것이고, 이하는 만방에 고한 것이다.】

25. 다방 - 12

王曰 : "嗚呼! 猷, 告爾有方多士暨殷多士。今爾奔走臣我監, 五祀。越惟有胥伯,【句】 **小大多正, 爾罔不克臬。自作不和, 爾惟和哉。爾室不睦, 爾惟和哉。爾邑克明, 爾惟克勤乃事。爾尙不忌于凶德, 亦則以穆穆,**【句】 **在乃位克閱,**【句】 **于乃邑謀介。"**【馬本, 臬爲臲 ○《說文》, '尙不忌'作'上不諅'。《玉篇》·薛本亦作諅】

왕이 말했다. "오호라! 너희 다방의 경사(卿士)와 〈낙읍(洛邑)으로 이주한〉 은나라의 다사에게 고한다. 지금 너희가 분주하게 일하며 우리의 감(監)에게 신복(臣僕)한 지 5년이 지났다. 서백[胥伯 : 제후의 우두머리]과【단구】 다방의 관리들이여, 너희는 모든 사람을 법에 따라 다스려야 한다. 스스로 화합하지 못하는 자를 너희가 화합하게 하고, 너희 집안이 화목하지 못하면 너희가 화목하게 하라. 너희는 너희의 본국을 밝게 다스리되 〈여러 나라를 법대로 다스려야 하는 서백의〉 직분 또한 부지런히 수행하라. 너희는 아직도 〈천명을 거스르는〉 흉덕(凶德)을 미워하지 않으나 또한 화합하고 공경하는 마음으로 대하여【단구】 높은 지위에는 사람을 잘 가려서 뽑고【단구】 너희 읍의 〈낮은 지위에 있는 사람에 대해서는〉 도와줄 것을 도모하라."【마융본에는 '臬'이 '劓'로 되어 있다. ○『설문해자』에는 '尙不忌'가 '上不惎'로 되어 있다. 『옥편』과 설계선본에도 '惎'로 되어 있다.】

補云 : "有方多士, 多方之卿士也。殷多士, 遷居洛邑之殷多士也。四國叛亂, 故上文, 皆數罪之辭。多方及洛邑之殷士, 不與同叛, 故此以下, 戒敕而已。" ○補云 : "臣我監, 五祀, 專向殷士說也。監, 謂監殷之臣。周公治洛, 君陳繼之, 皆東都監莅之臣。殷多士在洛者, 奔走臣我監, 今已五年,【成王卽位之四年, 徙民교1)于洛邑, 今年王位교2)之八年, 其間適五年也】〈多士〉云'奔走, 臣我宗多遜',【此謂殷士臣於魯】 文例正同。" ○蔡云 : "【臣服我監, 於今五年矣】 不曰年而曰祀者, 因商俗而言。"

補云 : "胥伯, 卽〈王制〉之八伯也。【胥者, 長官也。樂官正舞位者謂之胥】 多方諸侯之中, 建其長曰胥伯。" ○補云 : "庶邦之小大多官,【百官曰正人】 爾罔不以法治之。【臬司, 法司也。孟侯謂之臬司。義見〈康誥〉】 凡不和不睦者, 唯爾臬司之伯, 和之平之。" ○補云 : "爾邑, 謂胥伯之本邦。乃事, 謂胥伯之職分。【爲庶邦之臬】 爾雖本邦克明, 亦須乃職克勤也。” ○補云: “爾見此殄滅, 爾尙不忌于凶德乎?”【逆天爲凶德】 ○蔡云: “穆穆, 和敬貌。” ○補云: “汝爲諸侯之長, 其帥諸侯, 宜以和敬接之。” ○補云: “在乃位克閱者, 於在位而簡閱, 以求賢俊也。” ○補云: “于乃邑謀介者, 於在下而謀助, 以求嘉謀也。”【介, 助也】 **○案** 梅·蔡句讀多誤, 不可從也。【'在乃位'以下, 句句誤讀】

교1) 案民: 가장본에는 앞에 '殷'이 더 있다.
교2) 案位: 가장본에는 앞에 '卽'이 더 있다.

〔告爾有方多士暨殷多士〕 보충한다. “유방다사(有方多士)는 다방의 경사(卿士)이다. 은다사(殷多士)는 낙읍으로 이주한 은나라의 다사이다. 사국이 반란하였으므로 앞부분에서는 모두 죄를 들추어 헤아리는 말을 하였다. 다방과 낙읍으로 이주한 은나라의 다사는 반란에 동참하지 않았으므로 이 뒷부분에서는 경계하여 타일렀을 뿐이다.”

〔今爾奔走臣我監, 五祀〕○보충한다. “'신아감, 오사(臣我監, 五祀)'는 오로지 은나라의 다사를 향해 말한 것이다. 감(監)은 은나라를 감독하는 신하를 말한다. 주공이 낙읍을 다스리고 군진(君陳)이 그를 계승하였으니, 모두 동도[東都: 낙읍]의 감(監)의 자리에 있는 신하이다. 〈분주신아감, 오사(奔走臣我監, 五祀)는〉 은나라의 다사 중 낙읍에 있는 자는 분주하게 일하며 우리의 감에게 신복(臣服)한 지 지금 5년이 되었다는 뜻으로,【성왕이 즉위한 지 4년에 은민(殷民)을 낙읍으로 옮겼고, 금년은 왕이 즉위한 지 8년째이니, 그 사이가 꼭 5년이다.】 「다사」편의 '분주, 신아종다손(奔走, 臣我宗多遜)'[34]【이는 은나라의 다사가 노나

라의 신하가 되었음을 말한 것이다.】과 문례(文例)가 똑같다." ○채침이 말했다. "【우리의 감에게 신하로 복종한 지가 지금 5년이나 되었다고 말한 것이다.】 년(年)이라고 하지 않고 사(祀)라고 한 것은 상나라의 관습을 따라서 말한 것이다."

〔越惟有胥伯〕 보충한다. "서백(胥伯)은 즉 『예기』「왕제(王制)」 편에 나오는 팔백(八伯)이다.【서(胥)란 장관(長官)이다. 악관(樂官)으로 무위(舞位)를 바르게 하는 자를 '서(胥)'라고 한다.】 다방의 제후 중에서 우두머리를 세워 '서백(胥伯)'이라고 하였다."

〔小大多正……爾惟和哉〕○보충한다. "여러 나라의 크고 작은 관리들이여,【백관을 정인(正人)이라고 한다.】 너희는 모든 사람을 법으로 다스려서【얼사(臬司)는 법사(法司)의 뜻이니, 맹후(孟侯)를 얼사(臬司)라고 한다. 뜻은 「강고(康誥)」 편에 보인다.[35]】 화합하지 못하고 화목하지 못한 자는 오직 너희 얼사(臬司)의 장관이 화합하게 하고 평화롭게 하여야 한다는 뜻이다."

〔爾邑克明, 爾惟克勤乃事〕○보충한다. "이읍(爾邑)은 서백(胥伯)의 본국을 말한다. 내사(乃事)는 서백의 직분【여러 나라의 법관[臬]이다.】을 말한다. 너희가 비록 본국을 밝게 다스리더라도 또한 너희 직분에 부지런해야 한다는 뜻이다."

---

34 분주, 신아종다손(奔走, 臣我宗多遜) : 『상서고훈』「多士」 9장에 '臣我宗多遜'이라는 말이 나오고, 10장에 '奔走臣我多遜'이라는 말이 나온다. 다산은 9장의 고훈에서 '臣我宗多遜'을 '臣我宗國, 俾之多遜.'의 뜻이라고 풀이하였다.

35 「강고(康誥)」 편에 보인다 : 『상서고훈』「강고」 제9장 "汝陳時臬司"의 주에서 다산은 "臬司, 法官也. 臬者, 射的也, 門橛也, 圭表也, 皆表準・界限之名也. 故法官, 謂之臬司."라고 하였다.

〔爾尙不忌于凶德〕○보충한다. "'너희는 이렇게 멸망하여 죽는 것을 보았다. 그런데도 너희는 아직도 흉덕(凶德)을 미워하지 않는가?' 라는 뜻이다."【하늘을 거스르는 것이 흉덕(凶德)이다.】

〔亦則以穆穆〕○채침이 말했다. "목목(穆穆)은 화합하고 공경하는 모양이다." ○보충한다. "너희는 제후의 우두머리이니, 제후를 거느릴 때 마땅히 화합하고 공경하는 마음으로 대해야 한다는 뜻이다."

〔在乃位克閱〕○보충한다. "재내위극열(在乃位克閱)이란 높은 지위에는 잘 가려 뽑아서 어질고 훌륭한 사람을 구해야 한다는 뜻이다."

〔于乃邑謀介〕○보충한다. "우내읍모개(于乃邑謀介)란 낮은 지위에 대해서는 도와줄 것을 도모하여 좋은 의견을 찾아야 한다는 뜻이다."【개(介)는 조[助 : 돕다]의 뜻이다.】

○안 매색과 채침의 구두는 잘못된 곳이 많으니, 따를 수 없다.【재내위(在乃位) 이하는 구절마다 구두가 틀렸다.】

考訂 王云 : "其無成, 雖五年亦不得反也。" 梅云 : "臣服我監, 五年無過則還교1)本土。"【疏云 : "監, 謂成周之監。民性重遷, 故設期以誘之也。" ○毛云 : "五歲, 當代監官之限。"】 ○蔡云 : "周官, 多以胥以伯以正爲名。" **○訂云** 殷民遷洛, 非如徒流限滿, 依法赦還, 梅說奇矣。殷民遷洛, 非如邊戍교2)及瓜, 更番相代, 毛說亦奇矣。胥伯之解, 九峰摸撈爲說。

교1) 案還 : 『상서정의』에는 앞에 '得'이 더 있다.
교2) 案戍 : 가장본에는 '戍'로 되어 있다.

고정 왕숙이 말했다. "성취가 없으면 5년이 지나도 돌아갈 수 없다는 뜻이다."[36]

매색이 말했다. "우리의 감에게 신복(臣服)하였으니 5년 동안 죄과가 없으면 본토로 돌아갈 수 있을 것이라는 말이다.[37]【공영달의 소에 "감(監)은 성주[成周 : 낙읍]의 감(監)을 말한다. 백성의 천성은 옮기는 것을 부담스러워하기 때문에 기한을 설정하여 유도한 것이다."라고 하였다. ○모기령이 말했다. "5년은 감관을 교체해야 하는 기한이다."[38]】

○채침이 말했다. "주나라의 관직은 대부분 서(胥), 백(伯), 정(正)으로 이름을 지었다."

○정운 은나라 유민을 낙읍으로 옮긴 것은 도형(徒刑)이나 유형(流刑)의 기한이 차면 법에 따라 사면해 돌려보내는 것과 같은 일이 아니니, 매색의 설은 기이하다. 은나라 유민을 낙읍으로 옮긴 것은 변방 군역의 임기가 다 차면 번(番)을 바꾸어 서로 교대하는 것과 같은 일이 아니니, 모기령의 설 또한 기이하다. 서백(胥伯)에 대한 해석은 구봉[채침]이 확실하지도 않은 것을 찾아다 붙인 것이다.

---

36 성취가……뜻이다 : '克閱于乃邑謀介爾, 乃自時洛邑, 尙永力畋爾田'에 대한 해석이다. "汝能使我閱具于汝邑, 而以汝所謀爲大, 則汝乃用是洛邑, 庶幾長力畋汝田矣. 言雖遷徙而以修善, 得反邑里."라고 한 매색의 주를 공영달이 부연하면서 왕숙의 설을 인용한 것이다.

37 우리의……말이다 : "今爾奔走臣我監五祀"에 대한 해석이다. 상해고적본과 북경대학본 『상서정의』에는 모두 "臣我我監, 五年無過, 則得還本土."로 되어 있고, '我' 자가 중복되었다고 보고 뒤에 앞의 '我' 자를 '服'으로 고쳤으나 그것이 오류라는 교감기가 있다. 여기서는 다산의 인용대로 번역하였다.

38 모기령이……기한이다 : 『상서광청록』 권5에 "監遷官司, 五歲當代.……五祀者, 監官之限也."라고 하였다.

考證 《書大傳》引《書》曰 : "越維[교1)]有胥賦, 小大多政。"【《大傳》云 : "古者, 十稅一。多乎十稅一, 謂之大桀·小桀。少乎十稅一, 謂之大貊·小貊。王者, 十一而稅, 頌[교2)]聲作矣。故《書》曰云云。"】 ○**案** 今文·古文, 燕說郢話, 有如是矣。

교1) 案維 : 『상서대전』에는 '唯'로 되어 있다.
교2) 案頌 : 『상서대전』에는 앞에 '而'가 더 있다.

고증 『상서대전』에서 『상서』를 인용하여 "세금에 대해서는 많거나 적은 것을 바로잡는 것을 중요시하였다.【『상서대전』에 "옛날에는 세율이 십 분의 일이었다. 세율이 십 분의 일보다 많으면 대걸(大桀)·소걸(小桀)이라고 하고, 십 분의 일보다 적으면 대맥(大貊)·소맥(小貊)이라고 한다. 왕자(王者)는 십 분의 일의 세금을 거두었으므로 칭송하는 말이 나왔다. 그러므로 『상서』에 '세금이 많거나……'라고 한 것이다."라고 하였다.】

○**안** 금문과 고문은 이처럼 전혀 다르게 되어 있었다.

25. 다방 - 13

爾乃自時洛邑, 尚永[교1)]力畋爾田。天惟畀矜爾, 我有周, 惟其大介賚爾, 迪簡在王庭, 尚爾事, 有服在大僚。

교1) 永 : 신조선사본에는 '亦'으로 되어 있으나 『尙書』「周書·多方」에 따라 바로잡는다.

"너희는 이 낙읍에서 오래오래 힘써 너희 땅을 경작하라. 그러면 하늘이 너희를 긍휼히 여길 것이며, 우리 주나라도 너희를 크게 도와주며, 이끌어주고 선발하여 왕의 조정에 있게 할 것이니, 너희 일에 힘쓰면 조정의 대료(大僚)로 일할 수 있을 것이다."

蔡云: "介, 助, 賚, 錫。" ○補云: "迪簡, 謂引進而簡拔之, 使仕于王廷。" ○補云: "等於編戶, 無所服事, 不齒於僚友, 庶殷恥之。故慰之曰'尙爾事, 有服在大僚'。" ○補云: "殷多士嘗云'夏士服殷者, 迪簡在王庭, 有服在百僚。'【見〈多士〉】 玆是歆羡之言, 故諭之以此。"

〔惟其大介賚爾〕 채침이 말했다. "개(介)는 조[助: 돕다]의 뜻이고, 뢰(賚)는 석[錫: 주다]의 뜻이다."[39]

〔迪簡在王庭〕○보충한다. "적간(迪簡)은 이끌어주고 선발하여 왕의 조정에서 벼슬하게 할 것이라는 말이다."

〔尙爾事, 有服在大僚〕○보충한다. "똑같이 호적에 편입된 백성인데 맡은 일이 없어서 동료로 끼지 못하는 것을 서은(庶殷)이 수치스럽게 여겼다. 그래서 '너희의 일에 힘쓰면 〈조정의〉 대료(大僚)로 일할 수 있을 것이다.'라고 위로한 것이다." ○보충한다. "은나라의 다사(多士)가 일찍이 '하나라의 다사 가운데 은나라에 신복한 사람들을 이끌어주고 선발하여 왕의 조정에 두었으므로 일하는 사람들이 관료로 있었다.'【「다사(多士)」에 보인다.】라고 하였는데,[40] 이것은 부러워하는 말이므로 〈앞에 나온〉 이 말로 깨우쳐준 것이다."

39 개(介)는……뜻이다: "我有周惟其大介賚爾"를 채침은 "我有周亦將大介助賚錫於爾."라고 풀이하였는데, 그 중에서 '介'와 '賚'의 字義에 해당하는 내용만을 발췌한 것이다.

40 은나라의……하였는데: 「多士」 제8장에 "今爾其曰, '夏迪簡在王庭, 有服在百僚.'"라는 내용이 나온다.

王曰："嗚呼! 多士, 爾不克勸忱我命, 爾亦則惟不克享, 凡民惟曰不享。爾乃惟逸惟頗, 大遠王命, 則惟爾多方, 探天之威, 我則致天之罰, 離逖爾土。"

왕이 말했다. "아, 다사여, 너희가 나의 명에 대해 서로 권면하여 성심으로 믿지 않는다면 너희는 또한 〈내가 베푸는 것을〉 받아들이지 못하는 것이니, 모든 사람이 베풀 필요가 없다고 할 것이다. 너희가 마침내 방일(放逸)하며 편벽된 생각으로 왕명을 멀리하면 너희 다방이 하늘의 위엄을 살피고 떠보는 것이니, 나는 천벌을 내려 〈너희가 살던 곳에서〉 분리하고 너희의 땅을 빼앗을 것이다."

補云："勸忱, 勉而誠信之也。" ○補云："不克享, 謂不能承受我介賚・迪簡之享。"【上享下】 ○補云："雖在凡民, 賓不以誠, 主人亦無享賓之理。"【〈洛誥〉云："凡民惟曰不享。" 宜參看】 ○梅云："頗, 僻。" ○補云："探者, 窺伺也, 疑試也。多方者, 庶邦之諸侯也。戒之曰：'彼殷多士, 如復叛亂, 而乃汝多方, 不卽夾攻, 探試天威, 則我乃致天之罰。'" ○鄭云："離逖者, 分離奪汝土也。" **○案** 古今注, 殷頑與多方, 不曾分別, 大誤。【《正義》云："成周一邑之士, 不得謂之多方。蓋兼告四方諸國。"】 蓋此奄・淮之亂, 洛邑之殷士, 陰主厥謀, 而多方侯伯, 亦或袖手而旁觀也。

〔爾不克勸忱我命〕 보충한다. "권침(勸忱)은 권면하여 성심으로 믿는다는 뜻이다."

〔爾亦則惟不克享〕○ 보충한다. "불극향(不克享)은 내가 도와주고, 이

끌어주어 선발하는 것을 받아들이지 못한다는 말이다."【〈향(享)은〉 윗사람이 아랫사람에게 베푸는 것이다.】

〔凡民惟曰不享〕○보충한다. "비록 일반 백성의 경우라도 손님이 성심으로 받아들이지 않으면 주인 또한 손님을 대접하는 이치는 없다는 뜻이다."【「낙고(洛誥)」에 "모든 사람이 대접받지 못하였다고 할 것이다."[41]라고 한 것을 참조해야 한다.】

〔爾乃惟逸惟頗〕○매색이 말했다. "파(頗)는 벽[僻 : 편벽되다, 한쪽으로 치우치다]의 뜻이다.

〔探天之威, 我則致天之罰〕○보충한다. "탐(探)은 규사[窺伺 : 살피다, 엿보다]의 뜻이고, 의시[疑試 : 의심하여 떠보다]의 뜻이다. 다방(多方)은 여러 나라의 제후를 말한다. 그들에게 경계하기를 '저 은나라의 다사가 다시 반란할 때 너희 다방(多方)이 즉시 협공하지 않고 하늘의 위엄을 살피고 떠본다면 내가 곧 하늘의 벌을 내릴 것이다.'라고 한 것이다."

〔離逖爾土〕○정현이 말했다. "이적(離逖)은 분리해서 너희의 땅을 빼앗을 것이라는 뜻이다."

○**안** 고금의 주석에서 은나라의 완민(頑民)과 다방(多方)을 일찍이 분별하지 않은 것은 큰 잘못이다.【『상서정의』에 "성주(成周) 한 읍의 인사만으로는 다방(多方)이라고 할 수 없다. 〈이는 아마도 의도는 성주로 옮긴

41 「낙고(洛誥)」에……것이다 : 「낙고」에 "汝其敬……惟不役志于享, 凡民惟曰不享, 惟事其爽侮."라고 하였는데, 다산은 이 부분의 '享'을 '饗'으로 보고 천자가 제후에게 燕享을 베풀 때 예가 물건에 미치지 못하면 그들은 '연향을 받지 않았다.'라고 한다는 의미로 풀이한 것이다. 『상서고훈』「낙고」의 해당 부분 원문은 다음과 같다. 享者, 饗也, 天子之燕諸侯也.……凡儀不及物, 彼曰'不享'. 汝不肯役志勞心於是, 則凡民唯曰'不受享'.【凡民猶言無人不如是】

사람들에게 고하는 데 있고,〉 겸하여 사방의 제후국에까지 고하여 〈알게 하였을〉 것이다."[42]라고 하였다.】 대체로 이 엄(奄)과 회(淮)의 반란은 낙읍에 있는 은나라 사람들이 몰래 그 모의를 주도하였고, 다방의 제후들 또한 더러 팔짱 낀 채 지켜보기만 하였을 것이다.

25. 다방 - 15

王曰："我不惟多誥, 我惟祗告爾命。" 又曰："時惟爾初, 不克敬于和, 則無我怨。"

왕이 말했다. "나는 많은 말을 하지 않겠다. 나는 오직 너희의 목숨이 달린 명을 공경히 고할 뿐이다." 또 말했다. "이제 너희와 함께 새로 시작하려고 하는데, 능히 공경하고 화합하지 않으면 〈스스로 주륙(誅戮)에 이를 것이니〉 나를 원망하지 말라."[43]

補云："爾命, 謂生死之命。" ○蔡云："與之更始, 故曰爾初。"[교1]

교1) 案爾初 : 『서집전』에는 '時惟爾初也'로 되어 있다.

---

42 성주(成周)……것이다 : 다산은 일부 내용을 생략하였으나 의미가 선명하지 않은 듯하므로 생략된 내용을 살려서 번역하였다. 『상서정의』 소의 원문은 다음과 같다. 成周一邑之士, 不得謂之多方. 此蓋意在成周遷者, 兼告四方諸國使知.

43 능히……말라 : "苟又不能敬于和, 猶復乖亂, 則自底誅戮, 毋我怨尤矣."라고 한 채침의 풀이에 따라 내용을 보충하였다.

〔我惟祗告爾命〕 보충한다. "이명(爾命)은 살리고 죽이는 명을 말한다."

〔時惟爾初〕○채침이 말했다. "그들과 함께 다시 시작하려고 하므로 '시유이초(時惟爾初)'라고 한 것이다."

번역 : 임재규

26. 입정(立政)

〈魯世家〉云："天下已安,【滅淮·奄而歸】 周之官政未次序。於是周公作〈周官〉, 官別其宜, 作〈立政〉。" 二篇, 本亦同序, 抑〈周官〉在上, 〈立政〉在下。伏壁·孔壁之本, 〈周官〉皆亡。乃梅氏之《書》, 僞撰〈周官〉之篇, 編在〈立政〉之下, 使二篇不相連屬, 則〈立政〉之本義, 又湮晦矣。

『사기』「노세가(魯世家)」에 "천하는 이미 안정되었으나【회이(淮夷)와 엄(奄)을 멸하고 돌아온 것이다.】 주(周)나라의 관직과 행정이 아직 정비되지 않았다. 이에 주공이 「주관(周官)」을 짓고, 관직마다 마땅히 행하여야 할 바를 구별하여 「입정(立政)」을 지었다."라고 하였으니, 〈「주관」과 「입정」〉 두 편은 본래 「서」도 하나였고, 또 「주관」이 앞에 있고 「입정」이 뒤에 있었다.[1] 그런데 복생의 집 벽과 공자

1 〈「주관」과……있었다 : 『상서정의』에는 「다방」-「입정」-「주관」의 순으로 편차되어 있는데, 『상서정의』「堯典」의 疏에 따르면 정현본에는 「주관」이 「입정」의 앞에 있었다고 하였다. 또 『상서정의』「주관」 편의 篇頭에는 "成王旣黜殷命滅淮夷, 還歸在豐, 作「周官」."이라는 序가 있으나 「입정」 편에는

옛집의 벽에서 나온 본에는 모두 「주관」이 없었다. 이에 매색의 『상서』에서 「주관」 편을 위찬(僞撰)하고는 그것을 「입정」의 뒤에 편차(編次)하여 두 편이 서로 연속되지 않게 하였다. 그러고 나니 「입정」의 본래 의미 또한 소실되었다.

26. 입정 - 01

周公若曰："拜手稽首, 告嗣天子王矣。" 用咸戒于王曰："王左右, 常伯·常任·準人·綴衣·虎賁。" 周公曰："嗚呼! 休茲, 知恤, 鮮哉!"【《說文》, 伯爲敀 ○石經殘碑, 準爲辟】

주공이 말했다. "배수계수하고 사천자(嗣天子) 왕께 고합니다." 〈주공이 백관에게 경계할 내용을〉 모두 왕에게 고하였다. "왕의 좌우에 있는 신하는 상백(常伯)과 상임(常任)과 준인(準人)과 철의(綴衣)와 호분(虎賁)입니다." 주공이 말했다. "아, 백료(百僚)가 있어 아름다우나, 이에 대해 근심할 줄 아는 사람은 적습니다."【『설문해자』에는 '伯'이 '敀'으로 되어 있다. ○석경잔비에는 '準'이 '辟'으로 되어 있다.】

補云："咸戒, 謂凡所以戒百官者, 咸告于王。" 王云："於時, 周公會群臣, 共戒成王。" ○補云："王左右, 謂王之股肱。"【左·右字, 本象左手·右手】 ○蔡云："牧[교1]民之長曰常伯, 任[교2]事之公卿曰常任, 守[교3]法之有司曰準人。"【呂云："官有別名, 如相曰保衡, 三卿曰圻父·農父·宏父, 此亦輔政大

序가 없이"周公作「立政」."으로만 되어 있다.

臣別名耳。"】 ○補云："掌牧・掌事, 必用常德之人, 故號曰常伯・常任也。準人, 專掌法律而列爲三宅者。周公言治道, 刑法半之, 〈康誥〉・〈酒誥〉・〈多方〉之誥, 著矣。" ○蔡云："掌服器者曰綴衣,【太僕・司服等】報射御者曰虎賁。"【林云："虎賁・綴衣之類, 朝夕與王處, 最親교4)密。苟非其人, 主德內蔽, 大臣雖賢, 何所施교5)哉?"】 ○補云："卑而近者, 與尊重者竝列, 愼所習之戒。" ○補云："百僚濟濟, 美矣, 於玆知憂者, 鮮矣。"【王云："此五官美哉!"】

교1) 案牧：『서집전』에는 앞에 '有'가 더 있다.
교2) 案任：『서집전』에는 앞에 '有'가 더 있다.
교3) 案守：『서집전』에는 앞에 '有'가 더 있다.
교4) 案親：『서경대전』에는 뒤에 '且'가 더 있다.
교5) 案施：『서경대전』에는 뒤에 '其力'이 더 있다.

〔用咸戒于王〕 보충한다. "함계(咸戒)는 백관에게 경계할 내용을 모두 왕에게 고하였다는 말이다." 왕숙이 말했다. "이때 주공이 신하들을 모아서 함께 성왕을 경계한 것이다."

〔王左右, 常伯・常任・準人〕○보충한다. "왕좌우(王左右)는 왕의 팔다리와 같은 측근 신하를 말한다."【좌(左) 자와 우(右) 자는 본래 왼손과 오른손의 상형자(象形字)이다.】 ○채침이 말했다. "〈왕의 좌우에 있는 측근 신하로는〉 백성을 기르는 관장(官長)인 상백(常伯)이 있고, 정사(政事)를 맡은 공경(公卿)인 상임(常任)이 있고, 법을 지키는 유사(有司)인 준인(準人)이 있다."【여조겸이 말했다. "관직에는 별명이 있다. 이를테면 상(相)을 보형(保衡)이라고 하고, 삼경(三卿)을 기보(圻父)・농보(農父)・굉보(宏父)라고 하니, 이들 또한 정사를 보필하는 대신의 별명일 뿐이다."[2]】 ○보충한다. "목민(牧民)을 담당하고 정사를 담당하는 자리

에는 반드시 떳떳한 덕이 있는 사람을 써야 한다. 그러므로 상백(常伯)·상임(常任)이라고 부른 것이다. 준인(準人)은 오로지 법률을 담당하며 삼택(三宅)의 반열에 있는 사람이다. 주공이 치도(治道)를 말한 것에는 형법이 절반을 차지하니, 「강고(康誥)」·「주고(酒誥)」·「다방(多方)」의 고(誥)에 뚜렷하게 드러난다."

〔綴衣·虎賁〕○채침이 말했다. "복식과 기물을 담당한 사람을 철의(綴衣)【태복(太僕)과 사복(司服) 등이다.】라고 하고, 왕의 활쏘기와 말타기를 돕는 사람을 호분(虎賁)이라고 한다."【임지기(林之奇)가 말했다. "호분과 철의 같은 부류는 아침부터 저녁까지 왕과 함께 지내므로 가장 친하고 또 가까운 신하들이다. 만약 적임자가 아니면 임금의 덕이 안에서 가로막힐 것이니 대신이 비록 어질더라도 〈그 능력을〉 어디에 펴겠는가?"[3]】 ○보충한다. "신분이 낮으나 측근에 있는 자를 존귀하고 중요한 자들과 나란히 열거한 것은 익숙한 사람을 삼가라는 경계이다."

〔休兹, 知恤, 鮮哉〕○보충한다. "백료(百僚)가 많은 것이 아름다우나 이에 대해 근심할 줄 아는 사람은 드물다는 뜻이다."【왕숙이 말했다. "〈휴자(休兹)는〉 이 다섯 관직이 아름답다는 말이다."】

考異 《說文》, 常伯爲常攸。【許云: "攸, 迮也。"】 ○班固〈西都賦〉云: "虎賁·贅衣。"【綴·贅聲誤也】

2 여조겸이……뿐이다: 『書經大全』과 元代 陳師凱가 지은 『書蔡傳旁通』 권5, 淸代 朱鶴齡이 지은 『尙書埤傳』 권13, 『五禮通考』 권213 「嘉禮·說官分職」 등에 인용되어 있다. 앞의 책들에 나오는 전문은 다음과 같다. 常伯等卽三宅. 三代之書, 他無所見, 意者公卿輔相之別名歟. 官有別名, 如相曰阿衡·保衡, 三卿曰祈父·農父·宏父, 此亦三代輔政大臣別名耳.

3 임지기(林之奇)가……펴겠는가: 『書經大全』에 인용되어 있다.

고이 『설문해자』에는 '常伯'이 '常攴'으로 되어 있다.【허신이 말했다. "백(攴)은 백(迮)의 뜻이다."】[4]

○반고(班固)의 「서도부(西都賦)」에는 〈'綴衣·虎賁'이〉 "虎賁·贅衣"로 되어 있다.【綴과 贅의 발음 때문에 생긴 오류이다.】

26. 입정 - 02

古之人迪,【句】 惟有夏乃有室大競, 籲俊尊上帝。 迪知忱恂于九德之行, 乃敢告教厥后曰, '拜手稽首后矣。' 曰, '宅乃事, 宅乃牧, 宅乃準, 玆惟后矣。 謀面,【句】 用丕訓德, 則乃宅人, 玆乃三宅無義民。'【石經殘碑, 謀面之上, 多一亂字】

"옛날 사람들은 상제가 인도(引導)하는 대로 따랐으니,【단구】 하우(夏禹) 때에는 경대부의 집안이 매우 강성하였는데도[5] 오히려 현준(賢俊)한 사람들을 불러들여 함께 상제를 섬겼습니다. 상제의 덕에 순응하였기 때문에 구덕(九德)을 거짓 없이 진실하게 행하는 사람을 알아보고 감히 자기 임금에게 '임금께 절하고 머리를 조아립니다.'라고 고하고 〈훌륭한 인재를 천거하여〉 '〈이들을〉 정사를 담당하는 자리에 두고, 목민(牧民)하는 자리에 두며, 법률을 담당하는

---

4 『설문해자』에는……뜻이다 : 『설문해자』 권3하 '攴' 자에 대한 설명에 "迮也. 從攴白聲. 「周書」曰'常攴·常任'."이라고 하였다.

5 경대부의……강성하였는데도 : 채침은 '有室大競'을 '王室大强'이라고 풀이하였으나, 다산이 그것을 틀렸다고 하였으므로 매색의 주에 따라 번역하였다.

자리에 두십시오. 그래야 훌륭한 임금이 될 것입니다. 겉으로만 공손한 자를,【단구】 덕을 잘 따르는 사람이라고 여겨 경솔하게 자리에 앉히면 삼택(三宅)에 의로운 사람이 없을 것입니다.'라고 하였습니다."【석경잔비에는 '謀面' 앞에 '亂' 한 글자가 더 있다.】

補云: "古之人, 皆順帝之迪。" ○梅云: "夏禹之時, 卿大夫室家大强,【競, 强也】 猶乃招呼賢俊, 與共尊事上天。"【蔡云'王室大强', 其義非】 ○補云: "順帝之迪, 以知人德行誠信無僞。" ○梅云: "九德, 皐陶所謀。" ○補云: "拜手稽首后矣者, 薦賢能之禮也。【王亦拜受之】 籲俊, 所以尊上帝, 故其禮如此。" ○鄭云: "殷之州牧曰伯, 虞・夏及周曰牧。" ○蘇云: "事則常任也, 牧則常伯也, 準則準人也。" ○蔡云: "謀人之面貌, 言非迪知忱恂。" ○補云: "象恭者, 以爲丕順于德,【訓, 順同】 輕以宅人, 則三宅無義人也。"

〔古之人迪〕 보충한다. "옛날 사람들은 모두 상제가 인도(引導)하는 대로 따랐다는 뜻이다."

〔惟有夏乃有室大競, 籲俊尊上帝〕○매색이 말했다. "하우(夏禹) 때에는 경대부의 집안이 매우 강성하였는데도【〈매색은〉 경(競)을 강[强 : 강성하다]의 뜻으로 본 것이다.】 오히려 현준(賢俊)한 사람을 불러들여 함께 상천(上天)을 높이 섬겼다는 뜻이다."【채침은 '왕실이 매우 강한 때'라고 하였는데,[6] 그 풀이는 틀렸다.】

〔迪知忱恂于九德之行〕○보충한다. "상제가 인도하는 대로 따랐기

6 채침은……하였는데 : 『서집전』에 '惟有夏乃有室大競, 籲俊尊上帝'를 "當王室大强之時, 而求賢以爲事天之實也."이라고 풀이하였다.

때문에 사람의 덕행이 진실하고 거짓이 없음을 알아보았다는 뜻이다." ○매색이 말했다. "구덕(九德)은 고요가 꾀한 바이다."[7]

〔曰拜手稽首后矣……茲惟后矣〕○보충한다. "배수계수후의(拜手稽首后矣)는 현능한 사람을 천거하는 예(禮)이다.【왕 또한 절하고 관직을 제수하였다.】 현준(賢俊)한 사람을 부르는 것은 상제를 높이 받들기 위해서이므로 그 예가 이와 같은 것이다." ○정현이 말했다. "은(殷)나라에서는 주목(州牧)을 백(伯)이라고 하였고, 우(虞)·하(夏)와 주(周)나라에서는 목(牧)이라고 하였다." ○소식이 말했다. "사(事)는 〈앞에서 말한〉 상임(常任)이고, 목(牧)은 〈앞에서 말한〉 상백(常伯)이며, 준(準)은 〈앞에서 말한〉 준인(準人)이다."[8]

〔謀面……無義民〕○채침이 말했다. "〈모면(謀面)은〉 사람의 겉모습만을 살피고자 하는 것이니 〈구덕의 행실을〉 진실하게 실천하는지를 알아보는 것이 아니라는 말이다."[9] ○보충한다. "겉모습이 공손한 자를, 덕을 잘 따른다고 여겨서【〈채침은〉 훈(訓)을 순(順)과 같은 뜻으로 본 것이다.】 경솔하게 자리에 앉히면 삼택(三宅)에 의로운 사람이 없게 될 것이라는 뜻이다."

考訂 孔云: "皐陶所謀, 卽寬而栗, 柔而立。" ○**論曰** 皐陶九德, 非一

7 매색이……바이다: 뒤에 나오는 각주 9) 참조. 고요가 말한 九德에 대해서는 『상서고훈』「皐陶謨」 제4장에서 상세하게 다루었다.

8 소식이……준인(準人)이다: 『서집전』에 인용되어 있는데, 원문에는 '事則', '牧則', '準則' 뒤에 모두 '向所謂'가 더 있다.

9 채침이……말이다: "謀面, 用丕訓德, 則乃宅人, 茲乃三宅無義民."에 대한 채침의 주석 중에서 '謀面'에 해당하는 내용만을 발췌한 것이다. 전문은 다음과 같다. 謀面者, 謀人之面貌也. 言非迪知忱恂于九德之行, 而徒謀之面貌, 用以爲大順於德, 乃宅而任之, 如此則三宅之人, 豈復有賢者乎?

時陳奏之言而已, 乃當時選擧之科目。今人謂科目薦人, 始於漢文, 殆不然也。漢文有賢良·直言科, 武帝有孝廉·力田科, 又有好文學·敬長上·肅政教·順鄕里等名目。至元朔元年, 又立四科。一曰, 德行高妙, 志節淸白。二曰, 學通行修, 經中博士。三曰, 明習法令, 文中御史。四曰, 剛毅多略, 明足決斷。其後選擧科目, 代各不同, 自隋·唐以來, 漸以詩賦取士, 而此等科目, 遂無影響矣。皐陶之法, 凡才諝文學, 不入科目, 唯以九德立律, 全備者爲上等, 有其六者爲中等, 有其三者爲下等。以之爲邦君,【亮采有邦者】 以之爲大夫。【浚明有家者】 九德不備, 猶有一藝一能者, 授之小官, 每[교1)]忝高位, 此所謂'賢者在位, 能者在職'也, 九德之目, 歷世不變。故經文如此。斯乃虞·夏·殷·周選擧之大法, 泯滅不盡, 至今傳世者也。然而杜佑作〈選擧志〉, 馬端臨作〈選擧考〉, 皆不載此目, 遂使良法美制, 邈若天淵。嗚呼, 惜哉! 詩·賦·論·策·疑·義·表·箋, 今之所謂科目也, 壞人心甚於佛·老, 亂世道甚於申·韓。然且父教兄詔, 童習白紛, 擧天下英豪俊傑之士, 無不消亡於此中, 腐其肺肝, 涸其聰明, 以冀萬一之幸, 居然濩落, 相顚連以死, 而莫之知悔, 不亦悲乎? 有人於此, 謂'皐陶九德之科, 今亦可行', 未有不笑其迂闊者。然以余觀之, 其分科立目, 精嚴微密, 盛水不漏,【寬栗等九目】 以之辨君子小人·正人不正之人, 若懸明鏡而照姸媸, 操迓衡而別輕重, 毫髮錙銖, 其有逃於此科之目者乎? 但此九德, 人不能襲而取之, 必其敎養有素, 乃或成德。九德非他, 卽中庸之德。中庸之德, 自堯舜以來, 敎之於太學。帝曰:"夔, 命汝典樂, 敎胄子。直而溫, 寬而栗, 剛而無虐, 簡而無傲。" 中和之敎也。《周禮》, 大司樂以六德敎國子曰'中·和·祗·庸·孝·友', 九德之敎也。《中庸》之書, 太學敎人之遺法也。喜怒哀樂, 發而中節者, 九德之中·和也。戒愼恐懼, 致力於潛

昭・屋漏之工。須臾不離, 持守於强矯・悠久之業者, 祗・庸之古義也。修道以仁, 升高自卑, 盡心於達道之五者, 孝・友之遺法也。今玆〈立政〉之篇曰, '籲俊尊上帝', 曰'敬事上帝', 曰'立玆常事', 曰'其唯克用常人', 皆是祗・庸之遺義, 彰厥有常之流脈, 本自太學敎法中出也。不復中庸之敎, 先求九德之行, 畢世而一無所遇矣。有聖王作, 又得聖人, 爲之輔佐, 然後此敎可復, 此科可復, 而有其時哉? 噫!【《知遠錄》】

교1) 案每 : 가장본에는 '毋'로 되어 있다.

고정 공영달이 말했다. "고요가 꾀한 것은 바로 관이율(寬而栗), 유이립(柔而立) 등의 덕이다."[10]

○논왈 고요가 말한 구덕은 한때에 진달한 말에 그치는 것이 아니고 바로 당시에 사람을 뽑는 과목(科目)이었다. 지금 사람들은 과목(科目)으로 사람을 천거하는 것은 한문제(漢文帝) 때에 시작되었다고 하지만 아마 그렇지 않을 것이다. 한문제는 현량과(賢良科)와 직언과(直言科)를 두었고, 무제(武帝)는 효렴과(孝廉科)와 역전과(力田科)를 두었으며, 또 호문학(好文學)・경장상(敬長上)・숙정교(肅

---

10 공영달이……덕이다 : '迪知忱恂于九德之行'에 대해 매색이 "禹之臣蹈知誠信於九德之行, 謂賢智大臣. 九德, 皐陶所謀."라고 풀이한 배경을 설명한 것이다. 공영달은 경전에서 九德에 대해 말한 것은 고요가 舜에게 官人을 위해서는 九德을 살펴야 한다고 건의한 것뿐이므로 매색이 그렇게 주석한 것이라고 설명하였는데, 내용이 많이 생략되었다. 공영달 소의 원문은 다음과 같다. 九德之行, 非一人能備, 言禹之臣蹈知九德之行, 極言其賢智大臣也. 禹時伯・益之輩, 乃可以當此. 經典之文, 更無九德之事, 惟有皐陶謀九德. 皐陶所謀者, 卽寬而栗, 柔而立, 愿而恭, 亂而敬, 擾而毅, 直而溫, 簡而廉, 剛而塞, 强而義, 是也.

政敎)·순향리(順鄕里) 등의 명목이 있었다. 원삭[元朔 : 한무제의 연호. BC.128~BC.123] 원년에는 또 4개의 과목을 설치하였는데, 첫째 덕행이 뛰어나고 지조가 청렴결백한 사람[德行高妙, 志節淸白]을 뽑는 과목, 둘째 학문이 능통하고 행실이 바르며 경서를 잘 알아 박사가 될 만한 사람[學通行修, 經中博士]을 뽑는 과목, 셋째 법령을 밝게 익히고 학문이 어사가 될 만한 사람[明習法令, 文中御史]을 뽑는 과목, 넷째 굳세면서도 지략이 뛰어나며 총명이 결단을 내리기에 족한 사람[剛毅多略, 明足決]을 뽑는 과목이었다.[11] 이후 인재 선발 과목은 시대마다 달라졌는데 수(隋)나라·당(唐)나라 이후로는 점차 시부(詩賦)로 인재를 뽑게 되어 이들 과목은 드디어 그림자도 찾을 수 없게 되었다.

고요가 만든 법에는 재능과 문학은 과목에 들어가지 않았다. 오직 아홉 가지 덕만을 평가하도록 법을 만들어서, 아홉 가지 덕을 모두 갖춘 사람을 상등, 아홉 가지 중 여섯 가지를 갖춘 사람을 중등, 아홉 가지 중 세 가지를 갖춘 사람을 하등으로 나누어, 그들을 방군(邦君)으로 삼고【밝게 선발하여 제후로 삼는 것[亮采有邦]이다.】 대부로 삼았다.【찾아서 높은 지위에 밝게 올려 경대부로 삼는 것[浚明有家]이

11 첫째……과목이었다 : 『五禮通考』 권173 「嘉禮 46·學禮」에는 "一曰, 德行高妙, 志節淸白, 二曰, 經明行修, 能任博士, 三曰, 明曉法律, 足以決疑, 能案章覆問, 才任御史, 四曰, 剛毅多略, 遭事不惑, 明足照姦, 勇足決斷, 才任三輔."라고 하였고, 『藝文類聚』 권45 「職官部·總載職官」에는 "一科曰, 德行高妙, 志節淸白, 二科曰, 學道修行, 經中博士, 三科曰, 明曉法令, 足以決疑, 能案章覆問, 文中御史, 四科曰, 剛毅多略, 遭事不惑, 明足以照姦, 勇足以決斷, 才任三輔."이라고 하였다. 그 밖에도 여러 문헌에 같은 내용이 나오는데 문헌마다 약간의 글자 출입이 있으나 내용은 같다. 다산은 이 중 일부 구절을 생략하고 인용한 듯하다.

다.】[12] 아홉 가지 덕을 갖추지 못하였더라도 한 가지 기예나 재능이 있는 사람은 낮은 관직에 제수하고 높은 자리를 차지하지 못하도록 하였다. 이것이 이른바 '덕 있는 사람이 높은 자리에 있도록 하고, 재능 있는 사람이 직책을 맡도록 한다.'[13]라는 것이니, 구덕의 과목은 대대로 변하지 않았다. 그러므로 경문이 이와 같은 것이다. 이것이 바로 우(虞)·하(夏)·은(殷)·주(周) 시대 인재 선발의 대법(大法)으로, 완전히 없어지지 않아서 지금까지 세상에 전해지는 것이다. 그런데 두우(杜佑)[14]가 지은 〈『통전(通典)』의〉「선거지(選擧志)」와 마단림(馬端臨)[15]이 지은 〈『문헌통고(文獻通考)』의〉「선거고(選擧考)」에는 모두 이들 과목을 싣지 않아서 드디어 훌륭한 법과 제도가 아득히 멀어지게 되었다. 아, 애석하다.

시(詩), 부(賦), 논(論), 책(策), 의(疑), 의(義), 표(表), 전(箋)이 지금

---

12 그들을……것[浚明有家]이다 : 아홉 가지 중 여섯 가지 덕을 갖춘 사람을 邦君으로, 세 가지 덕을 갖춘 사람을 卿大夫로 삼는다는 말이다. 『상서고훈』「皐陶謨」에 "日宣三德, 夙夜浚明有家, 日嚴祗敬六德, 亮采有邦."이라고 하였는데, 다산은 "'日宣'·'日嚴', 先言其日復日如是者, 庸也, 有常也."라고 풀이하고, 또 "'浚'者, 抒取之也. 凡有日宣三德之人, 當早夜求取, 以之明登高位.【卿大夫】 凡有日嚴六德之人, 當明昭采拔, 使爲邦君也."라고 풀이하였다. 고요가 말한 九德에 대해서는 『상서고훈』「皐陶謨」 3·4·5장에서 상세하게 다루었다.

13 덕 있는……한다 : 『맹자』「公孫丑上」에 "如惡之, 莫如貴德而尊士, 賢者在位, 能者在職."이라고 하였는데, 주자가 "賢, 有德者, 使之在位, 則足以正君而善俗. 能, 有才者, 使之在職, 則足以修政而立事."이라고 풀이하였다.

14 두우(杜佑) : 735~812. 唐. 자는 君卿, 시호는 安簡이다. 저서로 『通典』이 있다.

15 마단림(馬端臨) : 1254(추정)~1323. 宋末元初. 자는 貴與, 호는 竹洲이다. 蔭補로 벼슬에 나가 承事郎을 지냈으나 남송 멸망 후 은거하며 벼슬에 나가지 않았다. 뒤에 慈湖書院과 柯山書院의 山長, 台州의 儒學教授를 지냈다. 저서로 『文獻通考』, 『大學集傳』, 『多識錄』, 『義根守墨』 등이 있다.

과목(科目)이라고 하는 것인데, 인심을 파괴하는 것이 불교나 황로(黃老) 사상보다 심하고, 세도를 어지럽히는 것이 신불해(申不害)·한비자(韓非子) 등의 〈법가(法家)보다〉 심하다. 그런데도 아버지가 가르치고 형이 가르쳐서 어릴 때부터 백발이 될 때까지 부질없이 익히면서 온 천하의 영준(英俊)한 인재들이 모두 그 속에서 스러져 가며 속을 썩이고 총명을 고갈시킨다. 그리하여 만일의 요행을 바라지만 결국 실의에 빠져서 함께 쓰러져 죽어가면서도 누구도 후회할 줄을 모르니 또한 슬프지 않은가?

지금 어떤 사람이 '고요가 세운 구덕의 과목을 지금도 시행할 수 있다.'라고 하면 세상 물정 모르고 어리석다며 비웃지 않는 자가 없을 것이다. 그러나 나의 관점에서 보면 그 과목을 나누어 설치한 것이 물 샐 틈 없이 정미(精微)하고 엄밀(嚴密)하다.【관이율(寬而栗) 등의 아홉 과목이다.】 따라서 그것을 가지고 군자와 소인을 구별하고 바른 사람과 바르지 못한 사람을 구별하면 밝은 거울을 걸어놓은 듯 선악을 환히 비추고 저울로 균형을 맞추듯 경중을 구별하여 털끝만큼도 어긋나지 않을 것이니, 이 과목에서 달아날 자가 있겠는가? 다만 이 아홉 가지 덕은 사람이 엄습하여 얻을 수 없으니 반드시 평소에 가르치고 길러주어야 어쩌다 덕을 성취할 수 있다.

아홉 가지 덕은 다른 것이 아니라 바로 중용(中庸)의 덕이다. 중용의 덕은 요순 이래로 태학에서 가르친 것이다. 〈『상서』「요전[堯典 : 매색본의 순전(舜典)]」에서〉 제순(帝舜)이 "기(夔)여, 그대를 전악(典樂)으로 명하니 주자(胄子)를 가르쳐라. 반듯하되 온화하며, 너그럽되 엄격하며, 강하되 사나움이 없게 하며, 뜻이 크되 오만함이 없게 하라."라고 한 것은 중(中)과 화(和)의 가르침이다. 『주례』

의 대사악(大司樂)은 여섯 가지 덕을 국자(國子)에게 가르치는데, 그것은 중(中)・화(和)・지(祗)・용(庸)・효(孝)・우(友)이니,[16] 구덕의 가르침이다. 『중용』이란 책은 태학에서 사람을 교육하던 유법(遺法)이다. 〈1장에서 말한〉 '희노애락의 감정이 발하여 절도에 맞는 것'[17]은 구덕 가운데 중(中)과 화(和)이다. 〈33장에서 말한〉 '삼가고 두려워하며 잠소(潛昭)와 옥루(屋漏)의 공부[18]에 힘쓰고', 〈10장과 26장에서 말한〉 '잠시도 떠나지 않고 강하고 굳세게 오래 지속하는 공부를 지키는 것'은 지(祗)와 용(庸)의 고의(古義)이다. 〈20장에서 말한〉 인(仁)으로 도(道)를 닦음과 〈15장에서 말한〉 높은 곳에 오르려면 낮은 데서부터 시작함, 〈1장에서 말한〉 다섯 가지 달도(達道)에 마음을 다하는 것은 효(孝)와 우(友)의 유법이다. 지금 여기 「입정」 편 〈2장의〉 '유준존상제(籲俊尊上帝)', 〈5장의〉 '경사상제(敬事上帝)', 〈7장의〉 '입자상사(立兹常事)', 〈13장의〉 '기유극용상인(其唯克用常人)'은 모두 지와 용의 유의(遺義)이고, 〈「고요모」 4장에 나오는〉 창궐유상[彰厥有常 : 〈아홉 가지 덕이 몸에〉 드러나고 항상 지속됨]의 유맥(流脈)으로, 본래 태학의 교육법에서 나온 것이다.

---

16 『주례』의……우(友)이니 : 『주례』「春官・大司樂」에 "大司樂, 掌成均之法, 以治建國之學政, 而合國之子弟焉.……以樂德教國子中・和・祗・庸・孝・友." 라고 하였는데, 賈公彦의 소에 "此是樂中之六德."이라고 하였다.

17 희노애락(喜怒哀樂)의……것 : 「중용」의 "喜怒哀樂之未發, 謂之中, 發而皆中節, 謂之和."를 줄인 것이다.

18 잠소(潛昭)와 옥루(於屋漏)의 공부 : 잠소는 『시경』「小雅・正月」의 "潛은 비록 숨어 있으나 또한 매우 밝다[潛雖伏矣, 亦孔之昭]"라는 말을 요약한 것이고, 옥루는 『시경』「大雅・抑之」의 "너의 집에 있는 것을 보니, 집안 깊은 구석에서도 부끄러움이 없다.[相在爾室, 尙不愧于屋漏]"라는 말에서 나왔다. 『중용』에서 인용하였는데, 다산은 『中庸自箴』에서 모두 '愼獨'의 뜻이라고 풀이하였다.

중용의 가르침을 회복하지 않고 먼저 구덕의 행실부터 구한다면 평생을 찾아도 하나도 얻지 못할 것이다. 성왕(聖王)이 나오고 또 성인을 얻어서 보좌로 삼은 뒤에야 이 교육을 복구하고 이 과목을 복구할 수 있을 텐데, 그럴 때가 있겠는가? 오호라!【『상서지원록』】

考訂 鄭云:【三宅注】"三處者, 自九州之外, 至於四海, 三分其地, 遠近若周之夷·鎭·蕃也。"【梅云: "三居, 大罪宥之四裔, 次九州之外, 次中國之外。"】

○案 三宅之義, 經文赫然, 五宅三居, 何與於是?

고정 정현이 말했다.【삼택(三宅)에 대한 주이다.】"삼처(三處)란 구주(九州)의 바깥부터 사해(四海)에 이르기까지의 지역을 셋으로 나눈 것이니, 거리는 주나라의 이복(夷服)·진복(鎭服)·번복(蕃服)[19]과 같다."【매색이 말했다. "삼거(三居)는, 대죄는 사예(四裔)로 유배하고, 그 다음가는 죄는 구주의 밖으로 유배하고, 또 그 다음가는 죄는 중국의 밖으로 유배하는 것을 말한다."】

○안 삼택(三宅)의 의미에 대해서는 경문이 분명한데 오택삼거(五宅三居)[20]가 이것과 무슨 관계가 있겠는가?

---

19 이복(夷服)·진복(鎭服)·번복(蕃服): 모두 九州의 바깥으로, 이복은 왕성에서 4000리, 진복은 왕성에서 4500리, 번복은 왕성에서 5000리 떨어진 지역이다. 『주례』「夏官·職方氏」에 자세히 나온다.

20 오택삼거(五宅三居): 五刑에 처할 자들을 용서하여 세 등급으로 나누어 유배지를 정한다는 뜻이다. 「堯典下」 13장〈매색본의 「舜典」 10장〉에 "五刑有服, 五服三就, 五流有宅, 五宅三居."라고 하였는데, 다산은 "'五流有宅'者, 其五刑之流宥者, 各有配宅. '三居'者, 一曰大辟流之居, 二曰宮流之居, 三曰劓·剕·墨之居."라고 풀이하였다. 앞에 인용한 정현과 매색의 풀이는 五宅三居에 대한 그들의 해석과 일치한다.

桀德, 惟乃弗作往任, 是惟暴德, 罔後。亦越成湯陟, 丕釐上帝之耿命。乃用三有宅, 克卽宅, 曰三有俊, 克卽俊。嚴惟丕式, 克用三宅·三俊, 其在商邑, 用協于厥邑, 其在四方, 用丕式見德。

“걸(桀)은 악덕(惡德)을 지녀서 선왕이 삼택(三宅)의 자리에 임용한 사람들을 등용하지 않고, 오직 포악한 사람만을 등용하였으므로 나라가 망하고 후사가 없게 되었습니다. 또한 탕(湯)은 선덕(善德)으로 왕이 되어 상제의 빛나는 명에 따라 다스렸습니다. 이에 삼택의 자리에 임용된 사람이 능히 그 삼택의 자리에 나아가고, 삼준(三俊)에 임용된 사람이 능히 그 삼준의 자리에 나아갔습니다. 엄숙히 생각하고 크게 본받아서 삼택과 삼준을 잘 등용하였으므로 상나라의 도읍에서는 그 도읍을 화합하게 하고, 천하에서는 뚜렷이 드러난 덕을 사람들이 크게 본받았습니다.”

蔡云: “桀弗作往昔先王之任用, 而所任唯暴德之人, 故喪亡無後。” ○補云: “湯德上陟, 以治上帝之光命。”【釐, 治也】 ○蔡云: “三宅, 謂居常伯·常任·準人之位者。三俊, 謂有常伯·常任·準人之才者。” ○蔡云: “克卽者, 言三[교1)]宅, 實能就是位而不曠其職, 三[교2)]俊, 實能就其[교3)]德而不浮其名。”【三俊, 謂[교4)]他日次補三宅者】 ○補云: “宅者, 能卽其宅位。俊者, 能卽其俊位。” ○蔡云: “嚴思而丕法之。” ○補云: “見德, 著見之德, 丕爲人所法。”

교1) 案三 : 『서집전』에는 앞에 '湯所用'이 더 있다.
교2) 案三 : 『서집전』에는 앞에 '所稱'이 더 있다.
교3) 案其 : 『서집전』에는 '是'로 되어 있다.
교3) 案謂 : 『서집전』에는 앞에 '說者'가 더 있다.

〔桀德……罔後〕 채침이 말했다. "걸(桀)은 옛날 선왕이 〈삼택(三宅)에〉 임용한 사람을 등용하지 않고, 그가 임용한 자들은 포악한 사람들뿐이었다. 그러므로 〈걸은〉 망하여 후사가 없는 것이다."[21]
〔亦越成湯陟, 丕釐上帝之耿命〕○보충한다. "탕(湯)이 선덕(善德)으로 왕이 되어 상제의 밝은 명(命)에 따라 다스렸다는 뜻이다."【리(釐)는 치[治 : 다스리다]의 뜻이다.】
〔乃用三有宅……嚴惟丕式〕○채침이 말했다. "삼택(三宅)은 상백(常伯)·상임(常任)·준인(準人)의 자리에 있는 사람을 말한다. 삼준(三俊)은 상백·상임·준인의 재주를 가진 사람을 말한다." ○채침이 말했다. "극즉(克卽)은 〈탕이 등용한〉 삼택은 실제로 그 자리에 나아가 그 직무를 비워두지 않았고, 이른바 삼준은 실제로 그런 덕으로 나아가 그 이름을 헛되게 하지 않았다는 말이다."【삼준을, 해설하는 자가 '뒷날 차례로 삼택에 보임(補任)할 사람'이라고 하였다.】 ○보충한다. "택(宅)은 능히 그 삼택의 자리에 나아가고, 준(俊)은 능히 그 삼준의 자리에 나아갔다는 뜻이다."
〔嚴惟丕式〕○채침이 말했다. "엄숙하게 생각하고 크게 본받았다는 뜻이다."[22]

21 채침이……것이다 : 채침 주의 일부 글자를 빼고 인용하였다. 원문은 다음과 같다. 夏桀惡德, 弗作往昔先王任用三宅, 而所任者乃惟暴德之人. 故桀以喪亡無後.

〔用丕式見德〕○보충한다. "현덕(見德)은 뚜렷이 드러난 덕이 다른 사람에게 큰 본보기가 되었다는 뜻이다."

26. 입정 - 04

嗚呼! 其在受德暋,【句】 惟羞刑, 暴德之人, 同于厥邦, 乃惟庶習逸德之人, 同于厥政。帝欽罰之, 乃伻我有夏, 式商受命, 奄甸萬姓。

"오호라! 수[受 : 주(紂)]는 강포하여【단구】 의형(儀刑)을 따르기를 수치스러워하며 포악한 사람들과 나라를 함께 다스리고, 행실이 패려하고 경박하며 방일(放逸)한 사람들과 정사를 함께 하였습니다. 이에 상제가 그에게 벌을 내리고 우리 주나라가 중국을 소유하게 하시니, 상탕(商湯)을 본받아 천명을 받고 만백성을 다스리게 되었습니다."

馬云 : "受所爲德也。"【梅云 : "受德, 紂字。帝乙愛焉, 爲作善字。"】 ○孔云 : "暋, 强也, 昏也。"【〈釋詁〉文】 ○補云 : "羞刑, 謂恥遵儀刑也。" ○補云: "庶習, 衆庶之習,【猶今言俗習】 鄙悖輕薄之行也。" ○梅云 : "使我周[교1] 有華。"[교2] ○補云 : "法商湯以受命。" ○蔡云 : "甸者, 井牧其地, 什伍其民也。"

---

22 채침이……뜻이다 : 채침은 '惟'를 '思', '式'을 '法'의 뜻으로 보고 이렇게 풀이하였다. 『서집전』의 원문은 다음과 같다. 惟, 思, 式, 法也. 湯於三宅·三俊, 嚴思而丕法之.

교1) 案周 : 『상서정의』에는 뒤에 '家王'이 더 있다.
교2) 案華 : 『상서정의』에는 뒤에 '夏'가 더 있다.

〔其在受德暋〕 마융이 말했다. "〈수덕(受德)은〉 수(受)가 행한 덕이라는 말이다."【매색이 말했다. "수덕(受德)은 주(紂)의 자(字)이다. 제을(帝乙)이 그를 사랑하여 좋은 자를 지어 주었다."】 ○공영달이 말했다. "민(暋)은 강[强 : 강포하다, 억세다]의 뜻이고, 혼[昏 : 어둡다, 혼미하다]의 뜻이다."【『이아』 「석고(釋詁)」의 내용이다.】[23]

〔惟羞刑暴德之人〕○보충한다. "수형(羞刑)은 의형(儀刑) 따르기를 수치스러워한다는 말이다."

〔乃惟庶習逸德之人〕○보충한다. "서습(庶習)은 중서지습[衆庶之習 : 뭇사람의 버릇]의 뜻이니,【지금 말로 속습(俗習)과 같은 뜻이다.】 비루하고 경박한 행실을 말한다."

〔乃伻我有夏〕○매색이 말했다. "우리 주나라가 〈왕이 되어〉 중국을 소유하게 하였다는 말이다."

〔式商受命〕○보충한다. "상탕(商湯)을 본받아서 천명을 받았다는 말이다."

〔奄甸萬姓〕○채침이 말했다. "전(甸)은 그 토지를 정(井)과 목(牧)으로 구획하고, 그 백성을 십(什)과 오(伍)로 편성하는 것이다."

考異 《說文》, 暋爲忞。【薛本同】

---

23 공영달이……내용이다 : 매색이 '暋'을 '大惡自强'이라고 풀이하였기 때문에 공영달이 소에서 『이아』 「釋詁」의 내용을 인용하여 부연한 것이다. 『상서정의』 소의 원문은 "「釋詁」云, '暋, 强也.' 暋, 卽昏也. 故訓爲强."인데, 여기서는 다산의 인용문대로만 번역하였다.

고이 『설문해자』에는 '瞀'이 '忞'으로 되어 있다.【설계선본도 같다.】

26. 입정 - 05

亦越文王·武王, 克知三有宅心, 灼見三有俊心, 以敬事上帝, 立民長·伯。立政, 任人·準夫·牧, 作三事。【石經殘碑, 俊爲會】

"또한 문왕과 무왕은 삼택(三宅)의 마음을 잘 알고, 삼준(三俊)의 마음을 환히 살펴서 상제를 공경히 섬기는지 분명히 알아보고 나서 백성의 장(長)과 백(伯)으로 세웠습니다. 정사를 맡을 〈삼택(三宅)의 관원을〉 세워 임인(任人)과 준부(準夫)와 목(牧)을 삼사(三事)로 삼았습니다."[24]【석경잔비에는 '俊'이 '會'로 되어 있다.】

補云: "灼見, 如以火燭之也。明知其敬事上帝, 然後乃立之爲長·伯。" ○補云: "內朝百僚之長, 謂之長。外藩諸侯之長, 謂之伯。"

〔灼見三有俊心, 立民長·伯〕 보충한다. "작현(灼見)은 불을 켜고서 살펴보는 것처럼 한다는 뜻이다. 상제를 공경히 섬기는지를 분명히 알아보고 나서 세워 장(長)과 백(伯)으로 삼았다는 말이다." ○보충한다. "내조(內朝)에 있는 모든 관료의 우두머리를 장(長)

---

24 정사를……삼았습니다: "言文·武立政三宅之官也. 任人, 常任也, 準夫, 準人也, 牧, 常伯也, 以職言, 故曰事."라고 한 채침의 풀이에 따라 번역하였다. 三事는 三公이다.

이라고 하고, 외번(外藩)에 있는 제후의 우두머리를 백(伯)이라고 한다."

考訂 蔡云: "長, 如〈王制〉所謂'五國以爲屬, 屬有長'。伯, 如〈王制〉所謂'二百一十國以爲州, 州有伯'。是也。" **○案** 〈王制〉, 未必是周制, 且三宅, 是通內外而言, 不可如此說。

고정 채침이 말했다. "장(長)은 『예기』「왕제(王制)」에서 말한 '5국(國)을 속(屬)으로 삼고 속에 장(長)을 둔다.'라는 것과 같다. 백(伯)은 『예기』「왕제」에서 말한 '210국을 주(州)로 삼고 주에 백(伯)을 둔다.'라고 한 것과 같다."

○안 『예기』「왕제」는 주나라의 제도인지 확실하지 않고, 또 삼택(三宅)은 내직(內職)과 외직(外職)을 통틀어서 말한 것이니 이렇게 설명해서는 안 된다.

考異 《說文》, 灼爲焯。【許云: "焯, 明也。"】 ○薛本亦爲焯。

고이 『설문해자』에는 '灼'이 '焯'으로 되어 있다.【허신이 말했다. "작(焯)은 명[明: 밝다]의 뜻이다."】
○설계선본에도 '焯'으로 되어 있다.

26. 입정 - 06

虎賁·綴衣·趣馬·小尹·左右攜僕·百司·庶府, 大

都·小伯·藝人·表臣百司, 太史·尹·伯, 庶常吉士, 司徒·司馬·司空, 亞·旅, 夷·微·盧·烝·三亳·阪·尹。

"〈중앙 조정의 관리인〉 호분(虎賁)·철의(綴衣)·추마(趣馬)·소윤(小尹)·좌우의 휴복(携僕)·백사(百司)·서부(庶府), 대도(大都)·소도(小都)의 대백(大伯)과 소백(小伯) 및 예인(藝人)과 외백사(外百司), 사관의 장(長)인 태사(太史) 및 여러 관사의 장인 윤(尹)과 백(伯)이 모두 떳떳한 덕을 지닌 길사(吉士)였으며, 〈군중(軍中)의 장수인〉 사도(司徒)·사마(司馬)·사공(司空) 및 부장(副將)인 아(亞)와 려(旅), 그리고 〈주(紂)를 정벌할 때〉 이(夷)·미(微)·로(盧)·증(烝)·삼박(三亳)·판(阪)·윤(尹)의 길로 나아간 군사를 통솔한 장수들까지 모두 아홉 가지 덕을 갖춘 사람을 정밀하게 뽑아서 임명하였습니다."

梅云: "趣馬, 掌馬之官。言此三者, 雖小官長,【小尹也】 必愼擇其人。" ○蔡云: "携[교1]持僕御之人。百司, 若司裘·司服。庶府, 若內府·大府。"[교2] ○蔡云: "大都不言伯, 小伯不言都, 互言[교3]之也。"【案。大都·小都, 王子弟之分封也, 如周·召·畢·原, 必有輔臣, 亦有大有小, 則大都·小都又各有大伯·小伯也。伯者, 長也】 ○補云: "藝人, 執一藝以仕者。"【六藝及醫·卜之等】 ○蔡云: "表, 外也。外百司, 若外府·外司服之屬。" ○補云: "太史, 諸史之長。" ○補云: "諸尹·諸伯, 皆長官也。" ○蔡云: "總結之曰'庶常吉士', 言在廷無非常德吉士也。" **○案** 司徒[교4]·司馬·司空以下, 宜考注疏。【蔡注非】

교1) 案携: 『서집전』에는 앞에 '携僕'이 더 있다.

校2) 案府 : 『서집전』에는 뒤에 '之屬也'가 더 있다.
校3) 案言 : 『서집전』에는 '見'으로 되어 있다.
校4) 徒 : 신조선사본에는 '徒'로 되어 있으나 官職名이므로 바로잡는다. 案가장본에는 '徒'로 되어 있다.

〔虎賁……庶府〕 매색이 말했다. "추마(趣馬)는 말을 관장하는 관리이다. 이 〈호분(虎賁)과 철의(綴衣)와 추마(趣馬)의〉 세 관직은 비록 소관(小官)의 우두머리【소윤(小尹)을 가리킨다.】이지만 반드시 걸맞은 사람으로 신중하게 뽑았다는 말이다." ○채침이 말했다. "〈휴복(携僕)은〉 물건을 지니고 임금의 수레를 모는 사람이다. 백사(百司)는 사구(司裘)·사복(司服)과 같은 부류이고, 서부(庶府)는 내부(內府)·대부(大府) 같은 종류이다."

〔大都·小伯〕○채침이 말했다. "대도(大都)에는 백(伯)을 말하지 않고, 소백(小伯)에는 도(都)를 말하지 않았는데 이는 호현(互見)한 것이다."[25]【안. 대도(大都)와 소도(小都)는 왕의 자제를 분봉(分封)한 곳이다. 이를테면 주(周)·소(召)·필(畢)·원(原)과 같은 곳으로, 필시 보신(輔臣)이 있고 또한 큰 지역과 작은 지역이 있었으니, 대도와 소도에도 각각 대백(大伯)과 소백(小伯)이 있었을 것이다. 백(伯)은 장[長 : 우두머리]의 뜻이다.】

〔藝人·表臣百司〕○보충한다. "예인(藝人)은 한 가지 재주를 맡아서 벼슬하는 사람이다."【육예(六藝) 및 의(醫)·복(卜) 등을 말한다.】 ○채침이 말했다. "표(表)는 외[外 : 밖]의 뜻이다. 외백사(外百司)는 외부(外府)나 외사복(外司服) 같은 종류이다."[26]

25 채침이……것이다 : 채침이 呂氏의 말을 인용한 것이다. 呂氏는 大都를 大都의 伯, 小伯을 小都의 伯으로 보고 이렇게 풀이한 것이다. 『서집전』의 원문은 다음과 같다. 呂氏曰 : "大都·小伯者, 謂大都之伯·小都之伯也, 大都, 言都不言伯, 小伯, 言伯不言都, 互見之也."

〔太史・尹・伯〕○보충한다. "태사(太史)는 여러 사관의 우두머리이다." ○보충한다. "〈윤(尹)과 백(伯)은〉 여러 윤과 여러 백으로, 모두 장관이다."
〔庶常吉士〕○채침이 말했다. "〈문왕과 무왕의 여러 관직을 조목조목 열거하여 모두 헤아리고 나서〉 '모두 떳떳한 길사(吉士)이다.'라고 총결하였으니, 조정에 있는 관리들 중에 떳떳한 덕을 지닌 길사 아닌 사람이 없음을 말한 것이다."

○안 사도(司徒)・사마(司馬)・사공(司空) 이하에 대해서는 주소(注疏)를 살펴보아야 한다.【채침의 주[27]는 틀렸다.】

梅云："此有三卿【司徒等】及次卿【亞】・衆大夫【旅】, 則是文・武未伐紂, 特擧文・武之初, 以爲法則。" **○鏞案** 文・武未伐紂時, 其官止此乎? 其必三卿, 亦拘曲之論。況亞旅者, 是行軍貳帥之名?【亞, 如今之亞將, 旅, 如千摠也】 夷・微・盧・烝, 又豈文・武之百官乎? 言此者, 蓋言武王伐紂之時, 其行軍諸臣, 無不極擇精選, 咸有九德之行者也。

〔司徒・司馬・司空・亞旅〕 매색이 말했다. "여기에 있는 삼경(三卿)【사도(司徒) 등을 말한다.】 및 차경(次卿)【아(亞)를 말한다.】과 중대부(衆大夫)【려(旅)를 말한다.】는 문왕・무왕이 아직 주(紂)를 정벌하지 않은

26 표(表)는……종류이다 : 채침은 '表臣百司'를 앞에 나온 '百司・庶府'의 百司와 대칭하는 관서로 보아 이렇게 풀이하였다. 『서집전』의 원문은 다음과 같다. 表臣百司, 表, 外也, 表, 對裏之詞. 上文百司, 蓋內百司, 若內府・內司服之屬, 所謂'裏臣'也, 此百司, 蓋外百司, 若外府・外司服之屬, 所謂'表臣'也.
27 채침의 주 : 채침은 司徒・司馬・司空・亞・旅는 제후의 관리이고, 夷・微・盧・烝, 三亳, 阪・尹은 제후와 四夷를 감독하는 왕의 관리라고 하였다.

때[28]의 관직이니, 문왕·무왕 초기의 관직을 들어서 법칙으로 삼은 것이다."

○**용안** 문왕·무왕이 아직 주를 정벌하지 않은 때에 그 관직이 이것뿐이었겠는가? 굳이 삼경이라고 한 것도 협소한 견해이다. 하물며 아려(亞旅)는 행군(行軍)하는 때의 이수[貳帥 : 부장(副將)]의 명칭임에랴?[29]【아(亞)는 지금의 아장(亞將)과 같은 뜻이고, 려(旅)는 천총(千摠)과 같은 뜻이다.】 이(夷)·미(微)·로(盧)·증(烝)이 또 어찌 문왕·무왕의 백관이겠는가? 이들을 말한 것은 대체로 무왕이 주(紂)를 정벌할 때 행군한 신하 중에 신중하게 뽑고 정밀하게 선발하지 않은 사람이 없으므로 모두 구덕의 행실이 있었음을 말한 것이다.

梅云 : "蠻夷微·盧之衆帥, 及亳人之歸文王者三所爲之立監, 及阪地尹之교1)長, 皆用賢。"【烝, 衆也 ○孔云 : "亳人之歸文王, 經傳未有其事, 文王旣未伐紂, 亳民不應歸之。"】 ○鄭云 : "湯舊都之民服文王者, 分爲三邑, 其長居險, 故言阪尹。蓋東成皐, 南轘轅, 西降谷也。"【皇甫謐云 : "蒙爲北亳, 穀熟爲南亳, 偃師爲西亳。"】 ○王肅說同。【孔云 : "鄭·王同。"】 ○**鏞案** 鄭義大謬也。紂未及亡, 三亳之人, 豈有投周者乎? 蓋武王伐紂之時, 分軍命將, 又分路行師。夷·微·盧·烝, 彭濮之兵, 有領之者,【注疏, 以烝爲衆, 亦非矣】 南亳·北亳·西亳之路, 有典之者,【必命三人, 各趨於一亳】 阪路·尹

---

28 문왕·문왕이……때 : 원문의 '特'을 阮元의 校勘에 따라 '時'로 고치고 上句에 붙인다고 한 北京大에서 나온 整理本 『상서정의』의 교감을 채용하여 번역하였다.

29 굳이……명칭임에랴 : 다산은 '司徒·司馬·司空'은 三軍의 장수, 亞旅는 그 亞將이라고 보았다. 이에 대해서는 『상서고훈』 「牧誓」 3장의 考訂에서 상세히 논하였다.

路, 據險之軍, 有領之者,【阪・尹, 二地召교2)】 無不精選九德之人以任之。故周公歷數之, 以語成王。鄭說無攸據矣。

교1) 案尹之 : 가장본과 『상서정의』에는 '之尹'으로 되어 있다.
교2) 召 : 문맥상 '名'이 옳은 듯하다. 案가장본에는 '名'으로 되어 있다.

〔夷・微・盧・烝・三亳・阪・尹〕 매색이 말했다. "만이(蠻夷)인 미(微)와 로(盧)의 장수들 및 문왕에게 귀순한 박(亳)의 백성들이 거처하는 세 곳에 세운 감(監) 및 판(阪) 지역의 윤장(尹長)에 모두 어진 사람을 등용하였다는 말이다."【〈매색은〉 증(烝)을 중[衆 : 많다, 여럿]의 뜻으로 본 것이다. ○공영달이 말했다. "박의 백성들이 문왕에게 귀순한 일은 경전에 그 사실이 없으나, 문왕이 주를 정벌하기 전이라면 박의 백성은 응당 문왕에게 귀순하지 않았을 것이다."】 ○정현이 말했다. "문왕에게 복속한 탕(湯)의 옛 도읍의 백성을 나누어 3개의 읍을 만들었는데, 그들의 우두머리가 험한 곳에 살았기 때문에 판윤(阪尹)이라고 말한 것이다. 아마 동쪽이 성고(成皐), 남쪽이 환원(轘轅), 서쪽이 강곡(降谷)일 것이다."[30]【황보밀이 말했다. "몽(蒙)이 북박(北亳)이고, 곡숙(穀熟)이 남박(南亳)이며, 언사(偃師)가 서박(西亳)이다."】 ○왕숙의 설도 같다.【공영달이 말했다. "정현과 왕숙의 설도 〈공안국(매색)과〉 같다."】[31]

---

30 정현이……것이다 : 정현은 三亳과 阪尹을 하나의 사실을 말한 것이라고 보아 이렇게 주석한 것이다. 『상서정의』 소에는 다산이 인용한 내용 앞에 "鄭玄以三亳・阪尹者共爲一事."가 더 있다.

31 왕숙의……같다 : '夷・微・盧・烝・三亳・阪・尹'에 대해 정현과 왕숙도 매색(공안국)과 같은 뜻으로 풀이하였다는 의미이다. 『상서정의』 소에서 공영달은 그 부분의 매색 주를 원문의 소주와 같이 부연 설명하고, 이어서 "鄭・王所說, 皆與孔同."이라고 하였다.

○**용안** 정현의 풀이는 큰 오류이다. 주(紂)가 망하기 전에 삼박(三亳)의 백성 중에 어찌 주나라에 투항한 사람이 있었겠는가? 대체로 무왕이 주(紂)를 정벌하던 때에 군대를 나누어 장수를 임명하고, 또 길을 나누어 행군하였을 것이다. 이(夷)·미(微)·로(盧)·증(烝)으로는 팽복(彭濮)의 군사들이 갔는데 군사들을 통솔하는 사람을 두고,【주소에서 증(烝)을 중(衆)의 뜻으로 보았는데 역시 틀렸다.】 남박·북박·서박의 길에도 군사들을 관장하는 사람을 두며,【필시 세 사람에게 명하여 각자 한 군데의 박(亳)으로 달려가게 하였을 것이다.】 판(阪)의 길과 윤(尹)의 길에는 요충지를 지키는 군사를 두고 그들을 통솔하는 사람을 두었는데,【판(阪)과 윤(尹)은 두 곳의 지명이다.】 모두 아홉 가지 덕을 갖춘 사람을 정밀하게 뽑아서 맡겼을 것이다. 그러므로 주공이 그것을 모두 꼽아서 성왕에게 말한 것이다. 정현의 설은 근거가 없다.

考證《左傳》【昭廿三】云:“單子從阪道, 劉子從尹道伐尹。” ○《字典》云:“《書傳》訓作阪地之尹長, 而《左傳》云‘阪道’·‘尹道’, 明是二地名, 當從左氏。” ○**案** 鄭·王諸家, 皆爲一尹字所誤, 錯解如彼, 阪·尹旣皆地名, 復何疑哉?

고증 『춘추좌씨전』【소공(昭公) 23년】에 “선자(單子)는 판(阪)의 길로 가고, 유자(劉子)는 윤(尹)의 길로 가서 윤을 쳤다.”라고 하였다. ○『강희자전(康熙字典)』에 “『서전(書傳)』에서는 〈판윤(判尹)을〉 판지(阪地)의 윤장(尹長)이라고 풀이하였으나 『춘추좌씨전』에 ‘판도(阪道)’와 ‘윤도(尹道)’라고 하였으니 두 곳의 지명임이 분명하다. 좌씨를 따라야 한다.”라고 하였다.[32]

○**안** 정현과 왕숙 등 여러 사람은 모두 윤(尹) 한 글자 때문에 잘못 생각하여 저렇게 틀리게 해석하였다. 판과 윤이 모두 지명임을 또 어찌 의심하겠는가?

考訂 蔡云 : "【司徒以下】 諸侯之官, 莫不得人也。【夷 · 微以下】 此王官之監於諸侯 · 四夷者也。" ○**案** 此義大誤, 不辨而明矣。諸侯之官, 天子何知? 四夷之國, 豈止此輩?

고정 채침이 말했다. "【사도(司徒) 이하는】 제후의 관직에 모두 적임자를 얻었다는 말이다. 【이(夷) · 미(微) 이하는】 이들은 제후와 사이(四夷)를 감독하는 왕의 관리이다."

○**안** 이 풀이가 매우 잘못되었다는 것은 변석(辨釋)하지 않아도 명백하다. 제후의 관직을 천자가 어떻게 알겠으며, 사이(四夷)의 나라가 어찌 이들뿐이었겠는가?

26. 입정 - 07

文王惟克厥宅心, 乃克立茲常事 · 司牧人, 以克俊有德。文王罔攸兼于庶言 · 庶獄 · 庶愼, 惟有司之牧夫, 是訓用違。庶獄 · 庶愼, 文王罔敢知于茲。

---

32 『강희자전(康熙字典)』에……하였다 : 『강희자전』 권32 '阪' 자에 대한 설명에 보인다.

"문왕께서는 삼택(三宅)의 마음을 분명하게 알 수 있었으므로 상사[常事 : 상임(常任)]와 사목인[司牧人 : 상백(常伯)]에 빼어나고 덕이 있는 사람을 세울 수 있었습니다. 문왕께서는 서언(庶言)과 서옥(庶獄)과 서신(庶愼)을 겸하지 않으시고 오직 유사(有司)인 목부(牧夫)에 대해서만 명을 따르도록 가르치고 명을 어기지 말도록 단속하셨습니다. 서옥과 서신에 대해서는 문왕께서 감히 이를 알려고 하지 않으셨습니다."

補云 : "克厥, 謂能灼知也。" ○蔡云 : "能立此常任 · 常伯。不言準人者, 略之也。" ○補云 : "準人雖列爲三宅, 凡法律之事, 準人不能專斷, 內則議之於公卿, 外則議之於牧伯。故玆不言準人, 繼言庶獄諸事。" ○補云 : "庶言 · 庶獄 · 庶愼, 皆準人之事, 而公卿 · 牧伯領之。" ○補云 : "庶言, 誥告也, 誓戒也, 號令也。庶愼, 謂麗刑斷法也。〈多方〉云'愼厥麗', 又曰'愼罰'。" ○蔡云 : "文王不敢下侵庶職, 惟於有司牧夫, 訓勑用命及違命者而已。" ○梅云 : "勞於求才, 逸於任賢。" ○補云 : "有司之牧夫, 通內 · 外而言之, 公卿牧伯, 皆所以牧民也。"

〔**文王惟克厥宅心**〕 보충한다. "극궐(克厥)은 분명하게 알 수 있었다는 말이다."

〔**乃克立玆常事 · 司牧人, 以克俊有德**〕○채침이 말했다. "이 상임(常任)과 상백(常伯)을 세울 수 있었다는 뜻이다. 준인(準人)을 말하지 않은 것은 생략한 것이다."[33] ○보충한다. "준인은 비록 삼택(三宅)

33 채침이……것이다 : 지나치게 생략하고 인용하여 의미가 선명하게 드러나지 않는다. 『서집전』의 원문은 다음과 같다. 文王惟能其三宅之心. 能者, 能之也, 知之至, 信之篤之謂. 故能立此常任 · 常伯, 用能俊有德也. 不言準人者, 因上

의 반열이지만, 무릇 법률에 관한 일은 준인이 전담하여 결단할 수 없고 조정에서는 공경과 의논하고 지방에서는 목백(牧伯)과 의논하였다. 그러므로 여기에서 준인을 말하지 않고, 이어 서옥(庶獄) 등의 일을 말한 것이다."

〔文王罔攸……是訓用違〕○보충한다. "서언(庶言)·서옥(庶獄)·서신(庶愼)은 모두 준인(準人)의 일이지만 공경(公卿)과 목백(牧伯)이 통령(統領)하였다." ○보충한다. "서언(庶言)은 고고(誥告)이고 경계(誓戒)이고 호령(號令)이다. 서신(庶愼)은 형벌에 걸린 자를 법으로 처단하는 것을 말한다. 「다방(多方)」에 '신궐리[愼厥麗 : 형벌을 받게 된 백성을 신중하게 심리하다]'라고 하고 또 '신벌[愼罰 : 형벌을 신중하게 시행하다]'이라고 하였다." ○채침이 말했다. "문왕은 감히 아래로 여러 직무를 침해하지 않고 오직 유사(有司)인 목부(牧夫)에 대해서만 명령을 따르도록 가르치고 명령을 어기는 것을 단속하였을 뿐이라는 뜻이다." ○매색이 말했다. "인재를 구하기 위해 애를 쓰고, 어진 이에게 맡기고 나서는 편안하였다는 뜻이다." ○보충한다. "유사지목부(有司之牧夫)는 내직(內職)과 외직(外職)을 통틀어 말한 것이니, 공경과 목백(牧伯)이 모두 백성을 기르기 위한 관직이다."

考異 石經殘碑云："文王唯厥度心, 乃克立玆。"【上克字亡】

고이 석경잔비에는 〈'文王惟克厥宅心, 乃克立玆'가〉 "文王唯厥度心, 乃克立玆"로 되어 있다.【앞의 '克' 자가 없다.】

章言文王用人, 而申克知三有宅心之說, 故略之.

26. 입정 - 08

亦越武王, 率惟敉功, 不敢替厥義德, 率惟謀從,【句】容德以竝,【句】受此丕丕基。【石經殘碑云: "受玆丕丕其。"】

"또한 무왕께서는 천하를 어루만져 편안하게 하신 문왕의 공적을 따르며 문왕이 등용한 의로운 덕을 지닌 사람을 감히 버리지 않으시고, 문왕의 계책을 따라【단구】 마음이 너그럽고 도량이 큰 사람을 모두 등용하여,【단구】 이 크나큰 기업(基業)을 받으셨습니다."【석경잔비에는 〈'受此丕丕基'가〉 "受玆丕丕其"로 되어 있다.】

補云: "率文王撫安之功。" ○蔡云: "義德者, 有撥亂反正之才。容德者, 有休休樂善之量。" ○蔡云: "武王不敢替其【文王】所用義德之人。" ○補云: "率文王之舊, 而有謀必從。" ○補云: "容德以竝者, 竝用寬弘之人。"【古今句讀, 似未允】

〔率惟敉功〕 보충한다. "문왕이 어루만져 편안하게 한 공적을 따랐다는 뜻이다."

〔不敢替厥義德……從容德〕○채침이 말했다. "의덕(義德)이 있는 사람은 난을 다스려 바른 데로 돌리는 재주가 있고, 용덕(容德)이 있는 사람은 넉넉하여 선을 즐기는 도량이 있다." ○채침이 말했다. "무왕은 감히 그【문왕을 말한다.】가 등용한 의덕이 있는 사람을 버리지 않았다는 말이다."

〔率惟謀從〕○보충한다. "문왕의 옛 공적을 따르며 계책을 반드시 따랐다는 뜻이다."

〔容德以竝〕○보충한다. “용덕이병(容德以竝)이란 너그럽고 도량이 큰 사람을 모두 등용하였다는 뜻이다.”【고주와 금주의 구두[34]는 타당하지 않은 듯하다.】

26. 입정 - 09

嗚呼! 孺子王矣。繼自今, 我其立政,【句】 立事·準人·牧夫, 我其克灼知厥若, 丕乃俾亂, 相我受民, 和我庶獄·庶愼, 時則勿有間之。自一話一言, 我則末, 惟成德之彦, 以乂我受民。

“오호라! 유자(孺子)가 왕이 되셨으니, 지금부터 우리 왕께서 정사를 수립하소서.【단구】 입사[立事 : 공경]와 준인(準人)과 목부(牧夫)들에 대해 우리 왕께서는 그들이 상제의 인도를 따르는 줄을 환히 아시니, 그가 맡은 일을 다스려서 왕께서 하늘로부터 받은 백성을 돕고 우리의 서옥(庶獄)과 서신(庶愼)을 조화롭게 다스리게 하시되, 이런 일에 왕께서 사심을 갖고 개입하지 마소서. 한 번의 대화 한마디 말에서부터 나는 〈개입하지〉 말고 오직 덕을 이룬 선비들에게 의지하여 하늘에서 받은 우리의 백성을 다스리소서.”

補云 : “立政, 天子之事。” ○補云 : “立事, 公卿任事之臣。” ○補云 :

34 고주와 금주의 구두 : 매색과 채침은 모두 “率惟謀從容德, 以竝受此丕丕基”로 구를 나누었다.

“厥若者, 順帝之迪也, 知其有中庸之德, 則戒愼恐懼, 率天命者也, 丕乃使之治厥職事。”【亂, 治也】 ○補云: “王者, 受民於天, 故曰受民。相者, 輔佑也, 左右之也。” ○蔡云: “推心委任, 和調獄·愼之事, 勿以小人間之。” ○補云: “勿以間之者, 人主勿以自己之私意間之, 卽文王罔敢知庶獄之義。” ○補云: “末, 猶勿之也。《論語》云‘末之也已’, 末者, 勿也。自一話一言, 我則勿之,【上文云: “勿有間之。”】 惟仗成德之彥, 以治我受民。”【我則末, 絶句, 舊讀非也】 ○**案** 得人而任之, 王勿間之者, 君道本然。抑周公持國秉政, 創業垂統數十年, 列于庶位者, 皆灼知忱恂之人, 中和戒愼之賢。成王委任責功, 垂拱仰成, 則庶績以凝。若以幼沖之見, 牽掣交亂於其間, 則三事之臣, 將無以展布四體, 周公此戒, 抑亦時措之宜也? 若宅于三事者, 非九德之人, 一話一言, 惡得無可否乎?

〔**我其立政**〕 보충한다. “입정(立政)은 천자의 일이다.”

〔**立事·準人·牧夫**〕○보충한다. “입사(立事)는 공경(公卿)으로, 일을 맡은 신하이다.”

〔**我其克灼知厥若, 丕乃俾亂**〕○보충한다. “궐약(厥若)은 상제의 인도를 따른다는 뜻이다. 중용의 덕이 있으면 삼가고 두려워하며 천명을 따르는 사람임을 알 수 있으니, 그로 하여금 자신이 맡은 일을 다스리게 하라는 말이다.”【란(亂)은 치[治: 다스리다]의 뜻이다.】

〔**相我受民**〕○보충한다. “왕자(王者)는 백성을 하늘에서 받으므로 수민(受民)이라고 한 것이다. 상(相)이란 보우[輔佑: 돕다]의 뜻이고 좌우지[左右之: 돕다, 거느리다]의 뜻이다.”

〔**我其克灼知厥若……時則勿有間之**〕○채침이 말했다. “마음을 미루어 위임하여 서옥과 서신의 일을 조화롭게 다스리되 소인이 개입하지 말게 하라는 뜻이다.”[35] ○보충한다. “물이간지(勿以間之)는

임금이 자기의 사심으로 개입하지 말라는 뜻이니, 바로 문왕이 감히 서옥에 대해 알려고 하지 않았다는 것과 같은 의미이다."

〔我則末……以乂我受民〕○보충한다. "말(末)은 물지[勿之 : 하지 말다]와 같은 뜻이다. 『논어』에 '말지야이(末之也已)'의 말(末)은 물(勿)의 뜻이다. 한 번의 대화, 한마디 말도 나는 개입하지 말아야 하니【앞에서는 "물유간지(勿有間之)"라고 하였다.】 오직 덕을 이룬 선비들에게 의지하여 하늘에서 받은 우리 백성을 다스리라는 뜻이다."【아즉말(我則末)에서 구를 나누어야 한다. 예전의 구두는 틀렸다.】

○안 적임자를 얻어서 맡기고 나면 왕은 개입하지 않는 것이 군도(君道)의 본연이다. 또한 주공은 국정을 담당하였기에 창업하여 왕통(王統)을 전하는 수십 년 동안 여러 자리에 있었던 사람들이 모두 진실한 사람이고 중화(中和)하며 삼가고 조심하는 현인임을 환히 알았다. 성왕은 위임하여 공을 세우도록 책임 지우고 팔짱 낀 채 성공하기를 기다리면 모든 일이 이루어질 것이다. 그런데 어린 소견으로 그 사이에서 견제하고 교란하면 삼사의 신하들은 장차 사체(四體)를 펼 수 없을 것이니, 주공의 이 경계는 또한 시의적절한 조치가 아니겠는가? 만약 삼사의 지위에 있는 사람들이 구덕을 갖춘 인물이 아니라면 한 번의 대화, 한마디의 말도 어찌 가부를 말하지 않을 수 있겠는가?

---

35 마음을……뜻이다 : 내용을 많이 생략하여 의미가 선명하지 않게 되었다. 『서집전』의 원문은 다음과 같다. 夫旣明知其所順, 果正而不他然後, 推心而大委任之, 使展布四體以爲治, 相助左右所受之民, 和調均齊獄愼之事, 而又戒其勿以小人間之, 使得終始其治.

嗚呼! 予旦已受人之徽言, 咸告孺子王矣。繼自今, 文子文孫, 其勿誤于庶獄·庶愼, 惟正是乂之。自古商人, 亦越我周文王, 立政,【句】 立事·牧夫·準人, 則克宅之, 克由繹之, 玆乃俾乂。

"오호라! 나 단(旦)은 사람들에게서 들은 〈우·탕·문왕·무왕의 일에 대한〉 아름다운 말을 유자인 왕께 모두 고하였습니다. 지금부터 〈무왕의〉 아들이며 〈문왕의〉 손자인 〈왕께서는〉[36] 자기 생각으로 서옥(庶獄)과 서신(庶愼)을 그르치지 말고 오직 직무를 맡은 사람들이 그 일을 다스리게 하소서. 옛날부터 상(商)나라 사람과 또한 우리 주나라의 문왕에 이르기까지 정사를 수립할 때【단구】 입사와 목부와 준인을 자리에 앉히고 나서 또 이어서 다시 자세히 살핀 뒤에야 비로소 다스리게 하셨습니다."

梅云: "所受賢聖說禹·湯之美言, 皆已告[교1]王。" ○梅云: "文王之子孫。" ○蔡云: "正, 猶所謂正人, 唯當職者是治之。" ○補云: "旣宅之, 又從而紬繹之, 乃令專治之。" ○補云: "重言復言, 丁寧告戒, 冀王之銘念。"

교1) 案已告: 『상서정의』에는 '以告稚子'로 되어 있다.

---

36 〈우……〈왕께서는〉: 채침의 주석에 따라 번역하였다. 채침은 '已受人之徽言, 咸告孺子王矣.'에 대해 "前所言禹·湯·文·武任人之事, 無非至美之言, 我聞之於人者, 已皆告孺子王矣. 文子·文孫者, 成王, 武王之文子, 文王之文孫也." 라고 풀이하였다.

〔予旦已受人之徽言, 咸告孺子王矣〕 매색이 말했다. "성현들에게서 전해 받은 우와 탕의 훌륭한 말에 대한 설을 모두 〈어린〉 왕에게 고하였다는 뜻이다."

〔文子文孫〕○매색이 말했다. "문왕의 자손이다."

〔惟正是乂之〕○채침이 말했다. "정(正)은 이른바 정인(正人)과 같은 말이니, 오직 직책을 맡은 사람이 다스리게 하라는 뜻이다."[37]

〔克宅之……玆乃俾乂〕○보충한다. "자리에 앉히고 나서 이어 다시 생각하고서야 비로소 전담하여 다스리게 하라는 말이다." ○보충한다. "거듭 말하고 또 말하며 간곡하게 고하여 왕이 마음에 새기기를 바란 것이다."

考異 《漢藝文考》曰: "石經云, '予旦以前人之微[교1]言。'" ○又曰: "克度之, 克猶繹之。"

교1) 微: 신조선사본에는 '徽'로 되어 있으나 『石經考』에 따라 바로잡는다. 案『석경고』에는 '徽'로 되어 있으나 『한예문지고증』에는 '微'로 되어 있다.

고이 『한예문지고증(漢藝文志考證)』에 "석경에는 〈'予旦已受人之徽言'이〉 '予旦, 以前人之微言'으로 되어 있다."라고 하였다. ○또 "〈'克宅之, 克由繹之'가〉 '克度之, 克猶繹之'로 되어 있다."라고 하였다.

37 채침이……뜻이다: 채침 주의 일부만을 발췌하였다. 『서집전』의 원문은 다음과 같다. 正, 猶「康誥」所謂正人與官正・酒正之正, 指當職者爲言. 不以己誤庶獄・庶愼, 惟當職之人是治之, 下文言'其勿誤庶獄, 惟有司之牧夫', 卽此意.

26. 입정 - 11

國則罔有立政用憸人, 不訓于德, 是罔顯在厥世。繼自今, 立政, 其勿以憸人, 其惟吉士, 用勱相我國家。【石經, 在爲哉】

"나라에서는 정사를 세우면서 간사한 사람을 등용하지 말아야 합니다. 그런 사람은 덕을 따르지 않아서 그 왕의 시대에 자리에 있으면서 드러난 공을 세우지 못합니다. 지금부터 정사를 세우면서 간사한 사람을 쓰지 말고 오직 길사(吉士)만을 등용하여 힘써 우리 국가를 돕게 하소서."【석경에는 '在'가 '哉'로 되어 있다.】

補云 : "國乎云爾, 則罔有立政而用憸人者。" ○補云 : "訓, 順也。在厥世, 謂罔有顯烈在厥王之世。"【謂居位幾年之間】 ○蔡云 : "勉輔我國家。" ○馬云 : "憸, 利, 佞人也。"

〔國則罔有立政用憸人〕 보충한다. "나라라면 정사를 세우면서 간사한 사람을 등용하는 일이 없어야 한다는 뜻이다."

〔不訓于德, 是罔顯在厥世〕○보충한다. "훈(訓)은 순[順 : 따르다]의 뜻이다. 재궐세(在厥世)는 그 왕의 시대에 있으면서 드러난 공이 없다는 말이다."【자리에 있은 몇 년 동안을 말한다.】

〔用勱相我國家〕○채침이 말했다. "힘써 우리 국가를 돕게 하라는 뜻이다."[38]

〔憸人〕○마융이 말했다. "첨(憸)은 리[利 : 이익을 탐하다]의 뜻으로,

38 힘써……뜻이다 : 채침 주를 축약한 것이다. 『서집전』의 원문은 다음과 같다. 使勉力以輔相我國家也.

아첨하는 사람을 말한다."

考異 《說文》, 憸[교1)]作譣。【許云:"譣, 問也。"】《釋文》云:"或作思"【薛本同】 ○石經殘碑云:"不訓德。"【無于字】 ○《說文》云:"勸相我邦家。"

교1) 案憸: 가장본에는 '憸'으로 되어 있다.

고이 『설문해자』에는 '憸'이 '譣'으로 되어 있다.【허신이 말했다. "첨(譣)은 문[問: 묻다]의 뜻이다."】
『경전석문』에 "〈'憸'이〉 어떤 본에는 '思'으로 되어 있다."라고 하였다.【설계선본도 같다.】
○석경잔비에는 〈'不訓于德'이〉 "不訓德"으로 되어 있다.【'于' 자가 없다.】
○『설문해자』에는 〈'勸相我國家'가〉 "勸相我邦家"로 되어 있다.[39]

26. 입정 - 12

今文子文孫孺子王矣, 其勿誤于庶獄, 惟有司之牧夫。其克詰爾戎兵, 以陟禹之跡, 方行天下, 至于海表, 罔有不服, 以覲文王之耿光, 以揚武王之大烈。【石經, 耿爲鮮】

39 『설문해자』에는……있다: 『설문해자』에서는 이 내용이 확인되지 않는다. 다만 司馬光이 撰한 『類篇』 권 39 '勸' 자에 대한 설명에 "『說文』, 勉, 力也. 引「周書」'用勸相我邦家'."라고 하였다.

"이제 무왕의 아들이며 문왕의 손자인 유자(孺子) 왕께서는 서옥(庶獄)〈에 개입하여〉 그르치지 마시고 오직 유사(有司)인 목부(牧夫)에게 맡기소서. 왕께서는 군정(軍政)을 잘 정비하여 우(禹)임금이 수토(水土)를 다스린 것과 같은 큰 공을 세워 천하를 두루 다니시고 해표(海表)에 이르기까지 모두 복종시켜, 와서 문왕의 빛나는 덕을 보고 무왕의 큰 공적을 드날리게 하소서."【석경에는 '耿'이 '鮮'으로 되어 있다.】

補云:"庶獄之戒, 必稱文子文孫者, 以文王罔敢知也, 重言復言, 丁寧告戒, 恐王間於有司, 致誤刑獄也。" ○馬云:"詰, 賓也。" ○補云:"詰, 究問也, 治也。陟, 躋也。" ○補云:"禹跡徧于九州, 達于五服。夏・商之衰, 其跡寢卑, 諸侯有不服者, 四夷有不賓者。周公戒成王詰戎, 以躋禹之舊跡。" ○補云:"方, 放也。方行, 猶橫行也。" ○補云:"使遠人來覲文王之耿光, 來揚武王之大烈。"

〔今文子文孫孺子王矣, 其勿誤于庶獄〕 보충한다. "서옥(庶獄)에 대해 경계할 때 반드시 문자문손(文子文孫)을 일컬은 것은, 〈앞 7장에 나온〉 '문왕망감지(文王罔敢知)'의 의미를 거듭 말하고 또 말하여 간곡하게 경계한 것이니, 왕이 유사(有司)의 일에 개입하여 형옥(刑獄)을 그르칠까 걱정해서이다."

〔其克詰爾戎兵, 以陟禹之跡〕○마융이 말했다. "힐(詰)은 빈[賓: 복종하다, 따르다]의 뜻이다." ○보충한다. "힐(詰)은 구문[究問: 자세히 묻다]의 뜻이고 치[治: 다스리다]의 뜻이다. 척(陟)은 제[躋: 오르다]의 뜻이다."

〔方行天下, 至于海表, 罔有不服〕○보충한다. "우(禹)의 발자취는 구

주(九州)에 두루 미치고 오복(五服)에까지 이르렀다. 그러나 하나라와 상나라 말기에는 그 자취가 점점 낮아져서 제후 중에 복종하지 않는 자가 있고, 사이(四夷) 중에 빈복(賓服)하지 않는 자가 있었다. 그러므로 주공이 성왕에게 군사(軍事)를 잘 다스려서 우의 옛 자취로 올라가도록 경계한 것이다." ○보충한다. "방(方)은 방[放 : 방종하다]의 뜻이다. 방행(方行)은 횡행[横行; 두루 다니다]과 같은 뜻이다."

〔以覲文王之耿光, 以揚武王之大烈〕○보충한다. "원인(遠人)으로 하여금 와서 문왕의 빛나는 덕을 보고 무왕의 큰 공적을 드날리게 하라는 뜻이다."

考異 《書大傳》: "以勤文王之耿光, 以揚武王之大訓。"

고이 『상서대전』에는 〈'以覲文王之耿光, 以揚武王之大烈'이〉 "以勤文王之耿光, 以揚武王之大訓."으로 되어 있다.[40]

26. 입정 - 13

嗚呼! 繼自今後王立政, 其惟克用常人。

"오호라! 지금부터 후왕(後王)에 이르기까지 정사를 수립할 때에는

40 『상서대전』에는……있다 : 『상서대전』에서는 이 내용이 확인되지 않는다. 다만 宋나라 黃幹이 撰한 『儀禮經傳通解續』 권29 「祭義 · 祭禮」에 "至于海表, 莫敢不來服, 莫敢不來享, 以勤文王之鮮光, 以揚武王之大訓, 而天下大洽."이라고 한 부분에 '尙書大傳'이라는 소주가 있다.

아홉 가지 덕을 변함없이 유지하는 사람을 등용하소서."

補云: "繼自今之戒, 至三至四, 丁寧之意也, 自新之方也。" ○補云: "竝言後王者, 令以此大訓, 傳示後王也。" ○蔡云: "常人, 常德之人。" ○補云: "九德有常, 則中庸之人也。皐陶陳九德之目, 繼之曰'彰厥有常, 吉哉'。"

〔繼自今〕 보충한다. "계자금(繼自今)의 경계를 세 번 네 번 되풀이 한 것은 간곡한 뜻이고 스스로 새로워지는 방도를 말한 것이다."
〔後王立政〕○보충한다. "후왕(後王)까지 아울러 말한 것은 이 대훈(大訓)을 후왕에게 전해 주게 하기 위해서이다."
〔其惟克用常人〕○채침이 말했다. "상인(常人)은 떳떳한 덕을 간직한 사람이다." ○보충한다. "아홉 가지 덕을 항상 유지하는 사람은 중용(中庸)의 사람이다. 고요(皐陶)는 아홉 가지 덕의 항목을 진달하고 이어서 '이런 덕이 몸에 드러나고 항상 유지하는 사람이 길사(吉士)입니다.'라고 하였다."

考訂 呂云: "常人之於國也, 食之穀粟, 衣之布帛。" ○**訂曰** 《中庸》之教, 中·和·祗·庸也。直而溫, 寬而栗, 剛而無虐, 簡而無傲, 不偏不倚, 無過不及, 喜怒哀樂發而中節者, 中·和之德也。戒愼乎其所不睹, 恐懼乎其所不聞,【小人不畏天, 故無忌憚】 潛昭·屋漏之畏, 體物不遺之敬, 則祗畏之德也。道不可須臾離, 庸也。民鮮能久矣, 庸也。【鄭云: "人不能久行。"】 擇乎中庸而不能期月守, 庸也。拳拳服膺而弗失之, 庸也。國有道不變, 國無道不變, 庸也。庸德之行, 庸言之謹, 庸也。無入而不自得, 庸也。擇善而固執之, 庸也。至誠無息, 不息則久, 久[교1]則悠遠, 庸

也。維天之命, 於穆不已, 文王之德, 純亦不已, 庸也。中・和九德, 非祗畏, 則不能成德。中・和九德, 非祗畏, 則不能庸久。故取人・任人, 必簡之以九德, 旣簡旣選, 又驗之以庸久。中而又庸, 則其有祗畏之工, 愼獨之誠, 可知。於是乎委任責功, 垂拱仰成, 而一話一言, 罔或侵越以間之。嗚呼! 此虞・夏・殷・周敎人之法, 亦虞・夏・殷・周用人之法。嗚呼! 此法之外, 更有第二法乎? 謀面者, 一日百變, 其德無恒。忱恂者, 立不易方, 其德有恒。常一字, 又別眞僞・辨賢邪之要訣也。《易》曰 : "能久中也。"《易》曰 : "不恒其德, 凶。"《書》曰 : "有夏不克終日勸于帝于迪。" 孔子曰 : "回也, 三月不違仁。其餘, 日月至焉而已。" 常之難, 有如是矣。矯僞粉飾之行, 其可容於虞・夏・殷・周之世乎?
穀粟・布帛之人, 固亦吉士, 而經義則不然。且取人・用人, 唯以平常同合之人爲主, 則鄕原流俗之輩, 得以混雜於其間, 莫若以中・和・祗・庸, 立爲敎人之法, 仍以中和・祗・庸, 立爲用人之法。〈立政〉一篇, 是三代簡選之遺範, 骨髓精英之攸現。雖字句古奧, 其旨意則昭著也。【《知遠錄》】

교1) 案久 : 『중용에는』 뒤에 '則徵, 徵'이 더 있다.

고정 여조겸이 말했다. "상인(常人)에 대해서는 나라에서 곡식을 먹게 하고 비단옷을 입게 한다."

○**정왈** 『중용』의 가르침은 중(中)・화(和)・지(祗)・용(庸)이다. 〈『상서』「요전」에서 말한〉 반듯하되 온화하고, 너그럽되 엄격하고, 강하되 사나움이 없고, 뜻이 크되 오만하지 않음과, 〈『중용』에서 말한〉 치우치지 않고 기울어지지 않으며 지나침도 모자람도 없으

며, 희로애락이 드러나되 절도에 맞는 것은 중과 화의 덕이다. 〈『중용』에서 말한〉 보이지 않는 천체(天體)를 경계하고 조심하며 들리지 않는 하늘의 소리를 두려워하는 것,[41] 【소인은 하늘을 두려워하지 않으므로 거리낌이 없다.】 잠소(潛昭)와 옥루(屋漏)를 두려워함[42]과 사물의 체(體)가 되어 빠뜨리지 않는 것에 대한 경(敬)은 지외(祗畏)의 덕이다. 〈『중용』에서〉 '도는 잠시도 떠날 수 없다'라고 한 것은 용(庸)이다. '오랫동안 실천할 수 있는 사람이 적다.'[43]라고 한 것은 용이다.【정현이 말했다. "사람들이 오랫동안 실행하지 못한다는 뜻이다."[44]】 '중용을 택하여 기월(期月)도 지키지 못한다.'라고 한 것은 용이다. '〈한 가지 선을 얻으면〉 가슴에 절실히 새겨서 잃지 않는다.'라고 한 것은 용이다. '나라에 도가 있을 때에 〈곤궁하던 시절에 지녔던 뜻을〉 변치 않고, 나라에 도가 없을 때에 〈죽어도 평소의 뜻을〉 변치 않음'[45]은 용이다. '용덕[庸德 : 변하지 않는 덕]을 실행하고 용

---

41 보이지……것 : 다산은 '所不睹'를 보이지 않는 하늘의 본체, '所不聞'을 들리지 않는 하늘의 소리로 해석한다. 『中庸自箴』에 "所不睹者, 何也? 天之體也. 所不聞者, 何也? 天之聲也. 何以知其然也? 經曰'鬼神之爲德, 其盛矣乎! 視之而弗見, 聽之而弗聞, 體物而不可遺, 使天下之人, 齊明承祭, 洋洋乎如在其上, 如在其左右'. 不睹·不聞者, 非天而何?"라고 하였다.

42 잠소(潛昭)와 옥루(屋漏)를 두려워함 : 앞의 각주 18) 참조.

43 오랫동안……적다 : 다산의 풀이에 따라 번역하였다. 다산은 『中庸自箴』에서 "民, 鮮能久矣."로 읽고 "庸之爲字, 原是有常之意, 故君子進德修業, 以能久爲貴."라고 풀이하였다.

44 정현이……뜻이다 : 『예기』 「中庸」의 "人皆曰 : '予知擇乎中庸而不能期月守也.'"에 대한 정현의 주에 "自謂擇中庸而爲之, 亦不能久行."이라고 하였다.

45 나라에……않음 : 『논어』 「憲問」 "邦有道, 危言危行, 邦無道, 危行言孫."에 대한 雙峯 饒魯의 주석에 나오는 말로, 『論語集註大全』에 인용되어 있다. 원문은 다음과 같다. 行無時而不危, 所謂國有道, 不變塞焉, 國無道, 至死不變. 言有時而或遜, 所謂國有道, 其言足以興, 國無道, 其默足以容.

언[庸言 : 변하지 않는 말]을 삼감'은 용이다. '어떤 상황에서도 한결같이 스스로 만족함'[46]은 용이다. '선을 택하여 굳게 지킴'은 용이다. '지성(至誠)은 중단이 없으니 중단하지 않으면 오래 지킬 수 있고 오래 지키면 마음으로 징험하게 되고 마음으로 징험하면 유원(悠遠)한 경지에 이르게 됨'[47]은 용이다. '하늘의 명은 심원하여 그치지 않으니, 문왕의 덕은 중화(中和)하고 또 중단이 없음'[48]은 용이다.

중과 화의 구덕은 지외(祗畏)가 아니면 덕으로 이루어질 수 없다. 중과 화의 구덕은 지외가 아니면 변함없이 오래 지킬 수 없다. 그러므로 사람을 뽑고 사람을 임용할 때 반드시 구덕으로 선발하고, 이미 뽑고 선발하였으면 다시 변함없이 오래 지키는지 징험해야 한다. 중도에 맞으면서 또 변함없이 지킨다면 지외의 공부와 신독의 성실함이 있음을 알 수 있다. 이러고서 직임을 맡겨서 공을 이루도록 책임을 지웠으면 〈임금은〉 팔짱을 끼고 성공을 기다려야지

46 어떤……만족함 : 『中庸自箴』에 "其本質富貴, 則以富貴行己, 斯中和也. 其本質貧賤, 則以貧賤行己, 斯中和也. 夷狄・患難莫不皆然, 無入而不自得, 所得者, 中而和之至也. 今日富貴而明日貧賤, 不失此中和, 今日夷狄而明日患難, 不失此中和, 則中而庸也. 庸者, 常然也, 無人而不自得, 豈非常然乎?"라고 하였다.

47 지성은……됨 : 다산은 徵을 마음으로 징험하는 것, 悠遠을 최상의 庸이라고 풀이하여 모두 내면의 효험이지 외부로 드러나는 징험이 아니라고 보았다. 『中庸自箴』에서 "久則徵者, 持守旣久, 則其治心養性之時, 天人相與之際, 必有默驗於自心者, 斯之謂徵也. 徵則其信道益篤, 欲罷不能, 故彌久彌進而至於悠遠. 悠遠者, 庸之極也."라고 하고, 『中庸講義補』에서 "『章句』以'悠遠'以往, 皆作外驗, 恐未當也. 驗於外則悠遠, 積於內則不悠遠乎?"라고 하였다.

48 하늘의……없음 : 『중용』의 "『詩』云 : '維天之命, 於穆不已.' 蓋曰天之所以爲天也, '於乎不顯, 文王之德之純.'蓋曰文王之所以爲文也, 純亦不已." 절의 일부를 발췌한 것이다. 다산은 『中庸講義補』에서 "純者, 中和之德也, 無間斷者, 庸也."라고 풀이하였다.

한 번의 대화, 한마디 말이라도 혹 침범하여 개입하는 일이 있어서는 안 된다.

오호라! 이것이 우(虞)·하(夏)·은(殷)·주(周)나라에서 사람을 가르치는 법이었고, 또한 우·하·은·주나라에서 사람을 등용하는 방법이었다. 오호라! 이 법 외에 다시 둘째가는 법이 있겠는가? 겉으로만 공손한 자[諜面者]는 하루에도 수없이 변하여 그 덕이 일정하게 유지되지 않는다. 거짓 없이 진실한 사람[忱恂者]은 덕업(德業)을 이루려는 신념을 바꾸지 않으므로 그 덕이 항상 일정하다. '상(常)' 한 글자는 또한 진위(眞僞)를 구별하고 현사(賢邪)를 변별하는 요결(要訣)이다. 『역』에 "중에 오래 머무를 수 있다."[49]라고 하였고, 『역』에 "그 덕을 항상 지키지 못하니 흉하다."[50]라고 하였고, 『상서』에 "하나라는 상제가 계도하는 바에 대해 하루도 힘쓰지 못하였다.[51]"라고 하였으며, 공자는 "안회는 석 달 동안 마음이 인에서 떠나지 않으나, 나머지 제자들은 〈마음이 인에서 떠나지 않는 기간이〉 며칠 혹은 한 달 정도에 이를 뿐이다.[52]"라고 하였으니, '상'이란 이렇게 어려운 것이다. 거짓으로 겉모습만 꾸며서 행하는 자가 우·하·은·주의 시대에 용납될 수 있었겠는가?

곡식을 먹고 비단옷을 입는 사람은 본래 또한 길사인데, 경문의

---

49 중에……있다 : 『주역』 恒卦 九二 象傳의 내용이다.

50 그 덕을……흉하다 : 『주역』 恒卦 九二 爻辭에 "不恒其德, 或承之羞, 貞吝."이라고 하였다.

51 하나라는……못하였다 : 「多方」에 보인다.

52 안회는……뿐이다 : 『논어』 「雍也」에 "回也, 其心三月不違仁, 其餘日月至焉而已矣."라고 하였는데, '其餘日月至焉'을 『論語古今註』에서 "其餘, 謂諸弟子. 日月至, 謂不違仁, 或引至一月, 或引至數日也."라고 풀이하였다.

의미는 그렇지 않다. 또한 사람을 뽑고 사람을 등용할 때 항상 마음에 맞는 사람만을 중심으로 한다면 시속에 영합하는 향원(鄕原)의 무리가 그 속에 섞일 수 있으니, 중·화·지·용으로 사람을 교육하는 법을 확립하고 이어 중·화·지·용으로 사람을 등용하는 법을 확립하는 것만 못하다. 「입정」 편은 삼대의 인재 선발 방법의 유법(遺法)으로 그 골수와 정영(精英)이 드러나 있다. 비록 자구(字句)는 예스럽고 오묘하지만 그 의미는 분명하다.【『상서지원록』】

26. 입정 - 14

周公若曰："太史! 司寇蘇公, 式敬爾由獄, 以長我王國, 茲式有愼, 以列用中罰。"

주공이 말했다. "태사(太史)여! 사구(司寇)였던 소공[蘇公：소분생(蘇忿生)]이 〈태사의 기록을 두려워하여〉 형옥을 조심스럽게 다루어서 우리 왕국을 장구하게 하였으니, 〈그대가 사구의 신하를 깨우쳐〉 소분생의 일을 법식으로 삼아 조례를 나열하여 형벌을 알맞게 적용하도록 하라."

孔云: "《左傳》云,【成十一】'昔周克商, 使諸侯撫封, 蘇忿生以溫爲司寇。'"【其邑溫】 ○補云："公卿溺職, 太史書之於冊, 以示後世。蘇公畏此簡書, 愼其刑獄, 故呼太史而告之曰'蘇公式敬爾由獄'。" ○孔云："《周禮》,[교1] 刑新國用輕典, 平國用中典, 亂國用重典。" ○補云："周公又告太史, 使喩司寇之臣曰：'蘇公寔能愼刑, 宜茲爲式, 列其條例, 用其中理之罰。'"

○**案** 周公旣陳三宅之法, 卽擧一賢輔, 使王用作三宅之模楷。又王國所愼, 莫大於刑獄。故特擧蘇忿生爲說。又人主所畏, 莫甚於史臣。故特召太史而告之, 欲使王知簡書之可畏也。此篇, 欽崇天道, 闡明君道, 揭示知人之要法, 建立官人之弘規, 爲萬世大訓。且是周公之絶筆, 誠人主之寶箴也。

교1) 案禮 : 『상서정의』에는 뒤에 '大司寇云'이 더 있다.

〔**司寇蘇公, 式敬爾由獄**〕 공영달이 말했다. "『춘추좌씨전』【성공 11년】에 '옛날 주나라가 상(商)나라를 이기고 나서 제후들에게 봉국(封國)을 다스리게 하였는데, 소분생(蘇忿生)은 온(溫)을 다스리면서 〈중앙 조정의〉 사구(司寇)가 되었다.'【그의 봉읍(封邑)이 온(溫)이다.】라고 하였다." ○보충한다. "공경이 직무를 제대로 수행하지 못하면 태사(太史)가 그것을 사책(史冊)에 기록하여 후세에 보여주었다. 소공(蘇公)은 이 간서(簡書)를 두려워하여 자신이 맡은 형옥을 신중하게 처리하였다. 그러므로 주공이 태사를 부르고서 '소공이 형옥을 조심스럽게 다루었다.[蘇公式敬爾由獄]'라고 고한 것이다."

〔**玆式有愼, 以列用中罰**〕○공영달이 말했다. "『주례』「추관(秋官)·대사구(大司寇)」에 '형벌을 쓸 때 새로 세운 나라에는 가벼운 법을 적용하고, 태평한 나라에는 중간의 법을 적용하고, 혼란한 나라에는 무거운 법을 적용한다.'라고 하였다." ○보충한다. "주공이 또 태사에게 고하여 태사가 사구의 직책을 맡은 신하에게 '소공은 참으로 형벌을 신중하게 집행하였으니 마땅히 이를 법식으로 삼아 조례를 나열하여 이치에 맞는 형벌을 적용하라.'라고 깨우쳐주게 한 것이다."

○**안** 주공은 삼택(三宅)의 법을 진달한 뒤 여기에서 한 명의 현보(賢輔)를 예로 들어서 왕으로 하여금 삼택의 모범[模楷]으로 삼게 한 것이다. 또 왕국에서 신중하게 처리할 일 중 형옥보다 중대한 일이 없으므로 특별히 소분생의 예를 들어서 설명하였다. 또 임금이 두려워할 것 중 사신(史臣)보다 더한 사람이 없으므로 특별히 태사를 불러서 고하여 왕으로 하여금 간서(簡書)의 두려움을 알게 하고자 한 것이다.

이 편은 천도(天道)를 흠숭(欽崇)하여 군도(君道)를 천명하고, 사람을 알아보는 요법(要法)을 게시하여 사람을 관직에 임용하는 큰 규범을 수립하였으니 만세의 큰 가르침이 된다. 또한 이는 주공의 절필(絶筆)로서, 참으로 임금이 보배롭게 여겨야 할 교훈이다.

번역 : 김성재

『상서고훈』 권7

尙書古訓

27. 고명(顧命)

【薛本, 作顧畬】

【설계선본에는 '顧畬'으로 되어 있다.】

孔云: "'臨終之命曰顧命', 言將[교1]去, 回[교2]顧而爲語也。"

교1) 案將: 『상서정의』에는 '臨將死'로 되어 있다.

교2) 案回: 『상서정의』에는 '廻'로 되어 있다.

〔顧命〕 공영달이 말했다. "〈공안국의 전(傳)에〉 '임종 때에 내린 명을 고명이라고 한다.'라고 한 것은, 죽음을 앞두고 지난 일을 돌이켜보며 이야기한다는 말이다."

27. 고명 - 01

惟四月哉生魄, 王不懌。甲子, 王乃洮頮水。相,【句】被冕服, 憑玉几。乃同召太保奭·芮伯·彤伯·畢公·衛侯·

毛公, 師氏·虎臣·百尹·御事。【《釋文》云: "馬本, 懌爲釋。"】

4월 16일 왕이 기쁘지 않았다. 갑자일에 왕이 손과 얼굴을 씻었다. 상(相)이【단구】 면관(冕冠)을 씌우고 몸에 옷을 덮어주니 왕이 옥궤(玉几)에 기대었다. 그러고서 태보(太保) 석(奭)과 예백(芮伯)·동백(彤伯)·필공(畢公)·위후(衛侯)·모공(毛公), 그리고 사씨(師氏)·호신(虎臣)·백윤(百尹)·어사(御事)를 함께 불렀다.【『경전석문』에 "마융본에는 '懌'이 '釋으로 되어 있다."라고 하였다.】

鄭云: "此成王二十八年。" ○梅云: 【哉生魄】"月十六日。" ○馬云: "不釋, 疾不解也。" ○梅云: "有疾, 故不悅。"교1) ○馬云: "洮, 洮髮也。 頮, 頮교2)面也。" ○鄭云: "相者, 正王服·位之臣, 謂太僕也。" ○鄭云: "玄冕。" ○補云: "被者, 加於身而已, 如士禮之加朝服矣。" ○梅云: "同召六卿。 冢宰第一, 召公領之, 司徒第二, 芮伯爲之, 宗伯第三, 彤伯爲之, 司馬第四, 畢公領之, 司寇第五, 衛侯爲之, 司空第六, 毛公領之。" ○鄭云: "畢公入爲司馬。"【〈大雅·桑柔〉疏】 ○王云: "彤, 姒姓之國。 其餘五國, 姬姓。 畢·毛, 文王庶子, 衛侯, 康叔所封, 武王母弟。"【《左傳》云: "康叔爲司寇。"】 ○孔云: "師氏, 中大夫。 居虎門之左, 守王之門, 故與虎臣竝。" ○梅云: "虎臣, 虎賁氏。" ○梅云: "百尹, 百官之長。" ○補云: "御事, 百司治事之臣。"【王云: "治事, 蓋群士也。"】 ○蔡云: "將發顧命, 以王命召也。"

교1) 案悅: 『상서정의』에는 뒤에 '懌'이 더 있다.
교2) 案頮, 頮: 『상서정의』와 가장본에는 모두 '頮'로 되어 있다.

〔惟四月〕 정현이 말했다. "이때는 성왕 28년이다."

【哉生魄】○매색이 말했다. "그달 16일이다."

〔王不懌〕○마융이 말했다. "불역(不釋)[1]은, 병이 낫지 않았다는 뜻이다." ○매색이 말했다. "병이 있기 때문에 기쁘지 않은 것이다."

〔王乃洮頮水〕○마융이 말했다. "조(洮)는 머리를 감는 것이다. 회(頮)는 얼굴을 씻는 것이다."

〔相〕○정현이 말했다. "상(相)은 왕의 의복과 자리를 바로잡아주는 신하로, 태복(太僕)을 말한다."

〔被冕服〕○정현이 말했다. "현면(玄冕)이다." ○보충한다. "피(被)는 몸에 덮는 것일 뿐이니, 사례(士禮)에서 조복(朝服)을 덮는 것과 같다."

〔乃同召……毛公〕○매색이 말했다. "6경(卿)〈부터 아래로 어사(御事)까지를〉 함께 부른 것이다. 〈여기 나오는 선후는 6경의 차례이다.〉[2] 총재(冢宰)가 첫째로 소공(召公)이 겸임하고,[3] 사도(司徒)가 둘째로 예백(芮伯)이 맡고, 종백(宗伯)이 셋째로 동백(彤伯)이 맡고, 사마(司馬)가 넷째로 필공(畢公)이 겸임하고, 사구(司寇)가 다섯째로 위후(衛侯)가 맡고, 사공(司空)이 여섯째로 모공(毛公)이 겸임하였다." ○정현이 말했다. "필공은 〈조정에〉 들어가면 사마가 된다." 【『시경』「대아·상유(桑柔)」의 소에 보인다.】 ○왕숙이 말했다. "동(彤)은

---

1 불역(不釋): '不懌'과 같은 말이다. 『상서정의』 傳에 "懌, 音亦. 馬本作'不釋'. 云'不釋, 疾不解也'."라고 하였다.

2 6경(卿)〈부터……차례이다.〉: 매색 주를 발췌하여 인용하였는데, 『상서정의』 원문을 참고하여 일부 내용을 보충하였다. 원문은 다음과 같다. 同召六卿下至御事, 太保·畢·毛, 稱公則三公矣. 此先後, 六卿次第.

3 겸임하고: 『상서정의』 소에 "高官兼攝下司者, 漢世以來, 謂之爲領, 故言'召公領之'·'毛公領之'."라고 하였다.

사성[姒姓 : 하(夏) 왕조의 성]의 나라이고, 그 나머지 다섯 나라는 희성[姬姓 : 주(周) 왕조의 성]이다. 필공과 모공은 문왕의 서자(庶子)이고, 위후는 강숙의 봉호(封號)로 무왕의 동복(同腹)아우이다."【『춘추좌씨전』에 "강숙은 사구(司寇)가 되었다."라고 하였다.[4]】

〔師氏 · 虎臣 · 百尹 · 御事〕○공영달이 말했다. "사씨(師氏)는 중대부이다. 호문(虎門)의 왼편에 거처하며 왕의 문을 지켰기 때문에 호신(虎臣)과 함께 〈백윤(百尹)의 앞에 둔 것이다.〉"[5] ○매색이 말했다. "호신(虎臣)은 호분씨(虎賁氏)이다." ○매색이 말했다. "백윤(百尹)은 백관의 우두머리이다." ○보충한다. "어사(御事)는 여러 관청의 일을 담당하는 신하이다."【왕숙이 말했다. "치사(治事)는 여러 사(士)일 것이다."[6]】 ○채침이 말했다. "고명을 하려고 왕명으로 부른 것이다."[7]

考異 《說文》, 頮[교1)]爲沬,【又云 : "古文作頮。"】[교2)] 憑爲凭。【薛本同】 ○虞翻云 : "鄭註《尙書》, 〈顧命〉'成王疾困憑几洮頮'[교3)]爲濯, 以爲澣衣成事,

---

4 『춘추좌씨전』에……하였다 : 定公 4년에 "武王之母弟八人, 周公爲太宰, 康叔爲司寇, 聃季爲司空, 五叔無官."이라는 말이 나온다.

5 사씨(師氏)는……것이다 : 『상서정의』의 내용을 축약하여 인용하였는데, 『상서정의』 원문을 참고하여 일부 내용을 보충하였다. 원문은 다음과 같다. 『周禮』'師氏, 中大夫', '掌以美詔王'. 居虎門之左, 司王朝得失之事, 帥其屬守王之門. 重其所掌, 故於虎臣並於百尹之上, 特言之.

6 왕숙이……것이다 : 경문의 '御事'를 매색이 '諸御治事'라고 하였는데, 공영달이 부연 설명하면서 왕숙의 설을 인용한 것이다.

7 고명을……것이다 : 이때 평소와 달리 六卿부터 御事까지 모두 부른 이유를 설명한 부분인데, 다산은 내용을 축약하여 인용하였다. 『서집전』의 원문은 다음과 같다. 平時則召六卿, 使帥其屬, 此則將發顧命, 自六卿至御事, 同以王命召也.

'洮'字虛更作'濯', 以從其非, 誠可怪也。"

교1) [案]頮 : 『상서정의』와 가장본에는 '頮'로 되어 있다.

교2) 頮 : 『상서정의』에는 '頮'로 되어 있다. [案]가장본에도 '頮'로 되어 있다.

교3) [案]頮 : 『삼국지』「吳志 · 虞翻傳」의 주와 가장본에는 '頮'로 되어 있다.

고이 『설문해자』에는 '頮'가 '沬'로,【또 "고문(古文)에는 '頮'로 되어 있다." 라고 하였다.】 '憑'이 '凭'으로 되어 있다.[8]【설계선본도 같다.】
○우번(虞翻)이 말했다. "정현의 『상서』 주에서 「고명」의 '成王疾困憑几洮頮'〈의 洮頮〉를 '濯'으로 보아 옷을 빨아서 일을 완수한 것으로 여기고 '洮' 자를 공연히 '濯' 자로 고쳐서 잘못된 것을 따랐으니 참으로 괴이하다."[9]

考證 《漢書 · 律歷志》引〈顧命〉曰 : "惟四月哉生霸, 王有疾不豫。甲子, 王乃洮沬水, 作〈顧命〉。" ○班固云 : "成王三十年四月, 十五日甲子哉生霸。"【庚戌朔】 ○孔云 : "此以爲成王三十年而崩, 此是劉韶[교1)]說也。"

교1) [案]韶 : 『상서정의』에는 '歆'으로 되어 있다.

---

8 『설문해자』에는……있다 : 전체가 『상서정의』 傳에 보인다. 원문은 다음과 같다. 頮, 音悔. 『說文』作沬, 云'古文作頮.'……憑, 皮冰反. 『說文』作凭.

9 우번(虞翻)이……괴이하다 : 『삼국지』「吳志 · 虞翻傳」의 주에 우번이 六經 주석의 오류를 지적하여 상주한 내용 중의 일부이다. 원문은 다음과 같다. 伏見故徵士北海鄭玄所注『尙書』……, 成王疾困憑几, 洮頮爲濯, 以爲澣衣成事, '洮'字虛更作'濯', 以從其非……若此之類, 誠可怪也.

고증 『한서』「율력지(律歷志)」에서 『상서』「고명」을 인용하여 “4월 재생백에 왕이 병이 있어 기쁘지 않았다. 갑자일에 왕이 물로 손과 얼굴을 씻었다. 「고명」을 지었다.”라고 하였다. ○반고가 말했다. “성왕 30년 4월에는 15일 갑자일이 재생백(哉生霸)이었다.”【경술일이 초하루이다.】[10]

○〈이에 대해〉 공영달이 말했다. “이것은 성왕이 즉위 30년에 붕어하였다고 여긴 것인데, 이는 유흠(劉歆)[11]의 설이다.”

考訂 呂云 : “成王經三監之變, 王室幾搖, 故此正終始。” ○**訂曰** 文・武之崩, 周公未及制禮, 概從前代之禮。故及至成王, 始行周公之禮, 又幸成王力疾顧命, 得行正終之禮。故史臣記之, 以垂一王之典。若其卽位於旣殯之後, 則百王之所同, 不自成王始也。《孟子》雖稱‘舜・禹畢三年之喪, 始有避位之行’, 考之〈堯典〉, 舜之格祖, 明在堯崩之明年。舜猶然矣, 何況夏・殷諒陰三年? 謂其命令出於冢宰而已, 殯而卽位則勿敢徐也。【呂說有若成王懲於變亂, 創用新禮者】 蓋喪必有主人, 一卽主人之位, 便是嗣王, 卽位胡可徐矣? 但冕服卽位, 未知所昉,【《知遠錄》】 信文, 惟此經也。

---

10 『한서』……초하루이다 : 전체가 『한서』「율력지」의 본문인데 순서를 바꾸어 인용하였다. 원문은 다음과 같다. 成王元年正月己巳朔, 此命伯禽, 俾侯于魯之歲也. 後三十年四月庚戌朔, 十五日甲子哉生霸. 故「顧命」曰 : “惟四月哉生霸, 王有疾不豫. 甲子, 王乃洮沫水. 作「顧命」.”

11 유흠(劉歆) : B.C. 50~A.D.23. 漢. 古文經學家. 자는 子駿이었는데, 뒤에 이름을 秀, 자를 穎叔으로 고쳤다. 劉向의 아들이다. 『시경』과 『주역』에 뛰어났으며, 아버지 유향과 함께 궁중의 藏書를 정리하고, 六藝의 群書를 7종으로 정리하여 『七略』을 지었다.

고정 여씨(呂氏)가 말했다. "성왕 때에 삼감(三監)의 난을 겪어 왕실이 흔들릴 뻔하였다. 그러므로 여기에서 마침과 시작을 바로잡은 일을 〈특별히 상세히 기록한〉 것이다."[12]

○**정왈** 문왕과 무왕이 붕어했을 때는 주공이 아직 예(禮)를 제정하지 않았으니 모두 전대(前代)의 예를 따랐을 것이다. 따라서 성왕 때에 이르러 처음으로 주공이 제정한 예를 행하였고, 또 다행히 성왕이 병을 무릅쓰고 고명을 해서 끝마침을 바르게 하는 예를 행할 수 있었다. 그러므로 사신(史臣)이 그것을 기록하여 일왕(一王)의 전법(典法)을 후세에 남긴 것이다. 빈(殯)을 마친 뒤에 즉위하는 것은 모든 왕조에 공통된 일이지 성왕부터 시작된 것이 아니다. 『맹자』에 비록 '순(舜)과 우(禹)는 삼년상을 마친 뒤에 비로소 제위(帝位)를 피하여 떠났다.'[13]라고 하였지만, 『상서』「요전」을 살펴보면 순이 사당에 나아가[格祖] 즉위를 고한 것은 분명히 요가 죽은 이듬해이다. 순도 오히려 그렇게 하였는데, 하물며 하나라와 은나라 때에는 양암삼년(諒陰三年)을 하였으니 어떠하였겠는가? 그것은 정사의 명령이 총재(冢宰)에게서 나올 뿐이라는 말이니,[14] 빈을

12 여씨(呂氏)가……것이다 : 『서집전』에 인용되어 있는데, 일부 내용을 생략하였다. 원문은 다음과 같다. 呂氏曰 : "成王經三監之變, 王室幾搖. 故此正其終始, 特詳焉. 「顧命」, 成王所以正其終, 「康王之誥」, 康王所以正其始." 『서집전』에 인용된 呂氏는 呂大臨과 呂祖謙이 있는데, 여기 '여씨'가 누구인지는 확인되지 않는다.

13 『맹자』에……떠났다 : 『맹자』「萬章 上」에, 堯는 舜을 하늘에 천거하였으나 堯가 죽은 뒤 舜은 帝位에 오르지 않고 삼년상을 마친 다음 堯의 아들을 피하여 南下로 가고, 舜이 禹를 하늘에 천거하였으나 舜이 죽은 뒤 禹는 帝位에 오르지 않고 삼년상을 마친 다음 舜의 아들을 피해 陽城으로 갔다는 이야기가 나온다.

하고 즉위하는 것은 감히 늦추지 말아야 한다.【여씨의 설은, 성왕이 변란에서 교훈을 얻어 새로운 예를 처음 만들어 쓴 것으로 볼 수 있는 측면이 있는 듯하다.】 대체로 상(喪)에는 반드시 주인이 있어야 하고, 일단 주인의 자리에 나아가면 바로 사왕[嗣王 : 승계한 왕]이 되는데, 즉위를 어떻게 늦출 수 있겠는가? 다만 면복(冕服)을 입고 즉위하는 것은 언제부터 시작되었는지 모르겠다.【『상서지원록』】 그러나 믿을 수 있는 문헌은 이 경[『상서』]뿐이다.

27. 고명 - 02

王曰："嗚呼! 疾大漸, 惟幾。病日臻, 旣彌留, 恐不獲誓言嗣, 玆予審訓命汝。昔君文王·武王宣重光, 奠麗陳敎, 則肄肄不違, 用克達殷, 集大命。在後之侗, 敬迓天威, 嗣守文·武大訓, 無敢昏逾。今天降疾, 殆弗興弗悟。爾尚明時朕言, 用敬保元子釗, 弘濟于艱難。柔遠能邇, 安勸大小庶邦。思夫人自亂于威儀, 爾無以釗冒貢于非幾。"

【石經殘碑, 達爲通, 集爲就】

왕이 말했다. "아아! 병이 점점 깊어져서 위태로워졌다. 날마다 병

14 양암삼년(諒陰三年)을……말이니 : 諒陰은 居喪하는 동안 머무르는 廬幕으로, 삼년상을 지내는 동안 말을 하지 않는다는 뜻이다. 매색의 『상서』「說命 上」에 "王宅憂亮陰三祀."이라고 하였는데, 채침의 주에 "君薨, 百官總己, 聽於冢宰, 居憂亮陰不言, 禮之常也."라고 하였다. 亮陰은 諒陰과 같은 말이다.

이 깊어지고 오래도록 낫지 않으니, 나는 후사를 명하는 말을 할 수 없을까 두렵다. 이에 내가 옛 가르침을 살펴서 너희에게 명한다. 옛날 문왕과 무왕이 밝음을 이으셨으니, 〈문왕은〉 법에 걸린 백성들을 신중하게 살펴 안정시키고 가르침을 베풀어 백성을 교화하였고, 〈무왕은〉 이를 깊이 익혀서 어기지 아니하였기에 능히 은(殷)나라에 이르러 천명을 모을 수 있었다. 뒤를 이은 어리석은 나는 하늘의 엄한 명을 공경히 맞이하고 문왕과 무왕의 큰 가르침을 이어받아 익혀서 감히 어기지 않았다. 이제 하늘이 나에게 병을 내려서 일어나지 못할 만큼 위태로워졌다. 그대들은 부디 이 나의 말을 분명히 듣고 원자 소(釗)를 삼가 보호하여 어려움을 잘 넘기게 하라. 먼 나라를 회유하고 가까운 나라를 잘 길들이며, 크고 작은 여러 나라를 평안하게 하고 권면하라. 생각건대 사람이란 스스로 위의(威儀)를 다스려야 하니, 그대들은 소가 불선(不善)의 기미에 함부로 나아가지 못하게 하라."【석경잔비(石經殘碑)에는 '達'이 '通'으로, '集'이 '就'로 되어 있다.】

補云："漸, 沈也, 漬也, 疾如水沈漬, 今至於大漸。" ○補云："幾, 危殆也。日臻於終境, 況彌留已久?"【彌, 久也】 ○補云："太子旣誓而后爲嗣, 時太子釗未誓, 故曰'恐不獲誓言嗣'。〈典命〉云'凡諸侯之適子, 未誓則以皮帛'。"【蓋太子多易樹之事, 故誓天而立之】 ○補云："審古訓, 以命汝。"

〔疾大漸……旣彌留〕 보충한다. "점(漸)은 침[沈 : 깊다]의 뜻이고 지[漬 : 스며들다]의 뜻이니, 물이 스며들듯 병이 점점 깊어져서 이제 매우 악화되었다는 말이다." ○보충한다. "기(幾)는 위태[危殆 : 위태롭다]의 뜻이다. 날마다 마지막을 향해 가는데, 하물며 병이 오래도

록 낫지 않고 있으니 더 말할 것이 있겠는가?"【미(彌)는 구[久 : 오래]의 뜻이다.】

〔恐不獲誓言嗣〕○보충한다. "태자는 〈천자의〉 명을 받은 뒤에야 자리를 이어받는데, 이때 태자 소(釗)는 아직 명을 받지 않았기 때문에 '공불획서언사(恐不獲誓言嗣)'라고 한 것이다. 『주례』 「춘관(春官)·전명(典命)」에 '제후의 적자는 명을 받지 않았으면 피백(皮帛)을 잡는다.'라고 하였다."[15] 【대개 태자를 바꾸어 세우는 일이 많았기 때문에, 하늘에 맹세하고 세웠을 것이다.】

〔茲予審訓命汝〕○보충한다. "옛 가르침을 살펴서 너희에게 명한다는 뜻이다."

馬云 : "重光, 日月星也。太極上元十一月朔旦冬至, 日月如疊璧, 五星如連珠, 故曰重光。" ○補云 : "父子繼明, 宣重光也。"【馬注出於緯書, 不經甚矣】 ○補云 : "奠[교1)]麗, 謂奠安麗刑之民也。〈多方〉云'愼厥麗',【朱子曰: "有以麗訓刑者。"】'尊[교2)]麗陳敎', 文王之德,【設敎以敎民】'肄肄不違', 武王之孝也。" ○補云 : "肄者, 習也。'肄肄不違'者, 服習文王之政敎, 罔或違倍也。"【梅以兩肄字, 分於二句, 本誤, 蔡又因之】 ○蔡云 : "侗, 愚也, 成王自稱。" ○補云 : "悟, 寤也。" ○蔡云 : "釗, 康王名。" ○蔡云 : "思夫人

---

15 태자는……하였다 : 경문의 '誓'를 '命'의 뜻으로 보고, 그 근거로 『주례』를 을 인용한 듯하다. 『주례』 「春官·典命」에 "凡諸侯之適子, 誓於天子攝其君則下其君之禮一等, 未誓則以皮帛繼子男."이라고 하였는데, 정현의 주에 "誓, 猶命也. 言誓者, 明天子旣命以爲之嗣, 樹子不易也."라고 하였고, 이에 대한 가공언의 소에도 "諸侯世子, 皆往朝天子, 天子命之爲世子, 故以誓爲命也."라고 하고, 또 "實是命, 而經云'誓'者, 謂旣命以爲繼嗣使爲樹子, 不可改易."이라고 하였다.

之所以爲人者, 自治於威儀耳。" ○蔡云: "貢, 進也, 無以子冒進于不善之幾。"【幾者, 動之微。《易》曰: "知幾其神。"】

교1) 案莫: 가장본에는 '奠'으로 되어 있다.
교2) 案尊: 신조선사본과 가장본에는 '奠'으로 되어 있다.

〔宣重光〕 마융이 말했다. "중광(重光)은 해, 달, 별이다. 태극상원(太極上元)[16] 11월 삭단(朔旦) 동지(冬至)에 해와 달이 벽옥(碧玉)을 겹쳐놓은 것처럼 보이고, 오성(五星)은 구슬을 꿰어놓은 것처럼 보였기 때문에 '중광(重光)'이라고 한 것이다." ○보충한다. "부자(父子)가 밝음을 잇는 것이 선중광(宣重光)이다."【마융의 주는 위서(緯書)에서 나온 것으로 상도(常道)에서 많이 벗어났다.】

〔奠麗陳敎, 則肄肄不違〕○보충한다. "전리(奠麗)는 전안[奠安: 법에 걸린 백성을 안정시키다]의 뜻이다. 『상서』 「다방(多方)」에 '법에 걸린 백성을 신중하게 살핀다.[愼厥麗]'라고 하였다.【주자가 말했다. "〈전편(前篇)에서〉 리(麗)를 형벌에 걸린 사람[刑者]으로 풀이하였다."】[17] 전리진

16 태극상원(太極上元): 劉歆의 三統曆에서 설정한 曆 계산의 기준점이다. 日月과 五星이 동일선상에 위치하여 지구상의 관측자에게는 모두 겹쳐져 보이는 때로, 그 시작점은 유흠 역법의 시행 시점인 B.C. 104년으로부터 약 2천만 년 전으로 설정되었다.

17 전리(奠麗)는……풀이하였다: 「多方」의 '愼厥麗乃勸'에 대해 다산은 "麗, 離也. 下民之麗于刑辟者, 湯則愼之, 以勸民善, 厥民雖麗於刑, 亦以自勸也."라고 하여 '麗'를 '형벌에 걸린 백성'의 뜻으로 풀이하였다. 소주에 인용한 주자의 설은 『晦菴集』 권60에 실려 있는 「答潘子善」에 나온다. 반자선이 공안국은 "麗, 力馳反."이라고 하였으니 '施'의 뜻이 되는데, 많은 사람이 '附麗'의 뜻으로 풀이하였으니 어느 쪽을 따라야 하는지 물은 데 대한 답으로, 주자 역시 다산과 같은 뜻으로 본 것이다.

교(奠麗陳敎)【가르침을 베풀어 백성을 교화한다는 말이다.】는 문왕의 덕이고, 이이불위(肄肄不違)는 무왕의 효이다. ○보충한다. "이(肄)는 습[習 : 익히다]의 뜻이다. '이이불위'란 문왕의 정사와 교화를 깊이 익혀서 혹시라도 어기는 일이 없었다는 말이다."【매색이 두 이(肄) 자를 두 구로 나눈 것은 본래 잘못인데, 채침이 또 그것을 따랐다.】

〔在後之侗〕○채침이 말했다. "통(侗)은 우[愚 : 어리석다]의 뜻으로, 성왕이 자신을 일컬은 것이다."

〔殆弗興弗悟〕○보충한다. "오(悟)는 오[寤 : 잠에서 깨다, 깨닫다]의 뜻이다."

〔思夫人……于非幾〕○채침이 말했다. "소(釗)는 강왕(康王)의 이름이다." ○채침이 말했다. "생각건대 사람이 사람인 까닭은 스스로 위의(威儀)를 다스리기 때문이라는 뜻이다." ○채침이 말했다. "공(貢)은 진[進 : 나아가다]의 뜻이니, 아들이 불선의 기미로 함부로 나아가지 못하게 하라는 말이다."【기(幾)는 움직임이 미미한 상태이다. 『주역』「계사상전(繫辭上傳)」에 "기미를 알아차림이 신묘하다.[知幾其神]"라고 하였다.】

考異《釋文》云 : "馬本, 侗作詷。"【馬云 : "詷, 共也。"】○王應麟云 : "馬本, 冒貢作勖贛。"【馬云 : "贛, 陷也。"】

고이『경전석문』에 "마융본에는 '侗'이 '詷'으로 되어 있다."라고 하였다.【마융이 말했다. "동(詷)은 공[共 : 함께]의 뜻이다."】
○왕응린이 말했다. "마융본에는 '冒貢'이 '勖贛'으로 되어 있다."【마융이 말했다. "공(贛)은 함[陷 : 빠지다]의 뜻이다."】

27. 고명 - 03

茲旣受命還, 出綴衣于庭。越翼日乙丑, 王崩。太保命仲桓·南宮毛, 俾爰齊侯呂伋, 以二干戈·虎賁百人, 逆子釗於南門之外, 延入翼室, 恤宅宗。丁卯, 命作冊度。【《釋文》云: "馬本, '乙丑成王崩'。馬云: '安民立政曰成。'" 石經殘碑云: "茲卽受命。"】

이에 명을 받고 나서 〈태보(太保) 이하가 모두 노침(路寢)의 문밖으로〉 돌아가자 철의[綴衣: 왕의 옷]를 뜰에 내놓았다. 이튿날인 을축일에 왕이 죽었다. 태보(太保)가 중환(仲桓)과 남궁모(南宮毛)에게, 제후(齊侯) 여급(呂伋)[18]으로 하여금 간과(干戈) 둘과 호분(虎賁) 100명을 거느리고 태자 소(釗)를 남문(南門) 밖에서 맞이하여 익실[翼室: 침전에 딸린 옆방]로 인도해 들어와 상(喪)의 종주(宗主)가 되도록 〈전〉하라고 명하였다.[19] 정묘일에 책서(冊書)와 법도(法度)를 만들도록 사관(史官)에게 명하였다.【『경전석문』에 "마융본에는 〈'乙丑王崩'이〉 '乙丑成王崩'으로 되어 있는데, 마융이 '백성을 편안하게 하고 정사를 확립한 것이 성(成)이다.'라고 하였다."라고 하였다.[20] 석경잔비에는 〈'茲旣受命

18 제후(齊侯) 여급(呂伋): 齊나라 丁公으로, 太公 呂尙의 아들이다.

19 태보(太保)가……명하였다: 채침의 주석에 따라 번역하였다. 채침은, 太保가 呂伋에게 虎賁 등을 거느리고 가서 태자를 맞아오게 하였는데, 仲桓과 南宮毛 두 신하에게 그 명을 여급에게 전하게 한 것으로 풀이한 것이다. 이는 아래 古訓 부분에 나오는 매색의 주, 仲桓과 南宮毛에게 태자를 맞아오게 하였다는 설과는 다르다. 채침 주의 원문은 다음과 같다. 太保以冢宰攝政, 命桓毛二臣, 使齊侯呂伋, 以二干戈·虎賁百人, 逆太子釗于路寢門外, 引入路寢翼室, 爲憂居宗主也.

20 『경전석문』에……하였다: 『경전석문』 권4에 나오는데, 원문과는 글자 출입이 있다. 원문은 다음과 같다. 王崩: 馬本作'成王崩'. 注云'安民立政曰成'.

還'이〉 "玆卽受命"으로 되어 있다.】

補云："受命還者, 太保以下, 皆還于外次。"【寖교1)門外】 ○補云："綴衣者, 王所服御之衣裳。出之于庭者, 疾已大漸, 爲復衣將用也。綴衣之臣,【司服也】 奉此綴衣, 出待于庭。" ○梅云："桓·毛二臣, 各執干戈。齊侯呂伋, 爲天子虎賁氏。" ○梅云："將正太子之尊, 故出於路寢門外, 更新逆之。" ○補云："翼室, 路寢之旁室。" ○補云："恤宅宗者, 銜哀而居宗子之位也。" ○梅云："三日, 命史爲冊書法度。" **○鏞案** 天子·諸侯之喪, 三日而斂, 子弁絰, 厥明衰杖畢備。天子, 七日而殯, 則先成服而後大斂矣。

교1) 案寖: 가장본에는 '寢'으로 되어 있다.

〔玆旣受命還〕 보충한다. "수명환(受命還)이란 태보(太保) 이하가 모두 외차(外次)【노침[路寢: 천자의 정전(正殿)]의 문밖에 있다.】로 돌아갔다는 뜻이다."
〔出綴衣于庭〕○보충한다. "철의(綴衣)는 왕이 입던 옷이다. 그것을 뜰에 내놓은 것은 병이 이미 매우 깊어졌으므로 장차 복의[復衣: 초혼(招魂)할 때 쓰는 죽은 사람의 옷]로 쓰기 위해서이다. 철의를 맡은 신하【사복(司服)이다.】가 이 철의를 받들고 뜰로 나가서 대기한다는 말이다."
〔太保命仲桓……南門之外〕○매색이 말했다. "중환(仲桓)과 남궁모(南宮毛) 두 신하에게 각각 창과 방패를 들게 한 것이다. 제후(齊侯) 여급(呂伋)은 천자의 호분씨(虎賁氏)가 되었다." ○매색이 말했다. "장차 태자의 존위(尊位)를 바르게 하기 위해 노침(路寢)의 문밖으

로 나가서 새롭게 맞이하게 한 것이다."[21]

〔延入翼室〕○보충한다. "익실(翼室)은 노침에 딸린 옆방이다."

〔恤宅宗〕○보충한다. "휼택종(恤宅宗)이란 슬픔을 안고 종자(宗子)의 자리에 앉는다는 뜻이다."

〔丁卯, 命作冊度〕○매색이 말했다. "〈왕이 죽은 지〉 사흘째에 사관에게 명하여 책서(冊書)와 법도를 만들게 한 것이다."

○용안 천자나 제후의 상에, 죽은 지 사흘 만에 염을 할 때에는 아들이 소변(素弁)에 환질(環絰)[22]을 두르고, 이튿날 아침에 최복(衰服)과 상장(喪杖)을 모두 갖춘다. 천자의 경우는 이레 만에 빈(殯)을 하니[23] 먼저 성복(成服)한 뒤에 대렴(大殮)을 한다.

考訂 鄭云: "連綴小斂·大斂之衣於庭中。"【《周禮·幕人》疏】 ○梅云: "綴衣, 幄帳。群臣旣退, 徹出幄帳於庭。"【蔡用之】 **○鏞案** 是日, 王尙未

---

21 중환(仲桓)과……것이다: '太保命仲桓'……'南門之外'까지에 대한 해석으로, 『상서정의』 원문은 "冢宰攝政, 故命二臣. 臣子皆侍左右, 將正太子之尊, 故出於路寢門外, 使桓毛二臣各執干戈, 於齊侯呂伋, 索虎賁百人, 更新逆門外, 所以殊之伋. 爲天子虎賁氏."이다. 이에 따르면 총재가 두 신하에게 干戈를 잡고 呂伋에게 가서 그가 거느린 虎賁 100명을 받아 데리고 가서 태자를 맞아오도록 명하였다는 의미가 된다. 그런데 다산이 두 개의 주석으로 나누면서 순서를 바꾸고 일부 내용을 생략하여 원래의 뜻을 알기 어렵게 되었다. 여기서는 다산의 인용대로 번역하였다.

22 소변(素弁)에 환질(環絰): 成服하기 전의 차림이다. 『예기』「喪大記」 "君將大斂, 子弁絰, 卽位于序端."의 정현 주에 "弁, 如爵弁而素."라고 하였고, 가공언의 소에 "成服則著喪冠, 此云弁絰, 是未成服."이라고 하였다. 環絰은 상주가 몸에 두르는 띠로, 머리에 두르는 頭絰과 허리에 두르는 腰絰을 通稱한다.

23 천자의……하니: 『예기』「王制」에 "天子七日而殯."이라고 하였다.

崩, 先出小斂·大斂之衣, 連綴緖列於庭中, 必無是理。〈士喪禮〉, 小斂·大斂之衣, 皆於當日陳之, 況天子之疾, 未及皐復, 先出二斂之衣, 於理不允也。綴衣之爲幄帳, 尤益無據, 且亦太早。總之, 〈立政〉之綴衣, 旣是王所服御之衣, 因以名其官矣, 則此經之綴衣, 亦宜同釋, 不可殊也。

고정 정현이 말했다. "〈출철의우정(出綴衣于庭)은〉 소렴과 대렴에 쓸 옷을 뜰에 진열해놓는다는 뜻이다."【『주례』「천관(天官)·막인(幕人)」의 소에 보인다.】[24]

○매색이 말했다. "철의(綴衣)는 악장[幄帳: 휘장]이다. 신하들이 물러가고 나자 악장을 거두어 뜰에 내놓은 것이다."【채침은 이 설을 채용하였다.】

○용안 이날은 왕이 아직 죽지 않았는데 소렴과 대렴에 쓸 옷을 지레 꺼내 묶어서 뜰에 빙 둘러 진열하였다니, 절대 이럴 리가 없다. 『의례』「사상례(士喪禮)」에서도 소렴과 대렴에 쓸 옷은 모두 죽은 당일에 진열한다고 하였다. 하물며 천자가 병이 났지 아직 고복[皐復: 초혼(招魂)]을 한 것도 아닌데 소렴과 대렴에 쓸 옷을 지레 꺼내놓는 것은 이치에 맞지 않는다. 철의를 악장(幄帳)이라고 한 것은 더욱 근거가 없는데다가, 또 너무 이르다. 종합해보면, 『상서』「입정(立政)」에 나오는 철의가 이미 왕이 입는 옷이고 그로 말미암아 관직의 이름을 지었으니,[25] 여기 경문의 철의 또한 의당 같이

24 정현이……보인다: 『주례』「天官·幕人」의 "大喪, 共帷幕帟綬."의 소에 보인다. 가공언은 '帷'와 '幕' 모두 뜰에 펴는 것이라는 설도 있다고 소개한 다음 案『尙書』「顧命」云: '出綴衣於庭'. 鄭云: "……"이라고 하였다.

25 『상서』……지었으니: 「立政」에 "王左右, 常伯·常任·準人·綴衣·虎賁."

해석해야 하지 다르게 풀이해서는 안 된다.

27. 고명 - 04

越七日癸酉，伯相命士須材，狄設黼扆・綴衣。

7일이 지난 계유일에 백상[伯相 : 소공(召公)]이 사(士)에게 명하여 장례에 쓸 재목을 준비하게 하고, 적(狄)에게 보의(黼扆)[26]와 철의(綴衣)를 진열하게 하였다.

鄭云 : "大夫以上殯斂，皆以死之來日數，天子七日而殯，於死爲八日。" ○王云 : "召公爲二伯，相王室，故曰伯相。"【孔云 : "成王旣崩，事皆聽於冢宰，自非召公，無由發命，知伯相卽召公也。"】 ○梅云 : "致材木，須待以供喪用。" ○孔云 : "狄者，樂吏之賤者。"【見〈祭統〉。又〈喪大記〉云 : "狄人設階。"】 ○補云 : "設黼扆・綴衣，象平生也。" ○案 〈檀弓〉云'旬而布材與明器'，〈士喪禮〉，將葬筮宅，'獻材于殯門外'。今茲須材，亦須葬用也。【《禮記》교1)云 : "虞人致百祀之木可교2)爲棺椁者。"】

교1) 記 : 신조선사본에는 빠져 있으나 『禮記』「檀弓下」에 따라 보충한다.
교2) 案 可 : 『예기』에는 뒤에 '以'가 더 있다.

이라고 하였는데, 매색은 "綴衣，掌衣服.", 채침은 "掌服器者曰綴衣."라고 하여 모두 왕의 의복을 담당하는 관직이라고 풀이하였다.

26 보의(黼扆) : 어좌(御座) 뒤에 치는 병풍으로, 붉은 비단에 흑백으로 도끼 모양의 무늬를 그렸다.

〔越七日癸酉〕 정현이 말했다. "대부 이상의 빈렴(殯斂)은 모두 죽은 다음 날을 기준으로 헤아리는데, 천자는 7일 만에 빈을 하므로 죽은 지 8일째가 된다."[27]

〔伯相命士須材〕○왕숙이 말했다. "소공은 이백(二伯)이 되어 왕실을 도왔기 때문에 백상(伯相)이라고 하였다."【공영달이 말했다. "성왕이 죽은 이상 모든 일은 총재의 지시를 받아야 하니, 자연히 소공이 아니면 명이 나올 곳이 없으므로 백상이 바로 소공임을 알 수 있는 것이다."】 ○매색이 말했다. "〈수재(須材)는〉 재목을 가져와서 상사(喪事)에 쓰도록 대비하게 한 것이다."

〔狄設黼扆・綴衣〕○공영달이 말했다. "적(狄)은 악리(樂吏) 중에 천한 자이다."【『예기』「제통(祭統)」〈의 주〉에 보인다. 또 『예기』「상대기(喪大記)」에 "적인(狄人)이 사다리[28]를 설치한다."라고 하였다.】 ○보충한다. "보의(黼扆)와 철의(綴衣)를 진열한 것은 평소의 모습을 형상한 것이다."

○안 『예기』「단궁(檀弓)」에 '열흘이 지나면 곽(槨)을 만들 재목과 명기(明器)를 만들 재목을 펴놓아 말린다.'라고 하였고, 『의례』「사상례」에 장례를 앞두고 묏자리를 잡으면 '명기를 만들 재목을 빈전(殯殿)의 문밖에 올린다.'라고 하였다.[29] 지금 이 부분의 수재(須材)

27 정현이……된다 : 이는 정현의 설에 대한 공영달의 해석인데 정현의 설인 것처럼 인용하였다. 『상서정의』 소에 따르면 정현은 "癸酉, 蓋大斂之明日也."라고 하였고, 이에 대해 공영달이 "鄭, 大夫巳上殯斂, 皆以死之來日數, 天子七日而殯, 於死日爲八日. 故以癸酉爲殯之明日."이라고 풀이하였다.

28 사다리 : 招魂하러 지붕에 올라갈 때 사용하기 위한 것이다. 『예기』「喪大記」의 정현 주에 "階, 所乘以升屋者. 階, 梯也."라고 하였다.

29 『예기』……하였다 : 모두 장례에 필요한 재목을 미리 준비하는 것이다.

또한 장례에 쓸 재목을 준비하는 것이다.【『예기』「단궁」에 "우인(虞人)이 기내(畿內) 여러 현(縣)에 있는 사당[30]의 나무 중에서 관곽(棺槨)을 만들 만한 재목을 바친다."라고 하였다.】

考異 《漢藝文考》曰："石經，黼扆作黼衣。"

고이 왕응린의 『한예문지고증(漢藝文志考證)』에 "석경에는 '黼扆'가 '黼衣'로 되어 있다."라고 하였다.

27. 고명 - 05

牖間南嚮，敷重篾席黼純，華玉仍几。西序東嚮，敷重底席綴純，文貝仍几。東序西嚮，敷重豐席畫純，雕玉仍几。西夾南嚮，敷重筍席玄紛純，漆仍几。【《玉篇》，底爲芪】

유간(牖間)에는 남쪽을 향하여 멸석보준(篾席黼純)을 이중으로 펴고, 다섯 빛깔 나는 옥으로 꾸민 안석[几]은 〈성왕이 생시에 사용하던 것을〉 그대로 두었다. 서서(西序)에는 동쪽을 향하여 지석철준

『예기』의 "旬而布材與明器"에 대한 정현의 주에 "材，槨材也."라고 하였고, 가공언의 소에 "此一節，論葬禮須豫備之事."라고 하고 또 "布其木，宜乾腊，故豫須暴之也."라고 하였다. 또 『의례』의 "獻材于殯門外"에 대한 정현의 주에 "材，明器之材."라고 하였고, 가공언의 소에 "此明器之材，未斲治先獻之，驗其堪否也."라고 하였다.

30 기내(畿內)……사당 : 『예기』 정현의 주에 "百祀，畿內百縣之祀也."라고 하였다.

(厎席綴純)을 이중으로 펴고, 자개로 꾸민 안석은 〈성왕이 생시에 사용하던 것을〉 그대로 두었다. 동서(東序)에는 서쪽을 향하여 풍석화준(豐席畫純)을 이중으로 펴고, 옥을 조각하여 꾸민 안석은 〈성왕이 생시에 사용하던 것을〉 그대로 두었다. 서협(西夾)에는 남쪽을 향하여 순석현분준(筍席玄紛純)을 이중으로 펴고, 옻칠한 안석은 〈성왕이 생시에 사용하던 것을〉 그대로 두었다.【『옥편』에는 '厎'가 '芪'로 되어 있다.】

馬云: "篾, 纖蒻。" ○鄭云: "篾, 析竹之次青者。"【王云: "篾席, 纖蒻苹席也。"】 ○梅云: "篾, 桃枝竹。"【蔡從之】 ○梅云: "白黑雜繒緣之。"【釋'黼純'】 ○鄭云: "華玉, 五色玉也。" ○梅云: "仍, 因也。因生時,교1) 不改。"교2) ○孔云: "《周禮》, '凡吉事變几, 凶事仍几。'" ○鄭云: "左右有几, 優至尊也。"【孔云: "天교3)子左右几, 諸侯右교4)几。"】 ○孔云: "《周禮·司几筵》云, '凡大朝覲·大饗射, 凡封國·命諸侯, 王位設黼扆, 扆前南向, 設莞筵紛純, 加繅席畫純, 加次席黼純, 左右玉几。' 彼所設者, 卽此坐也。" **○案** 此將引入嗣天子, 道揚嗣位之命, 象生時大朝會·大誥命, 具此陳設, 以備儀文也。

교1) 案時: 『상서정의』에는 뒤에 '几'가 더 있다.
교2) 案改: 『상서정의』에는 뒤에 '作'이 더 있다.
교3) 案天: 『상서정의』에는 앞에 '周禮'가 더 있다.
교4) 案右: 『상서정의』에는 앞에 '惟'가 더 있다.

〔**敷重篾席**〕○마융이 말했다. "멸(篾)은 섬약[纖蒻: 가는 부들]이다." ○정현이 말했다. "멸은 쪼갠 대의 속껍질[次靑]이다.【왕숙이 말했다.

"멸석(篾席)은 가는 부들로 짠 자리이다."】 ○매색이 말했다. "멸은 도지죽(桃枝竹)이다."【채침은 이 풀이를 따랐다.】

【黼純】○매색이 말했다. "흰색과 검은색이 섞인 비단으로 가장자리를 꾸민다는 뜻이다."

〔華玉〕○정현이 말했다. "화옥(華玉)은 다섯 빛깔이 나는 옥이다."

〔仍几〕○매색이 말했다. "잉(仍)은 인[因 : 그대로 쓰다]의 뜻이다. 생시에 쓰던 안석[几]을 그대로 두고 고치지 않는다는 뜻이다." ○공영달이 말했다. "『주례』「춘관(春官)·사궤연(司几筵)」에 '무릇 길사에는 안석을 바꾸지만 흉사에는 안석을 그대로 둔다.'라고 하였다." ○정현이 말했다. "좌우에 안석을 두는 것은 지존을 우대하는 것이다."【공영달이 말했다. "〈『주례』에〉 '천자는 좌우에 안석을 두고 제후는 오른쪽에만 안석을 둔다.'라고 하였다."】

〔敷重底席〕○공영달이 말했다. "『주례』「춘관·사궤연」에 '대조근(大朝覲)이나 대향사(大饗射) 때, 나라를 봉해주거나 제후로 명하는 때에는 왕의 자리에 보의(黼扆)를 설치하고, 병풍[扆] 앞에 남쪽을 향해 완연분준[莞筵紛純 : 수(繡)로 가선을 두른 왕골자리]을 펴고, 그 위에 소석화준[繅席畫純 : 그림으로 가선을 두른 부들자리]을 깔고, 그 위에 차석보준[次席黼純 : 비단으로 가선을 두른 대자리]을 깔고, 좌우에 옥궤를 놓았다.'라고 하였는데, 『주례』에서 설치한 것이 바로 여기 「고명」에서 설치한 자리[坐]이다."

○안 이는 다음 천자[嗣天子]를 인도해 들어와서 제위를 이으라는 〈선왕(先王)의〉 명을 선포하기 위해 〈선왕〉 생시에 대조회(大朝會)나 대고명(大誥命)을 하던 때의 광경을 형상한 것이니, 이것을 갖추어 진설함으로써 의문(儀文)을 구비한 것이다.

孔云："西序,교1) 朝교2)夕聽事之座。鄭·王교3)亦以爲然。"○馬云："厎, 靑蒲也。"【王肅同】 鄭云："厎, 致也。篾纖致席也。"○梅云："厎, 蒻苹。"○梅云："綴, 雜彩。"○鄭云："豐席, 刮凍竹席也。"○王云："豐席, 莞。"【梅用之】○馬云："筍, 菩교4)箬也。"○鄭云："筍, 折교5)竹靑皮也。《禮記》曰'如竹箭之有筠。'"【〈禮器〉疏】 孔云："竹初萌之筍。取筍皮, 以爲席。"○鄭云:【玄紛純】"以玄組爲之緣。"

교1) 案西序 : 『상서정의』에는 '此'로 되어 있다.
교2) 案朝 : 『상서정의』에는 '旦'으로 되어 있다.
교3) 王 : 문맥상 '注'가 옳은 듯하다. 案'王'이 옳다.
교4) 案菩 : 『상서정의』에는 '箬'로 되어 있다.
교5) 案折 : 『예기정의』에는 '析'으로 되어 있다.

〔西序東嚮〕 공영달이 말했다. "〈매색의 주에서〉 서서(西序)는 아침 저녁으로 정무를 처리하던 자리라고 하였고, 정현과 왕숙의 주에도 그렇게 되어 있다."[31]

〔敷重厎席綴純〕○마융이 말했다. "지(厎)는 청포[靑蒲 : 푸른 부들]이다."【왕숙의 주도 같다】 정현이 말했다. "지(厎)는 치[致 : 이루다, 만들다]의 뜻이다. 〈지석(厎席)은〉 대나무를 가늘게 쪼개어 만든 자리이다." ○매색이 말했다. "지(厎)는 약평[蒻苹 : 부들]이다." ○매색이 말했다. "철(綴)은 잡채[雜彩 : 여러 색으로 채색하다]의 뜻이다."

〔敷重豐席畫純〕○정현이 말했다. "풍석(豐席)은 동죽[凍竹 : 언 대]을

31 서서(西序)는……있다 : '西序'를 매색의 주에서 '此旦夕聽事之座'라고 풀이하였는데, 공영달이 정현과 왕숙의 주 역시 그러하다고 소개한 것이다. '旦'을 '朝'로 바꾼 것은 조선 태조 李成桂의 즉위 후 改名이 '旦'이므로 諱한 것이다.

벗겨서 만든 자리이다." ○왕숙이 말했다. "풍석은 완[莞 : 왕골자리]이다."【매색이 이 주석을 채용하였다.】

〔敷重筍席玄紛純〕○마융이 말했다. "순(筍)은 죽순 껍질이다." ○정현이 말했다. "순(筍)은 대나무를 잘랐을 때 나오는 푸른 속껍질이다. 『예기』에 '대나무와 살대[箭]에 푸른 껍질이 있는 것과 같다.'라고 하였다."【『예기』「예기(禮器)」의 소에 보인다.】[32] 공영달이 말했다. "대나무에서 처음 돋아난 움이 순이다. 죽순의 껍질을 벗겨서 자리를 만든다."[33]

〔玄紛純〕○정현이 말했다. "검은 끈으로 가선을 두른 것이다."

考異 《說文》云 : "南鄉布重莫席,【篾爲莫】 東鄉布重芪席。"

고이 『설문해자』에는 "〈'南鄉敷重篾席'이〉 '南鄉布重莫席'【'篾'이 '莫'으로 되어 있다.】으로, 〈'東鄉敷重厎席'이〉 '東鄉布重芪席'으로 되어 있다.

---

32 정현이……보인다 : 『예기』「禮器」의 "其在人也, 如竹箭之有筠也, 如松栢之有心也."의 주에서 정현이 '筠'을 "竹之青皮也."라고 풀이하였는데, 가공언의 소에서 정현의 『상서』「顧命」 주를 인용하여 부연한 내용 중 일부이다. 「禮器」 소의 전문은 다음과 같다. 筠, 是竹外青皮. 「顧命」云'敷重筍席', 鄭云: "筍, 析竹青皮也. 『禮記』曰 : '如竹箭之有筠.'" 按, 鄭引『禮記』之筠, 以爲青皮, 是知呼竹爲筠. 정본에는 '『禮記』曰' 이하에서 문단을 나누었으나, 의미상 하나의 문단이며 신조선사본과 가장본에도 모두 문단을 나누지 않았으므로 원문과 번역문 모두 하나의 문단으로 처리하였다.

33 공영달이……만든다 : 공영달 소의 내용을 축약하였다. 원문은 다음과 같다. 「釋草」云 : "筍, 竹萌." 孫炎曰 : "竹初萌生, 謂之筍, 是筍爲蒻竹. 取筍竹之皮, 以爲席也."

27. 고명 - 06

越玉五重陳寶。赤刀・大訓・弘璧・琬・琰在西序, 大玉・夷玉・天球・河圖在東序, 胤之舞衣・大貝・鼖鼓在西房, 兌之戈・和之弓・垂之竹矢在東房。

5등 제후의 서옥(瑞玉)과 함께 보기(寶器)를 진열하였다. 적도(赤刀)와 대훈(大訓)과 홍벽(弘璧)과 완규(琬圭)와 염규(琰圭)는 서서(西序)에 두고, 대옥(大玉)과 이옥(夷玉)과 천구(天球)와 하도(河圖)는 동서(西序)에 두고, 윤(胤)의 무의(舞衣)와 대패(大貝)와 분고(鼖鼓)는 서방(西房)에 두고, 태(兌)가 만든 창과 화(和)가 만든 활과 수(垂)가 만든 대나무 화살은 동방(東房)에 두었다.

馬云:“越地所獻玉也。” ○梅云:“於[교1]坐北,【越, 於也】 列玉五重, 又陳先王所寶之器物。”【蔡從之】 ○鄭云:“陳寶者, 方有大事, 以華國也。” ○鄭云:“赤刀者, 武王誅紂時刀, 赤爲飾, 周正色。” ○鄭云:“大訓謂禮法, 先王德教。” ○王云:“大訓, 〈虞書〉典・謨。”【梅用之】 ○梅云:“大璧【弘, 大也】・琬琰之圭,[교2] 爲二重。”【孔云:“琬圭・琰圭, 皆九寸。”】 ○鄭云:“大玉, 華山之球也。【梅訓無】 夷玉, 東北之珣玗琪也。【《說文》亦云】 天球, 雍州所貢之玉, 色如天者,【梅亦云:“雍州所貢。”】 皆璞, 未見琢治, 故不以禮器名之。” 馬云:“夷玉, 東夷之美玉。【王肅同】 球, 玉磬。” ○梅云:“三玉爲三重。” **○鏞案** ‘玉五重’者, 五等諸侯之瑞玉也。越猶與也。‘五重’者, 五等各一重也。召公・芮伯以下, 彤・畢・毛・衛之等, 侯・甸・男・衛之屬, 旣咸集矣, 此日此禮, 豈不陳五瑞, 以象平生乎? 典瑞之職琬圭・琰圭, 其用旣別, 〈考工〉之記, 琬圭・琰圭, 其制各

殊。自是二玉, 當作二句。兩序, 各三玉也, 何謂五重? 且一處緖列, 可稱五重, 兩序分陳, 何得爲重? '玉五重'者, 五等之玉, 竝陳於牖間也。【《知遠錄》】

교1) 案於 : 『상서정의』에는 뒤에 '東西序'가 더 있다.

교2) 案圭 : 『상서정의』에는 '珪'로 되어 있다.

〔越玉五重陳寶〕 마융이 말했다. "〈월옥(越玉)은〉 월(越) 땅에서 바친 옥이다." ○매색이 말했다. "〈동서(東序)와 서서(西序)의〉 자리 북쪽에【월(越)을 어[於 : ~에]의 뜻으로 풀이한 것이다】 옥을 다섯 겹으로 진열하고, 또 선왕이 보물로 여긴 기물을 진열하였다는 뜻이다."【채침이 이 주석을 따랐다.】 ○정현이 말했다. "진보(陳寶)란 큰일이 있을 때 그렇게 함으로써 나라를 빛내는 것이다."

〔赤刀〕○정현이 말했다. "적도(赤刀)는 무왕이 주(紂)를 주벌할 때 사용한 칼인데, 붉은색으로 장식한 것은 주나라의 정색(正色)이기 때문이다."

〔大訓〕○정현이 말했다. "대훈(大訓)은 예법을 말하니, 선왕의 덕교(德敎)이다." ○왕숙이 말했다. "대훈은 『상서』「우서(虞書)」의 전(典)과 모(謨)이다."【매색이 이 주석을 채용하였다.】[34]

〔弘璧·琬·琰〕○매색이 말했다. "대벽(大璧)【홍(弘)을 대[大 : 크다]의 뜻으로 본 것이다.】과 완염(琬琰)의 규(珪)가 두 겹을 이룬다."【공영달이 말했다. "완규(琬圭)와 염규(琰圭)는 모두 아홉 치이다."】[35]

34 왕숙이……채용하였다 : 『상서정의』 傳에 "大訓, 「虞書」典·謨."라고 하였고, 공영달의 소에 "'大訓, 「虞書」典·謨', 王肅亦以爲然."이라고 하였는데, 다산이 두 주석을 합쳐서 편집한 것이다.

〔大玉・夷玉・天球・河圖在東序〕○정현이 말했다. “대옥(大玉)은 화산(華山)에서 나는 구(球)이고,【매색의 풀이는 없다.】 이옥(夷玉)은 동북 지역에서 나는 순우기(珣玗琪)이고,【『설문해자』에도 그렇게 되어 있다.】 천구(天球)는 옹주(雍州)에서 바친 옥으로 색깔이 하늘색과 같은 것이다.【매색도 “옹주에서 바친 것이다.”라고 하였다.】 모두 옥돌[璞]로, 아직 가공하지 않았기 때문에 예기(禮器)라고 명명하지 않은 것이다.” ○마융이 말했다. “이옥(夷玉)은 동이(東夷)에서 나는 미옥(美玉)이다.【왕숙의 풀이도 같다.】 구(球)는 옥경(玉磬)이다.” ○매색이 말했다. “〈대옥, 이옥, 천구〉 세 개의 옥이 세 겹을 이룬다.”

○용안 ‘옥오중(玉五重)’은 5등 제후의 서옥(瑞玉)이다. 월(越)은 여[與 : 더불어, ~와 함께]와 같은 뜻이다. ‘오중’은 5등을 각각 한 겹으로 친 것이다. 소공과 예백 이하 동백(彤伯), 필공(畢公), 모공(毛公), 위후(衛侯) 등 후복(侯服), 전복(甸服), 남복(男服), 위복(衛服)의 무리가 이미 모두 모였으니, 이날의 이 예식에 어찌 5등 제후의 서옥을 진열하여 살아있을 때의 모습을 형상하지 않겠는가? 『주례』 전서(典瑞)의 직장(職掌)에서 완규와 염규의 용도를 이미 구별하였고,[36] 「동관(冬官)・고공기(考工記)」에 나오는 완규와 염규는 그 제도가

35 매색이……치이다 : 매색의 주석은 ‘琬琰’을 하나의 옥으로 본 것인데 공영달은 ‘琬’과 ‘琰’을 다른 종류의 옥으로 보고 『주례』의 내용을 근거로 제시하였다. 그러나 다산의 인용에서는 내용이 많이 생략되어 의미가 모호해졌다. 『상서정의』 소의 원문은 다음과 같다. ‘大璧・琬琰之圭爲二重’, 則琬・琰共爲一重. 『周禮』「典瑞」云 : “琬圭以治德, 琰圭以易行”, 則琬・琰別玉, 而共爲重者, 蓋以其玉形・質同, 故不別爲重也. 「考工記」, 琬圭・琰圭皆九寸.

36 『주례』……구별하였고 : 『주례』 「春官・典瑞」에 琬圭와 琰圭의 용도를 다음과 같이 구분해놓았다. 琬圭, 以治德, 以結好. 琰圭, 以易行, 以除慝.

각기 다르다.[37] 본래 2종의 옥이니 마땅히 두 구(句)가 되어야 한다. 양쪽 서(序)에 각각 3종의 옥을 진열하는데 어떻게 다섯 겹이라고 하겠는가? 게다가 한 곳에 줄지어 진열해야 다섯 겹이라고 할 수 있지, 양쪽 서에 나누어서 진열하는데 어떻게 겹을 이룰 수 있겠는가? '옥오중'이란 5등 제후의 서옥을 모두 유간(牖間)에 진열하였다는 뜻이다.【『상서지원록』】

考異 《說文》, 寶爲宲。【許云: "宲, 藏也。"】 ○《字典》云: "寶·宲, 音義通。"

고이 『설문해자』에는 '寶'가 '宲'로 되어 있다.【허신이 말했다. "보(宲)는 장[藏: 보관하다]의 뜻이다."】
○『강희자전』에 "'寶'와 '宲'는 음과 뜻이 통한다."라고 하였다.

考訂 梅云: "河圖, 八卦。伏羲王天下, 龍馬出河, 遂則其文, 以畫八卦, 謂之河圖" ○蔡云: "河圖, 一·六爲[교1)]北, 二·七爲南。" **○案** 河圖者, 大玉·夷玉之類, 其文蓋有奇·偶之象, 伏羲以來, 相傳爲寶者也。梅直以爲八卦, 則不足爲寶。蔡以爲宋代所行之河圖, 則尤恐不然。

교1) 案爲: 『서집전』에는 '位'로 되어 있다. 뒤 구에 나오는 '爲南'의 '爲'도 같다.

고정 매색이 말했다. "하도(河圖)는 팔괘(八卦)이다. 복희(伏羲)가

37 「동관(冬官)·고공기(考工記)」에……다르다: 『주례』「冬官·考工記·玉人」에 "琬圭, 九寸而繅, 以象德. 琰圭, 九寸判規, 以除慝, 以易行."이라고 하였다.

천하의 왕이 되었을 때 용마(龍馬)가 하수(河水)에서 나왔는데, 드디어 그 무늬를 본떠서 팔괘를 그렸다. 그것을 하도라고 한다." ○채침이 말했다. "하도에서, 1과 6은 북쪽에 위치하고, 2와 7은 남쪽에 위치하였다."[38]

○**안** '하도'란 대옥·이옥 같은 종류로, 그 무늬에 대략 기수(奇數)와 우수(偶數)의 형상이 있어 복희 이래로 서로 전하여 보물로 삼은 것이다. 매색은 곧바로 팔괘라고 하였는데, 그러면 보물로 삼기에는 부족하다. 채침은 송대(宋代)에 유행하던 하도라고 생각하였는데, 더더욱 맞지 않는 듯하다.

梅云: "胤國舞[교1)]者之衣。大貝如車渠。【車罔也】 鼖鼓, 長八尺, 商周傳寶之。" ○鄭云: "天子有左右房。"【〈禮器〉疏】 ○鄭云: "胤也·和也·垂也, 皆古人造此物者之名。"【《周禮·天府》疏】 ○梅云: "兌·和, 古之巧人。垂, 舜共工。" ○**案** 僞者作〈胤征〉, 胤侯命掌六師, 於是每遇胤字, 輒訓爲國名, 旣以堯子爲胤侯, 又以人名爲國名。

교1) 案舞: 『상서정의』에는 앞에 '所爲'가 더 있다.

〔**胤之舞衣……在東房**〕 매색이 말했다. "〈윤지무의(胤之舞衣)는〉 윤국(胤國)에서 만든 춤추는 사람이 입는 옷이다. 대패(大貝)는 거거

38 채침이……위치하였다: 채침은 '河圖'를 伏羲氏 때에 龍馬가 河水에서 지고 나왔다는 그림이라고 설명한 것인데, 내용을 너무 많이 생략하여 원의를 알기 어렵게 되었다. 『서집전』의 원문은 다음과 같다. 河圖, 伏羲時, 龍馬負圖出於河, 一·六位北, 二·七位南, 三·八位東, 四·九位西, 五·十居中者. 「易大傳」所謂'河出圖', 是也.

(車渠)【거망(車罔)이다.】[39] 같은 것이다. 분고(鼖鼓)는 길이가 여덟 자이고, 상(商)나라에서 주나라로 전해져 보배로 삼았다." ○정현이 말했다. "천자에게는 좌우에 방이 있었다."【『예기』「예기(禮器)」의 소에 보인다.】 ○정현이 말했다. "윤(胤)과 화(和)와 수(垂)는 모두 그 물건을 만든 옛날 사람의 이름이다."【『주례』「춘관(春官)·천부(天府)」의 소에 보인다.】 ○매색이 말했다. "태(兌)와 화(和)는 옛날의 솜씨 좋은 사람들이다. 수(垂)는 순(舜)의 공공(共工)이다."

○안 위작자가 「윤정(胤征)」을 지어 '윤후(胤侯)에게 육사(六師)를 관장하도록 명하였다.'라고 하였다. 그 때문에 '윤(胤)' 자만 나오면 번번이 나라 이름이라고 풀이하여, 이미 요(堯)의 아들을 '윤후'라고 해놓고[40] 또 사람 이름을 나라 이름으로 삼았다.

考證 《書大傳》云: "散宜生之江·淮,[교1] 取大貝, 如大車之[교2]渠。"【〈考工記〉, 車罔爲渠】 **○案** 《漢書》有壯貝·幺貝之別, 皆龜甲也。

교1) 案淮: 『상서대전』에는 뒤에 '之浦'가 더 있다.
교2) 案大車之: 『상서대전』에는 '車'로만 되어 있다.

고증 『상서대전』에 "산의생(散宜生)이 강수(江水)와 회수(淮水)의

---

39 거거(車渠)【거망(車罔)이다.】: 車渠는 수레바퀴의 테라고도 하고, 표면에 수레바퀴의 홈과 같은 무늬가 있는 큰 조개라고도 하는데, '車罔'이라는 소주로 볼 때 다산은 '수레바퀴의 테'로 본 듯하다. 『주례』「考工記·車人3」의 "渠三柯者三"의 정현 주에 "渠二丈七尺謂罔也."라고 하였다.

40 요(堯)의……해놓고: 「요전」 9장 "胤子朱啓明"에 대해 매색이 "胤, 國. 子, 爵."이라고 풀이하였다.

〈물가에〉 가서 큰 조개를 주웠는데 수레바퀴의 테만 하였다."라고 하였다.[41]【『주례』「고공기」에서 거망(車罔)을 거(渠)라고 하였다.[42]】

○**안** 『한서』에 장패(壯貝)와 요패(幺貝)[43]가 구별되어 있는데, 모두 거북의 껍질이다.

考證 孔云: "《周[교1)]禮》, 宗廟・路寢制如明堂。明堂則五室, 此路寢得有東房・西房故,[교2)]《鄭志》張逸以此問,[교3)] 鄭答云, '成王崩在鎬京, 鎬京[교4)]因文・武, 更不改作。故同諸侯之制有左右房也。'" ○**案** 此答, 殊不合理。

교1) 案周: 『상서정의』에는 앞에 '鄭注'가 더 있다.
교2) 案故: 『상서정의』에는 '者'로 되어 있다.
교3) 案問: 『상서정의』에는 뒤에 '鄭'이 더 있다.
교4) 案京: 『상서정의』에는 뒤에 '宮室'이 더 있다.

고증 공영달이 말했다. "『주례』〈정현의 주를 보면〉 종묘와 노침(路寢)의 제도는 명당(明堂)과 같다. 명당은 5실(室)이니 여기 노침에 동방(東房)과 서방(西房)을 둘 수 있는데, 『정지(鄭志)』에 장일(張逸)이 이에 대해 〈정현에게〉 묻자, 정현이 '성왕은 호경(鎬京)에서 죽었다. 호경의 〈궁실(宮室)은〉 문왕과 무왕 때의 제도를 그대로 유지

41 『상서대전』에……하였다: 『상서대전』 권2 「西伯戡黎傳」에 나온다.
42 『주례』……하였다: 『주례』「考工記」의 경문에는 이런 내용이 보이지 않고, 「車人」의 "渠三柯者三"의 주에 "渠二丈七尺謂罔也."라고 한 내용이 나온다.
43 장패(壯貝)와 요패(幺貝): 『한서』「食貨志」에서 龜寶 4品을 설명하여 "公龜九寸, 直五百, 爲壯貝十朋. 侯龜七寸以上, 直三百, 爲幺貝十朋."이라고 하였다.

하고 더는 고치지 않았다. 그러므로 제후의 제도와 같아서 좌방(左房)과 우방(右房)이 있었다.'라고 대답하였다는 내용이 나온다."

○**안** 이 답은 전혀 이치에 맞지 않는다.

考訂 蔡云："成王平日之所觀閱, 手澤在焉。" ○**訂曰** 先王之世, 最重寶器。湯之克夏, 厥作〈典寶〉, 周之克殷, 是撰〈分器〉。周公制官, 特設典庸器之職, 使與典瑞分掌寶器, 四時饗祀饌列唯謹, 此之謂宗器也。《春秋傳》, '晉侯伐齊, 齊人賂晉侯以宗器・樂器'。杜註云："宗器, 祭祀之器。"【襄廿五】 又"鄭子展・子産伐陳, 陳侯使司馬桓子賂以宗器。"【亦同年】 又'晉人徵朝于公孫僑, 對曰, 蕭魚之役, 寡君盡其土實, 重之以宗器'。【襄廿二】《中庸》云："春秋陳其宗器。" 朱子曰："宗器, 先世所藏之重器, 若周之赤刀・大訓・天球・河圖之屬。" ○《周禮・春官》典庸器之職, 掌樂[교1)]器・庸器及祭祀陳庸器。饗射[교2)]亦如之。庸器者, 功器也。【鄭玄云："伐國所獲[교3)]之器若崇鼎・貫鼎, 及以其兵物所鑄銘也。"】〈明堂位〉云："崇鼎・貫鼎・封父龜, 天子之器也, 越棘・大弓, 天子之戎器也。"【崇・貫・封父・越, 皆國名】"垂之和鍾, 叔之離磬。"【《世本》云："無句作磬。" 皇氏云："無句, 叔之別名。"】 亦魯之宗器也。○《左傳》, "晉籍談曰：'諸侯之封也, 皆受明器於王室, 以鎭撫其社稷。' 王曰：'叔父唐叔, 成王之母弟也, 其無分乎? 密須之鼓與其大路, 文所以大蒐也, 闕鞏之甲, 武所以克商也。其後襄之二路, 鏚鉞・秬鬯・彤弓・虎賁, 文公受之。撫之以彝器, 旌之以車服, 所謂福也。'"【昭十五】 又祝鮀之告萇弘曰："昔成王分魯公以大路・大旂・夏后之璜・封父之繁弱。【大弓召[교4)]】 分康叔以大路・少帛【旗名也。旗有大白】・綪茷【大赤旗】・旃旌【通帛曰旃】・大呂【鍾】。分唐叔以大路・密須之鼓・闕鞏【甲】・姑洗【鍾】。"【定四年】"鄭伯之饗[교5)]

王也, 王以后之鞶鑑予之。"【莊廿一】 又公叔文子曰 : "文之舒鼎, 成之昭兆, 定之鞶鑑。"【定六年】《國語》云 : "分陳以肅愼氏之矢。"교6)【卽楛矢】 樂毅〈報燕惠王書〉曰 : "齊器設於寧臺, 大呂陳於元英, 故鼎反乎磨교7)室。" 此所謂伐國所獲之器。【晉人以垂棘之璧, 假道於虞, 其亦伐垂棘而得之者與】《春秋傳》: "納郜大鼎于太廟, 臧哀伯曰, '武王克商, 遷九鼎于雒邑。'" 皆此類也。原其所以傳爲鎭國之寶, 祭祀·燕享, 陳設以爲禮者, 不忘功也, 不忘祖也, 豈若倪元鎭·顧仲瑛輩, 列置周彝·漢鼎古董之物, 常常觀閱, 以爲玩好者哉? 今此陳設, 亦大禮時恒例, 非哀先王而廞之如明器也。【《知遠錄》】

교1) 案樂 : 『주례』에는 앞에 '藏'이 더 있다.
교2) 案射 : 『주례』에는 앞에 '食賓'이 더 있다.
교3) 案獲 : 『주례주소』 정현의 주에는 '藏'으로 되어 있다.
교4) 召 : 문맥상 '名'이 옳은 듯하다. 案가장본과 『춘추좌씨전』 두예의 주에는 '名'으로 되어 있다.
교5) 案饗 : 『춘추좌씨전』에는 '享'으로 되어 있다.
교6) 案矢 : 『국어』에는 '貢'으로 되어 있다.
교7) 案磨 : 가장본에는 '曆'으로 되어 있다.

고정 채침이 말했다. "〈진열한 보기(寶器)들은〉 성왕이 평소에 보던 것으로 손때가 남아 있는 것들이다."[44]

---

44 채침이……것들이다 : 채침은 寶玉과 器物을 진열한 이유는 先王의 생전 모습을 형상한 데에 불과하고 國容을 떨치기 위함이나 能守나 能傳을 드러내기 위함이 아니라고 설명한 것이다. 『서집전』에 다음과 같이 되어 있다. 愚謂寶玉器物之陳, 非徒以爲國容觀美. 意者, 成王平日之所觀閱, 手澤在焉, 陳之, 以象其生存也. 楊氏『中庸傳』曰 : "宗器, 於祭陳之, 示能守也, 於顧命陳之, 示能傳也."

○**정왈** 선왕의 시대에는 보기(寶器)를 매우 귀중하게 여겼다. 탕이 하(夏)나라를 이기고 나서 「전보(典寶)」를 지었고, 주나라가 은(殷)나라를 이기고 나서 「분기(分器)」를 지었다. 주공은 관제를 제정할 때 특별히 전용기(典庸器)의 직책을 설치하여 전서(典瑞)와 함께 보기를 나누어 관장하고 사시의 향사(饗祀) 때 신중하게 음식을 진설하게 하였으니, 이를 일러 종기(宗器)라고 한다. 『춘추좌씨전』에 '진후(晉侯)가 제나라를 치자 제인(齊人)이 진후에게 종기와 악기(樂記)를 뇌물로 주었다.'라는 내용이 나오는데,[45] 두예의 주에 "종기는 제사에 사용하는 그릇이다."라고 하였다.【양공(襄公) 25년에 보인다.】 또, '정(鄭)나라의 자전(子展)과 자산(子產)이 진(陳)나라를 치자 진후(陳侯)가 사마환자(司馬桓子)를 시켜 종기를 뇌물로 바치게 하였다.'라는 내용이 나온다.[46]【역시 양공 25년에 보인다.】 또 진인(晉人)이 〈정(鄭)나라 임금을 불러 조회하게 하자, 정나라 임금이〉 공손교를 〈시켜〉 대답하기를, "소어(蕭魚)의 전쟁 때 우리 임금은 우리 땅에서 나는 물건 전부를 바치고 더하여 종기까지 바쳤습니다."라고 한 내용이 나온다.[47]【양공 22년에 보인다.】『중용』에 "봄과 가을

---

45 『춘추좌씨전』에……나오는데 : 『춘추좌씨전』 襄公 25년에 "晉侯濟自泮, 會于夷儀, 伐齊以報朝歌之役. 齊人以莊公說, 使隰鉏請成, 慶封如師. 男女以班. 賂晉侯以宗器・樂器."라고 한 내용이 나온다.

46 정(鄭)나라의……나온다 : 『춘추좌씨전』 양공 25년의 해당 원문은 다음과 같다. 鄭子展・子產, 帥車七百乘伐陳,……陳侯扶其大子偃師奔墓.……子展命師無入公宮, 與子產親御諸門. 陳侯使司馬桓子賂以宗器.

47 진인(晉人)이……나온다 : 원문의 인용은 『춘추좌씨전』 원문과 조금 다르게 되어 있으므로 양공 22년의 원문을 참고하여 일부 내용을 보충하여 번역하였다. 해당 원문은 다음과 같다. 晉人徵朝於鄭. 鄭人使少正公孫僑對曰: "……晉於是乎有蕭魚之役. 謂我敝邑, 邇在晉國, 譬諸草木, 吾臭味也, 而何敢差池? 楚亦不競, 寡君盡其土實, 重之以宗器, 以受齊盟."

에 〈선조의 사당을 수리하고〉 종기를 진설한다."[48]라고 한 데 대해, 주자가 "종기는 선대부터 소장해온 귀중한 기물이니, 주나라의 적도·대훈·천구·하도와 같은 것들이다."라고 하였다.

○『주례』「춘관(春官)」 전용기(典庸器)의 직무는 악기와 용기를 보관하는 일 및 제사 때에 용기를 진열하는 일을 담당하는 것이다. 향사(饗食)와 빈사(賓射) 때에도 같은 일을 한다. 용기(庸器)는 공기(功器)이다.【정현이 말했다. "〈용기는〉 정벌한 나라가 소장하던 숭정(崇鼎)과 관정(貫鼎) 같은 기물 및 그들의 무기를 가지고 주조〈한 기물에 공(功)을〉 새긴 것이다."라고 하였다.[49]】『예기』「명당위(明堂位)」에 "숭정과 관정과 봉보구(封父龜)는 천자의 기물이고, 월극(越棘)과 대궁(大弓)은 천자의 무기이다."【숭, 관, 봉보, 월은 모두 나라 이름이다.】라고 하고, 또 "수(垂)의 화종(和鍾)과 숙(叔)의 이경(離磬)【『세본(世本)』[50]에 "무구(無句)가 경(磬)을 만들었다."라고 하였는데, 황간(皇侃)[51]이 "무구는 숙의 별명이

48 봄과……진설한다 : 『중용』의 일부 내용을 생략하였다. 원문은 다음과 같다. 春秋, 修其祖廟, 陳其宗器.

49 〈용기는〉……하였다 : "庸, 功也. 言功器者, 伐國所獲之器也. 云'若崇鼎·貫鼎'者, 「明堂位」又云'及以其兵物所鑄銘也'者, 謂『左氏傳』, 季氏以所得齊之兵, 作林鍾而銘魯功, 是經中樂器也."라고 한 가공언의 풀이에 따라 번역하였다.

50 『세본(世本)』 : 『한서』「藝文志」에 따르면 劉向이 撰한 책 중에 '옛날 사관이 黃帝 이래 춘추 때까지의 제후와 대부에 대해 기록한 『세본』 15편[世本十五篇. 古史官記黃帝以來訖春秋時諸侯大夫]'이 있다고 하였고, 『隋書』「經籍志」에 劉向이 찬한 『세본』 2권과 宋衷이 찬한 『세본』 4권이 있다고 하였으나 모두 전하지 않고, 청나라 때 輯逸한 책이 있다.

51 황간(皇侃) : 488~545. 남북조시대의 南朝 梁. 이름을 皇偘으로 쓰기도 한다. 國子助教, 員外散騎侍郎 등을 지냈다. 賀瑒을 사사하였고, 三禮, 『孝經』, 『논어』에 뛰어났다. 『論語義疏』, 『禮記義疏』, 『禮記講解』 등을 지었으나 모두 없어지고, 청나라 때 나온 古經解彙函에 『논어의소』가, 玉函山房輯佚書에 『禮記皇氏義疏』가 전한다.

다.”라고 하였다.[52]】이 있다.”[53]라고 하였는데, 이것들도 노나라의 종기(宗器)이다.

○『춘추좌씨전』에 “진(晉)의 적담(籍談)이 ‘제후가 분봉을 받는 때에는 모두 왕실에서 명기(明器)를 받아서 그 사직을 진무(鎭撫)합니다. 〈그러나 진나라는 받은 것이 없는데 어떻게 바치겠습니까?〉’라고 하니, 경왕(景王)이 말했다. ‘숙부 당숙[唐叔 : 진(晉)나라 시조]은 성왕의 동복(同腹)동생인데, 어찌 나누어준 것이 없겠는가? 밀수(密須)의 북과 대로[大路 : 수레]는 문왕이 봄 사냥[大蒐] 때 사용한 것이고, 궐공(闕鞏)의 갑옷은 무왕이 상(商)나라를 이겼을 때 사용한 것인데, 〈당숙이 그것을 받았다.〉 그 뒤에 양왕(襄王)이 내린 두 채의 수레와 척월[鏚鉞 : 작은 도끼와 큰 도끼]・거창[秬鬯: 검은 기장으로 담근 술]・동궁(彤弓)・호분(虎賁)을 문공이 받았다. 〈공이 있으면 왕실에서〉 이기(彝器)를 주어 위무하고 거복(車服)을 주어 공적을 표창하였으니, 이것이 그대가 말한 복(福)이다.’”【소공 15년에 보인다.】라고 하였다. 또 축타(祝鮀)가 장홍(萇弘)에게 고하기를, “옛날에 성왕이 노공(魯公)에게 대로(大路), 대기(大旂), 하후의 황[璜 : 좋은 옥], 봉보의 번약(繁弱)【큰 활의 이름이다.】을 나누어주었다. 강숙(康叔)에게 대로와 소백(少帛),【기(旗)의 이름이다. 기 중에 대백기(大白旗)가 있다.】 천패(綪茷),【대적기(大赤旗)이다.】 전정(旃旌),【통백[通帛 : 순백색의 비단]으로 만든 기를 전(旃)이라고 한다.】[54] 대려(大呂)【종(鍾)

52 『세본(世本)』에……하였다 : 『예기』 정현의 주에 “『世本』作曰‘垂作鐘, 無句作磬.’”이라고 하였는데, 공영달의 소에서 “‘無句作磬’者, 皇氏云 : ‘無句, 叔之別名.’ 義或然也.”라고 부연하였다.

53 『예기』……있다 : 이 부분에 나오는 宗器들은 모두 魯나라의 사당에 진열한 것들이다.

이다】를 나누어주었다. 당숙에게 대로, 밀수의 북, 궐공(闕鞏),【갑옷이다.】 고선(姑洗)【종(鍾)이다】을 나누어주었다."【정공(定公) 4년에 보인다.】라고 하였고, "정백(鄭伯)이 주 혜왕(周惠王)을 대접할 때 왕이 정백에게 왕후의 반감[鞶鑑 : 거울을 붙여 장식한 가죽 띠]을 주었다."【장공(莊公) 21년에 보인다.】라고 하였으며, 또 공숙문자(公叔文子)가 말하기를, "〈노(魯) 소공(召公)을 위해〉 문공의 서정(舒鼎)과 성공의 소조(昭兆)와 정공(定公)의 반감을 〈상으로 걸었습니다.〉"【정공 6년에 보인다.】라고 하였다.[55] 『국어』「노어 하(魯語下)」에 "진(陳)나라에 숙신씨(肅愼氏)가 바친 공물(貢物)【즉 호(楛)나무로 만든 화살이다.】을 나누어주었다."라고 하였다. 악의(樂毅)의 「보연혜왕서(報燕惠王書)」에 "제나라의 기물(器物)은 영대[寧臺 : 연나라의 대(臺) 이름]에 진설하고, 대려(大呂)는 원영[元英 : 연나라의 궁실 이름]에 진설하고, 고정(故鼎)은 역실[磿室 : 연나라의 궁실 이름][56]로 되돌려놓았습니다."라고 하였다.

---

54 소백(少帛)……한다 : 少帛, 綪茷, 旃旌은 모두 기의 종류이다. 두예의 주에 "少帛, 雜旗也. 綪茷, 大赤, 取染草名也. 通帛爲旃, 析羽爲旌."이라고 하였다. 또 『예기』「明堂位」에 "有虞氏之旂, 夏后氏之綏, 殷之大白, 周之大赤."이라고 하였는데, 정현의 주에 "四者, 旌旗之屬也."라고 하였고, 공영달의 소에 "殷之大白, 謂白色旗, 周之大赤者, 赤色旗. 此大白·大赤, 各隨代之色, 無所畫也."라고 하였다.

55 『춘추좌씨전』에 "진(晉)의……하였다 : 이 부분에 인용한 것은 『춘추좌씨전』 중 각 나라의 寶器를 언급한 내용을 발췌한 것이다. 원문이 많이 생략되었으나 이 부분에서 논하고자 하는 주제와 직접 관련이 없는 내용이므로 이해를 돕기 위해 『춘추좌씨전』 및 『春秋左傳正義』를 참고하여 번역문에서만 일부 내용을 보충하였다.

56 역실[磿室 : 연나라의 궁실 이름] : 『전국책』「燕策」과 『사기』「樂毅列傳」을 비롯하여 여러 전적에 인용되어 있는데, '磿室'이 '曆室'이나 '歷室'로 되어 있는 곳도 있다.

이것들이 이른바 정벌한 나라에서 획득한 보기(寶器)이다.【진인(晉人)이 수극(垂棘)의 구슬을 가지고 우(虞)나라에 길을 빌렸는데,[57] 그것도 역시 수극을 쳐서 얻은 물건일 것이다.】『춘추좌씨전』에 "고(郜)나라의 대정(大鼎)을 태묘에 들여놓자, 장애백(臧哀伯)이 '무왕이 상나라를 이기고 구정을 낙읍으로 옮겼습니다.'라고 하였다."[58]라고 한 것도 모두 이런 종류이다. 원래 대대로 전하여 나라를 안정시키는 보기(寶器)로 삼고 제사와 연향 때 진설하여 예(禮)를 행하는 것은 공적을 잊지 않고 조상을 잊지 않기 위해서이다. 어찌 예원진(倪元鎭)[59]이나 고중영(顧仲瑛)[60]의 무리가 주나라의 이(彝)와 한나라의 정(鼎) 같은 골동품을 늘어놓고 늘 감상하였던 것처럼 완호(玩好)하기 위함이었겠는가? 지금 여기에 진설한 것도 역시 대례(大禮) 때의 항례(恒例)이지 선왕을 애도하여 그것들을 명기(明器)처럼 진열한 것이 아니다.【『상서지원록』】

---

57 진인(晉人)이……빌렸는데 : 『춘추좌씨전』 僖公 2년에 "晉荀息, 請以屈産之乘與垂棘之璧, 假道於虞."이라고 한 내용이 나온다.

58 고(郜)나라의……하였다 : 『춘추좌씨전』 桓公 2년에 관련 내용이 나온다.

59 예원진(倪元鎭) : 1301~1374. 元末. 문인이자 화가이며 수장가이다. 元鎭은 자, 이름은 瓚, 호는 雲林, 荊蠻民, 幻霞生 등이다. 강남의 부호 출신으로, 雲林堂과 淸閟閣을 지어 도서와 골동품을 소장하고 그것을 완상하면서 은거하였다. 「容膝齊圖」, 「漁莊秋霽圖」 등의 작품이 잘 알려졌다. 저서로는 『淸閟閣全集』이 있다.

60 고중영(顧仲瑛) : 1310~1369. 元末. 문인이자 화가이며 수장가이다. 仲英은 자, 이름은 德輝, 호는 玉山樵者, 金粟道人 등이며, 阿英으로도 불렸다. 강소성 崑山에 玉山佳處라는 초당을 짓고 은거하며, 당대의 문인·화가들과 교유하였다. 고서와 명화, 彝·鼎 등의 골동품을 사들여 완미하였다. 저서로 『玉山逸稿』, 『玉山璞稿』가 있다.

大輅在賓階面, 綴輅在阼階面, 先輅在左塾之前, 次輅在右塾之前。【鄭本, 輅皆爲路, 綴爲贅。見〈典路〉疏】

대로[大輅 : 옥로(玉輅)]는 빈계[賓階 : 서계(西階)]에 남쪽을 향하도록 두고, 철로[綴輅 : 금로(金輅)]는 조계[阼階 : 동계(東階)]에 남쪽을 향하도록 두고, 선로[先輅 : 목로(木輅)]는 좌숙(左塾)의 앞에 두고, 차로[次輅 : 상로(象輅)와 혁로(革輅)]는 우숙(右塾)의 앞에 둔다.[61]【정현본에는 '輅'가 모두 '路'로 되어 있고, '綴'이 '贅'로 되어 있다. 『주례』「춘관(春官)·전로(典路)」의 소에 보인다.】

鄭矣:[교1] "大路, 玉路。【梅云: "面·前, 皆南向。"】 贅·次, 次在玉路後, 謂玉路之貳也。【綴爲贅】 先路, 象路。【《正義》引鄭云: "先輅, 金[교2]輅也。"】 次路, 象路之貳, 與玉路之貳相對, 在門內之東北面。"【《周禮·典路》疏 ○《正義》引鄭云: "次輅, 金輅之貳也。"】 ○鄭云: "門側之堂, 謂之塾。謂在路門之內[교3]北面, 與玉路相對。"【〈典路〉疏】 ○馬云: "不陳戎路者, 兵事非常, 故不陳之。"【王肅同】 ○鄭云: "不陳象輅·木輅者,[교4] 主於朝祀而已。" **○鏞案** 孔疏引鄭註其象路·金路之名, 《周禮》疏·《尚書》疏, 互換不

61 대로[大輅 : 옥로(玉輅)]는……둔다 : 채침의 주석에 따라 번역하였다. 채침은 王의 五輅를 모두 진열한 것이라고 보고 다음과 같이 풀이하였다. 大輅, 玉輅也. 綴輅, 金輅也. 先輅, 木輅也. 次輅, 象輅·革輅也. 王之五輅, 玉輅, 以祀不以封, 爲最貴. 金輅, 以封同姓, 爲次之. 象輅, 以封異姓, 爲又次之. 革輅, 以封四衛, 爲又次之. 木輅, 以封蕃國, 爲最賤. 其行也, 貴者宜自近, 賤者宜遠也. 王乘玉輅, 綴之者, 金輅也, 故金輅謂之綴輅. 最遠者, 木輅也, 故木輅謂之先輅. 以木輅爲先輅, 則革輅·象輅, 爲次輅矣. 賓階, 西階也, 阼階, 東階也, 面, 南嚮也.

合, 可異也。

교1) 矣 : 문맥상 '云'이 옳은 듯하다. 案가장본에는 '云'으로 되어 있다.
교2) 案金 : 『상서정의』에는 앞에 '是'가 더 있다.
교3) 案內 : 『주례주소』에는 뒤에 '西'가 더 있다.
교4) 案者 : 『상서정의』에는 앞에 '革輅'가 더 있다.

〔大輅在賓階面……次輅在右塾之前〕 정현이 말했다. "대로(大路)는 옥로(玉路)이다.【매색이 말했다. "면(面)과 전(前)은 모두 남쪽을 향하는 것이다."】 췌로[贅路 : 철로(綴路)]와 차로(次路)는 순서가 옥로의 뒤에 있으니, 옥로의 이로[貳路 : 부거(副車)]를 말한다.【'綴'이 〈정현본에는〉 '贅'로 되어 있다.】 선로(先路)는 상로(象路)이다.【『상서정의』에 정현의 설을 인용하고서 "선로(先輅)는 금로(金輅)이다."라고 하였다.[62]】 차로(次路)는 상로의 이로로, 옥로의 이로와 서로 마주 보며 문 안의 동쪽에 북쪽을 향하도록 진열하였다."【『주례』「춘관(春官)·전로(典路)」의 소에 보인다. ○『상서정의』에 정현의 설을 인용하고서 "차로(次輅)는 금로(金輅)의 이로이다."라고 하였다.[63]】 ○정현이 말했다. "문 옆의 당(堂)을 숙(塾)이라고 한다. 〈선로재좌숙지전(先路在左塾之前)은〉 노문(路門)의 안 서쪽에 북쪽을 향하도록 배열하여 옥로와 서로 마주 보게 두었다는 말이다."【『주례』「춘관·전로」의 소에 보인다.】[64]

62 『상서정의』에……하였다 : 『상서정의』 공영달의 소에 "鄭玄, 以綴·次是從後之言, 二者皆爲副貳之車. 先輅是金輅也, 綴輅是玉輅之貳, 次輅是金輅之貳. 不陳象輅·木輅·革輅者, 主於朝祀而已."라고 한 내용이 나온다.

63 『상서정의』에……하였다 : 앞의 각주 62) 참조.

64 대로(大路)는……보인다 : 전체가 『주례주소』「天官·典路」의 소에 보이는데, 일부 내용을 생략하고 순서도 바꾸어서 원의를 파악하기 어렵게 되었다. 『주례주소』의 해당 원문은 다음과 같다. 先鄭引「顧命」云……'大路在賓

〔先輅在左塾之前, 次輅在右塾之前〕○마융이 말했다. "융로(戎路)를 진설하지 않은 것은, 병사(兵事)는 일상의 일이 아니기 때문에 그것을 진설하지 않은 것이다."【왕숙의 풀이도 같다.】 ○정현이 말했다. "금로(金輅)[65]와 목로(木輅)〈와 혁로(革輅)〉를 진설하지 않은 것은 조회와 제사에 〈사용하는 수레를〉 중심으로 진설하였기 때문일 뿐이다."[66]

○용안 공영달의 소에서 상로와 금로의 명칭에 대한 정현의 주석을 인용한 부분은, 『주례』의 소와 『상서』의 소가 서로 바뀌어 맞지 않으니 이상하다.[67]

階面'注云: "大路, 玉路." 云'贅路在阼階面'注云: "贅・次, 次在玉路後, 謂玉路之貳也." 云'先路在左塾之前'注云: "先路, 象路. 門側之堂, 謂之塾, 謂在路門內之西北面與玉路相對也." 云'次路在右塾之前'注云: "象路之貳與玉路之二相對, 在門內之東北面."

65 금로(金輅): 원문은 '象輅'인데, '金'으로 교감되어 있는 北京大學出版社 刊 標點本 『상서정의』에 따라 '象'을 '金'으로 고쳤다. 교감 내용은 뒤에 나오는 각주 67) 참조.

66 마융이……뿐이다: 『주례』「春官・巾車」에, 왕에게는 모두 五路, 즉 다섯 종류의 수레가 있는데, 첫째 玉路는 제사 때 쓰고[以祀], 둘째 金路는 빈객의 회동과 동성의 제후를 봉할 때 쓰고[以賓, 同姓以封], 셋째 象路는 조회와 이성의 제후를 봉할 때 쓰고[以朝, 異姓以封], 넷째 革路는 軍事와 四衛를 봉할 때 쓰고[以卽戎, 以封四衛], 다섯째 木路는 사냥할 때와 蕃國을 봉할 때 쓴다[以田, 以封蕃國]고 하였다. 여기 경문에 나오는 大輅, 綴輅, 先輅, 次輅에 대해 공안국(매색)은 대로가 옥로, 철로가 금로, 선로가 상로, 차로가 목로라고 보고 네 종류의 수레만을 진열한 것이라고 하였다. 마융과 왕숙은 공안국의 설과 같이 네 종류의 수레를 진열하였다고 본 것이고, 정현은 철로와 차로는 옥로와 금로의 副車로 보고 제사 때 쓰는 옥로와 조회 때 쓰는 금로만을 진열하였다고 본 것이다.

67 공영달의……이상하다: 『주례』의 소는 古訓 부분에 나오는 "先路, 象路."와 "次路, 象路之貳."를 가리키고, 『상서』의 소는 앞의 각주 2)에 나온 구절을

27. 고명 - 08

二人雀弁, 執惠, 立于畢門之內。四人綦弁, 執戈上刃, 夾兩階戺。一人冕, 執劉, 立于東堂, 一人冕, 執鉞, 立于西堂。一人冕, 執戣, 立于東垂, 一人冕, 執瞿, 立于西垂。一人冕, 執銳, 立于側階。【《釋文》云: “馬·鄭本, 綦爲騏。”】

두 사람은 작변복(雀弁服)을 입고 혜(惠)를 잡고 필문(畢門)의 안에 선다. 네 사람은 기변복(綦弁服)을 입고 날이 밖을 향하도록 창을 잡고 양쪽 섬돌 위의 사(戺)에 좌우로 선다. 한 사람은 면복(冕服)을 입고 류(劉)를 잡고 동당(東堂)에 서고, 한 사람은 면복을 입고 월(鉞)을 잡고 서당(西堂)에 선다. 한 사람은 면복을 입고 규(戣)를 잡고 동수(東垂)에 서고, 한 사람은 면복을 입고 구(瞿)를 잡고 서수(西垂)에 선다. 한 사람은 면복을 입고 예(銳)를 잡고 측계(側階)에 선다.【『경전석문』에 “마융본과 정현본에는 ‘綦’가 ‘騏’로 되어 있다.”라고 하였다.】

鄭云: “赤黑曰雀, 言如雀頭色也。” ○鄭云: “青黑曰騏。《詩》[교1]云, ‘我馬維騏。’”【〈魯頌·駉〉詩疏】 ○鄭云: “惠, 狀皆[교2]斜刃, 宜芟刈。【梅云: “三

말한다. 그런데 北京大學出版社 刊 標點本 『상서정의』에는 “先輅是金輅也……次輅是金輅之貳. 不陳象輅·木輅·革輅者”가 “先輅是象輅也……次輅是象輅之貳. 不陳金輅·木輅·革輅者”로 되어 있고, 다음과 같은 교감기가 있다. 二‘象’字原作‘金’, ‘金’原作‘象’. 孫校: “據『周禮』「典路」疏及孫淵如校正. 主于朝祀正謂止玉路·象路也.” 다산은 孫炎의 교감을 보지 못하여 이런 의문을 품은 듯하다.

隅矛。"】 戈, 卽今之句孑[교3]戟。【蔡云: "上刃, 刃外嚮。"】 劉, 蓋今鑱斧。【梅云: "鉞屬。"】 鉞, 大斧。 戣·瞿, 蓋今三鋒矛。 銳, 矛屬。 凡此七兵, 或施矜, 或著柄。《周禮》, 戈, 長六尺六寸, 其餘未聞長短之數。"【王肅唯云: "皆兵器之名。"】 ○梅云: "路寢門, 一名畢門。 堂廉曰戺。"【士所立】 ○鄭云: "序內半以前曰堂。" ○補云: "垂與陲同, 堂之盡處近階者。" ○鄭云: "側階, 東下階。"【王亦云】 ○**案** 此兵衛, 亦凡大禮, 按例陳設, 非以危疑備不虞也。

교1) 案詩: 『모시정의』에는 앞에 '引'이 더 있다.
교2) 案皆: 『상서정의』에는 '蓋'로 되어 있다.
교3) 孑: 신조선사본에는 '子'로 되어 있으나 『玉海』 권151 「兵制」에 따라 바로잡는다. 案『상서정의』에도 '孑'로 되어 있다.

〔二人雀弁〕 정현이 말했다. "적흑색을 '작(雀)'이라고 하니, 참새 대가리 색깔과 같다는 말이다."

〔四人綦弁〕○정현이 말했다. "청흑색을 '기(騏)'라고 한다. 『시경』에 '아마유기[我馬維騏: 내 말이 얼룩말이네]'라고 하였다."【『시경』 「노송(魯頌)·경(駉)」의 소에 보인다.】[68]

〔惠·戈·劉·鉞·戣·瞿·銳〕○정현이 말했다. "혜(惠)는 모양이, 대체로 날이 비스듬하여 풀을 베기에 알맞을 것이다.【매색이 말했다. "삼우모(三隅矛)이다."】 과(戈)는 지금의 구혈극(句孑戟)이다.【채침이 말했다. "상인(上刃)은 날이 밖을 향하게 드는 것이다."】 류(劉)는 지금의 참부

68 청흑색을……보인다: 『시경』 「魯頌·駉」 2장 중 '有騂有騏'에 대한 공영달 소에 보인다. 『모시정의』 해당 부분의 전문은 다음과 같다. 倉騏曰騏, 謂青而微黑, 今之驄馬也. 「顧命」曰'四人騏弁', 注云: "青黑曰騏. 引『詩』云'我馬維騏'. 是騏爲青黑色." '我馬維騏'는 『시경』 「小雅·皇皇者華」에 나온다.

(鑱斧)일 것이다.【매색이 말했다. "월(越)의 일종이다."】 월(鉞)은 대부[大斧 : 큰 도끼]이다. 규(戣)와 구(瞿)는 지금의 삼봉모(三鋒矛)일 것이다. 예(銳)는 모[矛 : 창]의 일종이다. 이 일곱 가지 병기는, 어떤 것은 자루를 달고, 어떤 것은 손잡이를 붙인다. 『주례』에 과(戈)는 길이가 여섯 자 여섯 치라고 하였고,[69] 그 나머지는 길이가 얼마나 되는지 듣지 못하였다."【왕숙은 "모두 병기의 이름이다."라고만 하였다.】

〔立于畢門之內・夾兩階戺〕○매색이 말했다. "노침(路寢)의 문을 일명 '필문(畢門)'이라고 한다. 당(堂)의 모서리를 '사(戺)'【사(士)가 서는 곳이다.】라고 한다."

〔立于東堂・立于西堂〕○정현이 말했다. "서(序)의 내부를 반으로 나누었을 때 앞쪽을 당(堂)이라고 한다."

〔立于東垂・立于西垂〕○보충한다. "수(垂)는 수[陲 : 모퉁이]와 같고, 당의 끝부분 섬돌과 가까운 곳이다."

〔立于側階〕○정현이 말했다. "측계(側階)는 동쪽의 아래 섬돌이다."【왕숙도 그렇게 말했다.】

○안 이러한 병위(兵衛) 또한 대례(大禮) 때에 관례에 따라 진설하는 것이지 위태로운 때여서 불의의 사태에 대비한 것은 아니다.

考訂 孔云 : "垂旒爲冕, 無旒爲弁。" ○王云 : "綦, 赤黑色。" ○梅云 : "綦, 文鹿子皮弁。"【孔云 : "各以意言, 無正文。"】

고정 공영달이 말했다. "류[旒 : 술]를 드리운 것이 면(冕)이고, 류가

69 『주례』에……하였고 : 『주례』「冬官考工記」에 "戈柲, 六尺有六寸, 旣建而迤, 崇於軫四尺, 謂之二等."이라고 한 것을 말하는 듯하다.

없는 것이 변(弁)이다."[70] ○왕숙이 말했다. "기(綦)는 적흑색(赤黑色)이다." ○매색이 말했다. "기(綦)는 무늬 있는 새끼사슴의 가죽으로 만든 변(弁)이다."【공영달이 말했다. "각자 자기 생각대로 말한 것이고, 정문(正文)은 없다."】

考異 《說文》, 鋭作鈗。【許云: "鈗, 侍臣所執兵。從金允聲, 讀若允。"】

고이 『설문해자』에는 '鋭'가 '鈗'으로 되어 있다.【허신이 말했다. "윤(鈗)은 시신(侍臣)이 잡는 병기이다. '金' 변을 따르고 '允'이 음이니, '允(윤)'과 같은 음으로 읽어야 한다."】

27. 고명 - 09

王麻冕黼裳, 由賓階隮。卿士·邦君, 麻冕蟻裳入,【句】 卽位。太[교1]保·太史·太宗, 皆麻冕彤裳。太保承介圭, 上宗奉同·瑁, 由阼階隮。太史秉書, 由賓階隮, 御王冊命。

교1) 太: 신조선사본에는 '大'로 되어 있으나 『尙書』「周書·顧命」에 따라 바로잡는다. 案가장본에는 '太'로 되어 있다.

왕이 마면(麻冕)을 쓰고 보상(黼裳)을 입고 빈계(賓階)로 올라가자

70 공영달이……변(弁)이다: 『尙書埤傳』 권14에는 '孔疏', 元나라 陳師凱의 『書蔡氏傳旁通』 권6上에는 '正義云', 『書經大全』 소주에는 '唐孔氏曰'이라고 하고 이 내용을 인용하고 있으나 十三經注疏의 『상서정의』에는 이 내용이 나오지 않는다.

경사(卿士)와 방군(邦君)들도 마면을 쓰고 의상(蟻裳)을 입고 〈왕을 따라 빈계로 올라가 당에〉 들어가【단구】 〈각자 자기〉 자리에 나아갔다. 태보(太保)와 태사(太史)와 태종(太宗)은 모두 마면을 쓰고 동상(彤裳)을 입었고, 태보는 개규[介圭: 큰 규]를 받들고, 상종(上宗)은 동(同)과 모(瑁)를 받들어 조계(阼階)로 올라가고, 태사는 책명(冊命)을 잡고 빈계로 올라가 왕에게 책명을 바쳤다.

孔云: "禮, 績麻三十升以爲冕, 故稱麻冕。王麻冕者, 蓋袞冕也。" ○鄭云: "黼裳者, 冕服有文者也。" ○梅云: "蟻, 裳,교1) 色玄。"【孔云: "禮無蟻裳。蟻者, 蚍蜉也, 色玄如蟻。"】 孔云: "祭服, 皆玄衣纁裳。此獨玄裳者, 卿士・邦君, 不可全與祭同, 故교2)改其裳, 以示變也。" ○梅云: "彤, 纁也。" ○鄭云: "卿西面, 諸侯北面。"【入卽位】

교1) 裳: 『尙書正義』 梅賾疏에는 이 뒤에 '名'이 있다. 㕠정본 교감의 '梅賾疏'는 '梅賾傳'의 오류이다.
교2) 㕠故: 『상서정의』에는 이 글자가 없다.

〔王麻冕黼裳〕 공영달이 말했다. "예(禮)에 서른 새[升]의 삼베[麻]를 짜서 면관(冕冠)을 만들기 때문에 마면(麻冕)이라고 불렀다. 왕마면(王麻冕)이란 곤면(袞冕)일 것이다." ○정현이 말했다. "보상(黼裳)이란 면복(冕服)에 무늬가 있는 것이다."
〔麻冕蟻裳〕 매색이 말했다. "의(蟻)는 상(裳)의 이름으로, 현색(玄色)이다."【공영달이 말했다. "예(禮)에는 의상(蟻裳)이 없다. 의(蟻)는 비부[蚍蜉: 왕개미]이니, 색이 개미처럼 검은 것이다."】 공영달이 말했다. "제복(祭服)은 모두 현의(玄衣)에 훈상(纁裳)인데, 여기서 유독 현상(玄裳)을

입은 것은, 경사(卿士)와 방군(邦君)은 제사를 지낼 때의 복식과 완전히 같게 할 수가 없으므로 그 상(裳)을 바꾸어서 변화를 보인 것이다."[71]

〔皆麻冕彤裳〕○매색이 말했다. "동(彤)은 훈[纁 : 분홍색]의 뜻이다."

【入卽位】○정현이 말했다. "경(卿)은 서쪽을 향해 서고, 제후는 북쪽을 향해 선다."

考訂 梅云 : "王及群臣, 皆吉服。" ○呂云 : "蟻裳者, 不欲純用吉服, 酌吉・凶之間, 示禮之變也。" **○鏞案** 註疏, 大誤也。《論語》云'麻冕禮也'者,【〈子罕〉篇】 麻, 是六冕之通材, 古用細布, 今用純絲云耳。至於此經之麻冕, 必不以六冕之通名, 指爲麻冕。若云六冕之通名, 遭此事而行此禮者, 袞冕乎, 玄冕乎, 驚冕乎, 希冕乎? 註經無狀, 莫此甚矣。麻冕者, 白布之冕。黼裳者, 白布之裳, 刺一斧文者也。冠・裳旣然, 則衣亦素衣, 可知也。蟻裳, 讀之如蟻結之蟻,【與蛾同】 白布之裳, 其飾有蟻文也。彤裳者, 白布之裳, 飾之以彤也。【《說文》云 : "彤, 丹飾也。從彡, 彡其畫也。"】 若是纁裳, 直曰纁裳, 何必曰彤裳乎? 上文, 執兵侍衛者七人, 純用吉服。兵衛吉服, 古今之通義也。彼云'雀弁'・'綦弁', 而冕則各隨其命, 故不言某冕, 蓋知爲吉冕也。此特云'麻冕', 可知爲素冕也。豈可以《論語》之麻冕, 混之於此經乎? 〈喪大記〉曰 : "君將大斂, 子弁絰。"

71 공영달이 말했다. "예(禮)에는……것이다 : 공영달은 경문의 '蟻裳'을 常禮와 맞지 않는 복식이라고 보고 그 이유를 설명한 부분인데, 내용이 많이 축약되어 원의를 파악하기가 어렵게 되었다. 『상서정의』 소의 해당 원문은 다음과 같다. 禮, 無蟻裳, 今云'蟻'者, 裳之名也. 蟻者, 蚍蜉蟲也, 此蟲色黑, 知蟻裳色玄. 以色玄如蟻, 故以蟻名之. 禮, 祭服皆玄衣纁裳, 此獨云'玄裳'者, 卿士・邦君, 於此無事, 不可全與祭同, 改其裳, 以示變於常也.

弁絰者, 厤弁而加環絰也。【天子・諸侯之喪, 三日成服, 如士・大夫。唯殯在五日・七日。故將大斂, 嗣子得著厤弁】〈曾子問〉曰:"君出疆而薨, 其入, 共殯服,【將大斂之服】則子厤弁絰・疏衰。"【子, 嗣玉[교1]】厤冕者, 厤弁也。彼用喪禮, 故去旒而弁, 此用朝禮, 故存旒而冕, 其爲素冠則同也。或曰:"冕・裳然矣, 衣則無文, 何以云素衣也?" 曰:"冠者, 服之統也。冠旣厤冕, 則衣亦厤衣, 唯裳略有飾, 不欲純素耳。" 夫制此禮者周公, 行此禮者召公, 錄此書者孔子, 其情文之發爲章采者, 合於天理協於人心如此。而古訓旣亡, 僞註公行, 强所不知, 誣之爲純吉之服, 遂使後世之行此禮者, 背殯卽吉, 玄冕・玄袞・纁裳・赤韍, 以臨百官, 而哆然自命曰'此康王之禮'。於是蘇子瞻・葉少蘊之等, 不疑梅氏有誤註, 但云'召公行非禮', 不亦謬乎? 此非小事, 不可不明辨。【《知遠錄》】又詳《論語》'厤冕'之解。

교1) 玉: 문맥상 '王'이 옳은 듯하다. 案가장본에는 '王'으로 되어 있다.

고정 매색이 말했다. "왕과 신하들이 모두 길복(吉服)을 입었다." ○여씨(呂氏)가 말했다. "의상[蟻裳: 검은색 하의]을 입은 것은 순전한 길례(吉禮)의 복식을 쓰지 않으려고 한 것으로, 길례의 복식과 흉례(凶禮)의 복식의 중간을 참작하여 예(禮)의 변용을 보인 것이다."[72]

72 여씨(呂氏)가……것이다: 『서집전』에 인용되어 있다. 왕은 제사의 복식인 厤冕에 黼裳 차림인데, 卿士와 邦君이 제사의 복식인 纁裳이 아닌 蟻裳을 입은 이유를 설명한 것이다. 『서집전』의 원문은 다음과 같다. 呂氏曰: "厤冕蟻裳, 王祭服也. 卿士・邦君祭服之裳, 皆纁. 今蟻裳者, 蓋無事於奠祝, 不欲純用吉服, 有位於班列, 不可純用凶服, 酌吉凶之間, 示禮之變也."

○**용안** 주소(註疏)의 풀이는 크게 잘못되었다. 『논어』에 '마면이 예이다.[麻冕禮也]'【「자한(子罕)」 편에 보인다.】라고 한 것은, 마(麻)는 여섯 가지 면복(冕服)에 공통으로 사용하는 소재로 옛날에는 가는 베[細布]를 사용하였는데 지금[공자 당시]은 순사(純絲)를 사용한다는 말일 뿐이다. 그러나 이 경문의 마면은 반드시 여섯 가지 면복을 통칭하여 마면이라고 지칭한 것은 아니다. 여섯 가지 면복을 통칭하는 이름이라고 한다면, 이 일을 만나 이 예를 행하는 이들의 복식이 곤면(袞冕)이겠는가, 현면(玄冕)이겠는가, 별면(鷩冕)이겠는가, 치면(希冕)이겠는가? 경전의 주석이 이보다 심하게 제멋대로일 수가 없다.[73] 마면은 백포(白布)로 만든 면이고, 보상(黼裳)은 백포로 만든 상(裳)에 도끼 무늬 하나를 수놓은 것이다. 관(冠)과 상(裳)이 이미 그러하니 의[衣 : 상의] 또한 소의(素衣)임을 알 수 있다. 의상(蟻裳)의 〈의(蟻)는〉 의결(蟻結)[74]의 의(蟻)【아[蛾 : 나방]와 같다】와 같은 뜻으로 읽어야 하니, 백포로 만든 상인데 그 장식에 개미 무늬가 있는 것이다. 동상(彤裳)은 백포로 만든 상에 장식을 동(彤)으로 한 것이다.【『설문해자』에 "동(彤)은 붉은 장식이다. 부수가 삼(彡)이니, 삼이 그 그림이다."라고 하였다.】

훈상(纁裳)이면 곧바로 훈상이라고 하지 무엇 때문에 굳이 동상(彤裳)이라고 하였겠는가? 앞에서 무기를 들고 시위(侍衛)하는 일

73 『논어』에……없다 : 다산은 呂氏의 설이 『논어』「子罕」의 "子曰 : '麻冕, 禮也, 今也純, 儉. 吾從衆."을 근거로 하였다고 보고 비판한 것이다.

74 의결(蟻結) : 관 덮개의 네 모서리에 그린 장식으로, 개미떼가 서로 섞여 오가는 모습이었다고 한다. 『예기』「檀弓 上」에 "子張之喪, 公明儀爲志焉, 褚幕丹質, 蟻結于四隅."라고 하였는데, 정현의 주에 "畫褚之四角, 其文如蟻行, 往來相交錯. 殷之蟻結, 似今蛇文畫."라고 하였다.

곱 사람이 모두 길복을 착용하였다. 병위(兵衛)에 길복을 입는 것은 예나 지금이나 공통되는 의리이다. 그 부분에서 '작변(雀弁)'이라고 하고 '기변(綦弁)'이라고 하였는데, 면(冕)은 각각 그 품계를 따른다. 그러므로 어떤 면인지 말하지 않았지만 대체로 길면(吉冕)임을 알 수 있다. 여기서는 특별히 '마면'이라고 하였으니 소면(素冕)임을 알 수 있다. 어찌 『논어』의 마면을 이 경문과 뒤섞어 놓겠는가?

『예기』「상대기(喪大記)」에 "임금이 〈죽은 뒤〉 대렴(大斂)을 하려고 하면 아들은 변질(弁絰)을 한다."라고 하였다. 변질이란 마변(麻弁)에 환질(環絰)[75]을 두르는 것이다.【천자와 제후의 상에 사흘 만에 성복(成服)하는 것은 사(士)나 대부(大夫)의 경우와 같다. 다만 빈례(殯禮)는 5일이나 7일 만에[76] 하기 때문에 대렴을 하려고 할 때 사자(嗣子)가 마변을 착용할 수 있는 것이다.】『예기』「증자문(曾子問)」에 "임금이 국경 밖으로 나갔다가 사망하였을 경우 〈시신이 본국에〉 들어올 때에 〈유사(有司)가〉 빈복(殯服)【장차 대렴(大斂)을 하기 위한 복식이다.】을 준비하여 〈시신이 오기를 기다리면〉 아들【아들은 사왕(嗣王)이다.】이 마변(麻弁)에 환질(環絰)을 두르고, 소최복(疏衰服)을 입는다."라고 하였다.[77] 〈『상서』 경문의〉 마면(麻冕)이 마변(麻弁)이다. 저기[『예기』]

75 환질(環絰) : 상복 제도에서 弁 위에 두르는 테로, 삼을 꼬아서 만든다. 수질(首絰)이라고도 한다.

76 빈례(殯禮)는……만에 : 천자는 7일 만에 殯을 하고, 제후는 5일 만에 殯을 한다. 『예기』「王制」에 "天子七日而殯, 七月而葬. 諸侯五日而殯, 五月而葬."이라고 하였다.

77 「증자문(曾子問)」에……하였다 : 曾子가 "君出疆, 以三年之戒, 以椑從, 君薨, 其入, 如之何?"라고 물은 데 대해 공자가 "共殯服, 則子麻弁絰疏衰菲杖."이라고 대답하였는데, 정현의 주에 "殯服, 謂布深衣, 苴絰散帶, 垂殯時主人所

에서는 상례(喪禮)를 사용하기 때문에 류(旒)를 떼어 변(弁)을 쓰고, 여기[『상서』]에서는 조례[朝禮: 조회의 예]를 사용하기 때문에 류를 그냥 두어 면(冕)을 쓰지만, 소관(素冠)인 것은 같다. 혹 "면(冕)과 상(裳)이 그러하지만 의(衣)에 대해서는 글이 없는데 어째서 소의(素衣)라고 하는가?"라고 할 수 있다. 이는 "관(冠)은 복식을 통괄하는 것이니, 관이 이미 마면(麻冕)이면 의(衣)도 마의(麻衣)인데, 오직 상(裳)에만 약간의 장식을 한 것은 순전히 소의만을 쓰지 않기 위해서이다."라고 할 수 있다.

대저 이 예를 제정한 이는 주공이고, 이 예를 행한 이는 소공이며, 이 책을 기록한 이는 공자이니, 그 인정(人情)과 예(禮)를 문장으로 표현한 것이 이와 같이 천리와 인심에 꼭 맞았다. 그러나 고훈은 이미 망실되고 가짜 주석이 공공연히 행해져서, 알지 못하는 것을 우기며 순전히 길례의 복식이라고 속여서, 드디어 후세에 이 예를 행하는 이들로 하여금 빈례를 저버리고 길례로 나아가도록 하였다. 그리하여 현면(玄冕), 현곤(玄袞), 훈상(纁裳), 적불(赤韍) 차림으로 백관에게 임하여 아무렇지도 않게 스스로 '이것이 강왕(康王)의 예이다.'라고 한다. 그 때문에 소자첨[蘇子瞻: 소식(蘇軾)]과 섭소온[葉少蘊: 섭몽득(葉夢得)][78] 등은 매색의 주에 오류가 있으리

服, 共之以待其來也."라고 하였다.

78 섭소온[葉少蘊: 섭몽득(葉夢得)]: 1077~1148. 南宋. 少蘊은 자, 이름은 夢得, 호는 石林이다. 哲宗 紹聖 4년(1097) 진사시에 합격하여, 翰林學士, 龍圖閣直學士 등을 지냈다. 만년에 湖州 玲瓏山의 石林에 은거하여 石林居士로 일컬어졌다. 박학다식하며 詩詞에 능하였고, 특히 『春秋』에 뛰어나 그에 관한 여러 권의 저술을 남겼다. 『송사』 『예문지』에 『書傳』, 『春秋讞』, 『春秋考』, 『春秋傳』, 『石林春秋』, 『春秋指要總例』, 『論語釋言』, 『石林避暑錄』, 『石林集』, 『石林奏議』, 『建康集』 등의 저서가 있다고 하였다.

라고는 의심하지 않고 다만 '소공이 비례(非禮)를 행하였다.'라고 하였으니, 또한 잘못이 아니겠는가? 이는 작은 일이 아니니 분명히 논변하지 않을 수 없다.【『상서지원록』】 또 『논어』의 '마면'에 대한 해석[79]에서 상세하게 다루었다.

考證 《通典》, "魏尚書〈奏杜鄕侯劉康襲爵素服議〉云: '案《周禮》, 天子·公卿·諸侯吉服, 皆玄冕朱裏, 玄衣·纁裳。有喪·凶, 則變之麻冕·黼裳, 邦君麻冕·蟻裳云。' 麻冕者則素冕, 麻不加采色, 又變其裳, 亦非純吉, 亦不純凶。" **○案** 此漢·魏之時, 早有正解矣。

고증 『통전(通典)』에 "위상서(魏尚書)의 「두향후유강습작소복주의(杜鄕侯劉康襲爵素服奏議)」에 『주례』를 살펴보면, '천자와 공경과 제후의 길복은 모두 붉은 안감을 댄 현면(玄冕)에 현의(玄衣)와 훈상(纁裳)이다. 상사(喪事)나 흉사(凶事)가 있으면 복식을 마면(麻冕)과 보상(黼裳)으로 바꾸고, 방군(邦君)은 마면(麻冕)과 의상(蟻裳)으로 바꾸었다.'라고 하였습니다. 마면이란 소면(素冕)으로 마에 채색하지 않은 것이고, 또 상(裳)을 바꾸었으니 순전한 길복도 아니고 순전한 흉복도 아닌 것입니다."라고 하였다.[80]

○안 이를 보면 한나라와 위(魏)나라 때에 일찍이 올바른 해석이 있었던 것이다.

79 『논어』의……해석 : 『論語古今註』 권4 「子罕」 참조.

80 『통전(通典)』에……하였다 : 唐 杜佑의 『통전』 권72 「王侯在喪襲爵議」 일명 「王侯在喪襲爵奪情議」에 나온다. "魏尚書奏杜鄕侯劉康襲爵素服議云"이 『통전』 원문에는 "魏尚書奏以'古漢獻帝嫡孫杜氏鄕侯劉康襲爵假授使者拜授康素服奪情'議云"으로 되어 있다.

梅云：“太宗，上宗，卽宗伯。” ○鄭云：“上宗，猶太宗，變其文者，宗伯之長，大宗伯一人與小宗伯二人，凡三人，使其上二人也，一人奉同，一人奉瑁。” ○孔云：“介圭，鎭圭也。【介，大也】〈玉人〉云，‘鎭圭尺有二寸，天子守之。’”【又有大圭，長三尺，是天子之笏】 ○梅云：“同，爵名。【禮爵，無此名】 瑁，所以冒諸侯圭，以齊瑞信，方四寸，邪刻之。”【制詳〈考工記 · 玉人〉之注。又詳〈堯典〉‘輯五瑞’章蔡注】 ○蔡云：“太保 · 宗伯，以先王之命，奉符寶，以傳嗣君，有主道焉，故升自阼階。” ○鄭云：“御，猶嚮也，王此時正立賓階上少東，太史東南，於殯西南，而讀冊書，以命王嗣位之事。” ○孔云：“御，進也。”

〔太保 · 太史 · 太宗〕 매색이 말했다. “태종(太宗)은 상종(上宗)이니, 곧 종백(宗伯)이다.”

〔太保承介圭，上宗奉同 · 瑁〕○정현이 말했다. “상종은 태종과 같다. 표현을 바꾼 것은 종백의 장(長)인 대종백(大宗伯) 1인과 소종백(小宗伯) 2인,[81] 모두 3인 중에서 상위(上位)의 두 사람으로 하여금 한 사람은 동(同)을 받들고 한 사람은 모(瑁)를 받들게 하였기 때문이다.” ○공영달이 말했다. “개규(介圭)는 진규(鎭圭)이다.【개(介)는 대[大 : 크다]의 뜻이다.】 『주례』 「동관 · 고공기(考工記) · 옥인(玉人)」에 ‘진규는 한 자 두 치이고, 천자가 간수한다.’라고 하였다.”【“또 대규가 있는데, 길이가 석 자이며 천자의 홀(笏)이다.”라고 하였다.】[82] ○매색이 말

81 대종백(大宗伯)……2인 : 『주례』 「春官」 序官에 “大宗伯卿一人, 小宗伯中大夫二人.”이라고 하였다.

82 공영달이……하였다 : 매색이 介圭를 “大圭, 尺二寸, 天子守之.”라고 하였는데, 공영달은 ‘尺二寸’의 圭는 ‘鎭圭’이고 大圭는 다른 물건이라고 변증한 내용이다. 『상서정의』 공영달 소의 원문은 다음과 같다. 「考工記 · 玉人」云: “鎭圭, 尺有二寸, 天子守之.” 鎭圭, 圭之大者, 介訓大也. 故知是彼鎭圭天子之所

했다. "동(同)은 술잔[爵]의 이름이다.【예작(禮爵)에는 이런 명칭이 없다.】 모(瑁)는 제후의 규(圭)에 덮어씌워서 서신(瑞信)을 맞추어보는 것으로, 사방 네 치이고 비스듬하게 깎는다."【제도는 「고공기·옥인」의 주에 상세하게 나온다. 또, 「요전」 '집오서(輯五瑞)' 장의 채침 주에서도 자세하게 풀이하였다.】

〔太史秉書, 由賓階隮〕○채침이 말했다. "태보와 종백은 선왕의 명으로 부보(符寶)를 받들어 사군(嗣君)에게 전하므로 주인의 도리가 있다. 그래서 조계(阼階)로 올라가는 것이다."

〔御王冊命〕○정현이 말했다. "어(御)는 향[嚮: 향하다]과 같은 말이다. 왕이 이때 빈계 위의 약간 동쪽에 바르게 서 있으므로, 태사가 빈궁(殯宮)의 서남쪽에서 동남쪽을 향해 서서 책서(冊書)를 읽어서 왕에게 지위를 계승하도록 명한 것이다." ○공영달이 말했다. "어(御)는 진[進: 나아가다]의 뜻이다."

考訂 虞翻云: "鄭註《尙書》以〈顧命〉康王執瑁, 古月似同, 從誤作同, 旣不覺定, 復訓爲杯, 謂之酒杯, 誠可怪也。" ○**案** 訓同爲爵, 誠無可據。

고정 우번(虞翻)이 말했다. "정현이 『상서』를 주석하면서 「고명」의 강왕집모(康王執瑁) 부분에서는, 월(月)의 고자(古字)가 동(同) 자와 비슷하므로 덩달아 동(同)으로 잘못 쓴 것인데 그것을 깨달아 바로잡지 못한데다가, 다시 '배(杯)'라고 풀이하고는 '술잔[酒杯]'이라고 하였으니, 참으로 괴이하다."[83]

守.……『禮』, 又有大圭, 長三尺, 知介圭非彼三尺圭者.……「玉人」云: "大圭, 長三尺, 天子服之." 彼搢於紳帶, 是天子之笏, 不是天子所守. 故知非彼三尺之大圭也.

83 우번(虞翻)이……괴이하다: 『삼국지』 「吳書·虞翻傳」의 주에 나온다. 정현

○안 동(同)을 작(爵)이라고 풀이한 것은 진실로 근거가 없다.

27. 고명 - 10

曰 : "皇后憑玉几, 道揚末命。命汝嗣訓, 臨君周邦, 率循大卞, 燮和天下, 用答揚文·武之光訓。" 王再拜興, 答曰 : "眇眇予末小子, 其能而亂四方, 以敬忌天威?"

〈태사가 책서(冊書)에 있는 성왕의 고명(顧命)을〉 전하였다.[84] "황후[皇后 : 위대한 임금, 곧 성왕]께서 옥궤(玉几)에 기대어 〈다음과 같이〉 마지막 명을 내리셨습니다. '너는 〈문왕과 무왕의〉 큰 가르침을 계승하여 임금으로서 주나라를 다스리라. 큰 법에 따라 천하를 조화롭게 다스려 문왕과 무왕의 빛나는 가르침을 받들어 펴라.' 라고 명하셨습니다."
왕이 재배(再拜)하고 일어나 답하였다. "작디작은 보잘것없는 저 소자(小子)가 어찌 사방을 다스려 하늘의 위엄을 경외(敬畏)할 수 있겠습니까?"

蔡云 : "皇, 大。后, 君也。"【謂成王】 ○梅云 : "率群臣循大法。"【卞, 法也】

의 『상서』 주석 중 오류 사례를 例示한 내용 중의 일부인데, 여기서 지적한 내용을 현재 남아 있는 문헌들에서는 확인할 수 없다. 다만 "上宗奉同·瑁" 구에 대한 매색의 주에 "同, 爵名."이라고 하였다.

84 〈태사가……전하였다 : "成王顧命之言, 書之冊矣, 此太史口陳者也."라고 한 『서집전』의 풀이를 반영하여 내용을 보충하였다.

○補云：“亂，治也。忌，畏也。”

〔皇后憑玉几〕채침이 말했다. “황(皇)은 대[大：크다]의 뜻이고, 후(后)는 군[君：임금]의 뜻이다.”【성왕을 말한 것이다.】

〔率循大卞〕○매색이 말했다. “신하들을 거느리고 큰 법을 따르라는 말이다.”【변(卞)을 법(法)의 뜻으로 풀이한 것이다.】

〔其能而亂四方，以敬忌天威〕○보충한다. “난(亂)은 치[治：다스리다]의 뜻이다. 기(忌)는 외[畏：두려워하다]의 뜻이다.”

27. 고명 - 11

乃受同·瑁，王三宿，三祭，三咤。上宗曰：“饗。”太保受同，降盥，以異同，秉璋以酢，授宗人同，拜，王答拜。太保受同，祭嚌宅，授宗人同，拜，王答拜。

드디어 동(同)과 모(瑁)를 받아 왕이 세 번 술을 따라 올리고, 세 번 술을 땅에 붓고, 세 번 잔을 제자리에 내려놓았다. 상종(上宗)이 “흠향하였다.”라고 하였다. 태보(太保)가 동을 받아 〈당(堂)에서〉 내려와 손을 씻고, 다른 동으로 장(璋)을 잡아 보제[報祭：아헌(亞獻)]한 다음 종인(宗人)에게 동을 주고 절하자 왕이 답배(答拜)하였다. 태보(太保)가 동을 받아 술을 땅에 부은 다음 술을 이[齒]에만 대고는 물러나 자기 자리로 가서 종인에게 동을 주고 절하자 왕이 답배하였다.

鄭云："王旣對神, 則一手受同, 一手受瑁。" ○孔云："肅, 進也。【〈釋詁〉文】 宿卽肅也。" ○鄭云："徐行前曰肅, 却行曰咤。王徐行前三祭, 又三却復本位。" ○王云："咤, 奠爵。" ○蔡云："宗伯曰'饗'者, 傳神命。" ○蔡云："更用他同,【以異同】 秉璋以酢。酢,교1) 報祭也。祭禮, 君執圭瓚祼尸,【案。此時王受介圭以祭, 文略之也】 大宗執璋瓚亞祼。報祭, 亦亞祼之類, 故亦秉璋也。王答拜者, 代尸拜也。" ○蔡云："以酒至齒曰嚌。" ○蔡云："宅, 居也。太保退居其所。"【《釋文》云："宅如字, 馬同。"】 **○案** 祭嚌宅之宅, 恐是咤字之譌。咤亦嚌之類, 未必是奠爵之意。

교1) 酢 : 신조선사본에는 빠져 있으나 채침의 『書經集傳』「周書・顧命」에 따라 보충한다. 案가장본에는 이 글자가 있다.

〔乃受同・瑁〕 정현이 말했다. "왕이 이미 신을 대하였으므로 한 손으로는 동(同)을 받고 다른 한 손으로는 모(瑁)를 받은 것이다."
〔王三宿, 三祭, 三咤〕○공영달이 말했다. "숙(肅)은 진[進 : 나아가다]의 뜻이다.【『이아』「석고(釋詁)」의 글이다】 숙(宿)이 바로 숙(肅)이다."[85] ○정현이 말했다. "천천히 앞으로 가는 것을 '숙(肅)'이라고 하고, 물러나는 것을 '타(咤)'라고 한다. 왕이 천천히 앞으로 나가서 세 번 제사하고 또 세 번 물러나서 원래의 자리로 돌아온 것이다." ○왕숙이 말했다. "타(咤)는 전작[奠爵 : 술잔을 신위(神位) 앞에 드리다]의 뜻이다."
〔上宗曰 : "饗."〕○채침이 말했다. "종백이 '향(饗)'이라고 한 것은 신의 명을 전한 것이다."

---

85 숙(肅)은……숙(肅)이다 : 『상서정의』 소의 내용을 변형하여 인용하였다. 원문은 다음과 같다. 「釋詁」云 : "肅, 進也." 宿卽肅也.

〔以異同……王答拜〕○채침이 말했다. "〈이이동, 병장이초(以異同, 秉璋以酢)는〉 다른 동(同)을 사용하여【'이이동(以異同)'에 대한 풀이이다.】 장(璋)을 잡고 술을 올린 것이다. 작(酢)은 보제[報祭 : 은덕에 보답하는 제사]이다. 제례(祭禮)에서, 임금이 규찬(圭瓚)을 잡고 시(尸)에게 술을 올리고,【안. 이때 왕이 개규(介圭)를 받고 제사하였는데, 글을 생략한 것이다.】 대종이 장찬(璋瓚)을 잡고 아관[亞祼 : 아헌]한다.[86] 보제 역시 아관의 일종이므로 또한 장(璋)을 잡은 것이다. 왕답배(王答拜)란 시(尸)를 대신해서 절한 것이다."

〔祭嚌宅〕○채침이 말했다. "술을 이[齒]에 대기만 하는 것을 제(嚌)라고 한다." ○채침이 말했다. "택(宅)은 거[居 : 자리하다]의 뜻이니, 태보가 물러나 자기 자리에 있다는 말이다."【『경전석문』에 "택(宅)은 글자의 본뜻대로 읽어야 한다. 마융의 풀이도 같다."라고 하였다.】

○안 제제택(祭嚌宅)의 택(宅)은 타(咤)의 와자(譌字)인 듯하다. 타(咤) 역시 제(嚌)의 일종으로 꼭 잔을 올린다는 뜻은 아니다.

考異 《說文》, 咤作詫。【音妬。許云: "詫, 奠酒爵也。"】 馬本, 作詫。詫音妬。《玉篇》·薛本, 竝與《說文》同。○《釋文》, 或爲宅。

고이 『설문해자』에는 '咤'가 '詫'【음은 '妬(투)'이다. 허신이 말했다. "'詫'는 술잔을 올린다는 뜻이다."】로 되어 있다. 마융본에는 '詫'【'詫'의 음은 妬(투)이다.[87]】로 되어 있다. 『옥편』과 설계선본에는 모두 『설문해자』

86 제례(祭禮)에……한다 : 『예기』「祭統」에 나온다.
87 '詫'의 음은 '투'이다 : 정본에는 본문으로 되어 있으나, 가장본과 신조선사본에 따라 원주로 처리하였다.

와 같이 되어 있다.

○『경전석문』에 "〈'咤'는〉 '宅'으로 쓰기도 한다."라고 하였다.[88]

27. 고명 - 12

太保降, 收, 諸侯出廟門, 俟。

태보(太保)가 내려오자 〈유사(有司)가 기용(器用)을〉 거두고, 제후들은 묘문(廟門)을 나와서 〈새 임금을〉 기다렸다.

梅云: "太保下堂, 有司收徹。" ○**鏞案** 梅本以此節爲顧命之終, 今依馬·鄭之舊, 正其僞也。

〔太保降, 收〕 매색이 말했다. "태보가 당에서 내려가자 유사(有司)가 거두어들인 것이다."[89]

○**용안** 매색본에는 이 절이 「고명」의 마지막 장으로 되어 있는데, 지금 마융과 정현의 구본에 따라 그 잘못을 바로잡는다.

88 『경전석문』에……하였다: 『경전석문』 권4 「尙書音義 下·顧命」 중 〈三咤의〉 '咤' 조목에 "陟嫁反. 字亦作宅."이라고 하였다.

89 태보가……것이다: 제사가 끝나서 왕과 太保 등이 모두 堂을 내려가자 有司가 撤床하였다는 뜻인데, 매색 주의 일부 내용을 생략하고 인용하였다. 원문은 다음과 같다. 太保下堂, 則王亦可知. 有司於此盡收徹.

王出在應門之內, 太保率西方諸侯, 入應門左, 畢公率東方諸侯, 入應門右, 皆布乘黃朱。賓稱奉圭兼幣曰:“一二臣衛, 敢執壤奠。”皆再拜稽首, 王義嗣德, 答拜。

왕이 〈필문을〉 나가서 응문(應門) 안에 있으니, 태보(太保)가 서방(西方)의 제후들을 거느리고 응문으로 들어와 왼쪽에 서고, 필공(畢公)이 동방(東方)의 제후들을 거느리고 응문으로 들어와 오른쪽에 서서, 모두 갈기가 붉은 네 마리 황마(黃馬)를 바쳤다. 빈[賓 : 제후]들이 규(圭)를 받들고 겸하여 폐백을 올리면서 “여러 신위(臣衛)[90]가 감히 토산물을 바칩니다.”라고 하고는, 모두 재배하고 머리를 조아리자 왕이 〈선왕의〉 덕을 계승하는 것이 마땅하므로 답배(答拜)하였다.[91]

梅云:“出畢門, 立應門內之中庭, 南面。”【《周禮》, 五門, 一曰皐門, 二曰雉門, 三曰廟門, 四曰應門, 五曰路門。路門, 或稱畢門】 ○蔡云:“周分二伯, 自陝以西, 召公主之。畢公繼周公, 爲東伯矣。” ○梅云:“皆陳四黃馬朱鬣。” ○鄭云:“此幣, 圭以馬。”【孔云:“《周禮·小行人》云, ‘合六幣, 圭以馬, 璋以皮, 璧以帛, 琮以錦, 琥以繡, 璜以黼。’”】 ○梅云:“敢執壤地所出而奠贄。” ○孔

90 여러 신위(臣衛): 제후들이 스스로를 일컬은 말이다. 채침의 주에 “曰一二臣衛, 一二, 見非一也, 爲王蕃衛故曰臣衛.”라고 하였다.
91 왕이……답배(答拜)하였다: 채침의 주에 따르면, 정식으로 후계자가 되지 않으면 조문을 받을 때 머리를 조아리기만 하고 절하지 않아야 하는데, 왕이 答拜하였으니 후계자가 되는 것이 마땅함을 드러낸 것이라고 하였다.

云 : "朝與享別, 此有庭實者, 以新朝嗣王, 因行享禮。故鄭云, '朝兼享禮也。'" ○鄭云 : "釋辭者一人, 其餘奠幣拜者, 稽首而已。" ○梅云 : "義[교1]繼先人明德。"

교1) 案義 : 『상서정의』에는 앞에 '康王以'가 더 있다.

〔王出在應門之內〕○매색이 말했다. "필문(畢門)을 나가 응문(應門) 안의 중정(中庭)에 서서 남면한 것이다."【『주례』에 '〈왕에게는〉 다섯 개의 문이 있다. 첫째가 고문(皐門), 둘째가 치문(雉門), 셋째가 묘문(廟門), 넷째가 응문(應門), 다섯째가 노문(路門)이다. 노문은 필문(畢門)이라고도 한다.'라고 하였다.[92]】

〔太保率西方諸侯……入應門右〕○채침이 말했다. "주나라는 〈천하의 제후를 반으로 나누어〉 이백(二伯)이 〈주관하게 하였는데〉 섬(陝)의 서쪽 지방은 소공(召公)이 주관하였다. 필공(畢公)〈이 동방의 제후를 거느린 것은〉 주공(周公)을 이어 동백(東伯)이 되었기 때문이다."[93]

〔皆布乘黃朱〕○매색이 말했다. "〈제후들이〉 모두 갈기가 붉은 누런 말 네 마리씩을 진열하여 〈정실[庭實 : 뜰에 진열한 예물]로 삼은 것

92 『주례』에……하였다 : 『주례』「天官·閽人」의 "閽人, 掌守王宮之中門之禁."에 대한 정현의 주에 "鄭司農云 : 王有五門. 外曰皐門, 二曰雉門, 三曰庫門, 四曰應門, 五曰路門, 路門一曰畢門."이라고 하였다.

93 주나라는……때문이다 : 太保가 서방 제후를 거느리고, 畢公이 동방 제후를 거느린 이유를 설명한 부분인데, 『서집전』의 내용을 지나치게 축약하여 원의를 파악하기가 어렵게 되었다. 『서집전』의 원문은 다음과 같다. 周中分天下諸侯, 主以二伯, 自陝以東, 周公主之, 自陝以西, 召公主之. 召公率西方諸侯, 蓋西伯舊職, 畢公率東方諸侯, 則繼周公爲東伯矣.

이다.〉"[94] ○정현이 말했다. "이 폐백에 규(圭)와 말을 함께 사용하였다고 한 것은 〈대체로 이왕(二王)의 후예를 들어서 말한 것일 뿐이다.〉"【공영달이 말했다. "『주례』「추관・소항인(小行人)」에 '〈제후가 왕에게 향례(享禮)를 드릴 때에는〉 여섯 가지 폐백을 함께 사용하는데, 규(圭)는 말과 함께 사용하고, 장(璋)은 피[皮 : 호랑이나 표범의 가죽]와 함께 사용하고, 벽(璧)은 백[帛 : 비단]과 함께 사용하고, 종(琮)은 금[錦 : 무늬 있는 비단]과 함께 사용하고, 호(琥)는 수[繡 : 수놓은 비단]와 함께 사용하고, 황(璜)은 보[黼: 흑백의 도끼 무늬를 수놓은 비단]와 함께 사용한다.'라고 하였다."】[95]

〔賓稱奉圭兼幣……敢執壤奠〕○매색이 말했다. "감히 우리 땅에서 나는 것을 가져다 예물로 올린다는 뜻이다." ○공영달이 말했다. "〈정현의 『예기』「곡례(曲禮)」 주에서는〉 조회와 향례(享禮)를 구별하였다. 여기에 정실(庭實)이 있는 것은 사왕(嗣王)에게 새로 조회하고 이어 향례를 행하였기 때문이다. 그러므로 정현이 '조회하면서 향례를 겸하였다.'라고 한 것이다."[96] ○정현이 말했다. "말을

---

94 매색이……것이다.〉: 매색은 '皆布乘黃朱'를 제후들이 新王을 알현하기 위해 뜰에 진열한 예물이 黃馬朱鬣 네 마리라고 본 것이다. 매색 주의 원문은 다음과 같다. 諸侯皆陳四黃馬朱鬣, 以爲庭實.

95 정현이……하였다 : 다산이 인용한 부분만 보면 정현이 경문의 "圭兼幣"를 "圭以馬"라고 해석한 것처럼 이해된다. 그러나 『상서정의』 소의 내용을 보면, 이날 5等 제후가 모두 각자의 품계에 맞는 폐백을 올렸는데 "圭以馬"만을 말한 것은 제후들 중 二王의 후예를 대표로 들어서 말한 것일 뿐이라는 의미인 듯하다. 『상서정의』 소의 원문은 다음과 같다. 案『周禮』「小行人」云: "合六幣, 圭以馬, 璋以皮, 璧以帛, 琮以錦, 琥以繡, 璜以黼. 此六物者, 以和諸侯之好." 鄭玄云 : "六幣, 所以享也. 五等諸侯享天子用璧, 享后用琮. 用圭・璋者, 二王之後也." 如鄭彼言, 則諸侯之享天子, 惟二王之後用馬. 此云皆陳馬者, 下云'奉圭兼幣', 幣卽馬是也. 圭是文馬之物. 鄭云 : "此幣, 圭以馬, 盖擧王者之後以言耳. 諸侯當璧以帛, 亦有庭實." 然則此陳馬者, 是二王之後享王物也.

96 공영달이……것이다 : 공영달은, 정현의 『예기』「曲禮」 주를 근거로 조회와 향례는 의식과 예물이 다른데, 『상서』 이 부분에 나열된 예물이 향례의

하는 이는 한 사람이고, 그 나머지 폐백을 올리고 절을 하는 사람들은 머리만 조아렸을 뿐이다."

〔王義嗣德〕○매색이 말했다. "〈강왕(康王)이〉 의(義)에 따라 선인의 명덕(明德)을 계승하였다는 뜻이다."

考訂 蔡云: "或曰, '黃朱, 若篚厥玄黃之類.'" ○翁【方綱】云: "當日康王在喪次, 諸侯敢牽馬入貢乎? 黃朱, 謂諸侯之祭服也。【《易》·《詩》注疏與《白虎通》, 皆可證】 乘者, 四也。《禮記》[교1]乘壺酒者, 四壺也。布者, 陳也。以在喪次, 故侯氏來見, 皆陳其祭服于庭, 不敢服也。豈可云黃馬朱鬣哉?" ○**鏞案** 祭服之說, 疎矣。〈玉藻〉云: "天子龍卷以祭", "諸侯玄端以祭", 黃朱, 非祭服也。且凡衣裳之制, 或上下皆素,【皮弁服】 或上下皆玄,【〈士冠禮〉云: "玄端, 玄裳·黃裳·雜裳, 可也."】 而大抵上玄下黃, 以象天地。【爵弁服, 緇衣纁裳之類】 故或朱或黃, 皆裳韠之色也。玄端·黃裳, 見於〈冠禮〉, 我朱爲裳, 見於〈豳風〉, 朱紱·赤紱, 見於《易》詞, 而上服之用黃朱, 不見古經。【唯裘之裼衣, 或用黃衣, 見〈玉藻〉及〈鄕黨〉】 作誥者, 欲言祭服, 而但擧裳韠之色, 書之曰'乘黃朱', 無是理也。況祭者, 吉禮也, 大喪者, 凶禮也, 朝見者, 賓禮也, 三禮各殊, 不能相通, 今於大喪之中, 朝見之日, 先以祭服布於王庭, 抑又何禮?【兒子云: "陳衣至於四稱, 又不可解."】 余謂舊說不必改。經文賓稱之辭曰'奉圭兼幣', 而〈小行人〉六幣之目曰'圭以馬', 則乘黃朱之爲幣馬, 昭然明矣。〈明堂位〉云:

그것과 같은 이유는 조회와 향례를 겸하였기 때문이라고 풀이한 것이다. 『상서정의』의 해당 원문은 다음과 같다. 鄭玄注「曲禮」云: "春受贄於朝, 受享於廟." 是朝與享別. 此旣諸侯摠入, 而得有庭實享禮者, 以新朝嗣王, 因行享禮. 故鄭注云: "朝兼享禮也, 與常禮不同."

“夏后氏駱馬黑鬣, 殷人白馬黑首, 周人黃馬蕃鬣。”【鄭云 : “蕃鬣, 赤鬣也。”】 黃馬朱鬣, 旣是周人之禮, 則名其馬曰黃朱, 於理必然。【孔云 : “定十年, 《左傳》云, ‘宋公子地有白馬四, 向魋欲之, 朱其尾 · 鬣以與之。’ 古[교2)]人貴朱鬣也。”】 覃溪謂‘王在喪次, 豈有諸侯敢牽馬入貢?’, 此又未必然也。此時康王未及釋冕, 本非喪次。【應門, 非倚廬】 況賻馬 · 賵馬, 見於禮經。【《春秋傳》 : “車馬曰賵。”】 天子旣以此施於侯國,【《春秋》云 : “王[교3)]使宰咺歸[교4)]惠公 · 仲子之賵。”】 侯國, 亦當以此施於天子。何得云喪次不貢馬?

교1) 禮記 : 신조선사본에는 ‘儀禮’로 되어 있으나 ‘乘壺酒’는 『禮記』「少儀」의 내용이므로 바로잡는다.
교2) 案古 : 『상서정의』에는 앞에 ‘是’가 더 있다.
교3) 案王 : 『春秋』에는 앞에 ‘天’이 더 있다.
교4) 案歸 : 『春秋』에는 앞에 ‘來’가 더 있다.

고정[97] 채침이 말했다. “어떤 이는 ‘황주(黃朱)는 비궐현황(篚厥玄黃)의 〈현황과〉 같은 것이다.’라고 하였다.”[98]

○옹씨(翁氏)【방강(方綱)】[99]가 말했다. “그날 강왕이 상차(喪次)에 있

97 고정 : 『상서고훈』의 체재에서 ‘고정’은 前代 諸家의 설에 대한 是非를 가리는 내용으로, 먼저 고훈을 제시하고 다산의 案說을 부가하여 ‘제가의 설-다산의 안설’이 하나의 묶음을 이룬다. 『상서고훈』에서는 대체로 하나의 ‘고정’은 한 묶음의 ‘제가의 설-다산의 안설’로 구성되는데 이 부분은 ‘채침 · 옹방강 설’과 ‘或曰’에 대한 두 묶음으로 이루어져 있다.

98 어떤……하였다 : 『고문상서』「武成」에 武王이 商나라를 정벌하자 士女들이 ‘광주리에 현황을 담아 와서[篚厥玄黃]’ 무왕을 반겼다고 하였는데, 채침의 주에 玄黃은 色幣, 즉 玄色과 黃色의 비단이라고 하였다. 여기 혹자의 설은 「강왕지고」 이 부분의 黃朱도 황색과 주색의 비단이라고 본 것이다.

99 옹씨(翁氏)【방강(方綱)】 : 1733~1818. 淸. 자는 正三 · 忠敍, 호는 覃溪 · 蕭齋이다. 1752년 진사가 되어, 廣東, 湖北 등지의 學政을 거쳐 四庫全書纂修官

었는데, 제후들이 감히 말을 끌고 들어와서 바쳤겠는가? 황주(黃朱)는 제후들의 제복(祭服)을 말한다.【『주역』과 『시경』의 주소 및 『백호통(白虎通)』에서 모두 증명할 수 있다.】 승(乘)은 사(四)의 뜻이다. 『예기』의 '승호주(乘壺酒)'는 사호[四壺 : 네 병]의 술이다.[100] 포(布)는 진[陳 : 진열하다]의 뜻이다. 상차에 있었기 때문에 제후들이 와서 알현할 때 모두 제복을 뜰에 진열하고 감히 입지 않은 것이다. 어찌 갈기가 붉은 누런 말이라고 할 수 있겠는가?"

○**용안** 제복이라는 설은 허술하다. 『예기』 「옥조(玉藻)」에 "천자는 용권[龍卷 : 용이 그려진 곤의(袞衣)]을 입고 제사 지낸다.", "제후는 현단[玄端 : 상하가 검고 치마에 가선을 두른 예복]을 입고 제사 지낸다."라고 하였으니, 황주는 제복이 아니다. 또한 의상(衣裳)의 제도는 상의와 하의를 모두 흰색으로 하거나【피변복(皮弁服)이다.】 상의와 하의를 모두 현색(玄色)으로 하는데,【『의례』 「사관례(士冠禮)」에 "현단에 현상(玄裳)이나 황상(黃裳) · 잡상(雜裳)도 괜찮다."라고 하였다.】 대개 상의를 현색으로 하고 하의를 황색으로 하는 것【작변복(爵弁服)에 치의(緇衣)와 훈상(纁裳)을 입는 종류이다.】은 하늘과 땅을 상징하는 것이다. 그러므로 주색으로 하거나 황색으로 하는 것은 모두 상필[裳韠 : 치마 위에 두르는 폐슬(蔽膝)]의 색이다. 현단에 황상을 입는 경우는 『의례』 「사관례(士冠禮)」에 나오고, '나는 붉은 비단으로 치마를 짓

과 內閣學士를 역임하였다. 서예와 금석학, 고증학에 뛰어났으며, 학문 방법으로 程朱의 理學을 지지하고, 考訂과 訓詁를 강조하였다. 저술로 『經義考補正』, 『禮經目次』, 『十三經註疏姓氏考』, 『春秋分年繫傳表』, 『兩漢金石記』, 『漢石經殘字考』, 『復初齋文集』, 『石洲詩話』 등이 있다.

100 『예기』의……술이다 : 『예기』 「少儀」 "其以乘壺酒 · 束脩 · 一犬, 賜人."의 정현 주에 "乘壺, 四壺也."라고 하였다.

는다.'[101]라는 것은 『시경』 「빈풍(豳風) · 칠월(七月)」에 나오고, 주불[朱紱 : 주색의 폐슬]과 적불[赤紱 : 적색의 폐슬]은 『주역』 곤괘(困卦) 〈구이(九二)와 구오(九五)〉의 효사(爻辭)에 나온다.[102] 그러나 상의에 황색이나 주색을 쓰는 경우는 고경(古經)에 나오지 않는다.【오직 갖옷[裘] 위에 입는 석의(裼衣)에 혹 황의(黃衣)를 쓰는 것이 『예기』 「옥조」와 『논어』 「향당(鄕黨)」에 보인다.[103]】 고(誥)를 지은 사람이 제복을 말하려고 하면서 상필의 색만 거론하여 '승황주(乘黃朱)'라고 썼을 리는 없다. 하물며 제사는 길례(吉禮)이고, 대상(大喪)은 흉례(凶禮)이고, 조현(朝見)은 빈례(賓禮)이니, 세 가지 예는 각기 달라서 서로 통할 수 없는데 지금 대상 중에 조현(朝見)하는 날이 되어 먼저 제복을 왕정(王庭)에 진열하는 것은 또 무슨 예란 말인가?【아들이 말했다. "옷을 네 번이나 진열하였다고 일컬은 것은 또한 이해할 수 없습니다."[104]】

나는 구설(舊說)을 고칠 필요가 없다고 생각한다. 경문에서 빈이 올리는 것에 대한 표현으로 '규를 받들고 아울러 비단을 바쳤다.[奉

---

101 나는……짓는다 : 『詩經』 「豳風 · 七月」의 "我朱孔陽, 爲公子裳."을 줄여서 말한 것이다.

102 주불[朱紱 : 주색의 폐슬]과……나온다 : 『주역』 困卦 九二의 爻辭에 "九二, 困于酒食, 朱紱方來, 利用享祀."라고 하고, 또 九五의 爻辭에 "九五, 劓刖, 困于赤紱, 乃徐有說, 利用祭祀."라고 하였다.

103 오직……보인다 : 『예기』 「玉藻」의 "襲裘不入公門" 구에 대한 공영달의 소에 "裘上有裼衣, 裼衣之上有襲衣, 襲衣之上有正服."이라고 하였고, "君衣狐白裘, 錦衣以裼之." 구에 대한 정현의 주에 "凡裼衣象裘色也."라고 하였다. 따라서 裼衣는 갖옷 위, 正服 아래에 입는 中衣로 색깔은 일정하지 않고 갖옷의 색깔에 따라 달라지는 것이다. 『예기』 「옥조」에 "狐裘, 黃衣以裼之."라고 하고, 『논어』 「鄕黨」에 "黃衣狐裘."라고 하였는데, 狐는 황색이므로 여기에서 석의로 黃衣를 쓴 예를 볼 수 있다.

104 아들이……없습니다 : 아들은 다산의 큰아들 學稼 즉 丁學淵이다. 『尙書知遠錄』에 "學稼云 : '雖陳祭服, 陳之至於四稱, 又無義.'"라고 한 내용이 나온다.

圭兼幣]'라고 하였는데, 『주례』「추관·소항인(小行人)」에 나오는 여섯 가지 폐백의 항목에 '규는 말과 함께 사용한다.[圭以馬]'라고 하였으니, '승황주(乘黃朱)'는 폐백과 말[馬]임이 매우 분명하다. 『예기』「명당위(明堂位)」에 "하후씨(夏后氏)는 갈기가 검은 낙마(駱馬)를 숭상하고, 은(殷)나라 사람은 머리털이 검은 백마를 숭상하며, 주(周)나라 사람은 갈기가 붉은 황마를 숭상하였다."라고 하였다.【정현이 말했다. "번렵(蕃鬣)은 적렵[赤鬣 : 붉은 갈기]이다."】 갈기가 붉은 황마를 사용하는 것이 주나라 사람의 예인만큼 이치로 보아 그 말을 이름하여 황주라고 한 것이 틀림없다.【공영달이 말했다. "『춘추좌씨전』 정공 10년에 '송(宋)나라 공자(公子) 지(地)에게 백마 네 필이 있었는데, 상퇴[向魋 : 사마환퇴(司馬桓魋)]가 가지고 싶어 하자 〈송 경공(景公)이〉 꼬리와 갈기를 붉게 물들여서 상퇴에게 주었다.'[105]라고 하였으니, 옛사람들은 갈기가 붉은 말을 귀하게 여긴 것이다."】 담계[覃溪 : 옹방강]는 '왕이 상차(喪次)에 있었는데, 어찌 제후들이 감히 말을 끌고 들어와서 바쳤겠는가?'라고 하였지만, 이는 또한 반드시 그렇지는 않다. 이때 강왕은 아직 면복(冕服)을 벗지 않았으니 본디 상차에 있었던 것이 아니다.【응문은 의려[倚廬 : 여막(廬幕)]가 아니다.】 하물며 부마[賻馬 : 상가에 부의로 보내는 말]와 봉마[賵馬 : 죽은 사람에게 바치는 말]는 예경(禮經)에 보인다.【『춘추공양전』 〈은공(隱公) 원년〉에 "〈상가에 주는 물품 중〉 거마(車馬)를 봉(賵)이라고 한다."라고 하였다.】 천자가 이미 이것을 제후국에 주었으니【『춘추』에 "천왕(天王)이 재(宰)인 훤(咺)을 시켜서 혜공(惠公)과 중자(仲子)에게 봉(賵)을 보내왔다."라고 하였다.[106]】 제후국에서도 또한

105 송(宋)나라……주었다 : 『춘추좌씨전』의 해당 원문은 다음과 같다. 公子地有白馬四, 公嬖向魋, 魋欲之, 公取而朱其尾鬣, 以與之. 『상서정의』에도 『춘추좌씨전』의 원문대로 되어 있다.

마땅히 이것을 천자에게 바쳤을 것이다. 어찌 상차에 있어서 말을 바치지 않았다고 할 수 있겠는가?

或曰："乘黃者, 馬也。朱者, 幣也。《詩》曰'乘乘黃', 又曰'路車乘黃'。梅氏〈堯典〉註云：'世子執纁, 附庸之君執黃。'【馬云："三帛, 三孤之所執。"】朱者, 幣物也。〈聘禮〉曰：'上介受賓幣, 從者訝受馬。【句】 賓覿, 奉束錦總乘馬, 二人贊。入門右, 北面奠幣, 再拜稽首。【節】 公北面再拜。' 其陳馬・陳幣, 受馬・受幣, 入門右・入門左, 賓拜・答拜之文, 正與此經相合。乘黃者, 馬也, 朱者, 幣帛也。" ○**鏞案** 古者, 玄・黃不具, 不以爲幣。束錦・束帛者, 三玄二纁, 兩之爲十,【物十曰束】 所謂參天而兩地也。單執纁・單執黃, 本是馬融・王肅之謬義,【見〈堯典〉】 單朱何以爲幣? 九峰欲以黃朱爲玄黃, 亦非矣。【《知遠錄》。翁覃溪說, 見《淸文獻通考》】

고정[107] 어떤 이가 말했다. "승황(乘黃)은 말이고 주(朱)는 폐백이다. 『시경』 〈「정풍(鄭風)・대숙우전(大叔于田)」〉에 '네 마리 황마를 탔도다[乘乘黃]'라고 하고, 또 〈「진풍(秦風)・위양(渭陽)」에〉 '노거(路車)와 승황(乘黃)을 선물하였다네[路車乘黃]'라고 하였다. 매색의 「요전」 주에 '〈제후의〉 세자는 훈[纁 : 분홍색 비단]을 잡고, 부용국(附庸國)의 임금은 황[黃 : 황색 비단]을 잡는다.'[108]【마융이 말했다. "삼백(三帛)은 삼고(三孤)가 잡는 것이다."[109]】라고 하였으니, 주(朱)는 폐백

106 『춘추』에……하였다 : 『춘추』 隱公 원년의 경문에 보인다.

107 고정 : 원문에는 없으나 『상서고훈』 일반 체재를 참고하여 보충하였다. 앞의 각주 97) 참조.

108 〈제후의〉……잡는다 : 『상서정의』 「舜典」의 "三帛二生一死贄" 구에 대한 매색의 주에 "諸侯世子執纁, 公之孤執元, 附庸之君執黃."이라고 하였다.

109 마융이……것이다 : 『사기』 「堯本紀」의 『集解』에 나온다.

으로 바치는 물건이다. 『의례』 「빙례(聘禮)」에 '상개(上介)가 빈의 폐백을 받고 종자(從者)가 말[馬]을 맞아들인다.【단구】 빈이 만나서 속금(束錦)을 받들고 네 마리 말[乘馬]을 모니, 두 사람이 인도한다. 문으로 들어와 오른쪽에 서서 북면하여 폐백을 올린 다음 재배하고 머리를 조아린다.【중략】 공(公)은 북면하여 재배한다.'라고 하였다. 〈『의례』의〉 진마(陳馬)와 진폐(陳幣), 수마(受馬)와 수폐(受幣), 입문우(入門右)와 입문좌(入門左), 빈배(賓拜)와 답배(答拜)라는 글이 바로 이 경문의 내용과 서로 부합한다. '승황'은 말이고, '주'는 폐백이다."[110]

○**용안** 옛날에는 현색과 황색이 갖추어지지 않으면 폐백이라고 하지 않았다. 속금(束錦)과 속백(束帛)은 현(玄)이 셋, 훈(纁)이 둘로서 두 배로 하면 열이 되니【물건 열 개를 '속(束)'이라고 한다.】 이른바 삼천이양지(參天而兩地)[111]라는 것이다. 단품으로 훈만 잡고 황만 잡는다는 것은 마융과 왕숙의 잘못된 해석에 근거한 것이다.[112]【「요전」에 보인다.】 주색만으로 어찌 폐백이 되겠는가? 구봉[九峰 : 채침]은 황주(黃朱)를 〈「무성(武成)」에 나오는〉 '현(玄)'과 '황(黃)'으로 보려고 하였는데, 그 또한 틀렸다.【『상서지원록』. 옹담계[翁覃溪 : 옹방강]의 설은 『청조문헌통고(淸朝文獻通考)』[113]에 보인다.】

110 어떤……폐백이다 : 정본에서는 '其陳馬 · 陳幣' 앞에서 행을 나누었으나 가장본에 따라 번역문에서는 행을 나누지 않았다.

111 삼천이양지(參天而兩地) : 『주역』 괘에서 숫자를 설정한 원칙으로, 「說卦傳」에 "昔者聖人之作易也, 幽贊於神明而生蓍三帛, 參天兩地而倚數."라고 하였다.

112 단품으로……것이다 : 앞에서 或者가 인용한 매색의 「요전」 주를 가리킨다.

113 『청조문헌통고(淸朝文獻通考)』 : 원명은 『황조문헌통고(皇朝文獻通考)』이다. 淸나라 開國 원년인 1616년부터 乾隆 50년(1785년)까지의 典章制度를,

27. 고명 - 14

太保暨芮伯, 咸進相揖, 皆再拜稽首曰: "敢敬告天子。皇天改大邦殷之命, 惟周文·武誕受羑若, 克恤西土。惟新陟王, 畢協賞罰, 戡定厥功, 用敷遺後人休, 今王敬之哉。張皇六師, 無壞我高祖寡命。"【《說文》, 敷爲敷】

태보와 예백이 함께 나아가 서로 읍하여 〈자리를 정한〉 다음 또 모두 두 번 절하고 머리를 조아리며 왕에게 경계의 말을 올렸다.[114] "감히 천자께 공경히 아뢰니다. 황천(皇天)이 큰 나라인 은나라에 주었던 명(命)을 바꾸자, 주나라의 문왕과 무왕이 크게 인도를 받아서[115] 능히 서쪽 지방을 위로하고 도왔습니다. 돌아가신 성왕은[116] 상과 벌을 모두 적합하게 시행하여 그 공(功)을 살펴 정해서 뒷사람들에게 복을 널리 끼쳐 주셨으니, 왕께서는 공경하소서. 육사[六師: 육군(六軍), 곧 천자의 군대]를 왕성하게 하여 우리 고조[高祖: 문왕과 무왕]께서 어렵게 얻은 천명을 무너뜨리지 마십시오."
【『설문해자』에는 '敷'가 '敷'로 되어 있다.】

馬端臨의 『文獻通考』 체재에 따라 기록한 책으로, 嵇璜·劉墉 등이 勅命을 받고 저술하여 乾隆 52년(1787)에 완성하였다.

114 태보와……올렸다: "冢宰及司徒與群臣, 皆進相揖定位, 又皆再拜稽首, 陳戒於王."이라고 한 채침의 주석에 따라 번역하였다.

115 크게 인도를 받아서: 마융의 주석에 따라 번역하였다. 채침은 "羑若, 未詳."이라고 하였고, 다산은 案說을 제시하지 않았다.

116 돌아가신 성왕은: '惟新陟王'을 "陟, 升遐也. 成王初崩, 未葬未謚, 故曰新陟王."이라고 한 채침의 주석에 따라 번역하였다.

馬云："羑, 道也。" ○蘇云："文王出羑里之囚, 天命自是始順。" ○補云："恤, 撫恤也。勘, 校也, 覆定也。張皇, 張大也。" 補云："〈立政〉之末云'詰爾戎兵', 此經之末云'張皇六師', 誠以守成之君, 弛於武備, 則其國衰矣。"

〔誕受羑若〕 마융이 말했다. "유(羑)는 도[道 : 인도하다]의 뜻이다." ○소식이 말했다. "문왕이 유리(羑里)의 감옥에서 나오자 천명이 이때부터 비로소 순조로워졌다는 뜻이다."

〔克恤西土 · 張皇六師〕○보충한다. "휼(恤)은 무휼[撫恤 : 위로하고 돕다]의 뜻이다. 감(勘)은 교[校 : 교감하다]의 뜻이니, 〈감정(勘定)은〉 복정[覆定 : 살펴서 정하다]의 뜻이다. 장황(張皇)은 장대[張大 : 왕성하게 하다]의 뜻이다." 보충한다. "『상서』「입정(立政)」의 끝에 '그대의 융복과 병기를 다스리라.'라고 하고, 이 편의 경문 끝에 '육사를 왕성하게 하라.'라고 한 것은 진실로 수성(守成)하는 군주가 무비(武備)에 해이하면 그 나라는 쇠락하기 때문이다."

考異 《漢藝文考》, 畢協, 一作畢力。

고이 왕응린의 『한예문지고증(漢藝文志考證)』에는 '畢協'이 '畢力'으로도 되어 있다.

번역 : 김보름

28. 강왕지고(康王之誥)

【〈周本紀〉, 作康誥 ○伏本, 合于〈顧命〉。薛本, 作康王之异[교1]】

교1) 案异 : 설계선의 『書古文訓』과 가장본에는 '异'로 되어 있다.

【『사기』「주본기」에는 '康誥'로 되어 있다.
○복생본에는 「고명」에 합해져 있다. 설계선본에는 '康王之异'로 되어 있다.】

宋云 : "二篇文事連屬, 伏生之合, 其最得乎, 但〈書序〉已分爲二。然如舊所分, 則'諸侯出廟門俟', 語勢未已。且'高祖'以上, 皆終顧命之事, '王若曰'以下, 始專爲康王之誥, 要當以伏生爲正。必欲分之, 則馬・鄭・王三家差優, 信古非好異也。"

송감(宋鑒)이 말했다. "〈「고명」과 「강왕지고」〉 두 편은 글과 사실이 연속되어 있으니 복생이 합해놓은 것이 매우 타당한데, 다만 「서서」에서 이미 둘로 나누어놓았다. 그러나 구본(舊本)에서 나눈 대로 한다면 '제후출묘문사[諸侯出廟門俟 : 제후들은 묘문을 나와서 〈새 임금을〉 기다렸다]'에서는 어세가 끝나지 않는다. 게다가 '고조(高祖)' 앞까지는 모두 고명(顧命)을 마무리하는 일이고 '왕약왈(王若曰)'

다음부터가 비로소 온전히 강왕의 고(誥)가 되니, 복생이 한 대로 〈나누지 않는 것을〉 바른 것으로 보아야 한다. 굳이 나누려고 한다면 마융·정현·왕숙 세 사람이 그나마 나으니 〈이렇게 편을 나눈 것은〉 옛것을 믿어서이지 특이한 것을 좋아해서가 아니다."[1·2]

28. 강왕지고 - 01

王若曰："庶邦侯·甸·男·衛, 惟予一人釗報誥。"

왕이 말했다. "후복(侯服)·전복(甸服)·남복(男服)·위복(衛服)의 제후들이여! 나 한 사람 소(釗)가 고(誥)에 답합니다."

---

1 송감(宋鑒)이……아니다 : 宋鑒의 『尙書考辨』에 나오는데 일부 내용을 생략하고 인용하였다. 원문은 다음과 같다. 敬攷二篇文事連屬, 伏生之合, 其最得乎, 但書序已分爲二. 然如舊所分, 則'諸侯出廟門俟', 語勢未已. 且'高祖'以上, 皆終顧命之事, '王若曰'以下, 始專爲康王之誥爾. 以問論之, 則'無壞我高祖寡命', 可以別住, '王若曰', 可以別起. 孔氏謂諸侯告王, 王報誥諸侯, 而使告·報異篇, 失其義, 則出入異篇, 抑又何邪? 要當以伏生不分爲正. 必欲分之, 則馬·鄭·王三家差優, 信古非好異也. 宋鑒은 淸代 考證學者로, 자는 符衡 혹은 元衡이고, 호는 半塘이다. 閻若璩의 제자이며, 저술로 『說文解字疏』, 『尙書考辨』 등이 있다.

2 〈「고명」과……아니다 : 복생본에는 「강왕지고」의 내용이 「고명」에 합해져 있다. 「書序」에는 강왕이 천자의 자리에 오른 다음 제후들에게 고하고 「강왕지고」를 지었다고 하였다. 마융, 정현, 왕숙은 「고명」이 '無壞我高祖寡命'에서 끝나고 「강왕지고」가 '王若曰'부터 시작된다고 보았다. 이와 달리 공영달은 『상서정의』에서 「고명」이 '諸侯出廟門俟'에서 끝나고 '王出在應文之內'에서 「강왕지고」가 시작되어야 한다고 주장하였다. 『서집전』에서도 『상서정의』를 따라 이 두 편을 구분하였다. 송감은 금문과 같이 합편하는 것이 옳지만, 구분한다면 마융, 정현, 왕숙과 같이 '王若曰'에서 「강왕지고」가 시작되어야 한다고 말한 것이다.

鄭云:“獨擧侯·甸·男·衛四服者, 周公居攝六年, 制禮, 班度量, 至此積三十年, 再巡守, 餘六年, 侯·甸·男·要服正朝。要服國遠, 旣事遣之, 衛服前冬來, 以王有疾, 留之。”【見〈周頌譜〉疏】 ○梅云:“臣衛來朝而遇國喪, 因[교1]見新王。” **○鏞案** 〈大司馬〉九畿之制, 是制度之規範而已, 非必從橫正方, 狀如棋局, 如鄭玄之說。十二年一巡, 亦未必排年考月, 進退不得, 如鄭玄之說。鄭所云‘衛服冬來’, 拘曲之說也。此經云‘太保率西方諸侯’, ‘畢公率東方諸侯’, 又曰‘庶邦侯·甸·男·衛’, 有若動四海而皆集。然王崩未滿十日, 葬期尙隔七月, 安得同軌畢至乎? 東方·西方者, 畿內所封大都·小都之君, 咸稱諸侯也。侯·甸·男·衛者, 四服之內, 偶有一二人適來, 或有一二人入仕, 卽可擧稱, 何必萬邦畢集, 乃有此誥乎? 卽太保召公, 本國燕也, 其于鎬京, 衛服之外也。司寇衛侯, 本國衛也, 其于鎬京, 男服之地也。【相去二千餘里】 今考〈周本紀〉, 成王之崩, 在於豐鎬, 東·南遙遠之地, 豈能偶來者許多乎? 王言一則曰‘一二臣衛’, 二則曰‘一二伯父’, 會者無多, 亦可知矣。

總之, 九畿·九服之制, 雖載於〈大司馬〉·〈職方〉之章, 考諸〈周書〉, 則〈洛誥〉曰‘侯·甸·男·邦·采·衛’, 〈召誥〉曰‘侯·甸·男·邦’, 此經曰‘侯·甸·男·衛’,【〈職方〉之制曰‘侯服·甸服·男服·采服·衛服, 其外曰蠻·夷·鎭·蕃。’】 則周之內藩, 實亦五服, 蠻·夷·鎭·蕃, 不在計也。【三誥, 皆不言采服者, 言男與衛, 則采在其中】 但〈禹貢〉五服, 王畿千里, 竝入其中,【五百里, 甸服】 周制五服, 國畿之外, 另有五畿, 比前稍展耳。乃〈周語〉祭公謀父之言, 又以內五服約之爲三服, 外四服約之爲二服, 其云‘邦內甸服, 邦外侯服, 侯·衛賓服’者, 內五服爲三服也。【賈注然】 其云‘蠻·夷要服, 戎·翟荒服’者, 外四服爲二服也。名雖五服, 與《周禮》·周誥悉不相合。【《知遠錄》】

교1) 案因 : 『상서정의』에는 앞에 '遂'가 더 있다.

〔庶邦侯 · 甸 · 男 · 衛〕 정현이 말했다. "후(侯) · 전(甸) · 남(男) · 위(衛)의 4복(服)만 거론한 것은 다음과 같은 이유이다. 주공이 섭정 6년에 예(禮)를 제정하고 도량(度量)을 정리하고 나서 이때까지 30년이 지났으니, 두 번 순수(巡守)하고 6년이 지난 때로서 후복 · 전복 · 남복 · 요복이 정월 초하루에 조회하였다. 그런데 요복은 나라가 멀어서 일이 끝나자 보냈고 위복은 지난겨울에 왔는데 왕이 병이 나서 머무르게 하였기 때문이다." 【『모시정의』 「주송보(周頌譜)」의 소에 보인다.】 ○매색이 말했다. "제후들이 조회하러 왔다가 국상을 당하였고, 그대로 〈있다가〉 새 왕을 알현한 것이다."[3]

○용안 『주례』 「하관(夏官) · 대사마(大司馬)」에 나오는 9기(九畿)의 제도는 제도에 대한 규범일 뿐, 꼭 정현의 말처럼 가로세로가 정방(正方)인 바둑판같은 형태는 아니다. 12년마다 한 번 순수(巡守)한다는 것도 정현의 말처럼 반드시 연도와 달을 맞추어 시기를 앞당기거나 뒤로 물릴 수 없었던 것은 아니다. 정현이 말한 '위복이 지난겨울에 왔다.'라는 것은 왜곡된 설이다. 『상서』에는 '태보(太保)가 서방(西方)의 제후들을 거느렸다.', '필공(畢公)이 동방(東方)의 제후들을 거느렸다.'라고 하고, 또 '후복(侯服) · 전복(甸服) · 남복(男服) · 위복(衛服)의 제후들이여!'라고 하여, 마치 사해를 움직여서 모두 모이게 한 것처럼 되어 있다. 그러나 왕이 죽은 지 아직

3 매색이……것이다 : 『상서고훈』에서는 「顧命」에 들어 있는 "賓稱奉圭兼幣, 曰'一二臣衛敢執壤奠.'"에 대한 주로, 원문은 다음과 같다. 賓, 諸侯也.……爲蕃衛故曰臣衛. 來朝而遇國喪, 遂因見新王.

열흘이 되지 않았고 장기(葬期)는 아직 7개월이나 남았는데, 어찌 사방의 제후들이 동시에 다 올 수 있겠는가? 동방, 서방이라는 것은 기내에 봉해진 대도(大都)와 소도(小都)의 임금으로 모두를 제후라고 부른다. 후복·전복·남복·위복이라는 것은 4복의 안에서 우연히 한두 사람이 때마침 오거나 한두 명만 입사(入仕)해도 거명하여 칭할 수 있는 것이다. 어찌 꼭 만방(萬邦)의 제후가 다 모이고 나서야 이렇게 고(誥)하였겠는가? 태보인 소공(召公)은 본국이 연(燕)이니 호경(鎬京)에서 보면 위복의 바깥이고, 사구(司寇)인 위후(衛侯)는 본국이 위(衛)이니 호경에서 보면 남복의 지역이다.【서로 2000여 리 떨어져 있다.】 지금 『사기』「주본기(周本紀)」를 살펴보면 성왕은 풍호(豐鎬)에서 죽었는데, 동쪽과 남쪽의 아주 먼 지역에서 어찌 우연히 온 사람이 그렇게 많을 수 있겠는가? 왕이 말하기를 한 군데에서는 '한두 신위[一二臣衛]'라고 하고, 다른 곳에서는 '한두 백부[一二伯父]'라고 하였으니[4] 모인 사람이 많지 않았음을 또한 알 수 있다.

총결하자면, 9기(畿)와 9복(九服)의 제도는 비록 『주례』의 「하관·대사마」와 「하관·직방씨(職方氏)」에 실려 있지만, 『상서』「주서(周書)」를 살펴보면 「낙고(洛誥)」에서는 '후(侯)·전(甸)·남(男)·방(邦)·채(采)·위(衛)'라고 하고, 「소고(召誥)」에서는 '후·전·남·방'이라고 하였으며, 이 편의 경문에서는 '후·전·남·위'【『주례』「직방씨」의 제도는 '후복(侯服)·전복(甸服)·남복(男服)·채복(采服)·위

4 한 군데에서는……하였으니 : '一二臣衛'는 앞의 「顧命」 13장〈매색본의 「康王之誥」 1장〉에 나오고, '一二伯父'는 「강왕지고」 3장〈매색본의 3장〉에 나온다.

복(衛服)과 그 바깥의 만(蠻)·이(夷)·진(鎭)·번(蕃)'이다.[5]】라고 하였으니, 주나라의 내번(內藩) 또한 실제로는 오복이고 만·이·진·번은 계산에 들어 있지 않다.【세 편의 고(誥)에서 모두 채복(采服)을 언급하지 않았지만 남복과 위복을 말하였으니 채복은 저절로 그 속에 포함된다.】 다만 「우공」의 5복은 왕기천리가 모두 그 속에 포함되지만【〈왕성(王城)에서〉 500리까지의 지역이 전복(甸服)이다.】 주나라 제도의 5복은 국기(國畿)의 밖에 별도로 5기(畿)가 있으니 이전에 비해 조금 더 뻗어나갔을 뿐이다. 이에 『국어』「주어(周語)」에 실린 채공모보(祭公謀父)의 말에는 또 내오복(內五服)을 3복으로 묶고 외사복(外四服)을 2복으로 묶었다. 그 말에 '방내(邦內)는 전복(甸服)이고, 방외(邦外)는 후복(侯服)이며 후기(侯圻)부터 위기(衛圻)까지는 빈복(賓服)입니다.' 라고 한 것은 내오복을 3복으로 본 것이고,【가씨(賈氏)의 주가 그러하다.】[6] '만(蠻)과 이(夷)는 요복(要服)이고 융(戎)과 적(翟)은 황복(荒服)입니다.'라고 한 것은 외사복을 2복으로 본 것이다. 이름은 비록 5복이지만, 『주례』나 『상서』「주서」에 〈나오는 세 편의〉 고와는 모

5 『주례』……번(蕃)'이다 : 『주례』「夏官·職方氏」에 "乃以九畿之籍, 施邦國之政職. 方千里曰國畿, 其外方五百里曰侯畿, 又其外方五百里曰甸畿, 又其外方五百里曰男畿, 又其外方五百里曰采畿, 又其外方五百里曰衛畿, 又其外方五百里曰蠻畿, 又其外方五百里曰夷畿, 又其外方五百里曰鎭畿, 又其外方五百里曰蕃畿."라고 하였다.

6 방내(邦內)는……그러하다 : 『국어』 韋昭의 주에 "邦內, 謂天子畿內千里之地."라고 하고, "邦外, 邦畿之外也."라고 하였다. 賈氏는 賈逵를 말하는 듯하나 확인할 수 없어 '賈氏'로 두었다. 또 "侯·衛賓服."에 대한 주에 "侯, 侯圻也. 衛, 衛圻也. 言自侯圻至衛圻, 其間凡五圻, 圻五百里, 五五二千五百里, 中國之界也. 謂之賓服, 常以服貢賓見於王也. 五圻者, 侯圻之外曰甸圻, 甸圻之外曰男圻, 男圻之外曰采圻, 采圻之外曰衛圻. 「周書·康誥」曰'侯·甸·男·采·衛', 是也. 凡此服數, 諸家之說皆紛錯不同, 唯賈君近之."라고 하였다.

두 부합하지 않는다.【『상서지원록』】

蔡云 : “康王在喪, 故稱名。《春秋》, 嗣王在喪, 亦書名。” ○林云 : “報, 答也。”

〔惟予一人釗報誥〕 채침이 말했다. “강왕이 상중에 있으므로 이름을 칭한 것이다. 『춘추』에서는 사왕(嗣王)이 상중에 있으면 또한 이름을 썼다.” ○임지기(林之奇)가 말했다. “보(報)는 답[答 : 답하다]의 뜻이다.”[7]

28. 강왕지고 - 02

昔君文·武, 丕平富, 不務咎, 厎至齊信。【句】 用昭明于天下, 則亦有熊羆之士, 不二心之臣, 保乂王家。用端命于上帝, 皇天用訓厥道, 付畀四方。

“옛날 군주인 문왕·무왕은 농지를 나누어주고 녹(祿)을 제정하고 세금을 적게 거두며 형벌에 힘쓰지 않고 〈예로 인도하여〉 가지런히 하고 감화시켰습니다.【단구】 그리하여 천하를 밝히니 또한 웅비(熊羆)와 같은 용사(勇士)와 두 마음을 품지 않은 충실한 신하들이 왕가(王家)를 보호하고 다스렸습니다. 그리하여 시초를 바로잡아 상제의 명을 받으셨으니, 황천이 천도(天道)를 잘 따른다고 여겨

7 임지기(林之奇)가……뜻이다 : 『書經大全』 소주에 “林氏曰 : ‘報誥者, 諸侯戒我, 故我以誥報之. 報, 答也.”라고 한 내용이 나온다.

사방을 맡겨주었습니다."

補云:"丕平富者, 分田制祿而薄賦斂也。不務咎者, 赦過宥罪而省刑罰也。" ○補云:"齊信者, 整齊而孚格也, 齊之以禮, 而有恥且格也。厎至者, 格也。"【馬讀以'厎至齊'絶句, 非也 ○王云:"立大中之道也。" 以齊信絶句】 ○補云:"熊羆之士, 答前張皇六師之戒。" ○補云:"端者, 正始也。端命者, 正其始以受帝命也。" ○補云:"訓, 順也。【本通者】 厥道, 天道也。" 【王肅云:"文・武道大, 天下以平, 萬民以富。"】

〔丕平富, 不務咎〕 보충한다. "비평부(丕平富)란 농지를 나누어주고 녹(祿)을 제정하며 조세를 적게 거두었다는 뜻이다. 불무구(不務咎)란 잘못을 저지른 자를 사면하고 죄지은 자를 용서하며 형벌을 줄였다는 뜻이다."

〔厎至齊信〕○보충한다. "제신(齊信)이란 가지런히 하고 정성을 다해 감화시킨다는 뜻이니, '예로써 가지런히 하면 부끄러움을 알고 또 감화된다.[有恥且格]'[8]라는 것과 같은 뜻이다. 지지(厎至)란 격[格: 감통하다, 감응하다]의 뜻이다."【마융은 '지지제(厎至齊)'에서 구를 끊어 읽었는데 잘못이다. ○왕숙은 "대중지도(大中之道)를 세운 것이다."라고 하였으니 '제신(齊信)'에서 구를 끊은 것이다.】

〔則亦有熊羆之士〕○보충한다. "웅비지사(熊羆之士)는 앞에 나온 '장황육사[張皇六師: 육사를 왕성하게 하다]'의 경계에 답한 것이다."

〔用端命于上帝〕○보충한다. "단(端)은 정시[正始: 시초를 바르게 하다]의 뜻이니, 단명(端命)은 그 시초를 바르게 하여 상제의 명을 받

8 예로써……감화된다.[有恥且格]: 『논어』「爲政」에 나오는 말이다. 다산은 『論語古今註』에서 "格, 通作假, 謂感化也."라고 풀이하였다.

았다는 말이다."

〔皇天用訓厥道〕○보충한다. "훈(訓)은 순[順: 따르다, 순응하다]의 뜻이다.【본래 통용한다.】 궐도(厥道)는 천도(天道)이다."【왕숙이 말했다. "문왕과 무왕의 도가 커서 천하가 그 덕분에 안정되고 만민이 그 덕분에 부유해졌다는 말이다."】

28. 강왕지고 - 03

乃命建侯樹屛, 在我後之人。今予一二伯父, 尙胥曁顧,【句】 綏爾先公之臣服于先王。雖爾身在外, 乃心罔不在王室, 用奉恤厥若, 無遺鞠子羞。

"이에 명하여 제후를 세워 나라의 울타리를 세웠으니, 그것은 우리 후인(後人)들을 위함이었습니다. 이제 우리의 몇몇 백부(伯父)께서는 부디 서로 더불어 문왕과 무왕의 도를 생각하고【단구】 그대들의 선조가 선왕(先王)에게 신복(臣服)하여 이룬 공을 안정시키십시오. 비록 그대들의 몸은 밖에 있으나 그대들의 마음은 언제나 왕실에 두고 우러러 그 도를 순순히 받들어 나에게 부끄러움을 끼치지 마십시오."

梅云: "一二伯父, 庶幾相與顧念。"교1)【梅以'尙胥曁顧'絶句, 是也。蔡讀連下句, 非】 ○補云: "綏, 安定也。勉群后綏厥先功。" ○補云: "奉恤, 猶仰念也。厥若, 其順承之道也。" ○補云: "鞠子, 養育之子, 對父兄耆耈。自言鞠子, 謙也。【梅·蔡, 皆訓爲稚子】"

교1) 案念 : 『상서정의』에는 뒤에 '文武之道'가 더 있다.

〔今予一二伯父, 尙胥曁顧〕 매색이 말했다. "몇몇 백부(伯父)는 함께 〈문왕과 무왕의 도를〉 생각하기 바란다는 뜻이다."【매색이 '상서기고(尙胥曁顧)'에서 구를 나눈 것이 옳다. 채침은 다음 구에 연결해서 읽었는데, 틀렸다.】

〔綏爾先公之臣服于先王〕○보충한다. "수(綏)는 안정[安定 : 안정시키다]의 뜻이다. 제후들에게 그들의 선조가 이룬 공을 안정시키도록 면려한 것이다."

〔用奉恤厥若〕○보충한다. "봉휼(奉恤)은 앙념[仰念 : 우러러 생각하다]과 같은 뜻이다. 궐약(厥若)은 그 도를 순순히 받든다는 뜻이다."

〔無遺鞠子羞〕○보충한다. "국자(鞠子)는 양육지자[養育之子 : 길러준 아들]의 뜻으로, 부형·기구(耆耈)와 대응하는 말이다. 스스로 국자라고 말한 것은 겸사(謙辭)이다."【매색과 채침은 모두 치자[稚子 : 어린아이]라고 풀이하였다.】

考證 〈覲禮〉云 : "同姓大國則曰伯父, 其異姓則曰伯舅, 同姓小邦則曰叔父, 其異姓則曰叔舅。"

고증 『의례』「근례(覲禮)」에 "동성(同姓) 대국(大國)의 〈제후는〉 백부(伯父)라고 하고, 이성(異姓) 〈대국의 제후는〉 백구(伯舅)라고 하며, 동성 소국의 〈제후는〉 숙부(叔父)라고 하고, 이성 〈소국의 제후는〉 숙구(叔舅)라고 한다."라고 하였다.

28. 강왕지고 - 04

群公旣皆聽命, 相揖趨出, 王釋冕, 反喪服。

여러 공(公)이 모두 고명(誥命)을 듣고 나서 서로 읍하고 종종걸음으로 물러나자 왕이 면복(冕服)을 벗고 다시 상복(喪服)을 입었다.

鄭云: "群公, 主爲諸侯與王之三公, 諸臣亦在焉。"

〔群公旣皆聽命〕 정현이 말했다. "군공(群公)은 주로 제후와 왕의 삼공(三公)인데, 제신(諸臣) 또한 거기에 포함된다."

考訂 蘇云: "未교1)葬, 君臣皆冕服, 非교2)禮也。"【毛云: "太甲見祖奠殯之後, 則侯甸群后, 咸來進見。"】 ○**訂曰** 毛氏劈破蘇說, 讀之痛快。然是日純用吉服者, 唯兵衛七人, 其餘皆是素服,【如今之白布・帽布・團領・布鞓・布靴】 唯裳, 略有文飾而已。其用袞冕之服者, 註疏之誤也。蘇氏不悟, 但云'召公誤禮', 毛氏不悟, 但云'吉服本宜', 其失均矣。毛說雖快, 太甲奠殯, 仍祖䞇書, 又何以立矣? ○《禮》曰'君薨而世子生, 則及其見殯也, 太宰・宗伯皆裨冕。'【〈曾子問〉】 裨冕, 亦素冕之緣飾者。

교1) 案未: 소식의 『書傳』과 『서집전』에는 앞에 '成王崩'이 더 있다.
교2) 案非: 소식의 『書傳』과 『서집전』에는 앞에 '禮歟曰'이 더 있다.

고정 소식(蘇軾)이 말했다. "〈성왕(成王)의〉 장례를 지내지 않았는데, 임금과 신하가 모두 면복(冕服)을 입은 것은 예(禮)가 아니다."[9] 【모기령(毛奇齡)이 말했다. "태갑(太甲)이 할아버지[성탕(成湯)]를 뵙고 빈전(殯

殿)에 술을 올려 제사한 다음 후복(侯服)과 전복(甸服)의 제후들이 모두 와서 나아가 뵈었다."[10]】

○**정왈** 모기령이 소식의 설을 논파(論破)한 것은 읽기에는 통쾌하다. 그러나 이날 순전히 길복을 입은 것은 무기를 들고 시위(侍衛)하는 일곱 사람뿐이고, 그 나머지는 모두 소복(素服)【지금의 백포(白布)·모포(帽布)·단령(團領)·포정(布鞓)·포화(布靴) 같은 것들이다.】을 입되 상(裳)에만 약간 무늬가 있었을 뿐이다. 곤면복(袞冕服)을 입었다는 것은 주소의 오류인데, 소식은 깨닫지 못해서 그저 '소공이 예를 그르쳤다.'라고 하였고, 모기령은 깨닫지 못해서 그저 '길복이 본래 마땅하다.'라고 하였으니, 잘못임은 마찬가지이다. 모기령의 설은 비록 통쾌하지만, 태갑이 빈전에 술을 올려 제사하였다는 것은 위서(僞書)를 따른 것인데 또 어떻게 성립하겠는가?

○『예기』에 '임금이 죽은 뒤에 세자가 태어난 경우, 빈전(殯殿)에

9 소식(蘇軾)이……아니다 : 蘇軾이 지은 『書傳』 권17에 나오고, 채침의 『서집전』에도 인용되어 있다.

10 태갑(太甲)이……뵈었다. : 『尙書廣聽錄』 권5에 보인다. 太甲이 사당에 나아가 成湯에게 제사한 다음 제후들을 만났다는 것은 『상서』「伊訓」에 나오는 내용이다. 모기령은 成王의 장례를 지내지도 않았는데 君臣이 모두 吉服인 冕服을 입은 것은 禮가 아니라고 한 소식의 설을 반박하여, 주나라의 제도에서는 先王이 죽으면 後王이 곧바로 顧命을 받고 즉위하여 奠殯한 다음 신하와 제후의 알현을 받는데, 즉위할 때에는 吉服으로 갈아입는다고 하고 「이훈」의 내용을 인용하여 그 사실을 증명하였다. 그러나 여기 인용문은 전후의 내용이 생략되어 뜻이 잘 통하지 않는다. 『상서광청록』의 해당 원문은 다음과 같다. 周制遭喪便卽位, 國家不可一日無君也. 踰年再卽位然後改元一年, 不可有二君也, 則是遭喪必卽位, 卽位必改服,……當卽位, 則北面奠殯, 南面臨天下, 如太甲見祖奠殯之後, 則侯·甸群后咸來進見. 此必不可以喪服行事者,……總在此日改服行禮, 尤所必然.

알현할 때에는 태재(太宰)와 종백(宗伯)은 모두 비면(裨冕)을 착용한다.'【「증자문(曾子問)」에 보인다.】라고 되어 있는데, 비면 또한 가장자리를 장식한 소면(素冕)이다.[11]

번역 : 김보름

11 임금이……소면(素冕)이다 : 「曾子問」의 해당 부분은 임금 사후에 태어난 세자가 처음 사당에 알현하는 때의 예를 설명한 내용인데, 그 중 '冕服'에 관한 내용을 다산 자신의 뜻으로 해석하여 인용한 것이다. 『예기』「증자문」의 해당 원문은 다음과 같다. 曾子問曰 : "君薨而世子生, 如之何?" 孔子曰 : "卿·大夫·士從攝主, 北面於西階南, 大祝裨冕…….

尙書古訓

29. 비서(費誓)

【此鄭之序次也。梅本, 降在〈秦誓〉之上, 第九十九。薛本, 作粊誓】

【이것은 정현본의 차례이다. 매색본에는 뒤로 내려서 「진서(秦誓)」 앞에 두어 제99편으로 편차하였다. 설계선본에는 '粊誓'로 되어 있다.】

〈周本紀〉:【革殷之初】"封功臣, 首封尙父於營丘, 曰齊。封弟周公旦於曲阜, 曰魯。封召公奭於燕。"

〈魯世家〉云:"周公不就封, 留佐武王。【節】武王崩, 周公乃踐阼, 攝行政, 管叔流言。周公卒相成王, 而使其子伯禽代就封於魯。【節】管·蔡·武庚等果率淮夷而反, 周公奉成王命, 興師東伐, 誅管叔, 殺武庚。【節】伯禽卽位之後, 有管·蔡等反也。淮夷·徐戎亦竝興反, 伯禽率師伐之。作〈肹誓〉。" ○**鏞案** 武王·周公得天下之初, 其經世大略, 有可見者。夫太公·周·召, 元勳也, 懿親也。周都豐·鎬極西, 而乃玆三人必皆封之於極東出日之隅, 何也? 淮夷·徐戎之變, 二聖其逆睹之矣。燕·齊·魯, 貫珠連環, 以藩東方, 而淮·徐猶反。若三勳之封, 不在東方, 卽冀·兗·靑·徐之地, 風動響應, 土崩瓦解, 而不可爲矣。故列三邦於東方者, 武王·周公雄才大略, 所以括天下之變而消之於不言, 攬天下之勢而握之於無聲也。夫然後退而守豐・鎬, 進而營洛邑, 封康叔於殷土, 以撫餘頑, 而天下之能事畢矣。伯禽就封之年, 卽遭淮・徐之變, 則武王・周公, 可謂算無遺策矣。【《知遠錄》】 蔡意亦以〈費誓〉在伯禽就封之初年, 他篇或以爲淮・徐再畔時, 誤矣。

『사기』「주본기(周本紀)」에【은나라를 멸망시킨 초기에】 "공신을 봉(封)하였는데, 가장 먼저 상부(尙父)를 영구(營丘)에 봉하여 〈나라 이름을〉 제(齊)라고 하고, 아우인 주공 단(旦)을 곡부(曲阜)에 봉하여 〈나라 이름을〉 노(魯)라고 하며, 소공 석(奭)을 연(燕)에 봉하였다."라고 하였다.

「노세가(魯世家)」에 "주공은 자신의 봉지(封地)로 가지 않고 남아서 무왕을 보좌하였다.【중략】 무왕이 죽은 다음 주공이 왕위에 올라 정사를 대행하자 관숙(管叔)이 유언비어를 퍼뜨렸다. 주공은 끝까지 성왕을 돕고 아들 백금(伯禽)을 자기 대신 봉지인 노나라로 보냈다.【중략】 관숙・채숙(蔡叔)・무경(武庚) 등이 과연 회이(淮夷)를 거느리고 반란을 일으키자 주공이 성왕의 명을 받고 군사를 일으켜 동쪽을 정벌하여 관숙을 주벌(誅伐)하고 무경을 죽였다.【중략】 백금이 즉위한 뒤 관숙과 채숙 등의 반란이 있었고, 회이와 서융(徐戎)도 함께 반란을 일으키자 백금이 군사를 거느리고 그들을 정벌하였다. 「비서(肹誓)」를 지었다."라고 하였다.

○**용안** 무왕과 주공이 천하를 얻은 초기에 세운 경세(經世)의 큰 책략을 볼 수 있는 부분이다. 태공・주공・소공은 원훈(元勳)이고 의친(懿親)이다. 주나라의 도읍 풍읍(豐邑)과 호경(鎬京)은 서쪽 끝인데 이 세 사람을 굳이 모두 동쪽 끝 해 뜨는 구석에 봉한 것은

어째서인가? 회이와 서융이 변란을 일으킬 것을 두 성인이 미리 헤아렸기 때문이다. 연나라·제나라·노나라가 구슬을 꿴 것처럼 둘러싸서 동쪽 지방에 울타리를 이루었는데도 회이와 서융이 오히려 반란을 일으켰다. 만약 세 훈신의 봉지가 동쪽 지방에 있지 않았다면 기주(冀州)·연주(兗州)·청주(青州)·서주(徐州) 지역도 영향을 받고 즉시 휩쓸려 와해되고 손을 쓸 수 없었을 것이다. 그러므로 세 나라를 동쪽 지방에 배치한 것은 무왕과 주공의 웅대한 지략(智略)이었던 것이다. 그 덕분에 천하의 변고를 단속하여 말하지 않는 가운데 소멸시키고, 천하의 형세를 손에 쥐고 소리가 없는 가운데 장악한 것이다. 그런 뒤에야 물러나 풍읍과 호경을 지키고 나아가 낙읍(洛邑)을 건설하고, 강숙(康叔)을 옛 은(殷)나라 땅에 봉하여 남아 있는 은나라의 완민(頑民)을 어루만지게 하여 천하를 경영하는 사업을 마칠 수 있었던 것이다. 백금이 봉지로 가던 해에 곧바로 회이와 서융의 변란을 만났으니 무왕과 주공의 계산에 놓친 것이 없었다고 할 수 있다.【『상서지원록』】 채침도 「비서」는 백금이 봉지로 나아간 첫해에 있었다고 생각한 듯한데, 다른 편에서 어쩌면 회이와 서융이 재차 반란을 일으킨 때였을 것이라고 한 것[1]은 잘못이다.

1 채침도……것 : 『서집전』 「費誓」의 채침 序에 "伯禽撫封於魯, 夷·戎妄意其未更事, 且乘其新造之隙, 而伯禽應之者甚整暇有序."라고 한 呂氏의 說을 인용하였다. 이에 따르면 채침 역시 伯禽의 즉위 초년에 회이와 서융의 변이 있었다는 설을 받아들인 것으로 볼 수 있다. 그런데 「多方」의 채침 序에는 "成王卽政, 奄與淮夷又叛, 成王滅奄歸, 作此篇. 按「費誓」言'徂兹淮夷·徐戎竝興', 卽其事也."라고 하여, '成王卽政' 곧 백금이 魯로 간 첫해에 회이가 다시 반란을 일으켰다고 하였다.

考訂 孔云："伯禽, 於成王卽政元年, 始就封。" ○**訂曰** 沖遠謬信〈洛誥〉注立後之說, 乃云'復政元年, 始封魯公', 則《史記》所載, 皆不足信乎? 〈明堂位〉亦七年致政之下, 有封周公曲阜之說。彼皆以周公攝政, 爲實踐天子之名位, 故言之如是耳。

고정 공영달이 말했다. "백금은 성왕이 친정(親政)하게 된 원년에 비로소 봉지(封地)로 갔다."

○**정왈** 충원[沖遠 : 공영달]은 「낙고(洛誥)」 주의 주공의 후계자를 세운 것이라는 설을 잘못 믿어서 드디어 '복정(復政) 원년에 비로소 노공(魯公)을 봉하였다.'라고 하였는데, 그렇다면 『사기』의 기록은 모두 믿을 수 없다는 말인가? 『예기』「명당위(明堂位)」에도 섭정한 지 7년 만에 정사(政事)를 돌려주었다는 내용 뒤에 주공을 곡부(曲阜)에 봉하였다는 말이 있다. 그 기록들은 모두 주공의 섭정을 실제로 천자의 이름과 지위를 행한 것이라고 여겼기 때문에 그렇게 말한 것일 뿐이다.

29. 비서 - 01

公曰 : "嗟! 人無譁, 聽命。徂茲淮夷, 徐戎竝興。"

공이 말했다. "아, 대중들아, 떠들지 말고 나의 명을 들어라. 너희는 가서 회이(淮夷)를 정벌해야 하니, 서융(徐戎)까지 함께 일어났다."

鄭云 : "人, 謂軍之士衆及費地之民。" ○補云 : "徂玆, 猶言往哉。曰'爾宜往征此淮夷哉', 又曰'徐戎竝興'。"

〔人無譁〕 정현이 말했다. "인(人)은 군대의 군사들 및 비(費) 땅의 백성을 말한다."

〔徂茲淮夷, 徐戎竝興〕○보충한다. "조자(徂茲)는 왕[往 : 가다]과 같은 말이니, '너희는 가서 이 회이(淮吏)를 정벌해야 한다.'라고 말하고, 또 '서융(徐戎)이 함께 일어났다.'라고 말한 것이다."

考訂 梅云 : "伯禽爲方伯, 監七百里內之諸侯。" **○訂曰** 篇末, 特召魯人三郊,【上文統告諸侯・將士】 則是役有諸侯之師, 可知。然春秋諸侯會伐, 無歲無之, 未必其中皆有方伯帥之。梅以伯禽爲方伯, 何據也? 且方伯有二, 一是九州之牧, 或稱九伯,【見《左傳》】 或稱八伯【見〈王制〉】者, 是也。一是東西之伯, 周公治東, 召公治西者, 是也。若云'九伯', 則一州之地, 不止於七百。若云'二伯', 周公見爲東伯, 父子不應竝據。二者之外, 有方伯乎?

〈明堂位〉曰 : "封周公於曲阜, 地方七百里。" 其言似夸, 而有他據也。《孟子》謂 : "齊・魯之封, 不過百里。" 然召陵之盟, 管仲謂楚人曰 : "太公賜履,교1) 東至于海, 西至于河, 南至于穆陵, 北至于無棣。" 若其疆域但方百里, 不應虛夸若是也。【〈齊世家〉, 太史公云 : "膏壤二千里。"】 故《史記》云 : "封伯禽於魯, 四百里, 封교2)太公於齊, 兼五侯地。" 不唯是也。《周禮・大司徒》云 : "諸公之地, 封疆方五百里, 其食者半,【鄭司農云 : "公食其半, 又其半皆附庸小國。"】 諸侯之地, 封疆方四百里, 其食者參之一。" 下至男爵, 封疆方百里, 其食者四之一。此與〈王制〉・《孟子》全不相合。

又〈魯頌〉曰 : "錫之山川, 土田附庸。" "奄有龜・蒙, 遂荒大東。"《論

語》曰："顓臾在邦域之中，先王以爲東蒙主。" 斯豈方百里之所能容乎? 孟子之時，魯有方百里者五。趙岐謂兼侵小國所得，其亦無稽之言。〈明堂位〉之七百里，具[교3]有經據，梅氏疑其爲方伯，誤矣。【《知遠錄》】

교1) 案履 : 『춘추좌씨전』에는 앞에 '我先君'이 더 있다.
교2) 案封 : 『사기』에는 이 글자가 없다.
교3) 案具 : 『상서지원록』에는 '明'으로 되어 있다.

고정 매색이 말했다. "백금이 방백(方伯)이 되어 700리 안의 제후들을 감독하였다."[2]

○**정왈** 이 편의 끝부분에서 특별히 노(魯)나라 삼교(三郊)의 사람들을 불렀으니【앞의 내용은 제후와 장사들에게 통틀어 고한 것이다.】 이 전쟁에 제후의 군사가 있었다는 것을 알 수 있다. 춘추시대에는 제후들이 회맹하여 정벌한 일이 없는 해가 없었다. 그러나 반드시 그중에 모두 방백이 있어서 군대를 통솔한 것은 아니다. 매색이 백금을 방백이라고 한 것은 근거가 무엇인가? 게다가 방백에는 두 가지 의미가 있다. 하나는 구주(九州)의 목(牧)으로, 구백(九伯)[3]【『춘추좌씨전』에 보인다.】이라고도 부르고 팔백(八伯)[4]【『예기』 「왕제(王制)」

2 백금이……감독하였다 : "人無譁, 聽命"에 대한 매색 주에 "伯禽爲方伯, 監七百里內之諸侯, 帥之以征, 歎而勅之, 使無喧譁, 欲其靜聽誓命."이라고 하였다.
3 구백(九伯) : 『춘추좌씨전』 희공 4년에 齊나라가 楚나라를 공격하자 그 까닭을 묻는 楚子에게 管仲이 대답한 말 중에 "昔, 召康公命我先君大公, 曰'五侯九伯, 女實征之, 以夾輔周室.'"이라고 한 내용이 나온다. 杜預의 주에 따르면 '五侯'는 '五等諸侯'이고 '九伯'은 '九州之伯'이다.
4 팔백(八伯) : 『예기』 「王制」에 "千里之外設方伯, 二百一十國以爲州, 州有伯. 八州八伯."이라고 하였는데, 공영달의 소에서 『鄭志』에 나오는 張逸과 정

에 보인다.】이라고도 부르는 것이 이것이다. 또 하나는 동서의 백(伯)으로, 주공이 동쪽을 다스리고 소공이 서쪽을 다스렸다[5]는 것이 이것이다. 만약 구백이라고 한다면 한 주(州)의 땅이 700리에 그치지는 않았을 것이고, 만약 이백(二伯)이라고 한다면 주공이 현재 동백인데 아버지와 아들이 함께 〈그 자리를〉 차지하고 있지는 않았을 것이다. 두 가지 외에 방백이 있었는가?

『예기』「명당위」에 "주공을 곡부(曲阜)에 봉하였는데 땅이 사방 700리이다."라고 하였다. 그 말이 과장인 것 같지만 다른 근거가 있다. 『맹자』에 "제나라와 노나라의 봉지(封地)는 100리를 넘지 않았다."[6]라고 하였다. 그러나 소릉(召陵)의 회맹에서 관중(管仲)이 초인(楚人)에게 이르기를 "태공(太公)이 〈우리 선군(先君)에게〉 정벌할 수 있는 범위를 동쪽으로는 바다까지, 서쪽으로는 하수(河水)까지, 남쪽으로는 목릉(穆陵)까지, 북쪽으로는 무체(無棣)까지로 정해 주셨다."[7]라고 하였다. 그 강역이 단지 사방 100리뿐이었다면 이처럼 근거 없이 과장하지는 않았을 것이다.【『사기』「제세가(齊世家)」에 태사공(太史公)이 "기름진 땅이 2000리이다."라고 하였다.】 그러므로 『사기』에 "백금을 노나라에 봉하였는데 땅은 사방 400리이고,

---

현의 다음과 같은 문답을 인용하였다. 張逸問云 : "九州而八伯者, 何?" 鄭答云 : "畿內之州, 不置伯, 有鄕 · 遂之吏主之. 伯, 卽牧也."

5 주공이……다스렸다 : 『사기』「燕世家」에 "其在成王時, 召公爲三公. 自陝以西, 召公主之, 自陝以東, 周公主之."라고 하였다.

6 제나라와……않았다 : 『맹자』「告子下」에 "周公之封於魯, 爲方百里也, 地非不足, 而儉於百里. 太公之封於齊也, 亦爲方百里也, 地非不足也, 而儉於百里."라고 하였다.

7 소릉(召陵)의……주셨다 : 『춘추좌씨전』 희공 4년에 나온다.

태공(太公)을 제나라에 봉하였는데 다섯 제후의 땅을 겸병하게 하였다."[8]라고 하였다. 이것만이 아니다. 『주례』 「지관(地官)·대사도(大司徒)」에 "여러 공(公)의 땅은 봉강(封疆)이 사방 500리인데 그중에서 공이 〈조세를〉 받아먹는 땅은 반이다.【정사농(鄭司農)이 말했다. "공이 받아먹는 땅은 절반뿐이고 나머지 반은 모두 부용(附庸)인 소국(小國)이라는 뜻이다."】 여러 후(侯)의 땅은 봉강이 사방 400리인데 그중에서 후가 받아먹는 땅은 3분의 1이다."라고 하고, 아래로 남작(男爵)에 이르면 봉강이 사방 100리인데 남작이 받아먹는 땅은 4분의 1이라고 하였다.[9] 이것은 『예기』 「왕제」나 『맹자』의 기록과는 전혀 맞지 않는다.

또 『시경』 「노송(魯頌)·비궁(閟宮)」에 "산천을 내려주시고 토지와 부용도 내려주셨다.[錫之山川, 土田附庸]"라고 하고, "구산과 몽산을 소유하고 드디어 동쪽 끝까지 확장하였네.[奄有龜·蒙, 遂荒大東]"라고 하였으며, 『논어』 「계씨(季氏)」에 "전유(顓臾)는 나라 안에 있고 선왕이 동몽산(東蒙山)의 제주(祭主)로 삼았다."[10]라고 하였는데, 이것이 어찌 사방 100리의 영토를 가지고 감당할 수 있는 일이

8 백금을……하였다 : 『사기』 「漢興以來諸侯王年表」의 史評에 나온다. 원문은 다음과 같다. 太史公曰. 殷以前尙矣. 周封五等, 公·侯·伯·子·男. 然封伯禽·康叔於魯·衛, 地各四百里, 親親之義, 褒有德也. 太公於齊, 兼五侯地, 尊勤勞也.

9 『주례』……하였다 : 『주례』 「地官·大司徒」의 원문은 다음과 같다. 凡建邦國, 以土圭土其地而制其域. 諸公之地, 封疆方五百里, 其食者半. 諸侯之地, 封疆方四百里, 其食者參之一. 諸伯之地, 封疆方三百里, 其食者參之一. 諸子之地, 封疆方二百里, 其食者四之一. 諸男之地, 封疆方百里, 其食者四之一.

10 전유(顓臾)는……삼았다 : 『논어』 「季氏」에 "夫顓臾, 昔者, 先王以爲東蒙主, 且在邦域之中矣. 是社稷之臣也, 何以伐爲?"라고 하였다.

겠는가? 맹자 때에 노나라는 사방 100리의 땅 다섯을 가졌다. 이에 대해 조기(趙岐)가 소국을 침략하여 얻은 것이라고 하였는데,[11] 그 또한 상고하지 않고 한 말이다. 「명당위」의 700리는 분명히 경에 근거가 있는데, 매색이 그것을 방백이라고 의심하였으나 틀렸다.

【『상서지원록』】

考證 呂云: "徐戎·淮夷, 世爲周患。武王崩, 三監及淮夷叛,[교1] 命召公平淮夷, 載於〈江漢〉, 徐方繹騷, 載於〈常武〉。自成王至宣王, 每有叛亂, 非小寇也。" ○**鏞案** 萊夷·淮夷, 見於〈禹貢〉。徐偃王爲周穆王所伐,【偃王事, 雖出外史, 乘時僭王, 亦叛也】本皆梗化之雜種也。雖與殷侯同叛, 是亦乘時作亂, 非有戴殷之義理也。

교1) 案 叛 : 『尙書日記』와 『增修東萊書說』에는 뒤에 '載於大誥'가 더 있다.

고증 여조겸이 말했다. "서융(徐戎)과 회이(淮夷)는 대대로 주나라의 우환이었다. 무왕이 죽은 뒤 삼감(三監)과 회이가 반란을 일으킨 일이 〈「대고(大誥)」에 실려 있고,〉 소공에게 회이를 평정하도록 명한 일이 『시경』「대아(大雅)·강한(江漢)」[12]에 실려 있으며, 서방(徐方)이 소요(騷擾)한 일이 『시경』「대아·상무(常武)」[13]에 실려 있

11 맹자……하였는데 : 『맹자』「告子 下」에 "周公之封於魯, 爲方百里也, 地非不足而儉於百里. 太公之封於齊也, 亦爲方百里也, 地非不足也而儉於百里. 今魯, 方百里者五, 子以爲有王者作, 則魯在所損乎, 在所益乎?"라고 하였다. 이에 대해 趙岐의 주에 "周公·大公, 地尙不能滿百里, 儉而不足也. 後世兼侵小國, 今魯乃五百里矣."라고 하였다.

12 「대아(大雅)·강한(江漢)」 : 周 宣王 때 淮水 남쪽의 夷를 정벌한 일을 읊은 시이다. 『시경집전』에 "宣王命召穆公, 平淮南之夷, 詩人美之."라고 하였다.

다. 성왕(成王) 때부터 선왕(宣王) 때까지 매양 반란이 있었으니 작은 도적이 아니다."[14]

○**용안** 내이(萊夷)와 회이(淮夷)는 「우공」에 보인다. 서(徐)나라의 언왕(偃王)은 주나라 목왕(穆王)에게 정벌 당하였는데【언왕의 일은 비록 외사(外史)에 나오지만 틈을 노려 왕을 참칭(僭稱)한 것 또한 반역이다.】 본래 모두 교화를 거스르는 잡종(雜種)이다. 비록 은후(殷侯)와 함께 반역하였지만, 이 또한 틈을 노려 난을 일으킨 것이지 은나라를 추대하는 의리가 있었던 것은 아니다.

29. 비서 - 02

善敹乃甲胄, 敿乃干, 無敢不弔。【音的】 **備乃弓矢, 鍛乃戈矛, 礪乃鋒刃, 無敢不善。**【〈魯世家〉云: "陳爾甲胄。" ○《周禮·雍氏》注同】

"너의 갑주(甲胄)를 잘 꿰매어 끊어지지 않게 하고[15] 너의 방패를 동여매되 감히 허술하지 않게 하라.【〈'弔'의〉 음은 '的(적)'이다.】 너의 활과 화살을 갖추고 너의 짧은 창과 긴 창을 벼리고, 너의 칼날을

13 「대아·상무(常武)」: 周 宣王 때 淮水 북쪽의 夷를 정벌한 일을 읊은 시이다. 『시경집전』에 "宣王自將, 以伐淮北之夷……以除淮夷之亂, 而惠此南方之國, 詩人作此以美之."라고 하였다.

14 여조겸이……아니다: 呂祖謙의 『增修東萊書說』 권35에 나오고 明나라 王樵의 『尙書日記』 권16에도 인용되어 있다.

15 잘……하고: "敹, 縫完也, 縫完其甲胄, 勿使斷毁."라고 한 채침의 풀이에 따라 번역하였다.

갈되 감히 무디지 않게 하라."【『사기』「노세가」에는 〈'善敹乃甲冑, 敿乃干'이〉 "陳爾甲冑."로 되어 있다. ○『주례』「추관(秋官)·옹씨(雍氏)」 주의 내용도 같다.[16]】

鄭云: "敹, 謂穿徹之。【孔云: "謂甲繩有斷絶, 當使敹理穿治之。"】 敿, 猶繫也。【孔云: "繫紛於楯以持之。紛, 如綬而小。"】" 王云: "敿楯, 當有紛繫持之。" ○孔云: "弔, 至[교1)]也。" 鄭云: "至, 猶善也。"【鄭本, 疑作至】 ○蔡云: "鍛, 淬也。"

교1) 案至: 『상서정의』에는 앞에 '訓'이 더 있다.

〔善敹乃甲冑, 敿乃干〕 정현이 말했다. "료(敹)는 뚫어서 통하게 한다는 말이다.【공영달이 말했다. "갑주의 끈이 끊어진 데가 있으면 뚫어진 곳에 관통해서 수선해야 한다는 뜻이다."】 교(敿)는 계[繫: 매달다]와 같은 뜻이다.【공영달이 말했다. "방패에 끈을 매달아서 잡았을 것이다. 분(紛)은 인끈 같은 것인데 작다."[17]】" 왕숙이 말했다. "방패를 매달 때에는 끈을 묶어서 잡아야 한다."

〔無敢不弔〕○공영달이 말했다. "적(弔)은 지[至: 지극하다]의 뜻이

---

16 『주례』……같다: 어떤 내용을 가리키는지 명확하지 않다. 『주례』「秋官·雍氏」의 "秋令, 塞阱杜擭." 구에 대한 정현의 주에 "『書』「粊誓」曰'敜乃擭, 敜乃阱.'"이라고 하였고, 이에 대한 가공언의 소에 "『書』「粊誓」者, 彼云'魯侯伯禽宅曲阜, 徐戎並興, 伯禽往征, 有此塞阱杜擭之事. 故引以爲證也."라고 하였다.

17 공영달이……작다: '敿乃干'에 대한 공영달의 주석을 발췌한 것이다. 전문은 다음과 같다. 干, 是楯也. '敿乃干', 必施功於楯, 但楯無施功之處, 惟繫紛於楯, 故以爲施汝楯紛. 紛, 如綬而小, 繫於楯以持之, 其以爲飾.

다.” 정현이 말했다. “지(至)는 선[善 : 좋다]과 같은 뜻이다.”【정현본에는 아마 〈‘弔’이〉 ‘至’로 되어 있었을 것이다.】

〔鍛乃戈矛〕○채침이 말했다. “단(鍛)은 쉬[淬 : 담금질하다]의 뜻이다.”

29. 비서 - 03

今惟淫舍牿牛馬, 杜乃擭, 敜乃穽, 無敢傷牿。牿之傷, 汝則有常刑。【《釋文》云 : “杜或爲敗。” ○《史》但云 : “無敢傷牿。”】

“이제 마소를 대규모로 풀어주어 쉬게 하되 〈마소의〉 다리에 족쇄를 채워서 〈멀리 달아나지 못하도록 하고〉, 너의 덫을 막고 너의 함정을 덮어서 감히 마소를 다치게 하지 말라. 마소가 다치면 너에게는 떳떳한 법에 따른 형벌이 있을 것이다.”【『경전석문』에 “‘杜’가 어떤 데에는 ‘敗’로 되어 있다.”라고 하였다. ○『사기』에는 “無敢傷牿.”이라고만 되어 있다.[18]】

梅云 : “淫舍, 大放也。”교1)【孔亦云】 ○孔云 : “鄭以牿爲梏桔之牿,교2) 施牿교3)於牛馬之脚, 使不得走失。” ○王云 : “杜, 閑也。擭, 所以捕禽獸, 機檻之屬。敜, 塞也。穽, 穿地爲之, 所以陷墮之。恐害牧牛馬, 故使閑塞之。” ○鄭云 : “山林之田, 春始穿地爲穽, 或設擭其中以遮獸。擭, 作罫也。” **○鏞謂** 淫者, 溢出也。舍者, 休息也。行軍時, 牛馬有溢出陣門

18 『사기』에는……있다 : 『사기』「魯世家」에는 「費誓」 1장 “公曰 : “嗟!” 이하부터 3장 “汝則有常刑.”까지의 내용이 없고 “陳爾甲胄, 無敢不善, 無敢傷牿.”이라고만 되어 있다.

外休息之時，當此時，汝宜施牿而放之。【《易》曰'童牛之牿'，蓋以繩罥之於股間，使不得遠走】將放，宜先察穽[교4]擭之有無，恐敵人設此以陷之也。

교1) 案也 : 『상서정의』에는 '舍'로 되어 있다.
교2) 案牿 : 『상서정의』에는 '梏'으로 되어 있다.
교3) 案牿 : 『상서정의』에는 '梏'으로 되어 있다.
교4) 案穽 : 신조선사본에는 '穽'으로 되어 있다.

〔今惟淫舍牿牛馬〕 매색이 말했다. "음사(淫舍)는 대방사[大放舍 : 대규모로 풀어놓다]의 뜻이다."[19]【공영달도 그렇게 말했다.】 ○공영달이 말했다. "정현은 곡(牿)을 질곡(桎梏)의 곡[梏 : 족쇄]과 같은 것으로 보고, 우마의 다리에 족쇄를 채워서 달아나지 못하게 한 것이라고 하였다."

〔杜乃擭, 無敢傷牿〕○왕숙이 말했다. "두(杜)는 한[閑 : 막다]의 뜻이다. 획(擭)은 금수를 잡기 위한 것으로 기함[機檻 : 덫]의 종류이다. 녑(敜)은 색[塞 : 막다]의 뜻이다. 정(穽)은 땅을 파서 만들어 〈짐승을〉 빠뜨리기 위한 것이다. 그것이 기르는 마소에게 해를 입힐까 걱정되므로 막게 한 것이다." ○정현이 말했다. "산림의 밭에는 초봄에 땅을 파서 함정을 만드는데 그 속에 덫을 설치하여 짐승을 막기도 한다. 획(擭)은 칼날을 설치한 것이다."

○용위 음(淫)은 일출[溢出 : 넘쳐나다, 벗어나다]의 뜻이고, 사(舍)는 휴식(休息)의 뜻이다. 행군할 때 마소가 진문(陣門) 밖으로 나가서

19 매색이……뜻이다 : 경문의 "今惟淫舍牿牛馬"에 대한 매색 주의 일부만을 발췌한 것이다. 원문은 다음과 같다. 今軍人惟大放舍牿牢之牛馬.

휴식하는 경우가 있는데, 이런 때에 너희는 마소에게 족쇄를 채워서 풀어놓아야 한다는 뜻이다.【『주역』에 '송아지 뿔에 가로로 나무를 댄다.'라고 하였는데, 대체로 다리 사이에 줄로 가리[罣] 같은 것을 엮어서 멀리 달아나지 못하게 하는 것이다.】〈마소를〉 풀어놓기 전에 먼저 함정이나 덫이 있는지를 살펴야 하니, 적군이 이것을 설치하여 〈마소를〉 빠뜨릴까 걱정해서이다.

考異 《周禮·秋官·雍氏》註引"《書·柴誓》曰:'敜乃擭, 斂乃阱。'"【〈雍氏〉云:"秋令塞阱杜獲。"교1) 鄭引《書》云云】○《爾雅·釋言》註引《書》, 有常刑作有逸罰。【邢疏云:"今文。"】

교1) 案獲:『주례』와 신조선사본에는 '擭'으로 되어 있다.

고이 『주례』「추관(秋官)·옹씨(雍氏)」의 주에 "『상서』「비서(柴誓)」에 '敜乃擭, 斂乃阱'이라고 하였다."라고 인용하였다.【「옹씨」에 "가을에는 함정을 덮고 덫을 막는다."라고 한 부분에 대해 정현이 『상서』를 인용하여 그렇게 말하였다.】
○『이아』「석언(釋言)」 주의 『상서』를 인용한 부분에는 '有常刑'이 '有逸罰'로 되어 있다.【형병(邢昺)의 소에 "금문일 것이다."라고 하였다.】[20]

20 『이아』……하였다:『이아』「釋言」의 "逸, 諐, 過也."에 대한 郭璞의 주에 "『書』曰'汝則有逸罰.'"이라고 하였는데, 이 부분의 邢昺 소에 "『書』曰'汝則有逸罰'者, 案『商書』, 「盤庚」云'惟予一人有佚罰.' 「費誓」云'汝則有常刑.' 無云'汝則有逸罰'者, 師讀不同故也. 或者其在今文乎."라고 하였다.

29. 비서 - 04

馬牛其風, 臣妾逋逃, 勿敢越逐。祗復之, 我商賚爾。[교1] **乃越逐, 不復, 汝則有常刑。無敢寇攘, 踰垣牆, 竊馬牛, 誘臣妾, 汝則有常刑。**【《史》同。唯祗爲敬, 垣墻爲墻垣。《爾雅》注, 常刑爲逸罰, 今文也】

교1) 爾 : 신조선사본에는 '汝'로 되어 있으나 『尙書正義』「周書・費書」에 따라 바로잡는다. 案『서집전』에는 '汝'로 되어 있다.

"마소가 달아나거나 일을 부리는 천한 사내와 계집이 달아나도 감히 군진(軍陣)을 벗어나 쫓아가지 말라. 그러나 일반인이 달아난 마소나 도망한 천한 남녀 일꾼을 잡은 경우에는 공경히 돌려보내야 하니, 그러면 내가 돌려보낸 숫자를 헤아려서 너에게 상을 줄 것이다. 군진을 벗어나 쫓아가다가 대오를 잃거나 〈잡은 마소와 일꾼을 잡은 자가〉 돌려보내지 않고 차지하면 너에게는 떳떳한 법에 따른 형벌이 있을 것이다. 감히 고의로 훔치거나 빼앗지 말 것이니, 담을 넘어가서 남의 마소를 훔치고 남녀 일꾼을 꾀어내는 자가 있으면 너에게는 떳떳한 법에 따른 형벌이 있을 것이다."【『사기』의 기록도 같은데, 다만 '祗'가 '敬'으로 되어 있고, '垣墻'이 '墻垣'으로 되어 있다.[21] 『이아』 주에는 '常刑'이 '逸罰'로 되어 있는데,[22] 금문일 것이다.】

21 『사기』의……있다 : 『사기』「노세가」에는 이 부분의 경문 일부가 누락되어 완전히 일치하지는 않는다. 원문은 다음과 같다. 馬牛其風, 臣妾逋逃, 勿敢越逐, 敬復之. 無敢寇攘, 踰牆垣.

22 『이아』……있는데 : 각주 20) 참조.

鄭云："風, 走逸也。臣妾, 厮役之屬。"【梅云："役人賤者, 男曰臣, 女曰妾。"】○梅云："其有風・逋, 勿敢棄越壘伍而求逐之。其교1)有得逸교2)馬牛・逃臣妾者, 皆敬還之。교3) 我則商度汝功, 賜與汝。" ○馬교4)云："寇, 刦取也。因其失亡曰攘。"【已上, 馬・鄭, 皆《史》注】

교1) 案其：『상서정의』에는 앞에 '衆人'이 더 있다.
교2) 案逸：『상서정의』에는 '佚'로 되어 있다.
교3) 案之：『상서정의』에는 앞에 '復'이 더 있다.
교4) 案馬：『사기』「魯世家」의 『集解』에는 '鄭玄'으로 되어 있다.

〔馬牛其風, 臣妾逋逃〕 정현이 말했다. "풍(風)은 주일[走逸：달아나다]의 뜻이다. 신첩(臣妾)은 시역[厮役：잡일을 하는 하인]의 부류이다."【매색이 말했다. "부리는 천한 자 중에 남자를 '신(臣)'이라고 하고 여자를 '첩(妾)'이라고 한다."】

〔馬牛其風……我商賚爾〕○매색이 말했다. "'마소가 달아나거나 부리는 남녀 일꾼이 도망가면[23] 감히 영루(營壘)와 대오를 벗어나서 쫓아가지 말라. 그러나 〈일반 사람 중에〉 달아난 마소와 도망간 남녀 일꾼을 잡은 사람은 모두 공경히 돌려보내라. 그러면 나는 너의 공을 헤아려서 너에게 상을 줄 것이다.'라는 뜻이다."

〔無敢寇攘〕○정현이 말했다. "구(寇)는 겁취[刦取：강제로 차지하다]의 뜻이다. 잃어버리거나 도망한 기회를 이용해서 〈차지하는 것을〉 '양(攘)'이라고 한다."【이상 마융과 정현의 설[24]은 모두 『사기』「노세가」의

23 마소가……도망가면：매색은 달아난 마소와 도망간 신첩을 각각 풀이하여 "馬牛其有風佚, 臣妾逋亡."이라고 하였는데, 다산이 두 구를 합하여 한 구로 만들었다. 여기서는 매색의 원 주석대로 번역하였다.

24 이상……설：'風'과 '臣妾'에 대한 풀이 및 '寇攘'에 대한 풀이를 말하는데,

『집해』에 보인다.】

考證 《左傳》云:【僖四年】"唯有風馬牛不相及也。" 賈逵[교1)]云 : "風, 放也。牝牡相誘, 謂之風。" **○案** 風者, 隨風翻轉之意, 未必是牝牡之意。

교1) 案賈逵 : 『춘추좌전정의』 소에는 '服虔'으로 되어 있다.

고증 『춘추좌씨전』【희공 4년】에 "발정 난 마소도 서로 미치지 못한다.[唯有風馬牛不相及也]"라고 한 데 대해, 가규(賈逵)가 "풍(風)은 방[放 : 달아나다]의 뜻이다. 수컷과 암컷이 서로 유혹하는 것을 '풍(風)'이라고 한다."라고 하였다.[25]

○안 풍(風)이란 바람이 부는 대로 뒤집힌다는 뜻이지 반드시 암수간의 일을 의미하지는 않는다.

29. 비서 - 05

甲戌, 我惟征徐戎, 峙乃糗糧, 無敢不逮。汝則有大刑。魯人三郊·三遂, 峙乃楨幹。甲戌,[교1)] 我惟築, 無敢不供。汝則有無餘刑非殺。魯人三郊·三遂, 峙乃芻茭, 無敢不多。汝則有大刑。【《史記》, 遂爲隧, 其餘文句, 删沒不全。《說文》, 糗爲餱】

『사기』「노세가」의 『집해』에는 모두 鄭玄의 설로 되어 있다.

25 가규(賈逵)가……하였다 : 淸나라 惠棟이 撰한 『左傳補注』 권1에 인용되어 있는데, '賈逵' 뒤에 "『春秋正義』作服虔"이라는 소주가 있다.

교1) 戍 : 문맥상 '戌'이 옳은 듯하다. 案신조선사본과 『상서』에는 '戌'로 되어 있다.

"갑술일에 내가 서융을 정벌할 것이니 너희의 건량을 쌓아 대비하되 감히 군량이 부족하지 않게 하라. 〈부족하면〉 너희에게는 큰 형벌이 있을 것이다. 노나라 삼교(三郊)와 삼수(三遂)의 백성들아, 너희의 정간[楨幹 : 판축(版築)에 쓸 나무]을 쌓아 대비하라. 갑술일에 내가 판축을 할 것이니 감히 공급하지 못하는 일이 없게 하라. 〈공급하지 못하면〉 너희를 용서하지 않고 형벌을 내리겠지만 죽이지는 않을 것이다. 노나라 삼교와 삼수의 백성들아, 너희의 꼴과 마초를 쌓아 대비하되 감히 넉넉하지 못한 일이 없게 하라. 〈넉넉하지 못하면〉 너희에게는 큰 형벌이 있을 것이다."【『사기』에는 '遂'가 '隧'로 되어 있고, 나머지 문구는 산일되어 온전하지 않다.[26] 『설문해자』에는 '糗'가 '餱'로 되어 있다.】

蔡云 : "甲戌, 期[교1)]也。淮夷・徐戎竝起, 今所攻獨徐戎者, 量[교2)]敵之堅瑕緩急[교3)]也。" ○**鏞謂** 徐戎在魯東近寇也, 淮夷在魯西南遠寇也。先破徐戎, 乃可西也。

교1) 案期 : 『서집전』에는 앞에 '用兵之'가 더 있다.
교2) 案量 : 『서집전』에는 앞에 '蓋'가 더 있다.
교3) 案急 : 『서집전』에는 뒤에 '而攻之'가 더 있다.

26 『사기』에는……않다 : 『사기』「魯世家」에는 「비서」의 내용이 "陳爾甲冑, 無敢不善. 無敢傷牿. 馬牛其風, 臣妾逋逃, 勿敢越逐, 敬復之. 無敢寇攘, 踰牆垣. 魯人三郊三隧, 峙爾芻茭・糗糧・楨榦, 無敢不逮. 我甲戌築而征徐戎, 無敢不及, 有大刑."으로만 되어 있다.

〔甲戌, 我惟征徐戎〕 채침이 말했다. "갑술(甲戌)은 〈용병하는〉 기일이다. 회이(淮夷)와 서융(徐戎)이 함께 일어났는데 지금 서융만을 공격하는 것은 적의 방어 태세와 상황의 완급을 헤아려서 공격한 것이다."

○용위 서융은 노(魯)나라 동쪽에 있는 가까운 곳의 도적이고, 회이는 노나라 서남쪽에 있는 먼 곳의 도적이다. 따라서 먼저 서융을 격파해야 비로소 서쪽을 칠 수 있는 것이다.

鄭云: "糗, 擣熬穀也。" ○馬云: "大刑, 死刑。"【見《史》注】

補云: "特召魯人者, 上誓, 諸侯之師所共聽, 唯楨幹·芻茭二事, 魯人供之也。" ○王云: "邑外曰郊, 郊外曰遂。[교1] 不言四者, 東郊留守, 故言三。"【見《史》注】 ○馬云: "楨·幹皆築具, 楨在前, 幹在兩旁。"【見《史》注】 ○梅云: "築[교2]攻敵壘·距堙之屬。"【孔云: "襄六年, 《左傳》云, '晏弱圍萊, 甲寅堙之。' 杜云, '堙, 土山也。周城爲土山。' 宣十五年, 《公羊傳》, '楚子圍宋, 乘堙而闚宋城, 宋華元亦乘堙而出見之。' 距堙, 上城具也。"】 ○鄭云: "'無餘刑, 非殺'者, 謂盡奴其妻子, 不遺其種類, 在軍使給廝役, 反則入於罪隸·舂槀, 不殺之。" ○鄭云: "茭, 乾芻也。" **○鏞案** 男子入于罪隸, 女子入于舂槀者, 〈秋官·司厲〉之文。今詳〈司厲〉, 唯盜賊有此法, 未必楨幹不供而便受此刑。

竊謂 餘者, 饒也。無餘刑者, 不饒之刑也。

교1) 案遂: 『사기』 「魯世家」의 『集解』에는 '隧'로 되어 있다.
교2) 案築: 『상서정의』에는 앞에 '當'이 더 있다.

〔峙乃糗糧〕 정현이 말했다. "구(糗)는 도오곡[擣熬穀 : 찧어서 볶은 곡식]이다."

〔汝則有大刑〕○마융이 말했다. "대형(大刑)은 사형(死刑)이다."【『사기』「노세가」의 『집해』에 보인다.】

〔魯人三郊·三遂〕 보충한다. "특별히 노인(魯人)을 부른 것은 앞에 나온 맹세는 제후의 군사들이 함께 들어야 하는 내용이지만 정간(楨幹)과 추교(芻茭) 두 가지만은 노나라 사람이 바쳐야 하기 때문이다." ○왕숙이 말했다. "읍(邑)의 바깥 지역을 '교(郊)'라고 하고, 교의 바깥 지역을 '수(隧)'라고 한다. '사(四)'라고 말하지 않은 것은 동교(東郊)는 유수(留守)이기 때문이다. 그래서 '삼(三)'이라고 말한 것이다."【『사기』「노세가」의 『집해』에 보인다.】

〔峙乃楨幹〕○마융이 말했다. "정(楨)과 간(幹)은 모두 판축(版築)하는 도구인데, 정은 앞에 두고 간은 양쪽 측면에 둔다."【『사기』「노세가」의 『집해』에 보인다.】

〔我惟築〕○매색이 말했다. "적을 공격할 보루(堡壘)와 거인(距堙) 등을 쌓을 것이라는 뜻이다."【공영달이 말했다. "『춘추좌씨전』 양공(襄公) 6년에 '안약이 내성(萊城)을 포위하고, 갑인일에 〈성 주위에〉 토산(土山)을 만들었다.[晏弱圍萊, 甲寅堙之]'라고 하였는데, 두예가 '인(堙)은 토산(土山)이다. 성 주위에 토산을 만들었다는 뜻이다.'라고 하였다. 또 『춘추공양전』 선공(宣公) 15년에 '초자가 송나라를 포위하고 인(堙)으로 올라가서 송나라의 성을 엿보니, 송나라 화원 역시 인으로 올라가서 내다보았다.[楚子圍宋, 乘堙而闚宋城, 宋華元亦乘堙而出見之]'라고 하였다. 〈인(堙)은〉 거인(距堙)으로, 성을 오르는 기구이다."[27]】

27 공영달이……기구이다 : '築'을 "當築攻敵壘距堙之屬"이라고 한 매색의 설을 부연 설명한 내용인데 글이 많이 생략되었다. 『상서정의』 소의 원문은

〔汝則有無餘刑, 非殺〕○정현이 말했다. "'무여형, 비살(無餘刑, 非殺)'이란 그 처자를 모두 노예로 삼아 종자를 남겨 두지 않고, 군중(軍中)에 있을 때에는 시역(廝役)을 시키고 돌아가면 죄예(罪隷)와 용고(舂槀)[28]에 들여보내고 죽이지는 않는다는 말이다."
〔峙乃芻茭〕○정현이 말했다. "교(茭)는 건추[乾芻 : 건초]이다."

○용안 남자는 죄예로 들여보내고 여자는 용고로 들여보낸다는 것은 『주례』「추관·사려(司厲)」에 나오는 내용이다. 지금 「사려」를 자세히 살펴보면 도적에게만 이 법이 있었으니, 반드시 정간(楨幹)을 바치지 않았다고 해서 곧바로 이 형벌을 받지는 않았을 것이다.

절위 여(餘)란 요[饒 : 용서하다]의 뜻이다. 무여형(無餘刑)이란 용서하지 않는 형벌이다.

考訂 孔云 : "三郊·三遂, 謂魯人三軍,【鄭衆云 : "六遂之地, 在王國百里之外。"】王國百里爲郊, 鄕在郊內, 遂在郊外。"【又云 : "三郊, 三鄕也。三鄕之民, 分在四郊之內。"】○蔡云 : "大國三軍, 故三[교1)]郊·三遂也。" ○林云 :

다음과 같다. 襄六年『左傳』云 : "晏弱城東陽而遂圍萊, 甲寅堙之環城, 傅於堞." 杜預云 : "堞, 女牆也, 堙, 土山也. 周城爲土山及女牆." 宣十五年『公羊傳』: "楚子圍宋, 使司馬子反乘堙而闚宋城, 宋華元亦乘堙而出見之." 何休云 : "堙, 距堙, 上城具也."

28 죄예(罪隷)와 용고(舂槀) : 죄예는 百官의 부서와 수비하는 곳에서 사역을 관장하고 잡일을 시키는 업무를 맡은 관직이며, 그 부서에 딸린 종을 지칭하기도 한다. 용고는 제사·빈객 접대·燕饗 등에 필요한 米物의 공급을 관장하는 舂人과 내외의 조정에서 숙직하는 자의 식사와 노인·고아와 왕궁을 숙위하는 경·대부의 자제에게 음식을 공급하고 제사에 쓸 개를 기르는 일을 맡은 槀人의 合稱이고, 그 부서에 딸린 종을 지칭하기도 한다.

"東郊受敵, 故發西南北三郊·三遂之民。" ○**辨曰** 鄕遂之制, 鄭玄從來誤解, 故有此模撈也。天子六鄕在王城之內, 左右各三鄕也。六遂在王城之外, 左右各三遂也。自遂以外, 謂之四郊, 而四郊之外, 達於畺畿,【五百里】 皆隷於六遂, 束之以六遂之法, 而屬之於遂師·遂大夫, 此周制也。諸侯宜有差等, 而營國之法, 必九分爲井形, 公宮居中, 面朝後市爲三區, 左右六鄕, 共爲九區, 斯則諸侯之國亦然。故〈夏官·量人〉云'分國爲九州', 作都邑, 亦如之。【采邑之小都】 魯之都城, 亦必六鄕·六遂, 可知。特其所函, 必小於王城矣。

此云'三遂'者, 事在東郊, 唯左三遂調役也。其云'三郊'者, 事在東郊, 唯北東南三郊調役也。三郊·三遂, 雖若聯文, 其所以三之理, 則郊與遂不同, 爲遂六而郊四也。

後儒或云'天子六軍, 出於六鄕', 故沖遠又以三郊·三遂爲大國三軍之所出, 亦不然矣。周制, 兵寓於農, 而六鄕之內, 本無一之田, 一卒一車, 何以調矣? 六遂爲始, 達於四境, 凡有田之地, 皆三軍所出, 六軍亦然。不可以三·六字偶同, 配搭如是也。

且茲芻茭, 本是四郊所賦。故〈天官·大府〉云: "四郊之賦, 以待稍秣。"【詳見〈禹貢〉說】 孔氏以鄕爲郊, 則六鄕之民, 何以辨此? 六鄕之解一誤, 則凡虞·夏·殷·周之世, 邑制·田制·官制·軍制, 都不可問, 非小事也。【《知遠錄》】

교1) 案三: 『서집전』에는 앞에 '魯'가 더 있다.

고정 공영달이 말했다. "삼교(三郊)와 삼수(三遂)는 노나라의 삼군(三軍)을 말한다.【정중(鄭衆)이 말했다. "육수(六遂)의 땅은 국도(國都)에서

100리 밖에 있다."】 국도에서 100리까지가 교(郊)인데, 향(鄕)은 교 안에 있고 수(遂)는 교 밖에 있다."【또 말했다. "삼교(三郊)는 삼향(三鄕)을 말한다. 삼향의 백성을 사교(四郊) 안에 나누어 살게 하였을 것이다."】

○채침이 말했다. "〈제후국 중〉 큰 나라는 삼군(三軍)을 편성한다. 그러므로 노나라는 삼교와 삼수인 것이다."

○임지기(林之奇)가 말했다. "동교(東郊)는 적을 맞아 〈싸워야〉 하므로 서·남·북쪽에 있는 삼교와 삼수의 백성을 동원한 것이다."[29]

○변왈 향수(鄕遂)의 제도에 대해 정현이 옛날부터 잘못 해석하였기 때문에 이렇게 갈피를 잡지 못하고 헤매는 것이다. 천자의 육향은 왕성 안에 있는데 〈왕궁을 중심으로〉 좌우에 각 삼향이 있었다. 육수는 왕성 밖에 있는데 〈왕성을 중심으로〉 좌우에 각 삼수가 있었다. 수 바깥부터를 사교(四郊)라고 하고, 사교의 밖은 강기(畺畿)【500리이다.】까지 모두 육수에 예속하여 육수의 법으로 묶어서 수사(遂師)와 수대부(遂大夫)에게 소속시켰다. 이것이 주나라의 제도이다. 제후국에는 응당 차등이 있지만 국도를 경영하는 법은 반드시 아홉 구역으로 나누고 정(井) 자 형태를 이루어서, 공궁(公宮)이 가운데에 있고 공궁의 앞에는 조정을, 뒤에는 시장을 두어 세 구역으로 만들고, 좌우의 육향을 합쳐 모두 아홉 구역으로 만든다. 이는

29 동교(東郊)는……것이다 : 동서남북의 四郊 중 東郊는 적과 직접 싸워야 하기 때문에 전투에 참여하지 않는 나머지 三郊의 백성들은 楨幹을 마련하게 하였다는 의미이다. 『書經大全』 소주에 인용되어 있는데, 원문은 다음과 같다. 林氏曰 : "此所謂三遂, 意若指魯之三軍. 故說者多引以爲魯有三軍之證. 然苟指魯之軍制言, 謂之三鄕·三遂則可, 謂之三郊則不可. 蓋國必有四郊, 郊外爲遂, 其曰三郊·三遂. 蓋夷狄爲寇, 東郊正受敵處, 故使此郊之民, 專意於攻守, 而調發儲峙則使西南北三郊·三遂之民, 蓋取給於不受敵之地也."

제후국의 국도 또한 그러하였다. 그러므로 『주례』 「하관(夏官)·양인(量人)」에 '나라를 나누어 아홉 주(州)로 만들었다.'라고 하였으니, 도읍(都邑)【채읍(采邑)의 소도(小都)를 말한다.】을 만들 때도 역시 그렇게 하였다. 따라서 노나라의 도성에도 필시 육향과 육수가 있었음을 알 수 있다. 다만 거기에 포함되는 지역은 필시 왕성보다 작았을 것이다.

여기서 '삼수'라고 한 것은 일이 동교(東郊)에서 있으므로 왼쪽의 삼수에서만 조발하여 부역을 시켰기 때문이다. '삼교'라고 한 것은 일이 동교에서 있으므로 북쪽·동쪽·남쪽의 삼교에서만 조발하여 부역을 시켰기 때문이다. 삼교와 삼수는 비록 연속된 글 같지만 삼이 되는 이치는 교와 수가 다르니 수는 여섯이고 교는 넷이다.

후세의 학자들이 혹 '천자의 육군은 육향에서 나온다.'라고 하였다. 그래서 충원[공영달]도 삼교와 삼수를 대국의 삼군이 나오는 곳이라고 한 것인데, 역시 옳지 않다. 주나라의 제도는 병무를 농사에 붙여서 군사가 평시에는 농사를 짓는 방식이었다. 하지만 육향의 안에는 본래 전(田)이 전혀 없는데 한 명의 군사나 한 대의 수레인들 어떻게 조발하겠는가? 육수를 시작으로 사방 국경에 이르기까지 전이 있는 땅은 모두 삼군이 나오는 곳이고, 육군 역시 그러하다. 삼과 육이 우연히 글자가 같다고 해서 이렇게 짝을 지어 배정해서는 안 된다.

또한 여기에 나오는 추교(芻茭)는 본래 사교(四郊)에서 거두는 것이다. 그러므로 『주례』 「천관(天官)·대부(大府)」에 "사교의 부(賦)로 초말(稍秣)을 마련하는 비용을 지급한다."【「우공」의 설에 자세히 나온다.】라고 한 것이다. 공영달이 향을 교라고 하였는데 그렇다면 육향의 백성이 어떻게 이것을 마련하겠는가? 육향에 대한 해석이 한 번 틀리자 우·하·은·주 시대의 읍제(邑制)·전제(田制)·관제(官制)·군제(軍制)를 모두 알 수 없게 되었으니, 작은 문제가 아니다.【『상서지원록』】

번역 : 김성재

30. 여형(呂刑)

【梅本, 第九十七, 今依鄭本, 序在〈費誓〉之下。
《禮記》·《書傳》多以爲甫刑 ○薛本, 作呂型】
【매색본으로는 제97편인데, 여기서는 정현본에 따라 순서를
「비서」의 뒤에 두었다.[1]
『예기』와 『상서대전』에는 대부분 '甫刑'으로 되어 있다.[2]】
○설계선본에는 '呂型'으로 되어 있다.】

梅云 : "後爲甫侯, 故稱[교1]〈甫刑〉。" ○孔云 : "〈崧高〉詩云, '生甫及申。' 〈揚之水〉詩云, '不與我戍甫。' 明子孫改封爲。"[교2] ○又云 : "此經, 變周用夏, 是改重從輕也。周公聖人, 相時制法, 而使刑罰太重, 今穆王改易之者, 夏承堯·舜之後, 民淳易治, 故制刑近輕, 周承暴虐之後, 不可頓輕, 成·康之間, 刑措不用, 下及穆王, 民猶易治。故呂侯度時制宜, 勸

1 매색본으로는……두었다 : 매색본은 「呂刑」, 「文侯之命」, 「費誓」의 순으로 배열되어 있다.

2 『예기』와……있다 : 『상서정의』의 소에 보인다. 「呂刑」이라는 편명에 대해 "後爲甫侯, 故或稱「甫刑」."이라고 한 매색의 주를 부연한 것이다. 원문은 다음과 같다. 『禮記』·『書傳』引此篇之言, 多稱爲'甫刑曰'. 故傳解之'後爲甫侯, 故或稱「甫刑」.'

王改從夏法。" ○**鏞案** 〈序〉稱'訓夏贖刑', 乃訓告中夏之意, 未必是夏禹之夏, 沖遠一遵梅註, 故言之如此。且五刑數目之差, 雖與《周禮》不合,《周禮》·〈周書〉本多不合。彼未必周公躬行之法, 此未必穆王改定之數。唯贖鍰之率, 視古有改。故〈序〉曰'訓夏贖刑', 亦未必是貪財漁貨之計。竝詳下論。

교1) 案稱 :『상서정의』에는 앞에 '或'이 더 있다.
교2) 案爲 : 가장본, 신조선사본,『상서정의』에는 모두 뒤에 '甫侯'가 더 있다.

매색이 말했다. "뒤에 보후(甫侯)가 되었으므로 「보형(甫刑)」이라고도 칭한다." ○공영달이 말했다. "『시경』「대아(大雅)·숭고(崧高)」 시에 '보후와 신백(申伯)을 내셨도다.'라고 하고, 「왕풍(王風)·양지수(揚之水)」 시에 '나와 함께 보나라에서 수자리 살지 않았도다.'라고 하였으니, 자손이 다시 봉해져 보후(甫侯)가 되었음이 분명하다." ○〈공영달이〉 또 말했다. "이 경문에서 주나라의 법을 바꾸어 하(夏)나라의 법을 사용하였으니, 이는 무거운 형벌을 고쳐서 가벼운 형벌을 따른 것이다. 주공은 성인이지만 시속을 보고 법을 제정하여 형벌을 매우 무겁게 하였는데, 지금 목왕(穆王)이 그것을 고친 것은 다음과 같은 이유에서이다. 하나라는 요와 순의 뒤를 계승한 터라 백성이 순박하여 다스리기 쉬웠으므로 형벌을 제정하면서 비교적 가볍게 하였다. 주나라는 포학한 〈주(紂)의〉 뒤를 계승한 터라 갑자기 가볍게 할 수가 없었는데, 성왕과 강왕 연간에는 형벌을 내버려 두고 쓰지 않게 되었고, 목왕 때로 내려와서도 백성이 여전히 다스리기 쉬웠다. 그러므로 여후가 시속을 헤아려

법을 알맞게 제정하여 왕에게 다시 하나라 법을 따르도록 권한 것이다."[3]

○**용안** 「서」에서 '하나라의 속형을 가르쳤다.[訓夏贖刑]'라고 한 것은 바로 중하(中夏)에 훈고(訓告)하였다는 뜻이지 반드시 하우(夏禹)의 하나라인 것은 아닌데, 충원[沖遠 : 공영달]은 오로지 매색의 주를 따랐기 때문에 이렇게 말한 것이다. 게다가 오형(五刑)의 수목(數目)이 다른 것은 비록 『주례』와 맞지 않지만 『주례』와 『상서』 「주서(周書)」는 본래 맞지 않는 내용이 많다. 『주례』가 반드시 주공이 직접 실행한 법인 것은 아니고, 「주서」가 반드시 목왕이 새로 정한 수목인 것은 아니다. 오직 속전(贖錢)을 내는 비율만은 옛날의 제도에 비해 고친 부분이 있으므로 「서」에서 '하나라의 속형을 가르쳤다.'라고 한 것이다. 그러나 그 또한 반드시 재물을 탐내어 침탈할 생각에서 한 일은 아니다.[4] 모두 뒤에 상세히 논할 것이다.

3 〈공영달이〉……것이다 : 「呂刑」의 序에 "穆王訓夏贖刑."이라고 한 데 대해 매색이 "呂侯以穆王命作書, 訓暢夏禹贖刑之法, 更從輕以布告天下."라고 풀이하였다. 이에 대해 공영달이 소에서, 목왕 때에 와서 형벌을 가볍게 고친 배경을 부연 설명한 내용이다. 『상서정의』 소의 원문은 다음과 같다. 『周禮』, "司刑掌五刑之法, 以麗萬民之罪, 墨罪五百, 劓罪五百, 宮罪五百, 刵罪五百, 殺罪五百五." 刑惟有二千五百, 此經五刑之屬三千. 案刑數乃多於周禮而言變從輕者, 『周禮』, 五刑皆有五百, 此則輕刑少而重刑多. 此經, 墨劓皆千, 剕刑五百, 宮刑三百, 大辟二百, 輕刑多而重刑少, 變周用夏, 是改重從輕也. 然則周公聖人, 相時制法而使刑罰太重, 今穆王改易之者, 穆王遠取夏法, 殷刑必重於夏. 夏承堯舜之後, 民淳易治, 故制刑近輕. 輕則民慢, 故殷刑稍重. 自湯已後, 世漸苛酷, 紂作炮烙之刑, 明知刑罰益重. 周承暴虐之後, 不可頓使太輕, 雖減之輕, 猶重於夏法. 成・康之間, 刑措不用, 下及穆王, 民猶易治. 故呂侯度時制宜, 勸王改從夏法.

4 재물을……아니다 : 채침의 說을 반박한 것이다. 채침은, 唐虞 때에는 五刑에 대해서는 贖刑이 없었는데 穆王이 무절제한 巡遊로 재물이 고갈되자 임시방

30. 여형 - 01

惟呂命, 王享國百年耄, 荒度作刑, 以詰四方。

여후(呂侯)를 명하였다. 왕이 나라를 향유한 지 100년이 되어 몹시 연로하였는데, 크게 헤아려 형벌을 제정하여 사방을 단속하게 하였다.

梅云: "呂侯見命爲卿,【序云: "呂命, 穆王。"】 穆王耄亂荒忽。卽位過四十矣, 言百年, 大期雖老而能用賢。"【孔云: "〈周本紀〉云, '穆王卽位, 春秋已五十矣。' 〈無逸〉篇言享國, 皆在位之年。此言享國百年, 乃從生年而數。"】 ○馬云: "度, 法度也。" ○梅云: "度時世所宜, 以治四方。"【度, 入聲】 ○**鏞案** '詰四方'者, 〈大司寇〉之經文也。

〔惟呂命……耄荒〕 매색이 말했다. "〈여명(呂命)은〉 여후(呂侯)가 명을 받아 경(卿)이 되었을 때【「여형」의 서(序)에는 〈'유여명, 왕(惟呂命, 王)이〉 "여명, 목왕(呂命, 穆王)으로 되어 있다."[5]】 목왕(穆王)은 늙어서 정신이 어지럽고 흐릿하였다. 즉위한 지 40년이 지났는데 '백년'이라고 말한 것은 비록 늙었으나 능히 어진 이를 등용한 점을 훌륭하게 여겨서이다."[6·7]【공영달이 말했다. "『사기』「주본기(周本紀)」에 '목왕은 즉

편으로 이 법을 만들어서 백성의 재물을 거두어들인 것이라고 보았다.

5 「여형」의……있다: 『상서』「여형」의 序에 "呂命, 穆王訓夏贖刑, 作「呂刑」." 이라고 하였다.

6 훌륭하게 여겨서이다: '大期雖老而能用賢'의 '期'를 '其'로 교감한 북경대학출판사와 상해고적출판사 刊 표점본 『尙書正義』에 따라 번역하였다.

7 매색이……여겨서이다: 매색 주의 일부가 생략되었다. 원문은 "言呂侯見命爲卿時, 穆王以享國百年, 耄亂荒忽. 穆王卽位過四十矣, 言'百年', 大其雖老而

위 당시 춘추가 이미 50세였다.'라고 하였다. 「무일(無逸)」 편에서 말한 '향국(享國)'은 모두 재위 연수이고, 여기서 말하는 '향국백년(享國百年)'은 태어난 해부터 헤아린 것이다."[8]】

〔荒度作刑, 以詰四方〕○마융이 말했다. "도(度)는 법도(法度)의 뜻이다." ○매색이 말했다. "시대에 알맞은 바를 헤아려서 사방을 다스렸다는 뜻이다."[9]【度(탁)은 입성(入聲)이다.[10]】

○용안 '힐사방(詰四方)'은 『주례』 「추관(秋官)·대사구(大司寇)」의 경문이다.[11]

考異 《釋文》云: "耄, 今[교1]亦作薹。" ○《書大傳》云: "耄荒鮮度。"【多鮮字】 ○《漢書·刑法志》云: "周道既衰, 穆王眊荒, 命甫侯, 度時作刑, 以詰四方。"【耄作眊】 ○鄭玄〈樂記〉注引《書》曰: "王耄荒。" 又《周禮》注引《書》曰: "王耄荒, 度作詳刑, 以詰四方。"【〈大司寇〉注·〈太宰〉注, 皆多一詳字 ○賈云: "呂侯訓夏贖刑, 以詳審詰禁四方。"】 ○《書大傳》: "作誥四方。"

能用賢以揚名."이다. 이는 '荒'을 앞 구에 붙여서 "惟呂命, 王享國百年耄荒."으로 읽은 것이다.

8 공영달이……것이다: 공영달 소의 일부가 생략되었다. 원문은 다음과 같다. 「周本紀」云'穆王卽位, 春秋已五十矣.'·'立五十五年崩'. 司馬遷若在孔後, 或當各有所據. 「無逸」篇言'殷之三王及文王享國若干年'者, 皆謂在位之年, 此言'享國百年', 乃從生年而數. 공영달의 소에 나오는 殷之三王은 中宗, 高宗, 祖甲이다. 「무일」 편에 '中宗之享國, 七十有五年', '高宗之享國, 五十有九年', '祖甲之享國, 三十有三年', '文王受命惟中身, 厥享國五十年' 등의 내용이 나온다.

9 매색이……뜻이다: 매색 주의 일부를 생략하고 인용하였다. 원문은 다음과 같다. 度時世所宜, 訓作贖刑, 以治天下四方之民.

10 度(탁)은 입성(入聲)이다: 『상서정의』 音義에 "度, 待洛反."이라고 하였다.

11 '힐사방(詰四方)'은……경문이다: 『주례』 「秋官·大司寇」에 "大司寇之職, 掌建邦之三典, 以佐王刑邦國·詰四方."이라는 내용이 나온다.

○揚雄〈解嘲〉云："甫[교2]刑靡敝。"【亦作甫】

교1) 案今:『경전석문』에는 '本'으로 되어 있다.
교2) 案甫:『사고전서』에 수록된『文選』에는 '呂'로 되어 있다.

고이 『경전석문』에 "'耄'는 본래 '薹'로도 썼다."라고 하였다.
○『상서대전』에는 〈'耄荒度'이〉 "耄荒鮮度"으로 되어 있다.【'鮮' 자가 더 있다.】
○『한서』「형법지(刑法志)」에는 "周道旣衰, 穆王眊荒, 命甫侯, 度時作刑, 以詰四方."으로 되어 있다.【'耄'가 '眊'로 되어 있다.】
○정현의『예기』「악기(樂記)」주에서『상서』를 인용한 부분에는 "王耄荒"으로 되어 있다. 또『주례』주에서『상서』를 인용한 부분에는 "王耄荒, 度作詳刑, 以詰四方."으로 되어 있다.【「대사구(大司寇)」의 주와「태재(太宰)」의 주에는 모두 '詳' 한 자가 더 있다. ○가공언이 말했다. "여후(呂侯)에게 하나라의 속형을 가르쳐서 사방을 자세히 살펴 금령을 다스리게 한 것이다."】
○『상서대전』에는 〈'作刑, 以詰四方'이〉 "作誥四方"으로 되어 있다.
○양웅(揚雄)의「해조(解嘲)」[12]에 "甫刑靡敝"라고 하였다.【역시 〈'呂'가〉 '甫'로 되어 있다.】

考訂 蔡云:"耄, 昏[교1]亂之稱。《孟子》曰, '從獸無厭謂之荒。' 穆王享國

12 「해조(解嘲)」: 揚雄이 세상에 나가지 않고 홀로 지내며『太玄經』을 저술하고 있을 때, 도가 깊지 못해 벼슬길에서 승진하지 못한다고 조롱하는 사람이 있었으므로 그에 대해 해명하기 위해 지은 글이다.『文選』권45에 실려 있다.

百年, 車轍馬跡, 偏[교2)]于天下。史[교3)]氏以'耄荒'二字發之, 亦以見贖刑爲耄荒所訓耳。" ○蘇云: "荒, 大也。禹[교4)]曰, '予荒度土功。'"【荒屬下句讀】 ○**鏞案** 蘇讀極是也。耄者, 年高之稱, 且是自言, 不可病也。耄亂荒忽, 自是僞者之誤注。今上下紬繹九百五十有二言, 字字仁惻, 言言愼密, 無一點荒亂之辭, 何得以意逆之論, 輕詆古經哉? 從獸無厭者, 以《國語》有白狼・白鹿之譏, 車轍馬跡者, 以〈穆天子傳〉皆巡游荒遠之說, 故九峰夙知爲如是主, 而槪言之如是。又五刑之贖, 本係堯・舜之法, 而九峯狃於後世之俗, 堅以爲不然, 遂謂穆王創行此法, 以漁民貨, 皆非篤信好古之義也。

原夫《詩》三百篇, 無非賢聖之作, 《書》二十八篇, 皆聖主・賢臣之言, 可以爲法於後世者。孔子之删定《詩》・《書》, 正欲其芟除姦惡, 宣暢弘猷也。今取耄亂荒淫之主, 貪財滅法之誥, 選之爲經典, 豈其宜哉? 〈周本紀〉云: "昭王之時, 王道衰微, 穆王閔文・武之道缺, 命伯冏以國政, 周道復寧。" 君牙之爲大司徒, 亦必有裨於治理。故見採於史家。穆王, 賢主也。故自成・康以降, 唯穆王之書, 特錄三篇,【〈君牙〉・〈冏命〉及〈呂刑〉】夫子之意可見。若云善惡俱著, 爲後世戒, 則昭・懿・幽・厲之世, 其誓・誥・訓・命之可爲殷鑑者必多, 夫子何不錄之?【旣欲垂戒, 則其大惡者尤好, 桀・紂之書, 亦必見收】 穆王之征伐四夷, 窮兵黷武, 不見經傳。唯一征犬戎, 見於《國語》, 此胡大罪? 西旅貢獒, 越裳獻雉, 不必從獸而得之。自[교5)]狼・白鹿, 又何深咎? 〈穆天子傳〉出於汲冢, 郭璞註之。本以《列子・周穆王》篇爲之藍本, 紀穆王西行之事, 不過委巷相傳之野言。何可信彼雜書, 疑此正經乎?

〈周本紀〉謂'征戎之後, 諸侯不睦。故甫侯言於王, 復修刑法。' 卽〈呂刑〉一篇, 有足以慰悅人心, 補救王愆而後, 甫侯得以此輯睦諸侯。若如蔡說, 如水益深, 其有濟乎? 唐虞以來, 五刑無贖法, 穆王一朝贖之, 以利金鍰, 而呂侯·祭公謀父·君牙·伯冏之等, 將順其美, 無所匡救乎? 其無是理矣。【《知遠錄》】 耄者, 旄也。頭髮旄旄然也, 本非貶辭。荒度, 是讚美之言。

교1) 案耄 : 『서집전』에는 앞에 '老而'가 더 있다.
교2) 案徧 : 『서집전』에는 '遍'으로 되어 있다.
교3) 案史 : 『서집전』에는 앞에 '故'가 더 있다.
교4) 案禹 : 『서집전』에는 앞에 '大度作刑, 猶'가 더 있다.
교5) 自 : 문맥상 '白'이 옳은 듯하다. 案가장본에는 '白'으로 되어 있다.

고정 채침이 말했다. "모(耄)는 〈늙어서〉 혼란함을 일컫는 말이다. 『맹자』에 '짐승을 쫓아다니며 만족하지 못하는 것을 황(荒)이라고 한다.'라고 하였다. 목왕(穆王)이 나라를 누린 지 100년이 되자 수레 자국과 말의 발자국이 천하에 두루 미쳤다. 그러므로 사관이 '모황(耄荒)'이라는 두 글자를 말한 것이며, 또한 속형(贖刑)은 〈목왕이〉 늙어 혼란한 상태에서 내린 훈고(訓誥)임을 나타낸 것이다." ○소식이 말했다. "황(荒)은 대[大 : 크다]의 뜻이다. 〈대탁작형(大度作刑)은〉 우가 '내가 크게 헤아려 토목 공사를 일으켰다.[予荒度土功]'라고 한 부분의 〈황(荒)과〉 같은 뜻이다."[13]【'황'을 다음 구에 붙여서 읽었다.】

○용안 소식이 읽은 것이 지극히 옳다. 모(耄)는 나이가 많음을 일컫고, 또한 이는 스스로 말한 것이니 흠잡을 수는 없다. 늙어서 정

13 소식이……뜻이다 : 『서집전』에 인용되어 있다.

신이 어지럽고 혼란하다는 것은 본래 위작한 사람이 잘못 주석한 것이다. 지금 952자를 앞뒤로 자세히 생각해보면 글자 하나하나에 인자하고 가엾게 여기는 뜻이 있고, 말 한마디 한마디가 신중하고 치밀하여 혼란스러운 말이 한 점도 없는데, 어떻게 자기 생각에만 맞춘 주장으로 고경(古經)을 가볍게 비난할 수 있단 말인가? 종수무염(從獸無厭)이란 『국어』에 백랑(白狼)과 백록(白鹿)의 기롱[14]이 있고, 거철마적(車轍馬跡)이란 「목천자전(穆天子傳)」에 '황원을 모두 순행하였다[皆巡游荒遠]'라는 설이 있었기 때문에 구봉[九峰 : 채침]은 일찍부터 그러한 임금인 줄로 알고 싸잡아 이렇게 말한 것이다. 또 오형(五刑)에 대해 속전(贖錢)을 받는 것은 본래 요순의 법이었는데, 구봉은 후세의 속설에 얽매여서 그렇지 않다고 굳게 생각하고 드디어 목왕이 이 법을 처음 시행하여 백성의 재물을 착취하려 하였다고 한 것이다. 모두 옛것을 독실하게 믿고 좋아하는 의리가 아니다.

원래 『시경』 300편 중에 성현의 작품 아닌 것이 없고, 『상서』 28편은 모두 후세에 본보기가 될 수 있는 성주(聖主)와 현신(賢臣)의 말이다. 공자가 『시경』과 『상서』를 산정(刪定)한 것은 바로 그중 간악한 내용을 제거하고 위대한 계책을 드러내어 널리 펴기 위해서였다. 그런데 지금 늙어서 어지럽고 황음(荒淫)한 임금이 재물을 탐하여 법을 무시한 훈고를 골라서 경전을 만들었다고 하면 어찌 마

14 백랑(白狼)과 백록(白鹿)의 기롱 : 『國語』「周語」에 穆王이 犬戎을 치려고 하자 祭公謀父가 말렸으나 듣지 않고 정벌하여 白狼 네 마리와 白鹿 네 마리를 얻어서 돌아왔는데, 이때부터 荒服이 조회하러 오지 않았다는 내용이 나온다.

땅하겠는가? 『사기』「주본기」에 "소왕(昭王) 때에 왕도가 쇠미(衰微)해졌는데 목왕이 문왕과 무왕의 도가 이지러진 것을 안타깝게 여겨 백경(伯冏)에게 명하여 나라를 다스리게 하자 주나라의 도가 다시 평안해졌다."라는 내용이 나온다. 군아(君牙)를 대사도로 삼은 것 또한 반드시 다스림을 보필한 바가 있었기 때문일 것이다. 그러므로 사가(史家)에게 채택된 것이다.

목왕은 어진 임금이었다. 그러므로 성왕(成王)과 강왕(康王) 이후로는 오직 목왕에 관한 글만 세 편【「군아(君牙)」, 「경명(冏命)」 및 「여형」이다.】을 특별히 수록하였으니, 부자(夫子)의 뜻을 알 수 있다. 선과 악을 모두 드러내어 후세를 경계하려고 한 것이라고 한다면 소왕(昭王)·의왕(懿王)·유왕(幽王)·여왕(厲王)의 시대에 나온 서(誓)·고(誥)·훈(訓)·명(命) 중에 후세에 거울이 될 만한 내용이 필시 많았을 텐데 부자가 어째서 수록하지 않았겠는가?【기왕 후세에 경계를 드리우고자 한다면 크게 악한 자가 더욱 좋으니, 걸(桀)과 주(紂)의 시대에 이루어진 글 또한 반드시 수록되었을 것이다.】 목왕이 사이(四夷)를 정벌하기 위해 무력을 남용하였다는 내용은 경전에는 보이지 않는다. 오직 한 번 견융(犬戎)을 정벌한 일이 『국어』에 나오는데 그것이 어찌 큰 잘못이겠는가? 서려(西旅)가 오[獒 : 큰 개]를 공납(貢納)하고, 월상씨(越裳氏)가 꿩을 바쳤으나 반드시 사냥을 해서 얻은 것은 아니다. 백랑과 백록을 얻은 것을 또 어찌 깊이 나무라겠는가? 「목천자전」은 급총(汲冢)에서 출토된 것으로 곽박(郭璞)이 주를 내었다. 그것은 본래 『열자』「주목왕(周穆王)」편이 남본(藍本)인데, 그 책에 기록된 목왕이 서쪽을 정벌한 일은 민간에 전해 오는 야담에 불과하다. 어찌 저 잡서를 믿고 이 정경(正經)을 의심할 수 있겠는가?

『사기』「주본기」에 ‘견융(犬戎)을 정벌한 뒤 제후들이 불목(不睦)하므로 보후(甫侯)가 왕에게 말하여 형법을 다시 정비하였다.’라고 하였다. 곧 「여형」 한 편이 민심을 위로하여 기쁘게 하고 왕의 잘못을 보필하여 바로잡을 수 있는 내용이어야 보후가 이것으로 제후를 화목하게 할 수 있다. 만약 채침의 설과 같다면 물이 더욱 깊어지는 것과 같은 형국인데 건널 수 있겠는가? 당우(唐虞) 이래로 오형에는 속전(贖錢)을 받고 용서하는 법이 없었는데 목왕이 하루아침에 속전을 받아 재물을 탐하는데도 여후(呂侯)와 채공모보(祭公謀父)와 군아(君牙)와 백경(伯冏) 등이 훌륭하다고 여겨 받들어 따르며 바로잡아 구제하지 않았겠는가? 그럴 리는 없었을 것이다.【『상서지원록』】

모(耄)는 모[旄 : 늙은이]의 뜻으로, 머리카락이 푸석푸석한 상태를 말하니 본래 폄하하는 말이 아니다. 황탁(荒度)은 찬미하는 말이다.

30. 여형 - 02

王曰 : “若古有訓。蚩尤惟始作亂, 延及于平民, 罔不寇賊, 鴟義姦宄, 奪攘矯虔。苗民弗用靈, 制以刑, 惟作五虐之刑曰法, 殺戮無辜。”【‘鴟義’之義, 《釋文》云 : “本亦作誼。” ○《書大傳》, 奪爲欿 ○《說文》· 薛本, 亦爲欿】

왕이 말했다. “고훈(古訓)에 이런 말이 있다. 치우(蚩尤)가 처음으로 난을 일으키자 평민에게까지 영향이 미쳤다. 그리하여 모든 사람이 도적이 되어 포악을 떨며 날뛰는 것을 의(義)로 여겨 안팎에서 간교한 짓을 하고, 약탈하고 도적질을 하며 서로 속이고 죽였다. 묘민(苗民)은 신도(神道)로 백성을 인도하지 않고 형벌을 제정하였는데, 오직 다섯 가지 혹형(酷刑)을 만들어 그것을 법이라고 하며 죄 없는 사람을 살육하였다."【'鴟義'의 義에 대해 『경전석문』에 "본래 '誼'로도 쓴다."라고 하였다. ○『상서대전』에는 '奪'이 '敓'로 되어 있다. ○『설문해자』와 설계선본에도 '敓'로 되어 있다.】

補云:"此記中國肉刑所始之緣起也。羲·農之世, 本無肉刑。因蚩尤作亂, 苗民虐刑, 卽此兩賊, 非鞭笞·扑楚所能制伏, 爰始踰濫, 有肉刑, 如下所言也。古訓有之曰'兩賊之故, 肉刑起焉'。"

〔若古有訓……殺戮無辜〕 보충한다. "이것은 중국에서 육형(肉刑)이 시작된 기원을 기록한 것이다. 복희(伏羲)와 신농(神農)의 시대에는 본래 육형이 없었다. 그런데 치우(蚩尤)가 난을 일으키고 묘민(苗民)이 가혹한 형벌을 시행하였으니, 이 두 도적은 채찍이나 회초리를 쳐서 제압할 수 있는 자들이 아니었기 때문에 이에 비로소 본래의 제도를 넘어서는 형벌을 만들어 아래에서 말하는 것과 같은 육형을 둔 것이다. 고훈(古訓)에 '두 도적 때문에 육형이 생겨났다.'라는 말이 있다는 뜻이다."

馬云:"蚩尤, 少昊之末, 九黎君名。" ○鄭云:"蚩尤霸天下, 黃帝所伐者。" ○馬云:"鴟, 輕也。" ○鄭云:"寇賊狀如鴟梟, 鈔略[교1]良善, 刦奪人物。" ○鄭云:"有因而盜曰攘。矯虔謂撓擾。《春秋傳》'虔劉我邊垂', 謂刦奪人物, 以相撓擾也。"【《周禮·司刑》疏】 ○梅云:"三苗之君, 習蚩

尤之惡。" ○補云："弗用靈者, 不以神道迪民也。" ○補云："五虐刑, 其目不傳, 比之中國之肉刑, 尤益酷虐。苗民以玆, 殺戮無辜也。"

교1) 案略 : 『상서정의』에 는 '掠'으로 되어 있다.

〔蚩尤惟始作亂〕 마융이 말했다. "치우(蚩尤)는 소호(少昊) 말엽 구려국(九黎國) 임금의 이름이다." ○정현이 말했다. "치우는 천하를 제패하였다가 황제에게 정벌 당한 자이다."

〔罔不寇賊, 鴟義姦宄〕○마융이 말했다. "치(鴟)는 경[輕 : 가볍다]의 뜻이다." ○정현이 말했다. "〈치의간귀(鴟義姦宄)는〉 도적질을 하는 모양이 올빼미 같아서 선량한 사람을 노략질하고 남의 물건을 위협하여 빼앗는다는 뜻이다."

〔奪攘矯虔〕○정현이 말했다. "원인이 있어서 훔치는 것을 '양(攘)'이라고 한다. 교건(矯虔)은 소요를 일으킨다는 말이다. 『춘추좌씨전』 〈성공(成公) 13년에〉 '우리의 변방에서 살육을 하였다.'라고 한 것은 사람을 위협하고 물건을 빼앗으며 서로 소요를 일으켰다는 말이다."【『주례』 「추관(秋官) · 사형(司刑)」의 소에 보인다.】

〔苗民弗用靈〕○매색이 말했다. "삼묘(三苗)의 임금이 치우의 악행을 익힌 것이다." ○보충한다. "불용령(弗用靈)이란 신도(神道)로 백성을 인도하지 않았다는 뜻이다."

〔惟作五虐之刑曰法, 殺戮無辜〕○보충한다. "다섯 가지 가혹한 형벌은 그 조목이 전하지 않으나 중국의 육형(肉刑)에 비해 더욱 가혹하였을 것이다. 묘민이 이것을 가지고 무고한 사람을 살육하였다는 뜻이다."

考異 《墨子》曰："昔者帝王制五刑, 以治天下。有苗制五刑, 以亂天下。《書》曰, '苗民否用諫,[교1] 折則刑, 唯作五殺之刑曰法。'"

교1) 案諫：『묵자』에는 '練'으로 되어 있다.

고이 『묵자』에 "옛날 제왕은 다섯 가지 형벌을 제정하여 천하를 다스렸는데, 유묘(有苗)는 다섯 가지 형벌을 제정하여 천하를 어지럽게 하였다. 『상서』에 '苗民否用練, 折則刑, 唯作五殺之刑曰法'이라고 하였다."라고 하였다.[15]

考證 《禮記・緇衣》篇引〈甫刑〉曰："'苗民匪用命, 制以刑, 唯作五虐之刑曰法.' 是以民有惡德, 而遂絶其世也。" ○鄭云："匪, 非也。命, 謂政令也。高辛[교1]之末, 諸侯有三苗者作亂。其治民不用政令, 專制御之以嚴刑, 乃作五虐。蚩尤之刑, 以是爲法, 於是民皆爲惡, 起倍畔也。【'民興胥漸'意】 三苗由此見滅, 無後世, 由不任德。" ○**鏞案** 〈緇衣〉引《書》, '爰始淫爲'以下, 非苗民之事, 故不引之。

교1) 案辛：『예기정의』에는 뒤에 '氏'가 더 있다.

고증 『예기』「치의(緇衣)」 편에서 「보형(甫刑)」을 인용하면서 "'묘민(苗民)은 정령(政令)을 쓰지 않고 형벌로 제어하며 오직 다섯 가

15 『묵자』에……하였다：『묵자』「尙同 中」에 나오는데, 다산은 考異의 성격에 부합하는 내용만을 발췌하였다. 원문은 다음과 같다. 昔者聖王制爲五刑, 以治天下. 逮至有苗之制五刑, 以亂天下, 則此豈刑不善哉? 用刑則不善也, 是以先王之書「呂刑」之道曰："苗民否用練, 折則刑. 唯作五殺之刑曰法."

지 혹형을 만들어 법이라고 하였다.[苗民匪用命, 制以刑, 唯作五虐之刑曰法]'라고 하였다. 이 때문에 백성이 악덕(惡德)을 가지게 되었고 드디어 그 세대가 끊어졌다."라고 하였다.
○〈『예기』 해당 부분의 주에서〉 정현이 말했다. "비(匪)는 비(非)의 뜻이다. 명(命)은 정령을 말한다. 고신씨(高辛氏) 말엽 제후 중에 삼묘가 난을 일으켰다. 그들은 백성을 다스리는 데에 정령을 쓰지 않고 오로지 엄격한 형벌로 제어하고, 드디어 다섯 가지 가혹한 형벌을 만들었다. 치우의 형벌이 이것을 본받았기 때문에 백성이 모두 악을 행하여 배반을 일으켰다.【〈뒤 4장에 나오는〉 '민흥서점(民興胥漸)'의 뜻이다.】 삼묘는 이 때문에 멸망 당하여 후세가 없으니, 그것은 덕 있는 사람을 임용하지 않았기 때문이다."

○용안 「치의」 편에서 『상서』를 인용하면서 〈뒤 3장에 나오는〉 '원시음위(爰始淫爲)' 이하의 내용은 묘민의 일이 아니므로 인용하지 않은 것이다.

考證 〈五帝本紀〉云: "神農氏世衰, 諸侯相侵伐, 蚩尤最爲暴虐, 莫能伐之。黃帝乃徵師諸侯, 與蚩尤戰於涿鹿之野, 遂擒殺蚩尤。"【應劭云: "蚩尤, 古天子。" ○臣瓚云: "《孔子三朝記》云, '蚩尤, 庶人之貪者。'"】 **○案** 馬融以蚩尤爲在少昊之末, 誤。

고증 『사기』 「오제본기(五帝本紀)」에 "신농씨(神農氏)의 후세가 쇠약해지자[16] 제후들이 서로 침략하고 정벌하였는데, 치우가 가장

16 신농씨(神農氏)의 후세가 쇠약해지자: "世衰, 謂神農氏後代子孫道德衰薄, 非指炎帝之身."이라고 한 『史記索隱』의 풀이에 따라 번역하였다.

포학하여 아무도 그를 정벌할 수가 없었다. 이에 황제(黃帝)가 제후들에게서 군사를 징발하여 탁록(涿鹿)의 들에서 치우와 싸워 드디어 치우를 잡아서 죽였다."라고 하였다.【응소(應劭)가 말했다. "치우는 고대의 천자이다." ○신찬(臣瓚)이 말했다. "『공자삼조기(孔子三朝記)』[17]에 '치우는 서인(庶人) 중에 탐욕스러운 자이다.'라고 하였다."[18]】

○**안** 마융이 치우를 소호씨 말엽의 사람이라고 한 것은 틀렸다.

30. 여형 - 03

爰始淫爲劓·刵·椓·黥, 越茲麗刑, 竝制罔差,【句】 有辭。

"이때 처음으로 〈채찍을 치거나 회초리로 치는 것〉 이상의 형벌을 만들어 의형(劓刑)·이형(刵刑)·탁형(椓刑)·경형(黥刑)을 제정하였다. 이리하여 〈여러 악인을〉 형률에 넘겨서 모두 다스리되 이치에 어긋남이 없었고【단구】 옥사를 결단하는 때에는 핵심이 되는 범죄 사실을 제시하여 억울함이 없게 하였다."

補云: "爰始者, 古無而今創之也。淫者, 濫出也。羲·農以來, 大辟之外, 本無肉刑, 緣蚩·苗兩賊, 爰始溢出於鞭扑之外, 爲劓·刵·椓·

17 『공자삼조기(孔子三朝記)』: 공자가 魯 哀公의 물음에 답한 말들을 기록한 것으로, 세 번 애공에게 朝見하였다는 뜻에서 붙여진 이름이다. 상·하로 나뉘어 『大戴禮記』 권68~76에 실려 있다. 여기에 인용한 내용은 권75 「用兵」에 보인다.

18 응소(應劭)가……하였다: 『사기』 「오제본기」의 『집해』에 보인다.

黥等肉割之刑, 此中國肉刑之始也。其在黃帝之時乎!"【苗民作惡, 亦必自黃帝時已然】 ○補云："麗者, 附比也。【〈小司寇〉'以八辟麗邦法, 附刑罰', 〈遂士〉'各麗其法, 以議獄訟', 是也】 乃玆蚩·苗之民, 附比其律, 咸伏于肉刑。" ○補云："肉刑之目, 唯有四五,【竝刵則爲五】 而竝制其衆惡, 附比中理, 罔有差忒。" ○補云："有辭, 謂斷獄有要束之辭,【義見前】 無冤枉也。"

〔爰始淫爲劓·刵·椓·黥〕 보충한다. "원시(爰始)란 옛날에는 없었는데 지금 새로 만들었다는 뜻이다. 음(淫)이란 남출[濫出 : 넘쳐나가다]의 뜻이다. 복희씨(伏羲氏)·신농씨(神農氏) 이래로 대벽[大辟: 사형] 외에는 본래 육형(肉刑)이 없었는데, 치우와 묘민의 두 도적 때문에 비로소 채찍을 치거나 회초리로 때리는 형벌 밖으로 넘쳐나가서 의[劓 : 코를 베는 형벌], 이[刵 : 귀를 베는 형벌], 탁[椓 : 거세하는 형벌], 경[黥 : 얼굴에 죄명을 새기는 형벌] 등 신체를 훼손하는 형벌을 만들었으니, 이것이 중국 육형의 시초이다. 그 일은 황제(黃帝)의 시대에 있었을 것이다."【묘민이 악행을 저지르는 것 또한 필시 황제 때부터 이미 그러하였을 것이다.】

〔越玆麗刑〕○보충한다. "려(麗)는 부비[附比 : 부치다]의 뜻이다.【『주례』「추관(秋官)·소사구(小司寇)」에 '팔벽(八辟)을 국법에 부쳐 형벌하는 대상에 부쳤다.'[19]라고 하고, 또 「추관·수사(遂士)」에 '각각 그에 맞는 법에 부쳐서 옥송(獄訟)을 의논한다.'라고 한 것이 이것이다.】 이때 치우와 묘의 백성을 해당하는 형률에 부쳐서 모두 육형을 받게 하였다는 뜻이다."

19 팔벽(八辟)을……부쳤다 : '八'은 八議이고, '辟'은 법이다. 『주례』 가공언의 소에 따르면, 대부 이상의 사람이 지은 죄에 대해서는 刑書에 규정하지 않고 八議로 죄의 경중을 의논하여 처리하는데, 의논 결과 처벌해야 할 사안이면 국법에 따라 형벌한다는 의미라고 한다. 『주례』「春官·小司寇」에 따르면 팔의는 議親, 議故, 議賢, 議能, 議功, 議貴, 議勤, 議賓이다.

○보충한다. "육형의 조목에는 오직 네다섯 가지가 있는데,【월[刖: 발꿈치를 베는 형벌]까지 합치면 다섯 가지가 된다.】 모두 여러 가지 악행을 제어하되 이치에 맞게 부쳐서 어긋남이 없었다는 뜻이다."
〔有辭〕○보충한다. "유사(有辭)는 옥사를 결단할 때 핵심이 되는 범죄 사실을 말하여【풀이는 앞에 나왔다.】[20] 억울함이 없게 한다는 뜻이다."

鄭云: "刵, 斷耳。劓, 截鼻。椓, 爲[교1)]椓破陰。【卽宮刑】 黥, 爲羈黥人面。苗民大爲此四刑者,【淫, 大也】 言其特深,[교2)] 異於皐陶之爲。" ○梅云: "三苗之主, 始大爲截人耳鼻·椓陰·黥面, 以加無辜, 故曰五虐。"【蔡意同】 ○孔云: "椓陰, 苦於去勢, 黥面, 甚於墨頟。" **○鏞案** 註經無狀, 莫此若也。若如註說, 劓·刵·椓·黥, 苗實創造, 而軒·嚳·虞·夏, 下逮殷·周, 遂爲百王之彝典, 天下其有是乎? 四海同文之邦, 硏經慕聖之士, 皆熟視此註, 而莫之能雪, 不亦嗟乎? 且吾問之, 劓·刵·椓·黥, 明明四刑, 何以謂之五虐? 且吾問之, 蚩尤作亂一段, 穆王何爲以[교3)]首擧之? 梅氏謂之異世而同惡, 則蚩尤犯可刑之罪, 未嘗制可罪之刑, 情犯判殊, 何謂同惡? 蔡氏謂'暴亂之端, 始於蚩尤', 則苗民又何罪矣? 余謂五虐之刑, 別有惡刑, 而其目不傳於後世也。商受有剖心之刑, 宋偃有斮脛之刑, 秦始矐高漸離之目, 呂后瘖戚夫人之舌, 項羽燒殺紀信, 孫皓剝人面皮。意者, 五虐之刑, 亦此類也。【齊威公烹阿大夫, 衛世子醢子路, 安祿山咼顔杲卿, 虐刑尙多也】 皇[교4)]帝之作爲肉刑, 厥有二故。一則蚩尤之民, 寇賊姦宄, 鴟義奪攘。一則有苗之民, 自制兇虐, 殺戮無辜, 不可

20 핵심이……나왔다:「康誥」의 '要囚'에 대해 다산은 "要者, 約也, 會也. 死罪効實者, 謂之要囚."라고 하였다.

不誅戮, 而帝心仁惻, 猶不忍廣殺人命, 乃於大辟之外, 別創肉刑也。【《知遠錄》】 ○孔爲是悶, 乃云'椓陰, 苦於去勢, 黥面, 甚於墨頟', 斯則談經家之笑話也。心之不安如此, 猶未卽悟乎?

교1) 案爲 : 『상서정의』에는 '謂'로 되어 있다.
교2) 案深 : 『상서정의』에는 뒤에 '刻'이 더 있다.
교3) 案以 : 가장본에는 '而'로 되어 있다.
교4) 皇 : 문맥으로 보아 '黃'의 誤記인 듯하다.

〔殺戮無辜, 爰始淫爲劓·刵·椓·黥〕 정현이 말했다. "이(刵)는 귀를 자르는 형벌이다. 의(劓)는 코를 베는 형벌이다. 탁(椓)은 음부(陰部)를 제거하는 형벌을 말한다.【곧 궁형(宮刑)이다.】 경(黥)은 사람의 얼굴에 글자를 새기는 형벌이다. '묘민이 이 네 가지 형벌을 크게 행하였다.'라고 한 것은【〈정현은〉 음(淫)을 대[大 : 크다]의 뜻으로 본 것이다.】 그것이 특별히 매우 각박하여 고요(皐陶)가 시행한 법과는 다름을 말한 것이다." ○매색이 말했다. "삼묘(三苗)의 임금이 처음으로 사람의 귀와 코를 베고 음부를 제거하고 얼굴에 글자를 새기는 형벌을 만들어 죄 없는 사람에게 시행하였기 때문에 '오학(五虐)이라고 한 것이다."[21]【채침의 풀이[22]도 같다.】 ○공영달이 말했다. "〈정현은〉 음부를 제거하는 것이 거세하는 것보다 고통스럽고, 얼굴에 글자를 새기는 것이 이마에 글자를 새기는 것보다 심하다고

21 매색이……것이다 : 매색 주의 일부 내용을 생략하고 인용하였다. 전문은 다음과 같다. 三苗之主頑凶若民, 敢行虐刑以殺戮無罪, 於是始大爲截人耳鼻·椓陰·黥面, 以加無辜. 故曰五虐.

22 채침의 풀이 : 『서집전』에 "苗民承蚩尤之暴, 不用善而制以刑, 惟作五虐之刑, 名之曰法, 以殺戮無罪."라고 하였다.

〈여긴 것이다.〉”[23]

○**용안** 경을 이렇게 형편없이 주석할 수가 없다. 주의 설과 같다면 의형(劓刑), 이형(刵刑), 탁형(椓刑), 경형(黥刑)은 실로 삼묘가 처음 만들어서 헌원(軒轅)·제곡(帝嚳)·우(虞)·하(夏)에서 아래로 은(殷)·주(周)에까지 이르고 드디어 모든 왕조에서 상법(常法)으로 삼은 게 되는데, 천하에 어찌 그럴 수가 있겠는가? 같은 문자를 쓰는 천하의 모든 나라에서 경전을 연구하고 성인을 흠모하는 선비들이 모두 이 주석을 익숙하게 보아 아무도 해명한 사람이 없으니 또한 탄식할 일이 아닌가?

이제 물어보겠다. 의·이·탁·경은 명명백백하게 네 가지 형벌인데 어째서 오학(五虐)이라고 하였는가? 또 물어보겠다. 치우가 난을 일으킨 하나의 사건을 목왕(穆王)은 어째서 제일 먼저 거론하였는가? 매색이 ‘〈치우와 삼묘는〉 시대는 다르나 악행은 같았다.’라고 하였는데,[24] 그렇다면 치우는 처형할 만한 죄는 지었지만 벌할 만한 형벌을 제정한 적은 없는 것이니, 정상과 범행이 판이하게 다른데 어째서 악행은 같았다고 하는가? 채침은 ‘포란(暴亂)의 단서가 치우 때에 시작되었다.’라고 하였는데,[25] 그렇다면 묘민은 또

23 공영달이……것이다.〉: 공영달이 바로 앞에 나온 정현의 설을 다시 풀이한 것인데, 일부 내용을 생략하고 인용하여 공영달의 생각인 것처럼 되었다. 『상서정의』 원문은 다음과 같다. 鄭意蓋謂‘截耳·截鼻, 多截之, 椓陰苦於去勢, 黥面甚於墨額.’

24 매색이……하였는데: “苗民弗用靈, 制以刑, 惟作五虐之刑, 曰法.”에 대한 매색 주에 “蚩尤, 黃帝所滅, 三苗, 帝堯所誅, 言異世而同惡.”이라고 하였다.

25 채침은……하였는데: 채침은 “蚩尤惟始作亂”을 “蚩尤始開暴亂之端”의 뜻이라고 풀이하였다.

무슨 죄인가?

나는, '오학의 형벌[五虐之刑]'은 따로 악형이 있었는데 그 조목이 후세에 전하지 않는다고 생각한다. 상(商)나라의 수[受 : 은나라 주왕(紂王)]는 심장을 가르는 형벌을 썼고,[26] 송(宋)나라의 언(偃)은 사람의 정강이를 끊는 형벌을 썼으며,[27] 진시황은 고점리(高漸離)의 눈을 멀게 하였고,[28] 여후(呂后)는 척부인(戚夫人)을 벙어리로 만들었으며,[29] 항우(項羽)는 기신(紀信)을 불태워 죽였고,[30] 손호(孫皓)는

---

26 상(商)나라의……썼고 : 『사기』 「殷本紀」에 나온다. 紂의 虐政이 심해지자 微子는 諫하다가 나라를 떠났으나 比干은 떠나지 않고 끝까지 간하였는데, 紂가 노하여 "성인의 심장에는 일곱 개의 구멍이 있다고 들었다."라고 하며 비간을 죽여서 심장을 갈라 보았다고 한다.

27 송(宋)나라의……썼으며 : 『戰國策』 권32 「宋康王之時有雀生鸇」에 나온다. 偃은 전국시대 宋나라 康王이다. 자신의 용맹을 과시하여 곱추의 등을 가르고 이른 아침 물을 건너는 사람의 정강이를 잘라 보았다고 한다.

28 진시황은……하였고 : 『사기』 「刺客列傳」에 나온다. 高漸離는 전국시대 燕나라 사람이다. 筑이라는 악기의 명인으로 자객 荊軻와 절친하게 지냈다. 형가가 秦始皇을 암살하려고 하다가 실패한 뒤 진시황에게 접근하여 암살의 기회를 노렸으나 신분이 탄로되어 체포되었는데, 진시황은 그의 연주를 좋아하여 죽이는 대신 눈만 멀게 하고 곁에 두었다고 한다.

29 여후(呂后)는……만들었으며 : 『사기』 「呂太后本紀」에 나온다. 여후는 漢高祖의 황후인 여태후이고, 戚夫人은 고조의 後宮이었다. 고조가 척부인을 특별히 사랑하여 여태후의 아들을 廢하고 척부인이 낳은 아들을 태자로 삼으려 한 적이 있는데, 고조가 죽고 여태후의 아들 惠帝가 즉위한 뒤 여태후가 척부인의 수족을 자르고 눈과 귀를 멀게 하여 돼지우리에 넣었다고 한다.

30 항우(項羽)는……죽였고 : 『한서』 「高祖本紀」에 나온다. 紀信은 楚와 漢이 다툴 때 한 고조 휘하의 장군이다. 고조 劉邦이 滎陽에서 항우에게 포위당해 위급해졌을 때 기신이 유방의 행세를 하며 항우에게 거짓 항복하여 유방이 포위를 벗어날 수 있게 하였다. 뒤에 항우가 그 사실을 알고 기신을 불태워 죽였다.

사람 얼굴의 가죽을 벗겼다.[31] 아마도 오학의 형벌 또한 이런 종류였을 것이다.【제(齊)나라 위공(威公)은 아대부(阿大夫)를 삶아 죽였고, 위(衛)나라 세자는 자로(子路)를 젓 담았고, 안록산(安祿山)은 안고경(顔杲卿)의 뼈를 발랐다. 이와 같이 학형(虐刑)은 매우 많았다.】

황제(黃帝)가 육형(肉刑)을 만든 데에는 두 가지 이유가 있다. 하나는 치우의 백성이 도적이 되어 안팎에서 간악한 짓을 하고 날뛰는 것을 의로 여겨 약탈하고 도둑질을 하였기 때문이고, 또 하나는 유묘(有苗)의 백성이 스스로 혹형을 만들어 죄 없는 사람을 살육하였기 때문이다. 그들은 모두 주륙하지 않을 수 없는 자들이지만 황제(黃帝)는 마음이 인자하여, 그런데도 차마 많은 사람을 죽일 수가 없었다. 이에 대벽(大辟) 외에 별도로 육형을 창시한 것이다.【『상서지원록』】

○공영달이 이것을 고민하다가 드디어 '음부를 제거하는 것은 거세하는 것보다 고통스럽고, 얼굴에 글자를 새기는 것은 이마에 글자를 새기는 것보다 심하다.'라고 하였지만, 이것은 담경가(談經家)들의 우스갯소리이다. 마음이 이렇게 불안한데도 오히려 즉시 깨닫지 못하는가?

考訂 陳云: "鄭殺鄧析, 而用其竹刑, 傳猶譏之。孰謂舜竄三苗以虐威,

31 손호(孫皓)는……벗겼다: 『삼국지』「吳書·孫皓傳」에 나온다. 손호는 삼국시대 吳나라 孫權의 손자이고 오나라의 마지막 임금이다. 정사를 돌보지 않고 가혹한 형벌을 일삼다가 晉나라 장군 王濬에게 사로잡혀 洛陽에서 죽었다. 연회를 즐기고 술에 탐닉하였으며 宮人 중에 마음에 들지 않는 사람이 있으면 번번이 죽여서 물에 떠내려 보내고, 사람의 낯가죽을 벗기기도 하고 사람의 눈알을 파내기도 하는 등 온갖 악행을 저질렀다고 한다.

乃效其虐威而用其法乎? 曰虐與淫, 非卽古之五刑。或如紂之炮烙·剖心, 孫皓鑿人目·剝人面之類耳。天討有罪, 五刑五用, 帝王相承, 二千年莫之能改, 而謂始於苗民乎?" ○**案** 此論明核。但不以爰始淫爲屬之皇[교1)]帝, 則未有究竟。

교1) 案皇 : 문맥으로 보아 '黃'의 誤記인 듯하다.

고정 진사개(陳師凱)[32]가 말했다. "정(鄭)나라가 등석(鄧析)을 죽이고 나서 그가 만든 죽형(竹刑)을 채용한 데 대해서도 전(傳)에서 오히려 기롱하였다.[33] 그런데 누가, 순이 삼묘를 찬배(竄配)한 것은 그가 잔학하기 때문이었는데, 드디어 그의 잔학함을 본받아 그 법을 사용하였다고 생각하겠는가? 학(虐)과 음(淫)은 옛날의 오형(五刑)이 아니다. 어쩌면 주(紂)가 행한 포락(炮烙)[34]과 부심(剖心), 손호(孫皓)가 사람의 눈을 뽑고 얼굴 가죽을 벗긴 것과 같은 종류일 것이다. '하늘이 죄 있는 자를 벌하면 다섯 가지 형벌을 써서 다섯 등급으로 처벌하는 것[天討有罪, 五刑五用]'은 제왕이 서로 계승하여 2000년 동안 아무도 바꾸지 못하였는데, 묘민에게서 시작되었다고

32 진사개(陳師凱) : 생몰년 미상. 元. 자는 道勇이다. 廬山에 은거하여 그곳을 東匯澤이라고 부르며 저술에 힘썼다. 저서에 『尙書蔡傳旁通』이 있다.

33 정(鄭)나라가……기롱하였다 : 『춘추좌씨전』 定公 9년에 "鄭駟歂殺鄧析而用其竹刑."이라고 한 내용이 보인다. 두예의 주에 따르면 등석이 임금의 명을 받지 않고 사사로이 형법을 만들어 그것을 竹簡에 썼기 때문에 '竹刑'이라고 한다고 하였다.

34 포락(炮烙) : 구리기둥에 기름을 발라 숯불로 달구고 죄인을 그 위로 기어 올라가게 하는 형벌이다. 紂가 酒池肉林을 만들어 놓고 애첩 妲己와 잔치를 벌이며 즐겼는데 이를 비판하는 사람에게는 포락의 형벌을 내렸다고 한다.

한단 말인가?”[35]

○**안** 이 주장이 명확하다. 다만 원시음위(爰始淫爲)를 황제(黃帝)에게 붙이지 않았으니 결론이 없다.

考訂 《唐律釋文》云: “蚩尤, 古之諸侯, 其性酷毒, 故作五虐之刑。謂車裂人, 及燒銅柱, 使人抱或使人緣之之類也。”【出《日下舊聞》】

고정 『당률석문(唐律釋文)』에 “치우는 고대의 제후로 성격이 매우 악독하여 오학의 형벌을 만들었다. 사람을 수레에 묶어 사지를 찢고, 구리기둥을 달구어 사람으로 하여금 껴안게 하거나 올라가게 한 것 등을 이른다.”【『일하구문(日下舊聞)』[36]에 나온다.】

鄭云: “越, 於也。玆, 此也。麗, 施也。於此施刑, 竝制其無罪者, 則彼苗民淫虐, 殺戮無辜, 不但刑有罪, 亦竝制無罪。”【〈小雅 · 節南山〉疏】

○**案** 麗刑, 是《周禮》·〈周書〉用刑之法例, 苗民安有麗刑?

---

35 진사개(陳師凱)가……말인가: 『尙書埤傳』 권15에 나오고 『書經大全』 소주에도 인용되어 있는데, 내용은 같으나 약간의 글자 출입이 있다. 다산의 인용은 『상서비전』에 더 가까운 듯하다. 그 원문은 다음과 같다. 陳師凱曰: “呂氏謂‘古未有五刑, 制自苗民, 聖人不得已而用之’, 非也. 「舜典」稱‘象以典刑, 流宥五刑’, 下文方及誅四凶, 三苗居一焉. 蓋五刑, 其來久矣, 豈有苗民始作五刑, 舜乃效尤用之之理? 鄭殺鄧析而用其竹刑, 傳猶譏之, 孰謂舜誅三苗而乃效尤其法乎? 經文, 五刑曰虐, 劓 · 刵 · 椓 · 黥曰淫, 可見非卽古之五刑, 必更于無辜之人, 暴虐淫縱用之, 如紂之炮烙 · 剖心, 孫皓之鑿人目 · 剝人面之類耳. ‘天討有罪, 五刑五用’, 帝王相承, 莫之能改, 而謂始于苗民乎?”

36 『일하구문(日下舊聞)』: 淸나라 朱彝尊이 지은 백과전서류의 책이다. 총 42권으로 北京의 古事와 舊聞, 지리와 연혁, 典章制度 등을 상세히 기록하였다.

〔越玆麗刑, 竝制罔差〕 정현이 말했다. “월(越)은 어[於 : 어조사. ~에]의 뜻이다. 자(玆)는 차[此 : 이, 이것]의 뜻이다. 려(麗)는 시[施 : 베풀다]의 뜻이다. ‘이에 형벌을 시행하여 죄 없는 사람까지 모두 처벌하였다.[於此施刑, 竝制其無罪]’라고 한 것은, 저 묘민이 지나치게 가혹하여 무고한 사람을 살육하며 죄가 있는 사람을 처형하였을 뿐 아니라 죄가 없는 사람까지도 아울러 처벌하였다는 뜻이다.” 【『시경』 「소아(小雅) · 절남산(節南山)」의 소에 보인다.】[37]

○안 여형(麗刑)은 『주례』와 『상서』 「주서(周書)」에서 형벌을 사용하는 법례(法例)인데 묘민에게 어떻게 여형이 있었겠는가?

考異 劓刵椓黥,[교1] 伏本作臏宮劓割頭庶剠。【〈虞書〉疏 ○剠與黥同】《說文》作刖劓斀黥。【許云 : “斀, 去除[교2]刑也。” ○斀音椓】 薛本, 椓爲斀。

교1) 案椓黥 : 『상서정의』에는 ‘劅剠’으로 되어 있다.
교2) 案除 : 『설문해자』의 주에는 ‘陰之’로 되어 있고, 가장본에는 ‘陰’으로 되어 있다.

고이 ‘劓刵椓黥’이 복생본에는 ‘臏宮劓割頭庶剠’으로 되어 있고,【『상

37 정현이……보인다 : “越, 於也. 玆, 此也. 麗, 施也. 於此施刑, 竝制其無罪.”는 「여형」의 “越玆麗刑, 竝制”에 대한 매색의 주이다. 『시경』 「小雅 · 節南山」의 “民之無辜, 幷其臣僕.” 구에 대한 정현의 주에 “『書』曰 : 越玆麗刑, 幷制.” 라고 하였는데, 이에 대해 공영달이 매색의 주를 인용하여 부연 설명한 내용이다. 다산은 정현의 말로 인용하였으나 근거를 확인할 수 없다. 『모시정의』 소의 원문은 다음과 같다. 引‘書曰’, 「呂刑」文也. 彼注云 : “越, 於也. 玆, 此也. 麗, 施也. 於此施刑, 幷制其無罪者, 則彼苗民淫虐, 殺戮無辜, 不但刑有罪, 亦幷制無罪, 與此‘幷’義同. 故引之以爲證也.

서정의』「우서(虞書)」 서(序)의 소에 보인다. ○'剠'은 '黥'과 같다.】『설문해자』에는 '刖劓斀黥'으로 되어 있다.【허신이 말했다. "탁(斀)은 음부를 제거하는 형벌이다."[38] ○斀의 음은 椓(탁)이다.】 설계선본에는 '椓'이 '斀'으로 되어 있다.

30. 여형 - 04

民興胥漸, 泯泯棼棼, 罔中于信, 以覆詛盟, 虐威庶戮, 方告無辜于上。上帝監民, 罔有馨香德, 刑發聞惟腥。

"묘민(苗民)은 일어나 서로 악을 물들여서 혼매하고 어지럽게 굴며 마음에 믿음이 없었다. 〈엄한 형벌을 시행하자 굴복하였으나〉 맹세하고 약속한 말을 뒤집고 포학한 짓으로 살육을 행하니 사방에서 하늘에 무고함을 고하였다. 상제가 백성을 살펴보니 덕의 향내는 맡을 수 없고 형벌에서 나온 비린내만 풍길 뿐이었다."

補云: "蚩尤爲黃帝所滅, 其害遂平。唯苗民始服于威刑,【卽中國劓·刵·椓·黥之刑】納其盟詛, 旋又背信也。" ○補云: "民興, 苗民興也。胥漸, 相浸染也。" ○蔡云: "泯泯, 昏也。棼棼, 亂也。" ○補云: "覆, 反背也。肉刑旣施, 自盟自詛曰'如復侵虐, 天必殛之', 旋又失信, 依舊作虐, 腥達于帝也。" **○案** 德與慝皆無形之物, 豈有馨香, 亦豈有腥穢之臭哉?

38 『설문해자』에는……형벌이다: 『설문해자』 '斀' 자에 대한 허신의 주에 "去陰之刑也.……「周書」曰, '刖劓斀黥.'"이라고 하였다.

人有形軀, 故得聞有形之馨腥, 爇桂而后知馨, 臭鮑而后知腥。上帝無形體, 故得聞無形之馨腥。明德之芬, 烈於沈檀, 穢惡之臭, 毒於腐屍, 而人之馨腥, 滃滃然日升于帝座。君子之所以戒愼恐懼, 信此故也。小人之所以無忌憚, 不信此故也。《尙書》屢著此義。

〔民興胥漸……刑發聞惟腥〕○보충한다. "치우가 황제에게 멸망 당하여 그 해(害)가 드디어 평정되었다. 묘민(苗民)이 비로소 엄한 형벌【즉 중국의 의형(劓刑), 이형(刵刑), 탁형(椓刑), 경형(黥刑)이다.】에 굴복하여 맹세의 말을 바쳐놓고는 곧바로 또 배신한 것이다." ○보충한다. "민흥(民興)은 묘민이 일어난 것이다. 서점(胥漸)은 상침염[相浸染: 서로 물들다]의 뜻이다." ○채침이 말했다. "민민(泯泯)은 혼[昏 : 어둡다]의 뜻이다. 분분(棼棼)은 란[亂 : 어지럽다]의 뜻이다." ○보충한다. "복(覆)은 반배[反背 : 배반하다]의 뜻이다. 육형(肉刑)을 시행하고 나자 스스로 맹세하고 스스로 약속하여 '다시 침범하여 학대하면 하늘이 반드시 죽일 것입니다.'라고 해놓고는, 곧바로 또 믿음을 저버리고 예전대로 포학한 짓을 하여 비린내가 상제에게 도달한 것이다."

○안 덕(德)과 사특[慝]은 모두 형체가 없는 것인데, 어찌 향내가 있으며 또 어찌 더러운 비린내가 있겠는가? 사람은 육신이라는 형체가 있으므로 형체가 있는 것의 향내와 비린내를 맡을 수 있으니, 계수나무를 태워보아야 향기를 알고 생선 냄새를 맡아보아야 비린내를 안다. 그러나 상제는 형체가 없으므로 형체가 없는 것의 향내와 비린내를 맡을 수 있다. 밝은 덕의 향기는 침향(沈香)이나 단향(檀香)보다 강렬하고 더러운 악의 냄새는 썩은 시체 냄새보다

독한데, 사람이 풍기는 향내와 비린내는 풀풀 풍겨서 날마다 상제가 있는 자리로 올라간다. 군자가 조심하고 두려워하는 이유는 이런 사실을 믿기 때문이고, 소인이 거리낌이 없는 이유는 이런 사실을 믿지 않기 때문이다. 『상서』에서 이 의리를 거듭 드러내었다.

考異 《論衡》引《書》云 : "虐威[교1)]庶僇, 旁告無辜于天帝。"【〈變動〉篇】
○案 旁告, 猶言四方皆告也。

교1) 案虐威 : 『논형』에는 이 두 글자가 없다.

고이 『논형(論衡)』의 『상서』를 인용한 부분에는 〈'虐威庶戮, 方告無辜于上'이〉 "庶僇, 旁告無辜于天帝."로 되어 있다.【「변동(變動)」 편에 보인다.】

○안 방고(旁告)는 사방개고[四方皆告 : 사방이 모두 고하다]와 같은 말이다.

30. 여형 - 05

皇帝哀矜庶戮之不辜, 報虐以威, 遏絶苗民, 無世在下。乃命重·黎絶地天通, 罔有降格, 群后之逮在下, 明明棐常, 鰥寡無蓋。

"황제[皇帝 : 전욱(顓頊)]께서 살육당하는 무고한 사람들을 가련하게 여겨서 엄한 형벌로 포학을 갚아 주고 〈다시 무력으로〉 묘민(苗民)을 저지하여 후세가 하국(下國)에 있지 못하도록 하였다. 그러고서 중(重)과 려(黎)에게 명하여 땅과 하늘이 어지럽게 뒤섞이는 길을 근절하여 〈신이〉 강림(降臨)하지 못하도록 하니, 아래에서 묘민을 체포하여 다스리는 제후들이 분명하게 상헌(常憲)을 보필하였는데, 〈묘민에게 아내와 남편을 살해당한〉 홀아비와 과부가 여기에 있어서 그들의 죄를 숨기지 못하였다."

補云:"皇帝, 顓頊也。苗, 自黃帝時有之。【與蚩尤同時】 至少昊之世, 分爲九黎, 至堯·舜之時, 又變爲三苗, 本一種也。" ○補云:"報虐以威者, 旣以肉刑治之, 又以兵力遏絶之, 使不得侵越。" ○蔡云:"使無繼世在下國。" ○補云:"重·黎之事, 詳於〈楚語〉。" ○補云:"逮者, 追捕也。【《漢書·刑法志》'逮', 追捕也。〈項羽本紀〉:"有櫟陽之[교1]逮。" 古之遺法】 諸侯之逮治苗民者, 在下明察, 以輔常憲。" ○補云:"苗民殺人之妻, 殺人之夫, 鰥寡在玆, 其罪無所掩蓋。"

교1) 案之:『사기』에는 이 글자가 없다.

〔皇帝哀矜庶戮之不辜〕 보충한다. "황제(皇帝)는 전욱(顓頊)이다. 묘(苗)는 황제(黃帝) 때부터 있었다.【치우(蚩尤)와 같은 시대이다.】 소호(少昊)의 시대에 이르러서는 나뉘어 구려(九黎)가 되고, 요·순의 시대에 이르러서는 다시 변하여 삼묘가 되었지만 본래는 같은 종족이었다."

〔報虐以威, 遏絶苗民〕○보충한다. "보학이위(報虐以威)란 그들을 이미 육형(肉刑)으로 다스리고 나서 다시 무력으로 저지하여 침범할

수 없게 하였다는 뜻이다.”

〔無世在下〕○채침이 말했다. “후세가 하국(下國)에 있지 못하도록 하였다는 뜻이다.”

〔乃命重·黎絶地天通〕○보충한다. “중(重)과 려(黎)에 관한 일은 『국어』「초어(楚語)」에 상세하게 기록되어 있다.”[39]

〔群后之逮在下, 明明棐常〕○보충한다. “체(逮)는 추포[追捕 : 쫓아가 잡다]의 뜻이다.【『한서』「형법지(刑法志)」에서 ‘체(逮)’를 추포(追捕)의 의미로 썼다.[40] 『사기』「항우본기(項羽本紀)」에 “유역양체(有櫟陽逮)”[41]라고 한 것은 옛사람이 남긴 법이다.】 묘민을 체포하여 다스리는 제후들이 아래에서 분명하게 살펴서 상헌(常憲)을 보필하였다는 말이다.”

〔鰥寡無蓋〕○보충한다. “묘민이 남의 처를 죽이고 남의 남편을 죽여서 홀아비와 과부가 여기 있으니 그 죄를 숨길 수 없다는 뜻이다.”

鄭云 : “苗民, 謂九黎之君。於[교1)]少昊氏衰, 而棄善道, 上效蚩尤重刑,

---

39 중(重)과……있다 : 『국어』「楚語」에 따르면, 少皞氏 말기에 蚩尤의 무리인 九黎 곧 黎氏 9명이 혼란을 일으키고, 사람과 귀신이 뒤섞여 집마다 어지럽게 제사를 지냈는데 복은 받지 못하고 禍만 잇따랐다. 소호가 죽고 顓頊이 즉위하여 南正인 重에게 하늘에 관한 일을 맡겨서 여러 신을 모으고, 火正인 黎에게 땅에 관한 일을 맡겨서 백성을 모아서 귀신과 사람이 서로 침범하지 못하도록 하였는데, 이것을 ‘絶地天通’이라고 한다고 하였다. 원문은 뒤에 나오는 考證에 소개되어 있다.

40 『한서』……썼다 : 「刑法志」의 “齊太倉令淳于公有罪當刑, 詔獄逮繫長安.” 구절에 대한 顔師古의 주에 “逮, 及也. 辭之所及, 則追捕之, 故謂之逮.”라고 하였다.

41 유역양체(有櫟陽逮) : 『사기』「項羽本紀」“項梁嘗有櫟陽逮.” 구절의 『索隱』에 “逮訓及. 謂有罪相連及, 爲櫟陽縣所逮錄也. 故漢史每制獄, 皆有逮捕也.”라고 하였다.

【《正義》引鄭云：“學蚩尤爲此者, 九黎之君, 在少昊之代也。”】必變九黎。言苗民者,【謂上章】有苗九黎之後, 顓頊代少昊, 諸교2)九黎, 分流其子孫, 爲居於西裔者。三苗至高辛之衰, 又復九黎之君惡,【據〈楚語〉】堯興乂교3)誅之。堯末又在朝, 舜時又竄之。後王深惡此族三生凶惡, 故著其氏而謂之民。民者, 冥也。言未見仁道。”【〈緇衣〉疏】○孔云：“禹攝位, 又在洞庭逆命, 禹又誅之。”○梅云：“九黎之君, 號曰蚩尤。”**○鏞案** 苗者, 南蠻之別種, 自黃帝時, 已爲民患。分而爲九黎, 復聚爲三苗, 皆一種也。於今三四千年, 其遺種尙存, 惡俗猶傳。近儒所撰蠻司・土司之誌, 鄺氏《赤雅》之記所述, 猶有苗種,【其女, 善爲漢音, 操楚歌】獞・獠・狑・猺, 皆其類別之名也。其俗, 殘忍好殺, 慘毒非理。又與鬼魃交結朋比, 有飛頭・揷翅・畜蠱之術, 妖邪萬狀, 蓋惡之流染, 其來久矣。洞庭・彭蠡之苗, 或其內遷者乎? 安南・溪峒之苗, 抑其遠徙者乎? 斯不可知也。楚有苗氏,【苗賁皇】今安南, 黎氏最爲大族, 或其苗裔耶? 蚩尤者, 中國之霸者, 梅以爲九黎之君, 極誤。【《知遠錄》】

교1) 案於：『예기정의』에는 앞에 ‘九黎之君’이 더 있다.
교2) 案諸：『예기정의』에는 ‘誅’로 되어 있다.
교3) 案乂：『예기정의』와 가장본에는 모두 ‘又’로 되어 있다.

〔遏絶苗民〕 정현이 말했다. “묘민(苗民)은 구려(九黎)의 임금을 말한다. 〈구려의 임금이〉 소호씨(少昊氏) 말기에 선도(善道)를 버리고 위로 치우의 무거운 형벌을 본받았으며【『상서정의』 소에 “치우를 배워서 이런 짓을 한 자는 구려의 임금으로 소호의 시대에 있었다.”라고 한 정현의 말을 인용하였다.】필시 구려로 바뀌었을 것이다. ‘묘민’이라고 말한 것【앞 장의 내용을 말한다.】은, 유묘(有苗)는 구려의 후예로서 전욱(顓

項)이 소호의 뒤를 이어 즉위하여 구려를 주벌하고 그 자손을 나누어 유배할 때 서예(西裔)에 살게 한 자들이다. 삼묘(三苗)가 고신씨(高辛氏) 말엽에 이르러 또 구려 임금의 악행을 되풀이하자【『국어』「초어(楚語)」에 근거하였다.】 요가 일어나 또 그들을 주벌하였다.[42] 요의 말기에는 다시 조정에 있게 되었는데 순이 그때 또 그들을 찬배(竄配)하였다. 후왕(後王)은 이 종족이 세 번이나 흉악한 짓을 저지른 것을 깊이 미워하였으므로 그들의 씨(氏)를 드러내어 '민(民)'이라고 한 것이다. 민(民)은 명[冥: 어둡다]의 뜻으로 인도(仁道)를 알지 못함을 말한다."【『예기』「치의(緇衣)」의 소에 보인다.】[43] ○공영달이 말했다. "우(禹)가 섭정의 자리에 있던 때에 또 동정호(洞庭湖) 일대에 있으면서 명을 거스르자 우가 또 그들을 주벌하였다." ○매색이 말했다. "구려(九黎)의 임금을 치우(蚩尤)라고 불렀다."[44]

○용안 묘(苗)는 남만(南蠻)의 별종(別種)으로, 황제(黃帝) 때부터 이미 백성의 근심거리였다. 나뉘어 구려가 되었다가 다시 모여 삼묘가 되었는데 모두 같은 종족이다. 지금 3, 4천 년이 지났으나 그

42 삼묘(三苗)가……주벌하였다 : 『국어』「楚語 下」에 "其後, 三苗復九黎之德."이라고 하였는데, 韋昭의 주에 "其後, 高辛氏之季年. 三苗, 九黎之後. 高辛氏衰, 三苗爲亂, 行其凶德, 如九黎之爲也. 堯興而誅之."라고 하였다.

43 정현이……보인다 : 『예기』「緇衣」 "「甫刑」曰 : '苗民匪用命, 制以刑, 惟作五虐之刑, 曰法.' 是以民有惡德而遂絶其世也."에 대한 소에서 공영달이 정현의 「呂刑」 주를 인용한 다음 자기 설을 부연한 내용으로, 정현의 주는 "苗民……必變九黎"뿐이고, 나머지는 공영달의 설인데 다산은 모두 정현의 설인 것처럼 인용하였다. 여기서는 다산이 인용한 대로 번역하였다.

44 구려(九黎)의……불렀다 : 이 말은 2장 '蚩尤惟始作亂'구의 매색 주에 나오는데, 여기에 배치한 것은 정현 주의 "苗民, 謂九黎之君"을 의식해서인 듯하다.

유민(遺民)은 아직도 남아 있고 악속(惡俗)은 여전히 전하고 있다. 근래의 유자(儒者)들이 지은 만사(蠻司)와 토사(土司)에 관한 기록 및 광로(鄺路)[45]가 지은 『적아(赤雅)』의 기술에도 묘의 종족이 있는데,【그 종족의 여자들은 한음[漢音 : 중국어]을 잘하고 초나라 노래를 연주한다.[46]】 동족(獞族)·요족(獠族)·영족(狑族)·요족(猺族)[47]이 모두 그 별종(別種)의 이름이다. 그들의 풍속은 잔인하여 살인을 좋아하며 잔혹하여 도리에 맞지 않는다. 또 귀매(鬼魅)와 결탁하여 패거리를 이루고 비두(飛頭)·삽시(插翅)·휵고(畜蠱)의 술법 같은 온갖 요사(妖邪)한 풍습이 있는데, 대체로 예전부터 악에 물든 것으로 그 유래가 오래되었다. 동정호(洞庭湖)와 팽려호(彭蠡湖) 일대의 묘족은 어쩌면 〈중국〉 내지로 이주한 자들이고, 안남(安南)과 계동(溪峒) 지역의 묘족은 또한 멀리 옮겨간 자들일 수도 있겠지만, 알 수 없다. 초나라에 묘씨(苗氏)【묘분황(苗賁皇)이 있었다.】가 있었고, 지금 안남에서는 여씨(黎氏)가 가장 큰 종족인데, 어쩌면 묘씨의 후예일 수도 있다. 치우는 중국의 패자(霸者)였는데, 매색이 '구려의 임금'이라고 한 것은 매우 잘못되었다.【『상서지원록』】

45 광로(鄺露) : 1604~1650. 明. 자는 湛若, 호는 海雪이다. 1650년 清나라의 3차 廣州 공략 때 居所인 海雪堂에서 47세의 나이로 피살되었다. 젊을 때 廣西 지역을 떠돌며 남방 소수민족의 민간 설화와 풍속 등을 채집하여 『赤雅』를 지었다.

46 그……연주한다 : 『赤雅』 권1 '苗'의 항목에 "苗自一類. 其女善爲漢音, 操楚歌, 挂釵留客, 能爲鸜鵒舞, 生女則還母家, 曰'一女來一女往.'"이라는 기록이 보인다.

47 동족(獞族)·요족(獠族)·영족(狑族)·요족(猺族) : 『赤牙』 권1에 이들 소수민족에 대한 기록이 보인다.

考證 〈楚語〉: "昭王問於觀射父曰, '〈周書〉所謂重·黎實使天地不通者, 何也?' 對曰, '古者, 民·神不雜。【此下, 巫·祝·宗之說, 今刪】 少皞之衰, 九黎亂德, 民·神雜糅, 不可方物。夫人作享, 家爲巫史, 民瀆齊盟, 無有嚴威。顓頊受之, 乃命南正重司天以屬神, 火正黎司地以屬民,【火當爲北】 使復舊常, 無相侵瀆, 是謂絶地天道。[교1] 其後, 三苗復九黎之德, 堯復育重·黎之後, 使復典之, 以至于夏·商, 故重·黎氏世敍天·地也。'"【韋昭云: "三苗, 九黎之後也。高辛氏衰, 三苗爲亂, 堯興而誅之。"】 ○**案** 苗民行惡, 蓋挾鬼彪妖邪之術, 迷昧以逞虐, 故命重·黎, 禁其禱祠祈禳之俗也。其所交通實魑魅罔兩之屬, 而尊之如天神。故重·黎嚴立界限, 明辨正邪, 尊天神而上之, 抑民祀而下之。斯云'絶地天通, 罔有降格'。

교1) 案道: 『국어』와 가장본에는 모두 '通'으로 되어 있다.

고증 『국어』「초어」에 다음과 같은 기록이 있다. 소왕(昭王)이 관야보(觀射父)에게 "『상서』「주서(周書)」에 '중(重)과 려(黎)가 실로 하늘과 땅이 통하지 않게 하였다.'라고 하였는데, 무슨 뜻인가?"라고 물으니, 관야보가 이렇게 대답하였다. "옛날에는 민사(民事)를 맡은[司民] 관직과 신사(神事)를 맡은[司神] 관직이 달라서 섞이지 않았습니다.【이 뒤에는 무(巫)와 축(祝)과 종(宗)에 대한 설명[48]이 나오는데, 여기서는 생략한다.】 소호(少皞) 말엽에 구려(九黎)가 덕을 어지럽혀서 사민(司民)과 사신(司神)의 직무가 서로 섞여서 명칭을 구분할

48 무(巫)와……설명: 『국어』에 각각의 직분과 그 일을 맡을 수 있는 자격에 대해 자세히 설명하였는데, 韋昭의 주에서 "巫·覡, 見鬼者", "祝, 太祝, 掌祈福祥", "宗, 宗伯, 掌祭祀之禮"라고 하였다. '巫'를 『國語』에서는 "在男曰覡, 在女曰巫."라고 하여 남녀를 구분하였으나 다산은 통칭하여 '巫'라고만 하였다.

수 없게 되었습니다. 그리하여 사람마다 제사를 주관하고 집집마다 독자적으로 귀신을 맞이하고 제사에 존비(尊卑)와 선후(先後)의 차례를 정하여, 백성이 번독하게 모두 맹세하여 위엄이 없어졌습니다. 전욱(顓頊)이 제위(帝位)를 이어받고 나서 남정(南正)인 중(重)에게 명하여 하늘의 일을 주관하여 천신(天神)에 대한 제사가 어지러워지지 않도록 하고, 북정(北正)【'火'는 '北'이 되어야 한다.】인 려(黎)에게 명하여 땅의 일을 주관하여 토지와 백성에 대한 일이 어지러워지지 않도록 하여, 예전의 상례(常禮)를 복구하여 서로 번독하게 침범하는 일이 없게 하였습니다. 이것을 '절지천통(絶地天通)'이라고 합니다. 그 후 삼묘(三苗)가 다시 구려(九黎)의 덕을 행하자 요(堯)가 다시 중과 려의 후손 중에 〈옛 예를 잊지 않은 자를〉 길러서 다시 그 일을 맡겨 하(夏)나라와 상(商)나라에까지 이르렀습니다. 그러므로 중씨(重氏)와 려씨(黎氏)가 대대로 사천(司天)과 사지(司地)의 관직을 맡게 된 것입니다."[49]【위소(韋昭)가 말했다. "삼묘는 구려의 후예이다. 고신씨 말엽에 삼묘가 난을 일으켰는데, 요가 일어나 그들을 주벌하였다."】

○**안** 묘민이 행한 악은 대체로 귀매 같은 요사스러운 방술을 가지고 미혹시켜서 포학하게 구는 것이었다. 그러므로 중과 려에게 명하여 제사를 지내 복을 빌고 액을 막으려고 하는 풍속을 금하게 한 것이다. 그들이 교통하는 것은 실제로 귀매망양(魑魅罔兩)의 무리인데 그것을 천신(天神)처럼 받들었다. 그러므로 중과 려가 한계를 엄격하게 세우고 정(正)과 사(邪)를 밝게 구별하여 천신을 받들어 높이고 백성이 지내는 제사를 억제하여 낮추었다. 이것을 '절지

49 『국어』……것입니다 : 『국어』 韋昭의 주에 따라 번역하였다.

천통, 망유강격(絶地天通, 罔有降格)'이라고 한다.

考訂 梅云："皇帝, 堯[교1]也。重卽羲, 黎卽和。" ○蔡云："皇帝, 舜也。重卽羲, 黎卽和。" **○案** 梅註受病於韋昭。韋以九黎爲蚩尤之徒,【見《正義》】則信而述之曰'蚩尤, 九黎之君', 韋以三苗爲堯興所誅, 則信而述之曰'皇帝, 堯也'。唯韋是信, 無責耳。【朱子曰："韋昭[교2]狠是不分曉人。"】九峯欲以上下皇帝同爲一人, 故致誤如此。要以《國語》爲正也。○《正義》云："鄭以皇帝哀矜庶戮之不辜, 至罔有降格, 皆說顓頊之事。"

교1) 案堯:『상서정의』에는 앞에 '帝'가 더 있다.
교2) 韋昭: 신조선사본에는 '昭韋'로 되어 있으나 人名이므로 바로잡는다. 案가장본에는 '韋昭'로 되어 있다.

고정 매색이 말했다. "황제(皇帝)는 제요(帝堯)이다. 중(重)은 희(羲)이고, 려(黎)는 화(和)이다."
○채침이 말했다. "황제(皇帝)는 순(舜)이다. 중(重)은 희(羲)이고, 려(黎)는 화(和)이다."

○안 매색의 주는 위소(韋昭)에게서 병폐를 이어받았다. 위소가 구려를 치우의 무리라고 하였는데【공영달의 『상서정의』에 보인다.[50]】〈매색이〉 그것을 믿고 이어받아서 '치우는 구려의 임금이다.'라고 하였고, 위소가 삼묘를 요가 일어나서 주별한 자라고 하였는데 〈매색이〉 그것을 믿고 이어받아서 '황제는 제요이다.'라고 하였다. 오직

50 공영달의 『상서정의』에 보인다:『상서정의』 소에 "韋昭云:'九黎氏九人, 蚩尤之徒也.'"라는 내용이 나온다.

위소를 믿었으니 나무랄 것도 없다.【주자가 말했다. "위소는 대단히 분명치 못한 사람이다."[51]】 구봉[九峯 : 채침]은 앞[5장]에 나오는 '황제'와 뒤[6장]에 나오는 '황제'를 같은 사람으로 만들려고 하였기 때문에 이런 오류를 초래하였다. 그러나 『국어』를 정론으로 보아야 한다.

○『상서정의』에 "정현은 '황제애긍서륙지불고(皇帝哀矜庶戮之不辜)'부터 '망유강격(罔有降格)'까지를 모두 전욱의 일을 말한 것이라고 보았다."라고 하였다.

30. 여형 - 06

皇帝清問下民, 鰥寡有辭于苗。德威惟畏, 德明惟明。乃命三后, 恤功于民。伯夷降典, 折民惟刑。禹平水土, 主名山川。稷降播種, 農殖嘉穀。三后成功, 惟殷于民。

"황제[皇帝 : 순(舜)]가 백성에게 물으니 형벌을 받고 죽은 사람의 남편과 아내들이 유묘(有苗)의 허물을 성토하는 말을 하였다. 황제는 '덕으로 위엄을 보여야 두려워하고, 덕으로 밝혀야 비로소 빛난다.'라고 생각하였다. 이에 삼후(三后)에게 명하여 백성을 걱정하게 하니, 백이(伯夷)는 오전(五典)을 가르치고 가르침을 따르지 않는 백성을 판결하여 형벌을 시행하며, 우(禹)는 수토(水土)를 다스려

51 위소는……사람이다 : 『국어』「周語 下」에 "律, 所以立均出度也."라고 한 데 대해 위소가 "均者, 均鍾木長七尺, 有絃繫之以均鍾者."라고 풀이하였는데, 이를 두고 『朱子全書』 권41 「樂」에서 "韋昭是箇不分曉底人. 『國語』本不分曉, 更著他不曉事, 愈見鶻突."이라고 하였다.

이름난 산천을 주관하고, 직(稷)은 파종하는 법을 가르쳐 농사를 지어 곡식을 기르게 하였다. 삼후가 공을 이루어 백성의 삶을 풍족하게 하였다."

補云: "皇帝, 舜也。" ○馬云: "淸問, 淸訊。"【蔡云: "虛心而問也。"】 ○補云: "鰥寡, 帝舜之下民, 刑死者之夫, 刑死者之妻也。其言曰: '苗之鰥寡, 昔皆理冤而昭枉, 無所遮蓋。今此下民, 亦願如此。' 有辭於苗, 言以苗爲辭。帝乃思之曰: '理刑之要, 威與明也。雖然必先布德而後用刑, 德威而后其威可畏, 德明而后其明乃明。' 迺命三后。"

〔皇帝淸問下民〕 보충한다. "황제(皇帝)는 순(舜)이다." ○마융이 말했다. "청문(淸問)은 청신[淸訊: 허심탄회하게 묻다]의 뜻이다."【채침이 말했다. "마음을 비우고 묻는다는 뜻이다."】

〔鰥寡有辭于苗……德明惟明〕○보충한다. "환과(鰥寡)는 제순(帝舜)의 백성 중에 형벌을 받아 죽은 사람의 남편과 형벌을 받아 죽은 사람의 아내이다. 그들이 말하기를, '묘(苗)의 홀아비와 과부들에 대해, 옛날에 원통한 일을 심리하고 억울함을 밝혀주어 은폐한 바가 없었습니다. 지금 이곳의 하민(下民)들도 그렇게 해주기를 바랍니다.' 라고 한다는 뜻이다. 유사어묘(有辭於苗)는 묘에 대해 성토하는 말을 하였음을 말한다. 황제가 이에 '형옥(刑獄)을 심리하는 요체는 위엄[威]과 밝음[明]이다. 비록 그렇지만 반드시 먼저 덕을 편 뒤에 형벌을 써야 한다. 위엄을 덕으로 펼친 뒤에야 그 위엄이 두려울 수 있고, 밝음을 덕으로 나타낸 뒤에야 그 밝음이 비로소 빛난다.' 라고 생각하고, 이에 삼후(三后)에게 명하였다는 뜻이다."

補云："后土·后稷皆官名，故稱三后。恤猶慮也。" ○補云："降典，降五典之敎，齊之以禮也。折民，其不率敎，不循禮者，始決折之，移于士，用刑也。" ○梅云："山川無名者，主名之。"【禹作司空，主山用교1)以裕民】○孔云："此三事之次，先治水土，乃得種穀，乃能行禮。此經先言伯夷，禮是民之所急也。" ○補云："殷，富也。旣富，敎之以禮·刑也。"

교1) 案用：신조선사본과 가장본에는 모두 '川'으로 되어 있다.

〔乃命三后，恤功于民〕 보충한다. "후토(后土)와 후직(后稷)은 모두 관직 이름이다. 그래서 '삼후(三后)'라고 칭한 것이다. 휼(恤)은 려[慮：생각하다, 걱정하다]와 같은 뜻이다."

〔伯夷降典，折民惟刑〕○보충한다. "강전(降典)은 오전(五典)의 가르침을 베풀어 예로써 가지런히 하는 것이다. 절민(折民)은 가르침을 따르지 않고 예(禮)를 따르지 않으면 비로소 판결을 확정하고 사[士：법관]에게 이관하여 형벌을 쓰는 것이다."

〔禹平水土，主名山川〕○매색이 말했다. "〈우(禹)는〉 이름 없는 산과 물에 이름 짓는 일을 주관하였다."【우가 사공(司空)이 되어 산과 물을 다스리는 일을 주관하여 백성을 풍요롭게 하였다.】

〔伯夷降典……惟殷于民〕○공영달이 말했다. "이 세 가지 일의 차례는 〈우의 일이 앞에 있어야 한다.〉 먼저 수토(水土)를 다스려야 곡식을 심을 수 있고, 〈백성이 곡식을 먹을 수 있어야〉 예를 행할 수 있다. 그런데 이 경문에서 백이를 먼저 말한 것은 〈백성이 나라의 근본인데〉 예가 백성에게 시급한 일이기 때문이다."[52] ○보충한

52 공영달이……때문이다：『상서정의』의 내용을 발췌하여 인용하였는데, 이

다. "은(殷)은 부[富 : 부유하다, 풍족하다]의 뜻이다. 부유해진 다음에 예와 형벌을 가르치는 것이다."

考異 《三國志 · 鍾繇傳》引《書》云 : "皇帝親問下民。" ○《書大傳》云 : "伯夷降典禮。"【多一字】 ○《漢書 · 刑法志》引《書》云 : "悊民惟刑。"【師古云 : "悊, 知也。言伯夷下禮法以道人, 人習知禮, 然後用刑也。"】 ○馬 · 鄭本亦作悊民。【馬云 : "悊, 智也。"】

고이 『삼국지』「위지(魏志) · 종요전(鍾繇傳)」의 『상서』를 인용한 부분에는 〈'皇帝淸問下民'이〉 "皇帝親問下民."으로 되어 있다.[53]
○『상서대전』에는 〈'伯夷降典'이〉 "伯夷降典禮."로 되어 있다.【한 글자가 더 있다.】
○『한서』「형법지(刑法志)」의 『상서』를 인용한 부분에는 〈'折民惟刑'이〉 "悊民惟刑."으로 되어 있다.【안사고가 말했다. "철(悊)은 지[知 : 알다]의 뜻이다. 백이가 예법을 내려주어 백성을 인도하자 백성이 익혀서 예를 알게 되었고, 그런 뒤에 형벌을 사용하였다는 말이다."】
○마융본과 정현본에도 〈'折民'이〉 '悊民'으로 되어 있다.【마융이 말했다. "철(悊)은 지[智 : 지혜롭다]의 뜻이다."】

해를 돕기 위해 일부 내용을 보충하여 번역하였다. 원문은 다음과 같다. 此三事之次, 當禹功在先. 先治水土, 乃得種穀, 民得穀食, 乃能行禮. 『管子』云: "衣食足, 知榮辱, 倉廩實, 知禮節." 是言足食足衣, 然後行禮也. 此經先言伯夷者, 以民爲國之本, 禮是民之所急.

53 『삼국지』……있다 : 사고전서나 상해고적출판사에서 출간한 표점본 25史의 『삼국지』「魏志 · 鍾繇傳」에는 『상서』 경문과 같이 '皇帝淸問'으로 되어 있다. 원문의 '親'은 오자이거나 다산이 본 다른 판본에 그렇게 되어 있었을 수도 있다.

考證 〈表記〉引〈甫刑〉曰："德威惟威, 德明惟明, 非虞帝, 其孰能如此乎?"【鄭云："德所威, 則人皆畏之, 言服罪也。德所明, 則人皆尊寵之, 言得人也。"】
○趙岐《孟子》註引〈甫刑〉曰："帝[교1]淸問下民。"

교1) 案帝:『맹자정의』趙岐의 주에는 앞에 '皇'이 더 있다.

고증 『예기』「표기(表記)」에「보형(甫刑)」을 인용하여 "덕으로 위엄을 보여야 두려워하고 덕으로 밝혀야 밝아지니, 우제[虞帝: 순(舜)]가 아니면 누가 이렇게 할 수 있겠는가?"라고 하였다.【정현이 말했다. "덕에 위엄이 있으면 백성은 모두 그를 두려워한다는 뜻이니, 죄를 순순히 인정한다는 말이다. 덕이 밝으면 백성이 모두 그를 높이 대우한다는 뜻이니, 현인을 얻음을 말한다."】
○조기(趙岐)가『맹자』의 주에서「보형(甫刑)」을 인용하여 "황제가 하민에게 물었다.[皇帝淸問下民]"라고 하였다.

考訂 吳云："二典無[교1]兩刑官, 蓋傳聞之謬。" ○蔡云："皐陶未爲刑官之時, 伯夷[교2]兼之與。" **○訂曰** 孔子曰："齊之以禮, 有恥且格。齊之以刑, 民免而無恥。" 禮・刑皆齊民之具也。繩之以禮法, 其有不齊者, 歸之于士。士者, 刑官也。掌禮者, 爲用刑之本, 何必云兩刑官乎?

교1) 案無:『서집전』에는 '不載有'로 되어 있다.
교2) 案伯夷:『서집전』에는 '豈伯夷實'로 되어 있다.

고정 오씨(吳氏)가 말했다. "이전[二典:「요전」과「순전」]에는 두 형관[54]이 실려 있지 않으니, 아마도 전문(傳聞)의 오류일 것이다."[55]

○〈오씨의 설에 대해〉 채침이 말했다. "고요가 형관이 되기 전에 어쩌면 백이가 실제로 겸직하였을 것이다."

○정왈 공자가 "예로써 가지런히 하면 백성은 수치심을 갖고 또 마음으로 감화된다. 형벌로 가지런히 하면 백성은 겉으로는 구차하게 모면하나 수치심은 없다."[56]라고 하였으니, 예와 형벌은 모두 백성을 가지런히 하는 도구이다. 예법으로 다스려서 가지런히 되지 않는 자가 있으면 사(士)에게 보낸다. 사(士)는 형관이다. 예를 관장하는 것이 형벌을 사용하는 기본이 되는데 어찌 '두 형관'이라고 할 필요가 있겠는가?

30. 여형 - 07

士制百姓,【句】 **于刑之中, 以教祇德。穆穆在上, 明明在下, 灼于四方, 罔不惟德之勤。故乃明于刑之中, 率乂于民, 棐彝。典獄, 非訖于威, 惟訖于富。敬忌, 罔有擇言在身, 惟克天德, 自作元命, 配享在下。**【《後漢書》, 士制爲爰制, 中爲衷, 〈梁統傳〉】

---

54 두 형관 : 伯夷와 皐陶를 말한다. 舜이 즉위 후 士 곧 형관에 임명한 사람은 고요인데, 여기 「여형」의 경문에는 伯夷가 형관으로 되어 있기 때문에 의혹을 제기한 것이다.

55 오씨(吳氏)가……것이다 : 『서집전』에 인용되어 있다.

56 예로써……것이다 : 『논어』 「爲政」의 "子曰 : '道之以政, 齊之以刑, 民免而無恥. 道之以德, 齊之以禮, 有恥且格.'"을 변용한 것이다. 다산은 『논어고금주』에서 "格, 謂感通也."라고 하고, 또 "大抵免者, 外面之苟免也. 格者, 中心之孚格也."라고 풀이하였다.

"사(士)는 백성을 통제하며【단구】 형벌을 중도에 맞게 펴서 공경하고 두려워하는 덕을 가르쳤다. 목목(穆穆)한 황제가 위에 계시고 밝은 신하들이 아래에 있어 사방을 밝게 비추며 모두가 덕으로 위엄을 보이고 덕으로 밝히는 데 힘썼다. 그러므로 중도에 맞는 형벌을 밝게 시행함으로써 백성을 인도하여 교화를 보필하였다. 전옥(典獄)은 위엄으로 완성되는 것이 아니고 백성을 부유하게 해주는 데서 완성된다. 하늘을 두려워하고 〈죄를 신중하게 심리하여〉 자신에게 버려야 할 말이 없게 하고, 오직 능히 하늘의 덕에 부합하여 〈잘못 판결하는 일이 없었으므로〉 저절로 원명(元命)의 신이 되어 아래에서 배향(配享)되었다."【『후한서』에는 〈'士制百姓, 于刑之中'의〉 '士制'가 '爰制'로, '中'이 '衷'으로 되어 있다. 「양통열전(梁統列傳)」에 보인다.】

梅云 : "皐陶作士, 制百官。" ○補云 : "以教祗畏之德。" ○補云 : "穆穆, 帝也。明明, 三后・一士之等也。" ○補云 : "惟德之勤, 應上文德威・德明語。" ○補云 : "棐彝, 刑可以輔彝常, 所謂弼教也。" ○補云 : "訖, 猶成也。富, 謂先富民, 如上'禹平水土'・'稷降播種'也。民窮財竭, 瞀不畏死, 則雖欲立威, 而令不行, 禁不止矣。故曰'典獄之道, 非成于威, 惟成于富', 卽上'德威惟畏'之意。" ○補云 : "敬忌, 謂畏天也。擇言, 可棄之言也。【凡擇者, 必有所棄】 議讞審愼, 則無誣枉之言。" ○補云 : "元命, 天神之司命者也,【大宗伯所祀】 司命, 配享在上。【祀[교1]食於上帝】 典獄者, 克合天德, 不誤人死生之命, 則是自作元命之神, 配享在下。"

교1) 案祀 : 가장본에는 '配'로 되어 있다.

〔士制百姓〕 매색이 말했다. "고요(皐陶)가 사(士)가 되어 백관(百官)을 통제하였다는 뜻이다."

〔以教祗德〕○보충한다. "공경하고 두려워하는 덕을 가르친다는 뜻이다."

〔穆穆在上, 明明在下〕○보충한다. "목목(穆穆)은 황제[帝]를 말하고, 명명(明明)은 삼후(三后)와 일사(一士) 등을 가리킨다."

〔罔不惟德之勤〕○보충한다. "유덕지근(惟德之勤)은 앞에 나온 덕위(德威)·덕명(德明)과 조응하는 말이다."

〔棐彝〕○보충한다. "비이(棐彝)는 형벌이 인륜[彝常]을 보좌할 수 있다는 뜻이니, 이른바 필교(弼教)[57]라는 것이다."

〔非訖于威, 惟訖于富〕○보충한다. "흘(訖)은 성[成 : 이루어지다, 완성되다]과 같은 뜻이다. 부(富)는 먼저 백성을 부유하게 해준다는 말로서, 이를테면 앞에 나온 '우평수토(禹平水土)'·'직강파종(稷降播種)' 같은 것이다. 백성이 궁핍하고 재물이 고갈되어 드세게 굴며 죽음을 두려워하지 않으면 비록 위엄을 세우고자 하나 명하여도 행하지 않고 금하여도 그치지 않는다. 그러므로 '형옥(刑獄)을 다스리는 도는 위엄으로 완성되는 것이 아니고 부유하게 해주는 데서 완성된다.'라고 한 것이니, 곧 앞에 나온 '덕위유외(德威惟畏)'의 뜻이다."

〔敬忌, 罔有擇言在身〕○보충한다. "경기(敬忌)는 하늘을 두려워한다는 말이다. 택언(擇言)은 버려야 할 말이니,【무릇 택(擇)하면 버릴 것이

57 필교(弼教) : 弼五教를 줄인 말이다. 매색본 『상서』 「大禹謨」에, 舜이 皐陶에게 "汝作士, 明于五刑, 以弼五教, 期于予治."라고 말한 내용이 나온다. 다산은 「大禹謨」를 매색의 僞作으로 보아 『상서고훈』에서 다루지 않았다.

있게 마련이다.】 죄를 심리할 때 신중하게 살피면 속이거나 바르지 않은 말이 없어진다는 뜻이다."

〔自作元命, 配享在下〕○보충한다. "원명(元命)은 천신(天神)인 사명(司命)인데,【대종백(大宗伯)이 제사하는 신이다.[58]】 사명은 하늘에서 배향(配享)을 받는다.【상제(上帝)에 배식(配食)하는 것이다.】 전옥(典獄)하는 자가 능히 하늘의 덕에 부합하여 사람을 죽이고 살리는 명을 잘못 내리지 않으면 저절로 원명의 신이 되어 아래에서 배향을 받는다는 뜻이다."

梅云: "惟絶於富, 貨賂不行。"【蔡意同】 ○鄭云: "大命, 謂延期長久也。"【孔云: "斷獄平均者必壽。"】 ○**案** 兩訓皆未允。

〔非訖于威, 惟訖于富〕 매색이 말했다. "부유한 자를 막아서 뇌물이 행해지지 않는다는 뜻이다."[59]【채침의 풀이[60]도 같다.】

〔惟克天德, 自作元命, 配享在下〕○정현이 말했다. "대명(大命)은 수명이 오래 연장된다는 말이다."【공영달이 말했다. "옥사를 결단하는 데에 공정한 사람은 반드시 〈장구한 대명을〉 누린다."】[61]

---

58 대종백(大宗伯)이 제사하는 신이다: 『주례』「春官·大宗伯」에 나오는 대종백의 職掌 중 으뜸이 天神·人鬼·地示에 대한 예를 수립하는 것인데, "以槱燎, 祀司中·司命·飌師·雨師."라고 하여 '사명'이 제사 대상에 들어 있다.

59 부유한……뜻이다: 매색 주를 발췌한 것이다. 원문은 다음과 같다. 堯時, 主獄有威·有德·有恕, 非絶於威, 惟絶於富, 世治, 貨賂不行.

60 채침의 풀이: 채침도 '富'를 뇌물[賄賂]로 보고, "當時典獄之官, 非惟得盡法於權勢之家, 亦惟得盡法於賄賂之人."이라고 하였다.

61 정현이……누린다: "凡明於刑之中, 無擇言在身, 必是惟能天德, 自爲大命, 配享天意在於天下."라고 한 매색 주를 부연 설명한 것이다. 『상서정의』 소의

○안 두 사람의 풀이가 모두 타당하지 않다.

考證 〈表記〉引〈甫刑〉曰: "敬忌而罔有擇言,【多而字】 在躬。"【鄭云: "忌之言, 戒也。言已外敬而心戒愼, 則無有可擇之言加於身。"】

고증 『예기』「표기(表記)」의 「보형(甫刑)」을 인용한 부분에 "공경하고 조심하여 버려야 할 말이 없게 하는 것[敬忌而罔有擇言]은【이(而) 자가 더 있다.】 자신에게 달렸다."라고 하였다.【정현이 말했다. "기(忌)라는 말은 계[戒: 경계하다, 조심하다]의 뜻이니, 겉으로 드러나는 태도가 공경스러운데다가 마음이 조심스러우면 버려야 할 말이 자신에게 가해지는 일이 없다는 뜻이다."】

30. 여형 - 08

王曰: "嗟! 四方司政典獄, 非爾惟作天牧? 今爾何監? 非時伯夷播刑之迪? 其今爾何懲? 惟時苗民匪察于獄之麗, 罔擇吉人, 觀于五刑之中, 惟時庶威奪貨, 斷制五刑, 以亂無辜, 上帝不蠲, 降咎于苗。苗民無辭于罰, 乃絶厥世。"

왕이 말했다. "아, 사방의 정사를 맡아 옥사를 주관하는 자들아, 그대들은 상제가 명한 목민관이 되지 않았는가? 이제 그대들은 무엇을 살펴야 하겠는가? 백이가 〈먼저 오전(五典)을 가르치고 가르

원문은 다음과 같다. 皇天無親, 惟德是輔. 若能斷獄平均者, 必壽長久大命.…… 鄭云: "大命, 謂延期長久也."

침을 따르지 않는 자들에게 비로소〉 형벌을 시행하였던 길을 따라야 하지 않겠는가? 지금 그대들은 무엇을 교훈으로 삼아야 하겠는가? 묘민(苗民)은 형벌에 걸리는 법례(法例)를 살피지 않고 길인(吉人)을 뽑아서 오형(五刑)을 알맞게 시행하는 것을 보여주지 않은 채 오직 온갖 학정으로 백성의 재물을 빼앗을 생각만 하여 오형을 제멋대로 결단하고 통제하여 죄 없는 백성을 어지럽게 하였다. 이에 상제께서 그들의 행위를 불결하게 여겨 묘민에게 재앙을 내렸는데, 묘민이 자신들에게 내린 벌에 대해 변명할 말이 없으므로 이에 그들의 후세를 모조리 죽여 없앴다."

補云: "司政, 君相執政者也。天牧, 上帝所命牧民者也。" ○補云: "降典而不帥教, 則折之使刑, 是伯夷播刑也。【播, 分也, 布也】 今所照依者, 唯伯夷宜遵。" ○補云: "上五刑, 是帝朝之五刑也, 下五刑, 是苗民之五虐也。苗民不知刑獄麗比之法例, 又不能擇人守法, 唯以百般威虐, 謀奪民貨, 自斷自制五虐之刑。" ○鄭云: "天以苗民所行腥臊不潔, 故下禍誅之。"【蠲, 潔也】 ○補云: "無辭于罰, 謂無言辭可達其情志。" ○補云: "絶世, 謂畢竟殄滅。"

〔**四方司政典獄, 非爾惟作天牧**〕 보충한다. "사정(司政)은 임금과 정승으로 정사를 맡은 사람을 말한다. 천목(天牧)은 상제가 명한 목민관이라는 뜻이다."

〔**非時伯夷播刑之迪**〕○보충한다. "오전(五典)을 가르쳤는데도 가르침을 따르지 않으면 판결하여 형벌을 받게 하였으니, 이것이 백이파형(伯夷播刑)이다.【파(播)는 분[分 : 베풀다]의 뜻이고 포[布 : 펴다]의 뜻이다.】 따라서 지금 살펴서 따를 것은 오직 백이를 따라야 한다는

뜻이다."

〔觀于五刑之中……斷制五刑〕○보충한다. "앞의 오형(五刑)은 황제 조정의 오형이고, 뒤의 오형은 묘민(苗民)의 오학(五虐)이다. 묘민은, 형옥(刑獄)에 걸리는 법례(法例)를 모르고, 또 적임자를 뽑아서 법을 지키지 못한 채 오로지 온갖 학정으로 백성의 재물을 빼앗을 생각만 하여 오학의 형벌을 제멋대로 결단하고 통제하였다는 뜻이다."

〔上帝不蠲, 降咎于苗〕○정현이 말했다. "하늘은 묘민이 하는 짓이 비린내 나고 불결하였기 때문에 재앙을 내려 그들을 주벌하였다는 뜻이다."【견(蠲)을 결[潔 : 깨끗하다]의 뜻으로 본 것이다.】

〔苗民無辭于罰〕○보충한다. "무사우벌(無辭于罰)은 자기 마음을 상달할 수 있는 말이 없음을 이른다."

〔乃絶厥世〕○보충한다. "절세(絶世)는 결국 모조리 죽여 없앴다는 말이다."

考訂 梅云: "堯絶其世。" **○訂曰** 絶地天通之時, 必亦殄滅。【顓頊時】故久而後乃復。【高辛末】 其後雖復用重·黎之族, 而苗不正罪,【帝堯時】至舜攝政之後, 竄其君, 徙其民, 分北之, 丕敍之, 則殄滅在顓·舜之世, 於堯無文。

고정 매색이 말했다. "요(堯)가 그들의 후세를 끊었다."

○정왈 땅과 하늘이 어지럽게 뒤섞이는 길을 근절할 때 필시 모조리 죽여 없애는 일도 하였을 것이다.【전욱(顓頊) 시대의 일이다.】 그러므로 오랜 뒤에야 다시 일어난 것이다.【고신씨(高辛氏) 말엽이다.】 그

후 비록 그들의 족속인 중(重)·려(黎)를 다시 등용하였으나 묘에 대해서는 죄를 올바르게 처벌하지 못하였다.【제요(帝堯) 때를 말한다.】 순(舜)이 섭정한 이후에 이르러서야 그 임금을 찬배(竄配)하고, 그 백성을 옮기고, 그들을 분리시킨 다음 다시 편호(編戶)의 백성이 되게 하였으니, 모조리 죽여 없앤 것은 전욱과 순의 시대에 있었던 일이다. 요의 시대라는 문헌은 없다.

考證 《禮記》引〈甫刑〉曰："播刑之不迪。"【〈緇衣〉 ○鄭云："播, 猶施也, 不, 衍字耳。迪, 道也, 言施刑之道。"】

고증 『예기』에서 「보형」을 인용하여 "형벌을 시행하는 방법[播刑之不迪]"이라고 하였다.【「치의(緇衣)」 편에 보인다. ○정현이 말했다. "파(播)는 시[施 : 시행하다, 베풀다]의 뜻이다. 불(不)은 연자(衍字)이다. 적(迪)은 도[道 : 방도, 도리]의 뜻이니, 형벌을 시행하는 방법이라는 말이다."】

30. 여형 - 09

王曰："嗚呼, 念之哉。伯父·伯兄·仲叔·季弟·幼子·童孫, 皆聽朕言, 庶有格命。今爾罔不由慰日勤, 爾罔或戒不勤。天齊于民, 俾我一日,【句】 非終·惟終, 在人。爾尙敬逆天命, 以奉我一人, 雖畏勿畏, 雖休勿休。惟敬五刑, 以成三德。一人有慶, 兆民賴之, 其寧惟永。"

왕이 말했다. "오호라, 명심하라. 백부(伯父)와 백형(伯兄), 중숙(仲

叔)과 계제(季弟), 유자(幼子)와 동손(童孫)은 모두 나의 말을 들으면 나의 명에 공감할 것이다. 이제 그대들은 모두 날마다 부지런히 일하여 백성의 위로를 받고, 혹시라도 부지런하지 못하여 백성의 질타를 받는 일이 없도록 하라. 하늘이 〈형벌을 내려〉 백성을 가지런히 하기 위해 나에게 하루를 주셨으니【단구】 용서할 만한 죄인지 반드시 처벌해야 할 죄인지는 저들이 범한 바에 달렸을 뿐이다. 그대들은 공경히 천명을 맞이하여 나 한 사람을 받들고, 비록 강포한 자라도 두려워하지 말고 비록 아름다운 사람이라도 용서하지 말라. 오직 오형(五刑)을 공경히 시행하여 〈교화를 보필함으로써〉 삼후(三后)가 베푼 덕을 완성하라. 그러면 나 한 사람에게 경사가 있고 만백성이 그에 힘입어 평안한 복을 영구히 누릴 것이다."

蔡云："此告同姓諸侯也。" ○補云："呼及幼子·童孫者, 年高而愛深。" ○鄭云："格, 登也, 登命, 謂壽考者。" ○補云："庶有孚感於予命者。" ○補云："慰日勤者, 人見其日勤而勞慰之也。戒不勤者, 人見其不勤而警戒之也。爾宜由此而受慰, 罔或因彼而受戒。" ○馬云："齊, 中也。" ○補云："天以刑齊民, 其役使我者, 惟此一日。"【凡罪人之死生屈伸, 唯決之於此一日】 ○蔡云："非終, 卽〈康誥〉所謂'大罪非終', 言過之當宥者。惟終, 卽〈康誥〉所謂'小罪惟終', 言故之當辟者。唯在夫人所犯耳。" ○補云："逆, 猶迓也。" ○補云："雖其人彊禦, 勿畏之, 雖其人休美,【外美盛】 勿饒之。" ○補云："三德, 謂三后所播之德, 敬刑以弼教, 乃成其德。"

〔王曰……其寧惟永〕 채침이 말했다. "이것은 동성(同姓)의 제후들에게 고한 것이다."

〔伯父……童孫〕○보충한다. "유자(幼子)와 동손(童孫)까지 부른 것은 나이가 많아지자 사랑이 깊어졌기 때문이다."

〔庶有格命〕○정현이 말했다. "격(格)은 등[登 : 오르다]의 뜻이다. 등명(登命)은 장수한 사람을 말한다." ○보충한다. "나의 명에 공감하는 사람이 있을 것이라는 말이다."

〔今爾罔不由慰日勤, 爾罔或戒不勤〕○보충한다. "위일근(慰日勤)은 백성들이 날마다 부지런히 애쓰는 것을 보고 위로할 것이라는 뜻이다. 계불근(戒不勤)은 부지런하지 않은 것을 보면 사람들이 경계할 것이라는 말이다. 그대들은 마땅히 이렇게 함으로써 위로받아야 하지 혹시라도 저렇게 함으로써 경계를 받지 말라는 뜻이다."

〔天齊于民〕○마융이 말했다. "제(齊)는 중[中 : 가운데에 있다]의 뜻이다." ○보충한다. "하늘이 형벌로 백성을 가지런히 하는데, 그 일을 나에게 시키는 것은 이 하루뿐이라는 뜻이다."【죄인의 생사와 굴신(屈伸)이 오직 이 하루에 결정된다는 말이다.】

〔非終惟終在人〕○채침이 말했다. "비종(非終)은 「강고(康誥)」에서 말한 '대죄비종(大罪非終)'의 뜻으로, 당연히 용서해야 할 과실을 말한다. 유종(惟終)은 「강고」에서 말한 '소죄유종(小罪惟終)'의 뜻으로, 당연히 처벌해야 할 고의적 범죄를 말한다.[62] 〈비종(非終)과 유종(惟終)〉은 그 사람이 범한 바에 달렸을 뿐이라는 말이다."[63]

---

62 비종(非終)은……말한다 : 「강고」에 "人有小罪, 非眚, 乃惟終, 自作不典, 式爾, 有厥罪小, 乃不可不殺. 乃有大罪, 非終, 乃惟眚災, 適爾, 既道極厥辜, 時乃不可殺."이라고 하였는데, '終'은 「堯典 下」(매색본의 「舜典」)에 나오는 '怙終'의 '終'으로, 세력이나 재산 등을 믿고 마음대로 횡포를 부리며 舊惡을 고치지 않는 것을 말한다.

63 채침이……말이다 : 채침 주를 축약한 것이다. 원문은 다음과 같다. 非終, 卽「康誥」大罪非終之謂, 言過之當宥者. 惟終, 卽「康誥」小罪惟終之謂, 言故之當

〔爾尙敬逆天命〕○보충한다. "역(逆)은 아[迓 : 맞이하다]의 뜻이다."
〔雖畏勿畏, 雖休勿休〕○보충한다. "아무리 그 사람이 강포하더라도 그를 두려워하지 말고, 아무리 그 사람이 아름답더라도【외모의 아름다움을 말한다.】 그를 너그럽게 대하지 말라는 뜻이다."
〔以成三德〕○보충한다. "삼덕(三德)은 삼후(三后)가 베푼 덕을 말하니, 형벌을 신중하게 시행하여 교화를 보필함으로써 그 덕을 완수하라는 뜻이다."

考異 《後漢書 · 楊賜傳》引《書》曰 : "天齊乎人,【于民爲乎人】 假我一日。" ○王應麟云 : "楊賜通《桓君章句》, 卽歐陽《尙書》, 今文也。"교1)【宋亦云】 ○馬本, 俾我作矜我。【馬云 : "矜, 哀也。"】 ○梅本, '一日非終'絶句。【非也。蔡義是也】

교1) 案今文也 : 왕응린의 『困學紀聞』에는 이 세 글자가 없다.

고이 『후한서』 「양사열전(楊賜列傳)」의 『상서』를 인용한 부분에는 〈'天齊于民, 俾我一日'이〉 "天齊乎人,【'于民'이 '乎人'으로 되어 있다.】 假我一日."로 되어 있다.
○왕응린이 말했다. "양사(楊賜)는 『환군장구(桓君章句)』[64]에 정통

辟者. 非終 · 惟終, 皆非我得輕重, 惟在夫人所犯耳.

64 『환군장구(桓君章句)』 : 『桓君大小太常章句』를 일컫는 것으로 보인다. 桓君大小太常은 後漢 明帝 · 章帝 때 太常을 지낸 桓榮과 그의 아들 桓郁을 말한다. 환영은 어려서 歐陽生의 『상서』를 배우고 博士 朱普를 사사하였다. 명제가 태자일 때 太子小傅가 되어 『상서』를 가르치고 즉위 후에 太常에 제수되었다. 환욱 역시 가학을 이어 문도들에게 『상서』를 가르치고 명제 때 뒷날 章帝가 되는 태자를 가르쳤으며, 장제 즉위 후 太常卿에 제수되었다.

하였는데, 그것은 구양생의 『상서』로 금문이다."[65]【송씨(宋氏)도 그렇게 말했다.】

○마융본에는 '俾我'가 '矜我'로 되어 있다.【마융이 말했다. "긍(矜)은 애[哀: 슬퍼하다, 가여워하다]의 뜻이다."】

○매색본에는 '一日非終'에서 구가 나뉘어 있다.【틀렸다. 채침의 풀이[66]가 옳다.】

考證 《左傳》【襄十三】 引《書》曰: "一人有慶, 兆民賴之。" ○《禮記·緇衣》篇·《孝經》【〈天子〉章】·《漢書·賈誼傳》引此二句, 又《大戴禮·保傅》篇及《漢書·刑法志》,【引此句】 兆民作萬民。

고증 『춘추좌씨전』【양공(襄公) 13년】에 『상서』를 인용하여 "한 사람이 선을 좋아하면 백성이 그 덕분에 복을 받는다.[一人有慶, 兆民賴之]"[67]라고 하였다.

○『예기』「치의(緇衣)」편, 『효경』【「천자(天子)」장】, 『한서』「가의전(賈誼傳)」에서 이 두 구를 인용한 부분과 또 『대대례기』「보부(保傅)」편 및 『한서』「형법지(刑法志)」【이 두 구를 인용한 부분】에는 '조

환영은 주보에게 약 40만 자에 이르는 『尙書』章句를 배우고, 뒤에 번잡한 내용을 정리하여 약 23만 자로 줄이고 환욱이 다시 删定하여 12만 자로 줄였는데, 이것이 『桓君大小太常章句』이다. 『후한서』 권4 「肅宗孝章帝紀」와 권37 「桓榮列傳」 등에 관련 사실이 실려 있다.

65 양사(楊賜)는……금문이다: 『困學紀聞』 권2에 나오는데, 원문에는 '今文也'가 없다. 이 세 글자는 다산의 自注로 볼 수도 있으나 확인할 수 없으므로 『상서고훈』 원문대로 번역하였다.

66 채침의 풀이: 앞의 각주 63) 참조.

67 한 사람이……받는다[一人有慶, 兆民賴之]: "一人, 天子也. 寧, 安也. 義取上有好善之慶, 則下賴其福."이라고 한 두예의 주를 반영하여 번역하였다.

민(兆民)'이 '만민(萬民)'으로 되어 있다.

30. 여형 - 10

王曰："吁，來。【句】 **有邦有土，告爾祥刑。在今爾安百姓，何擇，非人？何敬，非刑？何度，非及？"**【馬本，吁作于。馬云："于，於也。"〈周本紀〉，邦爲國】

왕이 말했다. "아, 이리 오라.【단구】 나라와 영토를 소유한 서방(庶邦)의 제후들이여, 그대들에게 상형(祥刑)을 일러주겠다. 지금 그대들이 백성을 편안하게 하려면 무엇을 잘 선택해야 하겠는가, 사람이 아니겠는가? 무엇을 공경해야 하겠는가, 형벌이 아니겠는가? 무엇을 잘 헤아려야 하겠는가, 연좌하는 일이 아니겠는가?"【마융본에는 '吁'가 '于'로 되어 있다. 마융이 말했다. "우(于)는 오[於：감탄사]의 뜻이다." 『사기』「주본기」에는 '邦'이 '國'으로 되어 있다.[68]】

補云："此告庶邦也。" ○蔡云："刑，凶器也，謂之祥者，刑期無刑。" ○補云："古本多作詳刑。" ○王云："訓以安百姓之道，當何所選擇乎？非當選擇賢人乎？"【見《史》注】 ○馬云："度，造謀也。" ○王云："度，謀也。非當與主獄者謀慮刑事乎？" ○蔡云："及，逮也。【漢世，詔獄所逮有至數萬人[교1]】 審度[교2]而後可逮之。" ○補云："及，緣坐也。"【父子兄弟罪不相及】 ○蔡云："曰何·曰非，問答也。"

68 '邦'이……있다：'國'을 쓴 것은 漢高祖 劉邦의 이름을 避諱한 것이다.

교1) 案人 : 『서집전』에는 뒤에 '者'가 더 있다.
교2) 案度 : 『서집전』에는 뒤에 '其所當逮者'가 더 있다.

〔王曰……何度非及〕 보충한다. "이는 서방(庶邦)에 고한 것이다."
〔告爾祥刑〕○채침이 말했다. "형(刑)은 흉한 도구[凶器]이다. 그런데 상(祥)이라고 한 것은 형벌은 형벌할 필요가 없어지는 상황을 기약하는 것으로 〈백성이 중도에 맞게 되면 그보다 더 큰 상서로움이 없기 때문이다.〉[69]" ○보충한다. "고본(古本)에는 대부분 '상형(詳刑)'으로 되어 있다."
〔在今爾安百姓, 何擇非人〕○왕숙이 말했다. "백성을 편안하게 할 방도를 가르친 것이니, '무엇을 선택해야 하겠는가, 응당 현인(賢人)을 선택해야 하지 않겠는가?'라는 뜻이다."【『사기』「주본기(周本紀)」의 『집해』에 보인다.】
〔何度非及〕○마융이 말했다. "탁(度)은 조모[造謀 : 꾀하다, 계획하다]의 뜻이다." ○왕숙이 말했다. "탁(度)은 모[謀 : 꾀하다]의 뜻이다. 옥사를 주관하는 자와 형벌에 관한 일을 계획할 것이 아니고, 〈세도를 헤아려서 마땅한 바를 조절해야 한다는 뜻이다.〉[70] ○채침이 말했다. "급(及)은 체[逮 : 미치다]의 뜻이다.【한나라 때 조칙으로 다스린 옥사에 걸린 사람이 수만 명에 이른 적이 있으니】 〈형벌에 미치는 것이 마땅한지를〉 자세히 헤아리고 나서 형벌이 미치게 해야 한다

69 〈백성이……때문이다.〉 : 다산은 이 부분을 생략하였으나 이해를 돕기 위해 『서집전』에 따라 생략된 부분을 살려서 번역하였다. 원문은 다음과 같다. 民協于中, 其祥莫大焉.
70 왕숙이……뜻이다〉 : 『상서정의』 소에 실려 있는 왕숙의 설 중 일부를 생략하고 인용하였는데, 왕숙의 본의는 생략된 부분에 있다고 판단하여 그 내용을 살려서 번역하였다. 생략된 부분의 원문은 "度世輕重所宜也."이다.

는 뜻이다." ○보충한다. "급(及)은 연좌(緣坐)의 뜻이다."【부자형제(父子兄弟)에게는 죄가 서로 미치지 않게 한다는 말이다.】 ○채침이 말했다. "'하(何)'라고 하고 '비(非)'라고 한 것은 문답의 형식으로 서술한 것이다."

考異 〈周本紀〉云 : "何擇, 非其人? 何敬, 非其刑? 何居, 非其宜與?" ○《後漢書·劉愷傳》引《書》曰 : "告爾詳刑。" ○宋云 : "注引《尙書》亦作詳, 又引鄭說, 釋詳字。"【〈周本紀〉則作祥刑】

고이 『사기』「주본기(周本紀)」에는 〈'何擇, 非人? 何敬, 非刑? 何度, 非及?'이〉 '何擇, 非其人? 何敬, 非其刑? 何居, 非其宜與?'로 되어 있다.
○『후한서』「유개열전(劉愷列傳)」의 『상서』를 인용한 부분에는 〈'告爾祥刑'이〉 "告爾詳刑"으로 되어 있다.
○송씨(宋氏)가 말했다. "주에서 『상서』를 인용하면서 역시 '詳'으로 썼다. 또 정현의 설을 인용하면서 '詳' 자를 해석한 것이라고 하였다."[71]【『사기』「주본기」에는 '祥刑'으로 되어 있다.】

71 『후한서』……하였다 : 『후한서』「劉愷列傳」에는 인용한 것과 같은 구절은 보이지 않는다. 다만 安帝 때 叔孫光이 贓罪에 연루되자 그의 아들까지 연좌하여 禁錮하자는 논의가 나왔는데, 그때 유개가 속으로 "『尙書』曰'上刑挾輕, 下刑挾重.' 如今使臧吏禁錮子孫, 以輕從重, 懼及善人, 非先王詳刑之意也."라고 하였다는 부분의 주에 "『尙書』周穆王曰'有邦有土, 告汝詳刑.' 鄭玄注云'詳, 審察之也.'"라고 하였다. 宋氏가 누구인지는 확인되지 않는데, 淸代 惠棟이 撰한 『九經古義』 권4 「商書古義」에 "告爾祥刑, 『後漢書』「劉愷傳」引作'詳刑'. 鄭康成『周禮』注云'『書』曰, 度作詳刑, 以詰四方.' 又鄭『書』注云'詳, 審察之也.'"라고 한 내용이 보인다.

兩造具備, 師聽五辭。五辭簡孚, 正于五刑。五刑不簡, 正于五罰。五罰不服, 正于五過。五過之疵, 惟官·惟反·惟內·惟貨·惟來, 其罪惟均, 其審克之。五刑之疑有赦, 五罰之疑有赦, 其審克之。簡孚有衆, 惟貌有稽。無簡不聽, 具嚴天威。

"송사의 양쪽 당사자가 모두 법정에 이르고 증언과 증거가 갖추어지면 여러 관원이 오사(五辭)를 공정하게 듣는다. 오사가 간서(簡書)와 맞으면 오형(五刑)으로 질정(質正)한다. 오형에 대한 여러 사람의 의견이 맞지 않아서 간서로 답하지 못하면 오벌[五罰 : 다섯 가지 벌금형]로 질정한다. 오벌에도 승복하지 않으면 오과(五過)로 질정한다. 오과가 되는 병통은 관권, 보은(報恩), 여인의 청탁, 뇌물, 청탁이다. 〈이 다섯 가지로 인해 사람의 죄를 가감(加減)하면〉 그 죄는 법을 어긴 것과 같으니 신중하게 심리하여 바로잡아야 한다. 오형으로 벌하기 의심스러우면 감경(減輕)하여 〈오벌로 질정하는 것이〉 벌이고, 오벌을 내리기 의심스러우면 역시 감경하여 〈오과로 질정하는 것이〉 벌이니, 자세히 심리하여 바로잡아야 한다. 여러 사람의 의견이 서로 맞아 간서가 있더라도 〈가련히 여겨서〉 용모를 살펴보아야 한다. 여러 사람에게 물었는데 간서가 없으면 감히 옥사를 판결하지 않는 것은 모두 상천을 두려워해서이다."

蔡云 : "兩造者, 兩爭者皆至也。【刑官以兩造聽民訟】 具備者, 詞證皆在

也。師, 衆也。" ○補云: "師聽者, 衆官公聽之。" ○蔡云: "五辭, 麗於五刑之辭。" ○補云: "簡者, 三訊所收之簡書也。【義見下】 群臣・群吏之議, 皆與王[교1)]辭相孚, 則正于五刑。" ○補云: "不簡者, 群議不齊, 不以簡答之。" ○蔡云: "罰, 贖也。" ○補云: "罰金猶冤, 群心不服, 則正之爲過誤。"

교1) 案王: 신조선사본과 가장본에는 '五'로 되어 있다.

〔兩造具備, 師聽五辭〕 채침이 말했다. "양조(兩造)란 다투는 양쪽 당사자가 모두 법정에 이른 것을 말한다.【형관(刑官)은 양쪽 당사자가 이르러야 백성의 송사를 판결한다.[72]】 구비(具備)란 증언과 증거가 모두 있다는 말이다. 사(師)는 중[衆: 여럿, 무리]의 뜻이다." ○보충한다. "사청(師聽)은 여러 명의 관원이 공정하게 듣는다는 뜻이다."

〔五辭簡孚, 正于五刑〕○채침이 말했다. "오사(五辭)는 오형(五刑)에 부합하는 말이다." ○보충한다. "간(簡)은 세 차례 물어서 거두어들인 의견을 적은 간서(簡書)이다.【풀이는 뒤에 나온다.】 군신(群臣)과 군리(群吏)[73]의 의견이 모두 오사와 맞으면 오형으로 질정한다는 뜻이다."

〔五刑不簡, 正于五罰〕○보충한다. "불간(不簡)은 여러 사람의 의견이 같지 않아서 간서로 답하지 못하는 것이다." ○채침이 말했다.

72 형관(刑官)은……판결한다: 『주례』「秋官・大司寇」에 나오는 말로 『서집전』에 인용되어 있다. 다만 『주례』에는 '聽'이 '禁'으로 되어 있다.

73 군신(群臣)과 군리(群吏): 『주례』「秋官・小司寇」의 "一曰訊羣臣, 二曰訊羣吏."에 대한 가공언의 소에 "羣臣者, 士已上云. 羣吏者, 府史・胥徒・庶人在官者."라고 하였다.

"벌(罰)은 속[贖: 속전(贖錢)]의 뜻이다."
〔五罰不服, 正于五過〕○보충한다. "벌금형을 내렸는데도 오히려 억울해하며 여러 사람이 승복하지 않으면 질정하여 과오[過誤: 실수]로 처리한다는 뜻이다."

考證 《周[교1]禮·大司寇》: "以兩造禁民訟。"【鄭云: "造, 至也, 使訟者兩至。"】○〈小司寇〉: "以三刺[교2]斷獄訟, 一曰訊群臣, 二曰訊群吏, 三曰訊萬民。聽民之所刺宥, 以施上服下服之刑。"〈王[교2]制〉云: "司寇聽獄訟, 必三刺, 有旨無簡, 不聽。" ○**鏞案** 此經亦云'無簡不聽', 簡者, 三訊所收之群議也。

교1) 周: 신조선사본에는 '司'로 되어 있으나 書名이므로 바로잡는다. 案가장본에는 '周'로 되어 있다.
교2) 案刺: 『주례』와 가장본에는 '刺'로 되어 있다.
교2) 案王: 가장본에는 앞에 圈點(○)이 있다.

고증 『주례』「추관(秋官)·대사구(大司寇)」에 "양쪽 당사자가 법정에 와야 백성의 송사를 판결한다."라고 하였다.【정현이 말했다. "조(造)는 지[至: 오다, 이르다]의 뜻이니, 송사하는 양쪽을 법정에 오게 하는 것이다."】
○『주례』「추관·소사구(小司寇)」에 "세 곳에 죽여야 하는지를 물어서 옥송을 결단하니, 첫째 군신(群臣)에게 묻고, 둘째 군리(群吏)에게 묻고, 셋째 만민에게 묻는다. 백성이 죽이라고 하는지 용서하라고 하는지를 들어서 상복(上服)과 하복(下服)[74]의 형을 시행한

74 상복(上服)과 하복(下服): 『주례』「秋官·小司寇」의 정현 주에 上服은 劓·

다.”라고 하였다.

○『예기』「왕제(王制)」에 “사구(司寇)가 옥송(獄訟)을 심리하는 때에는 반드시 세 번을 묻되 범죄의 의도는 있으나 실제로 실행하지 않았으면 심리하지 않는다.”[75]라고 하였다.

○용안 이 부분의 경문에서도 ‘무간불청(無簡不聽)’이라고 하였는데, 간(簡)이란 세 곳에 물어서 거두어들인 여러 사람의 의견이다.

蔡云：“疵, 病也。” ○補云：“或在官, 或報恩, 或女謁, 或行貨, 或往來,【干請也】 因以罪爲過, 則中病也。” ○馬云：“以此五過, 出入人罪, 與犯法者等。”【見《史》注】 ○補云：“審克, 讀之如剛克・柔克, 言審愼以克之。” **○案** 馬註以五疵爲五過, 非矣。厥罪與犯者均, 此則是也。

〔五過之疵……惟來〕 채침이 말했다. “자(疵)는 병[病：병통]의 뜻이다.” ○보충한다. “〈오과(五過)는〉 관직에 있거나 은혜를 갚거나 여인의 청탁[女謁]이나 뇌물을 쓰거나 왕래(往來)【청탁이다.】하는 것으로, 인하여 죄를 과실이라고 한다면 병통에 들어맞는다는 뜻이다.” 〔其罪惟均〕○마융이 말했다. “이 오과 때문에 사람의 죄를 가볍게 하거나 무겁게 하면 법을 어긴 것과 같다는 뜻이다.”【『사기』「주본기」의 『집해』에 보인다.】

墨, 下服은 宮・刖이라고 하였는데, 가공언의 소에 “墨・劓, 施於面, 故爲上服. 宮・刖, 施於下體, 故爲下服.”이라고 하였다.

75 범죄의……않는다：『예기』「王制」“有旨無簡, 不聽”에 대한 정현의 주에 “簡, 誠也. 有其意, 無其誠者, 不論以爲罪.”라고 하였고, 공영달의 소에서 “求民情, 旣得其所犯之罪, 雖有旨意, 無誠實之狀, 則不聽之, 不論以爲罪也.”라고 풀이하였다.

〔其審克之〕○보충한다. "심극(審克)은 강극(剛克)·유극(柔克)[76]의 〈극(克)과〉 같은 뜻으로 읽어야 하니, 신중하게 심리하여 바로잡는다는 말이다."

○안 마융의 주석은 오자(五疵)를 오과(五過)로 본 것인데 틀렸다. 그 죄가 법을 어긴 것과 같다고 한 것은 옳다.

鄭云: "不言五過之疑有赦者, 過不赦也。《禮記》云'凡執禁以齊衆者, 不赦過。'" **○案** 刑而疑之, 赦之爲罰, 罰亦疑之, 赦之爲過, 則旣名五過, 赦在其中。鄭乃云'過則無赦', 其蔽冒如此, 尙當尊信乎?

〔五刑之疑有赦, 五罰之疑有赦〕 정현이 말했다. "'오과(五過)를 적용하는 것이 의심스러운 경우에는 감경(減輕)한다.'라고 말하지 않은 것은 과오로 지은 죄도 용서하지 않기 때문이다. 『예기』「왕제」에 '금령으로 대중을 규제하는 때에는 과오로 지은 죄도 용서하지 않는다.'라고 하였다."

○안 오형에 처하기 의심스러우면 용서하여 오벌을 내리고, 오벌을 내리기도 의심스러우면 용서하여 오과에 처하니 이미 '오과'라고 명명한 이상 용서는 그 속에 포함된다. 그런데 정현은 '과오로 지은 죄에 대해서는 용서가 없다.'라고 하였다. 그 무지함이 이와 같은데도 존경하고 신봉해야 하겠는가?

---

76 강극(剛克)·유극(柔克): 「홍범」의 三德 가운데 둘째와 셋째인데, 다산은 "克, 勝也, 撟揉交濟曰克也."라고 풀이하였다.

補云：“簡孚有衆，則群議孚合矣。猶哀矜之，察其容貌。”【蔡云：“色聽也。”】○補云：“無群訊之簡，則不敢聽斷，皆所以嚴畏上天也。”【《孟子》曰：“卿大夫皆曰可殺，國人皆曰可殺，然後察之，見可殺焉，然後殺之。”即此義】○蔡云：“上帝臨汝，不敢有毫髮之未盡也。”

〔簡孚有衆，惟貌有稽〕 보충한다. “간부유중(簡孚有衆)은 여러 사람의 의견이 서로 맞는다는 뜻이다. 그래도 죄수를 가련하게 여겨서 그 용모를 살피라는 말이다.”【채침이 말했다. “낯빛을 보고 다스린다는 말이다.”[77]】

〔無簡不聽，具嚴天威〕○보충한다. “여러 사람에게 묻고도 간서가 없으면 감히 옥사를 판결하지 않는 것은 모두 상천을 두려워하기 때문이다.”【『맹자』에 “경대부가 모두 죽여야 한다고 하고, 온 나라 사람이 모두 죽여야 한다고 한 뒤에 살펴보아서 죽일 만한 죄가 발견된 뒤에 죽여야 합니다.”[78]라고 한 것이 바로 이 뜻이다.】○채침이 말했다. “상제가 너를 굽어보고 있으니 감히 털끝만큼이라도 미진한 점이 있어서는 안 된다는 뜻이다.”

考異 馬本，惟來作惟求。【馬云：“有求，請賕也。”】○《說文》，貌作緢。【許云：“緢，旄絲也。” ○緢音卯】 薛本同。

---

77 채침이……말이다：‘色聽’은 본래 『주례』「秋官・小司寇」에 나오는 말로, 채침이 ‘簡孚有衆，惟貌有稽’ 구절을 풀이한 내용 중에 인용되어 있다. 채침 주의 원문은 다음과 같다. 簡核情實，可信者衆，亦惟考察其容貌，『周禮』所謂色聽，是也.

78 『맹자』에……합니다：『맹자』「梁惠王 下」의 내용을 축약한 것이다. 원문은 다음과 같다. 左右皆曰可殺，勿聽，諸大夫皆曰可殺，勿聽，國人皆曰可殺，然後察之，見可殺焉，然後殺之. 故曰‘國人殺之’也.

고이 마융본에는 '惟來'가 '惟求'로 되어 있다.【마융이 말했다. "유구(有求)는 청구[請賕 : 뇌물을 요구하다]의 뜻이다."】

○『설문해자』에는 '貌'가 '緢'로 되어 있다.【허신이 말했다. "묘(緢)는 모사[旄絲 : 검은 소의 꼬리털]이다." ○緢의 음은 卯(묘)이다.】 설계선본도 같다.

考證 〈周本紀〉云 : "兩造具備, 師聽五辭。五辭簡信, 正於五刑。五刑不簡, 正於五罰。五罰不服, 正於五過。五過之疵, 官獄・內獄, 閱實其罪,【司馬貞云 : "此似闕少。"】 惟鈞其過。【與犯法者等】 五刑之疑有赦, 五罰之疑有赦, 其審克之。簡信有衆, 惟訊有稽,【貌爲訊】 無簡不疑,【聽爲疑】 其[교1] 嚴天威。"【具爲其】 ○**案** 《史》載, 多與梅本不同, 可疑也。唯云'簡信有衆, 惟訊有稽', 與《周禮》訊群臣・訊群吏之法, 〈王制〉無簡不聽之法, 翕然相合。簡, 出於三訊, 明矣。

교1) 案其 : 『사기』에는 '共'으로 되어 있다. 뒤에 나오는 소주의 '其'도 '共'으로 되어야 한다.

고증 『사기』「주본기(周本紀)」에 "양쪽 죄수의 증언이 갖추어지면 여러 옥관(獄官)이 그것이 오형(五刑)에 들어가는 말인지 들어본다. 오사(五辭)를 조사하여 진실로 죄가 증명되면 오형으로 질정한다. 오형에 맞지 않으면 오벌(五罰)로 질정하여 벌금형에 처한다. 오벌에 승복하지 않으면 오과(五過)로 질정하여 용서한다. 오과의 병통은 관옥(官獄)이든 내옥(內獄)이든 벌의 명칭과 서로 맞게 한다.【사마정(司馬貞)이 말했다. "이것은 빠진 듯하다."[79]】 이 오과로 사람의 죄를

79 사마정(司馬貞)이……듯하다 : 『사기색은』에 나오는 내용으로, 『사기』에서

가감하면 법을 어긴 것과 같다.【법을 어긴 자와 죄가 같다는 뜻이다.】 오형을 적용하기에 의심스러운 점이 있으면 감경(減輕)하고, 오벌을 적용하기에 의심스러운 점이 있으면 감경하되 잘 살펴서 이치에 맞게 해야 한다. 진실을 조사하여 여러 사람의 마음과 합치하면 오직 그 사람의 용모를 살펴야 한다.【〈『상서』의〉 '貌'가 '訊'으로 되어 있다.】 진실을 조사하지 않았으면 옥사를 다스리지 않으니【〈『상서』의〉 '聽'이 '疑'로 되어 있다.】 하늘의 위엄을 두려워하여 형을 경솔하게 적용하지 말아야 한다."[80]【〈『상서』의〉 '具'가 '共'으로 되어 있다.】

○**안** 『사기』의 기록이 매색본과 다른 부분이 많으니 의심스럽다. 다만 '간신유중, 유신유계(簡信有衆, 惟訊有稽)'라고 한 것은 『주례』의 '신군신(訊群臣) · 신군리(訊群吏)'의 법 및 『예기』「왕제」의 '무간불청(無簡不聽)'의 법과 완전히 합치한다. 간(簡)은 삼신(三訊)에서 나온 것임이 분명하다.

30. 여형 - 12

墨辟疑赦, 其罰百鍰, 閱實其罪。劓辟[교1)]疑赦, 其罰惟倍, 閱實其罪。剕辟疑赦, 其罰倍差, 閱實其罪。宮辟疑赦,

---

꼽은 내용이 『상서』「금등」에서 말한 五過에 비해 항목이 부족하다는 뜻인 듯하다. 『사기색은』의 원문은 다음과 같다. 「呂刑」云: "惟官, 惟反, 惟內, 惟貨, 惟來." 今此似闕少, 或從省文.

80 양쪽……한다: 『사기색은』에 인용되어 있는 공안국의 주석에 따라 번역하였다.

其罰六百鍰, 閱實其罪。大辟疑赦, 其罰千鍰, 閱實其罪。

교1) 辟 : 신조선사본에는 '罰'로 되어 있으나 『尙書』「周書・呂刑」에 따라 바로잡는다.

"묵형(墨刑)을 내리기 의심스러워서 감경(減輕)하는 경우 벌금이 100환(鍰)인데 억울함이 없도록 죄상(罪狀)을 자세히 조사하라. 의형(劓刑)을 내리기 의심스러워서 감경하는 경우 벌금은 묵형의 두 배인데, 억울함이 없도록 죄상을 자세히 조사하라. 비형(剕刑)을 내리기 의심스러워서 감경하는 경우 벌금은 의형의 두 배인데, 억울함이 없도록 죄상을 자세히 조사하라. 궁형(宮刑)을 내리기 의심스러워서 감경하는 경우 벌금이 600환인데, 억울함이 없도록 죄상을 자세히 조사하라. 사형을 내리기 의심스러워서 감경하는 경우 벌금이 1000환인데, 억울함이 없도록 죄상을 자세히 조사하라."

梅云 : "刻其顙而涅之曰墨,[교1] 截鼻曰劓,[교2] 刖足曰剕。[교3] 宮, 淫刑也, 男子割勢, 婦人幽閉。" ○梅云 : "疑則赦, 從罰。六兩曰鍰, 鍰, 黃鐵也。" ○梅云 : "倍百, 爲二百。"[교4] ○補云 : "又倍, 爲四百。其云'倍差'者, 變文耳。" ○孔云 : "檢閱核實其罪。"[교5] ○補云 : "赦而爲贖, 猶恐其冤, 臨贖, 又復閱實。"

교1) 案墨 : 『상서정의』에는 뒤에 '刑'이 더 있다.
교2) 案劓 : 『상서정의』에는 뒤에 '刑'이 더 있다.
교3) 案剕 : 『상서정의』에는 뒤에 '刑'이 더 있다.
교4) 案百 : 『상서정의』에는 뒤에 '鍰'이 더 있다.
교5) 案罪 : 『상서정의』에는 앞에 '所犯之'가 더 있다.

〔墨·劓·剕·宮〕 매색이 말했다. "이마에 글자를 새기고 검게 물들이는 형벌을 묵형(墨刑)이라고 하고, 코를 베는 형벌을 의형(劓刑)이라고 하고, 발을 자르는 형벌을 비형(剕刑)이라고 한다. 궁(宮)은 생식기에 가하는 육형(肉刑)으로 남자는 거세하고 여자는 유폐(幽閉)한다."

〔疑赦, 其罰百鍰〕○매색이 말했다. "〈육형(肉刑)을 적용하기에〉 미심쩍은 점이 있으면 감경(減輕)하여 벌금형에 처한다는 뜻이다. 6냥을 환(鍰)이라고 하는데, 환은 황철(黃鐵)이다."

〔其罰惟倍〕○매색이 말했다. "〈유배(惟倍)는〉 백의 두 배이니 200환이 된다."

〔其罰倍差〕○보충한다. "〈배차(倍差)는〉 또 두 배이니 400환이 된다. '배차'라고 한 것은 표현을 바꾼 것일 뿐이다."

〔閱實其罪〕○공영달이 말했다. "그가 지은 죄를 살펴서 실상을 조사하는 것이다." ○보충한다. "감경하여 벌금을 부과하고도 오히려 억울한 면이 있을까 염려하여 벌금을 매길 때 다시 실정(實情)을 조사하는 것이다."

考訂 歐陽·夏侯說云: "墨辟교1)疑赦, 其罰百率。古以六兩爲率。" ○古尚書說云: "百鍰, 鍰者, 率也。一率, 十一銖二十五分銖之十三也, 百鍰爲三斤。" ○鄭云: "古之率多作鍰。"【已上, 《周禮·職金》疏】 ○鄭云: "贖死罪千鍰, 鍰六兩太半兩, 爲四百一十六斤十兩大半兩銅, 與金교2)贖死罪金三斤, 爲價相依附。"【梅本〈舜典〉疏】 ○馬云: "賈逵說'俗儒以鋝重六兩, 《周官》劍重九鋝, 俗儒近是'。"【又云: "鋝, 量名。"】 ○鄭云: "鍰, 稱輕重之名。今代·東萊稱。大교3)半兩爲鈞, 十鈞爲鍰, 鍰重六兩。"교4)

○《釋文》云："鍰, 六兩也。"【鄭及《爾雅》同】 ○孔云："古者, 金·銀·銅·鐵, 總號爲金, 今別之爲四。〈舜典〉傳言黃金, 此傳言黃鐵, 皆是銅也。古人贖罪, 悉皆用銅。" **○訂曰** 鍰者, 率也。或作鋝,【〈考工記〉】 或作鋒。【見字書】 鋒者, 率也。率者, 律也。算術家立算率,【今謂之比例】 乃得其倍差之數, 古者, 罰金之法亦如是也。蓋以赤金六兩, 先立其率, 隨物貴賤, 加減其數。假如黃金則輸六銖, 以當一鍰, 黑金則輸六斤, 以當一鍰, 以至布帛·粟米之屬, 莫不皆然。故經文不用錙·銖·斤·兩等字, 唯稱百鍰·千鍰。諸家欲一定其數爲幾兩, 又欲一定其品爲某金, 皆拘矣。〈齊語〉, 管子曰："制重罪贖以犀甲·一戟, 輕罪贖以鞼盾·一戟, 小罪讁以金分。【有分兩之差】 美金以鑄劍戟, 惡金以鑄鉏·夷·斤·欘。" 此亦周法, 《周禮·職金》'受金罰·貨罰, 入于司兵', 是也。罰金之法, 不唯黃鐵是徵, 則其銖兩不可一定。鍰之爲率, 審矣。【先王以罰金爲不潔, 故不以爲祭器·養器, 唯作兵器】

교1) 案辟 : 『주례주소』에는 '罰'로 되어 있다.
교2) 案金 : 북경대본 『상서정의』에는 '今'으로 되어 있는데, 孫詒讓이 陳氏의 『五經異義疏證』의 설에 따라 교감한 것이다.
교3) 案大 : 『상서정의』에는 앞에 '或以'가 더 있다.
교4) 案兩 : 『상서정의』에는 뒤에 '太半兩'이 더 있다.

고정 구양생과 하후씨의 설에 "묵벌(墨罰)을 적용하기가 미심쩍으면 감경(減輕)하는데, 그 벌금이 100률(率)이다. 옛날에는 6냥을 율(率)이라고 하였다."라고 하였다.
○고문상서가들의 설에 "백환(百鍰)에서 환(鍰)이란 율(率)이다. 1율은 11수(銖)와 25분수(分銖)의 13이니, 100환은 3근(斤)이 된다."

라고 하였다. ○정현이 말했다. "옛날에는 율(率)을 대부분 환(鍰)으로 썼다."【이상은 『주례』「추관(秋官)·직금(職金)」의 소에 보인다.】

○정현이 말했다. "사죄(死罪)에 대한 속금(贖金)은 1000환이고, 환은 6냥 반이 넘으니 〈1000환은〉 416근 10냥 반이 넘는 동(銅)이어서, 지금의 사죄에 대한 속전(贖錢)인 금 3근과 값이 서로 비슷하다."【매색본 「순전(舜典)」의 소[81]에 보인다.】

○마융이 말했다. "가규(賈逵)는 '속유들은 렬(鋝)의 중량을 6냥이라고 하는데, 『주관[周官 : 주례]』에서 검의 무게가 9렬[82]이라고 하였으니, 속유들의 주장이 그럴듯하다.'라고 설명하였다."【또 말했다. "렬(鋝)은 중량의 이름이다."】

○정현이 말했다. "환(鍰)은 무게를 다는 명칭이다. 지금 대(代)와 동래(東萊) 지방에서 그렇게 부른다. 혹은 2분의 1냥이 넘는 것을 균(鈞)이라고 하는데, 10균이 1환(鍰)이니 환의 중량은 6냥 반이 넘는다."

○『경전석문』에 "환(鍰)은 6냥이다."라고 하였다.【정현의 설 및 『이아』의 풀이도 같다.】[83]

○공영달이 말했다. "옛날에는 금·은·동·철을 모두 금(金)이라고 불렀는데 지금은 구별하여 네 가지 명칭으로 부른다. 「순전」의

81 매색본 「순전(舜典)」의 소 : 『상서고훈』 「堯典 下」 4장의 '金作贖刑'에 대한 소이다.

82 검의 무게가 9렬 : 『주례』 「冬官考工記·桃氏」 중 검의 제도를 설명한 부분에 "重九鋝謂之上制."라고 하였다.

83 『경전석문』에……같다 : 『경전석문』 권4 「尙書音義 下」 '鍰'에 대한 설명에 "六兩也. 鄭及『爾雅』同."이라고 하였다. 『이아』에서는 이와 관련한 내용이 확인되지 않는다.

전(傳)에서는 황금(黃金)이라고 하고 여기 「여형」의 전에서는 황철(黃鐵)이라고 하였는데, 모두 지금의 동(銅)이다. 옛날 사람들은 죄에 대한 속전을 받을 때 모두 동을 사용하였다."[84]

○**정왈** 환(鍰)이란 율(率)의 뜻으로, 렬(鋝)로 쓰기도 하고【『주례』 「동관(冬官)·고공기(考工記)」에 그렇게 썼다.】 율(鋝)로 쓰기도 한다.【자서(字書)에 보인다.】 율(鋝)은 율(率)의 뜻이고, 율(率)은 율(律)의 뜻이다. 산술가(算術家)들은 산율[算率: 계산하는 비율]【지금은 비례(比例)라고 한다.】을 세워야 배율[倍差之數]을 얻는데, 옛날에는 벌금을 계산하는 법도 이와 같았다. 대체로 적금(赤金) 6냥으로 먼저 그 산율을 세우고 물건의 귀천에 따라 그 수를 늘리거나 줄였다. 가령 황금(黃金)은 6수(銖)를 바쳐서 1환에 갈음하고, 흑금(黑金)은 6근(斤)을 바쳐서 1환에 갈음하는 식인데, 포백(布帛)이나 속미(粟米) 같은 종류도 모두 그런 식으로 계산한다. 그러므로 경문에 치(錙)·수(銖)·근(斤)·냥(兩) 등의 글자를 쓰지 않고 단지 100환·1000환이라고만 한 것이다. 그런데 제가(諸家)가 그 수를 일정하게 몇 냥으로 하고자 하고, 또 그 물품을 일정하게 어떤 금으로 하고자 하였으니, 모두 옹색하다.

『국어』「제어(齊語)」 관자(管子)의 말에, "제도를 수립하여 중죄(重罪)를 지은 자는 서갑(犀甲)과 극(戟) 한 자루로 죗값을 치르게

84 공영달이……사용하였다: 매색이 「舜典」 '金作贖刑'의 주에서는 '金'을 황금이라고 하고 이 부분 '其罰百鍰'의 주에서는 '鋝'을 '黃鐵'이라고 한 이유를 설명한 내용인데 원문과는 약간의 글자 출입이 있다. 『상서정의』 소의 원문은 다음과 같다. 「舜典」云'金作贖刑', 傳以金爲黃金, 此言黃鐵者, 古者, 金·銀·銅·鐵, 摠號爲金, 今別之以爲四名. 此傳言'黃鐵', 「舜典」傳言黃金, 皆是今之銅也. 古人贖罪, 悉皆用銅, 而傳或稱黃金或言黃鐵, 謂銅爲金爲鐵爾.

하고, 경죄(輕罪)를 지은 자는 귀순(鞼盾)과 극 한 자루로 죗값을 치르게 하고, 소죄(小罪)를 지은 자는 금분(金分)으로 견책하십시오.【액수에 차등을 두라는 뜻이다.】 질이 좋은 쇠로는 검과 극을 주조하고, 질이 나쁜 쇠로는 서[鉏 : 호미]·이[夷 : 풀을 깎거나 땅을 고르는 농기구]·근[斤 : 도끼]·촉[欘 : 자귀]을 주조하십시오."라고 하였다. 이것 또한 주나라의 법으로, 『주례』「추관·직금」에 '금벌(金罰)과 화벌(貨罰)[85]을 받아서 사병(司兵)에 들여보낸다.'라고 한 것이 이것이다. 벌금을 받는 법은 황철(黃鐵)로만 징수하는 것이 아니니 그 수량(銖兩)을 일정하게 정할 수는 없다. 환(鍰)은 율(率)임이 분명하다.【선왕은 벌금을 불결하게 여겼으므로, 그것으로 제기(祭器)나 양기[養器 : 식기]를 만들지 않고 오직 병기(兵器)만 만든 것이다.】

考訂 馬云 : "倍二百, 爲四百鍰也, 差者, 又加四百之三分一, 凡五百三十三, 三分一也。"【見《史》注】 ○梅云 : "倍差, 謂倍之又半, 爲五百鍰。"【蔡從之】 ○**鏞案** 倍差, 只是變文耳。【四百鍰】 百而倍之, 爲二百, 二百而倍之, 爲四百, 其義方正。且劓之與剕, 不甚相遠, 何差之太闊? 剕之與宮, 其苦相懸, 何差之太促?【五百至六百】 古訓非也。

고정 마융이 말했다. "〈배(倍)는〉 200의 두 배로 400환(鍰)이 되고, 차(差)는 또 400의 3분의 1을 더하는 것이니 모두 533과 3분의 1이

85 화벌(貨罰) : 金 이외에 화폐 등으로 벌금을 내는 것이다. 『주례』 정현의 주에 "貨, 泉貝也."라고 하였고, 가공언의 소에 "既言金罰, 又曰貨罰者, 出罰之家, 時或無金, 卽出貨以當金直."이라고 하였다. 星湖 李瀷은 『星湖僿說』 권27 「經史門·罰鍰」에서 "『周禮』「職金」, 有金罰·貨罰. 貨, 謂無金者, 代以他貨也. 無金而代貨, 則亦將無貨而代役也."라고 하여 노역으로 대신할 수도 있었을 것이라고 보았다.

된다."【『사기』「주본기(周本紀)」의 『집해』에 보인다.】
○매색이 말했다. "배차(倍差)는 두 배 하고 또 반을 더한다는 말이니 500환이 된다."【채침이 이 설을 따랐다.[86]】

○용안 배차(倍差)는 표현을 바꾼 것일 뿐이다.【400환이다.】 100을 두 배 하면 200이 되고, 200을 두 배 하면 400이 되니, 그 의미가 정확하다. 게다가 의형(劓刑)은 비형(剕刑)에 비해 대단히 큰 차이가 나는 것도 아닌데 〈벌금은〉 차이가 어찌 그렇게 크며, 비형은 궁형(宮刑)에 비하면 그 고통이 현격히 다른데 〈벌금은〉 차이가 어찌 그렇게 작겠는가?【500환에서 600환까지이다.】 고훈은 틀렸다.

考訂 蔡云: "皐陶所謂'罪疑唯輕'者, 降一等而罪之耳。今五刑疑赦, 直罰以金, 皆不復降等。" **○案** 九峰本以穆王爲荒淫逸豫之主。故疑此罰金之法, 今始創制, 疵毁如是也。罪疑惟輕, 本是贋書,【〈大禹謨〉】 不知惟輕是何法, 豈必降等爲惟輕乎? 試論一事, 大辟降一等, 豈非宮刑? 若其情犯, 雖降宮刑, 仍猶可疑, 則將如之何? 設以身處之, 將樂其降等之名, 椓其陰, 去其勢, 而不悲乎? 寧傾家破業, 甘輸千鍰之罰乎? 愚夫知所擇矣。凡疑冤之獄, 久而後多白。若罰金以俟之, 白而當死則殺之未晚, 白而遂脫則還其金而勞之無害。輕殺而輕割之, 則死者不可復生, 斷者不可復續, 降等豈若輸罰之爲仁乎?
凡罪之明白無疑者, 或於本律, 隨其情犯, 各降一等, 可也。若其罪在疑翳, 曖昧不白者, 唯有罰金一法, 翕然中理, 降等之法, 大不便矣。罪旣疑矣, 何得降之? 先王至仁, 寧使民枉虧其財, 不忍使民枉虧其體。若

86 채침이……따랐다 : 『서집전』에 "倍差, 倍而又差, 五百鍰也."라고 하였다.

不肯精核細硏, 唯以降一等爲主, 則天下多冤獄矣。此經孔子旣選之矣。藉有夙愆, 恐不必輕詆之也。孔沖遠於〈虞書〉金贖之疏, 論〈呂刑〉疑赦之義曰: "〈呂刑〉疑赦乃罰者, 卽今律'疑罪, 各從其實以贖論', 是也。疑謂虛實之證等, 是非之理均, 或事涉疑似, 旁無證見, 或雖有證見, 事非疑似。如此之類, 皆爲疑罪。" 亦善言疑者矣。【已上《知遠錄》】又此金贖之疏, 錄鄭玄說一條, 《駁異義》言'贖死罪千鍰'之義, 似係〈呂刑〉說, 今姑略之。

고정 채침이 말했다. "고요(皐陶)가 '죄가 의심스러우면 가볍게 처벌한다.'라고 한 것은 한 등급을 낮추어 처벌하는 것일 뿐이다. 그런데 여기서 오형(五刑)으로 처벌하기 의심스러워서 용서할 때 곧바로 벌금을 거두는 것으로 처벌하였으니 〈대벽(大辟), 궁형(宮刑), 비형(剕刑), 의형(劓刑), 묵형(墨刑)에 대해〉 모두 강등하는 법은 다시 쓰지 않은 것이다."[87]

○안 구봉[九峰: 채침]은 본래 목왕(穆王)을 황음하고 안일한 임금으로 여겼다. 그러므로 벌금을 거두는 이 법을 지금 처음 만들었다고 의심하여 이렇게 폄훼한 것이다. 그러나 '죄가 의심스러우면 가볍게 처벌한다.[罪疑惟輕]'라는 것은 본래 위서(僞書)【「대우모(大禹謨)」

87 고요(皐陶)가……것이다: 채침은 다섯 가지 肉刑에 처할 죄에 대해 罪狀이 불확실할 경우 각각 한 등급을 낮추어, 예컨대 사형에 해당하는 죄인은 宮刑으로, 궁형에 처할 죄인은 剕刑으로 강등하여 처벌하였는데, 이 장에서 다섯 가지 육형에 대해 모두 贖金을 받는 규정이 있으므로 降等하는 법은 다시 쓰지 않았다고 본 것이다. 『서집전』의 원문은 다음과 같다. 今按皐陶所謂罪疑惟輕者, 降一等而罪之耳. 今五刑疑赦而直罰之以金, 是大辟・宮・剕・劓・墨, 皆不復降等用矣.

이다.】에 나오는 내용으로 유경(惟輕)이 어떤 법인지는 모르나 어찌 반드시 등급을 낮추어야 유경(惟輕)이 되겠는가? 한 가지 사례를 논해 보자. 사형에서 한 등급을 낮추면 궁형이 아니겠는가? 하지만 정상과 범행 정도를 참작하여 비록 등급을 낮추어 궁형에 처하더라도 여전히 의심스러우면 어떻게 하겠는가? 설사 신체를 훼손하는 처벌을 받더라도 등급을 낮추었다는 명분을 즐거워하여 음부를 제거하고 거세해도 슬퍼하지 않겠는가? 차라리 가산을 모두 기울여 파산하더라도 1000환의 벌금을 기꺼이 내겠는가? 어리석은 사람도 무엇을 선택할지 알 것이다. 대체로 의심스럽거나 억울한 옥사는 오랜 시간이 지난 뒤에 대부분 밝혀진다. 만약 벌금을 받고 기다렸다가 사건이 밝혀진 뒤 사형에 해당한다면 그때 죽여도 늦지 않다. 또 사건이 밝혀져 드디어 죄를 벗으면 벌금을 돌려주고 그를 위로하는 것도 해롭지 않다. 그러나 경솔하게 죽이거나 신체 일부를 잘랐다면 죽은 사람은 다시 살아날 수 없고 끊어진 신체는 다시 이어붙일 수 없다. 등급을 낮추는 것이 어찌 벌금을 거두는 것만큼 어진 처벌이겠는가?

죄가 명백하여 의심할 여지가 없는 경우 혹 본래의 형률에서 정상과 범죄 정도에 따라 각각 한 등급을 낮출 수는 있다. 만약 그 죄가 의심스럽고 애매하여 명백하지 않다면 오직 벌금을 거두는 한 가지 법만이 흡연(翕然)히 이치에 맞고, 등급을 낮추는 법은 대단히 부적합하다. 죄가 이미 의심스러운데 어떻게 등급을 낮출 수 있는가?

선왕(先王)들은 지극히 인(仁)하여 차라리 백성이 재물을 억울하게 손해 보게 할지언정 차마 백성이 그 신체를 억울하게 훼손당하게 하지는 않았다. 정확하게 조사하고 자세히 궁구하려고 하지 않고 오직 한 등급 낮추는 것만을 위주로 한다면 천하에 억울한 옥사가 많을 것이다. 이 편 「여형」은 이미 공자가 뽑았다. 설사 전폐(前弊)가 있다고 하더라도 가볍게 비난할 필요는 없을 듯하다. 공충원[孔沖遠 : 공영달]은 「우서(虞書)」의 금작속형(金作贖刑)에 대한 소에서 「여형」에 나오는 '의사(疑赦)'의 의미를 논하여 "「여형」의 '죄가 의심스러워 용서하는 경우 벌금을 물린다.'라는 것은 지금 법에서 '의죄(疑罪)에 대해서는 각기 그 실정에 따라 벌금을 논한다.'라는 것이 이것이다. 의(疑)는 허실(虛實)의 증거가 대등하고 시비(是非)의 이치가 같은데, 사건 내용을 보면 범인으로 의심할 만한데 증거가 없는 경우나 비록 증거는 있지만 사건 내용을 보면 범인으로 의심할 일이 아닌 그런 경우를 말한다. 이런 종류는 모두 의죄가 된다."라고 하였는데, 또한 '의(疑)'를 잘 설명한 것이다.【이상 『상서지원록』】 또 그 부분 금작속형의 소에 기록한 정현의 설(說) 한 조목 즉 『박오경이의(駁五經異義)』[88]에서 속사죄천환(贖死罪千鍰)의 의미를 말한 것[89]이 「여형」의 설과 관련된 듯하나 여기서는 생략한다.

88 『박오경이의(駁五經異義)』 : 정현이 許愼의 『五經異義』의 내용을 논박한 책으로 본책 1권과 부록 1권으로 되어 있다. 원래는 『오경이의』의 각 내용에 附記하고 따로 책을 만들지 않았는데 원본은 失傳되었다. 뒤에 여러 책에 단편적으로 실려 있는 것을 모아서 『오경이의』의 내용과 그에 대한 駁義가 모두 있는 것을 1권으로 만들고 駁義만 남아 있는 것을 부록으로 만들었다.

89 정현의……것 : 『상서정의』 「舜典」(『상서고훈』 「堯典 下」) '金作贖刑'의 소에 "鄭玄『駁異義』言, '贖死罪千鍰. 鍰六兩大半兩, 爲四百一十六斤十兩六半兩銅, 與金贖死罪金三斤爲價相依附."라고 한 내용이 보인다. 여기에 인용된 정현의 설은 『박오경이의』 附錄에 실려 있다.

考異 〈周本紀〉云：“黥辟疑赦，其罰百率，閱實其罪。劓辟疑赦，其罰倍灑。【節】 臏辟疑赦，其罰倍差。【節】 宮辟疑赦，其罰五百率。【節。徐廣云：“一作六百率。”교1)】 大辟疑赦，其罰千率。”【徐廣云：“灑一作蓰。”】 ○《周禮・職金》疏云：“夏侯・歐陽說云，‘墨罰疑赦，其罰百率。’” ○《書大傳》，剕作臏。○《漢書・刑法志》，作髕。《玉篇》，作跸。**○案** 鍰・鋝形近，鋝・鐸本通。鍰者，率也。【鋝字詳見〈考工記〉重三鋝之疏】

교1) 案百率：『사기집해』에는 이 두 글자가 없다.

고이 『사기』「주본기」에는 “黥辟疑赦，其罰百率，閱實其罪. 劓辟疑赦，其罰倍灑.【중략】 臏辟疑赦，其罰倍差.【중략】 宮辟疑赦，其罰五百率.【중략】【서광(徐廣)이 말했다. “어떤 본에는 ‘六’으로 되어 있다.”】 大辟疑赦，其罰千率.”【서광이 말했다. “‘灑’가 어떤 본에는 ‘蓰’로 되어 있다.”】로 되어 있다.

○『주례』「추관(秋官)・직금(職金)」의 소에 “하후씨(夏侯氏)와 구양생(歐陽生)의 설에는 〈‘墨辟疑赦，其罰百鍰’이〉 ‘墨罰疑赦，其罰百率’로 되어 있다.”라고 하였다.

○『상서대전』에는 ‘剕’가 ‘臏’으로 되어 있다.

○『한서』「형법지(刑法志)」에는 ‘髕’으로 되어 있고, 『옥편(玉篇)』에는 ‘跸’로 되어 있다.

○안 환(鍰)과 렬(鋝)은 자형(字形)이 비슷하고, 렬(鋝)과 률(鐸)은 본래 통한다. 환(鍰)은 율(率)이다.【렬(鋝) 자에 대해서는 『주례』「동관・고공기」 ‘중삼렬(重三鋝)’의 소에 상세히 나온다.】

墨罰之屬千, 劓罰之屬千, 剕罰之屬五百, 宮罰之屬三百, 大辟之罰, 其屬二百, 五刑之屬三千。上下比罪, 無僭亂辭, 勿用不行。惟察惟法, 其審克之。【〈周本紀〉, 剕爲臏】

"묵벌(墨罰)에 속하는 죄가 1000가지이고, 의벌(劓罰)에 속하는 죄가 1000가지이고, 비벌(剕罰)에 속하는 죄가 500가지이고, 궁벌(宮罰)에 속하는 죄가 300가지이며, 대벽(大辟)의 벌에 속하는 죄가 200가지이니, 오형(五刑)에 속하는 죄가 3000가지이다. 죄를 판결할 때마다 높은 등급의 죄와 낮은 등급의 죄에 견주어 타당한 벌을 찾고, 어지럽고 이치에 맞지 않는 말로 어지럽히지 못하도록 하며, 전에 쓰지 않던 법을 행하지 말라. 오직 오사(五辭)를 잘 살펴서 듣고 법에 따라 자세히 살펴서 처리하라."【『사기』「주본기」에는 '剕'가 '臏'으로 되어 있다.】

補云: "至於三千者, 其情理萬殊, 條例具詳也。" ○補云: "墨爲下等, 而上之至於大辟, 皆上下也, 每決一囚, 必上比下比,【比, 擬也】 以求其當。" ○補云: "僭, 犯也, 干也。凡要囚,【要, 束也】 勿以錯亂無理之辭干之。" ○補云: "凡訊囚·核囚, 舊所不行之法, 毋得行之。" ○補云: "察於聽辭, 非法不行。"

〔五刑之屬三千〕 보충한다. "3000가지나 되는 것은 경우마다 다른 정리(情理)에 대해 조례(條例)를 상세하게 구비하였기 때문이다."

〔上下比罪〕○보충한다. "묵벌(墨罰)이 가장 낮은 등급이고 위로 대

벽(大辟)에 이르기까지 〈정상을 참작하여〉 모두 등급을 높이거나 낮추어 한 명의 죄수를 판결할 때마다 반드시 높은 등급이나 낮은 등급에 견주어서【비(比)는 의[擬 : 헤아리다, 견주다]의 뜻이다.】 타당한 벌을 찾는 것이다."

〔無僭亂辭〕○보충한다. "참(僭)은 범[犯 : 범하다, 침범하다]의 뜻이고, 간[干 : 범하다, 간섭하다]의 뜻이다. 요수[要囚 : 중죄에 대해 사실을 조사하다]【요(要)는 속[束 : 모으다]의 뜻이다.】하는 때에는 어지럽고 이치에 맞지 않는 말이 끼어들지 못하도록 하라는 뜻이다."

〔勿用不行〕○보충한다. "죄수를 신문하고 조사할 때 옛날에 행하지 않던 법을 시행하지 말라는 말이다."

〔惟察惟法〕○보충한다. "오사(五辭)를 들을 때 잘 살펴서 법에 맞지 않으면 행하지 않는다는 말이다."

考證 《周禮 · 司刑》: "掌五刑之法。[교1] 墨罪五百,【鄭云: "墨, 黥也。先刻其面, 以墨窒之。"】 劓罪五百,【鄭云: "截其鼻。"】 宮罪五百,【鄭云: "男子割其勢, 女子閉於宮中, 若今宦男女。"】 刖罪五百,【鄭云: "斷足也。周改臏作刖。"】 殺罪五百。【鄭云: "死刑也。"】" ○**案** 《周禮》, 五刑各五百, 輕重同條。〈呂刑〉, 墨罪倍之, 大辟之條, 止於二百, 宮罪, 止於三百, 爲益近情也。彼未必是周公所制, 此未必是穆王所改也。

교1) 案法 : 『주례』에는 뒤에 '以麗萬民之罪'가 더 있다.

고증 『주례』「추관 · 사형(司刑)」에 "오형(五刑)의 법을 관장하여 〈백성의 죄가 법에 저촉되는지를 살핀다.〉 묵죄(墨罪)【정현이 말했다. "묵(墨)은 경[黥 : 문신하다]의 뜻이다. 먼저 얼굴에 글자를 새기고 먹으로 채우는 것이다."】가 500가지이고, 의죄(劓罪)【정현이 말했다. "코를 베는 것이다."】가 500가지이고, 궁죄(宮罪)【정현이 말했다. "남자는 거세하고 여자는 음부를 막는 것이니 지금의 환남(宦男)·환녀(宦女)와 같다."】가 500가지이고, 월죄(刖罪)【정현이 말했다. "다리를 자르는 것이다. 주나라 때에 빈형[臏刑: 정강이뼈를 자르는 형벌]을 월형으로 고쳤다."】가 500가지이며, 살죄(殺罪)【정현이 말했다. "사형이다."】가 500가지이다."

○**안** 『주례』에는 오형이 각각 500가지로 경죄(輕罪)와 중죄(重罪)의 조목이 같다. 「여형」에서는 묵죄(墨罪)는 두 배이고 대벽(大辟)의 조목은 200가지에 그치고 궁죄(宮罪)의 조목은 300가지에 그치니, 실정에 더욱 가깝다. 그러나 『주례』가 반드시 주공이 만든 것은 아니고, 「여형」이 반드시 목왕(穆王)이 고친 것도 아니다.

考證 《書大傳》云: "決關梁踰城郭而略盜者, 其刑臏。男女不以義交者, 其刑宮。觸易君命, 革輿服制度, 姦軌·盜攘·傷人者, 其刑劓。非事而事之, 出入不以道義, 而誦不詳之辭者, 其形墨。降畔·寇賊·劫略·奪攘·撟虔者, 其刑死。"【〈司刑〉注】 ○孔云: "本制宮刑, 主爲淫者, 後未必爲淫。昭五年《左傳》, '楚子以羊舌肸爲司宮', 非坐淫也。漢除肉刑, 宮刑猶在。"【司馬遷宮刑】 ○**鏞案** 伏生之說, 原是意度, 非本義也。經云'上刑下服, 下刑上服', 明此一罪, 或服宮刑, 或服剕刑, 非以事類別之也。如五聲之差, 只是淸濁高下, 而《管子》有'牛鳴窌, 雉登木'之分也。且五刑條例, 至於三千, 伏生以數事概之, 可乎?

고증 『상서대전』에 "관문과 교량을 허물거나 성곽을 넘어가서 약탈하고 도둑질을 하면 그에 대한 형벌은 빈형(臏刑)이다. 남자와 여자가 의리에 맞지 않게 어울리면 그에 대한 형벌은 궁형(宮刑)이다. 임금의 명을 거스르고 수레와 복식의 제도를 바꾸거나 간궤(姦軌), 도양(盜攘), 사람을 상하게 하면 그에 대한 형벌은 의형(劓刑)이다. 섬길 대상이 아닌데 섬기거나 도의에 맞지 않게 출입하며 상서롭지 못한 말을 외우면 그에 대한 형벌은 묵형(墨刑)이다. 항반[降畔 : 반란자에게 투항]·구적[寇賊 : 도둑질]·겁략[刦略 : 협박이나 폭력으로 재물을 빼앗는 행위]·탈양[奪攘 : 약탈]·교건[撟虔 : 남을 속여서 재물을 빼앗는 행위]을 하면 그에 대한 형벌은 사형이다."【『주례』「추관·사형(司刑)」의 주에 보인다.】

○공영달이 말했다. "본래 궁형을 제정한 것은 주로 음란한 자들 때문이었으나 뒤에 〈이 벌을 받은 사람이〉 반드시 음란한 자들인 것은 아니었다. 『춘추좌씨전』 소공(昭公) 5년에 '초자(楚子)가 양설힐(羊舌肹)을 사궁(司宮)으로 삼은 것'도 음란한 죄에 걸렸기 때문은 아니다. 한(漢)나라 때에 육형(肉刑)을 없앴으나 궁형(宮刑)은 여전히 남아 있었다."[90]【사마천(司馬遷)이 궁형을 받았다.】

○**용안** 복생의 설은 원래 자기 생각으로 헤아린 것이지 본의(本義)가 아니다. 경문에 '상형(上刑)에 처할 죄라도 하형(下刑)으로 처벌하고, 하형에 처할 죄라도 상형으로 처벌한다.'라고 하여 분명히 같은 죄인데 어떤 경우에는 궁형을 받고 어떤 경우에는 비형을 받도록 하였으니 사건의 종류에 따라 구별한 것은 아니다. 예컨대 오성(五聲)의 차이는 청탁(淸濁)과 고하(高下)일 뿐인데 『관자』에서

90 공영달이……있었다 : 『상서정의』 소의 일부 내용을 생략하고 인용하였다. 원문은 다음과 같다. 本制宮刑, 主爲淫者, 後人被此罪者, 未必盡皆爲淫. 昭五年『左傳』'楚子以羊舌肹爲司宮', 非坐淫也. 漢除肉刑, 除墨·劓·刵耳, 宮刑猶在.

'소가 우리에서 우는 소리와 꿩이 나무에 올라가 우는 소리' 등으로 세분한 것[91]과 같다. 게다가 오형의 조례가 3000가지나 되는데 복생이 몇 가지 일로 뭉뚱그렸으니 옳은가?

30. 여형 - 14

上刑適輕, 下服。下刑適重, 上服。輕重諸罰有權。刑罰, 世輕世重, 惟齊非齊, 有倫有要。罰懲非死, 人極干[교1)]病。

교1) 案干 : 신조선사본에는 '于'로 되어 있다.

"상형(上刑)에 처해야 마땅한 죄라도 의도가 가벼우면 하형(下刑)으로 처벌하고, 하형에 처해야 마땅한 죄라도 의도가 무거우면 상형으로 처벌한다. 벌금을 매길 때에는 죄의 경중을 달아보아야 한다. 형벌은 세태에 따라 가볍게 하거나 무겁게 해야 하지 오로지 가지런히 하는 데만 치중하는 것은 가지런히 하는 것이 아니니, 조리가 있고 핵심이 있어야 한다. 벌금으로 징계하면 죽지는 않아도 백성에게는 지극히 괴로운 일이다."

補云 : "適, 主意之所向也。【〈多士〉云 : "不貳適。"】 服, 如牛之服軛也。律應服墨, 而其用意重者, 劓之, 律應服宮, 而其用意輕者, 剕之。" ○補

91 『관자』에서……것 : 『관자』 권19 제58편 「地員」에 음악의 五聲을 구체적으로 구분하여 "凡聽徵, 如負猪豕覺而駭. 凡聽羽, 如鳴馬在野. 凡聽宮, 如牛鳴窌中. 凡聽商, 如離群羊. 凡聽角, 如雉登木以鳴, 音疾以淸."이라고 하였다.

云：“諸罰，謂五刑之贖也。罪有輕重，金以之輕重權，然後知輕重。” ○蔡云：“世[교1]輕世重者，《周官》‘刑新國，用輕典。刑亂國，用重典。刑平國，用中典’，隨世而爲輕重也。” ○補云：“一切以均齊爲主，非均齊也。”【蔡云：“唯權變是適，而齊之以不齊。”】 ○補云：“倫者，條理也。要者，猶言肯綮。” ○補云：“刑固當慎，罰亦宜審。雖免卽死，虧財破家，其病極矣，可輕施乎?”

교1) 案世：『서집전』에는 앞에 ‘刑罰’이 더 있다.

〔上刑適輕……上服〕 보충한다. “적(適)은 주된 의도가 지향하는 바이다.【「다사(多士)」에 “두 마음을 품지 않았다.”[92]라고 하였다.】 복(服)은 우지복액[牛之服軛：소에게 멍에를 메우다]의 복(服)과 같은 의미이다. 법으로는 묵형(墨刑)을 받아야 마땅하나 의도가 무거운 자는 의형(劓刑)에 처하고, 법으로는 궁형(宮刑)을 받아야 마땅하나 의도가 가벼운 자는 비형(剕刑)에 처하는 식이다.”

〔輕重諸罰，有權〕○보충한다. “제벌(諸罰)은 오형(五刑)에 대한 벌금을 말한다. 죄에 경중이 있으므로 벌금을 매길 때에는 죄의 경중을 달아보아야 〈벌금의〉 경중을 알 수 있다는 뜻이다.”

〔刑罰，世輕世重〕○채침이 말했다. “‘형벌, 세경세중(刑罰，世輕世重)’은 『주관[周官：주례]』에서 말한 ‘새로 건설한 나라를 다스리는 때에는 가벼운 법을 쓰고, 어지러운 나라를 다스리는 때에는 무거운 법을 쓰고, 태평한 나라를 다스리는 때에는 중간의 법을 쓴다.’라

92 「다사(多士)」에……않았다：「다사」의 “惟我事不貳適.”을 다산은 “適，嚮也，之也. 事天·事大，皆不可貳心.”이라고 풀이하였다.

는 것이니, 세태에 따라 법을 가볍게 쓰거나 무겁게 쓴다는 의미이다."

〔惟齊非齊〕○보충한다. "오로지 가지런하게 하는 데만 치중하는 것은 가지런하게 하는 방법이 아니라는 뜻이다."【채침이 말했다. "상황에 따라 적절하게 대처해서 가지런하지 않은 것을 가지런하게 한다는 뜻이다."】

〔有倫有要〕○보충한다. "륜(倫)은 조리(條理)의 뜻이다. 요(要)는 긍경[肯綮: 핵심, 관건]과 같은 말이다."

〔罰懲非死, 人極于病〕○보충한다. "형(刑)은 본래 신중하게 결정해야 하지만 벌(罰) 또한 잘 살펴서 내려야 한다. 비록 당장 죽음은 면하더라도 재산을 축내고 집안을 망치는 것은 지극히 괴로운 일인데 가볍게 시행해서야 되겠는가?"

考證《周禮·小司寇》: "聽民之所刺宥, 以施上服·下服之刑。"【鄭云: "上服, 殺與墨·劓。下服, 宮·刖也。" ○案。鄭以身體分上下, 大非】又〈司刺〉: "以三法求民情, 施上服·下服之罪。" ○鄭玄〈司刑〉注云: "夏刑, 大辟二百, 臏辟三百, 宮辟五百, 劓·墨各千。周則變焉, 所謂'刑罰, 世輕世重'者也。"【賈云: "此乃轉寫者誤, 當以〈呂刑〉爲正。"】 ○**案**〈書序·呂刑〉云: "訓夏贖刑。" 故鄭以〈呂刑〉爲夏后之法也。轉寫之誤, 無以至此。或出緯書, 好怪而用之也。

고증 『주례』「추관·소사구(小司寇)」에 "백성이 죽이라고 하는지 관대하게 처벌하라고 하는지를 들어서 상복(上服)이나 하복(下服)의 형을 시행한다."라고 하였다.【정현이 말했다. "상복은 사형과 묵형(墨刑)·의형(劓刑)이고, 하복은 궁형(宮刑)과 월형(刖刑)이다."[93] ○안. 정현은 신체 부위로 상복과 하복을 구분하였는데, 크게 틀렸다.】 또 「추관·사자(司

刺)」에 "세 가지 법으로 백성의 뜻을 알아보고 상복이나 하복의 죄를 시행한다."라고 하였다.

○『주례』「추관·사형(司刑)」의 정현 주에 "하(夏)나라의 형법에는 대벽(大辟)에 처하는 죄가 200가지, 빈벽(臏辟)에 처하는 죄가 300가지, 궁벽(宮辟)에 처하는 죄가 500가지, 의형과 묵형에 처하는 죄가 각각 1000가지였다. 주나라는 그것을 바꾸었으니 이른바 '형벌, 세경세중(刑罰, 世輕世重)'이라는 것이다."라고 하였다.【가공언이 말했다. "이는 전사자(轉寫者)의 오류이니 「여형」의 기록을 바른 것으로 보아야 한다."】

○**안** 「서서(書序)」의 「여형」 편에 "하나라의 속형(贖刑)을 가르쳤다."라고 하였으므로 정현은 「여형」을 하나라의 법이라고 여긴 것이다. 그러나 전사의 오류가 이런 정도까지 될 수는 없다. 어쩌면 위서(緯書)에 나오는데 〈정현이〉 괴벽한 것을 좋아하여 채용하였을 수도 있다.

考異 《後漢書·劉愷傳》引《書》曰:"上刑挾輕, 下刑挾重。"【王應麟《考異》】又〈應劭傳〉引《書》曰:"刑罰, 時輕時重。"

고이 『후한서』「유개전(劉愷傳)」의 『상서』를 인용한 부분에는 〈'上刑適輕, 下服. 下刑適重, 上服'이〉 "上刑挾輕, 下刑挾重."으로 되어 있다.【왕응린의 『서경고이(書經考異)』에 보인다.】 또 「응소전(應劭傳)」의 『상서』를 인용한 부분에는 "刑罰, 時輕時重."으로 되어 있다.

---

93 상복은……월형(刖刑)이다:『주례』「秋官·司剌」의 주에 보인다.

考訂 【上刑下服】 蔡云："舜之宥過無大, 〈康誥〉所謂大罪非終。" ○**鏞案** 此註, 非矣。宥過無大, 雖出梅《書》, 舜法亦必然矣。然宥過無大者, 其在此經, 五刑之赦而付之五罰, 五罰之赦而付之五過, 正是宥過無大, 玆所謂疑赦也。上刑下服, 此非疑赦, 乃其情理昭著, 知其用意稍輕。故令降一等, 服其下刑。與前疑赦之法, 判爲二門, 指此爲彼, 可乎? 九峰前欲以疑赦之罰金者, 處之以降等, 今於無疑而降等者, 混之於宥過。其於按獄之精義, 猶有一重遮障, 故其言如是也。疑於用刑, 而付之於罰金, 疑於用罰, 而付之於過誤者, 上章之義也。得其情實, 了然無疑, 律重而情輕者, 降于下等, 律輕而情重者, 升于上等, 此章之義也。何可混之? 以法則上刑無疑也, 以情則下刑無疑也。無疑也, 故得降一等。若情之輕重, 都不分明, 將欲降等, 猶疑至冤, 將欲全赦, 慮有實犯, 若是者奈何? 輸之罰金, 豈不合天理而協人情乎? 明知其過誤, 一毫無疑, 然後方可宥大。明知其故怙, 一毫無疑, 然後方可以刑小。若其或過或誤, 都不分明, 將如之何? 罰金, 上法也。【《知遠錄》】

고정 【상형(上刑)이라도 하복(下服)으로 처벌하는 데 대해】 채침이 말했다. "순(舜)의 유과무대(宥過無大)[94]와 「강고」에서 말한 대죄비종(大罪非終)[95]이다."[96]

94 유과무대(宥過無大): 매색본의 「大禹謨」에 나온다. 채침은 "過誤所犯, 雖大必宥." 즉 과오로 지은 죄는 아무리 커도 반드시 용서한다는 뜻이라고 풀이하였다.

95 대죄비종(大罪非終): 큰 죄를 지어도 고의로 저지른 것이 아니면 용서한다는 의미이다. 「강고」의 "乃有大罪, 非終, 乃惟眚災, 適爾, 旣道極厥辜, 時乃不可殺."에 대해 채침은 "人有大罪, 非是故犯, 乃其過誤, 出於不幸, 偶爾如此, 旣自稱道, 盡輸其情, 不敢隱匿, 罪雖大, 時乃不可殺."이라고 풀이하였다.

96 순(舜)의……대죄비종(大罪非終)이다: "上刑適輕, 下服."에 대한 채침의 풀

○용안 이 주는 틀렸다. 유과무대(宥過無大)는 비록 매색의 『상서』에 나오지만 순의 법 또한 필시 그러하였을 것이다. 그러나 유과무대란 「여형」에서는 오형(五刑)을 용서하여 오벌[五罰 : 다섯 가지 벌금형]에 처하고, 오벌을 용서하여 오과[五過 : 다섯 가지 실수]에 처하는 것이 바로 유과무대로 이것이 이른바 의사(疑赦)이다. 그러나 상형(上刑)에 해당하는 죄를 하형으로 처벌하는 것은 의사가 아니다. 바로 정리가 환히 드러나서 그 의도가 조금 가볍다는 것을 알았기 때문에 한 등급을 내려서 하형에 해당하는 처벌을 받게 하는 것이다. 앞에 나온 의사의 법과는 판연히 다른 갈래인데 이것을 가리켜 저것이라고 해서야 되겠는가? 구봉[채침]은 앞에서 죄가 의심스러우면 용서하여 벌금을 내게 하는 것을 등급을 낮추어서 처벌하는 것이라고 풀이하려고 하였는데, 지금은 의심할 것이 없는데도 등급을 낮추어서 처벌하는 것을 과오로 저지른 죄를 용서하는 것과 혼동하였다. 옥사를 살피는 정밀한 의리에 대해 오히려 한 겹의 장애물이 있었기 때문에 그 말이 이와 같은 것이다. 오형을 적용하기가 의심스러우면 벌금형에 처하고, 벌금형을 적용하기가 의심스러우면 과오로 처벌한다는 것이 앞 장의 뜻이다. 그 실정을 알아내었는데 확실하여 의심할 것이 없는 경우 법으로 보면 무겁게 처벌해야 하지만 실정이 가벼운 자는 하등(下等)으로 내리고, 법으로 보면 가볍게 처벌해야 하지만 실정이 무거운 자는 상등(上等)으로 올리는 것이 이 장의 의미이다. 어떻게 혼동할 수 있겠는가? 법으로 보면 상형을 적용하기에 의심할 것이 없고 실정으로

이를 발췌한 것이다. 원문은 다음과 같다. 事在上刑, 而情適輕, 則服下刑, 舜之宥過無大, 康誥所謂大罪非終者, 是也.

보면 하형을 적용하기에 의심할 것이 없다. 의심할 것이 없기 때문에 한 등급을 낮추는 것이다. 만약 정리가 가벼운지 무거운지 도무지 분명하지 않아서 처벌의 등급을 낮추려고 하니 오히려 지극히 원통할까 의심스럽고, 완전히 용서하려고 하니 실제 범행이 있었을까 염려된다. 이런 경우에는 어떻게 하겠는가? 벌금을 거두는 것이 천리와 인정에 맞지 않겠는가? 과오임을 명백히 알아서 추호도 의심이 없어야 비로소 큰 죄라도 용서할 수 있다. 믿는 데가 있어 고의로 저질렀음을 명백히 알아서 추호도 의심이 없어야 비로소 작은 죄라도 처벌할 수 있다. 그것이 과(過)인지 오(誤)인지 도무지 분명하지 않은 경우에는 어떻게 하겠는가? 벌금형이 상책이다.【『상서지원록』】

考訂 梅云 : "刑所以齊非齊。" **○訂曰** 若如梅義, 則經當云'唯齊不齊'矣。經所言者, 膠柱鼓瑟之戒。假如殺人者死, 法也, 昏夜認之爲虎而射殺良人, 亦判爲死乎? 唯齊之爲務, 實非齊也。

고정 매색이 말했다. "형은 가지런하지 않은 것을 가지런하게 하는 방법이다."

○정왈 매색의 풀이와 같다면 경문에 응당 '유제부제(唯齊不齊)'라고 하였을 것이다. 경문에서 말한 바는 융통성 없이 원칙만을 고수하는 데 대한 경계이다. 가령 사람을 죽인 자는 사형에 처하는 것이 법인데, 어두운 밤중에 호랑이라고 오인하여 양민을 쏘아 죽였다면 그런 경우도 사형으로 판결할 것인가? 가지런하게 하는 데만 힘쓰는 것은 실로 가지런하게 하는 방법이 아니다.

30. 여형 - 15

非佞折獄, 惟良折獄, 罔非在中。察辭于差, 非從惟[교1)]從。哀敬折獄, 明啓刑書, 胥占, 咸庶中正。其刑其罰, 其審克之, 獄成而孚, 輸而孚。其刑上備, 有竝兩刑。

교1) 惟 : 신조선사본에는 '唯'로 되어 있으나 『尙書』「周書 · 呂刑」에 따라 바로잡는다.

"말만 잘하는 사람은 옥사를 판결하기 어려우니 오직 선량한 사람이 옥사를 판결해야 모든 것이 중도에 맞을 것이다. 옥사(獄辭)가 갖추어져도 어긋남이 없는지 살펴야 하니 오로지 그 말만 따르는 것은 말을 따라주는 방법이 아니다. 측은하게 여기고 경외(敬畏)하는 마음으로 옥사를 판결하고, 형서(刑書)를 밝게 살펴서 여러 사람이 함께 해석해야 모든 일이 바르게 처리될 수 있다. 형을 정하고 벌을 정할 때 잘 살펴서 제대로 정해야 옥사가 이루어짐에 백성이 믿고 국론이 일치하며 관에 벌금을 내는 데에도 백성이 믿고 국론이 일치하게 된다. 등급을 높여서 처벌해야 형벌이 온전하게 갖추어지는 경우에는 두 가지 죄에 대한 형벌을 병합해야 한다."

補云 : "口辯而心不仁者, 難乎折獄。" ○補云 : "獄辭雖具, 宜察其差忒, 一從其辭, 非所以從辭。" ○補云 : "胥占, 謂數人共解, 如卜筮之有解者也。" ○補云 : "孚者, 人心孚格, 國論翕然也。輸, 罰金輸于官也。" ○補云 : "上備者, 謂上服然後其刑全備也。【假如兩罪俱發, 皆在墨科, 則宜服劓刑】 竝合兩刑, 故上而后備焉。"

〔非佞折獄〕 보충한다. "말은 잘하나 마음이 어질지 못한 사람은 옥사를 판결하기 어렵다는 뜻이다."

〔察辭于差, 非從惟從〕○보충한다. "옥사(獄辭)가 비록 구비되어도 거기에 착오가 없는지 살펴야 하지 그 옥사를 곧이곧대로 모두 듣는 것은 옥사를 제대로 들어주는 것이 아니라는 뜻이다."

〔胥占〕○보충한다. "서점(胥占)은 여러 사람이 함께 해석한다는 말이니, 복서(卜筮)에 점사(占辭)를 풀이하는 사람이 있는 것과 같다."

〔獄成而孚, 輸而孚〕○보충한다. "부(孚)는 백성이 마음으로 믿고 공감하며 국론이 하나로 모인다는 뜻이다. 수(輸)는 관에 벌금을 바친다는 뜻이다."

〔其刑上備, 有竝兩刑〕○보충한다. "상비(上備)는 등급을 높여서 처벌해야 그 형이 완전히 갖추어진다는 말이다.【가령 두 가지 죄가 모두 드러났는데 모두 묵형(墨刑)에 해당하면 의당 의형(劓刑)을 받아야 한다.】 두 죄에 대한 형을 병합하므로 등급을 높여야 갖추어지는 것이다."

考異 《書大傳》,【哀敬折獄】作哀矜哲獄。○《漢書・于定國傳》, 作哀鰥哲獄。【出《困學紀聞》】

고이 『상서대전』에는 【'哀敬折獄'이】 '哀矜哲獄'으로 되어 있다. ○『한서』「우정국전(于定國傳)」에는 '哀鰥哲獄'으로 되어 있다.【『곤학기문』에 나온다.】

30. 여형 - 16

王曰："嗚呼! 敬之哉。官伯族姓, 朕言多懼。朕敬于刑, 有德惟刑。今天相民, 作配在下。明清于單辭, 民之亂罔不中, 聽獄之兩辭。無或私家,【句】于獄之兩辭。獄貨非寶, 惟府辜功, 報以庶尤, 永畏惟罰。非天不中, 惟人在命。天罰不極, 庶民罔有令政在于天下。"【《說文》, 尤作訧】

왕이 말했다. "아, 공경하라. 옥사를 맡은 동성·이성의 조정 관료와 제후들아, 나는 형옥에 대해 말을 하기도 매우 두렵다. 나는 형옥을 지극히 두렵게 여기니 오직 덕 있는 사람만이 옥사를 판결할 수 있다. 지금 하늘이 형벌을 통해 이 백성을 도우시니 사람이 능히 형을 공정하게 시행하여 백성을 도와야 아래에서 하늘과 짝이 될 수 있다. 단사(單辭)를 들을 때 눈을 밝게 뜨고 마음을 맑게 하여야 한다. 한쪽의 말만 들으면 패란(敗亂)한 백성이 하는 말도 이치에 맞지 않는 것이 없으니 양쪽의 말을 모두 들어야 한다. 양쪽의 말에 대해 혹시라도 사사로운 계산으로【단구】 곡직(曲直)을 뒤집지 말라. 옥사(獄事)를 팔아서 얻은 재물은 보배가 아닌데 그것을 모으는 것은 죄만 쌓는 일이어서 장차 하늘이 온갖 재앙으로 보답할 것이니, 길이 두려워해야 할 것은 천벌이다. 하늘의 보답은 이치에 맞지 않는 것이 없고, 사람의 화와 복은 오직 상제의 명에 달렸다. 만약 천벌이 지극하지 않으면 천하에 서민(庶民)이 받을 선정(善政)이 한두 가지도 없을 것이다."【『설문해자』에는 '尤'가 '訧'로 되어 있다.】

補云：“內曰官, 外曰伯,【卽諸侯】 同姓曰族, 異姓曰姓。”【見注疏】 ○補云：“有德惟刑, 結上三后之意。” ○馬云：“相, 助也。”【見《釋文》】 ○補云：“人能恤刑, 以相民, 可以配天。” ○孔云：“單辭, 謂一人獨言, 未有與對之人。【孔子美子路云：“片言, 可以折獄。” 片言卽單辭】 兩辭, 謂兩人競理也。” ○補云：“明淸, 明目而淸心也。【蔡云：“無교1)一毫之蔽, 一교2)點之汚。”】 聽其單辭, 民之悖亂者, 其言無不中理。“ ○補云：“私, 意也, 家, 計也, 招貨之本。兩辭旣具, 曲直可辨, 而私家則翻倒之。” ○補云：“府, 藏也, 蓄也。獄貨攸藏, 蓄罪如功, 天將報之以百殃,【蔡云：“降百殃。”】 永遠無疆之畏, 其唯天罰。“ ○補云：“非天不中, 謂天之報施, 無一不中。” ○補云：“人之禍福, 惟在帝命, 抑無所逃矣。” ○補云：“若天罰不極,【下所云‘五極’】 今此下民, 無所祗畏, 罔有一二善政, 或在於天下。” **○案** 此全以天罰戒之。

교1) 案無：『서집전』에는 앞에 ‘明者’가 더 있다.
교2) 案一：『서집전』에는 앞에 ‘淸者, 無’가 더 있다.

〔官·伯·族·姓〕 보충한다. “내조(內朝)에서는 관(官), 지방에서는 백(伯)【즉 제후이다.】이라고 하며, 동성(同姓)은 족(族), 이성(異姓)은 성(姓)이라고 한다.”【주소에 보인다.】[97]

〔有德惟刑〕○보충한다. “유덕유형(有德惟刑)은 앞에 나온 삼후(三后)의 의미를 총결(總結)한 것이다.”

〔今天相民, 作配在下〕○마융이 말했다. “상(相)은 조[助：돕다]의 뜻

97 내조(內朝)에서는……보인다：『상서정의』 매색의 주에 “官長, 諸侯. 族, 同族, 姓, 異姓也.”라고 하였다.

이다."【『경전석문』에 보인다.】 ○보충한다. "사람이 능히 형을 신중하게 시행하여 백성을 도와야 하늘과 짝할 수 있다는 말이다."

〔明淸于單辭……聽獄之兩辭〕○공영달이 말했다. "단사(單辭)는 한 사람이 혼자서 하는 말로 상대방이 없음을 말하고,【공자가 자로를 칭찬하여 "한쪽의 말[片言]만으로 옥사를 결단할 수 있다."라고 하였는데, 편언(片言)이 바로 단사이다.[98]】 양사(兩辭)는 두 사람이 이치를 다투는 것을 말한다." ○보충한다. "명청(明淸)은 눈을 밝게 뜨고 마음을 맑게 한다는 뜻이다.【채침이 말했다. "〈명(明)은〉 터럭만큼의 가림이 없다는 뜻이고, 〈청(淸)은〉 한 점의 더러움도 없다는 뜻이다."】 단사만 들으면 패란(悖亂)한 백성도 하는 말은 이치에 맞지 않는 것이 없다."

〔無或私家, 于獄之兩辭〕○보충한다. "사(私)는 의[意 : 사심, 의도]의 뜻이고, 가(家)는 계[計 : 계책, 계산]의 뜻으로 뇌물을 받는 근본이 된다. 양쪽의 말이 이미 갖추어져 곡직을 분별할 수 있어도 사사로운 계산을 하면 그것을 뒤집는다."

〔獄貨非寶……永畏惟罰〕○보충한다. "부(府)는 장[藏 : 저장하다]의 뜻이고 축[蓄 : 모으다]의 뜻이다. 옥사(獄事)를 팔아서 얻은 재물을 모으는 것은 죄를 공(功)처럼 쌓는 일이어서 하늘이 장차 온갖 재앙으로 갚을 것이니,【채침이 말했다. "〈보이서우(報以庶尤)는〉 온갖 재앙을 내린다는 뜻이다."】 영원히 끝없이 두려워해야 할 것은 오직 천벌이라는 뜻이다."

〔非天不中〕○보충한다. "비천부중(非天不中)은 하늘의 보답은 이치

---

98 공자가……단사이다 : 공영달이 片言이 바로 單辭라고 풀이한 것인데, 다산도 같은 뜻으로 풀이하였다. 『논어고금주』에 다음과 같은 내용이 나온다. 『大學』聽訟章曰 : "無情者不得盡其辭, 大畏民志." 無情者不得盡其辭, 則一偏之言而已, 此之謂片言也.

에 맞지 않는 것이 하나도 없다는 말이다."

〔惟人在命〕○보충한다. "사람의 화와 복은 오직 상제의 명에 달렸으니 또한 달아날 곳이 없다는 말이다."

〔天罰不極……在于天下〕○보충한다. "만약 천벌이 지극하지 않으면 【아래에서 말하는 '오극(五極)'이다.】 지금 이 하민(下民)이 공경하고 두려워할 바가 없어서 천하에 한두 가지의 선정(善政)도 없게 될 것이라는 뜻이다."

○**안** 이 부분은 모두 천벌(天罰)을 가지고 경계한 것이다.

30. 여형 - 17

王曰："嗚呼! 嗣孫, 今往何監, 非德于民之中? 尚明聽之哉。哲人惟刑, 無疆之辭, 屬于五極, 咸中有慶。受王嘉師, 監于茲祥刑。"

왕이 말했다. "아, 사손(嗣孫)들아, 이제부터 무엇을 살펴야 하겠는가, 형벌로 덕을 이루어 백성이 받은 중도를 보전하는 일이 아니겠는가? 부디 분명하게 들으라. 오직 철인(哲人)만이 옥사를 판결할 수 있으니, 하늘이 내리는 무궁한 옥사(獄辭)는 오극[五極 : 오형(五刑)으로 뇌물을 받은 자]에게 모이고, 모든 것을 법리(法理)에 맞게 판결한 자에게는 남은 경사가 있을 것이다. 왕의 선량한 백성을 받았으니 이 경사스러운 상형(祥刑)을 잘 살피라."

梅云：“嗣[교1]世子孫, 非一世。” ○補云：“無疆之辭, 謂天之降罰, 如獄之有辭, 以其永畏, 故曰無疆也。” ○補云：“以五刑受賄, 故天罰至極, 是名曰五極。不良者受之, 而無干於善人, 故曰‘無疆之辭, 屬于五極’。” ○補云：“咸中法理者, 旣無餘殃, 必有餘慶。” ○補云：“嘉師, 吉善之衆民也。凡受王之嘉師者, 監于玆有慶之祥刑。”

교1) 案嗣：『상서정의』에는 앞에 ‘諸侯’가 더 있다.

〔嗣孫〕 매색이 말했다. “〈제후의〉 대를 잇는 자손으로 한 세대만이 아니다.”

〔無疆之辭, 屬于五極〕○보충한다. “무강지사(無疆之辭)는 하늘이 벌을 내리는 때에는 옥송에 옥사(獄辭)가 있는 것과 같아서 영원히 두려워해야 한다. 그러므로 무강(無疆)이라고 한 것이다.” ○보충한다. “오형(五刑)으로 인해 뇌물을 받기 때문에 천벌이 지극하니, 이것을 오극(五極)이라고 부른다. 불선한 자는 그 지극한 천벌을 받으나 선한 사람과는 상관이 없으므로 ‘무강지사, 속우오극(無疆之辭, 屬于五極)’이라고 한 것이다.”

〔咸中有慶〕○보충한다. “모든 것을 법리(法理)에 맞게 판결한 사람에게는 이미 여앙(餘殃)이 없고 반드시 여경(餘慶)이 있다는 말이다.”

〔受王嘉師, 監于玆祥刑〕○보충한다. “가사(嘉師)는 길하고 선한 여러 백성이다. 무릇 왕의 길하고 선한 백성을 받은 자는 이 경사스러운 상형(祥刑)을 살펴야 한다는 뜻이다.”

번역 : 김성재

31. 문후지명(文侯之命)

【薛本, 命爲翕】
【설계선본에는 '命'이 '翕'으로 되어 있다.】

孔云："幽王用褒姒爲后, 伯服爲太子。申侯怒, 乃與犬戎共殺幽王, 立太子宜臼, 是爲平王。東徙於洛邑。《左傳》, '周桓公言於王曰,「我周之東遷, 晉・鄭焉依。」'【隱六年】〈鄭語〉云, '晉文侯於是乎定天子。' 故王錫命焉。'"

공영달이 말했다. "유왕(幽王)이 포사(褒姒)를 후(后)로 삼고 백복(伯服)을 태자로 삼았다. 신후(申侯)가 노하여, 이에 견융(犬戎)과 함께 유왕을 죽이고 〈진(晉) 문후(文侯), 정(鄭) 무공(武公)과 함께〉 태자 의구(宜臼)를 옹립하였으니, 이 사람이 평왕(平王)이다. 동쪽 낙읍(洛邑)으로 천도하였다. 『춘추좌씨전』에 '주환공(周桓公)[1]이 왕

1 주환공(周桓公) : 周는 采地이다. 환공의 이름은 黑肩으로 周 幽王 이후 공화정 시기의 周公이다. 『사기』「周本紀」에 桓王이 죽고 莊王이 즉위하였는데, 장왕 4년에 周公 黑肩이 장왕을 죽이고 왕자 克을 옹립하려고 하다가 죽임을 당하였다는 기사가 나온다.

[주(周) 환왕(桓王)]에게 「우리 주나라가 동쪽으로 옮길 때 진(晉)나라와 정(鄭)나라에 의지하였습니다.」라고 말하였다.'라고 하였고, 【은공(隱公) 6년】 『국어』 「정어(鄭語)」에 '진 문후가 이에 천자를 안정시켰다.'라고 하였다. 그러므로 왕이 〈문후를 방백으로 삼는〉 명(命)을 내린 것이다."[2]

31. 문후지명 - 01

王若曰："父義和, 丕顯文·武, 克愼明德, 昭升于上, 敷聞在下。惟時上帝集厥命于文王, 亦惟先正克左右, 昭事厥辟, 越小大謀猷, 罔不率從, 肆先祖懷在位。"【《釋文》, 義或作誼】

왕이 말했다. "아버지[3] 의화(義和)여, 크게 드러나신 문왕(文王)과 무왕(武王)께서는 능히 명덕(明德)을 삼가시어, 하늘에 밝게 올려지고 아래에 널리 알려졌습니다. 이에 상제께서 그 명(命)을 문왕에게 모으셨습니다. 또한 선정(先正)들이 능히 보좌하여 그 임금을 밝게 섬기며 크고 작은 계책들을 좇아 따르지 않음이 없었습니다.

2 공영달이……것이다 : 『상서정의』 「文侯之命·序」의 공영달 소를 발췌하여 인용한 것이다. 원문은 다음과 같다. 「周本紀」云 : "幽王嬖褒姒, 褒姒生子伯服. 幽王廢申后, 幷去太子, 用褒姒爲后, 伯服爲太子. 申侯怒, 乃與西夷·犬戎共攻殺幽王. 於是諸侯乃與申侯共立太子宜臼, 是爲平王. 東徙於洛邑, 避戎寇." 隱六年『左傳』, 周桓公言於王曰 : "我周之東遷, 晉·鄭焉依." 「鄭語」云 : "晉文侯於是乎定天子." 是迎送安定之, 故平王錫命焉.

3 아버지 : 同姓 諸侯를 敬稱한 것이다.

이에 선조(先祖)께서 그들을 의지하여 자리에 편안히 계실 수 있었습니다."【『경전석문』에 "'義'는 '誼'로 쓰기도 한다."라고 하였다.[4]】

馬云: "王順曰, '父能以義和我諸侯。'"【見《史》注】 ○孔云: "鄭讀義爲儀。儀·仇皆訓匹也。故名仇, 字儀。" ○梅云: "義和, 字也。" ○馬云: "昭, 明也。上, 謂天, 下, 謂人。"【見《史》注】 ○補云: "先正, 文·武之輔臣及其後賢臣。" ○補云: "先祖, 成·康·昭·穆以下。懷, 猶依也。"

〔父義和〕 마융이 말했다. "왕이 부드럽게 '아버지는 능히 의(義)로써 우리 제후들을 화합하게 하셨습니다.'라고 말한 것이다."【『사기』「진세가(晉世家)」의 『집해』에 보인다.】 ○공영달이 말했다. "정현은_의(義)를 의(儀)로 읽었다. 의(儀)와 구(仇)는 모두 필[匹: 짝]의 뜻이다. 그러므로 이름이 구(仇)인데, 자를 의(儀)라고 한 것이다." ○매색이 말했다. "의화(義和)는 자(字)이다."

〔昭升于上, 敷聞在下〕○마융이 말했다. "소(昭)는 명[明: 밝다]의 뜻이다. 상(上)은 하늘을 말하고, 하(下)는 인간을 말한다."【『사기』「진세가(晉世家)」의 『집해』에 보인다.】

〔亦惟先正克左右〕○보충한다. "선정(先正)은 문왕과 무왕을 보필한 신하들과 그 후의 현신(賢臣)들이다."

〔肆先祖懷在位〕○보충한다. "선조(先祖)는 성왕(成王), 강왕(康王), 소왕(昭王), 목왕(穆王) 이하의 왕들이다. 회(懷)는 의[依: 의지하다]와 같은 뜻이다."

---

4 『경전석문』에……하였다: 『經典釋文』 권4 「尙書音義下·文侯之命」에 "'義', 本亦作誼."라고 하였다.

嗚呼! 閔, 予小子嗣, 造天丕愆, 殄資澤于下民, 侵戎我國家純。卽我御事, 罔或耆壽俊在厥服, 予則罔克。曰惟祖惟父, 其伊恤朕躬? 嗚呼! 有績予一人, 永綏在位。

"아아! 애통하게도 나 소자(小子)가 왕위를 이어받은 초기에 하늘에 큰 죄를 지어 아래 백성들에게 내릴 은택이 끊어지게 하였고, 외적이 우리나라를 침범하여 완전히 멸망할 지경에 이르렀는데도 나의 어사(御事) 중에는 노성(老成)하고 빼어난 사람으로서 관직에 있는 자가 없었고, 나는 재주 없고 무능하였습니다. 할아버지들이여 아버지들이여,[5] 그 누가 나를 구휼하겠습니까? 아아! 나 한 사람을 위해 공을 이룬 이가 있어 영원히 자리에 편안히 있게 해주었습니다."

補云: "閔, 痛傷也。造大罪于天, 絶惠澤于民。" ○補云: "侵戎, 謂犯之兵之也。純, 全也, 一也, 謂國家全滅而無餘也。" ○補云: "嗣者, 予嗣于此。" ○梅云: "卽我治事之臣, 無有耆宿俊德在厥服位, 我則材劣無能。" ○梅云: "同姓諸侯, 在我惟祖惟父列者, 當憂念我身。" ○補云: "有能致功於我, 永安居位者乎! 將以歸功於晉。"

〔閔予小子……澤于下民〕 보충한다. "민(閔)은 통상[痛傷: 애통하고 상심하다]의 뜻이다. 하늘에 큰 죄를 지어 백성에게 가야 할 은택을

5 할아버지들이여 아버지들이여: 伯叔祖와 伯叔父 뻘의 同姓 諸侯들을 가리킨다.

단절시켰다는 뜻이다.”

〔侵戎我國家純〕○보충한다. “침융(侵戎)은 침범하여 전쟁을 한다는 뜻이다. 순(純)은 전[全 : 완전히]의 뜻이고 일[一 : 모두]의 뜻으로, 국가가 완전히 멸망하여 남음이 없다는 말이다.”

〔予小子嗣〕○보충한다. “사(嗣)란 내가 이것을 이어받았다는 말이다.”

〔卽我御事, 罔或耆壽俊在厥服〕 매색이 말했다. “즉 나의 일을 맡은 신하 중에는 노련하며 빼어난 덕을 갖추고서 복무하는 자리에 있는 자가 없으며, 나는 재주가 열등하고 무능하다는 뜻이다.”

〔曰惟祖惟父, 其伊恤朕躬〕○매색이 말했다. “동성(同姓)의 제후로 나에게 할아버지 혹은 아버지의 항렬에 있는 자들이 마땅히 내 몸을 걱정하고 염려한다는 뜻이다.”

〔有績予一人, 永綏在位〕○보충한다. “‘나에게 능히 공을 이루어 영원히 자리에 편안히 있게 해준 이가 있었다.’라는 뜻이니, 장차 진(晉)나라에 공을 돌리려는 것이다.”

考異 〈晉世家〉云 : “維時上帝, 集厥命于文・武, 恤朕身, 繼予一人, 永其在位。” **○案** 史遷謬以此爲晉文公重耳之事, 又其所錄經文, 殘缺無理, 可怪也。

고이 『사기』「진세가(晉世家)」에는 “維時上帝, 集厥命于文・武, 恤朕身, 繼予一人, 永其在位.”로 되어 있다.[6]

---

6 『사기』……있다 : 제1장의 ‘惟時上帝集厥命于文王’부터 여기 제2장의 ‘永綏在位’까지의 내용이 『사기』「晉世家」에는 축약되어 있다. 『사기』의 해당 부분 전문은 다음과 같다. 周作晉文侯命, ‘王若曰 : 父義和, 丕顯文武, 能愼明德, 昭登於上, 布聞在下. 維時上帝集厥命于文武. 恤朕身, 繼予一人永其在

○안 사마천은 이것을 진(晉) 문공(文公) 중이(重耳)의 일로 잘못 생각하였다.[7] 또한 여기〈「진세가」〉에 수록한 경문은 내용이 빠져서 의미가 통하지 않으니 괴이하다 하겠다.[8]

考證 《漢書》成帝詔引《書》曰："卽我御事, 罔克耆壽, 咎在厥躬。"【文穎云："言周교1)家用事者, 無能有耆老賢者, 使國之교2)危亡, 罪咎在其用事者。" ○師古云："咎在厥躬, 平王自責也。"】

교1) 案周：『한서』 주에는 앞에 '我'가 더 있다.
교2) 案之：『冊府元龜』에는 이 글자가 없다.

고증 『한서』「성제기(成帝記)」에, 성제(成帝)의 조서(詔書)에서 『상서』를 인용하여, "나의 어사 중에 노성한 사람이 없으니, 허물은 나 자신에게 있다."라고 하였다.[9]【문영(文穎)이 말했다. "우리 주나라의

位.' 於是晉文公稱伯.

7 사마천은……생각하였다：「文侯之命」은 公·侯·伯·子·南의 5등 제후 중 세 번째 등급인 伯爵이던 晉나라를, 平王이 東遷을 도운 공을 인정하여 두 번째인 侯爵으로 승격하면서 내린 命으로, 晉 文侯(이름 仇) 때의 일이다. 그런데 『사기』「晉世家」에는 "於是晉文公稱伯."이라고 하여 周 襄王 시기 제후들의 覇者가 된 晉 文公(이름 重耳) 때의 일인 것처럼 기록되어 있다. 이에 대해서는 『상서고훈』「序例·尙書序」의 「문후지명」 편에서 상세하게 변증하였다.

8 또한……하겠다：앞의 각주 6) 참조.

9 『한서』에서……하였다：아래 文穎의 주석에 따라 번역하였다. 문영의 주석이 『상서』의 원래 문맥에 맞는 것이라고 한다면 顔師古의 주석은 『한서』에서 인용한 문맥에 맞는 것으로 볼 수 있다. 안사고의 주석 전문은 다음과 같다. 師古曰："'咎在厥躬', 平王自謂, 故帝引之以自責耳. 文氏乃云'咎在用事', 斯失之矣."

집정자(執政者)들 중에 노련하고 현명한 사람이 없어서 나라를 위태롭게 하니, 죄는 집정자들에게 있다는 뜻이다." ○안사고가 말했다. "구재궐궁(咎在厥躬)은 평왕(平王)이 스스로를 책망한 말이다."】

31. 문후지명 - 03

曰[교1)]父義和! 汝克昭[교2)]乃顯祖, 汝肇刑文·武, 用會紹乃辟, 追孝于前文人。汝多修,【句】扞我于艱, 若汝予嘉。【《說文》, 扞爲斁】

교1) 曰: 衍字이므로 생략되어야 옳은 듯하다. 案『상서』 원문에는 이 글자가 없다.

교2) 昭: 신조선사본에는 '紹'로 되어 있으나 『尙書』「周書·文侯之命」에 따라 바로잡는다. 案北京大에서 나온 整理本 『상서정의』에 따르면, 원래 '紹'로 되어 있었으나 阮元의 校勘에 따라 '昭'로 고친 것이다.

"아버지 의화(義和)여! 그대는 그대의 훌륭한 선조를 능히 현양(顯揚)하였습니다. 그대가 비로소 문왕과 무왕의 도를 본받고 문왕과 무왕의 도로 제후들을 모아 끊어진 천자의 세계(世系)를 이었으니, 이는 거슬러 올라가 그대의 전문인[前文人: 당숙(唐叔)]에게 효도한 것입니다. 그대는 갑옷과 병기를 수선하여 무기를 잡고【단구】 어려움 속에서 나를 호위하였으니, 내가 그대의 공을 가상히 여깁니다."【『설문해자』에는 '扞'이 '斁'으로 되어 있다.】

梅云: "顯祖, 唐叔。" ○梅云: "汝始[교1)]法文·武之道。" ○補云: "用

文・武之道, 會諸侯, 紹天子之絶。" ○補云: "前文人亦指唐叔, 紹文・武之絶緖, 是孝於其祖也。" ○補云: "多修, 謂修甲兵, 修戈衛, 以護王。"

교1) 案始: 『상서정의』에는 앞에 '今'이 더 있다.

〔汝克昭乃顯祖〕 매색이 말했다. "현조(顯祖)는 당숙(唐叔)이다."[10]

〔汝肇刑文・武〕○매색이 말했다. "그대가 지금 비로소 문왕과 무왕의 도를 본받았다는 말이다."

〔用會紹乃辟〕○보충한다. "문왕과 무왕의 도를 사용하여 제후들을 모아 끊어진 천자의 세계(世系)를 이었다는 말이다."

〔追孝于前文人〕○보충한다. "전문인(前文人) 또한 당숙(唐叔)을 가리킨다. 끊어진 문왕과 무왕의 세계(世系)를 이은 것이 그의 선조[당숙]에게 효도한 것이라는 의미이다."

〔汝多修〕○보충한다. "다수(多修)는 병기를 수선하고 군사를 정비하여 왕을 보호하였다는 말이다."

31. 문후지명 - 04

王曰: "父義和, 其歸視爾師, 寧爾邦。用賚爾秬鬯一卣・彤弓一・彤矢百・盧弓一・盧矢百・馬四匹。父往哉, 柔遠能邇, 惠康小民, 無荒寧。簡恤爾都, 用成爾顯德。"

10 매색이……당숙(唐叔)이다: 매색은 '汝克紹乃顯祖'를 '言汝能明汝顯祖唐叔之道.'라고 풀이하였다.

왕이 말했다. "아버지 의화여, 돌아가서 그대의 백성들을 보살피며 그대의 나라를 평안히 하십시오. 그대에게 검은 울창주 한 통, 붉은 활 한 개, 붉은 화살 백 개, 검은 활 한 개, 검은 화살 백 개, 말 네 필을 하사합니다. 아버지여 가십시오, 먼 나라를 부드럽게 대하고 가까운 나라를 친하게 대하며, 백성들에게 은혜를 베풀고 평강하게 하며, 나태와 안일에 빠지는 일이 없도록 하십시오. 인재를 등용하여 그대의 도읍을 잘 보살펴서 그대의 드러난 덕을 완성하도록 하십시오."

補云: "師, 民衆也。〈覲禮〉曰: '伯父無事, 歸寧乃邦。'" ○補云: "盧, 旅通, 黑也。" ○補云: "簡用賢俊, 以恤爾都邑。" ○補云: "爾之翊我, 德旣顯矣。善後則成其終。"

孔云: "〈司弓矢〉有唐・大。鄭以此彤弓・旅弓爲《周禮》唐弓・大弓。" ○鄭云: "都, 國都也。"

〔其歸視爾師, 寧爾邦〕 보충한다. "사(師)는 민중(民衆)이다. 『의례』「근례(覲禮)」에 '백부(伯父)는 일이 없으니 돌아가서 그대의 나라를 평안히 다스리십시오.'라고 하였다."

〔盧弓一〕○보충한다. "로(盧)는 로(旅)와 통하니, 흑[黑: 검다]의 뜻이다."

〔簡恤爾都〕○보충한다. "뛰어난 인재를 등용하여 그대의 도읍을 보살피라는 뜻이다."

〔用成爾顯德〕○보충한다. "그대가 나를 도운 데에서 덕이 이미 드러났으니, 뒷갈망을 잘한다면 좋은 결실을 얻을 것이라는 말이다."

〔彤弓・盧弓〕 공영달이 말했다. "『주례』「하관(夏官)・사궁시(司弓

矢)」에 당궁(唐弓)과 대궁(大弓)이 나오는데, 정현은 여기 「문후지명」의 동궁(彤弓)과 노궁(旅弓)이 『주례』의 당궁과 대궁이라고 여겼다."11

〔簡恤爾都〕○정현이 말했다. "도(都)는 국도이다."

考證 《左傳》,【僖廿八】 晉侯獻楚俘于王。【卽襄王】 王策命晉侯【卽文公 重耳】爲侯伯。賜之大輅之服・戎輅之服, 彤弓一・彤矢百・旅弓矢千, 秬鬯一卣, 虎賁三百人, 曰: "王謂叔父, 敬服王命, 以綏四國, 糾逖王慝。"

고증 『춘추좌씨전』【희공 28년】에 "진후(晉侯)가 초(楚)나라 포로들을 왕【즉 양왕(襄王)이다.】에게 바쳤다. 왕이 진후(晉侯)【즉 문공(文公) 중이(重耳)이다.】에게 책서(策書)를 주어 제후의 우두머리로 임명하고서, 대로(大輅)의 복식과 융로(戎輅)의 복식, 동궁(彤弓) 한 개와 동시(彤矢) 백 개와 노궁시(旅弓矢) 천 개, 거창(秬鬯) 한 통, 호분(虎賁) 삼백 명을 하사하고 말하였다. '왕이 숙부에게 말하노니, 삼가 왕명에 복종하여 사방의 나라를 편안하게 하고 왕에게 잘못하는 자들을 규찰하여 멀리 보내시오.'"라고 하였다.

考訂 蘇云: "余讀〈文侯之命〉,교1) 知東周之不復興也。"【罪平王甚嚴, 見蔡注下】 "孔子存之, 亦以示戒於天下後世?" ○**論曰** 余讀〈文侯之命〉, 竊悲文侯之遭也。幽王上獲罪於天, 下斂怨於民, 覆國喪身, 所不免也。

11 정현은……여겼다: 『주례』 「사궁시」의 "唐弓・大弓, 以授學射者・使者・勞者"에 대해 정현 주에 "勞者, 勤勞王事, 若晉文侯・文公受王弓矢之賜者."라고 하였는데, 가공언의 소에서 이 정현의 설을 부연하여 "云'勞者, 勤勞王事, 若晉文侯者', 謂「文侯之命」, 賜之彤弓・旅弓, 是也."라고 하였다.

申者, 小國也, 力不能糾率諸侯, 以匡王國。乃召外夷, 以攻王國, 至於弑王。爲平王者, 義當倡率侯伯, 以討國賊, 不然, 屣脫萬乘, 逃身海外。顧乃靦然在位, 勉承宗廟, 其受後世之貶, 不得辭也。然其作〈文侯之命〉, 亦有情志見於微詞者。其曰'惟祖惟父, 其伊恤朕躬'者, 謂'變起於異姓之國, 必我同姓諸祖父恤我綏我, 而後我乃紹緖而正位。當此之時, 首倡大義者, 晉也, 與之協力者, 鄭也衛也。今予之黽勉嗣位者, 唯我伯叔父之矜恤, 是依是懷。彼所謂舅甥之國, 何足恃哉? 廢黜唯意, 弑逆惟意, 予非同姓之國是依, 而誰依之乎?' 親疏·內外之別, 恩讎·逆順之分, 隱然情見乎辭, 有可以得於言外者。不諒人情, 不度時勢, 唯吾議論之一快, 亦非聖人之爲也。孔子錄存之, 豈必爲示戒哉? 衰懦不振, 終於無成, 則人非雄俊, 勢已崩頹, 亦無如之何也矣。**○又按** 〈費誓〉本在〈呂刑〉之上, 則此篇之與〈費誓〉·〈秦誓〉相承爲次, 非夫子之爲, 而諸家不揆本末, 猜度爲說, 皆未必然之言, 今竝略之。

교1) 案之命 : 『서집전』에는 '篇'으로 되어 있다.

고정 소식이 말했다. "나는 「문후지명」을 읽고서 동주(東周)가 다시 일어나지 못할 것을 알았다."【평왕(平王)을 매우 엄하게 나무란 것이다. 채침 주의 뒷부분에 보인다.】[12] 〈채침이 말했다.〉 "공자가 이 편을 남겨둔 것은 또한 천하 후세에 경계(警戒)를 보이기 위해서인가?"[13]

---

12 소식이……보인다 : 소식의 『書傳』 권20 「周書·文侯之命」에 나오고, 채침의 『서집전』에 인용되어 있다.

13 〈채침이……위해서인가 : 앞에 나온 소식의 설을 부연하고 공자가 이 편을 남겨둔 이유에 의문을 제기한 내용이다. 『서집전』에 "然則是「命」也, 孔子以其猶能言文武之舊而存之歟? 抑亦以示戒於天下後世而存之歟?"라고 하였다.

○**논왈** 나는 「문후지명」을 읽고 문후의 처지를 슬퍼하였다. 유왕(幽王)은 위로 하늘에 죄를 얻고 아래로 백성들에게 원망을 받았으니, 나라가 망하고 자신이 죽은 것은 피할 수 없는 일이었다. 신(申)나라는 작은 나라여서 힘으로는 제후를 규합하여 왕의 나라[王國]를 바로 잡을 수 없었다. 이에 외부의 이민족을 불러들여 왕의 나라를 공격하여 왕을 시해하기에 이르렀으니, 평왕으로서는 의리로 보아 앞장서서 제후들을 이끌고 국가의 역적을 토벌해야 마땅하고, 그렇지 않으면 만승(萬乘)의 나라를 헌신짝처럼 버리고 해외로 몸을 피해야 하였다. 그러나 뻔뻔하게 자리에 있으면서 억지로 종묘사직을 계승하였으니, 후세의 비난을 받는 것은 피할 수 없는 것이다.

그러나 그가 「문후지명」을 지을 때에는 또한 그 자신의 심정과 뜻이 은미한 말 가운데 나타났다. 거기에서 '할아버지들이여 아버지들이여, 그 누가 나를 구휼하겠습니까?'라고 한 것은 '변란이 이성(異姓)의 나라에서 일어났으니 반드시 우리 동성(同姓)의 여러 할아버지와 백숙부들이 나를 구휼하여 나를 편안하게 한 뒤에야 내가 세계(世系)를 잇고 왕의 지위를 바로잡을 수 있었는데, 그때에 대의(大義)를 수창(首倡)한 나라가 진(晉)나라였고, 그와 협력한 나라가 정(鄭)나라와 위(衛)나라였습니다. 지금 내가 간신히 자리를 이어받은 것은 오직 우리 백부와 숙부들이 불쌍히 여겨준 덕에 의지한 것입니다. 저들 이른바 구생의 나라[舅甥之國 : 이성의 제후국]를 어찌 믿을 수 있었겠습니까? 〈저들이〉 마음대로 폐출(廢黜)하고 마음대로 시역(弑逆)을 하는데, 내가 동성의 나라를 의지하지 않는다면 누구를 의지하였겠습니까?'라고 말한 것이다. 친소(親疎)와 내외(內外)의 구별, 은수(恩讎)와 역순(逆順)의 구분이 은연히 말

속에 드러나 있어 말하지 않는 가운데에 알 수 있는 부분이 있다. 인정을 살피지 않고 시세를 헤아리지 않은 채 오직 자신의 의론(議論)대로 통쾌하게 논단(論斷)하는 것은 또한 성인(聖人)의 행위가 아니다. 공자가 그것을 기록하여 보존해둔 이유가 어찌 반드시 경계를 보이기 위함이었겠는가? 쇠퇴하고 나약하여 떨치지 못하고 아무것도 이루지 못한 채 끝난 것은 사람이 탁월하지 못하고 형세가 이미 허물어졌기 때문이니 또한 어쩔 수 없는 일이었다.

○**우안** 「비서(費誓)」는 본래 「여형(呂刑)」의 앞에 있었으니, 이 편을 「비서」, 「진서(秦誓)」와 이어서 편차한 것은 부자[공자]가 한 일이 아니다. 제가(諸家)가 본말(本末)을 살피지 않고 마음대로 헤아려 설을 만들었지만 모두 반드시 옳은 주장이 아니므로, 여기서는 모두 생략한다.

번역 : 문석윤

32. 진서(秦誓)

【薛本, 作斷】
【설계선본에는 〈'誓'가〉 '斷'로 되어 있다.】

梅云 : "秦穆公, 悔過作誓。" ○**案** 〈甘誓〉·〈湯誓〉·〈太誓〉·〈牧誓〉以至〈費誓〉, 皆軍旅之誓, 悔過之誓, 此篇而已。誓之爲禮, 雖與盟·詛不同, 亦必會集衆人, 口發矢言, 乃名曰誓。穆公亦必悔過自責, 親行此禮, 乃作此篇。不可以燕閑之談, 題之爲誓也。〈秦本紀〉以爲誓於軍, 非也。

매색이 말했다. "진(秦) 목공(穆公)이 잘못을 뉘우치고 서(誓)를 지은 것이다."

○**안** 「감서(甘誓)」·「탕서(湯誓)」·「태서(太誓)」·「목서(牧誓)」부터 「비서(費誓)」까지는 모두 전쟁 때에 맹세한 것이고, 잘못을 뉘우치는 맹세는 이 편뿐이다. 서(誓)를 하는 예(禮)는 비록 맹(盟)·저(詛)와 같지 않으나 또한 반드시 많은 사람을 모아서 입으로 맹세하는 말[矢言]을 하는 것이기에 서(誓)라고 이름을 붙인 것이다. 목공은

또한 틀림없이 잘못을 뉘우치고 자책하여 친히 이 예(禮)를 행하고 이에 이 편을 지었을 것이다. 편안히 거처하면서 한가하게 담론한 것을 '서'라고 이름 붙일 수는 없다. 『사기』 「진본기(秦本紀)」에서는 군사들에게 맹세한 것이라고 하였으나 잘못이다.[1]

32. 진서 - 01

公曰 : "嗟! 我士, 聽無譁。予誓告汝群言之首。"【〈秦本紀〉云 : "嗟! 士卒, 聽無譁。"】

공이 말했다. "아! 나의 군사들이여, 떠들지 말고 내 말을 들어라. 내가 그대들이 맹세의 말을 하기 전에 첫 번째로 맹세하노라." 【『사기』 「진본기(秦本紀)」에는 〈'嗟! 我士, 聽無譁.'가〉 "嗟! 士卒, 聽無譁."로 되어 있다.】

鄭云 : "誓其群臣, 下及萬民, 獨云士者, 擧中言之。" ○補云 : "群言之首, 謂群臣諸言之首。是日君臣共誓, 則群臣亦必有言。"

〔我士〕 정현이 말했다. "신하들에게 맹세하여 아래로 만백성에게 미치는데 유독 사(士)만을 말한 것은 그 중간을 들어서 말한 것이다."

---

1 『사기』……잘못이다 : 『史記』 「秦本紀」에 "三十六年, 繆公復益厚孟明等, 使將兵伐晉,……乃誓於軍曰 : '嗟! 士卒, 聽無譁, 余誓告汝. 古之人謀黃髮番番, 則無所過.'"라고 하였다.

〔群言之首〕○ 보충한다. "군언지수(群言之首)는 신하들의 말의 첫머리라는 말이다. 이날 임금과 신하들이 함께 맹세하였으니 신하들도 필시 맹세한 말이 있었을 것이다."

32. 진서 - 02

古人有言曰, '民訖,【句】 自若是多盤。' 責人斯無難, 惟受責俾如流, 是惟艱哉。我心之憂, 日月逾邁, 若弗云來。【金云: "盤・難・艱, 三句叶韻。"】

"옛사람의 말에 '사람은 죽을 때가 다가오면【단구】 저절로 이렇게 마음을 돌이킴이 많은 것이다.'라고 하였다. 남을 견책하기는 어렵지 않지만 남의 견책을 물 흐르듯 받아들이기는 어려운 법이다. 나는 세월이 흘러 가버리듯이 〈잘못을 뉘우치고 선을 행할〉 날이 다시 오지 않을까 두렵다."[2]【김씨(金氏)가 말했다. "반(盤)과 난(難)과 간(艱), 세 구(句)는 협운(叶韻)이다."[3]】

補云: "訖, 終也。盤, 紆曲也, 回旋也。古言曰'民之將終, 自多回旋', 謂我將死, 有此回心也。" ○補云: "受責如流, 言我之夙愆, 當受人誨

---

2 나는……두렵다: "我心之憂, 日月逾邁, 若弗云來."를 "已然之過不可追, 未遷之善猶可及, 憂歲月之逝, 若無復有來日也."라고 한 『서집전』의 풀이를 참고하여 번역하였다.

3 김씨(金氏)가……협운(叶韻)이다: 김씨가 누구인지는 확인되지 않는다. 다만 明 王樵의 『尙書日記』 권16에 "盤・難・艱, 協韻."이라고 한 내용이 보인다.

責也。” ○梅云 : “我欲改過自新, 日月行過, 如不復來。雖欲改悔, 恐死及之。”

〔民訖, 自若是多盤〕 보충한다. “흘(訖)은 종[終 : 마치다, 죽다]의 뜻이다. 반(盤)은 우곡[紆曲 : 꺾이다]의 뜻이고, 회선[回旋 : 돌이킨다]의 뜻이다. 옛말에 ‘사람은 죽을 때가 다가오면 저절로 마음을 돌이킴이 많다.’라고 하였으니, ‘내가 죽을 때가 다가오니 이러한 회심(回心)이 있다.’라는 말이다.”

〔惟受責俾如流〕○보충한다. “수책여류(受責如流)는 나의 지난날의 잘못에 대해 사람들의 견책을 받아들이겠다는 말이다.”

〔我心之憂……若弗云來〕○매색이 말했다. “〈내가 걱정하는 것은〉 잘못을 고쳐서 스스로 새로워지고자 하지만 세월이 흘러 가버리듯이 〈그럴 수 있는 날이〉 다시 오지 않을 것 같다는 말이다. 비록 뉘우쳐서 고치고 싶어도 죽음이 닥치면 〈소용이 없을까〉 두렵다는 뜻이다.”[4]

32. 진서 - 03

惟古之謀人, 則曰‘未就予忌’, 惟今之謀人, 姑將以爲親。雖則云然, 尚猷詢茲黃髮, 則罔所愆。

4 매색이……뜻이다 : 매색 주의 일부를 생략하여 의미가 불분명해졌다. 여기서는 생략된 부분을 살려서 번역하였다. 원문은 다음과 같다. 言我心之憂, 欲改過自新, 如日月並行過, 如不復云來. 雖欲改悔, 恐死及之, 無所益.

"옛날에 다른 사람을 위해 일을 도모하는 사람들은 '내 말을 따르지 않으면 나를 꺼리는 것이니 그냥 놓아두자.'라고 하였는데, 지금 다른 사람을 위해 일을 도모하는 사람들은 우선 상대의 뜻을 따라주어 친분을 쌓아두려고 한다. 비록 그렇다고는 하지만 그래도 이 황발(黃髮)의 노인들에게 물었다면 지난날과 같은 허물은 없었을 것이다."

補云: "古今人不相及, 又於今人之中, 少年不如老人也。謀人, 爲人謀之人。古之謀人曰'言若未就,【不相入】 任汝之予忌。'【猜忌而疎之】 其爲人謀, 忠矣。今之謀人曰'唯汝是順', 姑與之爲親。【面從也】 世道久已如此。雖然, 尙猶【猷・猶同】詢兹黃髮, 不至如向來顚錯。【諸家以此爲方來之立願, 其義非也】 悔之莫追, 恨言如此。"

〔惟古之謀人……則罔所愆〕 보충한다. "옛사람과 지금 사람이 서로 다르고, 또 지금 사람 중에서도 젊은이는 노인만 못하다는 뜻이다. 모인(謀人)이란 다른 사람을 위해 일을 도모하는 사람이다. 옛날에 다른 사람을 위해 일을 도모하는 사람은 '말을 해서 따르지 않으면 【서로 받아들이지 않는다는 뜻이다.】 그대가 나를 꺼리는 대로【꺼려서 멀리한다는 뜻이다.】 놓아둔다.'라고 하였으니, 다른 사람을 위해 도모하는 것이 충심이었다. 지금 다른 사람을 위해 일을 도모하는 사람은 '오직 그대를 따르겠다.'라고 하여 우선 그와 친분을 쌓아두려고 한다.【면종[面從: 눈앞에서만 순종하다]의 뜻이다.】 세도(世道)가 오래도록 이미 이러하였다. 비록 그러하나 그래도【유(猷)와 유(猶)는 같은 말이다.】 이 황발(黃髮)의 노인들에게 물었다면 지난번과 같이 일이 어그러지는 데까지는 이르지 않았을 것인데,【여러 주석가들은 이것을

미래를 위한 소원이라고 보았지만, 그 풀이는 잘못되었다.】 후회해도 돌이킬 수 없으니 이렇게 한탄한 것이라는 뜻이다."

考異 《說文》, '未就予忌'作'來就惎惎'。○《漢書・韋賢傳》云: "追思黃髮, 秦繆以霸。" 顔師古註引〈秦誓〉曰: "雖則員然, 尙猶詢玆黃髮。" **○鏞案** 猷之爲猶, 審矣。

고이 『설문해자』에는 '未就予忌'가 '來就惎惎'으로 되어 있다. ○『한서』「위현전(韋賢傳)」에는 "追思黃髮, 秦繆以霸."로 되어 있는데, 안사고의 주에서 「진서(秦誓)」를 인용하여 "雖則員然, 尙猶詢玆黃髮."이라고 하였다.

○용안 유(猷)는 유(猶)의 뜻임이 분명하다.

32. 진서 - 04

番番良士, 旅力旣愆, 我尙有之。仡仡勇夫, 射御不違, 我尙不欲。惟截截善諞言, 俾君子易辭, 我皇多有之?

"백발이 성성한 양사(良士)는 기력이 이미 쇠하였더라도 나는 오히려 그를 버리지 않고 곁에 둘 것이다. 그러나 앞뒤 안 가리고 용맹하기만 한 자는 활쏘기와 말타기를 법도에 어긋나지 않게 하더라도 나는 오히려 절실히 원하지는 않는데, 오로지 아첨하는 교묘한 말솜씨로 군자가 자신의 말을 번복하여 실제를 잃게 만드는 자를 내가 어느 겨를에 많이 두겠는가?"

蔡云："番番, 老貌。【葉云："如世稱皤[교1)]然。"】 仡仡, 勇貌。【王云："如崇墉仡仡。"】 截截, 辯給貌。"【案, 其言如割截然】 ○陳云："旅, 膂通, 脊骨也。" ○補云："有之, 謂存之不棄也。不欲, 謂心不切願也。" ○補云："諞言, 便佞辯巧之言。【《論語》'友便佞', 古文作'友諞佞'】 俾君子易辭, 謂使君子之言翻易而失實也。" ○蔡云："遑暇多有之哉?" ○蔡云："良士, 謂蹇叔, 勇夫, 謂三帥, 諞言, 謂杞子。先儒皆謂穆公悔用孟明, 詳其誓意, 深悔用杞子之言也。"

馬云："訖訖, 無所省錄之貌。【仡爲訖】 截截, 辭語截削[교2)]省要也。" ○馬云："偏, 少也。辭約損明, 大辯[교3)]佞之人。"【諞爲偏】

교1) 案皤 : 가장본에는 '皤'로 되어 있다.
교2) 案削 : 『經典釋文』에는 '剝'으로 되어 있다.
교3) 案辯 : 『經典釋文』과 『상서정의』에는 '辨'으로 되어 있다.

〔番番·仡仡·截截〕 채침이 말했다. "파파(番番)는 노모[老貌 : 늙은 모양]의 뜻이다.【섭몽득(葉夢得)[5]이 말했다. "세속에서 말하는 파연(皤然)과 같은 뜻이다."[6]】 흘흘(仡仡)은 용모[勇貌 : 용감한 모양]의 뜻이다.【왕십붕(王十朋)[7]이 말했다. "숭용흘흘[崇墉仡仡 : 숭나라의 성벽이 견고하도다]의

5 섭몽득(葉夢得) : 宋. 1077~1148. 자는 少蘊, 호는 石林이다. 경학가이자 시인으로, 翰林學士, 龍圖閣直學士 등을 지냈고, 『춘추』에 해박하였다. 저술에 『石林春秋讞』, 『春秋考』, 『建康集』, 『石林詞』, 『石林詩話』, 『石林燕語』, 『巖下放言』, 『石林奏議』 등이 있다.
6 세속에서……뜻이다 : 『書經大全』의 소주에 인용되어 있고, 『尙書埤傳』 권15에는 "葉夢得曰, '番番猶世稱皤然.'"이라고 인용되어 있다.
7 왕십붕(王十朋) : 宋. 1112~1171. 자는 龜齡, 호는 梅溪, 시호는 忠文이다. 1157년 廷試에 합격하여 秘書郎이 되고, 龍圖閣學士, 侍御史를 지냈다. 저술에 『梅溪集』, 『春秋解』, 『尙書解』, 『論語解』 등이 있다.

〈흘흘(仡仡)〉과 같은 뜻이다.”〉[8]】 절절(截截)은 변급모[辯給貌 : 말주변이 좋은 모양]의 뜻이다.【안. 말이 잘라놓은 듯하다는 뜻이다.】

〔旅力旣愆〕○진대유(陳大猷)가 말했다. “려(旅)는 려(膂)와 통하니 척골[脊骨 : 척추]의 뜻이다.”[9]

〔我尙有之〕○보충한다. “유지(有之)는 남겨 두고 버리지 않는다는 말이다. 불욕(不欲)은 마음으로 간절하게 원하지는 않는다는 말이다.”

〔惟截截善諞言, 俾君子易辭〕○보충한다. “편언(諞言)은 아첨하는 교묘한 말이다.【『논어』의 ‘友便佞’이 고문(古文)에는 ‘友諞佞’으로 되어 있다.】 비군자역사(俾君子易辭)는 군자가 자기 말을 번복하여 실제를 잃어버리게 한다는 말이다.”

〔番番良士……惟截截善諞言〕○채침이 말했다. “〈아황다유지(我皇多有之)는〉 ‘어느 겨를에 그런 사람을 많이 두겠는가?’라는 뜻이다.”[10] ○채침이 말했다. “양사(良士)는 건숙(蹇叔)을 말하고, 용부(勇夫)는 세 장수[三帥]를 말하며, 편언(諞言)은 기자(杞子)를 말한다. 선유들은 모두 목공(穆公)이 맹명(孟明)을 등용한 일을 후회한 것이라고 하였으나 그 맹세의 의미를 자세히 살펴보면 기자의 말을 따른 일을 깊이 후회한 것이다.”

---

8 왕십붕(王十朋)이……뜻이다〉: 『書經大全』의 소주에 “王氏十朋曰 : ‘番番, 與申伯番番同. 仡仡, 與崇墉仡仡同.’”이라는 내용이 나온다. ‘申伯番番’는 『시경』 「大雅·崧高」에, ‘崇墉仡仡’은 『시경』 「大雅·皇矣」에 나온다.

9 진대유(陳大猷)가……뜻이다 : 『書經大全』의 소주에 인용되어 있다.

10 〈아황다유지(我皇多有之)는〉……뜻이다 : 채침은 ‘皇’은 ‘遑’과 같은 말이라고 보고, “仡仡勇夫, 射御不違, 我尙不欲. 惟截截善諞言, 俾君子易辭, 我皇多有之.”를 “勇夫, 我尙不欲, 則辯給善巧言, 能使君子變易其辭說者, 我遑暇多有之哉?”라는 뜻이라고 풀이하였다.

〔仡仡・截截・諞言〕 마융이 말했다. "흘흘(訖訖)은 성찰하는 바가 없는 모양이다.【〈마융본에는〉 '仡'이 '訖'로 되어 있다.】 절절(截截)은 말을, 군더더기를 잘라내고 핵심만 간단하게 하는 것이다."[11] ○마융이 말했다. "편(偏)은 소[少 : 적다]의 뜻으로, 말을 간략하게 하여 〈말의〉 의미를 애매하게 하는 것이니, 매우 교묘하게 말을 잘하는 사람을 가리킨다."[12]【〈마융본에는〉 '諞'이 '偏'으로 되어 있다.】

考異 《說文》, 仡仡爲仡仡。又截截作戳戳。【薛本同】 ○馬本, 仡仡爲訖訖,【見王氏《考異》】 諞爲偏。【見《釋文》】

고이 『설문해자』에는 '仡仡'이 '仡仡'로 되어 있다. 또 '截截'이 '戳戳'로 되어 있다.【설계선본도 같다.】

○마융본에는 '仡仡'이 '訖訖'로 되어 있고,【왕응린의 『서경고이』에 보인다.】 '諞'이 '偏'으로 되어 있다.【『경전석문』에 보인다.】[13]

考證 〈秦本紀〉: "乃誓於軍曰, '嗟! 士卒。聽無譁, 余誓告汝。古之人

---

11 마융이……것이다 : 『經典釋文』 권4 「尙書音義 下・秦誓」에서 '仡仡'에 대해서는 "馬本作訖訖, 無所省錄之貌."라고 하였고, '截截'에 대해서는 "馬云, 辭語截剝省要也."라고 하였다. 다만 여기에는 '剝'이 '削'으로 되어 있다.

12 마융이……가리킨다 : 『經典釋文』 권4 「尙書音義 下・秦誓」에서, '諞'에 대해 "馬本作偏, 云少也. 辭約損明, 大辨佞之人."이라고 하였다. 다만 여기에는 '辨'이 '辯'으로 되어 있다.

13 마융본에는……보인다 : '仡仡'이 '訖訖'로 되어 있다는 내용이 『서경고이』에서는 확인되지 않는다. 다만 『經典釋文』 권4 「尙書音義 下・秦誓」에 "'仡仡', 許訖反, 又魚乞反. 馬本作'訖訖'. 無所省錄之貌. 徐云强狀."이라고 하였고, 또 "'諞', 音辨. 徐敷連反, 又甫淺反. 馬本作'偏', 云少也. 辭約損明, 大辨佞之人."이라고 하였다.

謀黃髮番番, 則無所過。' 以申思不用蹇叔・百里奚之謀, 故作此誓。[교1) 君子聞之, 皆爲垂涕。"

교1) 案誓 : 『사기』 에는 뒤에 '令後世以記余過'가 더 있다.

고증 『사기』「진본기(秦本紀)」에 "이에 군대에 맹세하기를 '아, 사졸들이여, 떠들지 말고 내 말을 들어라, 내가 너희에게 맹세하겠다. 옛사람들은 백발이 성성한 노인들과 상의하였으므로 잘못하는 바가 없었다.[士卒. 聽無譁, 余誓告汝. 古之人謀黃髮番番, 則無所過]'라고 하였다. 건숙(蹇叔)과 백리해(百里奚)의 모책을 쓰지 않은 것을 거듭 생각하였기 때문에 이 서(誓)를 지은 것이다. 군자들이 듣고 모두 눈물을 흘렸다.[乃誓於軍曰, '嗟! 士卒. 聽無譁, 余誓告汝. 古之人謀黃髮番番, 則無所過.' 以申思不用蹇叔・百里奚之謀, 故作此誓. 君子聞之, 皆爲垂涕.]"라고 하였다.

考證 《公羊傳》曰 : "何賢乎穆[교1)]公? 以爲能變也。[교2)] 惟諓諓善竫言,【何休云 : "諓諓, 淺薄之貌。 竫, 猶撰也。"】 俾君子易怠, 而況乎我多有之!" ○**案** 截截善諞言, 其異如此。 又易辭之譌爲易怠。 又皇爲況。

교1) 案穆 : 『춘추공양전주소』에는 '繆'으로 되어 있다.
교2) 案也 : 『춘추공양전주소』에는 뒤에 '其爲能變奈何'가 더 있다.

고증 『춘추공양전』에 "어째서 목공을 현명하게 여긴 것인가? 능히 변하였다고 여겨서이다. 〈능히 변하였다는 것은 무엇을 말하는가?〉 〈『상서』「진서」에서 진 목공은〉 '유전전선정언[惟諓諓善竫言 :

자잘하게 말을 잘 꾸며서 하는 것]【하휴가 말했다. "전전(諓諓)은 자잘한[淺薄]한 모습이다. 정(竫)은 찬[撰 : 〈글이나 말을〉 짓다, 선택하다]과 같은 뜻이다."】은 군자를 쉬이 나태해지게 하는데 하물며 내가 선한 말을 많이 가지고 있음에랴!'라고 하였다.[何賢乎穆公? 以爲能變也. 惟諓諓善竫言,【何休云 : "諓諓, 淺薄之貌. 竫猶撰也."】 俾君子易怠, 而況乎我多有之!]"라고 하였다.[14]

○안 '절전선편언(截截善諞言)'이 이렇게 달라졌다. 또한 '역사(易辭)'가 바뀌어 '이태(易怠)'로 되었고, 또 '황(皇)'이 '황(況)'으로 되어 있다.

32. 진서 - 05

昧昧我思之, 如有一介臣, 斷斷猗,【句】 **無他技, 其心休休焉, 其如有容。人之有技, 若己有之, 人之彥聖, 其心好之, 不啻若自其口出, 是能容之。以保我子孫·黎民, 亦職有利哉。**【梅讀'昧昧我思之'屬上章, 非也】

"마음을 가라앉히고 곰곰이 생각해보니, 한 신하가 오직 진실하며 한결같기만 하고【단구】 다른 기예는 없으나 그 마음이 평이하고 정

14 『춘추공양전』에……하였다 : 『춘추』 문공 12년의 "秦伯使術來聘"에 대해 공자가 이 기사를 실은 이유를 설명한 부분인데, 다산은 그 중 글자의 異同을 살필 수 있는 내용만을 발췌하였다. 『춘추공양전』의 원문은 다음과 같다. 秦伯使遂來聘, 遂者何? 秦大夫也. 秦無大夫, 此何以書賢繆公也. 何賢乎繆公? 以爲能變也. 其爲能變奈何? 惟諓諓善竫言, 俾君子易怠, 而況乎我多有之.

직하여 선을 좋아하며[15] 포용력이 있어서 다른 사람이 가진 기예를 자기가 가진 듯이 좋아하고, 다른 사람이 하는 훌륭하고 지혜로운 말을 진심으로 좋아하여 마치 자신의 입에서 나온 것처럼 하는 데에서 그치지 않는다면, 이런 사람은 남을 포용할 수 있어서 나의 자손과 백성을 보전할 것이니 또한 관장하는 바에 이로움이 있을 것이다."【매색은 '昧昧我思之'를 앞 장에 연결해서 읽었으나, 잘못이다.】

蔡云: "昧昧而思, 深潛而靜思也。介, 獨也。"【〈大學〉, 作一个】 ○馬云: "一介, 耿介一心端慤者。" ○蔡云: "斷斷, 誠一貌。"【梅以爲專一】 ○鄭云: "休休, 寬容貌。"【見《大學釋文》】 ○補云: 彦者, 美言也。【《說文》云: "彦者, 美士有文, 人所言也。"】 聖者, 睿智能言者也。【聖者, 聲也。聲人[교1)]心通, 而發於其口也。字從耳從口, 又從聽。[교2)] 與聽旁聽[교3)]同】 人之有文·武之技, 若己有之, 人之有彦聖之言, 若自我出, 而猶或過之, 此之謂'不啻若自其口出'。【上下句詞旨相叶】 ○蔡云: "職, 主也。"【〈釋詁〉文】

교1) 案人: 가장본에는 '入'으로 되어 있다.
교2) 案聽: 가장본에는 '耳'으로 되어 있다.
교3) 案聽: 가장본에는 '耳'으로 되어 있다.

〔昧昧我思之, 如有一介臣〕 채침이 말했다. "매매이사(昧昧而思)는 심잠이정사[深潛而靜思: 깊이 잠기어 고요히 생각하다]의 뜻이다. 개(介)는 독[獨: 홀로, 하나]의 뜻이다."【『예기』「대학」에는 '一个'로 되어 있다.】 ○마융이 말했다. "일개(一介)는 강직하게 절개를 지키며 한

15 평이하고……좋아하며: "休休, 易直好善之意."라고 한 채침 주에 따라 번역하였다.

결같이 마음이 바르고 진실함을 뜻한다."[16]

〔斷斷猗〕○채침이 말했다. "단단(斷斷)은 성일모[誠一貌 : 진실하고 일관된 모양]의 뜻이다."【매색은 전일(專一)의 뜻이라고 하였다.[17]】

〔其心休休焉〕○정현이 말했다. "휴휴(休休)는 관용모[寬容貌 : 관대하게 용납하는 모양]의 뜻이다."【『대학석문(大學釋文)』에 보인다.】[18]

〔人之彦聖〕○보충한다. "언(彦)은 미언[美言 : 훌륭한 말, 유익한 말]의 뜻이다.【『설문해자』에 "언(彦)은 훌륭한 선비에게 문채가 있는 것을 사람들이 칭송하는 말이다."라고 하였다.】 성(聖)은 지혜롭고 말을 잘하는 것이다.【성(聖)은 성[聲 : 소리]의 뜻이다.[19] 소리가 귀로 들어오면 마음으로 통하여 입으로 나오는 것이다. 글자 구성은 이(耳)와 구(口)를 따른다. 또한 '耴'을 따르니, 청(聽) 자의 좌방(左旁) '耴'과 같다.】 다른 사람이 문왕·무왕과 같은 기예를 가지고 있으면 자기가 가진 듯이 여기고, 다른 사람이 훌륭하고 지혜로운 말을 하면 자기 입에서 나온 것인 듯 여기며 오히려 혹 그에서 더 지나치는 것, 그것을 '불시약자기구출(不啻若自其口出)'이라고 한 것이다."【앞뒤 구절의 말과 뜻이 서로 부합된다.】

〔亦職有利哉〕○채침이 말했다. "직(職)은 주[主 : 관장하다, 담당하다]

---

16 마음이……뜻한다 : 『經典釋文』 권4 「尙書音義 下·秦誓」의 '介'에 대한 설명에 "音界. 馬本作介, 云一介, 耿介一心端慤者."라고 하였다.

17 매색은……하였다 : '斷斷猗無他技'를 매색은 '斷斷猗然專一之臣'이라고 풀이하였다.

18 정현이……보인다 : 『經典釋文』 권14 「禮記音義·大學」에 다음과 같은 내용이 있다. "休休, 許虯反. 『尙書』傳曰, '樂善也'. 鄭注『尙書』云, '寬容貌'. 何休注『公羊』云, '美大之貌'."

19 성(聖)은 성[聲 : 소리]의 뜻이다 : 『說文解字注』 '聖'에 대한 段玉裁의 注에 『風俗通』에 나오는 것으로 인용되어 있다.

의 뜻이다."【『이아』「석고(釋詁)」의 내용이다.[20]】

考訂 孔云:【自其口出】"口必稱揚, 而其心愛之, 又甚於口。"【蔡意同】 ○**鏞案** 此義, 非也。世以自其口出爲言字之註脚, 迂曲甚矣。與上句'若己有之', 全不相類。又於有容無嫉之本德, 無所翕合, 不可從也。彦者, 有文者之美言也。【字從文】

고정 공영달이 말했다. 【자기구출(自其口出)은】 "입으로 반드시 칭송하고, 마음으로 사랑하는 것이 또한 입〈으로 칭송하는 것〉보다 더 심하다는 뜻이다."[21]【채침의 풀이도 같다.】

○**용안** 이 해석은 잘못이다. 세간에서는 '자기구출(自其口出)'을 '언(言)' 자에 대한 주석으로 여기는데 매우 잘못 본 것이다. 〈그렇게 풀이하면〉 앞 구의 '약기유지(若己有之)'와 전혀 어울리지 않고, 포용하며 질투하지 않는 본래의 덕과도 부합하지 않으니 따를 수 없다. 언(彦)이란 문채가 있는 사람의 아름다운 말이다.【글자가 문(文)을 따른다.】

考異 《說文》, 斷斷爲㔁㔁。○許云:"斷, 字從㠭。"【㠭, 古專字】 薛本亦爲㔁㔁。○《釋文》, 技亦作伎。【〈大學〉注, 彦或作盤】

---

20 『이아』「석고(釋詁)」의 내용이다:『爾雅』「釋詁」에 "尸·職, 主也."라고 하였다.

21 공영달이……뜻이다: '人之彦聖……不啻若自其口出'에 대한 공영달 소에 나오는데 일부를 발췌하여 의미가 선명하지 않은 듯하다. 원문은 다음과 같다. 見人之有美善通聖者, 其心愛好之, 不啻如自其口出. 愛彼美聖, 口必稱揚而薦達之, 其心愛之, 又甚於口, 言其愛之至也.

고이 『설문해자』에는 ‘斷斷’이 ‘𢇍𢇍’으로 되어 있다.

○허신(許愼)이 말했다. “斷은 글자가 㠪을 따른다.”【㠪는 專의 고자(古字)이다.】 설계선본에도 ‘𢇍𢇍’으로 되어 있다.

○『경전석문』에 “技는 ‘伎’로도 쓴다.”라고 하였다.[22]【『예기』「대학」의 주에 “彦은 盤으로 쓰기도 한다.”라고 하였다.[23]】

考證 〈大學〉引〈秦誓〉曰 : “若有一个[교1)]臣,【如爲若, 介爲个】 斷斷兮無他技,【猗爲兮】 其心休休焉, 其如有容焉,【多焉字】 人之有技, 若己有之, 人之彦聖, 其心好之, 不啻若自其口出, 實[교2)]能容之, 以能保我子孫黎民, 尙亦有利哉。” ○鄭云 : “斷斷, 誠一之貌。他技, 異端之技。【案。《論語》‘攻乎異端’, 古訓與今訓不同, 是鄭意也】 有技, 才藝之士[교3)]也。若己有之, 不啻若自其口出, 皆樂人有善之甚也。美士爲彦, 彦或作盤。”【又云 : “黎, 衆也。尙, 庶幾也。”】

교1) 案个 : 北京大 整理本 『禮記正義』에는 ‘介’로 되어 있고 교감기가 달려 있다. 그에 의하면 원래 ‘个’로 되어 있었지만 阮元의 교감에 의해 ‘介’로 고쳤다고 한다.

교2) 案實 : 『예기』「대학」에는 ‘寔’으로 되어 있다.

교3) 案士 : 『예기』「대학」에는 ‘技’로 되어 있고, 北京大 整理本 『禮記正義』에는 ‘士’로 되어 있는 판본들이 오류임을 지적한 교감기가 달려 있다.

고증 『예기』「대학」에서 『상서』「진서」를 인용하여 “만약 한 신하

22 『경전석문』에……하였다 : 『經典釋文』 권4 「尙書音義 下・秦誓」에 “技, 其綺反. 本亦作伎.”라고 하였다.

23 『예기』……하였다 : 『예기』「대학」의 공영달 소에 보인다.

가【'如'가 '若'으로, '介'가 '个'로 되어 있다.】 진실하고 한결같기만 하고 다른 기예는 없으나【'猗'가 '兮'로 되어 있다.】 마음이 아름다워서 사람을 포용하는 것과 같은 면이 있어,【'焉' 자가 더 있다.】 다른 사람이 가진 기예를 자신이 가진 듯이 여기고 다른 사람이 하는 훌륭하고 지혜로운 말을 진심으로 좋아하여 자기 입에서 나온 것처럼 여기는 것보다도 더한다면, 이런 사람은 실로 다른 사람을 포용할 수 있어서 나의 자손과 백성들을 보전할 수 있을 것이니 또한 이로울 것이다.[若有一个臣, 斷斷兮無他技, 其心休休焉, 其如有容焉. 人之有技, 若己有之, 人之彦聖, 其心好之, 不啻若自其口出, 實能容之, 以能保我子孫黎民, 尙亦有利哉.]"라고 하였다.

○정현이 말했다. "단단(斷斷)은 진실하고 한결같은 모양이다. 타기(他技)는 이단(異端)의 기예이다.【안. 『논어』에 '공호이단(攻乎異端)'이라고 하였는데, 〈이단(異端)에 대한 풀이는〉 고훈(古訓)과 금훈(今訓)이 다른데, 이것은 정현의 생각이다.】 유기(有技)는 재예(才藝)의 기(技)이다. 약기유지(若己有之)와 불시약자기구출(不啻若自其口出)은 모두 다른 사람이 가진 선(善)을 매우 좋아한다는 뜻이다. 미사(美士)를 언(彦)이라고 한다. 언(彦)은 혹은 반(盤)으로 되어 있다."【또 말했다. "려(黎)는 중[衆 : 대중]의 뜻이다. 상(尙)은 서기[庶幾 : 거의]의 뜻이다."】

考證 《公羊傳》曰 : 【上節見上】 "惟一介斷斷焉無他技,【何休云 : "一介, 猶一概。斷斷, 猶專一也。他技, 奇巧異端也。"】 其心休休, 能有容,【何云 : "休休, 美大貌, 能含容賢者逆耳之言。"】 是難也。"【文十二】

고증 『춘추공양전』에 【상절(上節)은 앞에 나왔다.】 "오직 한결같기만 하고 다른 기예는 없었으나【하휴(何休)가 말했다. "일개(一介)는 일개(一

槪)와 같은 뜻이다. 단단(斷斷)은 전일(專一)과 같은 뜻이다. 타기(他技)는 기이하고 교묘한 이단의 기예를 말한다."】 그 마음이 아름답고 관대하여 〈이전의 잘못을 뉘우치고 귀에 거슬리는 현자(賢者)의 말을〉 능히 포용할 수 있었으니,【하휴가 말했다. "휴휴(休休)는 아름답고 큰 모습이며, 〈능유용(能有容)은〉 귀에 거슬리는 현자의 말을 능히 포용한다는 뜻이다."】 이것이 어려운 일인 것이다.[惟一介斷斷焉無他技, 其心休休, 能有容, 是難也.]"【문공 12년에 보인다.】라고 하였다.[24]

32. 진서 - 06

人之有技, 冒疾以惡之, 人之彦聖而違之, 俾不達, 是不能容。以不能保我子孫·黎民, 亦曰殆哉。

"다른 사람이 기예가 있으면 그를 질투하여 미워하고, 다른 사람이 아름답고 지혜로운 말을 하면 그것을 어기고 배반하여 상하좌우에 통하지 못하도록 한다면, 이런 사람은 남을 용납하지 못하여 나의 자손과 백성을 보전할 수 없으니 또한 위태롭다고 하겠다."

補云: "冒疾, 今言媢嫉。凡妬人賢能者, 蔽冒之, 憎疾之。" ○補云:

24 『춘추공양전』에……하였다: 『春秋公羊傳』 文公 12년에 "秦伯使遂來聘, 遂者何? 秦大夫也. 秦無大夫, 此何以書賢繆公也. 何賢乎繆公? 以爲能變也. 其爲能變奈何? 惟諓諓善竫言, 俾君子易怠, 而況乎我多有之? 惟一介斷斷焉, 無他技, 其心休休, 能有容, 是難也."라고 하였다. 앞부분은 이미 위에서 인용된 바 있다. 何休의 주석은 『春秋公羊傳注疏』에서 확인된다. 앞의 인용과 마찬가지로 徐彦의 疏에 따르지 않고 茶山의 인용 취지에 맞게 번역하였다.

"彦聖之言, 必違背之, 俾不能上達下達旁達。【令不得施行】 殆, 危也, 其國必危。"

〔冒疾以惡之〕 보충한다. "모질(冒疾)은 지금 말로 모질[媢嫉 : 시기하고 질투하다]의 뜻이다. 무릇 다른 사람이 현능한 것을 질투하여 그것을 엄폐하고 미워하는 것이다."
〔人之彦聖……亦曰殆哉〕○보충한다. "훌륭하고 지혜로운 말을 반드시 어기고 배반하여 위로도 아래로도 옆으로도 통하지 못하도록 한다는 뜻이다.【〈그 말이〉 시행될 수 없도록 하는 것이다.】 태(殆)는 위[危 : 위태롭다]의 뜻으로, 나라가 반드시 위태로워진다는 뜻이다."

考證 〈大學〉云 : "人之有技, 媢疾[교1]以惡之,【冃[교2]爲娟[교3]】 人之彦聖而違之, 俾不通,【達爲通】 實[교4]不能容, 以不能保我子孫・黎民, 或[교5]曰殆哉。" ○鄭云 : "媢, 妬也。違, 猶戾也。俾, 使也。拂[교6]戾賢人所爲, 使功不通於君也。殆, 危也。"

교1) 案疾 : 『예기』「대학」에는 '嫉'로 되어 있다.
교2) 案冃 : 가장본에는 '冒'로 되어 있다.
교3) 案娟 : 가장본에는 '媢'로 되어 있다.
교4) 案實 : 『예기』「대학」에는 '寔'으로 되어 있다.
교5) 案或 : 『예기』「대학」에는 '亦'으로 되어 있다.
교6) 案拂 : 『예기』「대학」에는 '佛'로 되어 있고, 北京大 整理本『禮記正義』에는 '拂'로 되어 있는 판본도 있다는 교감기가 달려 있다.

고증 『예기』「대학」에 "다른 사람이 기예를 가지고 있으면 시기 질투하여 미워하고,【'冒'가 '媢'로 되어 있다.】 다른 사람이 훌륭한 선비로서 능통하고 밝으면 그에게 어기대어 〈그의 공이 임금에게〉 통하지 못하도록 한다면,【'違'이 '通'으로 되어 있다.】 이런 사람은 남을 포용하지 못하여 나의 자손과 백성을 보전할 수 없을 것이니 또한 위험하다고 하겠다.[人之有技, 娼疾以惡之, 人之彦聖, 而違之, 俾不通, 寔不能容. 以不能保我子孫・黎民, 亦曰殆哉.]"라고 하였다.

○정현이 말했다. "모(娼)는 투[妬: 시기하다]의 뜻이다. 위(違)는 려[戾: 어그러지다]와 같은 뜻이다. 비(俾)는 사[使: 하게 하다]의 뜻이다. 〈비불통(俾不通)은〉 현인(賢人)이 하는 바에 어기대어 공(功)이 군주에게 통하지 못하도록 한다는 뜻이다. 태(殆)는 위[危: 위태롭다, 위험하다]의 뜻이다."

32. 진서 - 07

邦之杌隉, 曰由一人。邦之榮懷, 亦尚一人之慶。【《說文》, 杌爲阢】

"나라가 위험에 빠지고 평안하지 않은 것은 한 사람으로 말미암는다. 나라가 번성하고 안정되는 것 또한 한 사람의 공(功)이다."【『설문해자』에는 '杌'이 '阢'로 되어 있다.】

補云: "杌當爲阢。【《說文》也】 阢隉, 猶臲卼,【見《易》詞】 危險不平之貌。杌亦不平之意。"【杌者, 斬餘之木, 短出無枝也】 ○補云: "榮, 華茂也。懷, 保也, 安也。" ○蔡云: "國之危殆, 繫於所任一人之非, 國之榮安, 繫於所任一人之是。" ○**案** 知人・官人之明, 五霸莫或於秦穆。得百里奚於

虞，迎蹇叔於宋，取由余於戎，求丕豹・公孫技[교1]於晉。舉之疏遠之行，而託以心腹之寄，卒成伯業，進於諸夏之會，聖門有取焉。故此篇見錄於《尚書》，此章見引於〈大學〉。

교1) 案技 : 가장본에는 '枝'로 되어 있다.

〔邦之杌隉〕 보충한다. "올(杌)은 올(阢)이 되어야 한다.【『설문해자』에 보인다.】 올얼(阢隉)은 얼올[𪘲卼 : 불안하고 위태롭다]과 같은 뜻이니,【『주역』의 사(詞)에 보인다.[25]】 위험하고 불안한 모양이다. 올(杌)도 불평[不平 : 평안하지 않다]의 뜻이다."【올(杌)은 나뭇등걸로, 짧고 가지가 없는 것이다.】

〔邦之榮懷〕○보충한다. "영(榮)은 화무[華茂 : 꽃이 무성하다]의 뜻이다. 회(懷)는 보[保 : 보호하다]의 뜻이고 안[安 : 평안하게 하다]의 뜻이다. ○채침이 말했다. "나라의 위태로움은 임용한 한 사람의 잘못에 달려 있으며, 나라의 영화와 평안도 임용한 한 사람의 옮음에 달려 있다."

○**안** 사람을 밝게 알아보고 관리를 밝게 등용하는 면에서는 오패(五霸) 중에 진(秦) 목공穆公)보다 나은 사람이 없었다. 우(虞)에서 백리해(百里奚)를 얻었고, 송(宋)에서 건숙(蹇叔)을 데려왔으며, 융(戎)에서 유여(由余)를 뽑았고, 진(晉)에서 비표(丕豹)와 공손지(公孫枝)를 찾아내었다. 소원한 사람을 발탁하여 깊이 믿고 의탁한 덕분에 마침내 패업을 이루어 중원의 회합을 이루는 데로 나아갔으

25 『주역』의 사(詞)에 보인다 : 『주역』 困卦 上六의 爻辭에 "困于葛藟，于𪘲卼，曰動悔. 有悔，征，吉."이라고 하였다.

므로, 성문(聖門)에서 그 점을 취한 것이다. 그러므로 이 편이 『상서』에 기록되고 이 장이 「대학」에 인용된 것이다.

考訂 王【炎】云 : "《書》之所取, 取其知悔。《春秋》之所貶, 貶其悔而不改。"【李云 : "敗[교1)]崤之後, 復有彭衙・濟河之師, 亦[교2)]徒悔耳。"】 ○**論曰** 穆公, 豪傑之主, 明哲之姿也。喪師之後, 卽發哀悔, 有咋指剜心之痛。而隱忍不宣, 以待收功之日, 自咎自責, 而一不諉罪於群帥, 任用如故, 而期必立功而贖罪, 非沈鷙英毅之主, 惡能有是哉? 及夫王官之捷, 晉人縮首而不出, 二城束手以來獻。若使淺量之主, 得此酬報, 必躍然自多, 頓忘夙昔之悔。乃於五年之後, 封尸發喪, 哭臨三日, 而後申之以此誓, 不思新功之可悅, 深陳旣往之悔, 而哀恨不已, 豈非仁賢主乎? 王・李諸家, 譏其旣悔而不改, 斯則不然。如二子之論, 則人主一出師而致衄, 將遂韜戈戢矢, 不以兵攻人乎? 一統之王, 尙不可如此, 況於春秋之世乎? 所悔者, 唯違耆宿, 聽甘言, 急利而不見害耳。用兵, 非所悔也。【《知遠錄》】

교1) 案敗 : 『書經大全』에는 앞에 '春秋'가 더 있다.
교2) 案亦 : 『書經大全』에는 앞에 '初'가 더 있다.

고정 왕【염(炎)】이 말했다. "『상서』에서 취한 것은 그가 뉘우칠 줄 아는 점을 취한 것이고, 『춘추』에서 비판한 것은 그가 뉘우치고도 고치지 않은 점을 비판한 것이다."【이기(李杞)가 말했다. "〈『춘추』를 보면〉 효(崤)에서 패한 후에 다시 팽아(彭衙)와 제하(濟河)의 전쟁이 있었으니, 또한 한갓 후회만 하고 말았을 뿐이다."】[26]

26 왕【염(炎)】이……뿐이다 : 『書經大全』 소주에 인용되어 있다.

○**논왈** 목공은 호걸스러운 군주이고 명철한 자질이 있었다. 군대를 잃은 후 즉시 슬퍼하고 후회하는 마음을 일으켜 손가락을 깨물고 심장을 도려내는 듯한 비통한 마음을 품고도 꾹 참고 드러내지 않은 채 공을 거둘 날을 기다렸다. 또 자신을 탓하고 자신을 책망하며 장수들에게는 일절 죄를 떠밀지 않은 채 예전대로 임용하여 공을 세워 죄를 씻기를 기필하였다. 침착하고 용맹하며 영명하고 굳센 군주가 아니라면 어찌 그럴 수 있었겠는가? 그 뒤 왕관(王官)의 전쟁에서 승리하였을 때 진(晉)나라는 움츠린 채 출전하지 못하고 두 개의 성을 속수무책으로 바쳤다.[27] 만약 도량이 얕은 군주라면 이러한 전공을 세우고는 반드시 흥분하면서 스스로 대단하게 여기고 이전의 후회는 모두 잊어버렸을 것이다. 그런데 그는 5년 후 예전에 전사한 군사들의 시체를 거두어 발상(發喪)하고 사흘 동안 곡을 하였으며, 그런 뒤에 거듭해서 이렇게 맹세하여 새로 얻은 전공의 기쁨을 생각하지 않고 지난 일에 대한 후회를 깊이 진술하여 슬퍼하고 한탄해 마지않았으니 어찌 인현(仁賢)한 군주가 아니겠는가? 왕염과 이기 등의 학자들은 그가 이미 후회하고도 고치지 않은 점을 비판하였으나 그것은 그렇지 않다. 두 사람의 견해와 같다면 임금이 한 번 출사(出師)하여 패전하면 드디어 무기를 거두고 군사를 거두어 다른 나라를 군대로 공격하지 않아야 할 것이다.

27 그 뒤……바쳤다 : 관련 내용이 『춘추좌씨전』 文公 3년에 보인다. 秦나라가 殽의 전쟁에서 대패한 이듬해에 秦 穆公이 군대를 거느리고 黃河를 건너가 晉나라의 王宮과 郊를 공격하였는데 晉人은 두려워서 출전하지 않았다. 이에 秦 穆公은 두 개의 성을 취하고 殽의 전쟁에서 사망한 군사들의 시체를 거두어 장사한 다음 돌아왔고, 이때부터 秦나라가 西戎의 霸主가 되었다고 한다.

통일 국가의 왕이라도 오히려 그럴 수는 없는데, 하물며 춘추 같은 난세에서 그럴 수 있었겠는가? 후회한 것은 오직 노성(老成)한 원로들의 말을 어기고 감언(甘言)을 들었으며, 눈앞의 이익에 급급하여 장래의 해악을 보지 못한 일일 뿐이다. 군대를 일으킨 것은 후회한 바가 아니었다.【『상서지원록』】

번역 : 문석윤

발(跋)

右《尙書古訓》二十一卷, 余所輯, 余所編, 又余之手鈔者也。起工于二月二日, 告竣于六月十日, 其間一百二十八日。始不自意, 賴天之佑, 今幸卒業于未死, 幸矣哉。余齡七十三, 後七日, 六月旣望, 余弧辰也。幸而至是, 當以是七冊自壽之。

當宁三十四年六月上澣, 洌水老人書。【道光甲午】

이상 『상서고훈』 21권은 내가 모은 것이고 내가 편집한 것이며 또한 내가 손수 필사한 것이다. 2월 2일에 작업을 시작하여 6월 10일에 완성을 고하니 그 기간은 128일이다. 처음에 스스로 기대하지 못하였으나 하늘의 도움에 힘입어 이제 요행히 죽기 전에 일을 마쳤으니 다행이다. 내 나이 일흔셋이다. 이레 뒤인 6월 기망[旣望: 16일]은 나의 생일이다. 다행히 여기에 이르렀으니 이 7책으로 스스로 축수하려 한다.

당저[當宁 : 순조] 34년 6월 상한[上澣 : 10일], 열수노인(洌水老人)이 쓴다.【도광[道光 : 청 선종(宣宗)의 연호] 갑오년(1834년)】

번역 : 문석윤

부록

부록 1

『상서』의 傳本

1. 복생본(伏生本)

秦의 박사였던 伏勝이 秦始皇의 焚書를 피해 벽 속에 감추었다가 前漢 文帝[재위 B.C.202~157] 때 꺼냈는데 일부만 남아 있었다. 이를 복생이 당시 통행하던 書體인 隸書로 옮겨 쓰고 합하여 28편으로 만들었으며, 뒤에 매색이 33편으로 나누었다. 오늘날의 『상서』 속에 들어 있는 『금문상서』 33편이 이것이다. 복생본 29편의 제목은 다음과 같다.

「堯傳」, 「皐陶謨」, 「禹貢」, 「甘誓」, 「湯誓」, 「盤庚」, 「高宗肜日」, 「西伯戡耆」, 「微子」, 「牧誓」, 「洪範」, 「大誥」, 「金縢」, 「康誥」, 「酒誥」, 「梓材」, 「召誥」, 「洛誥」, 「多士」, 「毋逸」, 「君奭」, 「多方」, 「立政」, 「顧命」, 「康王之誥」, 「鮮誓」, 「甫刑」, 「文侯之命」, 「秦誓」.

漢文帝가 『상서』에 능통한 사람을 찾던 중 복생의 이름을 듣고 조정에 불렀으나 당시 복생은 90세가 넘은 고령이어서 부름에 응하지 못하였다. 그래서 太常掌故인 晁錯을 복생의 집으로 보내 『상서』를 전수받게 하였다. 한편 복생은 歐陽生[이름 容]에게 『상서』를 가르치고, 구양생이 倪寬에게 그 학문을 전하였으며, 예관의 제자들이 夏侯勝과 그의 조카 夏侯建에게 전하였다. 그리하여 歐陽氏學・大夏侯學・小夏侯學 등의 금문상서 학파가 생겼다.

2. 공안국본(孔安國本)

前漢 景帝[재위 B.C.157～B.C.141] 때 魯恭王이 자신의 궁실을 확장하기 위해 공자의 옛집을 허물다가 벽 속에서 발견한 『상서』이다. 이 책은 당시에는 쓰이지 않던 옛 문자로 기록되어 있었으므로 『고문상서』라고 부르고, 이를 공안국이 해독하였으므로 공안국본이라고도 한다. 복생본에 있던 28편 외에 16편이 더 있었다. 16편의 편목은 다음과 같다.

「舜典」, 「汨作」, 「九共(九篇)」, 「大禹謨」, 「棄稷」, 「五子之歌」, 「胤征」, 「湯誥」, 「咸有一德」, 「典寶」, 「伊訓」, 「肆命」, 「原命」, 「武成」, 「旅獒」, 「冏命」.

武帝[재위 B.C.141～B.C.87] 때에 조정에 바쳤는데, 바친 사람은 공안국 자신이라는 설도 있고 집안사람이라는 설도 있다. 이 책의 원본은 궁중의 書庫에 보관하여 관리하였으므로 『中秘尙書』(일명 中秘本) 혹은 『中古文尙書』라고도 한다.

3. 매색본(枚賾本)

東晉 元帝[재위 317~312] 때 豫章內史 梅賾이 조정에 헌상한 것으로 모두 58편이다. 복생본의 금문 29편 중 「요전」을 「요전」과 「순전」의 2편으로, 「고요모」를 「고요모」와 「익직」의 2편으로, 「반경」을 상·중·하 3편으로 만들어 33편으로 재구성하고, 스스로 25편을 僞作하여 58편으로 만들고 「書序」를 한 편으로 하여 총 59편으로 구성하였다. 그러고 나서 다시 「서서」를 나누어 각 편의 앞에 붙여 마침내 58편으로 확정하였다. 58편의 本經과 「序」에 모두 공안국의 「傳」을 만들어 붙였는데, 이것이 이른바 僞『孔傳』이다. 唐나라 때 孔穎達이 조정의 명으로 五經正義를 만들 때 이 본을 저본으로 하였고, 南宋의 蔡沈이 『書集傳』을 편찬할 때에도 이 본을 사용하였다. 나중에 十三經注疏에 편입되었다. 오늘날의 통행본 『상서』가 되었다.

4. 마융본(馬融本)·정현본(鄭玄本)

마융은 後漢 安帝 때 校書郎中으로 있으면서 東觀의 秘書를 교정하는 일을 맡았다. 그때 『中書古文尙書』를 보고 『尙書傳』을 지었는데, 편목을 다음과 같이 편차하였다.

虞夏書 : 「堯典」, 「舜典」, 「汨作」, 「九共」, 「大禹謨」, 「皐陶謨」, 「棄稷」, 「禹貢」, 「甘誓」, 「五子之歌」, 「胤征」.
尙書 : 「湯誓」, 「典寶」, 「湯誥」, 「咸有一德」, 「伊訓」, 「肆命」, 「原命」, 「盤庚上」, 「盤庚中」, 「盤庚下」, 「高宗肜日」, 「西伯戡黎」, 「微子」.
周書 : 「泰誓上」, 「泰誓中」, 「泰誓下」, 「牧誓」, 「武成」, 「洪範」, 「旅獒」, 「金縢」, 「大誥」, 「康誥」, 「酒誥」, 「梓材」, 「召誥」, 「洛誥」, 「多士」,

「無逸」, 「君奭」, 「多方」, 「立政」, 「顧命」, 「康王之誥」, 「冏命」, 「粊誓」, 「呂刑」, 「文侯之命」, 「秦誓」. 「書序」.

정현본은 마융의 제자인 정현이 지은 傳으로, 편목과 편차는 마융본과 동일하다.

5. 요방흥본(姚方興本)

매색이 올린 『고문상서』에는 「순전」이 없었는데, 齊明帝 建武 4년(497)에 요방흥이 「순전」을 짓고 마융과 왕숙의 주를 모아서 공안국의 전을 위조하여 大航頭에서 샀다고 하며 바쳤다. 이 주는 마융과 정현의 『고문상서』 주석과 비교하면 첫머리에 '曰若稽古帝舜, 曰重華, 協于帝. 濬哲文明, 溫恭允塞, 玄德升聞, 乃命以位'라는 28자가 더 있다. 이 중 앞의 12자는 요방흥이 위조한 것이고 뒤의 16자는 다른 사람이 위조하여 더한 것이다. 이 책은 위조한 것임이 분명하여 마침내 통행되지 않았고, 현재 전하지 않는다.

6. 설계선본[薛季宣本 : 『書古文訓』]

『宋史』 권434 「儒林列傳」에 따르면 설계선(1134~1173)은 자가 士龍이고 永嘉 사람이다. 程頤의 제자 袁漑에게서 배웠다. 『시』, 『서』, 『춘추』, 『중용』, 『대학』, 『논어』에 모두 訓義를 지어 家藏하였고, 雜著로 『浪語集』이 있다. 『상서』에 관해서는 『서고문훈』 16권이 通知堂經解에 수록되어 있고, 『낭어집』 권30에 「書古文訓序」가 수록되어 있다.

부록 2

경학가 일람

가공언 賈貢彦 : 생몰년 미상. 唐. 600년대 중반. 張士衡에게 수학하고, 永徽(650~655) 때에 太學博士. 『周禮義疏』, 『儀禮義疏』를 지었다. 모두 십삼경주소에 편입되었다.

가규 賈逵 : 30~101. 後漢. 和帝 때 侍中 · 領騎都尉. 자는 景伯. 賈誼의 9세손이고, 아버지는 劉歆에게 『좌전』 · 『국어』 · 『고문상서』 · 『毛詩』 등을 배운 賈徽이다. 고문 경학을 주로 공부하여 『좌전』을 학관에 개설할 것을 주장하였다. 『國語解詁』 · 『春秋左氏傳解詁』 · 『周易賈氏傳』 · 『古文尙書訓』 · 『尙書古文同異』 · 『毛詩賈氏義』를 지었다.

고염무 顧炎武 : 1613~1682. 明末淸初. 자는 忠淸 · 寧人, 호는 亭林. 淸이 들어선 뒤 官路에 나가지 않고 은거하며 학문에 專心하였다. 博學을 추구하여 經史 · 諸子百家 · 音韻文字 · 金石考古 · 郡邑掌故 · 儀禮風俗 등을 두루 연구하고, 특히 創新求實의 학문에 주력하여 청대 考證學을 열었다. 『左傳杜解補正』 · 『九經誤字』 · 『石經考』 · 『音學五書』 · 『韻補正』 · 『五經異同』 · 『金石文字記』 · 『日知錄』을 지었다.

공안국 孔安國 : 생몰년 미상. 前漢. 武帝 때 박사가 되고 諫議大夫·臨淮太守를 지냈다. 자는 子國. 공자의 후예이다. 伏勝(伏生)에게 『상서』를 배우고 처음으로 古文學을 주창하여 都尉朝·倪寬 등에게 전수하였다.

공영달 孔穎達 : 574~648. 唐. 자는 冲遠·仲達. 隋煬帝 때에 처음 官路에 나아가고, 당 건국 후 國子博士·國子祭主를 지냈다. 劉焯에게 배웠다. 『춘추좌씨전』·『모시』·『예기』와 鄭玄 注의 『상서』, 王弼 주의 『주역』에 밝았고 曆算에도 뛰어났다. 당 태종의 명으로 顔師古·司馬才章·王恭·王琰과 함께 五經正義를 지었다. 모두 십삼경주소에 편입되었다.

구양생 歐陽生 : 생몰년 미상. 前漢. 이름은 容, 자는 和伯. 伏生의 제자로 前漢 초기 『금문상서』 歐陽氏學을 개창하였다. 자신의 학문을 倪寬에게 전하고 예관이 구양생의 아들에게 전함으로써 구양씨가 대대로 尙書學을 전수하여 그의 종손 歐陽高 이후 8세가 모두 박사를 지냈다. 『尙書歐陽章句』와 『歐陽說義』가 있었으나 지금 전하지 않고, 청대에 편찬한 玉函山房輯佚書에 『상서구양장구』가, 漢魏遺書鈔에 『今文尙書說』이, 皇淸經解續編에 『尙書歐陽夏侯遺說考』가 수록되어 있다.

김이상 金履祥 : 1232~1303. 宋末元初. 이름을 祥·開祥이라고도 하며, 자는 吉父, 호는 次農. 원나라가 들어서자 벼슬하지 않고 仁山에 은거하였으므로 仁山先生이라고 불렸다. 『고문상서』를 後漢 儒者들의 僞作이라고 보았다. 『尙書注』·『尙書表注』·『論語孟子集注考證』·『大學章句疏義』·『中庸標注』·『資治通鑑前編』을 지었다.

도운 塗惲 : 생몰년 미상. 後漢. 자는 子眞. 賈逵에게 『고문상서』를 전하였다는 것 외에 알려진 바가 거의 없다.

▌두림 杜林： ?～47. 後漢. 자는 伯山. 衛宏・徐巡 등에게 『고문상서』를 전하였고 문자학에도 조예가 깊어 『蒼頡訓纂』과 『蒼頡故』를 지었으나 전하지 않고 玉函山房輯佚書에 『蒼頡訓詁』가 남아 있다.

▌두예 杜預： 222～284. 西晉. 자는 元凱. 魏末晋初의 장군으로 여러 전투에 참여한 武人이지만 경학에도 밝았다. 특히 『춘추』에 밝아 그가 저술한 『春秋左氏傳經傳集解』는 후세 통행하는 『春秋左氏傳』의 注本이 되고 십삼경주소에 편입되었다. 그 외 『春秋釋例』와 『春秋長歷』 등을 지었다.

▌마융 馬融： 79～166. 後漢. 校書郎・南郡太守를 지냈다. 자는 季長. 경적에 박통하였고 鄭玄・魯植 등의 제자를 길렀다. 경서 주해에서 고문 경학의 설을 위주로 하되 금문 경학의 설을 함께 취하여 고문 경학을 발전시키고 여러 유파가 합쳐지는 길을 열었다. 三禮와 『효경』・『논어』・『시경』・『주역』・『상서』・『老子』・『淮南子』・『離騷』・『列女傳』 등에 주를 달았으나 지금 전하지 않고 일부가 玉函山房輯佚書에 수록되어 있다. 賈逵와 鄭衆의 『춘추좌씨전』 주를 보고 장단점을 취하여 『三傳異同說』을 지었다.

▌매색 枚賾： 생몰년 미상. 東晉. 豫章內史를 지냈다. 이름을 梅頤라고도 하며, 자는 仲眞. 『古文尙書傳』을 조정에 바친 것으로 유명하다. 이것이 『僞古文尙書』인데 淸初 閻若璩 등에 의해 僞書로 밝혀졌다.

▌모기령 毛奇齡： 1623～1716. 明末淸初. 자는 大可・齊于, 호는 秋晴・初晴・西河. 명말에 諸生이 되었으나 명나라가 망하자 城南山에 은거하며 독서하였다. 뒤에 國學에 들어가 공부하고 博學鴻儒科에 천거되어 翰林院 檢討로서 『明史』 편찬에 참여하였다. 경전 연구에 있어 남의 설을 辨駁하기를 좋아하여 『논어』 해석에서는 朱熹의 설을, 『상

서』 해석에서는 閻若璩의 설을 논박하였고, 동시대의 학자인 顧炎武·염약거·胡渭 등을 심하게 攻駁하였다. 四書三經과 『春秋』에 관한 여러 저술이 있는데, 『상서』 관련 저술로는 『古文尙書冤詞』와 『尙書廣聽錄』 등이 있다.

▌**모장 毛萇 :** 생몰년 미상. 前漢. 毛長으로도 쓴다. 毛亨의 제자로 毛詩學의 초기 전수자로 전해진다. 모형에게 『毛詩訓詁傳』을 배우고, 그것을 寬長卿에게 전하였다. 관장경은 解延年에게 전하고 해연년은 다시 徐敖에게 전하였다. 후한 平帝 때에 학관에 毛詩博士가 개설되었다.

▌**복승 伏勝 :** B.C.264~B.C.170. 前漢. 자는 子賤. 儒生이었으므로 伏生이라고 불린다. 『今文尙書』의 보존·전수자이다. 진시황이 焚書를 단행하자 『상서』를 벽 속에 숨겼다가 漢初에 꺼냈는데 수십 편이 없어지고 28편만 남았다. 그것을 당시 통행하던 書體인 隷書로 옮겨 쓴 것이 『금문상서』이다. 張生·歐陽生 등이 그에게 배웠고, 여러 번 전해져 歐陽氏·大小夏侯氏 등의 금문상서학파가 형성되었다. 지금 전하는 十三經注疏의 『尙書注疏』에 그가 전한 『금문상서』가 들어 있다. 저술로 『尙書大傳』이 있다.

▌**서개 徐鍇 :** 920~974. 南唐. 자는 鼎臣·楚金. 秘書省校書郞, 集賢殿學士, 內史舍人 등을 지냈다. 文字學에 정통하여 많은 책을 저술하였다. 『說文解字繫傳』 40권과 『說文解字韻譜』 10권이 전한다.

▌**설계선 薛季宣 :** 1134~1173. 宋. 자는 士龍이고 永嘉 사람이다. 『시』·『서』·『춘추』·『중용』·『대학』·『논어』에 모두 訓義를 지어 家藏하였고, 雜著로 『浪語集』이 있다. 『書古文訓』 16권이 通知堂經解에 실려 있다.

▌**양시 楊時 :** 1053~1135. 北宋. 자는 中立, 호는 龜山, 시호는 文靖.

程顥·程頤에게 수학하였고, 謝良佐·游酢·呂大臨과 함께 程門四先生으로 불렸다. 그의 학문은 羅從彦·李侗을 거쳐 朱熹에게로 이어져 理學의 형성·발전에 중요한 영향을 끼쳤다. 저술로 王安石의 新學을 반박한 『三經義辨』·『二程粹言』·『龜山語錄』이 있다.

염약거 閻若璩 : 1636~1704. 淸. 자는 百詩, 호는 潛邱居士. 평생 經史 연구와 교증 및 교감에 잠심하여 淸初 고증학을 꽃피웠다. 胡渭 등과 함께 『大淸一統志』를 찬수하였다. 『尙書古文疏證』을 지어 枚賾의 『古文尙書』와 『孔安國尙書傳』이 위작이라고 주장하였다. 『孟子生卒年月考』·『四書釋地』·『毛詩詩說』·『喪服異注』·『潛邱雜記』 등을 지었다.

오역 吳棫 : 1100~1154. 宋. 자는 才老. 音韻學과 訓詁學에 밝았으며, 처음으로 『고문상서』에 대한 의혹을 제기한 학자로 일컬어진다. 저술에 『詩補音』·『書裨傳』·『論語指掌』·『韻補』·『楚辭釋音』 등이 있다.

오징 吳澄 : 1249~1333. 元. 자는 幼淸·伯淸, 호는 草廬, 시호는 文正. 饒魯의 제자인 程若庸에게 배우고 程紹開를 사사하였다. 주희의 四傳弟子로 스스로 주자 이후의 道統을 계승하였다고 자부하였다. 저서로 『五經纂言』과 『儀禮逸經傳』이 있다. 특히 『오경찬언』 중 『書纂言』에서 吳棫과 주희의 설을 따라 『고문상서』 중 『孔傳』의 의심스러운 부분은 모두 僞書라고 하였다.

왕숙 王肅 : 195~256. 삼국시대 魏. 자는 子雍. 議郞·侍中·太常을 지냈다. 賈逵·馬融의 고문 경학을 존숭하였고, 『聖證論』을 지어 鄭玄의 금문설을 논박하였다. 『尙書駁義』·『毛詩義駁』·『毛詩奏事』·『毛詩問難』 등의 저서에서도 모두 정현의 설을 논박하였다. 『孔子家

語』·『馬王易義』·『周易注』·『尙書王氏注』·『毛詩王氏注』·『禮記王氏注』·『論語王氏注』·『國語章句』·『王子正論』 등을 지었다.

▍**왕응린 王應麟 :** 1223～1296. 南宋. 자는 伯厚, 호는 深寧居士·厚齋. 太常寺主簿·禮部尙書 등을 지냈으나 송이 망한 뒤에는 벼슬하지 않았다. 經史·百家·천문지리·문자훈고·掌故制度 등에 모두 뛰어났다. 『詩考』와 『詩地理考』를 지었고, 『古文尙書』·『周易鄭康成注』·『尙書鄭康成注』·『玉海』·『困學紀聞』 등을 집성하였다.

▍**우번 虞翻 :** 164～223. 三國時代 吳. 자는 仲翔. 副春長·騎都尉 등을 지냈다. 鄭玄·荀爽과 함께 易學三家로 일컬어진다. 『노자』·『논어』·『국어』의 訓注와 『易注』를 지었으나 모두 전하지 않고, 唐 李鼎祚의 『周易集解』와 淸 黃奭의 漢學堂叢書 및 孫堂의 『漢魏二十一家易注』에 일부 내용이 채록되어 있다.

▍**위굉 衛宏 :** 생몰년 미상. 後漢. 자는 敬仲. 光武帝 때 議郞을 지냈다. 謝曼卿에게 毛詩를 배우고 杜林에게 『고문상서』를 배웠다. 「毛詩序」와 『古文尙書訓旨』를 지었고, 玉函山房輯佚書에 『古文官書』·『平盡館叢書』·『漢舊儀』·『補遺』가 수록되어 있다.

▍**위소 韋昭 :** 204～273. 三國時代 吳. 韋曜라고도 불리며, 자는 弘嗣. 博士祭主·中書僕射를 지냈다. 『국어』를 중요하게 생각하여 『國語注』를 편찬하였다. 그 외에 『吳書』·『孝經解讚』·『辨釋名』·『毛詩答雜問』 등의 저술이 있었으나 전하지 않고 일부가 玉函山房輯佚書에 수록되어 있다.

▍**유창 劉敞 :** 1019～1068. 北宋. 자는 原父, 호는 公是. 右正言·集賢殿 學士를 지냈다. 『춘추』에 정밀하였고, 漢儒의 說을 비판적으로 검토하였다. 『七經小傳』·『春秋權衡』·『春秋傳』·『春秋意林』·『春秋

傳說例』 등을 지었다.

▌육덕명 陸德明 : 550～630. 唐. 본명은 元朗, 덕명은 자이다. 國子助教·太學博士 등을 지냈다. 漢魏와 六朝 시대 230여 家의 音切과 諸儒의 훈고를 채집하고 각 판본의 同異를 고증하여『經傳釋文』을 지었다. 그 외『易疏』와『老子疏』 등의 저술이 있다.

▌응소 應劭 : 생몰년 미상. 後漢. 營陵令·泰山太守 등을 지냈다.『漢書集解』·『漢朝駁議』·『律略論』·『漢官儀』·『風俗通義』 등을 지었으나 대부분 없어지고, 漢魏叢書와 四庫全書에『풍속통의』 일부가 전한다.

▌이옹 李顒 : 1627～1705. 明末淸初. 자는 中孚, 호는 二曲. 孫奇逢·黃宗羲와 함께 淸初의 三大儒로 불렸다. 宋學을 숭상하여 朱熹와 陸九淵의 사상을 아울러 취하였다.『상서』에 조예가 깊었으며, 저서로『四書反身錄』과『二曲集』이 있다.

▌임지기 林之奇 : 1112～1176. 南宋. 자는 少穎, 호는 拙齋·三山. 尙書郎·宗正丞을 지냈다. 呂祖謙의 스승으로 그의 婺學 창립에 영향을 미쳤다.『尙書全解』·『春秋周禮講義』·『論語注』·『孟子注』·『孟子講義』 등을 지었다.

▌전시 錢時 : 생몰년 미상. 宋. 자는 子是, 호는 融堂. 秘閣校勘·象山書院 主講을 지냈다. 楊簡의 高弟이며 陸九淵의 再傳 제자이다.『周易釋傳』·『尙書演義』·『學詩管見』·『四書管見』·『春秋大旨』·『兩漢筆記』 등을 지었다.

▌정현 鄭玄 : 127～200. 後漢. 자는 康成. 第五元에게『춘추공양전』·『三統曆』·『九章算術』을, 張恭祖에게『주례』·『예기』·『춘추좌씨전』·『고문상서』 등의 고문 경전과 금문 경전인 韓詩를 배웠다. 이후 盧植

과 馬融에게 고문경학을 배웠다. 漢代 고문 경학과 금문 경학의 논쟁을 종합하여 집대성한 학자로 평가되며 그의 학설은 鄭學으로 일컬어진다. 후한 초의 鄭興·鄭衆 부자와 구별하여 後鄭이라고 불린다. 郗慮·王基·崔琰 등의 제자를 길렀다. 『상서』·『모시』·『의례』·『예기』·『논어』·『효경』·『尙書大傳』·『尙書中候』·『韓象曆』에 대한 주석을 썼고, 현존 십삼경주소 중 『모시』·『주례』·『의례』·『예기』의 주가 모두 그의 것이다. 그 외 『天文七政論』·『魯禮禘祫義』·『六藝論』·『毛詩譜』·『駁許愼五經異義』·『答臨孝存周禮難』·『公羊墨守』·『穀梁廢疾』·『左氏膏肓』 등의 저술이 있고, 문인들이 『논어』를 본떠 오경에 대한 제자와의 문답을 정리한 『鄭志』가 있다.

조기 趙岐 : 108~201. 後漢. 초명은 嘉, 자는 邠卿·臺卿. 議郎·太常 등을 지냈다. 마융의 姪婿로 마융에게 『주례』를 묻기도 하였으나, 당시 학풍과 달리 『논어』와 『맹자』를 높이 평가하였다. 저서로 『孟子章句』와 『三輔決錄』이 있는데, 『맹자장구』는 십삼경주소에 편입되었다.

조열지 晁說之 : 1059~1129. 北宋. 자는 以道·伯以道, 호는 景迂·迂叟. 知成州·秘書少監 등을 지냈다. 司馬光에게 『太玄經』을 전수받고, 邵雍의 제자 楊賢寶에게 易學을 배웠다. 六經에 佛·道·法家의 설이 섞여 순정하지 않다고 보고 육경 연구에 회의적 관점의 문헌비평이 필요하다고 주장하였다. 『詩序論』·『中庸傳』·『儒言』·『晁氏客語』·『景迂生集』 등의 저술이 있다.

진대유 陳大猷 : 1198~1250. 宋. 자는 忠泰, 호는 東齋. 저서에 『상서』에 대한 여러 학파의 설을 取捨한 『尙書集傳』과 그 취사에 대한 자신의 견해를 밝힌 『或問』이 있다.

진덕수 眞德秀 : 1178~1235. 宋. 자는 景元·希元·景峰·景希, 호

는 西山, 시호는 文忠. 주희의 문인 詹體仁에게 수학하고 程朱理學을 계승 발전시키는 데 힘썼다. 저술에 『大學衍義』·『四書集編』·『讀書記』·『西山先生眞文忠公集』 등이 있다.

▌채침 蔡沈 : 1167~1230. 南宋. 자는 仲默, 호는 九峰. 朱熹의 제자로 스승의 명을 받아 『書集傳』을 지었다. 그 밖의 저술로 『洪範皇極』과 『蔡九峰筮法』이 있다.

▌하후건 夏侯建 : 생몰년 미상. 前漢. 자는 長卿, 夏侯勝의 조카로 小夏侯라고 불린다. 議郎博士·太子少傅를 지냈다. 하후승과 歐陽高에게 『상서』를 배웠다. 今文尙書小夏侯學의 창시자로 B.C.51년 石渠閣會議에서 그의 尙書學을 學官에 개설하기로 결정하였다.

▌하후승 夏侯勝 : B.C.152~B.C.61. 前漢. 자는 長公, 조카인 夏侯建과 구별하여 大夏侯로 불린다. 博士로 光祿大夫가 되었다. 夏侯始昌에게 『상서』와 「洪範五行傳」을, 倪寬의 제자인 簡卿·歐陽氏에게 『상서』를 배웠다. 今文尙書大夏侯學의 개창자이며 『魯論語』와 『春秋穀梁傳』에도 뛰어났다. 夏侯建·黃霸·蕭望之·孔霸 등이 그의 제자이다. 황제의 명으로 『尙書說』과 『論語說』을 지었다. 『尙書大小夏侯章句』·『尙書大小夏侯解故』·『論語魯夏侯說』 등의 저술이 있었으나 지금은 전하지 않고, 玉函山房輯佚書에 『尙書大夏侯章句』가, 皇淸經解續編에 『尙書歐陽夏侯遺說考』가 수록되어 있다.

▌허신 許愼 : 58~147. 後漢. 자는 叔重. 太尉·南閣祭主를 지냈다. 賈逵를 사사하였고, 馬融의 추앙을 받았으며, 제자 尹珍에게 학술을 전하였다. 금문 경학과 고문 경학의 차이를 논한 『五經異義』, 중국 고대의 대표적 자전인 『說文解字』를 지었다. 『오경이의』에 대해서는 뒤에 鄭玄의 논박을 받았고, 『설문해자』에 대해서는 段玉裁의 『說文解字注』

가 전한다. 그 밖에 玉函山房輯佚書 續編에 『春秋左氏傳許氏義』와 『爾雅許氏注』가, 황청경해에 『五經異義疏證』과 『淮南鴻烈解』가 들어 있다.

황보밀 皇甫謐 : 215~282. 魏晉. 초명은 靜, 자는 士安, 호는 玄晏. 鍼灸學에 조예가 깊었다. 침구서인 『甲乙經』 외에 『玄晏春秋』·『帝王世紀』·『高士傳』·『達士傳』·『列女傳』·『年曆』 등의 저서가 있다.

재단법인 실시학사

실학사상의 계승 발전을 위해 2010년에 설립된 공익재단법인이다. 다양한 학술 연구와 지원 사업, 출판 및 교육 사업 등을 수행하며, 실학사상의 전파와 교류를 위해 힘쓰고 있다. 1990년부터 벽사 이우성 선생이 운영하던 '실시학사'가 그 모태로, 2010년 모하 이헌조 선생의 사재 출연으로 공익재단법인으로 전환되었다.
경학 관계 저술을 강독 번역하는 '경학연구회'와 한국 한문학 고전을 강독 번역하는 '고전문학연구회'라는 두 연구회를 두고 있으며, 꾸준하게 실학 관련 공동연구 과제를 지정하여 그에 맞는 연구자들을 선정·지원함으로써 우수한 실학 연구자를 육성하고 연구 결과물을 사회에 환원하고 있다. 이번에 상재하는 '실시학사 실학번역총서'도 그의 소산이다. 앞으로 아직 세상에 제대로 드러나지 않은 실학자들의 문헌을 선별해 오늘날의 언어로 옮기며, 실학의 현재적 의미를 확인해 나갈 것이다.

홈페이지 http://silsihaksa.org

실시학사 실학번역총서 18

다산 정약용의 상서고훈 5

1판 1쇄 발행 2022년 8월 20일

기　획 : 재단법인 실시학사
지은이 : 정약용
옮긴이 : 재단법인 실시학사 경학연구회
펴낸이 : 김병환
펴낸곳 : 학자원
주　소 : 서울시 강동구 천호대로 1121
전　화 : 02) 6403-1000
팩　스 : 02) 6338-1001
E-mail : hakjaone@daum.net
등　록 : 2011년 3월 24일 제2011-14호

ISBN 979-11-6247-276-7 94810
979-11-6247-170-8 (세트)

값 45,000원